U0906978

中国年鉴资源全文数据库
YB
核心年鉴
CHINA YEARBOOK DATABASE

北京工业年鉴

BEIJING INDUSTRY YEARBOOK

2018

（总第28卷）

北京市经济和信息化局　编

北京出版集团公司

北　京　出　版　社

图书在版编目（CIP）数据

北京工业年鉴．2018 / 北京市经济和信息化局编．— 北京 ：北京出版社，2018.12
ISBN 978-7-200-14204-4

Ⅰ．①北… Ⅱ．①北… Ⅲ．①地方工业经济—北京—2018—年鉴 Ⅳ．①F427.1-54

中国版本图书馆CIP数据核字（2018）第151636号

策　　划　白　珍
责任编辑　白　珍
特约编辑　杨秀珍
装帧设计　云伊若水
责任印制　承伯平

北京工业年鉴　2018
BEIJING GONGYE NIANJIAN　2018
北京市经济和信息化局　编
*
北 京 出 版 集 团 公 司
北　京　出　版　社　出版
（北京北三环中路 6 号）
邮政编码：100120
网　址：www.bph.com.cn
北京出版集团公司总发行
新华书店经销
北京华联印刷有限公司印刷
*
889毫米×1194毫米　16开本　25.25印张　插页28　810千字
2018年12月第1版　2018年12月第1次印刷
ISBN 978-7-200-14204-4
定价：280.00元

本书附同版本 CD-ROM 一张，光盘内容以书面文字为准

《北京工业年鉴》编纂委员会

《北京工业年鉴》编辑部

《北京工业年鉴》组稿人员

（按姓氏笔画排序）

于凌燕（女）	王　伟（女）	王　锦（女）	王　蕾（女）
王利民	车宏卿	尹亚昌	尹志东
石　佳（女）	冉玉荣（女）	代　蓉（女）	冯　瑜
朱宝刚	刘　浩	刘子硕	李　远
李　婕（女）	李淑敏（女）	李童瑶（女）	杨　帆
吴国健	吴明晓	宋慧宇（女）	张　旭
张　晨（女）	张一鸣	张中来	陈元良
陈宗河	庞　婉	胡跃平	侯燕京
郑　雪（女）	贾岩奇	徐博非（女）	高建敏（女）
黄　旭	黄永波	常　江（女）	葛　冰
蔡　琍（女）			

编辑说明

一、《北京工业年鉴（2018）》由北京市经济和信息化局主办，北京市产业经济研究中心承办。

二、本年鉴编纂坚持以马克思列宁主义、毛泽东思想、邓小平理论、“三个代表”重要思想、科学发展观、习近平新时代中国特色社会主义思想为指导，全面贯彻落实中共十九大精神，遵循实事求是的原则，科学、客观地反映实际情况。

三、本年鉴是一部反映北京工业经济发展情况的资料性年刊。通过大量文字、数据、图片，较全面、系统、客观地记录了上年度北京工业经济发展的基本情况以及年度新发展、新成就、新亮点，可为了解和掌握新动态，服务于政府科学决策，指导下年度经济工作提供借鉴和依据。

四、本年鉴采用文章和条目两种体裁，以条目体为主。辟有特载、大事记、总述、产业、区工业、开发区、企业、协会组织、产品、人物、法规政策文件、工业数据、附录共13个一级栏目。为方便读者阅览，卷首设有中英文目录，卷尾设有主题词索引，后附光盘。

五、本年鉴选用资料的时限为2017年1月1日至12月31日（个别内容根据实际情况略做调整）。所载内容由相关部门和企业单位提供，经主管负责人审核。全市性数据来自市统计局发布数据。

六、本年鉴彩色插页除署名外，均由市经济信息化局提供。随文图除需要说明外，不再附图注。凡2017年事项，除概况外，均直书月、日，不再另写年份。

七、因北京市机构改革，11月8日市经济信息化局挂牌在前，本年鉴出版在后，除封面、版权页已变更为市经济信息化局外，其他署原机构名称。各栏目涉及机构名称，第一次出现用全称，再次出现用规范简称或习惯俗称。

八、本年鉴行文规范严格按国家、地方标准，如遇特殊事项，形式服从内容，局部统一。

九、《北京工业年鉴》自1991年起编辑出版，本年鉴为第28卷。一直得到全市工业系统及参编单位各级领导和编辑工作者的大力支持，我们深表感谢。

十、欢迎广大读者继续关注年鉴、收藏年鉴、使用年鉴，并对年鉴的不足之处给予指正，帮助我们进一步改进年鉴编纂工作，更好地为读者服务。

十一、《北京工业年鉴》编辑部联系方式：

电　　话　(010) 85235624/85235643

电子邮箱　bianjibu@bjeit.gov.cn

地　　址　北京市朝阳区工体北路6号凯富大厦5层510室

邮政编码　100027

综　述

Overview

2017年，北京工业在市委、市政府的领导和市区两级经信部门的共同努力下，实现平稳有序运行。京津冀协同扎实推进，产业创新迈上新台阶，构建“高精尖”经济结构，加快一般制造业疏解推出，服务保障任务圆满完成，人才队伍建设取得新成就。

全市规模以上工业3231家企业，实现工业总产值18901.1亿元，比上年增长4.5%。其中，电子信息产业工业总产值2199.5亿元，增长8.9%；汽车交通产业4916.2亿元，下降4.8%；智能装备产业2412.5亿元，增长5.0%；医药产业981.6亿元，增长20.5%；都市产业1580.2亿元，增长0.4%；基础产业6811.1亿元，增长9.6%。

协同发展

Collaborative Development

1 月 20 日，北京市经济和信息化委员会、河北省工业和信息化厅联合举办以“优势互补、资源互配、协同创新、打造京冀产业协同发展升级版”为主题的 2017 年京冀产业协同发展联席会议

2 月 21 日，以“协同促疏解、转型谋发展”为主题的京津冀产业协同发展招商推介专项行动举办

4 月 6 日，《京津冀协同推进北斗导航与位置服务产业发展行动方案（2017—2020 年）》发布，共享单车将实现标准化管理

7 月 26 日，北京（曹妃甸）现代产业发展试验区汽车产业园首个项目竣工投产

9 月 11 日，京津冀工艺美术行业高峰论坛暨战略合作签约仪式举行

11 月 1 日，滦南（北京）大健康国际产业园项目实现“双落地”

科技创新

Science & Technology Innovation

6月29日，北京市人民政府新闻办公室组织召开“砥砺奋进的五年”系列之北京建设全国科技创新中心成果发布会

3月25日，中国国际时装周（2017—2018秋冬系列）在北京开幕

6月10日，2017年新材料峰会暨北京石墨烯产业创新中心应用技术项目签约仪式在北京举行

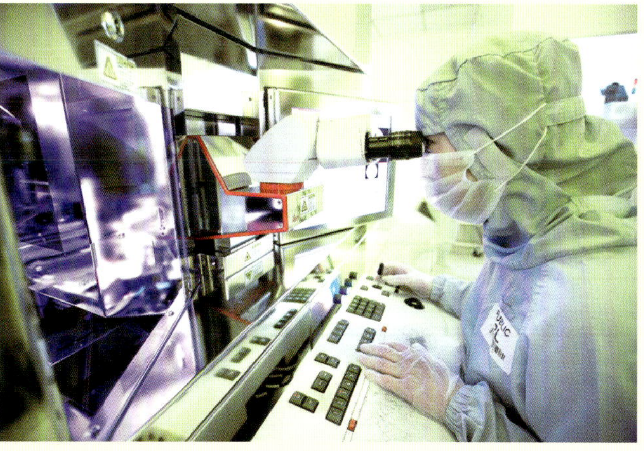

2017年，中芯北方集成电路制造（北京）有限公司产能持续爬坡，达到2.9万片/月

8月24日，京东、小米、太极、航天云网、树根互联、北汽福田、首钢自动化、中国铝业、船舶工业、智慧神州10家企业被评为首批国家级制造业“双创”平台试点示范项目。图为2017年制造业“双创”平台试点示范项目企业授牌仪式

9月16日，2017年大众创业万众创新活动周北京会场“双创政策解读发布会”举办

10月10日，北京展团精彩亮相第14届中国国际中小企业博览会

12月15日，首届“北京汽车产业创新大集”举办，全新产融结合方式助推全国科技创新建设

“高精尖”

Advanced Technology

7 月 31 日，桑德新能源智能化产业项目签约落户顺义

9 月 2 日，工业和信息化部“2016 年度中国医药工业百强榜单”发布，北京市 13 家企业入围

9 月 12 日，北京绿色制造产业联盟在北京成立

9 月，北京市 1 家企业 3 个项目被评为国家级服务型制造示范企业和示范项目

10 月 26 日，2017 北京—海外国际产能合作对接会在北京举办

北京“高精尖”产业发展基金“金汇奖”奖牌

11 月 5 日，北京“高精尖”产业发展基金获得“2017 年中国政府引导基金 TOP20”

11 月 27 日至 28 日，京港两地共同主办“第 21 届北京—香港经济合作研讨洽谈会”召开，为加强两地在“高精尖”产业等领域的投资贸易合作搭建平台

11 月 28 日，中核集团泳池式堆供热演示验证见证暨“燕龙”型号发布会召开

12 月 15 日，中国工业技术软件化产业联盟成立大会在北京召开

“智慧北京”

Wisdom Beijing

6月8日至10日，2017科博会“智慧北京”展召开。会议主题是“智享生活　慧及万家”

现场体验

智能机器人

9月21日，《北京市推进两化深度融合推动制造业与互联网融合发展行动计划》正式发布

12月26日，市委、市政府印发关于加快科技创新发展新一代信息技术产业、集成电路产业、医药健康产业、智能装备产业、节能环保产业、新材料新产业等“10+3”指导意见正式出台

5月，北京市经济和信息化委员会会同北京市统计局联合制定并印发《北京“高精尖”产业活动类别（试行）》（京统发〔2017〕32号）

北京市统计局
北京市经济和信息化委员会 文件

京统发〔2017〕32号

**北京市统计局 北京市经济和信息化委员会
关于印发北京“高精尖”产业活动类别
（试行）的通知**

各有关单位：

为贯彻落实习近平总书记视察北京重要讲话精神和《北京市国民经济和社会发展第十三个五年规划纲要》中关于北京构建“高精尖”经济结构的要求，切实形成推动北京“高精尖”经济结构的有力抓手，特制定了《北京“高精尖”产业活动类别（试

-1-

一张图看懂

“智造100”：推动北京智能制造发展未来

2017年6月1日，《“智造100”工程实施方案》正式发布。北京市经济和信息化委员会委员智能装备处负责人在发布会上围绕“智造100”工程出台的背景情况、任务目标、主要内容、保障措施进行了解读。

“智造100”工程的背景情况

• **国家高度重视智能制造发展。**进入21世纪以来，在经济全球化和社会信息化的背景下，国际制造业竞争日益激烈，对先进制造技术的需求更加迫切。党中央、国务院审时度势提出了制造强国战略，印发实施《中国制造2025》（国发〔2015〕28号），明确把智能制造作为主攻方向。地方各省市主动对接，纷纷出台推进智能制造发展的规划或实施方案，并组织实施智能制造示范项目。

• **北京发展智能制造具有深远的现实意义。**“智造100”工程是深入贯彻《中国制造2025》，全面落实习近平总书记视察北京工作重要讲话精神的有力举措。发展智能制造对北京而言具有深远的现实意义。它是构建高精尖经济结构，建设具有全球影响力的科技创新中心的重要抓手；是缓解人口资源环境矛盾，治理大城市病的内在要求；是疏解非首都功能、加快京津冀协同发展的必然选择。

• **北京在智能制造方面具有较强的创新优势。**北京在政策、技术和产业方面的优势，为实施“智造100”工程奠定了基础，提供了保障。

• **政策优势。**北京先后制定了《〈中国制造2025〉北京行动纲要》、《北京加强全国科技创新中心建设重点任务实施方案》，将发展智能制造系统和服务产业集群作为构建高精尖经济结构、建设全国科技创新中心的重要内容。

• **技术优势。**在智能制造标准创制方面，北京逐步成为全国智能制造标准的高地；在公共服务平台方面，北京智能制造公共服务建设全国领先；在智能制造装备方面，北京近年来在智能制造关键技术和核心装备领域取得一批重大创新成果；在系统解决方案方面，拥有一大批全国知名的系统解决方案提供商，进一步凸显了北京智能制造的综合创新实力和集成服务能力。

• **产业优势。**一批企业承担国家智能制造新模式应用项目和国家智能制造试点示范任务；一批企业通过实施数字化车间、智能工厂技术改造和建设，成为重点产业智能转型发展的标杆；一批企业积极探索京津冀联网智能制造。这些都为实施“智造100”工程奠定了基础。

“智造100”工程的主要内容

《“智造100”工程实施方案》全文包括**总体思路**、**主要目标**、**重点任务**、**保障措施**四个部分。

1 总体思路

以**企业**为主体、**市场**为导向、**应用**为核心，对符合首都城市战略定位、适合在京发展的传统优势产业实施数字化、网络化、智能化改造，加快推进高精尖产业发展和京津冀产业协同发展。通过实施数字化车间、智能工厂、京津冀联网智能制造等应用示范项目，打造智能制造标杆企业，示范带动重点产业智能化转型提升，同时推动一批关键智能部件、工业软件、装备和系统的研发及产业化实现突破，培育一批立足北京、服务全国的高水平系统解决方案供应商和智能制造领域单项冠军。到**2020**年，传统优势产业普及数字化制造，电子信息、汽车交通、高端装备、生物医药等重点领域智能转型取得明显进展。

2 主要目标

——实施**100**个左右数字化车间、智能工厂、京津冀联网智能制造等应用示范项目。

——打造**60**个左右智能制造标杆企业，形成北京智能制造经验与模式，在全市制造业各领域推广与应用。

——应用示范企业关键工序装备数控化率达到**75%**，人均劳动生产率、资源能源利用效率大幅提升，运营成本、产品研制周期、产品不良品率显著降低。

——形成**50**项示范效应显著的智能制造系统解决方案，培育**10**家左右年收入超过**10亿元**的智能制造系统解决方案供应商。

——在智能制造核心装备、关键部件、支撑软件等领域，培育**5**家以上单项冠军企业。

——打造**3**个以上智造云平台，完善工业互联网基础设施，支撑中小企业智能化水平提升。

3 重点任务

组织实施智能制造应用示范项目

数字化车间。支持企业采用工业互联网系统与设备、智能制造支撑工业软件、核心技术装备，开展车间总体设计、工艺流程及布局数字化建模，建立车间级的工业通信网络，广泛采用智能 装备、产品数字化三维设计与工艺仿真，建立产品数据管理系统（PDM），推动制造过程现场数据采集与可视化，实现计划、调度、 检测、设备、生产、能效的全过程闭环管理。

智能工厂。支持企业采用工业互联网系统与设备、智能制造支撑工业软件、核心技术装备，开展工厂总体设计、工艺流程及布局数字化建模，构建工厂互联互通网络，加快生产工艺仿真与优化、生产流程数据采集与可视化、现场数据与生产管理软件实 现信息集成，推动车间制造执行系统（MES)、产品全生命周期管 理系统（PLM)、企业资源计划系统（ERP)高效协同与集成，实现信息数据资源交互共享、经营管理智能决策支持。

京津冀联网智能制造。支持在京津冀地区协同布局的重点企业，依托工业云和工业大数据服务平台，通过智能设备应用、建设网络化制造资源协同平台，集成企业研发系统、信息系统、运营管理系统，构建跨区域联网智能制造系统，实现设计、供应、 制造和服务等环节的并行组织和协同优化。

打造智能制造标杆企业

按照数字化车间、智能工厂等不同智能制造应用模式，分行业制定智能制造标杆企业评价指标体系，对达到标准的企业授予“智能制造标杆企业”称号。支持标杆企业总结形成可复制、可推广的北京智能制造经验与模式，辐射带动全市传统优势企业智能化转型升级，加快推进高精尖产业发展。

4 保障措施

一、加强组织管理

市经济信息化委统筹年度项目指南编制、项目管理验收、智能制造标杆企业评价工作。应用示范项目由市经济信息化委会同各区从重点项目库中遴选，按照“成熟一批、支持一批”、“成熟 一个、支持一个”的原则滚动支持。标杆企业由市经济信息化委每年定期组织评定。

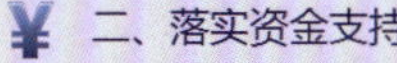

二、落实资金支持

对纳入“智造100”工程的应用示范项目，优先推荐申报国 家智能制造新模式应用项目或在我市高精尖产业发展资金中安排一定比例给予支持。对认定的北京市智能制造标杆企业给予一定资金奖励，并优先推荐申报国家智能制造试点示范项目和国家级智能制造标杆企业。充分发挥政府投入对社会投资的引导带动作用，建立多元化的智能制造投融资体系。

三、建设基础平台

加强智能制造领域产业创新中心建设，组建智能制造创新引擎研究院，搭建智能制造共性技术研发、检验检测等公共服务平台，建设智造工业云和工业大数据平台，完善智能制造基础设施 和生态体系建设。

四、支持联动发展

鼓励应用示范企业与本市智能制造系统解决方案供应商、智能制造装备供应商、软件开发商等合作实施“智造100”工程应用示范项目。对推动本市智能制造核心技术装备、工业软件集成应用，实现关键短板装备、首台套智能成套装备（生产线）突破的重点项目，优先给予支持。

“智造100”工程是贯彻落实习近平总书记视察北京重要讲话精神的有力举措，也是推动我市产业转型升级、培育经济发展新动能的重要行动。智能制造的发展，将为北京全面构建高精尖经济结构、建设全国科技创新中心做出更大的贡献！

北京市机器人产业创新发展路线图

北京经济和信息化委员会印发

2017 年 9 月 25 日

			2017—2020	2020—2025
发展目标	总目标		建成全球新兴的机器人产业创新中心	
	产业规模		智能机器人研发创新基地、产业创新基地建成，培育形成 1—2 家国内龙头企业、10 家行业领军企业。	标志性创新成果更多涌现，技术、产品创新模式大幅拓展，主要技术指标达到国际一流水平。
			智能机器人产业收入达到 120亿—150 亿元。	智能机器人产业收入达到 600 亿元左右。
	创新生态		机器人与前沿信息技术加速融合发展，形成包括机器人、人工智能、云计算、大数据技术协同创新体系，智能机器人产品创新模式大幅拓展。	
			引进 10 家国内外智能机器人企业总部、研发中心和科研机构，建成 3—5 家技术、产业促进服务平台。	人工智能等前沿领域达到世界领先水平，智能机器人操作系统及软件达到国际先进水平。
			全市智能机器人披露创业投资额占全国比重达到 20%左右。	
	示范应用		特种、服务机器人应用取得新进展，医疗康复、安防救援、教育文化等领域集成应用一批标志性创新成果。	
			打造 5—10 家医疗康复机器人临床示范中心。	建设若干个机器人应用示范基地。
			京津启动实施 10 个工业机器人重大应用推广项目。	
主要方向	工业机器人	人机协作机器人	适用于柔性、灵活度和精准度要求较高的行业，满足工业生产人机协作需求的人机协作机器人。	核心产品和解决方案具备较强竞争实力。
		高端工业机器人	具备真空环境下传动润滑、直驱控制等功能的真空洁净机器人，物流搬运机器人、全自主编程智能工业机器人等。	视觉识别模块、人体识别模块、边界检测模块以及视觉辅助等模块显著增强。
	服务机器人	医疗机器人	具备手术定位导航系统、光学跟踪系统骨科手术机器人、神经外科机器人等医疗机器人，实现大规模临床应用。	实现多模态融合引导下的精准诊疗，智能模块显著增强并实现广泛应用。
		护理机器人	多功能手臂与智能轮椅、护理床结合，并可实现生理信号检测、初步自然语言理解的智能护理机器人实现规模化应用。	残疾辅助外骨骼机器人、可穿戴智能假肢实用化。
		公共服务机器人	具备自我感知并能自适应环境、人机交互等功能的智能公共服务机器人。	在商场、银行、博物馆、酒店等场景实现大规模应用。
		家庭服务机器人	教育娱乐、信息服务、智能家居功能的家庭服务机器人实现规模化量产。	具备灵活安全作业、自主学习、初步自然语言理解感知与人机交互等技术功能，带动智能家居产业发展壮大。
		消费无人机	轻便化、易携带、具备实时高清视频传输功能消费级无人机。	智能功能进一步提升，实现更多细分领域的深度应用。
	特种机器人	军用机器人	用于军事领域的具有某种仿人功能的自动机器人，包括地面军用机器人、战术侦察机器人、战斗搬运机器人、外骨骼类机器人等军用机器人。	军民结合，实现量产与广泛应用。
		消防救援机器人	具备人员搜索、灾情探测定位等功能，公共环境下安保巡逻与处置服务机器人、用于侦查、救援的特种机器人以及无人机、水面及水下机器人等。	在专用和民用领域实现大规模应用。
		空间机器人	航天在轨、空间探索环境中可实现空间站/人造卫星在轨维护、空间作业等功能的空间机器人。	

北京市机器人产业创新发展路线图（续）

北京经济和信息化委员会印发

2017 年 9 月 25 日

		2017 — 2020 — 2025
产业支撑技术	系统集成	新工艺应用领域超前研发并推进实施，研究推广新工艺，创造新市场。
		机器人任务重构、偏差自适应调整，能够在人机共存环境中完成复杂任务。
		满足汽车、电子等细分行业转型升级需求，在国内外市场具备较强竞争力。
	核心部件	智能机器人操作系统、应用软件、仿真开发软件，满足工艺需求和应用场景开发高端化要求的自主化操作系统、应用软件。
		基于运动控制器的控制系统、基于总线的高性能控制器、核心芯片等，核心控制系统自主研发和产业化。
		关节位置、力矩、视觉、触觉等高性能传感器以及电子皮肤、模块化传感器等，产品实现集成创新和集成应用。
		高磁性材料优化、一体化优化设计，具备高精度、高功率密度、高力矩特点的高性能机器人专用伺服电机和驱动器。
		适合机器人应用的高效率系列化减速器，开发抓取与操作功能的多指灵巧手和具有快换功能的夹持器等末端执行器等。
	前沿技术	机器人与人工智能、互联网/物联网、大数据、云计算等领域融合创新，满足新一代智能机器人需求的机器学习、计算机视觉、自然语言处理、语音感知识别、触觉感知识别等核心技术及执行部件，数据采集及利用、知识引擎、物物互联等技术。
		高速、精密、轻量化的柔性机器人技术及系统。
		满足远程智能控制、触觉感知及识别等技术要求的网络机器人技术及系统。
		适应复杂任务和动态环境、具有感知和自主协同能力的共融机器人技术及系统。
主要举措	建设机器人创新载体	支持成立一批创新中心、国家实验室、企业技术中心和新型协同创新机构，支持机器人基础共性技术研发和重大成果产业化。
	推动机器人标准创制	支持企业牵头创制具有自主知识产权的国际标准、国家标准及行业标准。在机器人软件、硬件标准方面与国际标准化组织开展合作。完善机器人检测评定服务平台。
	加快机器人推广应用	实施“智造 100”工程项目。支持企业应用工业机器人及系统解决方案。加大医疗机器人、服务机器人应用力度，建成一批机器人应用示范基地。
	优化机器人产业布局	以中关村为核心加强机器人与人工智能的理论创新与技术研发。依托亦庄打造机器人产业创新基地和“中国制造 2025”示范区。依托京津冀联网智能制造工程推动京津冀智能机器人产业协同发展。
	完善机器人产业生态	设立机器人产业发展专项基金。建设机器人双创基地，构建开放式众创空间，打造国内领先的机器人产业融合生态圈。
	营造产业合作良好环境	举办国际性产业论坛、行业展会、机器人大赛和各类创新创业活动。建设国际一流的人工智能与机器人科技研发与产业服务平台。
	加强人才培养	引进和培养一批机器人领域全球顶尖领军人才和高层次团队。加快建成多层次、高质量的人才梯队。

6月9日，市政府新闻办组织召开以北京疏解非首都功能成果为主题的“砥砺奋进的五年”首场发布会

6月，市经济信息化委组织开展疏解一般制造业和“散乱污”企业治理专项督查，先后对通州区、朝阳区、大兴区、石景山区、丰台区、海淀区、昌平区、怀柔区、延庆区进行专项督查

督查现场

专题会场

5 月 25 日，市经济信息化委领导主持召开全市各区经信系统负责人清理整治工业大院情况交流会

9 月 7 日，市经济信息化委领导组织召开东方化工厂现场办公会

9 月 26 日，市经济信息化委等 7 个委办局联合验收工业大院清理整治情况

7 月 14 日，《北京市工业污染行业生产工艺调整退出及设备淘汰目录（2017 年版）退出目录》政策解读会召开

服务保障

Service Assurance

6月19日至20日，永定河管架桥防汛应急演练举行

11月2日，北京市第六届减轻企业负担政策宣传周现场咨询活动举办

11月底至12月初，市经济信息化委组织开展安全隐患大排查大清理大整治专项行动，先后检查昌平区、平谷区、朝阳区等区落实情况

目 录

特 载

大事记

总 述

产 业

区工业

开发区

企 业

协会组织

产 品

人　物

法规政策文件

工业数据

附　录

索　引

彩色插页

Contents

Special Issues

Chronicle Events

Overview

Industry

District Industry

Development Zones

Enterprises

Associations Summary

Products

Personages

Regulations and Policies

Industrial Data

Appendix

Index

Catalog of Color Inserts

特载

本栏目主要刊载2018年北京市经济和信息化工作报告以及区、企业主要领导的讲话和文章。

疏解功能谋发展　聚焦创新促提升
以改革创新精神开启经济和信息化发展新征程

——在2018年北京市经济和信息化工作会上的报告

北京市经济和信息化委员会主任　张伯旭

（2018年2月1日）

今天的会议，是在中共十九大之后召开的第一次全市经济和信息化工作大会，具有承前启后、继往开来的重要意义。会议的任务是：总结2017年以及5年来全市经济和信息化的发展情况，分析把握新形势新要求，部署2018年重点工作，动员全系统干部不忘初心、牢记使命，以改革创新精神开启经济和信息化发展新征程

一、2017年及过去5年工作回顾

2017年以来，在市委、市政府的坚强领导下，全市经信系统深入学习贯彻习近平新时代中国特色社会主义思想和中共十九大精神，认真抓好“两贯彻一落实”，坚持稳中求进工作总基调，集中攻坚抓疏解，精准施策谋发展，圆满完成全年目标任务。初步统计，全市工业增加值同比增长5.4%，软件和信息服务业营业收入增长13.9%，均超额完成年度任务。规模以上高技术制造业和战略性新兴产业增加值分别增长13.6%和12.1%，引领作用持续增强。工业劳动生产率达40.8万元/人，单位工业增加值能耗下降8.7%，达到历史最好水平。“高精尖”产业发展政策体系更加完善，新型智慧城市建设水平持续提升，推进高质量发展的基础更加稳固。

（一）产业疏解退出取得阶段性成果。严格执行新增产业禁限目录，修订工业污染行业生产工艺调整退出及设备淘汰目录，化学原料药生产环节全部退出。加快集中有序疏解，退出一般制造业企业651家，完成全年任务的130%。清理整治“散乱污”企业6194家，实现阶段性目标。清理整治镇村产业小区和工业大院64家。圆满完成东方化工厂拆除工作。全年规模以上工业从业人员减少4.5万人，降至96.4万人，首次回落到百万人以内。

（二）京津冀产业协同向纵深推进。配合开展雄安新区产业准入目录和负面清单等政策研究，协助开展城市副中心“高精尖”产业发展研究。北京（曹妃甸）现代产业发展试验区城建重工专用车等重点项目正式投产。北京·沧州生物医药产业园万生药业等4家企业竣工试生产。启动建设北京·滦南大健康产业园，意向签约北京企业40余家，其中开工建设8家。京津合作示范区建设全面提速。推进京津冀大数据综合试验区建设，发布京津冀协同推进北斗导航与位置服务产业发展行动方案（2017—2020年），应用感知体验中心和大数据协同处理中心建成启用，环京大数据基础设施支撑带初具规模。京津冀三地信用平台实现互联互通，多领域协同全面提升。对口支援和区域合作工作稳步推进。

（三）产业创新发展能力持续提升。深入落实创新型产业集群与2025示范区建设实施方案，出台促进重大创新成果转化落地项目管理办法、机器人产业创新发展路线图等配套政策，开展“一区”产业布局研究。新成立石墨烯等7家产业创新中心，新认定企业技术中心74家。支持成立北京市企业技术创新服务联盟，在全国率先发布企业技术中心建设规范标准。积极推进绿色制造工程，京东方等8家企业获评首批国家级绿色工厂。发布实施制造业与互联网融合发展行动计划，两化融合指数提高5.1个百分点。启动实施“智造100”工程，8家企业入选工信部智能制造系统解决方案供应商推荐目录，超过总数1/3。百度、360等互联网企业加快在人工智能、大数据等新兴领域布局，32家企业入选中国互联网企业100强，数量居全国之首。统筹推进军民融合和央地合作，光启超材料研究院等项目落户未来科学城。完善中小企业公共服务体系，公开遴选中小基金母基金管理机构，中小企业创业创新活力不断增强。

（四）“高精尖”产业结构加快构建。与市科委共同牵头起草并以市委、市政府名义印发新一代信息技术、集成电路、新材料等10个“高精尖”产业发展指导意见，市统计局印发了“高精尖”产业分类标准，

市财政局、规划国土委、人力社保局等出台了支撑“高精尖”产业发展的财政、土地、人才等一揽子政策，中关村管委会发布了人工智能产业培育行动计划等文件，“高精尖”产业发展政策体系更加完善。统筹利用产业资金和“高精尖”基金支持产业发展，产业资金支持项目48个，涉及总投资530亿元，“高精尖”基金完成投资决策项目28个，新设立子基金8支，带动10倍以上社会资本投入。推动燕东8英寸集成电路工艺线、奔驰纯电动乘用车等一批重大项目落地建设。积极推进质量品牌建设，编制印发“三品”专项行动的实施意见。鼓励支持企业“走出去”，北汽福田、同方威视等企业在海外建设工厂和研发中心。抓好以会促产，成功举办2017世界机器人大会、第二十一届中国国际软件博览会、首届中国网络安全产业高峰论坛，吸引国内外“高精尖”资源要素在京集聚发展。

（五）“智慧北京”建设示范引领。组建城市副中心信息化工程推进工作专班，有序推进行政办公区综合运管、物联网、综合办公等平台建设，保障副中心入驻单位信息化需求，推动各单位信息化系统迁移入云。加快数据共享开放，出台我市政务信息资源管理办法。完善信息基础设施，全市首张窄带物联网正式商用，百兆及以上宽带用户占比超过50%，4G用户占比超过73%。推动各领域公共服务与“北京通”深度对接，正式上线“北京通”App，新增发放“北京通”卡1030万张，累计发卡2297万张。加快社会信用体系建设，印发建立完善信用联合奖惩制度、加快推进诚信建设的实施意见。大力推进社会信用深度应用，联合惩戒的威慑力显著增强。圆满完成中共十九大、“一带一路”高峰论坛等重大活动无线电、应急通信和信息安全保障工作。

（六）“放管服”改革深入推进。进一步精简职权事项，取消工业和信息化投资核准事项中的环评等前置条件。清理审批相关中介服务事项和涉及企业群众办事的各类证明，动态更新权力清单，大幅压减核准事项，全面梳理公共服务事项26项。落实国家相关税收优惠政策，为软件企业减免所得税37.57亿元。聚焦345家重点企业，组织“走基层、下企业、强服务”活动，协调解决困难和问题200余项。深入推进行政执法，市区两级执法工作均取得新突破。践行安全生产“一岗双责”，积极落实民爆、军工领域相关安全监管职责，加强工业和软件信息服务业领域安全生产指导，全系统安全责任意识和安全管理水平显著提升。

2017年的成绩既是大家一年来努力工作的结果，更是过去5年不懈奋斗的集中体现。5年来，在市委、市政府的坚强领导下，我们坚定不移推进全面从严治党，牢固树立新发展理念，深入落实首都城市战略定位和京津冀协同发展战略，大力推进疏解功能谋发展，加快构建“高精尖”产业结构，持续打造新型智慧城市，取得了历史性成就。

这5年，我们顺势而为，科学谋划，形成了全市经济和信息化转型发展的新战略。结合新要求，找准工作定位，调整工作重心，聚焦抓好战略布局、政策制定、标准创制和平台创建，实现战略转型。制定、发布《中国制造2025》北京行动纲要系列政策文件，出台“高精尖”产业发展系列指导意见，全面清晰回答了北京发展什么产业和如何发展的问题，向社会释放了北京要高质量发展的强烈信号，得到了各界空前的高度认可，形成了共谋发展的强大合力。制定疏解退出的2个“负面清单”目录和推动发展的2个“鼓励清单”目录，正式印发经济和信息化各领域“十三五”规划，基本完成新时期全市经济和信息化工作的顶层设计，形成了紧扣中心、适度超前，多层次、多维度、全覆盖的政策体系和工作机制。

这5年，我们主动担当，攻坚克难，打赢了产业疏解退出的新战役。科学把握“舍”与“得”的关系，把疏解作为发展“高精尖”产业的重大机遇，统筹推进一般制造业疏解退出、“散乱污”企业以及产业小区和工业大院清理整治。5年来，累计关停退出一般制造和污染企业1992家，初步测算，腾退土地约11平方公里，减少大气污染物年排放量约1.5万吨。2016年以来，牵头完成10671家“散乱污”企业清理整治工作。累计压缩水泥产能约500万吨，压减工业燃煤约400万吨，基本实现工业无燃煤，超额完成清洁空气行动计划的任务目标。

这5年，我们携手津冀，整体推进，构建了京津冀产业协同发展的新格局。坚持优势互补、互利共赢原则，以共建园区为重点，强化协同创新，推动京津冀三地产业整体升级。建立了京津冀产业协同发展工作机制，协助编制了石家庄（正定）中关村集成电路等产业发展规划，集中打造了北京（曹妃甸）现代产业发展试验区、北京·沧州生物医药产业园、北京·张北云计算产业基地、北京·滦南大健康产业园等一批共建园区，推动实施了生物医药和保健品产业异地监管等机制创新。海淀、丰台等区积极行动，与秦皇岛、保定等地共同打造了一批特色产业园。首钢、北汽、金隅等企业主动在津冀布局，充分发挥了产业辐射带动作用。京津冀产业协同从蓝图走向了现实。

这5年，我们与时俱进，锐意进取，开创了产业创新发展的新局面。把打造“高精尖”产业作为构建“高精尖”经济结构的主攻方向和突破口，推动成立市创新型产业集群与2025示范区建设专项办公室、市制造业创新发展领导小组等统筹工作机构，建立了全市工业和科研用地项目供地联审等工作机制，设立了“高精尖”产业基金等各类基金，全方位推动“高精尖”产业发展。创建了国家首批首个制造业创新中心，建设了10个市级以上产业创新中心，智能制造综合标准化项目在工信部立项数量连续3年全国第一。大力推动中小企业创业创新，深入实施北京市促进中小企业发展条例，中小企业发展全国领先。大力支持企业自主创新，集成电路、新型显示等重大科技项目取得突破进展，实现在世界上从跟跑、并跑到领跑的飞跃。北斗导航与位置服务芯片技术实现突破，02国家重大专项光刻机核心部件实现国产化，全球首个5G大规模天线设备研制成功，中芯北方12英寸生产线月产能达到2.8万片，京东方大尺寸面板市场占有率全球第一，义翘神州建成全球领先重组蛋白库。多项创新技术填补国内外空白，制造业与互联网深化融合发展，“高精尖”产业逐渐成为发展新动能。

这5年，我们高点定位，统筹推进，实现了新型智慧城市建设的新突破。立足破解“大城市病”、提升市民获得感、提高政府效率，深入实施智慧北京行动纲要、大数据和云计算行动计划等一系列政策措施，建成覆盖交通、人口、安全、环保、信用等各领域的全市统一信息化平台，建设了六里桥政务云，实施智能交通、大气污染监测、不动产登记等一批重大应用项目，加快了全市各类信息系统和公共服务数据整合汇聚，推出了“北京通”“法人一证通”等一系列便民惠企服务举措。完善全市信息基础设施，实现4G网络城乡全覆盖，完成铜缆网络光纤化改造，宽带平均可用下载速率提高3倍，累计在超过1000个公共场所提供免费无线上网服务。高标准完成城市副中心智慧城市规划和行政办公区信息化建设总体设计，加快推进行政办公区智慧应用工程。我市连续3年被评为亚太区领军智慧城市，首都之窗连续11年在政府网站绩效评价中排名全国第一。城市信用状况位列全国之首，海淀区成为全国信用试点示范城区。

这5年，我们从严从实，改革创新，取得了党的建设和自身建设的新成就。严格落实全面从严治党主体责任，切实提高政治站位，增强“四个意识”，深入推进党的群众路线教育实践活动、践行“三严三实”要求、推进“两学一做”学习教育常态化制度化，基层党组织建设和党员队伍建设不断加强。严明党的各项纪律，筑牢拒腐防变思想根基，严格落实中央“八项规定”，深入开展专项治理，着力强化正风肃纪。加强政务公开，主动接受社会各界监督，权力运行更加公开透明。聚焦中心工作，加强政策解读、新闻宣传和舆论引导，弘扬了主旋律，传播了正能量。围绕新形势新任务，主动调整内设机构和职能，坚持正确选人用人导向，持续优化干部队伍结构，加强培训教育，干部队伍业务素质和管理水平显著提升，全系统凝聚力、战斗力不断增强，整体面貌焕然一新。

这些成绩的取得，是市委、市政府正确领导和工信部精心指导的结果，是各兄弟委办局大力支持与帮助的结果，更是各区政府、开发区及广大企业共同努力的结果。在此，我代表市经济信息化委，对各界的支持和帮助，表示衷心的感谢和崇高的敬意！

同时，我们也清醒地认识到，工作中还存在一些不足。产业疏解与“高精尖”产业发展同步推进的格局还未真正形成，谋划利用腾退空间发展“高精尖”产业的步伐亟须加快，固定资产投资力度仍需加大。存量产业绿色化、智能化升级还要继续加快。三大科学城与各区之间的对接转化和利益共享等机制还有待健全，引导社会资本参与北京产业创新发展还不够，精准施策的水平还需要进一步提升。数据开放共享亟须突破，运用信息化手段提升城市精细化管理和服务民生水平仍需努力。对此，我们要坚持问题导向、目标导向，切实加以解决。

二、2018年重点工作安排

2018年是全面贯彻中共十九大精神开局之年，是改革开放40周年，是决胜全面建成小康社会、实施“十三五”规划承上启下的关键一年。中共十九大描绘了决胜全面建成小康社会、夺取新时代中国特色社会主义伟大胜利的宏伟蓝图，为新时代首都发展指明了方向。刚刚召开的我市“两会”提出了抓好“三件大事”，打赢“三大攻坚战”的艰巨任务。总的来看，北京正经历从聚集资源求增长到疏解功能谋发展的重大转变，加速进入“疏解”与“提升”、“减量”与“提质”并重的新阶段。北京不仅要发展，而且要高质量地发展，比历史任何一个时期，都要更加依靠创新发展，适应在资源环境硬约束下，实现发展动力转换、模式创新、水平提升。比历史任何一个时期，都要更加依靠信息化手段，适应信息时代科技变革的挑战，提升产业发展层次、城市治理能力和市民获得感。我们要增强责任感、紧迫感和使命感，把思想和行动统一到中央和市委、市政府的决策部署上来，着力抓好工作统筹，着力强化聚焦发展，着力推动改革创新，坚定不移加快疏解功能谋发展，坚定不移推进京津冀产业协同发展，坚定不移构建“高精尖”产业结构，坚定不移改造提升存量产业，坚定不移推动数据共享开放、建设好新型智慧城市，坚持一张蓝图绘到底，将经济和信息化发展提升到新高度、新境界、新水平。

今年全市经济和信息化工作的总体要求是：全面深入学习贯彻中共十九大精神，以习近平新时代中国特色社会主义思想为指引，牢固树立“四个意识”和“四个自信”，坚持稳中求进工作总基调，坚持新发展理念，按照高质量发展的要求，坚持以供给侧结构性改革为主线，认真落实市第十二次党代会的决策部署和新版城市总体规划，全力推动产业疏解实现新突破，“高精尖”产业实现大发展，信息化建设实现大提升。

全市经济和信息化发展主要预期目标是：保持经济平稳运行，规模以上工业增加值增长3.5%左右，软件和信息服务业营业收入增长11%左右。质量效益提高，规模以上工业全员劳动生产率提高3.5%左右，高技术制造业和战略性新兴产业增加值占比持续提高，万元工业增加值能耗下降2.5%左右，工业用新水零增长。“北京通”应用实现新突破，数据共享开放取得实质性进展。

2018年，我们要着重抓好以下工作。

（一）统筹疏解整治与提升，加快推进京津冀协同发展。

紧紧抓住疏解非首都功能这个“牛鼻子”，攻坚克难、持续突破，加快产业疏解退出，同时系统谋划、一体推进提升任务，在京津冀范围内持续优化产业布局，调整产业结构，营造产业发展良好环境。

加快产业疏解退出步伐。修订出台新版新增产业禁限目录，严格执行新修订的淘汰退出目录，确保不符合首都城市战略定位的工业行业和生产工艺按期退出。疏解退出一般制造业企业500家。会同市环保局，指导各区坚决依法清理整治“散乱污”企业，按照“先停后治”的原则分类处置，重点对污染较重的违法违规企业进行清理整治，实现“动态摸排、动态清零”。按照属地为主、层层落实的原则，加快推进清理整治镇村产业小区和工业大院。加强疏解整治与提升工作统筹推进，配合相关部门，研究腾退土地再利用政策和操作办法，坚持腾笼换鸟与筑巢引凤并举，促进产业转型升级。各区要进一步落实主体责任，细化工作方案，深入抓好落实。

健全协同发展政策机制。配合制订实施本市京津冀协同发展新3年行动计划，实施好关于加强京津冀产业转移承接重点平台建设的意见，落实京津冀全面创新改革试验方案，加强三地产业政策衔接。充分发挥市区两级统筹和京津冀三地产业协同发展机制，加强产业转移项目精准对接、统计监测和跟踪服务。聚焦京津冀产业转型升级，加快职业教育与产业融合发展，促进高技能人才联合培养和自由流动。总结前期经验，制订总体实施方案，深入推进京津冀联网智能制造工程。推动装配式建筑等产业在京津冀区域实现产能合理布局。全面推进北京优势产业、优势企业与河北、天津开展信用服务、中小企业等各领域合作，带动津冀重点区域实现产城融合。

加强产业园区共建。支持雄安新区发展高端高新产业，服务北京企业参与雄安新区基础设施建设，引导高端项目向城市副中心转移布局，推动雄安新区与城市副中心两翼联动。继续支持北京（曹妃甸）现代产业发展试验区建设，加快首钢京唐二期、金隅·曹妃甸协同发展示范产业园等项目建设步伐。推动北京·沧州生物医药产业园、北京·滦南大健康产业园、北京·深州家具产业园建设。促进产业对接合作，推动京津合作示范区发展。加快建设京津冀大数据综合试验区，促进北斗导航与位置服务产业联动发展。认真做好援藏、援疆、援青等对口支援工作，加强南水北调沿线及河北张承保地区的产业扶贫，推进京蒙、京沈、京赣产业合作，促进共赢发展。

（二）落实“高精尖”产业发展系列政策，对标国际一流构建“高精尖”产业体系。

坚持质量第一，效益优先，抓好“高精尖”产业发展系列指导意见的落地实施，加强统筹推进、集中布局，支持“高精尖”项目加快落地、“高精尖”企业做强做大。

推动全市产业统筹集中发展。探索建立全市产业项目落地统筹机制，加强对各区发展“高精尖”产业的跟踪评价。推动全市产业向重点园区集聚、重点园区向主导产业集聚、主导产业向创新型企业集聚。指导各区明确主导产业，精选1~2个重点产业领域精耕细作、精准施策，实现差异化、特色化发展。支持通州、海淀建设国家网络安全产业园，支持大兴建设高端医疗器械产业园，支持顺义打造航空发动机创新基地，支持海淀打造人工智能产业园，支持房山建设医工交叉科技园，支持平谷建设中华老字号食品产业园，支持西城建设信用产业园等，打造一批新型产业基地。

落实“高精尖”产业发展系列政策。认真贯彻实施新一代信息技术等 10 个“高精尖”产业发展指导意见，细化工作方案和责任分工，建立完善项目库和任务清单，积极引进一批“高精尖”新项目，加快推进中芯北方 14~28 纳米产线、新一代细胞免疫治疗等重点项目建设。会同市统计局、规划国土委、工商局等部门，科学设立单位产出效益、产业人口密度、研发投入强度和资源环境约束等产业指导标准，完善工业和科研用地项目供地联审工作规则，保障项目顺利落地；出台实施新兴行业登记指导目录，帮助符合条件的企业顺利注册。对标国内领先、国际一流，制订实施创新型企业培育壮大 3 年行动计划，支持一批行业领军企业、独角兽企业和隐形冠军企业发展壮大。抓住城市副中心、首都新机场建设和 2022 年冬奥会残奥会的历史契机，鼓励企业有针对性开发新产品、培育新市场，发展相关“高精尖”产业。继续办好世界机器人大会和国际软件产业博览会，吸引国际创新人才和“高精尖”企业在京集聚。

完善“高精尖”产业发展支撑体系。深化产融合作，与市科委、金融局等部门密切配合，实施好鼓励企业加大研发投入、上市融资、产业投资等一揽子政策措施，利用好全市科技创新基金，深化“高精尖”产业基金建设，在智能制造、人工智能等领域再设立一批子基金，吸引社会资本参与“高精尖”产业发展。指导各区利用好促进“高精尖”产业发展的用地、用房、人才服务等政策，抓住允许产业园区安排不超过建筑规模 15% 的配套功能、推行入园企业投资项目承诺制等重大利好，落实降低成本和企业减负措施，营造有利于“高精尖”企业落地发展的营商环境。同时，利用好促进工业和软件信息服务业平稳发展奖励资金，专款支持符合首都城市战略定位的骨干龙头企业坚定在京发展信心，加大创新投入，促进提质增效。各区要细化出台配套措施，形成支持“高精尖”产业发展的强大合力。

（三）深化融合发展，加快传统产业优化升级。

统筹推进两化融合、军民融合，深化质量品牌建设，加快推进存量企业转型升级，实现传统产业优化提升。

推动互联网、大数据、人工智能与制造业融合发展。制定发布关于进一步扩大和升级信息消费持续释放内需潜力的实施意见，培育新技术、新业态、新模式，发展壮大数字经济。深入落实制造业与互联网融合发展行动计划，建立市区协同工作机制，制订实施“贯标 100”“双创 100”“协同 100”“新供给 100”行动方案，推动 1000 家以上工业企业开展两化融合评估诊断和对标引导工作，大力推进工业互联网平台建设和工业技术软件化。

统筹推进军民融合和央地合作。抓住央企特别是国防科技工业混合所有制改革契机，促进“军转民”产业落地，探索“民参军”发展路径，推动在京央企、军企参与“高精尖”产业发展。深化央地在技术、资本、市场等方面的对接与合作，推动实施两机重大专项、深海装备创新中心等一批示范项目，促进中核、国电等企业在京发展新项目，支持航天科技、航天科工、中航工业等军工集团和在京央企建设特色产业园区，打造特色产业链集聚发展模式。

加快存量优势企业转型升级。健全工业大数据平台，全面梳理分析现有存量规模以上工业企业，实行分级分类管理服务。大力实施绿色制造工程，支持企业开展清洁生产和能源管理中心建设，实施一批绿色化技术改造项目，推动建设 10 家绿色工厂、2~3 家绿色园区，2~3 家绿色设计示范企业，持续构建绿色制造体系。制订北京智能制造发展行动计划，深入开展“智造 100 工程”，实施 20 个左右智能制造应用示范项目，打造 10 家以上智能制造标杆企业，培育一批智能制造系统集成解决方案供应商和装备供应商，推动制造业智能化转型升级。支持消费品工业“增品种、提品质、创品牌”，强化民生产品供给，振兴老字号品牌，研究构建首都食品产业的基础性保障体系，推动工艺美术产业跨界跨域融合发展，打造中国国际时装周等时尚品牌。

（四）深入推进创新驱动发展，提升产业创新发展水平。

落实好全国科技创新中心建设战略，以创新型产业集群和中国制造 2025 创新引领示范区为主平台，提升产业创新水平，推动形成“创新载体多、创新要素全、创新环境好、成果转化快”的全面创新发展格局。

打造创新型产业集群和中国制造 2025 创新引领示范区。深入落实“一区”建设实施方案，制定项目（任务）管理办法，确保完成年度 17 项重大项目和 16 项重大任务。深化研究“一区”产业布局规划，支持亦庄开发区、顺义区优化产业空间布局，加快创建中国制造 2025 示范区。支持亦庄开发区优化提升和扩大发展，统筹大兴区、通州区等空间资源，聚焦新能源汽车、新一代信息技术等千亿级产业集群，抓好中航智等重大项目落地，打造“高精尖”产业发展主阵地。

加快推动科研成果落地转化。加强城一区对接，探索建立创新型项目和科技成果的发现、跟踪机制，建立健全各区与三大科学城的对接转化和利益共享机制。会同市科委等相关部门，建设市级层面科技成果转化统筹协调与服务平台，实施好促进重大创新成果转化落地项目管理办法。在集成电路、生物医药、智能装备等领域搭建一批技术创新公共服务平台。积极推进北京生物医疗前沿科技园、北京航材院中试基地、北京光学系统公司等科技成果转化项目，抓好市场导入和产业化环节。支持各区完善科技成果转化配套条件，制定导向明确的鼓励政策，抓好中试、成果转化基地和配套服务能力建设。

大力抓好创新型中小微企业培育。落实好新修订的中小企业促进法。发挥本市中小资金和中小基金的引导作用，强化对创新融资、基金机构、中小服务机构等支持，拓展中小资金的支持领域，创新面向小微企业的金融产品和服务，缓解小微企业融资难、融资贵问题。持续提升中小企业公共服务平台网络的综合能力，强化中小企业公共服务平台和小微企业创新创业示范基地等载体建设，不断激发中小企业的创新活力。

构建具有国际竞争力的产业创新体系。抓好产业创新中心、企业技术中心、产业设计中心三大创新载体建设，修订出台北京市产业创新中心实施方案，进一步加强北京市企业技术中心建设实施方案，力争新创建 1~2 个国家级制造业创新中心、5 家左右市级产业创新中心、50 家企业技术中心、10 家市级设计中心和一批产业技术基础公共服务平台。积极推动国家智能网联汽车创新中心等机构落地建设，支持北京前沿国际人工智能研究院等机构建设发展。持续加强重点领域标准体系建设，鼓励企业参与国际标准创制，推动建立轨道交通测试标准、智能车联技术标准，填补行业标准空白。实施质量品牌提升计划，优化知识产权创制运营，在人工智能、大数据等领域组建专利联盟及专利池。鼓励支持企业响应“一带一路”倡议，加强国际合作，开拓海外市场。

（五）推进新型智慧城市建设，加强信息惠民服务。

着眼超大城市治理体系建设，运用新一代信息技术提升城市精细化管理水平和信息惠民服务能力，推动城市管理精治、共治、法治。

加快副中心智慧城市建设试点。着力推进城市副中心各项信息化设施、智慧城市工程项目落地，建设好移动公共服务平台、综合办公门户和物联网平台等重点应用工程。指导首批搬迁单位的信息化搬迁工作，保障各部门顺利搬迁入住。完善市级政务云总体布局，加快通州政务云建设，除特殊情况外，原则上各搬迁单位信息系统要统一迁移或备份到市级政务云平台，逐步形成以通州为主、六里桥为辅的保障格局。推进政务云技术规范建设，促进云服务的标准化。

加快推动以信息化助力城市精细化管理。落实好北京市政务信息资源管理办法，开展政务信息资源、社会数据的汇聚，大力推动系统整合和数据资源共享开放。组织实施北京大数据行动计划，建立集大数据汇聚、管理、应用和评估“四位一体”的长效工作机制，构建政府机构、社会企业、科研院校、研究机构相互合作的大数据生态体系。建设完善市级大数据平台，为大数据管理和共享开放应用提供技术支撑，实现政府、企业和社会数据的贯通和融合。配合相关部门，综合运用物联网、大数据等信息技术和法律、行政等配套手段，加快推进智能停车管理、大气污染区域联防联控联治、京津冀应急资源共享和灾害风险统一防控、城市网格化管理等创新应用，有力提升城市智能化管理水平。

持续推进信息惠民服务。加快“北京通”服务体系建设，升级上线“北京通”App 2.0 版，推动与医疗、民政等服务深度对接，年内新增发放多功能卡 200 万张，将“北京通”打造成为全市民生政务服务的窗口。加快网络提速降费，推动 5G 试点工作，继续在公共场所提供免费无线上网服务，实施电子政务网络升级改造，实现对工商专网和地税专网的整合，不断完善面向智能时代的信息基础设施。扩大“互联网 + 政务服务”统一认证覆盖范围，推进电子证照应用，对接网上服务大厅，推进一体化政务服务办理。搭建统一非税支付平台，配合市财政局，支撑市属高校住宿费学费在线统一缴费，支撑行业主管部门推进票据电子化，大力提升公共服务智能化水平，增强民众获得感。

加快社会信用体系建设。印发实施北京市社会信用体系 3 年重点工作任务，贯彻落实北京市公共信用信息管理办法。完善全市公共信用信息服务平台，加快推进公共信用信息归集、共享和应用，推进与重点行业和领域业务系统的对接。试点开展信用大数据创新应用工作，在交通、职业信用等领域实现突破，推动信用体系延伸到经济社会各领域。以信用修复为抓手，加强企业信用体系建设。推动个人信用评分工作，推进 14 类重点人群诚信领域的社会化应用。研究制定促进信用服务行业发展的政策措施，推进政府部门带头使用信用信息和信用产品，培育一批全国领先的信用品牌服务机构，促进信用产业发展。

做好网络安全、无线电监管和服务保障。推进建立信息安全多部门联合检查机制，强化安全风险通报，加强副中心信息化规划建设、政务云、大数据、工控系统等重点领域的网络安全服务和技术支撑。开展应急演练，确保全市重要政务信息系统和网站不发生重大信息安全事件。提前筹划冬奥会等重大活动无线电技术设施、信息基础设施建设，扎实做好无线电管理、应急通信和信息安全等各项服务保障工作。

（六）全面加强自身建设，为经济和信息化发展提供坚强保障。

深入学习贯彻中共十九大精神，用习近平新时代中国特色社会主义思想武装头脑、指导实践、推动工作，不断强化作风、提高本领，为各项事业发展提供坚强的组织保障。

深化全面从严治党。认真开展“不忘初心、牢记使命”主题教育，持续推进“两学一做”学习教育常态化制度化，提高思想政治水平。压紧压实党建主体责任，认真落实“一岗双责”，严格党内政治生活，抓好意识形态工作，强化党内监督。继续加强基层党组织和党员队伍建设，构筑坚强的战斗堡垒。坚定不移推进党风廉政建设，持之以恒正风肃纪，认真贯彻落实中央“八项规定”及其实施细则，坚持不懈改进作风，深化廉政风险防控，始终保持反腐败高压态势，保证干部清正、政府清廉、政治清明，推动全面从严治党向纵深发展。

加强工作统筹。紧跟市委、市政府的工作节奏和要求，站在全局谋划工作，在产业疏解、“高精尖”产业发展、数据共享开放等关键领域加大统筹力度，积极出政策、制标准、搭平台、优服务。调动各区、企业和社会各方面积极性，共同参与“高精尖”产业发展，对基层存在的瓶颈问题，企业反映的实际困难，主动担责，加强政策研究、跟踪服务和推动落实。加强宣传报道和舆论引导，组织好纪念改革开放40周年等重大活动、重大政策、社会热点的新闻宣传工作。

增强工作本领。推动高质量发展，迫切需要一支高素质专业化的干部队伍。强化质量意识，建立质量导向的工作机制，切实把高质量要求体现到工作的方方面面。提高创新能力，不断掌握新知识、熟悉新领域、开拓新视野，善于运用大数据、物联网等新技术推动管理创新。提高专业能力，培育专业精神，举办好推动高端产业发展等专题培训，进一步统一和提升全系统领导干部抓发展、促发展的思想认识和能力水平。弘扬工匠精神，组织开展第十八届工业和信息化职业技能大赛，培养壮大“高精尖”产业高技能人才队伍。提高开放能力，对标国际一流标准，关注世界发展前沿，学习借鉴国际大都市和发达省市经验做法，掌握产业发展特点和演进规律，提高制定政策、宣贯政策和精准施策的本领。

推进改革创新和依法行政。深化“放管服”改革，建立健全市区协同、标准规范的核准备案管理体系，打造新型信息化政府服务体系，形成信息共享、部门协同的事中事后监管体系。按照“立、改、废”并重，“近、中、远”相结合的思路，推进本市信用立法，推动信息化促进条例、中小企业促进条例等地方性法规修订工作。强化依法行政，加强产业疏解退出等工作的法律风险研判和防范，推动各项工作在法治轨道运行。深入做好法治宣传，加强行政执法。完善制度程序，强化重大决策制定、规范性文件出台的源头管理。对已经发的文件、立的项目、授的牌子，加强后续管理服务，切实发挥作用。

抓好安全稳定。保持战略定力，绷紧安全发展这根弦，处理好发展与稳定的关系，把握好工作节奏，做到既快又稳。进一步加强安全生产管理制度建设，完善“一岗双责”工作体系，落实民爆、军工领域相关安全监管职责，以及工业和软件信息服务业领域安全生产指导职责，督促企业落实主体责任，保障安全稳定。重大活动和节日期间，各单位一定要加强隐患排查和应急值守，确保万无一失。

同志们，新时代蓝图已绘就，新征程奋进正当时。我们一定要真抓实干，奋发有为，加快谱写经济和信息化发展的新篇章，为北京率先全面建成小康社会、建设国际一流的和谐宜居之都，贡献更大力量。

中关村发展“高精尖”产业的探索与实践

中关村科技园区管理委员会主任 翟立新

一、如何认识“高精尖”

首先，发展“高精尖”是落实习近平总书记重要讲话精神的要求。2014 年 2 月，习近平总书记视察北京，明确了北京作为全国政治中心、文化中心、国际交往中心、科技创新中心的城市战略定位，提出北京要加快构建“高精尖”经济结构，使经济发展更好地服务于城市的战略定位。2017 年 2 月，习近平总书记再次视察北京，指出北京疏解非首都功能，不是说北京不要发展了，北京要发挥科技和人才优势，实现创新发展，打造经济发展新高地。2017 年 9 月，党中央、国务院批复北京城市总体规划，指出要更加注重依靠科技、金融、文化创意等服务业及集成电路、新能源等高技术产业和新兴产业支撑引领经济发展，聚焦“三城一区”建设，发挥中关村国家自主创新示范区作用。遵照习近平总书记的指示精神，北京提出了发展“高精尖”产业的构想。

其次，发展“高精尖”是落实中共十九大精神的要求。中共十九大报告指出，坚定不移实施创新驱动发展战略，建设现代化经济体系，要深化供给侧结构性改革，推动经济发展质量变革、效率变革、动力变革，着力加快建设实体经济、科技创新、现代金融、人力资源协同发展的产业体系，促进我国产业迈向全球价值链中高端。北京发展“高精尖”产业，本质上就是深入贯彻落实中共十九大精神，贯彻新发展理念，结合北京实际率先建设现代化经济体系。

第三，北京发展的“高精尖”产业，要具备 4 个特征。立足首都城市战略定位，北京在疏解功能谋发展的背景下发展“高精尖”，必然要实现产业的高端化、服务化、集聚化、融合化、低碳化。一是科技含量高。科技是第一生产力，创新是引领发展的第一动力。一个地区要实现产业转型升级，根本出路在于科技创新，在于掌握关键核心技术。没有技术的“高精尖”，就没有产业的“高精尖”，技术突破是发展“高精尖”必不可少的基础和先导。二是经济效益好。要坚持质量第一，效率优先，走高效集约发展的路子，不断提高人均、地均产出水平。产业发展不能靠拼投资、拼资源、拼环境，也不应搞大而全，关键是要占据产业链的高端，占据“微笑曲线”的两端，占据附加值高的环节，这样的经济才有竞争力。三是带动作用强。北京发展“高精尖”产业，要带动产学研用融合创新，带动产业链上下游发展，带动民生改善和城市治理现代化，带动京津冀协同发展，乃至辐射带动全国产业升级发展。四是战略意义大。北京作为首都，作为科教智力资源最密集的地方，发展“高精尖”产业不仅是北京的事，还体现国家需要和战略目标，代表国家参与全球科技经济竞争、抢占制高点。北京要有落实国家意志和重大战略的责任担当，发展“高精尖”产业也不能仅仅从经济效益考虑，还要服从国家全局的需要。从这 4 个特征来看，北京发展“高精尖”，要提高站位，大力发展知识经济、服务经济、总部经济、绿色经济。

二、北京如何发展“高精尖”

北京发展“高精尖”产业，应做到“四个坚持”“四个融合”。

做到“四个坚持”：一是坚持技术先导。当今世界新一轮科技革命和产业变革蓄势待发，信息网络、人工智能、生物技术、清洁能源、新材料、先进制造等领域呈现群体跃进态势，颠覆性技术不断涌现，发展“高精尖”产业必须牢牢把握世界创新前沿趋势。二是坚持创业促进。创业的过程是促进人才、技术、资本和其他资源集聚，形成新企业、催生新产业，进而形成产业集群的过程。在这个过程中，企业成为创新的主体，大企业开放创新平台，与小微企业协同创新，传统产业实现优化升级。只有大力鼓励创业、支持创业、弘扬创业企业家精神，营造优良的创业生态，才能为“高精尖”产业发展提供源头活水和持久动力。三是坚持市场牵引。市场应用是创新的最大动力。发展“高精尖”产业需要政府规划和引导，但归根到底要靠市场的选择，靠市场需求的拉动，靠市场配置资源，靠市场竞争优胜劣汰。比如，人脸识别、无人驾驶等人工智能产业的发展就离不开应用场景。四是坚持优化营商环境。进一步降低创新创业成本，在土地、房租、税负等方面切实降低企业负担，加强对科技成果转化和初创型科技企业的支持，积极引进大企业研发中心和创新型企业总部，深化审批制度改革，推进“放管服”改革，加大简政放权力度，对新业态实施审慎监管、包容监管。

发展“高精尖”产业还应做到“四个融合”，就是联系北京的资源禀赋和产业基础，进一步做强长板。一是科技与经济融合。发挥北京科技创新优势，促进科技成果转化，打通从科技强到产业强、经济强的通道，加快培育信息、集成电路、生物医药、新材料、新能源、智能制造、节能环保等新兴产业。二是金融与实体经济融合。发挥北京金融产业优势，创新金融支持实体经济发展模式，支持银行开展质押贷款、投贷联动等业务，大力发展风险投资，完善多层次资本市场，促进新三板、北京四板改革创新，实现金融与实体经济互动发展。三是信息技术与服务业融合。发挥北京医疗、教育、旅游、商贸等优势，实施“互联网 +”行动，打造都市型现代服务业，重点发展现代交通、智慧医疗、智慧养老、网络教育、智慧旅游、高端商贸、电子商务、现代物流等产业，支持数字经济、共享经济、平台经济发展，使其不仅成为首都经济的重要支柱，也能有效解决城市管理问题，服务市民方便快捷的生活。四是科技与文化融合。发挥北京科技和文化资源富集的优势，大力发展动漫、影视、工业设计等高品质的文化创意产业。通过优势要素的组合，逐步形成以现代金融、高新产业、都市型服务业和高品质文化创意产业为支撑的现代化经济体系。

三、中关村的探索实践

中关村是我国第一个国家自主创新示范区和战略性新兴产业策源地。在 30 年的发展历程中，中关村始终秉承“发展高科技，实现产业化”的初心，推动科技与经济紧密结合，率先形成了创新驱动的引领型发展格局，为首都构建“高精尖”经济结构提供了强大动力和支撑。2013 年 9 月，习近平总书记在中关村主持中央政治局集体学习时强调，中关村已经成为我国创新发展的一面旗帜，面向未来，要加快向具有全球影响力的科技创新中心进军。中关村发展“高精尖”产业主要抓好 4 个方面工作。

一是抓科技成果转化。北京高等院校、科研院所、跨国公司等各类创新资源非常丰富，关键是要把资源优势转化为发展优势，把科技成果转化为现实生产力。为此，我们深入实施国务院支持的科技成果“三权”改革、股权激励、科研项目经费管理、高新技术企业认定等“1+6”“新四条”系列先行先试政策。推动出台实施“京校十条”“京科九条”等市级政策。2011 年至 2014 年，技术转让（成果处置）项目累计 1756 项，收入约 116.5 亿元。截至 2015 年，105 项国有企业、高校和科研机构的激励试点方案获批，通过股权奖励、股权出售和科技成果入股等方式，405 名科研和管理人员获得股权，激励总额约 2.25 亿元，人均 55.4 万元。

二是抓创新创业生态。中关村新兴产业快速发展，主要得益于形成了良好的创新创业生态。这一生态由创新政策、科技企业、创业人才、创业投资、高校院所、孵化服务等六大要素组成，为创业提供了肥沃土壤。中关村有 2 万多名天使投资人、870 多家知名创业投资机构，投资金额及案例均占全国 1/3 以上。有近 100 家创新型孵化器、29 家大学科技园、500 多家产业联盟和社会组织。中关村有高新技术企业近 2 万家，涌现出了百度、联想、京东、小米、滴滴、紫光等一大批领军企业，其中，独角兽企业 67 家，占全国一半左右，是全球仅次于硅谷的独角兽最密集区域。今年 1 月至 10 月，新设立科技型企业 2.4 万家，日均创办 80 家，全国 42.9% 的人工智能创业公司在中关村创办，创新创业保持了高度活跃的态势。

三是抓高端人才集聚。人才是第一资源。中关村不断深化人才特区建设，通过实施“千人计划”“海聚工程”“高聚工程”，加强对高端人才支持服务。目前，有两院院士 764 人，约占全国的 48%；聚集“千人计划”人才 1188 人，占全国 20%；有北京市“海聚工程”589 人、中关村“高聚工程”292 人（团队）。在公安部支持下，试点实施 10 项出入境政策措施，对中关村外籍高层次人才、创业团队外籍成员和外籍技术人才等 4 类群体进行支持，已有 313 名外籍人才通过“绿卡直通车”政策拿到了永久居留证。出台支持青年创业人才的若干措施，形成了以 90 后创业者、连续创业者、领军企业骨干创业者、留学归国创业者为代表的 4 支创业大军。

四是抓新兴产业培育。我们坚持做“菜心”，对前沿项目从挖掘、创业孵化、落地服务、投融资等方面提供全链条支持。实行“一产一策”，制定实施人工智能、大数据和云计算、集成电路、智能制造、生物医药等产业促进政策。近期，我们印发了《人工智能产业培育行动计划（2017—2020 年）》，着力突破 5 类关键核心技术、建设五大开放创新平台、开展 6 项行业应用示范、实施 6 类政策，全力构建全球顶尖的产业生态。实行“一企一策”，推进实施中关村领军企业创新升级领航计划，打造航母型科技企业。实行“一类一策”，制定支持科技型小微企业研发补贴、瞪羚企业、金种子企业创新发展等政策措施。近年来，中关村企业累计创制发布标准 6605 项（国际标准 229 项），拥有有效发明专利 7.7 万件，在人工智能、移动互联网、高端显示等领域逐步掌握国际话语权。

中关村发展“高精尖”产业取得了明显成效。2016年，中关村示范区企业总收入4.6万亿元；实现增加值6254.1亿元。今年1月至10月，规模以上企业总收入3.7万亿元，同比增长14.8%，预计全年超过5万亿元。形成了电子信息、高端装备制造、生物医药、新材料、环境保护、新能源与节能等六大产业集群，新一代信息技术、节能环保产业规模均占全国1/10。同时，前沿技术研发、商业模式创新和科技金融创新相结合不断催生新技术、新模式、新业态，制造业与服务业融合发展，中关村成为首都构建“高精尖”经济结构的主阵地和排头兵。

中共十九大对建设创新型国家做出了重要部署，提出创新是引领发展的第一动力、是建设现代化经济体系的战略支撑。当前，北京正处于从高速增长向高质量发展转型的关键时期，科技创新引领作用将进一步凸显。北京市将出台10个支持“高精尖”产业发展的政策，设立千亿规模的科技创新基金，并在鼓励投资、土地高效利用、人才引进等方面制定配套政策，加快发展“高精尖”产业。面临新要求，肩负新使命，中关村要有新作为。下一步，我们将以中共十九大精神为指引，深入落实市委、市政府决策部署，努力当好创新发展的旗手，当好科技体制改革的试验田，当好“高精尖”产业的主阵地，到2020年率先建成具有全球影响力的科技创新中心，进而加快建设世界一流的科技创新中心，为国家实施创新驱动发展战略不断发挥示范引领作用。

（摘自2017年12月8日在“创新北京”国际论坛上的演讲）

以高质量发展引领电子信息产业转型升级

北京电子控股有限责任公司董事长 王 岩

“我国经济已由高速增长阶段转向高质量发展阶段”，中共十九大做出的这一重大判断，在2017年年底召开的中央经济工作会议上进一步明确为新时代我国经济发展的基本特征。中央经济工作会议指出，推动高质量发展，是保持经济持续健康发展的必然要求，是适应我国社会主要矛盾变化和全面建成小康社会、全面建设社会主义现代化国家的必然要求，是遵循经济规律发展的必然要求；强调高质量发展，就是能够很好满足人民日益增长的美好生活需要的发展，是体现新发展理念的发展，是创新成为第一动力、协调成为内生特点、绿色成为普遍形态、开放成为必由之路、共享成为根本目的的发展。我国经济发展定位、发展方式和发展路径的变化，必然会传导到微观经济主体。

北京电控作为以电子信息为主导的市属高科技产业集团，经过多年改革发展，整体上呈现出量增质优的良好态势，2017年实现了营收超千亿、利润过百亿的历史性飞跃，全面超额完成与市国资委的签约指标，提前3年完成了“十三五”规划主要经济指标，为首都国有经济发展做出了积极贡献。面向未来，围绕助力首都建设全国科技创新中心、构建“高精尖”产业结构，着眼于打造具有全球影响力、国内领先的电子信息产业集群，北京电控必须把推动发展的主要着力点转向高质量发展，既要注重量的发展，更要重视质的提升，在质的大幅提升中实现量的有效增长，着力在转型发展、创新发展、融合发展、开放发展上下功夫，构建内涵集约、创新驱动、融合协同、开放共享的新格局。

第一，坚持转型发展，提升高质量发展水平。

转型升级是企业塑造竞争优势、优化资源配置的过程，是实现内涵集约发展的重要途径。中央经济工作会议明确指出，高质量发展就是从“有没有”转向“好不好”，本质上就是全面协调可持续的发展。北京电控强调的高质量发展，就是由过去注重规模速度向追求质量效益转变，实现由外延粗放向内涵集约发展转型，真正体现有核心竞争力的发展、有经济效益的发展、健康可持续的发展。更加注重提高产业的核心竞争力。高度关注全球市场需求变化和技术发展趋势，加大战略性、前瞻性技术的创新投入，抢占竞争制高点，构建可持续发展优势，有效规避新技术、新模式带来的颠覆性风险。更加注重提高资源的价值创造能力。牢固树立价值思维、效率导向，建立对企业集约利用资源的考核评价机制，把考核的重点放在人均效益、地均产值和科技贡献率上，引导企业树立高效运用资源的意识，克服跑马占地、不计资源成本的做法。更加注重提高企业的经济运行质量。着眼于全面提质增效，以提高归属母公司的净资产收益率为核心，实施“控杠杆、降应收、去库存、压费用”行动计划，有效控制经营风险；优化经营管理格局，在降低采购成本、物流成本、人工成本和融资成本上下功夫，打好“降本增效”的组合拳，不断提高毛利率水平。

第二，坚持创新发展，增强高质量发展动力。

中共十九大指出，创新是引领发展的第一动力，是建设现代化经济体系的战略支撑。北京电控实现高质量发展，必须把创新摆在发展全局的核心位置，坚持科技引领、创新驱动的发展理念，全方位推进科技创新、商业模式创新、治理体系创新和体制机制创新，加快形成以创新为主要引领和支撑的发展体系，使创新成为高质量发展的新引擎。着力推动科技创新。围绕满足市场需求，保持稳定高强度的科技投入，拓宽产品线和应用面，不断扩大市场占有率；瞄准人工智能、5G和量子通信等新兴产业领域，加强对下一代技术、颠覆性技术的研发布局，实现技术和产品的战略卡位。着力推进商业模式创新。深入挖掘市场需求，拓宽增值服务内容，积极探索新的经营模式，产品制造业务要由提供单一产品向提供整体解决方案转变，现代服务业要由提供单一服务向提供平台服务转变。着力推进治理体系创新。不断完善现代企业制度，推进法人治理规范运作，持续加强内控体系建设，建立完善全级次的内控管理制度，理顺母子公司管理架构，调整优化总部和企业的管理权限，形成灵活高效的市场化经营机制。着力推进体制机制创新。围绕深化国企改革，鼓励支持企业引入战略投资者实施多元化改造，推动产业实现资本证券化，提高资本实力和融资能力；探索搭建电控产业发展平台，推进一级企业的股权多元化改造，创造条件实现整体上市。

第三，坚持融合发展，拓宽高质量发展领域。

融合协同是经济全球化的显著特征，也是提升产业核心竞争力的关键支撑。在互联网经济时代，产业和行业之间的边界变得越来越模糊，跨产业、跨行业、跨所有制的融合发展成为必然趋势。北京电控实现高质量发展，就是要顺应融合发展的新趋势，有效整合并优化配置资源，推动产品、技术和资本的深度融合、协同互动，拓宽产业发展的深度和广度，培育产业发展新优势。持续推进软硬融合、跨界融合发展。着眼于提高产品的附加值，推动产品制造的服务化转型，实现由传统制造型向创新服务型企业转变；以市场需求为导向，推动服务业务的产品化，创新增值服务内容和形式，不断提升现代服务业的品牌价值和增值收益。深入推进系统内部产业协同。充分发挥半导体显示、集成电路和新能源动力电池等重点产业、重大项目的辐射拉动作用，以其市场资源带动相关产业快速发展；同时促进配套企业提高技术创新水平和综合竞争力，强化市场资源获取和产业配套能力，形成协同发展效应。积极推进产业与资本融合发展。充分发挥上市公司的平台优势，采取收购兼并方式，整合国内外优势产业资源，快速提升产业的规模效益；搭建电控产业投资平台，利用产业资本吸引撬动各种社会资本，以市场化方式发起设立产业投资基金，围绕电控重点发展的产业链上下游进行股权投资，培育支撑电控未来发展的新项目新产业。

第四，坚持开放发展，扩大高质量发展空间。

中共十九大报告指出，开放带来进步，封闭必然落后。当前，科技革命和产业变革日新月异，新技术、新业态、新模式层出不穷，如果不以开放的姿态去认识和把握产业的变化趋势，将难以赶上新时代的步伐。北京电控实现高质量发展，就是要根据电子信息产业全球化竞争的特点和规律，加快转变思想观念，构建开放创新、开放经营的理念，在更大的视野、更宽的领域内整合配置利用资源，持续提升产业的核心竞争力。注重转变观念，拓宽发展视野。以全球视野谋划和推动发展战略，敢于参与国际合作和竞争，充分利用国际国内两个市场，拓宽发展空间，以开放促改革促发展；对标先进，深入剖析行业领先企业的发展模式和成功经验，学习借鉴国外先进的经营管理理念、方法和工具，提高企业现代化经营管理水平。加强与外部资源的整合，提升综合竞争力。围绕首都支持扶植的重点产业，发挥电控技术和市场资源优势，培育打造符合电控战略定位的新产业；充分利用企业空间和品牌资源，搭建开放式的创新创业平台，聚集处在行业技术前沿的创新企业和团队，培育轻资产、高附加值的新项目。积极争取政策支持，促进产业规模化发展。深入研究国家、北京市对新一代信息技术、集成电路和节能环保等战略新兴产业的支持扶植政策，积极争取各方支持，发挥政策资源对产业发展的促进作用。

高质量发展是一个复杂系统工程，不是轻轻松松就能实现的，需要协同各方力量，在转型发展、创新发展、融合发展、开放发展上持续发力，久久为功。同时，要创建和完善有利于高质量发展的制度环境，加快制定相应绩效指标体系和考核评价体系，推动北京电控在高质量发展上不断取得新突破。

（北京电子控股有限责任公司供稿）

深入学习贯彻中共十九大精神
在新的历史起点上加快首钢转型发展

首钢集团有限公司董事长　靳　伟

首钢集团有限公司董事长　靳　伟

2017年是首钢在转型发展新的长征路上攻坚克难、砥砺奋进的一年。面对我国经济发展新常态等一系列深刻变化，面对艰巨繁重的改革发展任务，集团党委牢固树立“四个意识”，贯彻新发展理念，保持战略定力，深化改革创新，带领广大党员和干部职工，打好健全管控体系、提升管理能力攻坚战，各方面发生了深刻变化。集团全年营业收入1857.85亿元，搬迁调整以来首次实现当期土地成本不再累积，同时解决部分历史遗留问题后赢利20.17亿元，交出了一份提气的成绩单。

一、坚持党建统领，强根固魂开拓新境界

首钢把学习宣传贯彻中共十九大精神作为政治任务，将功夫下在不断增强对习近平新时代中国特色社会主义思想的思想自觉和行动自觉上，将功夫下在两个“一以贯之”的有机统一上，把方向、管大局、保落实的工作更深入、体系更健全、作用更有力。

提高政治站位贯穿始终。以“看北京首先要从政治上看”的要求检验思想行动，思考问题、谋划工作，首先以习近平总书记两次视察北京重要讲话精神为根本遵循；党性锻炼、能力建设，首先在讲政治上有更高标准、在“四个意识”上有更严要求；落实供给侧结构性改革、北京城市新总规、京津冀协同发展、筹办冬奥会等重大决策部署，首先从国企政治功能找准首钢担当。全集团党员干部自觉把讲政治贯穿于改革发展全过程，把自己摆进去，把责任担起来，不断在正确方向上行稳致远。

加强理论武装贯穿始终。喜迎中共十九大胜利召开，组织万名职工收看开幕会，请中央宣讲团成员做辅导，中共十九大代表刘宏、王勇、丁宁进机关、到厂矿、入班组，带着责任和使命，积极当好宣传员。举办学习贯彻中共十九大精神领导人员研修班，集中精力深入学，领导干部深入基层带头讲，基层党员带动群众认真学，努力做到学懂弄通做实。党委中心组全年集中学习22次，坚持举办青干班和海外研修班等深入人心，长钢、实业等单位自觉开展了多种形式的干部培训。坚持“热行动”与“冷思考”相结合，强大理论武装成为转型发展的精神力量、攻坚克难的锐利武器。

落实党建责任贯穿始终。制定党委常委会带头落实全面从严治党主体责任的实施意见，将党建工作总体要求纳入公司章程，修订议事规则、“三重一大”决策制度，重大决策前置党委会审议，全年召开常委会16次审议110项议题，其中党建议题60项，占54.5%。坚持问题导向，梳理党建工作重点纳入专项计划，健全基层党建工作责任体系，修订17个党的组织专业制度，确定党群系统领导人员配备原则，层层压实管党治党责任。加强对意识形态工作的领导，制定职工思想动态工作管理办法等制度，改进媒体传播方式，强化舆论引导。深入推进“两学一做”学习教育常态化制度化，开展党支部规范化建设试点，京唐炼铁作业区党支部“党员领跑计划”、首秦炼钢连铸党支部“我的设备我做主”等活动各具特色，建设坚强有力的战斗堡垒变成了更鲜活的实践。

推动监督落实贯穿始终。监督工作联席会形成“9+1”工作模式，服务型、预防型监督机制逐步完善。严管与厚爱相结合，加强谈话函询，综合运用“四种形态”，强化党内监督执纪。加大力度推进市委巡视反馈问题整改，7个方面20个问题中18个已完成整改，2个持续整改。市审计局审计问题整改完成率100%，首钢内审问题整改完成率96.8%，首钢内部

监督检查发现问题整改完成率99.4%。首钢落实党风廉政建设责任制情况在市委和市国资委检查考评中连续3年名列前茅。集团获“全国内部审计先进集体”。

二、坚持保生存、求发展，久久为功开创新局面

首钢把稳中求进的总基调坚决落实到各项工作中，稳就是保生存、进就是求发展。没有因市场好转、经营向好而放松战略定力，始终保持发展思路的稳定性、改革措施的持续性、工作内容的延续性，一锤接着一锤敲，实现量变积累。

钢铁业在保生存中“稳”更有耐力。坚持“三个跑赢”“双百工程”等13项专题攻关进步明显，与先进企业对标，生铁成本缩差47元，钢材单利缩差98元；与市场趋势对表，原燃料采购、钢材销售跑赢同行；与自身短板对照，吨钢挖潜增效93元。高端领先产品首次突破600万吨，2项电工钢产品全球首发，7项新产品国内首发，京唐形成成套铁素体轧制技术，股份3号转炉全炉役碳氧积行业领先，最高等级1000千伏特高压变压器用钢批量供货，千兆级超高强汽车板成功下线。成为宝马、吉利、北汽、长城等第一供应商，家电板、桥梁钢、车轮钢国内占有率第一，汽车板、电工钢占有率第二，镀锡板实现高端客户全覆盖。钢铁产品正以“超凡的强度、海洋的深度、现代的速度、服务的热度、安全的力度”遍布各个领域，“蓝鲸1号”钻井平台、高铁制造、世界第一高桥等一批重大工程牢牢打上了首钢印记。股份公司强化板块管理协同，总结推广首秦基层改革创新、长钢铁前一体化管理等典型经验，取得较好成效。坚持把认准的事做到位，水钢、长钢持续深化内部改革力度最大、红利最大、变化最大，创出了近年来的最好效益，打了一场漂亮的翻身仗，在当地为首钢赢得了满满正能量。今天首钢钢铁业发生了明显变化，我们承认市场帮忙，但更认同“自助者天助之，自弃者天弃之”。

园区开发在求发展中“进”更有作为。市委、市政府高度重视，召开市新首钢领导小组第四次会议，明确功能定位、发展思路、路线图和时间表，实现了质的突破。园区开发厚积薄发，北京园区规划获英国皇家城市规划学会颁发的“国际卓越规划奖”，获国际绿色建筑大会“绿色建筑先锋大奖”，获住建部“中国人居环境范例奖”。北区和东南区控规调整获得批复。完成西十筒仓区域10万平方米工业遗存改造，启动冬运中心训练基地建设，争取了单板大跳台项目落户，贴心的服务满足了冬奥组委需求。国际奥委会主席巴赫称赞“北京首钢园区工厂改建是奇迹，将让人们记住首钢、北京和中国的一段历史，希望如果大家有时间，一定要去北京看看”。一张熠熠闪光的“金名片”吸引了世界目光，首钢园区成为世界的亮点和热点。曹妃甸园区协同地方政府加大招商力度，签约23个产业项目，总投资247亿元。先行启动区基础建设、配套生活设施等方面取得了重要进展，曹妃甸新城被动式住宅被住建部评为“十大绿色科技示范项目”。

城市服务业在求发展中“进”更有亮点。鲁家山二期工程按照欧洲超净工厂标准设计，打造国内环保产业新标杆，可复制可推广取得积极进展。静态交通产业第二代公交车立体车库研发成功，3种自行车停车库正在技术定型和市场推广，探索收购国外顶级停车管理公司。首自信成功中标北京城市副中心行政办公区综合管理服务平台项目。首建获住建部“国家装配式建筑产业基地”第一批示范。海外院士专家北京工作站正式落户，国家体育产业示范区建设正在积极推进。创业公社服务企业超过1万家，成为国家“双创”优质平台。“老年福”养老模式得到民政部高度认可，一耐养老项目获得世行支持。城市服务业瞄准满足人民日益增长的美好生活需要，增品种、提品质、创品牌，首钢转型发展在努力探索中不断前行。

战略执行在求发展中“进”更有突破。保持战略定力，围绕“十三五”规划，一步一个脚印抓落实。以战略规划为导向的经营计划管理体系初步形成，经营计划、财务预算、专项工作3方面组成的“1+1+N”工作条块清楚、互相支撑、紧密衔接。52家单位执行第一个3年任期目标，措施不松劲，敢啃硬骨头，交出了一份满意的答卷。评分在良好以上的单位占94%，评分在良好以上的指标占89%。中长期激励机制引导各单位目标追求注重战略性和长期性，软硬实力注重指标约束性和挑战性。目标追求与激励机制不再是“两层皮”，“言必行、行必果”不再是说多做少，大家的付出不断厚积为解决企业发展难题的实效。

三、坚持改革创新，干事创业迸发新活力

首钢把向改革要活力、向创新要动力进一步做实，全面发力、多点突破、压茬拓展，为转型发展注入源源不竭的动力，同时基层的积极参与和生动实践更坚定了集团的信心。

健全现代企业制度不断深入。常委会、董事会和经理层自觉把自己摆进去，一级带着一级干，一级做给一级看。抓住公司制改革最后的窗口期机遇，统筹解决资产评估、账务处理、税收筹划等一系列重大问题，为轻装上阵奠定基础。舍得花时间和精力在基

础管理工作上下笨功夫、干苦活，权力清单、规章制度、风控手册协调统一，分层授权治理体系日渐清晰，多做不显眼的工作、多做领导看不到的工作、多做短期内不易出成绩的工作，逐渐形成氛围。“三创”交流会使“九个管理能力”建设形成共识，《绝境求生》引发强烈共鸣。集团第一次实行无会周，得到基层干部充分认可。北京市颁发《首钢深化改革综合试点方案》，首钢改革再次迎来了新的里程碑，大家对下一步深化改革充满期盼。

释放市场主体活力不断深入。敢于打破原有利益藩篱，敢于在更深层次上破题，在“变”上发力，在“快”上见功，改革创新成为首钢实现转型发展的治企之方、兴企之举。完善集团薪酬分配激励机制方案，初步建立职工收入与企业效益效率、领导人员收入与在岗职工收入双挂钩机制，充分下放考核分配权。坚持分类指导，股份和京唐打通“三支人才队伍”通道、技研院强化科研人员价值导向、人才院鼓励社会创收、水钢和长钢销售激励政策等起到了明显效果。房地产公司内生求变，建成4个管控中心，改革干部任用机制，建立项目全周期绩效考核激励机制，激发了团队干事创业的活力，贵钢老厂区开发实现良好开局。首建投公司在选人用人上实行全体“起立”、择优“坐下”，实现了人员“能进能出”，职务“能上能下”，收入“能增能减”。集团上下对政策最能产生红利的认识不断深化。

激发基层创新活力不断深入。注重上下互动的全员参与，共同为改革想招、一起为改革发力，基层创新不断落地生根开花结果。首秦基层改革等鲜活经验不断涌现，各单位在学习中不断创造，创新创业氛围不断形成。股份创业中心打造转型增效“孵化器”，转岗职工用“四进霸州”“网络竞拍师”等创新故事，诠释了“闯过去前面又是一片天”。矿业职工创新工作室“一群人、一件事、一起拼、一定赢”，创新力量不断迸发。中宣部“砥砺奋进的五年大型成就展”、央视《将改革进行到底》《还看今朝》等，精彩展现了首钢基层创新的成果。一年来基层职工把创新答卷扛在时代担当里，写在工作坐标中，刻在新长征路上，大家对进一步激发基层创新活力更加自觉。

四、坚持更全面更协调更可持续，治企兴企迈上新台阶

首钢坚持实事求是，一切从实际出发，把更全面更协调更可持续的工作思路转变为实践的积极探索，视野更宽、办法更多、工作更实，进一步提升了对治企兴企的规律性认识。

在谋划工作上更全面。全面预算管理体系进一步完善，从业财一体化入手，构建“1+14”会计制度体系，初步实现了全集团一本账；在3张表上下功夫，强调把一切经营活动的结果体现在财务账上，提升了财务驱动力。初步建起了全口径全要素人工费用预算管理体系。坚持领导负责、业务驱动和流程优化，8个重点流程信息化项目全面推进。坚持正确的用人导向，牢牢把握“着眼未来、搭好梯队；业绩突出、群众认可；知人善任、用人之长”，9月份多角度大范围交流调整干部涉及23家单位57人，一并解决了新老交替、领导缺岗、优秀人才培养等问题。对领导人员兼职进行规范清理。年度集团领导班子民主测评结果是近几年最好的。

在治企有方上更协调。创业公社、垃圾发电、立体车库、钢结构等互相拉动更进一步，成为抢占市场的组合拳。唐山地区钢铁检修力量、物流运输、计量数据、原料串换等协同更进一步。以北京园区建设为平台，规划、设计、建设及运营等管理融合更进一步。敢于直面境内外资本市场，成功发行60亿元非公开可交换债、境外4亿欧元和4亿美元低成本债券，香港上市公司完成供股融资并启动资产重组，产融结合更进一步。基金公司夯实基础，积极布局停车、医疗、体育及供应链金融等领域；财务公司日均存款、贷款能力、财票推广和金融资质等明显提升，服务转型发展更进一步。

在兴企有为上更可持续。3年来共转型分流6.8万人，钢铁实物劳产率提高60%，呈现出职工人数和人工费双下降、职工收入和劳产率双上升的良好势头。通过“一拉一推”同时发力，完成企业退出27家，闭合“失血点”23项，瘦身健体成效显著。鼓励各单位利用经营成果18.1亿元处理历史遗留问题，减轻了包袱积攒了底气。上下一心，敢于担当，“疏解整治促提升”成效显著，解决了一大批矛盾突出的历史遗留问题。主动运用法律手段处理合同纠纷，为集团挽回重大损失。平稳有序推进“三供一业”分离移交和退休人员社会化管理。主动落实“2+26”环保政策，持续实施绿色行动计划，首钢环保品牌形象在京津冀区域发挥了榜样效应。

五、坚持以人为中心，凝心聚力展现新面貌

首钢深入践行以人民为中心的发展思想，在培养人、关心人、爱护人上下功夫，在凝心聚力上下功夫，画好同心圆，砥砺共奋进。

厚植人才优势。聚集一流人才干成事不断深化，持续实施高端人才素质提升工程，选派优秀科技人员赴国内外知名院校进修深造。扩大职业经理人试点范围，紧缺人才引进取得突破。加强干部交流和梯队建设，26 名“70 后”担任主要领导职务。落实新时期产业工人队伍建设改革方案，全年培训 2 万人次；加强专家技术带头人队伍建设，评选表彰第八批“首钢技术专家”39 人、“首钢技术带头人”52 人；举办首钢工匠创新能力提升班、技能操作专家创新能力研修班和技能大师工作室研修培训班；支持产业工人参加国际技能交流，首秦刘少鹏、果志伟，京唐王海龙在中德“北京·南图林根”焊接对抗赛中喜获佳绩。领导干部主动当好“后勤部长”，为人才成长营造了良好环境。

弘扬首钢精神。企业文化建设不断深化，集团获中国企业“品牌文化建设十大典范组织奖”，京唐公司获“全国文明单位”。各项主题活动不断出新出彩，把话筒交给职工，组建职工宣讲团深入基层，各单位深入开展“首钢人的故事”宣讲活动，436 名职工走上讲台，536 场活动直接受众达 4.3 万人；把舞台交给职工，由职工自导自演的《长征组歌》巡回演出 17 场，2 万余名职工、家属及当地群众观看，组织“砥砺奋进心向党、颂歌喜迎十九大”职工文艺会演；把创作交给职工，大型产业工人题材原创话剧《实现·突围》不断打磨，演出得到全国总工会充分肯定；把荣誉授给职工，全国“五一劳动奖章”获得者刘李斌、“全国百姓学习之星”马著、“首都市民学习之星”王文超、“国企楷模·北京榜样”吴礼云等一大批先进人物，成为践行首钢精神的优秀代表。基层的精彩更鲜活，基层的声音更响亮，基层的典型更光荣。

加强群团工作。发挥群团组织桥梁纽带作用不断深化，推进集团型职代会改革试点工作，获“全国厂务公开民主管理示范单位”。推选刘宏、马志伟等一线职工在群团组织兼职。加强基层团组织建设，20 家基层团组织完成换届改选，召开首钢十六次团代会，选举产生新一届首钢团委。开展“走好首钢新长征、绽放青春勇担当”主题实践活动，评选出 100 名首钢最美青工。集团获“全国群众体育先进单位”。修订完善制度，提高帮困标准，走访慰问 1.7 万余人次，筹集拨付送温暖资金 1026 万元。各单位坚持为职工服务，进一步改善了工作和生活环境。集团在岗职工收入随效益增长，增强了改革的获得感，进一步激发了攻坚克难的劳动热情。

在首钢的历史坐标上，2017 年是极不平凡的一年，是转型发展卓有成效的一年。成绩的取得，是党中央、国务院和市委、市政府亲切关怀、大力支持的结果，是集团党委坚强领导的结果，更是全体党员和干部职工共同奋斗的结果。

（摘自 2018 年 1 月 19 日中共首钢第十八届委员会第三次全体（扩大）会议报告）

深入学习贯彻中共十九大精神　努力开创改革创新发展新局面

北京一轻控股有限责任公司董事长　苏志民

一、深刻领会中共十九大主题，坚定不移走中国特色社会主义道路

中共十九大的主题，鲜明回答了我们党在新时代，举什么旗、走什么路、以什么样的精神状态、担负什么样的历史使命、实现什么样的奋斗目标等重大理论和实践问题，表明了我们党坚定不移走中国特色社会主义道路的坚强决心和信心，对我们党带领人民奋发图强、开拓前进具有十分重大的意义。

旗帜引领方向，道路决定命运，道路问题是关系党的事业兴衰成败第一位的问题。一个国家的发展道路合不合适，只有这个国家的人民才最有发言权。正是沿着中国特色社会主义道路，近代以来久经磨难的中华民族实现了从站起来、富起来到强起来的历史性飞跃。我们必须进一步增强道路自信、理论自信、制度自信和文化自信，牢牢把握这个主题，始终高举

北京一轻控股有限责任公司董事长　苏志民

中国特色社会主义伟大旗帜，永远把人民对美好生活的向往作为奋斗目标，以改革创新、奋发有为、攻坚克难的精神状态，不断开辟新境界，创造新辉煌。

二、深刻领会中国特色社会主义进入新时代的重大政治论断，以首善标准创造一流的工作业绩

中共十九大报告指出："经过长期努力，中国特色社会主义进入了新时代，这是我国发展新的历史方位。"

中共十八大以来，以习近平为核心的党中央科学把握当今世界和当代中国发展大势，顺应实践要求和人民意愿，举旗定向，谋篇布局，统筹推进"五位一体"总体布局，协调推进"四个全面"战略布局，提出了一系列新理念新思想新战略，党和国家事业取得了历史性成就、发生了历史性变革，中国特色社会主义进入了新时代。

中国特色社会主义进入了新时代，对中华民族具有特殊重要意义，意味着这个近代以来饱受磨难的民族迎来了从站起来、富起来到强起来的伟大飞跃，迎来了实现伟大复兴的光明前景；对科学社会主义具有特殊重要意义，意味着具有500年历史的社会主义主张在世界上人口最多的国家得以成功证明，在21世纪的中国焕发出强大生机活力；对世界政治具有特殊重要意义，意味着发展中国家走向现代化的途径得以拓展，为解决人类问题贡献了中国智慧和中国方案。

深刻领会中国特色社会主义进入新时代这个重大政治论断，要牢牢把握新时代的丰富内涵。新时代的起点，就是中共十八大以来这5年。这个新时代，是承前启后、继往开来，在新的历史条件下继续夺取中国特色社会主义伟大胜利的时代；是决胜全面建成小康社会，进而全面建设社会主义现代化强国的时代；是全国各族人民团结奋斗，不断创造美好生活，逐步实现全体人民共同富裕的时代；是全体中华儿女勠力同心，奋力实现中华民族伟大复兴中国梦的时代；是中国日益走近世界舞台中央，不断为人类做出更大贡献的时代。

新时代提出了新任务新要求，作为首都国企，更应该深刻领会国家发展新的历史方位对首都工作提出的时代课题，紧紧围绕落实中共十九大做出的各项决策部署，加强对标对表，把中共十九大提出的目标任务进一步细化、实化、具体化，以首善标准创造一流的工作业绩。

三、深刻领会习近平新时代中国特色社会主义思想，用新思想武装头脑、指导实践

新时代呼唤新理论，新理论引领新实践。中共十九大把习近平新时代中国特色社会主义思想确立为我们党必须长期坚持的指导思想，深刻阐明了这一指导思想的精神实质和丰富内涵，这是中共十九大的重要历史贡献。

习近平新时代中国特色社会主义思想，内涵丰富、思想深邃，是对马克思列宁主义、毛泽东思想、邓小平理论、"三个代表"重要思想、科学发展观的继承和发展。习近平新时代中国特色社会主义思想是中国特色社会主义理论体系的重要组成部分，是全党全国各族人民为实现中华民族伟大复兴而奋斗的行动指南。

中共十八大以来，以习近平同志为核心的党中央，以全新的视野深化对共产党执政规律、社会主义建设规律、人类社会发展规律的认识，进行艰辛理论探索，做出了科学系统的回答，形成了习近平新时代中国特色社会主义思想。

学习贯彻中共十九大精神，最重要的就是深入学习领会习近平新时代中国特色社会主义思想这个中共十九大的灵魂，用习近平新时代中国特色社会主义思想武装头脑、指导实践，在各项工作中全面准确贯彻落实，使之成为推动党和国家事业发展的强大思想武器和行动指南。

四、深刻领会中国社会主要矛盾的变化，大力提升发展质量和效益

"中国特色社会主义进入新时代，我国社会主要矛盾已经转化为人民日益增长的美好生活需要和不平衡不充分的发展之间的矛盾"。中共十九大报告的这一判断，反映了我国社会发展的客观实际，是对5年来中国发展历史性成就和变革的深刻总结，对近40年来改革发展成果的历史回应，更是对未来中国发展方向、发展目标的精准定位。

深刻领会中国社会主要矛盾发生变化的新特点，必须清醒认识世情国情党情，牢牢把握中国发展的阶段性特征。必须认识到，我国社会主要矛盾的变化，没有改变对中国社会主义所处历史阶段的判断，我国仍处于并将长期处于社会主义初级阶段的基本国情没有变，我国是世界最大发展中国家的国际地位没有变。这就要求我们党要牢牢把握社会主义初级阶段这个基本国情，牢牢立足社会主义初级阶段这个最大实际，牢牢坚持党的基本路线这个党和国家的生命线、人民的幸福线，团结带领各族人民，以经济建设为中心，着力解决好发展不平衡不充分问题，更好地满足人民在经济、政治、文化、社会、生态等方面日益增长的需要，更好地推动人的全面发展、社会全面进步。

矛盾是事物发展的动力和源泉，社会是在矛盾运动中前进的。进入新时代，开启新征程，我们必须直面矛盾、勇于担当，不断朝着我们确定的目标前进，不断开创工作新局面。

当前，我们一轻也存在着发展不平衡不充分的问题和矛盾，需要我们从思想观念和体制机制上下更大功夫去解决。我们要深刻把握首都和超大型城市的发展规律和阶段性特征，开展好疏解整治促提升专项行动。在继续推动发展的基础上，深化供给侧结构性改革，大力提升发展质量和效益，提供更加优质的产品和服务，增加市场有效供给，满足人民群众对美好生活的向往和期待。

五、深刻领会贯彻新发展理念、建设现代经济体系的重要意义，努力破解发展难题，实现高质量发展

当前，我国经济已由高速增长阶段转向高质量发展阶段，正处在转变发展方式、优化经济结构、转换增长动力的攻关期，建设现代化经济体系是跨越关口的迫切要求和中国发展的战略目标。新常态、新挑战，呼唤新理念、新作为。我们党提出的创新、协调、绿色、开放、共享五大发展理念，集中体现了当前乃至更长时期我国的发展思路、发展方向、发展着力点，深刻揭示了实现更高质量、更有效率、更加公平、更可持续发展的必由之路。以新理念把握引领经济新常态，坚持变中求新、新中求进、进中突破，才能不断破解发展难题、增强发展动力、厚植发展优势，推动我国发展不断迈上新台阶。

贯彻新发展理念、建设现代化经济体系，必须按照中共十九大报告的要求，切实做到“一个坚持、两个着力”：坚持质量第一、效益优先，以供给侧结构性改革为主线，推动经济发展质量变革、效率变革、动力变革，提高全要素生产率，着力加快建设实体经济、科技创新、现代金融、人力资源协同发展的产业体系；着力构建市场机制有效、微观主体有活力、宏观调控有度的经济体制，不断增强我国经济创新力和竞争力。

加快建设创新型国家的实际行动，对北京来说，就是大力推进建设具有全球影响力的全国科技创新中心。这是北京服务国家发展的重大历史责任，也是北京实现更高水平更可持续发展的必由之路。对市属国有企业来说，更是难得创新发展机遇。我们要认真贯彻落实新发展理念，紧紧抓住新一轮科技革命与转变经济发展方式形成的历史性交汇，充分利用首都的科技资源和人才优势，积极推进产学研合作，努力实现关键核心技术的提升和突破，提升产品和服务的质量品质，努力占得先机，实现更高质量、更有效率、更加公平、更可持续的发展。

六、深刻领会全面从严治党的新要求，层层落实管党治党的主体责任

中共十九大从“把党的政治建设摆在首位、用新时代中国特色社会主义思想武装全党、建设高素质专业化干部队伍、加强基层组织建设、持之以恒正风肃纪、夺取反腐败斗争压倒性胜利、健全党和国家监督体系、全面增强执政本领”8个方面对全面从严治党做出部署。强调要以加强党的长期执政能力建设、先进性和纯洁性建设为主线，以党的政治建设为统领，以坚定理想信念宗旨为根基，以调动全党积极性、主动性、创造性为着力点，全面推进党的政治建设、思想建设、组织建设、作风建设、纪律建设，把制度建设贯穿其中，深入推进反腐败斗争，不断提高各级党组织的创造力、凝聚力、战斗力。

我们要结合实际认真贯彻新时期党的建设总要求，尤其要注重政治建设，突出政治建设在党的建设中的重要地位，是习近平新时代中国特色社会主义思想的一个重要内容。中共十九大报告把党的政治建设摆在首位，就是因为党的政治建设是党的根本性建设，决定党的建设方向和效果。要坚定执行党的政治路线，严格遵守政治纪律和政治规矩，在政治立场、政治方向、政治原则、政治道路上同党中央保持高度一致。纪律建设是报告中的新提法。我们要层层落实管党治党的主体责任，强化监督执纪问责，持之以恒正风肃纪，努力营造风清气正的政治生态。

我们必须按照新时代党的建设总要求，全面推进党的政治建设、思想建设、组织建设、作风建设、纪律建设，把制度建设贯穿其中，把党建设成为始终走在时代前列、人民衷心拥护、勇于自我革命、经得起各种风浪考验、朝气蓬勃的马克思主义执政党，确保党在世界形势深刻变化的历史进程中始终走在时代前列，在应对国内外各种风险和考验的历史进程中始终成为全国人民的主心骨，在坚持和发展中国特色社会主义的历史进程中始终成为坚强领导核心。

作为首都国企，必须带头牢固树立“四个意识”，在政治立场、政治方向、政治原则、政治道路上同党中央保持高度一致，一切听从党中央指挥，维护党中央权威和集中统一领导，为党中央站好岗、放好哨。要坚持不懈地用习近平新时代中国特色社会主义思想武装头脑，进一步坚定理想信念，挺起共产党人的精神脊梁。要坚持正确选人用人导向，把好干部标准落到实处，努力锻造一支与实现“两个一百年”奋斗目标相适应，与首都地位相匹配、忠诚干净担当的高素质干部队伍，更好肩负起建设国际一流的和谐宜居之都的历史重任。

我们要紧密团结在以习近平总书记为核心的党中央周围，深入学习贯彻中共十九大精神，以习近平新时代中国特色社会主义思想为指导，高举中国特色社会主义伟大旗帜，不忘初心，牢记使命，真抓实干，攻坚克难，切实把中共十九大精神转化为企业转型发展的强大动力，努力开创一轻改革创新发展的新局面，为建设国际一流的和谐宜居之都做出新贡献。

（北京一轻控股有限责任公司供稿）

以中共十九大精神为指引　加快推进时尚产业集团建设

北京时尚控股有限责任公司董事长　吴　立

一、坚持以习近平新时代中国特色社会主义思想为指引，强化发展时尚产业的思想先导

中共十九大报告用“八个明确”“十四个坚持”对习近平新时代中国特色社会主义思想的基本内涵、核心要义和基本方略进行了概括。“八个明确”是这一思想最重要、最核心的内容，“十四条基本方略”是这一思想的重要组成部分，是行动纲领。当前和今后一个时期，我们必须把学习好、宣传好、贯彻好习近平新时代中国特色社会主义思想作为主线，切实用以武装头脑、指导实践，使之成为推动企业转型发展的强大思想武器。

北京时尚控股有限责任公司董事长　吴　立

进入新时代，社会主要矛盾已转化为“人民日益增长的美好生活需要和不平衡不充分的发展之间的矛盾”，这一科学论断深刻揭示了新时代将发生历史性变化，社会矛盾的变化将对生产力的发展提出新的要求，必须坚持质量第一、效益优先，以供给侧结构性改革为主线，推动企业发展质量变革、效率变革、动力变革，不断增强创新力和竞争力。新时代国家明确了“五位一体”总体布局和“四个全面”战略布局，这对国有企业今后的发展提出了更高的要求。推进时尚转型，必须结合时代变化和企业转型、产品升级、业态创新的时尚转型路径，研究时尚、认识时尚，努力把握时尚产业发展规律，深刻思考新理念、新思想、新战略给时尚产业带来哪些变革和发展，新时代给时尚领域带来哪些机遇和挑战，新的奋斗目标给时尚产业带来哪些新的期待和动力，矛盾新变化给时尚产品供给带来哪些影响和需求。通过实践中总结提升思想理念，指导时尚转型发展。

二、坚持以《北京城市总体规划》为引领，谋划发展时尚产业的战略规划

党中央、国务院正式批复的《北京城市总体规划（2016年—2035年）》（以下简称《总规》），成为北京未来城市发展的法定蓝图。新一版北京城市总体规划的规划期到2035年，远景展望到2050年。《总规》包含一个总则和8章，从战略定位、目标任务、城市规模、空间布局、手段路径、发展理念、区域特色、治理体系、协同配合、方式方法等方面，系统解答了“建设一个什么样的首都，怎样建设首都”的时代课题。《总规》明确了首都的城市战略定位，着重对服务保障“四个中心”功能做出了安排；提出了“一核一主一副、两轴多点一区”的城市空间结构，围绕“大城市病”治理，推动京津冀协同发展。对照总体规划实施的两套指标体系102个指标，既要梳理分析落实，明确首都发展要义，坚持首善标准，着力优化提升首都功能，有序疏解非首都功能，更要抢抓发展机遇，与实现“两个一百年”奋斗目标的历史进程相互契合。

推动时尚产业发展，就要把握和落实好北京城市总体规划，处理好“都”与“城”、“舍”与“得”、“疏解”与“提升”、“一核”与“两翼”4个关系，切实吃透新版《总规》内容，落实新版《总规》提出的各项措施要求。要对照国际一流的和谐宜居之都建设和总体规划实施，结合“十三五”规划中期调整，进一步明确加快转型的举措、重点任务、路线图和时间表，使发展战略更加清晰，发展思路更加拓展，发展质量和水平得到明显提升。

三、坚持以重点平台建设为牵引，加快发展时尚产业的举措落地

（一）加快时尚与文化、科技相融合

北京作为大国首都，其历史文化在中华文明发展进程中一直占据着独特的重要地位。北京历史文化就是中华文明的一张金名片，是中华文明源远流长的伟大见证，北京历史文化的价值十分厚重；习近平总书记指出要强化“首都风范、古都风韵、时代风貌”的城市特色。北京作为全国文化中心和科技创新中心，文化资源丰富，科技实力雄厚，高端人才荟萃，拥有一批具有一定国际影响力的创新成果，在促进品牌与科技、文化相融合方面具有得天独厚的优势和客观条件。市委、市政府实施文化创新、科技创新“双轮驱动”战略，也造就了品牌与文化、科技相融合的天时地利。发展时尚产业，必须深刻理解品牌与文化、科技相融合的重要意义，深刻理解品牌与文化、科技相融合是社会发展进步的趋势，深刻理解品牌与文化、科技相融合可以最大限度地满足消费者的需求，深刻理解品牌与文化、科技相融合符合首都功能定位、契合北京城市发展。

（二）加快提升品牌宣传推广平台影响力

坚持以“北京时装周”为牵引，提升产品、品牌和形象，丰富文化内涵、提升供给档次，引领时尚产业发展。聚焦时尚文化建设，融入北京文化中心功能定位，使北京时装周组织更加规范，汇聚更多资源，运营更加专业，扩大公司影响和时尚引领，推动实现品牌与文化相融合。要逐步把北京时装周打造成为企业转型时尚发展的升级点，带动品牌运营，促进时尚产业布局，提升企业时尚形象，推动时尚产业基础建设。对服务首都发展来讲，要努力将北京时装周打造成北京的靓丽名片和一面旗帜，助力北京国际时尚之都建设。

（三）加快以科技创新平台为支撑

在全球新一轮科技革命和产业变革中，信息和新技术加速发展和应用，对企业传统经营理念、运营方式、组织形式、营销服务等带来深刻影响。要聚焦全国科技创新中心建设，向科技创新要增量，充分利用北京高校院所人才智力资源密集、知识创新成果丰硕的优势，加强与高校院所的合作，培育新增长点、形成新动能，打造发展新高地，以科技贡献率的提高带动企业发展质量的提升。要推动互联网、大数据、人工智能等新兴技术与时尚产业深度融合，探索智能穿戴业务，提高价值创造能力，优化产业结构，实现产品升级、业态创新。

（四）加快推进园区转型

持续做优做精现有文创园区，推动运营模式创新，不断提高运营水平和对企业发展的贡献率，努力实现服务增值化。加快推进疏解、调整后的工业园区转型，注重在与文化、科技融合方面投资布局，努力培育新的产业业态。要积极参与投资优质企业，促进业态创新，实现园区由“简单出租”向“投资共生融合”转型，由服务产业链节点向服务供应链平台升级。在推进园区转型的同时，要注重对北京纺织工业历史价值的保护，探索建设纺织历史博物馆，设置体验传统工艺的元素，可激起对纺织历史的回味。

（五）加快资本证券化

发展时尚产业，需要资本运作助力，实施产融结合，借助资本运作来推进转型升级。通过有效的资本运作、推进企业上市不仅是企业发展的里程碑，更是企业再跨越的新引擎，同时也是推进混合所有制改革的重要尝试。要结合市国资委国企改革的政策导向，特别是围绕多层次资本市场建设的举措，加快探索、推进企业与金融的结合、实体经济与虚拟经济的融合、资本与项目的对接，为推进优质资产证券化做出不懈努力。

（摘自2017年北京时尚控股有限责任公司工作会议讲话）

大事记

本栏目以月为序，主要记载北京工业领域发生的大事、要事。

1月

月初 在天津市蓟州区举办的“推动京津冀协同发展投资蓟州招商引资重点项目季度签约活动”中，北大资源集团与蓟州区政府签订大健康产业领域战略合作框架协议。

8日 北大资源集团CEO与福建漳州高新区、卫计委、漳州中医院以及漳龙集团签署战略合作框架协议，携手在漳州高新区靖城园区共同建设“智慧健康小镇”。该项目将整合“健康管理、智慧研发、服务体验、度假旅游、养生养老”五大核心产业，打造辐射福建全省的“产城融合旗舰示范区”。

9日 市经济信息化委组织召开全市工业领域2017年度一般制造业企业退出和“散乱污”企业清理整治工作部署会。

同日 展讯通信等单位共同承担的“第四代移动通信系统（TD-LTE）关键技术与应用”项目获得2016年度国家科学技术进步奖特等奖。

同日 北京北广科技股份有限公司与清华大学等单位共同申报的“DTMB系统国际化和产业化的关键技术及应用”项目获得国家科学技术进步奖一等奖。

10日 北大孵化器荣获北京创业孵育协会、北京众创空间联盟颁发的2016年度“孵化器（大学科技园）品牌荣耀TOP10”。

12日 市经济信息化委组织编制的《北京市重点应急企业及应急产品目录（2016年版）》定稿。共收录北京市综合型和监测预警、预防防护、救援处置、应急服务等专业型重点应急企业90家，涉及近350种产品与服务。

同日 机械工业高档数控机床创新中心成立。立足于开展行业共性技术研究，打造高水平的行业协同创新平台。

同日 北京推进科技创新中心建设领导小组办公室“一处七办”启动。

13日 市经济信息化委召开全国工业机器人技术应用技能大赛北京赛区总结会，6名优秀选手代表北京市参加全国决赛。其中职工组3名、学生组3名。共取得1个一等奖、3个三等奖和团体总分奖，市经济信息化委获得优秀组织奖。

同日 北京爱慕、朗姿、依文、威克多、李宁、铜牛、赛斯特、童创童欣（派克兰帝）、白领、顺美10家企业获得工信部认定的“重点跟踪培育服装家纺自主品牌企业（2016版）”称号。

14日 北京大华无线电仪器厂与韩国PNE Solution株式会社正式签约，双方合作成立合资企业北京大华品耐科技有限公司，开展新能源装备产品的研发、生产和销售业务。

15日 中车北京二七车辆有限公司与中国铁路建设投资公司签订800辆国铁货车厂修合同，合同金额4659.84万元。

16日 辰安科技参与的“数字化消防单兵装备与成套化便携应急装备研究”项目获得公安部科学技术一等奖。

18日 北京华腾东光科技发展有限公司《无碱玻璃纤维SMC纱成膜剂的制备》获得发明专利。

同日 创新药物科学实验平台运营暨天诚医药入驻中关村生命科学园北大医疗产业园。

20日 北京市经济和信息化委员会、河北省工业和信息化厅联合举办了以“优势互补、资源互配、协同创新、打造京冀产业协同发展升级版”为主题的2017年京冀产业协同发展联席会议，北京市16个区主管副区长、经济技术开发区主管领导、河北省13个地市主管副市长到会，近300名代表参会。

23日 第八届北京工艺美术大师和民间工艺大师评审认定结果公布，评审出北京工艺美术大师和民间工艺大师122人。其中北京工艺美术大师114人、北京民间工艺大师8人。至此，北京工艺美术大师和民间工艺大师总数达到313人。

2月

9日 市经济信息化委落实向城市副中心派驻工作专班的要求，与通州区进行专班工作对接，正式启动市经济信息化委派驻副中心专班工作。

16日 中车北京二七机车公司举行CR240E电

传动矿用自卸车下线仪式。

21日 紫光集团、同方股份入选“中国电子信息行业创新能力50强企业”，分别位列第7位和第17位。

23日 由北京市经济和信息化委员会牵头，联合天津市工业和信息化委员会、河北省工业和信息化厅在中关村国家自主创新示范区会议中心共同开展以“协同促疏解、转型谋发展”为主题的京津冀产业协同发展招商推介专项行动。一批项目签署合作意向，累计意向投资额311.7亿元。

23日至24日 市经济信息化委携15家北京企业赴河北省阜平县开展精准扶贫产业对接活动，现场调研了阜东产业园。

24日 北京电控所属上市公司原“七星电子”发布公告，公司正式更名为“北方华创科技集团股份有限公司”，正式接棒原“七星电子”和“北方微电子”两大中国半导体高端装备品牌。

27日 北京通航法荷航飞机航线维修有限责任公司揭牌仪式在北京汽车产业研发基地举行。北京通航法荷航飞机航线维修有限责任公司由北汽集团旗下北京通航公司与法荷航集团旗下法荷航维修工程参股公司共同成立，主要从事民航飞机航线维修等业务。

3月

1日 江西省、北京市于北京江西大厦举办“赣京经济合作交流会暨重大项目签约仪式”。会后，江西省南昌市、吉安市等地市与京东集团、华融证券等企业签订合作协议。

同日 中国酒业协会与北京国际酒类交易所签署战略合作协议。

2日 为确保“两会”期间全市民爆企业安全平稳运行，市经济信息化委组织行业专家组成检查组，对6家民用爆炸物品销售企业进行安全生产执法检查。发现问题1项，提出安全生产整改建议11条。

5日 京东方科技集团股份有限公司发布公告，拟以4.276美元/股出资5000万美元认购Cnoga公司新发行股份，取得其23.81%的股权。Cnoga公司总部位于以色列，专注研发技术领先的创新型无创医疗设备。

7日 北京化工集团第三十三职业技能鉴定所获得2016年度北京市优秀鉴定所称号。

9日 展讯通信与Dialog半导体公司建立战略合作伙伴关系，共同开发LTE芯片平台。

10日 大兴新媒体基地被北京市科学技术委员会认定为唯一以文化创意产业为主的“北京市战略性新兴产业科技成果转化基地”。

同日 中车北京二七车辆有限公司与中国铁路建设投资公司签订1000辆NX70A型共用平车合同，合同金额37220万元。

同日 京东方科技集团股份有限公司研制出5英寸主动式电致量子点发光显示产品（AMQLED）。

14日 市经济信息化委联合清华大学及北京亿华通科技股份有限公司组织会议，就成立北京市燃料电池创新产业联盟等事宜进行研讨，正式启动联盟筹备事项。

同日 市经济信息化委组织召开20余家行业协会商会会议，就第二批行业协会商会与行政机关脱钩工作进行部署。

15日 中车北京二七车辆有限公司研制的SQ7型汽车——普货双层两用车荣获中国中车科学技术奖一等奖。

同日 在福田戴姆勒汽车北京超级卡车工厂总装车间，首台欧曼EST超级卡车驶下生产线。

同日 联合国世界知识产权组织发布2016年全球国际专利（PCT）申请情况，京东方科技集团股份有限公司以1673件PCT申请位列全球第八，较上年增长36.3%，与中兴通讯、华为成为跻身TOP10榜单的3家中国企业。

18日 北京工艺美术大师精品投资基金首批珐琅精品成果展暨“一带一路”《盛世合瓶》上市新闻发布会在京举行。

20日 由工业和信息化部赛迪研究院、中国中信集团有限公司、中国兵器工业集团公司联合主办，工业和信息化部规划司、北京市经济和信息化委员会、中关村科技园区管理委员会支持的“新兴产业百人会”成立大会暨北斗产业发展论坛在北京召开。

22日 北京福田戴姆勒汽车有限公司、奥瑞金包装股份有限公司、东明兴业科技股份有限公司等13家企业，入选市经济信息化委公布的2017年市级两化融合管理体系贯标试点企业名单。

23日 北京燕东微电子有限责任公司在2017中国半导体市场年会暨中国集成电路产业创新大会上，获得“中国半导体功率器件十强企业”称号。

同日 北京金隅节能保温公司第一批金隅星岩棉送往北京城市副中心工地封样，城市副中心工程项目供货工作正式启动。

24日 展讯通信获评2017年“十大大中华IC设计公司”。

25日 梅赛德斯—奔驰中国国际时装周（2017/2018秋冬系列）在京开幕。该活动为北京市政府与中国纺织工业联合会、中国服装设计师协会共建北京“时装之都”的重要举措之一。

同日 北京易亨电子集团有限责任公司申报的“国有企业提升服务水平的退休职工集中管理”创新项目获得“第二十三届国家级企业管理现代化创新成果”二等奖。

30日 清华产业7人入选2016年中关村高聚工程人员名单。

31日 中车北京二七车辆有限公司出口阿根廷的首批130辆宽轨通用平车首次交车。

同日 北玻集团公司天坛体育文化中心揭牌。

同日 2017首场新方位、新动能——北京—海外国际产能合作宣贯会在丰台科技园举办，行业代表、企业负责人120余人参加。

同月 北京化学试剂研究所被北京电源行业协会评为北京市诚信创建企业。

同月 越南原越共中央政治局委员、河内市委书记范光毅调研同仁堂集团。

同月 北京北大先锋科技有限公司PSA–CO分离技术上榜国家发展改革委编制的国家重点节能低碳技术推广目录，是本年度目录中唯一入选的碳捕集、利用与封存类技术。

同月 北京北大维信生物科技有限公司质量部实验室通过CANS认证。

4月

5日 同方人环“北京密云西湾子新村热泵采暖项目”获得清洁能源供暖优秀工程奖最高奖——蓝天杯。

6日 怀柔区经济信息化委联合区查违办、区环保局、区安全监管局等部门召开“散乱污”企业清理整治工作推进会。怀柔区各镇乡、开发区主管领导参会。

7日 由清华大学研发、辰安科技成果转化的水安全保障仪器“水污染预警溯源仪”获得日内瓦发明展评审团特别嘉许金奖。

10日至11日 东方红航天民用健康产业发展年会暨航天神舟体重管理系列新品上市发布会在北京温都水城召开。航天神舟体重管理系列产品为航天神舟牌奶昔代餐蛋白固体饮料和航天神舟牌代餐伴侣固体饮料，产品基于航天员的体重管理和膳食营养补充标准研发而成，在补充营养的同时具有辅助减重作用。

11日 古巴科学院院士Gerardo Guillen就任北大未名集团旗下（安徽未名）科研顾问，成立院士工作站。

同日 北京石墨烯产业创新中心成立，主要由北京石墨烯技术研究院有限公司、北京石墨烯研究院和石墨烯产业联盟组成，总体目标是成为“全球一流的石墨烯复合技术研究及产业孵化中心”。

12日 2017流行时尚 & 欧曼EST超级卡车上市发布会在上海举行，欧曼EST超级卡车、康明斯X12超级智能动力正式上市。福田戴姆勒汽车承办的“2017中国高效物流卡车公开赛”，携手中国下一代教育基金会联合发起的“欧曼卡车人助学公益计划”一同启动。

13日 市经济信息化委联合市发展改革委组织召开北京市开发区改革创新发展座谈会。市级以上开发区和重点产业基地的39家单位80余名代表参会。会议期间，市经济信息化委正式发布《北京市开发区（产业基地）年报2016》。

同日 北京电控与北京城建集团签订《战略合作协议》，双方将在智慧城市建设、智能楼宇等领域开展合作。

19日 北方华创科技集团下属北方华创微电子装备有限公司“微电子装备扩产项目”主体结构封顶。

同日 华克医疗科技（北京）股份公司与苏州大学医学部放射医学与防护学院在大兴医药基地举行战略合作揭牌仪式，共同建立博士后工作站和医疗辐射防护培训基地。

20日 北汽福田公司与阿尔及利亚KIV集团战略合作签约暨合资工厂启动仪式在阿尔及利亚首都

阿尔及尔市举行。双方将组建福田阿尔及利亚产销一体公司。面向北非五国市场，业务范围涵盖本区域内产品的开发、采购、制造、销售及服务等全价值链业务。合资工厂项目是中国在阿尔及利亚设立的首个汽车整车合资企业和第一个整车制造工厂。

20日至21日 由工信部信息化和软件服务业司主办，国家工业信息安全发展研究中心、北京市经济和信息化委员会承办的工业控制系统信息安全培训会在北京举行。北京、天津、河北、山西、内蒙古等省、自治区、直辖市的两级工业和信息化主管部门、辖区内中央企业和北京市部分工业企业负责工控安全人员240余人参加会议。

同日 市经济信息化委携北京企业以及部分重点行业协会再次奔赴河北省阜平县开展精准扶贫产业对接工作。

21日 博奥生物集团“遗传性耳聋基因诊断芯片系统”项目获得2017“黄家驷生物医学工程奖”技术发明类一等奖。

24日 市经济信息化委组织召开北京企业技术中心创新服务联盟成立大会，讨论通过《北京企业技术中心建设评价规范》团体标准。

25日 北汽福田公司与GCR集团战略合作启动暨首批车辆交付仪式在泰国首都曼谷举行。

26日 北京市科学技术奖励大会暨2017年全国科技创新中心建设工作会议举行，电控所属北方华创科技集团股份有限公司的“22纳米集成电路核心工艺技术及应用”获得一等奖，“12英寸28nm金属硬掩膜物理气相沉积设备研发及产业化”获得三等奖。

27日 市经济信息化委、市国防科工办会同市安全监管局在“一带一路”国际合作高峰论坛期间组织民爆领域安全专家对京煤化工公司、鑫运昌民爆公司开展安全生产专项督查。

28日 一轻食品集团拓展外埠的首个产业基地——安徽义利北冰洋食品有限公司新厂一期项目开工。

同日 中国医药工业研究总院中药分院在大兴生物医药基地落户启用，致力于创新药物及工艺的研发、药品生产、销售和培养药学领域人才。

同月 北京北大维信生物科技有限公司荣登中国人民大学中国经济改革与发展研究院发布的“中国企业创新能力百千万排行榜”。

5月

2日 北京天仁道和新材料有限公司高速列车基础制动材料研究院及智能制造示范项目奠基。项目选址北京高端制造业（房山）基地，占地5.53万平方米，总投资7亿元，其中固定资产投资6.2亿元。新建制动材料研究院、技术研发中心、试验检测中心、智能制造示范线、员工中心及配套设施。

3日 华为—辰安共同研发的针对灾害应急的完整解决方案面世。

4日 首届京津冀工信（经信）部门青年交流论坛举行。主要内容为弘扬五四精神，争做协同发展先锋队；汇聚青春力量，打造协同发展生力军。与会人员参观了三元河北工业园。

8日 诺贝尔奖得主乔治·斯穆特入职北大未名集团旗下未名环保集团，在合肥半汤成立乔治·斯穆特诺贝尔奖工作站。

11日 北京化工集团与华夏银行签署战略合作协议，华夏银行给予北京化工集团5年期20亿元授信额度。

同日 北京市工业技师学院获得2016年度中国职协优秀科研单位奖。

12日 京东方科技集团股份有限公司与北京航空航天大学签署战略合作协议，在“高精尖”人才培养、技术研究、产业创新方面开展全方位战略合作，打造具有全球影响力的医教研产、产城融合的国际医工创新硅谷。

14日至15日 “一带一路”国际合作高峰论坛在京举行，清华控股成员京广传媒、同方威视、清华同衡等企业为“一带一路”国际合作高峰论坛提供服务。

17日 市经济信息化委组织互联网科技企业对接北京工艺美术行业，双方针对“互联网＋工美”话题展开探讨，推进两化融合。

同日 市经济信息化委组织召开东方化工厂调整转型领导小组办公室会议，通报了拆除方案、领导小组组成及工作职责。

18日 第十四届全国博物馆十大陈列展览精品推介终评结果揭晓，清尚公司参与设计施工的陈列展览项目获得精品奖3项、优胜奖2项。

19日 北京“互联网+”型创新创业综合示范区暨猪八戒网北京总部园区在文化创新工场大兴基地举行开园仪式。

同日 北京北广科技股份有限公司承建的深圳市气象梯度塔钢结构工程，获得中国建筑金属结构协会颁发的中国钢结构金奖。该工程主塔建设高度356米，是亚洲第一、世界第二高的桅杆结构铁塔，也是中国桅杆钢结构领域第一个获得金奖的工程。

同日 2017年北京工业志鉴工作会议召开。会上宣读了市地方志办、市人力社保局关于表彰地方志先进集体和先进个人的决定、工业系统先进个人名单以及市地方志办关于通报表扬产业经济研究中心等61家单位的通知，并为荣获地方志先进个人代表颁发了荣誉证书。

20日 在2017年全国科技活动周首日，首都科技志愿服务联合会主办“首都科技志愿服务站”授牌仪式。

23日 北京电子城投资开发集团有限公司科技服务转型暨创E+（酒仙桥社区）开园新闻发布会举行。电子城集团将以“高科技创新产业平台及现代文化创意产业平台开发运营商”的全新身份，致力于打造国内领先的科技服务品牌企业。

24日 市经济信息化委组织召开全市二季度疏解一般制造业和整治“散乱污”企业专项调度会，通报了疏解一般制造业和“散乱污”企业治理专项任务进展情况、存在问题和下一步工作安排。

26日 同仁堂集团发布成立同仁堂养老产业基金，启动同仁堂北京健康养老项目，同仁堂健康养老全国战略正式实施。

30日 北京采育经济开发区英纳法汽车天窗系统（北京）有限公司正式投产，生产汽车天窗。

同月 顺义区人民政府授予14家企业为“北京市顺义区双创基地”称号。14家获得授牌的双创基地运营总面积50万平方米，以特色金融、文化创意、电子信息、现代农业、生物医药、基础与新材料、新能源产业等新兴产业为主导。共入驻企业458家，新三板上市企业22家，企业人数9387人，获得专利168个。

6月

1日 市经济信息化委在和利时科技集团有限公司国际会议厅举行“智造100”工程新闻发布会。

同日 在北京大学与海淀区政府支持下，“创启未来”2017全球创新创业汇启动仪式暨“创启未来”2017国际青年科技创业大赛首场赛在北京大学全球大学生创新创业中心举办。

同日 北大资产经营有限公司与浙江省金华市政府战略合作签约仪式在北京大学英杰交流中心举行。

5日 东方化工厂调整转型工作领导小组办公室召开东方化工厂拆除社会稳定风险评估专题会。

6日 第5届中关村天使投资论坛暨2016中关村十大天使投资人及年度人物颁奖典礼举行，清华控股董事长徐井宏当选“2016中关村年度人物”，清华控股旗下企业获得多个奖项。

同日 北京市化学工业研究院《一种高分子量聚乙二酸对苯二甲酸丁二醇酯的合成方法》获得专利。

7日 北京同仁堂欧洲控股有限公司、中信哈萨克斯坦有限责任公司、哈萨克斯坦共和国总统事务局医学管理中心医院三方在哈萨克斯坦总理府签署战略合作协议。

8日 金隅·曹妃甸协同发展示范产业园项目签约仪式在唐山市举行，分别签署《金隅·曹妃甸协同发展与产业转移合作协议书》《冀东发展装备研发中心项目合作协议》《木材产业合作协议书》《威克莱冀东合作协议》等相关协议。

同日 北京有色金属与稀土应用研究所“青年创新工作站”参加了由科技部、国家知识产权局、中国贸促会和北京市政府共同主办，北京市贸促会承办的“第二十届中国北京国际科技产业博览会”，展示了国家重点领域先进导电材料BJ380高强度铝焊丝和银镁镍导电环等产品。

10日 第2届“首都国企开放日”启动。市一轻控股公司所属的北京星海钢琴集团公司、北京红星股份公司的源升号博物馆、北京二锅头酒博物馆、北京一轻控股有限责任公司食品集团公司和北京龙徽酿酒公司5家企业向社会开放，供参观游览。

11日 在“2017中关村创新论坛”揭晓的第八届中国自主创新评选活动中，清华产业相关机构和个人获得4项大奖，其中清华控股获得“杰出贡献奖”。

13日 北京市第四届职业技能大赛暨第17届北

京市工业和信息化职业技能竞赛总结大会在京举行。选拔出“北京市工业和信息化高级技术能手”300名，“北京市工业和信息化行业技术能手”60名，“北京市工业和信息化最佳操作能手”33名。

13日至14日 市经济信息化委、市食药监局组团前往沧州临港经济技术开发区，调研北京·沧州渤海新区医药产业园。

14日 市经济信息化委会同市政府督查室、市环保局组成联合督查工作组，对房山区和门头沟区一般制造业企业退出、“散乱污”企业清理整治和其他相关工作开展督查。

同日 市经济信息化委在朝阳区飘亮阳光广场举办安全生产咨询日活动，市、区两级经信部门40余名安全生产工作人员参加活动。

15日 北京·滦南大健康产业园项目集中签约活动在河北省滦南县举办。北京同仁堂、宝健、知蜂堂、澳特舒尔等24家北京保健品企业集中签约落户滦南，计划总投资150亿元。

16日 “中国新材料测试评价联盟成立大会暨第一届会员代表大会”在北京召开。

同日 中国记协邀请的美国记者访问团到北京市采访供给侧结构性改革情况，选定金风科技股份有限公司和京东方显示技术有限公司，作为新能源装备制造和示范应用方面的参观考察对象。

17日 京东方科技集团股份有限公司发布公告，拟以不超过30欧元/股的价格收购SES-Imagotag SA公司50.01%以上的股份。SES是全球领先的法国电子货架标签、数字标牌等零售领域数字化解决方案提供商。

18日 中关村医疗器械园开园仪式暨产业促进成果展示在大兴生物医药产业基地举办。活动旨在打造北京南部创新高地。

19日 市经济信息化委会同市政府督查室、市环保局组成联合督查工作组，对通州、朝阳、大兴、石景山四区一般制造业企业退出和“散乱污”企业清理整治开展专项督查。23日，对丰台、海淀、昌平、怀柔、延庆五区一般制造业企业退出和“散乱污”企业清理整治专项开展督查。

19日至22日 北大未名集团作为主赞助商参加了在美国圣地亚哥举行的2017 BIO大会，继2016 BIO大会后再次成为国内参展企业的标杆、国际展会的明星。

21日 国务院办公厅发布《关于建设第二批大众创业万众创新示范基地的实施意见》。在其公布的第二批92个双创示范基地名单中，三一重工是唯一的工程机械企业。

同日 中国人工智能产业创新联盟成立大会在工信部赛迪研究院举行。

23日 北京印刷二厂完成北京市第12次党代会大会选票，共计26个品种182881张选票的套印。

26日 中国高端乳品创新高峰论坛暨三元极致A2β－酪蛋白纯牛奶新品发布会在人民大会堂举行。三元极致A2β－酪蛋白纯牛奶是集结全产业链优势的超高端牛奶，通过生命科学技术将产业链的前端进行细分。

28日 由市经济信息化委指导，北京服装纺织行业协会、北京时尚控股有限责任公司、《时尚北京》杂志共同主办的2017北京时装周新闻发布会在北京举行。

29日 北京市政府新闻办公室组织召开“砥砺奋进的五年”系列之北京建设全国科技创新中心成果发布会。

同日 第二届全国工业机器人技术应用技能大赛北京选拔赛启动会暨机器人校企合作实训基地揭牌仪式在北京市工业技师学院举行。

同日 北京飞宇微电子有限责任公司的全资子公司——北京飞宇微电子电路有限责任公司启动运营。

同日 中车北京二七车辆有限公司与大秦铁路股份有限公司签订400辆C80E（H）型运煤专用敞车合同，合同金额19800万元。

同月 北京市化学工业研究院聚酯型完全可生物降解材料PBAT获得国家发明专利授权。

7月

7日 “2017新方位·新动能——北京企业走进海外产业园区·海外企业走进北京产业园区国际合作对接会”在中国职工之家举办。俄罗斯亚洲商务合作中心和北京感感佳工业设计有限公司举行战略合作协议签约仪式。

14日 《北京市工业污染行业生产工艺调整退出及设备淘汰目录（2017年版）退出目录》政策解读会召开。2017版退出目录包括行业及生产工艺、设备两大类共 172 项，基本覆盖了北京市工业领域计划实施调整退出的污染行业。

15 日 北京汽车高端基地二期竣工暨 15 万新能源汽车产能达产仪式在顺义举行，二期工程生产线首款产品——北汽新能源 EU300 全新下线。

18 日 北京一轻控股有限责任公司与北京银行签署战略合作协议。

同日 中车北京二七机车公司与青旅文化产业发展（北京）有限公司举行“中车二七机车 1897 科技城”项目合作框架协议签署仪式暨科技城启动仪式。

19 日 “驻京中外知名企业投资顺义行”活动举办。以中国制造 2025 为主题，聚焦智能新能源汽车、航空航天、高端装备制造、新材料、集成电路、生物医药及新一代健康诊疗、新一代信息技术等七大新兴领域产业集群。

同日 北京北大软件工程股份有限公司通过 CMMI-DEV ML5 级评估，8 月 7 日正式拿到 CMMI5 级证书。

21 日 紫光集团、同方股份入选“中国电子信息百强企业”榜单，分别名列第 13 位、第 20 位。

同日 怀柔区政府与中国铁塔股份有限公司北京分公司正式签署“怀柔区通信基础设施建设战略合作协议”。双方将全面展开战略合作，加快“智慧怀柔”建设，提升区域信息化发展环境。

23 日 中关村科学城智能制造创新周在海淀区智造大街正式启动。中科院院士程和平发布全球首款新一代微型双光子显微成像系统设备，海淀区联合社会资本发起设立智能制造产业投资基金。中国电子技术标准化研究院与北京硬创梦工场科技有限公司合作意向签约。

26 日 北京城建重工有限公司曹妃甸厂区一期工程竣工仪式暨首届“新能源智能网联物流车产业创新研讨会”在曹妃甸举行。

同日 北京华腾天海环保科技有限公司获得北京市安全生产应急管理示范试点企业称号，华腾天海公司安全环保部当选 2016—2017 年度北京市青年安全生产示范岗。

27 日 “2017 年北京高精尖产业发展基金大数据专场路演会”举办。北京卓视智通科技有限责任公司等 5 家企业进行了项目路演。

28 日 北控绿产（青海）新能源股份有限公司在北京金融街全国股转中心举行挂牌仪式，成为京仪集团第二家、青海省新能源企业首家“新三板”挂牌上市公司。

8 月

3 日 同方人环在 2017 年中国热泵产业联盟年会上，荣膺“中国热泵行业十大杰出品牌”，华业阳光荣膺“中国热泵行业最具成长力品牌”。

4 日 市经济信息化委组织召开依法依规推动落后产能退出工作推进会。

7 日 北方华创科技集团股份有限公司与美国 Akrion Systems LLC 签署并购协议。通过收购，北方华创将形成应用于集成电路、先进封装、功率器件、微机电系统和半导体照明等半导体领域的 8~12 英寸批式和单片清洗机产品线。

8 日至 10 日 京仪集团分别到山西省大同市浑源县、大同县和忻州市静乐县考察调研光伏投资建设项目，并向大同县扶贫基金捐赠人民币 50 万元。

9 日 北京市印刷研究所高仿复制画《五十六个民族大团结》作品手卷，在上海新国际博览中心举办的 2017 亚太网印制像展 / 中国国际网印及数字化印刷展 / 中国国际数码印花工业技术展上举行的“科虹杯”第 18 届金网奖评比及第 9 届亚太精品评比中获得金奖。

14 日 北京市召开疏解一般制造业和“散乱污”企业治理专项工作调度会，推动专项工作攻坚收尾并谋划未来 3 年工作安排。

15 日 市经济信息化委赴东方化工厂现场指导监督拆除工作并组织召开现场办公会，东方化工厂厂区施工单位进场教育培训准备工作已完成，大规模拆除工作正在按计划全面展开。

17 日 市经济信息化委、市环保局组成验收组，对怀柔区北房镇宰相庄村、庙城镇聚源地、庙城镇桃山村 3 个产业集聚区工业污染整治工作进行验收。

18 日 同仁堂集团参加“一带一路”暨“健康丝绸之路”高级研讨会，签署《关于共同推动中医药海外发展的战略合作备忘录》。

24 日 “哈工大顺义军民融合创新产业园”启动。顺义区与哈尔滨工业大学签署产业园合作框架协议。

25 日 北京北大软件工程股份有限公司召开新品发布会，以“智慧人事”为主题，正式发布北大软件党政人力资源管理系统 V4.0 版。

27 日 2017 世界机器人大会闭幕。大会促成机器人领域国际国内合作，推动参展企业共签署 80 项合同，签约额近 80 亿元人民币。

29 日 华海清科国产首台 8 英寸 Universal-200 型化学机械抛光机销售出厂。

同月 北京化工厂与广东光华科技股份有限公司共同出资成立北京北化开元化学品有限公司。

9月

1 日 同仁堂集团受邀出席在济南开幕的首届“中华老字号（山东）博览会暨老字号品牌发展高峰论坛”。

月初 北京市对口支援表彰大会在北京会议中心召开。会议授予北京市经济信息化委对口援建和区域合作办公室等 30 个单位“北京市对口支援工作组织奖”。

月初 在成都举办的第 34 届全国医药工业信息年会暨 2016 年度中国医药工业百强榜单发布会上，工信部“2016 年度中国医药工业百强榜单”正式发布。北京市 13 家企业入围百强名单，企业数量较 2015 年度增加 1 家。

6 日 市委副书记、代市长陈吉宁赴中石化集团与王玉普董事长、戴厚良总经理进行会谈。市政府与中石化集团就东方化工厂拆除各项事宜达成共识。会后双方签署东方化工厂拆除备忘录及配套协议。

7 日 怀柔区批准设立“高精尖”产业股权投资基金。基金拟总规模 2 亿元，投资领域以节能环保为主、新材料为辅。

7 日至 10 日 2017 年中国技能大赛——“埃夫特 · 栋梁杯”第 2 届全国工业机器人技术应用技能大赛决赛在安徽省芜湖市举办。北京代表队赢得团体总分奖，6 名参赛选手获得奖项。

8 日 京投公司、装备集团与保定市政府、满城区政府在河北省保定市签署战略合作协议和车辆基地投资协议。将在保定建设一座占地 100 万平方米，建筑规模 47 万平方米，年产城市轨道交通列车 1300 辆，产值过百亿的高环保、高科技、高度现代化、智能化的生产制造企业。

8 日至 10 日 北京医药行业协会在北京亦创国际会展中心举办“第二届北京国际生物医药创新展览会（IBMI 2017）”。

9 日 “寻找珐琅之美”北京工艺美术大师精品投资基金作品展暨《泰和宝鼎》景泰蓝首发式在北京荣会艺术馆举行，百余位工艺美术行业的领导、专家、大师与文化收藏界人士出席展览现场，共同见证基金近 30 件（套）作品的亮相。当日，有着浓郁皇家艺术气质的《泰和宝鼎》景泰蓝也正式上市发行。

10 日 “2017 中国 500 强企业”榜单出炉，清华控股以超 956 亿元的营业收入，位居中国 500 强企业第 163 名。

11 日 第 12 届中国北京国际文化创意产业博览会在中国国际展览中心（老馆）开幕。北京工艺美术行业企业 50 余家参展，展出作品 1000 余件。

同日 “2017 年京津冀工艺美术行业高峰论坛暨战略合作签约仪式”在北京工美聚艺文化创意园举行。京津冀三地工艺美术行业协会共同签署《关于建立京津冀工艺美术行业协会联席会机制合作意向书》。

12 日 由中关村光电产业协会、北京建筑材料科学研究总院有限公司、北京国际工程咨询公司、中芯北方集成电路制造（北京）有限公司、小米科技有限责任公司联合主办的北京绿色制造产业联盟第一届会员大会暨成立大会在北京举行。

14 日 北京北大软件工程股份有限公司打造的新一代移动智能领导决策辅助产品——领导查询系统 V4.7 版正式发布。该产品基于安卓 PAD 移动设备，共推出网络版和单机版 2 种模式，每种模式提供专业版和旗舰版 2 个版本。

同日 市长陈吉宁参观同仁堂中东欧系列文化展览活动。

15 日 北京华腾新材料股份有限公司青年创新工作站、北京市有色金属与稀土应用研究所青年创新工作站，在“2017 年全国大众创业、万众创新活动周”北京大会暨“十百千万”创新能力培育工程大会上，被授予首批北京市青年创新工作站。

15 日至 21 日 “2017 年全国大众创业、万众创新活动周”举办，以启迪控股、清控科创、博奥生物、同方孵化器等为代表的清华产业，展示了服务创新创业、助力产业转型、聚焦前沿科技、改善人民生活的双创成果。

同日 北大科技园同步参展“2017 年全国大众

创业、万众创新活动周”上海主会场、北京会场、内蒙古分会场，并作为创新创业服务平台杰出代表亮相新闻联播双创周专题报道。

16 日 市经济信息化委参与和支持的第二届中国创新挑战赛暨中关村首届科技军民融合专题赛，在中关村国家自主创新示范区展示中心启动。专题赛由科技部火炬高新技术产业开发中心、中关村科技园区管理委员会和海淀区政府主办，围绕“融合创新，科技兴军”主题，面向全国征集军民融合科技创新解决方案。

17 日 由北京北大软件工程股份有限公司主办的《软件代码测试技术及实践》会议在北京大学英杰交流中心召开。会议围绕《软件代码自动化检测生态环境》《源代码缺陷检测实例研究与二进制代码缺陷检测技术》以及《软件可靠性安全性编码准则及云测试平台关键技术研究》三大主题展开。

18 日 北京北大维信生物科技有限公司再次通过药品 GMP 认证。

同日 市经济信息化委召开大气污染防治秋冬季攻坚行动部署工作会，部署 2017—2018 年工业领域秋冬季大气污染治理事项。

20 日 北京市工业技师学院与北京蓝墨大数据技术研究院共同成立北京市技工院校移动云教学大数据研究中心。

同日 2017 北京 · 未来科学城金融峰会在未来科学城召开。峰会以“创融 创新 创享”为主题，设置话题讨论、成果展示、快速对接等环节，昌平区邀请 10 余位母基金合作伙伴，发表双创基金宣言，共同缔造昌平创投生态圈。

21 日 国家科技部火炬中心主办、中国生物医药园区产业集群协同创新联盟协办的“2017 第三届国家高新区生物医药产业集群协同创新工作会议”举行，会议旨在技术交流和合作，推进生物医药产业跨越发展。大兴生物医药产业基地当选中国生物医药园区产业集群协同创新联盟理事长单位。

同日 市政府新闻办公室与市经济信息化委联合举办《北京市推进两化深度融合推动制造业与互联网融合发展行动计划》新闻发布会。

22 日 “2017 北京时装周”在太庙开幕，“雪莲 · 行”主题发布会同时举办。

同日 “2017 中国产业园区新驱动力峰会 · 京津冀论坛”在北京举行，北京电子城投资开发集团有限公司获得“2017 中国产业园区最具影响力品牌奖”。

23 日 市委常委、宣传部部长、市推进全国文化中心建设领导小组副组长兼办公室主任杜飞进，副市长、市推进全国文化中心建设领导小组副组长王宁，分两路带队考察 751D · PARK 北京时尚设计广场和中关村 768 创意产业园等 6 个文创园区，并在 751D · PARK 召开北京市保护利用老旧厂房拓展文化空间现场推进会。

25 日 北大资源集团与上海临港集团在上海漕河泾万丽酒店签署战略合作协议。双方将携手科技、大健康以及文创等领域的多维度合作。

26 日 北京市深化服务业扩大开放综合试点工作领导小组授予大兴新媒体基地“北京市服务业扩大开放综合试点示范园区”牌匾，大兴新媒体基地成为 12 个全市服务业扩大开放综合试点示范园区之一。

29 日 东方化工厂调整转型工作领导小组办公室赴厂区拆除现场指导监督并召开第 4 次现场办公会，厂区生产装置主体工程已基本完成拆除，危险废物已全部清运出厂。

同月 北京市化学工业研究院“未来之星”纳米众创空间获评市级众创空间。

同月 北京北大先锋科技有限公司获评 2017 年中国石油和化工行业“百佳供应商”，在技术研发及应用类别中以最高“信用认可度”票数位列第一名。

10月

4 日至 10 日 清华控股“基石计划——太平洋创新走廊”在美国硅谷、纽约、波士顿、密西根等地举办多场宣讲会。

10 日 国家发展改革委批复第二批基因检测技术应用示范中心建设方案，博奥检验获批承担 7 个省市示范中心建设任务。

同日 由工业和信息化部、国家工商行政管理总局、广东省人民政府和南非中小企业发展部、联合国工业发展组织联合主办的第十四届中国国际中小企业博览会（简称“中博会”）在广州开幕。北京市经济信息化委组织 11 家“高精尖”领域的企业及服务机构组成北京展团参加。

13 日 昌平区经济信息化委在马池口镇昌流路南侧举行 2017 年昌平区通信保障和网络安全应急演

练。演练涉及突发事件应急信息收集报送、组建通信保障现场指挥部和应急通信车、基站环境处置和配套抢修演练、铁塔抢修演练、互联网演练，共5个环节，参演车辆12辆，参演人员32人。

同日 市经济信息化委、市财政局委托经济技术市场发展中心举办的“北京高精尖产业发展基金生物医药前沿技术与投资机会”分享会召开。生物医药领域的20余家投资机构、“高精尖”企业及首都医疗光大健康基金、亦庄生物医药基金、星元健康基金等3支“高精尖”子基金代表40余人参加会议。

14日 市委常委、副市长、北京推进科技创新中心建设办公室副主任阴和俊，市委常委、宣传部部长、市推进全国文化中心建设领导小组副组长兼办公室主任杜飞进，副市长、市推进全国文化中心建设领导小组组长王宁，率团到牡丹集团·中关村数字电视产业（牡丹）园考察。在牡丹集团召开了北京市促进文化与科技融合发展现场推进会。

16日 市经济信息化委赴东方化工厂现场指导监督拆除工作进展并组织召开第5次现场办公会。厂区设备拆除基本完成，建筑物、构筑物拆除已完成90%，拆除后的设备、废旧物资、钢材分解及清运工作完成65%。

同日 中车北京二七车辆有限公司经北京新世纪检验认证股份有限公司审核，通过质量、环境、职业健康安全管理体系认证。

18日 昌平区经济信息化委举办小微企业双创发展政策培训会，来自全区各镇、街、小企业基地、科技孵化器负责人50余人参加培训。

19日 在第44届世界技能大赛中，北京市工业技师学院数控铣集训选手杨登辉获得金牌并获得中国代表团国家最佳奖，数控车集训选手陈智民获得银牌。

23日 展讯通信、锐迪科微电子与紫光国芯的产品，分获“最佳市场表现产品”、“最具潜质产品”和“安全可靠产品”3项“中国芯”大奖。

25日 北京北大维信生物科技有限公司连续4次获得国家级“高新技术企业认定证书”。

26日 北大创业孵化营毕业的5家企业入选2017年度“中国最具投资价值企业50强”榜单。

同日 京东方科技集团股份有限公司成都第6代柔性AMOLED生产线量产，是中国首条第6代柔性AMOLED生产线。

26日 中国南车集团北京二七车辆厂变更为南车二七（北京）车辆厂有限公司。

同日 市经济信息化委召开创新型产业集群和“中国制造2025”创新引领示范区产业布局规划专家讨论会。

同日 由市经济信息化委主办、国家工业信息安全发展研究中心承办、北京企业转型升级服务联盟协办的“新方位·新动能——北京海外国际产能合作对接会”在民族饭店举办。北京吉利华集团和西班牙卡斯蒂亚—拉曼恰政府商务处举行战略合作签约仪式。

27日 市经济信息化委党组书记、主任张伯旭一行到福田戴姆勒公司，和企业负责人、一线党员就如何学习贯彻中共十九大精神进行座谈交流。

31日 北京化工集团完成北京市重点工程、绿心工程的东方区域腾退工作。

同日 北京采育经济开发区通过2017年度中关村示范区特色园区和创新社区项目审批，获得100万元奖励资金。

同日 北大未名集团和昆明市签署战略合作协议，共同将昆明打造成为“中国健康之城”。

同月 怀柔区6家工业企业通过区财政局和环保局验收检查，获得区第2批调整退出工业污染企业市级奖励资金，合计800万元。

11月

1日 滦南（北京）大健康国际产业园第1批8个保健品项目集中开工，计划总投资10.5亿元。

同日 第6届中国创新创业大赛之第2届国际第3代半导体创新创业大赛颁奖仪式在北京顺义举行。大赛于2017年6月启动，历时5个月，分7个国内分赛区和4个国际项目区。

同日 2017第3代半导体国际论坛暨第14届中国国际半导体照明论坛在顺义开幕。2017年第3代半导体国际论坛，是引领全球第3代半导体新兴产业发展，促进相关产业、技术、人才、资金、政策合力发展的全球性、全产业链合作的高端平台和高层次综合性论坛。

2日 北京市举办第6届减轻企业负担政策宣传周现场咨询活动，重点对国家和北京市近年来降成本减负担的政策措施和工作成效进行全面解读、集中宣传。

3 日 清尚公司凭借奥林匹克塔精装修工程获得鲁班奖。

同日 北京市“重点新材料首批次应用保险补偿机制宣贯会议”在中关村国家自主创新示范区展示中心会议中心召开。市 80 余家新材料企业相关负责人、3 家保险公司和保险经纪从业人员 180 余人参加会议。

4 日 市委书记蔡奇，市委副书记、代市长陈吉宁，市委常委、副市长阴和俊，市委常委、秘书长、办公厅主任崔述强一行莅临北方华创科技集团股份有限公司调研。

5 日 2017 中国私募基金峰会在北京举行。2017 年中国私募基金峰会“金汇奖”榜单同期揭晓。北京“高精尖”产业发展基金荣获“2017 年中国政府引导基金 TOP20”。

6 日 市经济信息化委督查组分别到位于海淀区的北京北冶功能材料有限公司、东陶机器（北京）有限公司、北京太伟宜居装饰工程有限公司，对其停限产措施落实情况进行现场督查。

同日 东方化工厂调整转型工作领导小组办公室组织召开东方化工厂土地交接及表彰会议。

同日 昌平区第 8 期高级职业经理人颁证仪式暨毕业典礼在金隅凤山温泉度假村举行，72 位学员获得《高级职业经理人资格证书》。

10 日 冬季供暖前夕，市委书记蔡奇，市委副书记、代市长陈吉宁等市领导，到京能北京热力调度中心检查供暖保障工作。

同日 怀柔区经济信息化委组织召开中小企业法律风险防范宣讲会，各镇乡政府、科学城筹备办及区内 97 家企业 163 人参加活动。

11 日 清华同衡规划院与华清安地的共同作品“景德镇陶溪川博物馆”获得亚太遗产创新奖。

14 日 艾默生北京测量技术中心在大兴新媒体产业基地启动以“走进中国四十年”为主题的特色企业展示活动。

17 日 启迪控股与剑桥大学三一学院签署协议，开启中英科技园区合作。

18 日 中车北京二七机车有限公司与北京首都创业集团有限公司共同签署战略合作框架协议。

同日 大北农（大兴）科技园开业庆典在大兴生物医药基地举行。规模养殖场企业家代表等近 200 人参加活动。

22 日 金隅冀东水泥易县—涞水区域公司在雄安新区雄安市民服务中心项目中标，并与中建西部建设（天津）有限公司签订合作意向。

同日 北京北大维信生物科技有限公司产品血脂康胶囊在香港获得“中成药注册证明书”，获准在香港上市。

同日 市经济信息化委一行到通州区台湖镇，现场检查督导“散乱污”企业和工业大院清理整治工作落实情况。

24 日 北京北大软件工程股份有限公司取得信息技术管理体系认证证书，即北大软件建立的信息技术服务管理体系符合标准：ISO/IEC 20000−1：2011。

27 日 工业和信息化部发布《第二批全国制造业单项冠军企业和单项冠军产品名单公示》，北京大豪科技股份有限公司榜上有名。

28 日 北京北搪化工设备厂将“北搪”商标（商标注册号：3025773）无偿转让给北京华腾大搪设备有限公司使用。

同日 怀柔区全面部署“散乱污”企业大排查大清理大整治工作，以“11·18”大兴火灾事故惨痛教训为鉴，强化“散乱污”企业清理整治，下发怀柔区《“散乱污”企业清理整治强化工作方案》。

12 月

5 日 昌平区人民政府和中关村发展集团共同主办的“生命科学园生物医疗大健康 2017 峰会暨发展论坛”在生命科学园泰康商学院举办。生物医药企业、金融机构代表和行业专家 200 余人参会，共同探讨新时代背景下，如何推进健康中国战略实施，精准医疗与人类未来等相关话题。

6 日 在北京市丰台区军民融合创新工场举办的第 2 届中国创新挑战赛暨中关村首届科技军民融合专题赛决赛中，北京北大软件工程股份有限公司具有自主知识产权的“基于值依赖分析的静态代码分析技术”在决赛中总排名第 4 位，获得二等奖，“跨语言代码漏洞的智能漏洞挖掘技术”获得优胜奖。

同日 市经济信息化委会同市食品药品监管局赴丰台区，对化学原料药制造环节停产退出工作开展督查，并对北京四环科宝制药有限公司进行现场检查。

6 日至 7 日 市经济信息化委组织召开全市减轻

企业负担工作总结会暨经济平稳运行工作会。来自市、区企业减负工作相关部门和各区经济和信息化主管部门50余人参加会议。

8日 第8届北京影响力评选活动结果揭晓，博奥晶典获得第8届北京影响力“最具影响力十大企业”奖；大豪科技荣获“最具影响力十大品牌”称号。

同日 国家科学技术部火炬高新技术产业开发中心发布《科技部火炬中心关于2017年度拟确定为国家级科技企业孵化器名单的公示》，北京北广电子集团有限责任公司所属北电科林电子有限公司入选2017年度国家级科技企业孵化器名单。

同日 怀柔区举办食品检验人员职业资格培训班，全区15家企业的85人参加培训，经考评合格后，颁发高级食品检验工、食品检验技师、食品检验高级技师三类等级证书。

同日 市核应急办组织开展“2017年北京市核事故通信应急专项演练”。演练情景设定为地震导致某核设施电源丧失，反应堆自动停堆，核设施进入场区应急状态。同时，地震造成全部通信中断，通信保障分队在现场指挥部的调度指挥下，赶赴现场实施应急通信保障。

12日 市经济信息化委召开北京市工业领域节能电机、节能水泵先进技术推广交流会，北京金隅集团、城建集团、三元食品、同仁堂、燕山石化等重点用能单位参会。

13日 市经济信息化委会同环保、食品药品监管部门，对顺义区化学原料药制造环节停产退出工作进行督查。

同日 北京金隅集团有限责任公司更名为北京金隅资产经营管理有限责任公司。19日，北京金隅股份有限公司更名为北京金隅集团股份有限公司。

同日 北大科技园与金华市义都市新区管委会签约共建“金华北大科技城”。项目总占地400万平方米，涵盖高教、医疗、产业、科研、配套等功能板块。

18日 第二轮《北京志·工业志》通过复审。

19日 2017年北京市促进中小企业发展工作领导小组会召开。

20日 工业和信息化部正式发布《第一批智能制造系统解决方案供应商推荐目录》，共23家企业获得推荐。北京地区8家企业入选，超过入选供应商总数的1/3。

同日 京津冀三地政府联合发布《关于加强京津冀产业转移承接重点平台建设的意见》，提出要立足三省市功能定位和产业发展定位，围绕推进形成北京新的“两翼”，构建和提升四大战略合作功能区及46个专业化、特色化承接平台的“2+4+46”合作格局。

21日 顺义区“创新型产业集群和2025示范区重点项目推介会”举行。推介会共签约“高精尖”项目15个，投资总额近300亿元，项目全部聚焦顺义区智能新能源汽车、第3代半导体、航空航天三大创新型产业。

21日至22日 市经济信息化委携20余家意向投资企业和协会赴天津未来科技城京津合作示范区、滨海高新区开展调研和产业对接。

28日 北京北大先锋科技有限公司“富含一氧化碳（CO）工业尾气资源利用成套设备”入选国家工业和信息化部联合科技部制定的《国家鼓励发展的重大环保技术装备目录（2017年版）》。

同日 北大科技园人工智能国家专业化众创空间入选“第二批国家专业化众创空间示范名单”。

29日 科技部公布《2017年度国家级科技企业孵化器》和《2017年度国家备案众创空间》，启迪控股旗下8家孵化服务基地、清控科创旗下小样青年社区4家创新服务载体入选。

同日 中车北京二七车辆有限公司生产的最后一列新造货车交付出厂。

同日 电子城·国际创新中心（厦门）项目正式启动，是北京电子城投资开发集团有限公司海西战略布局的首个重点发展项目，致力于推动移动互联网、移动通信、大数据、云计算、人工智能、工业设计、文化创意、时尚创意等高新产业聚集。

同月 北京化工集团试剂所被锂电大数据评为2017年度中国动力锂电池电解液十大品牌。

同月 北大未名集团下属公司北京科兴甲肝灭活疫苗孩尔来福通过世界卫生组织预认证。

同年 北京北大维信生物科技有限公司通过ISO9001：2015，ISO14001：2015，OHSAS18001：2007三体系转版认证。

总述

本栏目主要记述产业疏解、京津冀产业协同、科技创新、“高精尖”产业结构、“智慧北京”建设、“放管服”改革推进、利用外资和对外投资、工业出口、央企服务等方面情况。

2017 年北京工业发展综述

2017 年，全市工业系统深入贯彻新发展理念，坚持稳中求进工作总基调，统筹推进疏功能、谋发展、调结构、促融合，加强重点企业精准帮扶，加快重大项目落地实施，加大科技创新支持力度，全力推进产业转型升级和新旧动能接续转换。全市工业平稳有序运行，工业完成增加值 4274 亿元，同比增长 5.4%，比 2016 年提高增长 0.3 个百分点。其中，规模以上工业增加值同比增长 5.6%，实现产值 18453.9 亿元，实现利润 1993 亿元。

产业疏解。严格执行新增产业禁限目录，修订工业污染行业生产工艺调整退出及设备淘汰目录，化学原料药生产环节全部退出。加快集中有序疏解，退出一般制造业企业 651 家，完成全年任务的 130%。清理整治“散乱污”企业 6194 家，实现阶段性目标。清理整治镇村产业小区和工业大院 64 家。完成东方化工厂拆除工作。全年规模以上工业从业人员减少 4.5 万人，降至 96.4 万人，首次回落到百万人以内。

京津冀产业协同发展。北京（曹妃甸）现代产业发展试验区城建重工专用车等重点项目正式投产。北京·沧州生物医药产业园万生药业等 4 家企业竣工试生产。北京·滦南大健康产业园建设启动，意向签约北京企业 40 余家，其中开工建设 8 家。京津冀大数据综合试验区建设推进，京津冀协同推进北斗导航与位置服务产业发展行动方案（2017—2020 年）发布，应用感知体验中心和大数据协同处理中心建成启用，环京大数据基础设施支撑带初具规模。京津冀三地信用平台实现互联互通，多领域协同全面提升。对口支援和区域合作工作稳步推进。

创新发展。创新型产业集群与 2025 示范区建设实施方案落实，出台促进重大创新成果转化落地项目管理办法、机器人产业创新发展路线图等配套政策，开展“一区”产业布局研究。石墨烯等 7 家产业创新中心成立，74 家企业技术中心认定。北京市企业技术创新服务联盟成立，在全国率先发布企业技术中心建设规范标准。绿色制造工程推进，京东方等 8 家企业获评首批国家级绿色工厂。制造业与互联网融合发展行动计划发布实施，两化融合指数提高 5.1 个百分点。“智造 100”工程实施启动，8 家企业入选工信部智能制造系统解决方案供应商推荐目录，超过总数 1/3。百度、360 等互联网企业加快在人工智能、大数据等新兴领域布局，32 家企业入选中国互联网企业 100 强，数量居全国之首。统筹推进军民融合和央地合作，光启超材料研究院等项目落户未来科学城。中小企业公共服务体系完善，公开遴选中小基金母基金管理机构，中小企业创业创新活力不断增强。

“高精尖”产业结构构建。市经济信息化委与市科委共同牵头起草并以市委、市政府名义印发新一代信息技术、集成电路、新材料等 10 个“高精尖”产业发展指导意见，市统计局印发“高精尖”产业分类标准，市财政局、规划国土委、人力社保局等出台支撑“高精尖”产业发展的财政、土地、人才等一揽子政策，中关村管委会发布人工智能产业培育行动计划等文件，“高精尖”产业发展政策体系更加完善。产业资金支持项目 48 个，涉及总投资 530 亿元，“高精尖”基金完成投资决策项目 28 个，新设立子基金 8 支，带动 10 倍以上社会资本投入。燕东 8 英寸集成电路工艺线、奔驰纯电动乘用车等一批重大项目落地建设。质量品牌建设推进，编制印发“三品”专项行动的实施意见。北汽福田、同方威视等企业在海外建设工厂和研发中心。以会促产，2017 世界机器人大会、第 21 届中国国际软件博览会、首届中国网络安全产业高峰论坛举办，吸引国内外“高精尖”资源要素在京集聚发展。

“智慧北京”建设。城市副中心信息化工程推进工作专班组建，推进行政办公区综合运管、物联网、综合办公等平台建设，保障城市副中心入驻单位信息化需求，推动各单位信息化系统迁移入云。加快数据共享开放，出台北京市政务信息资源管理办法。信息基础设施完善，全市首张窄带物联网正式商用，百兆及以上宽带用户占比超过 50%，4G 用户占比超过 73%。各领域公共服务与“北京通”对接，正式上线“北京通”App，新增发放“北京通”卡 1030 万张，累计发卡 2297 万张。社会信用体系建设加快，建立完善信用联合奖惩制度加快推进诚信建设的实施意见印发。社会信用深度应用推进，联合惩戒的威慑力显著增强。中共十九大、“一带一路”高峰论坛等重大活动圆满完成无线电、应急通信和信息安全保障工作。

“放管服”改革推进。职权事项进一步精简，工业和信息化投资核准事项中的环评等前置条件取消。

审批相关中介服务事项和对涉及企业群众办事的各类证明进行清理，动态更新权力清单，大幅压减核准事项，全面梳理公共服务事项26项。落实国家相关税收优惠政策，为软件企业减免所得税37.57亿元。聚焦345家重点企业，组织“走基层、下企业、强服务”活动，协调解决困难和问题200余项。推进行政执法，市区两级执法工作均取得新突破。践行安全生产“一岗双责”，落实民爆、军工领域相关安全监管职责，加强工业和软件信息服务业领域安全生产指导，全系统安全责任意识和安全管理水平显著提升。

利用外资和对外投资。2017年全市制造业实际利用外资3.9亿美元，比上年下降38.4%，投资均主要分布于新能源汽车、电子、装备、医药等领域。北京企业非金融类对外直接投资额61亿美元，投资领域从采矿业、制造业为主转向新兴服务行业，例如商业服务业、信息传输和计算机技术服务业等。

工业出口。全年北京市规模以上工业出口交货值累计实现1004亿元（占工业产值5.4%，略有降低），比上年增加6.0%，完成本年度工业出口稳增长任务。产业分布上，全年电子产业实现577.1亿元，比上年增加5.9%，装备产业实现220.8亿元，比上年增加3.0%，都市产业实现69.5亿元，比上年增加5.3%，基础产业实现64.3亿元，比上年增加23.8%，汽车产业实现59.9亿元，比上年增加4.7%，医药制造业实现12.5亿元，比上年下降5.5%。重点企业上，全年北京市工业出口交货值前10名企业以电子产业为主，有北京京东方显示技术有限公司、小米通讯技术有限公司、威讯联合半导体（北京）有限公司、北京索爱普天移动通信有限公司、北京京东方光电科技有限公司、中芯国际集成电路制造（北京）有限公司、北汽福田汽车股份有限公司、瑞萨半导体（北京）有限公司、冠捷显示科技（中国）有限公司、SMC（北京）制造有限公司。其中，北京京东方显示技术有限公司、小米通讯技术有限公司、北京京东方光电科技有限公司、北汽福田汽车股份有限公司、瑞萨半导体（北京）有限公司、SMC（北京）制造有限公司等6家企业实现同比增长；小米通讯技术有限公司同比增长200%，成为全市工业出口交货值排名第二的企业。

央企服务。年内，梳理市政府交办的各项任务，做好系统性分类工作。按照5月4日北京市人民政府督查室印发通知要求，对《集中走访在京中央企业有关情况的报告》《对接央企在京合作项目任务分工表》《协调解决央企建议需求任务分工表》3个文件进行梳理，在80余项项目及需求中，市经济信息化委牵头主办的工作共计43项，需协调解决的工作共计37项，涵盖了科创项目、“高精尖”产业项目、区域协同项目、政策支持类需求、行政服务类需求等多类问题。强化跟踪服务，促进重点项目发展推进。市经济信息化委对符合首都城市战略定位和产业发展的重点项目进行重点跟进，电子科技集团拟在石景山区首钢旧址打造国家网信创新中心；中国中丝集团公司拟成立丝绸产业创意设计研究院，组建中国丝绸产业技术创新国家中心；中国工艺集团拟建设中国工艺文化创意产业园；中国黄金集团公司在怀柔拟投资建设约2万平方米的冷链物流库房；中国节能环保集团公司拟在朝阳区投资建设国际节能技术创新示范项目及拟建通州区棚户区改造和节能环保产业示范园区等重点项目取得重大进展。优化服务意识，为企业在京发展排忧解难。市经济信息化委于8月16日至9月14日，主动走访中国航天科工集团公司、中国移动通信集团北京有限公司、中国航天科技集团公司、机械科学研究总院、中国核工业建设集团公司、中国核工业集团公司、中国船舶重工集团公司、中国电子科技集团公司、中国节能环保集团公司、中国航空发动机集团、中国航空工业集团公司等11家在京央企，了解央企在政策支持、平台服务、土地规划、子女入学、进京指标等方面的需求，促进央地合作。

完成中央在京企业基本情况的资料整理。通过对企业网站、企业黄页、企业社会责任报告等资料的查询整理以及对企业相关人员的问询，对重点服务的在京中央企业的基本情况进行梳理。对企业简介、业务领域、集团人数、通信方式、集团领导、组织机构、财务数据、最新动态等内容收集整理。

队伍建设。6月13日，北京市第4届职业技能大赛暨第17届北京市工业和信息化职业技能竞赛总结大会召开。大会对在竞赛中做出突出贡献的单位和个人给予表扬，授予300人“北京市工业和信息化高级技术能手”称号；授予60人“北京市工业和信息化行业技术能手”称号；授予33人“北京市工业和信息化最佳操作能手”称号；授予50人“优秀教练员”称号；授予50人“优秀工作人员”称号；授予24个单位“优秀组织单位”称号。6月29日，市经济信息化委启动第13批“北京海外人才聚集工程”人选推荐工作，百度在线网络技术（北京）有限公司丁磊入选第13批“海聚工程”专家名单。6月29日，第2届全国工业机器人技术应用技能大赛北京选拔赛启动会暨机器人校企合作实训基地揭牌仪式在北京市工业技师学院举行。全市7家工业机器人生产、应用企业和4所职业院校的33名参赛选手参加北京选拔赛。由北京奔驰的机器人培训师周峻水同志任随队教练，3名职工、3名学生组成北京代表队，参加全国决赛。8月22日至25日，市经济信息化委举办第17届北京市工业和信息化职业技能竞赛获奖人员交流提升培训班，培训旨在大力弘扬工匠精神，发挥职业技能竞赛在高技能人才培养、选拔和激励等方面的作用，进一步促进第17届北京市工业和信息化职业技能竞赛获奖人员间的学习交流。技能竞赛各职业工种决赛中荣获第一名和第二名的获奖选手、各复赛组委会工作人员和教练员代表及竞赛相关单位领导、工作人员等近百人参加本次培训。9月7日至10日，市经济信息化委率领的北京代表队参加2017年中国技能大赛——“埃夫特·栋梁杯”第2届全国工业机器人技术应用技能大赛在安徽省芜湖市举办的决赛，获得3个二等奖、3个三等奖和团体总分奖。其中，北京市工业技师学院李显获职工组二等奖，北京奔驰汽车有限公司李东、王欣分获职工组二、三等奖；北京市工业技师学院铁鑫获学生组二等奖，同校的罗寅光、周超获学生组三等奖。市经济信息化委获得优秀组织奖。9月25日至29日，市经济信息化委受市委组织部委托，共同举办“第8期推动高端产业发展暨创新型产业集群与中国制造2025示范区建设专题研讨班”。包括各区主管副区长及经信委主任，市委、市政府有关部门分管领导，市经济信息化委部分处室负责人，相关市属国有企业分管负责同志在内的81名学员，就创新型产业集群与中国制造2025示范区建设、产业集群、创新驱动发展、智能制造、两化融合等专题进行了学习和研讨。

两会提案办理。全年市经济信息化委收到人大建议、政协提案共136件，其中市人大建议49件、市政协提案84件，全国人大建议1件，全国政协提案2件，比上年总量增加15%。其中，主办件29件，包括市人大建议10件、市政协提案19件。涉及信息化和信用的建议提案数量大幅上升，占全年建议提案总量50%，主办件达23件，占主办件总数的80%。主要集中体现在“智慧城市建设”“大数据”“基础数据公开”“信用体系建设”“工业互联网”“数字经济”等方面。截止到6月29日，市经济信息化委承办的136件建议提案，均已及时答复代表委员，按期办复。

新闻发布

【集成电路专项成果发布会召开】5月23日，科技部会同北京市和上海市人民政府组织召开国家科技重大专项“极大规模集成电路制造装备及成套工艺”（简称集成电路专项）成果发布会。发布会由科技部重大专项办公室主任陈传宏主持，专项牵头实施单位北京市经济信息化委主任张伯旭、上海市科委总工程师傅国庆和专项技术总师叶甜春介绍了集成电路专项实施取得的攻关成果及应用情况，并就热点问题答记者问。此次发布的专项成果包括9年来已研发成功并进入海内外市场的30多种高端装备和上百种关键材料产品，面向全球开展服务的65纳米至28纳米产品工艺和高密度封装集成技术成果。为实现自主创新发展，2008年国务院批准实施集成电路专项，主攻装备、工艺和材料的自主创新，由北京市和上海市人民政府牵头组织实施。共有200多家企事业单位2万多名科学工作者参与技术攻关，集中在北京、上海、江苏、沈阳、深圳和武汉等6个产业聚集区。

（编辑部）

【北京市启动实施“智造100”工程】 6月1日，市政府新闻办组织召开新闻发布会，《“智造100”工程实施方案》正式发布。市经济信息化委智能装备处负责人在会上介绍了“智造100”工程的出台背景、主要内容和政策措施，并就热点问题答记者问。和利时科技集团、冠捷显示科技公司作为企业代表分别介绍了实施智能化改造提升的经验及成效。

（编辑部）

【疏解非首都功能成果新闻发布会召开】 6月9日，市政府新闻办组织召开“砥砺奋进的五年”系列发布会。首场发布会上，市发展改革委、市经济信息化委、市规划国土委和市商务委共同解读了北京市疏解非首都功能的成果。市经济信息化委副主任樊健介绍了北京产业发展紧扣首都城市战略定位，加快产业结构的深刻调整的相关情况。

“十二五”以来，北京产业结构的调整中放弃“大而全”，构建“高精尖”。紧扣首都城市战略定位，严把产业准入关口，实行负面清单管理。2014 年，制定实施《北京市新增产业的禁止和限制目录（2014 版）》，2015 年进行了修订。全市禁限新增产业占国民经济行业分类的比例由 32% 提高至 55%，其中城六区禁限比例统一提高至 79%。全市经信系统加强工作联动，严格依据禁限目录进行审查，城六区严禁新建有制造环节的工业项目，实现了禁限项目“零准入”，产业投资呈现出价值高端化、体量轻型化、生产清洁化的特征。以是否符合首都城市战略定位为衡量标准，对存量产业分类施策。关停一般制造和污染企业。制定实施《北京工业污染行业、生产工艺调整退出及设备淘汰目录（2014 年版）》，涉及 11 个工业行业 155 项内容。制定《关于落实清洁空气行动计划进一步规范污染扰民企业搬迁政策有关事项的通知》，在鼓励企业搬迁调整方面，减免企业土地收入增值税。制定更加严格的大气污染物排放标准，实施差别化水电气热价格，综合运用经济措施倒逼一般制造业和污染企业关停退出。2013 年至 2016 年，累计关停退出 1341 家一般制造业和污染企业，提前 1 年超额完成《北京清洁空气行动计划》提出的关停退出 1200 家企业的任务。2017 年，北京市计划疏解退出一般制造业企业 500 家，截至 5 月底，全市累计退出一般制造业企业 372 家，完成全年任务的 74.4%。开展为期两年的违法违规排污及生产经营行为专项清理整治行动，截至 2016 年年底，已清理整治挂账企业 4477 家，完成整治任务的 89.5%。

在疏解功能谋发展中，北京工业实现了“舍得”，呈现“该升的升，应降的降；该进的进，应退的退；该提的提，应减的减”的发展态势。该升的升，高端产业引领增长。1 月至 4 月全市规模以上工业增加值同比增长 6.8%，其中高技术制造业和现代制造业增加值分别增长 19.2% 和 9.2%，分别快于规模以上工业增速 12.4 个和 2.4 个百分点。应降的降，不符合首都功能定位的产业增加值增速持续下滑。非金属矿采选业下降 15.9%，皮毛制品业下降 36.6%，家具制造业下降 17.1%。该进的进，工业增长由单点支撑向多元拉动转化。电子、医药产业增加值快速增长，1 月至 4 月增速分别为 24.7% 和 19.3%，会同汽车产业形成拉动全市工业增长的三大动力；产业融合创新发展，首个国家级制造业创新中心落户本市，中国航空发动机研究院落地揭牌，北京石墨烯产业创新中心正式成立。应退的退，疏解行业。冶金、建材等较为集中的基础原材料产业增加值同比下降 2.5%，都市产业中的纺织业和纺织服装服饰业增加值分别同比下降 4.4% 和 2.3%。该提的提，工业生产效率提升。1 月至 4 月北京市规模以上工业全员劳动生产率 36.2 万元 / 人，同比提高 3 万元 / 人。应减的减，工业用工人数、综合能耗下降。截至 4 月，工业用工人数为 98 万人，缩减至百万人以内，同比减少 2.7 万人；综合能耗 490.2 万吨标准煤，下降 4.8%，万元增加值能耗 0.4 吨煤，下降 10.9%。

（编辑部）

【北京建设全国科技创新中心成果新闻发布会召开】 6 月 29 日，市政府新闻办组织召开“砥砺奋进的五年”系列之北京建设全国科技创新中心成果发布会。市科委、市经济信息化委、市财政局以及中关村管委会共同发布，分别介绍了近 5 年来北京建设科技创新中心的主要成就、创新型产业集群建设情况、发挥财政职能支持科技创新中心建设情况，以及在全国科技创新中心建设中发挥主要载体作用等内容。市经济信息化委委员姜广智介绍了创新型产业集群与 2025 示范区专项办近五年工作的成果。

过去五年，市经济信息化委围绕“四个中心”城市战略定位，全力推进产业创新发展。工业增加值总量从 2012 年的 3294.3 亿元增长至 2016 年的 3884.9 亿元，年均增速 5.3%；规模以上工业企业利润从 2012 年的 1216.6 亿元增长至 2016 年的 1549.3 亿元，年均增长 6.3%；现代制造业增加值年均增速 10.4%，高技术制造业增加值年均增速 8.5%。今年 1 月至 5 月全市规模以上工业增加值同比增长 5.5%，其中高技术制造业和现代制造业增加值分别增长 19% 和 6.8%，增长质量进一步提升。

2016 年以来，市经济信息化委作为建设全国科技创新中心“一处七办”组织架构中“创新型产业集群与 2025 示范区专项办”的牵头部门，聚焦“转化”，加速推进“三城”创新成果在“一区”落地，打造以北京经济技术开发区为代表，包括大兴区亦庄、顺义区在内的创新驱动发展前沿阵地，建设创新型产业集群和中国制造 2025 创新引领示范区。加强“城—区”对接，创建中国制造 2025 示范区。以大兴区亦庄、顺义区为主体，组织申报“中国制造 2025”试点示范城市，在开发区实施“4-10-20”工程，全面启动

4个千亿级集群、10家百亿级企业、20个具有全球影响力技术创新中心建设；在顺义实施中航发动机、中航复材、青云航电等20个重点项目，启动建设智能新能源汽车产业示范区，推动中科院联动创新产业园、第三代半导体材料及应用联合创新基地建设，推进顺义从传统制造业大区向先进制造业强区转型发展。加大政策支持力度，加速推进科技创新中心成果转化落地。制定促进重大创新成果转化落地的管理办法，加大对产业创新中心、企业技术中心、“高精尖”设计中心等创新载体的支持，全面提升企业对科技创新成果的承接转化能力。重点支持以“三城”为核心的科技成果向“一区”转化，补齐中试、工程化实验、用户验证和规模化试生产等成果转化中后期的短板。打造以企业为核心的创新体系，提升承接“三城”创新成果的转化能力。发布《北京市产业创新中心实施方案》，组建先进动力电池系统创新中心、工业大数据创新中心、北京智能车联产业创新中心和石墨烯产业创新中心等4家市级产业创新中心。在工信部的指导下，国家首批首个制造业创新中心——国家动力电池创新中心落地北京。截至目前，国家级产业创新平台达到138个，推出“智造100”工程，设立了总规模200亿元的“高精尖”产业发展基金，引导社会资本参与产业发展，促进产融结合。推进创新型产业集群建设，创新成果转化成效显著。全球首个5G大规模天线设备、国际唯一脊柱全节段手术机器人系统、打破国外垄断的糖尿病抗体新药等一批“高精尖”产品集中面世，京东方新产品在国际高端市场占有率接近4成，中芯国际28纳米产品产能达到2万片/月，小米自主研发芯片“澎湃S1”正式发布，成为全球范围内同时具备生产芯片和手机能力的第四家企业，北京自主可信开放高端计算系统进入产业化，品驰脑起搏器生产线扩建，全市纯电动汽车产量成倍增长，创新成果不断转化落地，成为北京经济发展的新动能。

（编辑部）

【推进两化深度融合行动计划发布】9月21日，北京市举行《北京市推进两化深度融合推动制造业与互联网融合发展行动计划》新闻发布会。市经济信息化委副巡视员、新闻发言人任世强，副巡视员姜广智出席发布会并回答记者提问。任世强发布并解读《北京市推进两化深度融合推动制造业与互联网融合发展行动计划》的总体情况。

编制背景。为加快落实制造强国和网络强国战略，国务院先后出台了《中国制造2025》《关于积极推进“互联网+”行动的指导意见》《关于深化制造业与互联网融合发展的指导意见》等重要文件，工信部连续印发《信息化和工业化融合发展规划（2016—2020年）》《软件和信息技术服务业发展规划（2016-2020年）》等指导文件。北京已进入减量发展、加速转型的新阶段，必须更加突出创新驱动，推进两化融合，走出一条集约内涵发展的新路，构建“高精尖”经济结构，全面推进科技创新中心建设，在疏解和减量的同时强化首都功能、提升发展的质量和效益，在全国创新和转型中发挥引领作用。

编制思路。文件立足首都城市战略定位，把推进本市两化深度融合作为推动制造业转型升级、建设科技创新中心的重要途径和手段，与加强北京创造、促进“互联网+”、鼓励创新创业、培育发展软件服务业等各项工作有机统一起来，统筹考虑、衔接配套，合力推进。文件的起草重点把握4个原则：找准首都定位。着眼北京首都城市战略定位，找准北京开展“两化融合”工作的目的，是围绕构建“高精尖”经济结构、调整产业布局这个大战略，要起到通过融合发挥北京全国科技创新中心功能、调整北京在产业价值链中位置的作用。坚持创新驱动。坚持创新驱动战略这一根本，坚持技术创新和管理创新融合并重。两化融合发展，本质是创新发展。文件编制聚焦产业、产品和工艺、组织、机制等多层面的要素，推进技术创新和管理创新双轮驱动，引导企业提升可持续竞争优势，全面促进数字化、智能化、网络化转型。瞄准产业升级。既注重改造提升存量，也注重培育发展增量。推动信息技术与传统产业渗透融合，针对存量，通过融合发展加快提升传统优势产业智能化和绿色化发展水平；针对增量，推进制造业与互联网融合发展，引导培育新产业、新业态，打造互联网时代新引擎。聚焦能力提升。着眼企业和产业两个层面的统一，既注重企业能力单点突破，也注重产业能力整体提升。以两化融合管理体系贯标为牵引，打造企业适应互联网时代发展的新型能力，以新型能力提升为主线，推动区域经济整体发展，形成以数据为驱动、新型能力建设为主线的北京市产业转型升级新模式。

主要内容。实施“三大行动”和“5个100工程”战略部署。实施三大行动：生产模式转型行动，通过大力普及、发展智能制造和绿色制造，推广网络化生产新模式，实现重点领域智能化转型，支撑各领域全面构建绿色制造体系，推动重点行业骨干企业形成基于智能、绿色的网络化协同、个性化定制、服务型制造等新模式，创建制造业转型新路径。服务模式创新行动，通过着力培育融合创新的新体系、融合服务的新业态和融合发展的新供给3类创新，引导和支持“双创”平台建设，建成一批面向京津冀、辐射全国的工业云和工业大数据服务平台，培育一批行业性和综合性工业电子商务平台，形成一批两化融合系统解决方案，重点推进构建以两化融合管理体系贯标引领新旧动能转换的工作格局，激发经济发展的新活力。基础能力提升行动，通过系统强化技术基础、工业互联网和工业信息安全三位支撑，夯实融合发展新基础。围绕两化融合对信息技术产业的需求，推进在集成电路、基础元器件、高端工业软件等领域取得重大突破，建成一批具备自主发展能力的通用基础软硬件平台，形成一批安全可靠的综合验证、系统评测、公共服务平台，信息技术产业支撑能力全面提升。配套三大行动，以组合拳形式提出贯标100、智造100、“双创”100、协同100、新供给100五个100工程。贯标100工程。在高端装备、电子、汽车、生物医药、航天航空等重点领域，通过分级分类，有序引导企业贯彻实施两化融合管理体系，加快打造互联网时代企业的核心竞争能力。支持行业两化融合共性解决方案和标准研制，分行业树立示范企业，推动100家企业通过两化融合管理体系评定，系统总结推广贯标达标企业优秀经验和成果，探索形成两化融合管理体系有效落地的路径和方法。智造100工程，通过实施数字化车间、智能工厂、京津冀联网智能制造等100个左右智能制造模式应用项目，引领带动重点产业智能化转型升级，同时推动一批关键智能部件、工业软件、装备和系统的研发及产业化突破，培育一批立足北京、服务全国的高水平系统解决方案供应商和智能制造领域单项冠军。双创100工程，聚焦制造业“双创”平台及“双创”服务体系建设，支持100个试点示范项目，鼓励制造业重点行业骨干企业、大型互联网企业、基础电信企业建设面向制造企业的“双创”服务平台，在全球范围内集聚共享资金、技术、人才、渠道、品牌等“双创”资源，完善制造业“双创”服务体系，加快建立“双创”生态圈。协同100工程，聚焦网络化协同制造和京津冀协同发展，支持100个试点示范项目，鼓励大型制造企业加强供应链成员间关联信息共享和实时交互，发展“研发设计和营销推广两端在京+异地制造”的经营新模式，加快构建京津冀智能制造网络；依托北京市工业云服务平台构建面向区域、行业和企业的“京津冀互联网协同制造平台”，加快打造实时、开放、高效、协同的社会化供应链体系。新供给100工程，面向北京市重点行业企业转型升级需求，分级分类梳理互联网时代的企业新型能力，建立涵盖北京市贯标咨询服务机构、信息技术企业、互联网企业等100家数字经济服务领先企业的能力清单。通过制造企业与贯标咨询服务机构和解决方案提供商的精准对接，探索试点企业建立系统化运行管理新机制，构建并持续打造新型能力。

政策措施。文件在全面对接落实国家相关政策部署的基础上，紧密结合北京实际，提出了进一步深化产业发展促进体制机制改革的若干措施。主要包括：强化组织保障；创新财税金融支持；建立健全融合发展标准体系；加强融合发展人才支撑；推动融合发展国际交流。

（市经信委）

【加快科技创新发展系列指导意见出台】 12月26日，市政府新闻办召开“新时代 新气象 新作为”北京市学习宣传贯彻中共十九大精神系列发布会暨“北京市加快科技创新发展“高精尖”产业系列政策”新闻发布会。市经济信息化委主任张伯旭，市科委主任许强等有关单位领导出席发布会介绍情况，并回答记者提问。

背景情况和基本考虑。中共十八大以来，习近平总书记两次视察北京，对首都工作提出了一系列新指示新要求，市经济信息化委紧紧围绕首都城市战略定位，把握“舍”与“得”的辩证关系，实施非首都功能疏解，优化调整产业结构，加快从聚集资源求增长到疏解功能谋发展的重大转变，构建“高精尖”经济结构。围绕“北京要发展而且要发展得更好”目标，制定出台《北京行动纲要》，实施“三四五八”战略，加快构建“高精尖”产业结构，形成较好的发展基础和比较优势，具备较强的发展后劲，有条件进一步创新突破。进一步做好北京创新发展、高质量发展，坚持中共十九大报告提出的“质量第一、效益优先”原则，顺应产业演进趋势，按照国家战略导向，围绕全国科技创新中心建设，立足“三城一区”主平台，聚焦“绿色、集约、智能”产业发展方式和“减重、减负、减量”的发展要求，经过研讨论证分析，选取新一代信息技术、集成电路、医药健康、智能装备、节能环保、新能源智能汽车、新材料、人工智能、软件和信息服务以及科技服务业等10个产业作为重点发展的“高精尖”产业，分别编制指导意见。

10个指导意见坚持服务国家战略需求，坚持立足首都功能定位，坚持顺应产业演进规律，在把握“两个关系”基础上，贯彻落实“六个方面”发展要求。“两个方面”关系，即把握疏解与发展的关系。发展“高精尖”产业，同疏解非首都功能、促进减量集约发展，在本质上是内在统一、相辅相成的。坚定不移疏解非首都功能，为优化提升首都核心功能、提高发展质量和效益腾出空间。大力发展“高精尖”产业，本身就是提高发展质量和效益的关键举措，也是优化提升首都核心功能的重要内容，同时符合减量集约发展的要求。明确创新与转化的关系。发展“高精尖”产业，是坚持创新驱动发展、构建科技创新链条的重要环节，也是科技创新的直接目的之一。建设具有全球影响力的科技创新中心，更加需要注重以产业为牵引，强化科研创新与产业化互促，培育“高精尖”产业集群。“六个方面”要求，即学习贯彻中共十九大精神的必然要求。发展“高精尖”产业，是新时代下贯彻新理念的重要体现，是建设现代化经济体系的重要组成部分，是北京贯彻中共十九大精神的重大安排，贯彻落实习近平总书记两次视察北京重要讲话精神的必然要求。发展“高精尖”产业，就是集中力量做好“白菜心”，加快实现“腾笼换鸟”，是对习近平总书记指示要求的具体响应和落实。落实首都城市战略定位和北京城市总体规划的必然要求。发展“高精尖”产业，推动科技创新与经济建设深度融合，强化首都核心功能，是北京城市战略和总体规划的细化实施。服务京津冀协同发展战略的必然要求。北京以“高精尖”产业为牵引，打造发展新引擎，壮大发展新动能，有利于辐射带动三地科技创新和成果转化，更好推动京津冀协同创新发展。主动适应全球新一轮科技革命和产业变革的必然要求。发展“高精尖”产业，旨在抢占科技竞争的制高点，在全球产业发展的激烈竞争中占据重要地位，提升我国科技实力和国际竞争力。促进北京可持续发展的必然要求。发展“高精尖”产业，有利于更好地发挥北京丰富的科技资源和人才优势，实现“瘦身健体”和“提质增效”，为北京保持高质量发展提供重要支撑。

总体内容。10 个《指导意见》立足北京市疏解非首都功能、提升发展水平的根本要求，以创新驱动为导向，落实京津冀协同发展战略，着眼于为产业升级定方向、立标准、指路径，回答北京未来重点发展什么产业、重点发展什么技术以及怎么发展的问题，为全市产业的新发展提供“路线图”，为企业的新发展亮出“信号灯”。每个文件的内容主要包括指导思想、发展目标、主要任务、保障措施四部分。

指导思想。认真贯彻中共十九大精神和五大理念，牢牢把握首都城市战略定位，遵循创新驱动、主持人发展、协同联动、绿色发展、市场主导等要求，围绕各产业领域的实际特点，各有侧重，精准施策。

发展目标。全面增强技术创新能力、做强做优做大龙头企业，提升经济发展的质量效益。在创新发展方面，企业研发投入占主营业务收入比重普遍达到 3% 以上，同时掌握一批国际前沿核心技术和先进工艺，突破一批战略关键技术。在企业培育方面，要打造一批技术水平国内领先，跻身国际前列的领军型龙头企业。

主要任务。按照定方向、立标准、指路径的要求，根据 10 个产业的发展特点，进一步细化明确各个产业重点发展的细分领域，需要突破的关键核心技术等；围绕全市“三城一区”的总体安排，指明产业布局优化的方向；立足北京市产业发展实际，明确产业发展可依托的资源、载体，下一步要重点实施的重大工程、重点项目等，为各个产业的发展提供战略指引。

保障措施。10 个文件分别从组织、政策、资金等几个方面提出了相应的保障措施。组织保障。建立统筹推进机制，加强京津冀协同、市区协同、央地协同，推进重大项目落地和建设。政策保障。做好政策集成、开展改革政策先行先试，营造有利于产业创新发展的政策环境。资金保障。统筹用好市区两级产业资金和政府引导基金，扩大民间投资，集中支持重大项目、共性关键技术研发和公共服务平台建设。人才保障。完善创新人才培养机制，加大对主持人人才引进的政策支持，吸引各产业领域主持人人才在京发展。市场保障。加大对首台（套）重大技术装备研制和产业化的扶持力度，强化知识产权保护。要素保障。对重点产业所需土地、水、电等资源要素予以优先保障，增强为企业主动服务的意识和能力，加强公共服务。具体到不同产业，结合产业特点，提出有针对性的政策措施组合。

6 个产业的具体内容。新一代信息技术产业。聚焦集成电路、人工智能、大数据、云计算、网络空间安全、5G 相关通信技术等新兴领域，把握产业演进趋势，优化集聚产业创新资源，提升发展层级，推动新一代信息技术与经济社会发展深度融合。提升集成电路自主发展能力，建立人工智能研发优势，形成大数据创新业态，提高云计算供给能力，提升网络空间安全话语权，引领第五代移动通信相关技术发展。集成电路产业。以“承载国家战略、布局新兴前沿、支撑转型升级”为主线，实施“核心企业—关键领域—重点产品”突破战略，提高集成电路设计、制造与装备发展水平，建设具有国际影响力的集成电路产业技术创新基地。加强创新平台建设，瞄准世界前沿集成电路技术，建设集成电路创新研究院和工程技术创新中心；突破核心设计技术，骨干企业芯片设计能力达到 7 纳米至 10 纳米；加快先进、特色产线建设，促进全产业链联动协同发展；提高装备与材料自主配套能力，培育集成电路装备领域世界级领先企业。医药健康产业。聚焦生物医药、主持人医疗器械和现代医疗服务等重点领域，推动医药健康产业智能化、服务化、生态化、主持人化发展。加强技术研发创新，实现干细胞与再生医学、分子生物学、基因治疗等新技术的突破；加快成果转化，实施北京生物医药产业跨越发展工程、新一代健康诊疗与服务专项、医药健康领域智能制造工程和绿色制造转型工程，打造推动产业发展的“四轮”；是培育发展新兴业态，大力发展“互联网＋”医药健康产业和精准医学新模式；优化产业布局，推进京津冀医药健康产业协同发展。提升产品质量水平，打造医药健康知名品牌。智能装备制造业。提升核心竞争力，强化主持人装备制造业在全市产业转型升级中的支撑带动作用，打造全国主持人装备产业创新示范区和系统解决方案策源地。以智能制造装备为核心，聚焦机器人、增材制造等关键技术装备，推动系统集成和行业解决方案的产业化应用，做大产业规模；以主持人能源装备为支撑，聚焦高效、节能、绿色等关键问题，进一步优化产品结构；实现公共安全和应急、科学仪器、文物保护及数字创意等领域技术突破，培育特色优势装备产业。节能环保产业。以提高技术水平和竞争力为主线，成为全国节能环保产业的技术创新策源地、主持人装备引领者、服务资源聚集地和市场应用示范区。做优高效节能产业，推进节能电机、能量系统优化等领域先进技术、装备的研发和应用；做大先进环保产业，重点研制推广水、大气及噪声污染防治等领域的先进技术及装备；做精资源循环利用产业，构建可再生资源逆向物流体系，发展资源再生与综合利用领域关键技术装备；做强节能环保服务业，引导节能服务企业拓展服务内容，提升环保服务企业总承包能力。软件和信息服务业。突出“创新”“融合”“提升”，进一步巩固竞争优势，基于互联网的数据服务、信息服务、内容服务辐射和引领全国发展，国际竞争能力显著增强。加强技术创新，实现新一代软件技术跨越升级，促进信息技术服务创新，培育信息消费新热点；推进融合创新，提升信息基础设施水平，推动智能制造构建新优势，打造智慧城市应用新标杆，推动现代服务业实现新突破，全面提升信息安全能力；坚持开放创新，提高国际化发展水平。

（编辑部）

【中国制造 2025 成效初显】自《中国制造 2025》实施以来，国家制造业创新中心建设、智能制造、工业强基、绿色制造、高端装备创新等“五大工程”扎实推进。在 2016 年度 15 个重大标志性项目中，有 7 个完全落实，4 个基本落实。

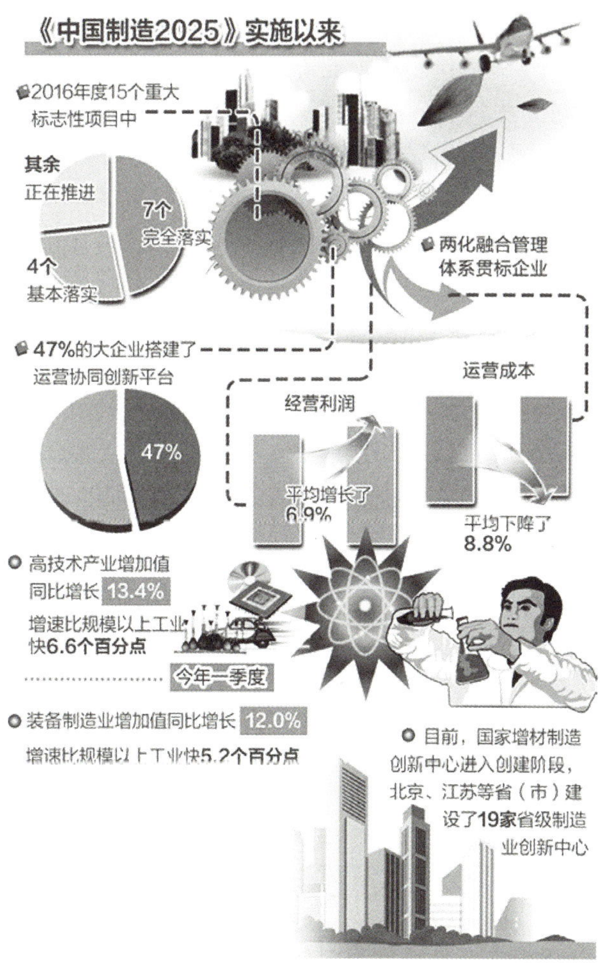

（经济日报）

编纂出版

【第二轮《北京志 · 工业志》通过复审】 12月18日，第二轮《北京志 · 工业志》（以下简称《工业志》）复审会召开，市经济信息化委主任、《工业志》编委会主任张伯旭，《工业志》副主编、执行主编，市经济信息化委研究室及相关处室、市产业经济研究中心负责人，《工业志》参编单位代表等出席会议。市地方志办主任陈玲，市地方志办副巡视员、市志指导处处长运子微及责任审稿列席会议。会上，市产业经济研究中心副主任、《工业志》副主编郭钧岐做《工业志》编纂工作汇报，市经济信息化委研究室副主任、《工业志》副主编李辉代表《工业志》编委会对复审稿发表评议意见。会议决定《工业志》通过复审。运子微在会上指出，《工业志》最大的特点是难度大，作为首轮《北京志》20部分志，《工业志》克服了资料收集和编纂过程的各种困难，在篇目结构上进行了全新的探索，反映了北京工业的产业格局和时代特征，同时又体现了对前志的继承。《工业志》复审稿融入了市经济信息化委的大力支持和撰稿人的大量心血，涵盖了对行业的深厚情感、对历史的责任感和使命感，实现了对首轮志书的成功接续。下一步要在修改完善的基础上，尽快报送终审，争取形成一部精品佳志。陈玲强调，《工业志》编修工作组织有力、人员队伍稳定、资料工作扎实、经费保障充分，为二轮修志提供了很好的经验，建议在保证质量的前提下确保进度，争取尽快完成终审。市地方志办将在不断总结承编单位修志经验的基础上，扎实做好体制机制建设和各项基础工作，为地方志事业可持续发展做好服务保障。同时，地方志事业要面向未来，紧跟时代发展步伐，探索实现修志编鉴数字化，运用大数据突破地方志资源开发利用瓶颈。她希望市经济信息化委加强对地方志信息化建设方面的工作指导，建议双方在数字方志、网络年鉴等方面加强合作，共同为传承北京历史文化、服务首都“四个中心”功能做出更好的贡献。张伯旭指出，修志工作意义重大，它是不断积累和汲取经验的过程，是为后人做出的宝贵贡献。二轮《工业志》的记述断限正是改革开放以来北京工业在所有制、企业经营体制、产业结构调整、工业布局调整等方面发生巨大变化的12年，编纂过程经历了工作统筹难、资料收集难、史实编纂难等诸多困难和挑战，体现了“修志问道、执笔著史”的方志人精神。下一步要以打造精品为目的，做好修改完善工作。他强调，修志工作难度很大，记录历史难免有立场、有观点，资料不全则使这种局限性更难以避免，因此要做好日常资料的积累，使日常工作全部留痕，更要充分运用大数据作为辅助手段，为未来修志工作和开发利用打下更好的基础。

（林玉琳）

【《北京工业年鉴（2017年）》出版】 12月，市经济信息化委编纂的《北京工业年鉴（2017年）》，由北京出版集团公司、北京出版社正式出版发行。该书16开本，30印张，1009千字，彩色插页28面。该年鉴采用文章和条目两种体裁，以条目体为主，设有特载、大事记、总述、产业、区工业、开发区、企业、协会组织、产品、人物、法规政策文件、工业数据、附录共13个一级栏目，是一部反映北京工业经济全面情况的大型工具书和资料性年刊，真实地记载了2016年北京市工业的发展情况，对于全面、系统地了解和掌握北京工业经济发展所取得的成就，研究北京工业经济运行和重要行业、重点企业的发展变化，指导经济工作具有重要的参考价值。《北京工业年鉴》自1991年起编辑出版，每年一卷，至此为第27卷。其内容结合北京工业年度发展变化，在形式和内容上进行创新。2017版突出记载了北京工业系统学习贯彻落实习近平总书记视察北京的重要讲话精神和《京津冀协同发展规划纲要》，以及北京工业发展取得的丰硕成果。全书图文并茂，数据丰富，资料翔实，是了解、研究北京工业发展的权威性书籍。

（编辑部）

产 业

本栏目主要记述电子信息产业、汽车与交通设备制造业、智能制造和装备工业、生物与医药产业、都市产业、基础与绿色环保产业、国防科技工业、中小企业、镇村工业、民政工业、私营个体工业、校办产业发展情况。

综 述

2017年，全市规模以上工业3231家企业，实现工业总产值18901.1亿元，比上年增长4.5%。其中，电子信息产业工业总产值2199.5亿元，增长8.9%；汽车交通产业4916.2亿元，下降4.8%；智能装备产业2412.5亿元，增长5.0%；医药产业981.6亿元，增长20.5%；都市产业1580.2亿元，增长0.4%；基础产业6811.1亿元，增长9.6%。

质量效益不断提升。规模以上工业万元增加值能耗比上年下降8.7%，煤炭消费比重比上年下降6个百分点，天然气消费比重比上年提高4个百分点。规模以上工业从业人员降至99.5万人，比同期减少4.9万人；全员劳动生产率40.2万元/人，比同期提高4.3万元/人，创历史新高。规模以上工业实现一般公共预算收入497.8亿元，占全市比重为9.2%。

研发投入不断加大。全市工业大中型企业研发经费内部支出217.1亿元，比同期增长6.5%；申请发明专利7954件，比同期增加467件。推动创新体系持续完善，发布北京市企业技术中心建设标准，支持成立企业技术创新服务联盟。累计认定市级产业创新中心10家，按照新办法贯标企业技术中心240家。国家电网、碧水源、燕山石化、数字认证等18家企业参与开展的16个研究项目获得2017年度国家科学技术奖。其中，国家技术发明二等奖4项，国家技术进步特等奖1项，国家技术进步一等奖2项，国家技术进步二等奖9项。

减量发展成效初显。坚持控增量、调存量，推动“瘦体健身”，修订出台《北京市工业污染行业生产工艺调整退出及设备淘汰目录（2017年版）》。全年累计退出一般制造业企业651家，完成全年计划的130%；清理整治“散乱污”企业6194家和工业大院64家。东方化工厂拆除完成，化学原料药生产退出全市范围。累计拆除停用工业燃煤设施1790蒸吨，压缩水泥产能90万吨，不符合首都城市战略定位的行业增加值增速持续下降，其中非金属矿采选业下降76.5%，皮毛制品业下降42.6%，家具制造业下降12.7%。

高新产业引领增强。高技术制造业和战略新兴产业增加值分别增长13.6%和12.1%，分别高于全市规模以上工业增加值增速8个和6.5个百分点，继续引领工业增长。聚焦新一代信息技术等十大领域出台“高精尖”产业发展指导意见，会同市财政局编制“高精尖”产业发展和支持中小企业发展资金管理暂行办法，联合市统计局印发北京“高精尖”产业活动类别。

业态融合持续深化。实施绿色制造和“智造100”工程，构建绿色制造体系，推进和利时等一批企业开展绿色化、数字化和智能化技术改造，同方威视等3家公司获评全国第二批制造业单项冠军企业，碧水源组合式污水处理设备获评制造业单项冠军产品。启动两化深度融合行动计划，完成50家企业贯标达标，两化融合发展指数达到96.8点，同比提高5.1点。百度、京东等企业加快布局“互联网+制造”领域，360、神州数码等企业加快布局人工智能、大数据等领域，今日头条等5家企业入选全球“AI100”榜单，小米通讯等3个项目入选国家级服务型制造示范企业和示范项目。

区域协同有序推进。健全协同发展机制，组织召开京津冀产业协同发展联席会。加快建设北京（曹妃甸）现代产业发展试验区，城建重工专用车及新能源汽车生产基地正式投产，中冶新材料项目开工建设。持续打造北京·沧州生物医药产业园，签约北京项目29个，开工建设5个。启动建设北京·滦南大健康产业园，意向签约北京企业43家，取得工商营业执照15家，开工建设8家，保健品异地监管获食药监总局批准。支持京投公司在保定建设车辆生产基地，推进京津冀大数据综合试验区建设，建成并启用应用感知体验中心。推进京津冀信用体系合作共建，实现京津冀信用平台对接。发布《京津冀协同推进北斗导航与位置服务产业发展行动方案（2017—2020年）》。

（市经信委经济运行处）

电子信息产业

【概况】2017年，北京电子信息制造业把推动京津冀协同发展、推进科技创新中心建设、加快构建“高精尖”经济结构等作为重点工作，对全市工业增长起到重要支撑作用。全年工业和信息化部（以下简称工信部）监测的北京电子信息制造业规模以上企业集团110家。电子信息产业工业总产值2199.5亿元，比上年增长8.9%。全行业主营业务收入2957.98亿元，同比增长5.15%；利润总额223.98亿元，同比增长71.72%；税金总额30.06亿元，同比增长29.54%；工业销售产值1801.53亿元，同比增长4.51%；出口交货值532.05亿元，同比增长4.58%，新增固定资产投资额105.65亿元，同比下降9.28%。主要产品移动手机、显示器、液晶面板、电子元件产量同比下降，计算机、集成电路产量同比上升。

结构调整成效显著，行业全年保持两位数增长，全行业累计实现增加值增速10.8%。其中，通信产业所占比重降至全行业45%左右，尤其是传统手机组装制造业占比大幅下降，占通信行业比重不到10%，取而代之的是以设计、研发、品牌营销为主，巩固了在通信产业的技术优势地位，提升了产业核心竞争力。以小米为代表的移动互联网公司，全年产销智能手机约7000万部，实现工业产值超过600亿元。数字电视（半导体显示）产业产值占比接近25%，支撑了全行业增加值增速的大幅提升。集成电路产业受国家政策影响持续增长，整体产值占北京市电子信息产业15%。计算机产业受移动互联网产业发展，整机产品产值逐年减少，约占到北京电子信息产业的15%，传统计算机厂商出现持续萎缩趋势。

领军型企业增多，继联想成为世界级计算机领军企业后，京东方成为全球液晶显示领域世界领先企业，在多个品类全球市场份额占据第一，OLED、柔性屏等先进技术产品与世界先进同步。小米公司重回国内智能手机市场前三，并在国际市场取得突破。紫光、中芯、北方华创等一批集成电路企业在各自领域具备国内领先优势地位。2017年第31届中国电子信息百强企业排名中，北京地区有10家入围，10家企业营业收入共计6322.41亿元，利润251.54亿元，上缴税金165.32亿元。百强企业加大科研经费的投入，引进科研人员，促进企业提升核心竞争力。

（市经信委电子信息处）

【软件和信息服务业】2017年，软件和信息服务业保持稳中有进的发展态势。前三季度，全行业实现增加值2144.5亿元，同比增长10.2%；实现营业收入5733.2亿元，同比增长12.7%。抓政策合力，优化产业环境，持续推进落实《北京市“十三五”时期软件和信息服务业发展规划》，为软件产业发展谋划新布局，促进产业转型升级。发布实施《北京市推进两化深度融合推动制造业与互联网融合发展行动计划》，加快形成全社会推动两化深度融合的合力。抓转型升级，打造新引擎，引导骨干企业转型升级。神州数码、用友、东华、东方国信等传统软件企业转型初见成效；互联网企业加快布局人工智能、大数据等新兴领域。百度牵头筹建首个国家级的人工智能工程实验室。360获批建设两个国家级重点大数据工程实验室项目。35家企业入选工信部“2017中国软件业务收入前百强企业”，入选企业数量为历年最高。百度、京东等32家企业入选“2017年中国互联网企业100强”，数量居全国首位。25家企业入选人工智能创新公司50强，入选数量占据全国一半。滴滴出行、小米等27家企业入选CB Insights公布的214家“全球独角兽公司榜单”，入选数量全国第一。抓重大项目，培育新动能，依托龙头企业，在云计算、大数据、自主可控、信息安全等领域，形成以百度开放云、金山云、用友大型企业互联网开放平台（iUAP）、北京可信开放高端计算系统产业化、基于滴滴大脑的新一代智能交通服务平台等为代表的重点项目库，并加速产业化应用落地。持续推进“高精尖”基金项目投资及新设基金工作，国科嘉和基金上半年完成3个项目的投资，总金额1.55亿元；盛世泰诺基金完成对正安维视项目投资，总金额3000万元。推动北京大数据产业基金设立。抓两化融合，拓展新空间，持续做好两化融合管理体系贯标工作，向工信部推荐服务型制造示范企业18家、制造业与互联网融合发展试点示范企业23家；向工信部推荐两化融合管理体系贯标示范企业遴选单位8家、产业互联网集成服务解决方案19家、中德智能制造合作试点示范企业4家；遴选推荐40多家企业申报2017年度国家级两化贯标试点企业；推进2017年北京市企业信息化及电子商务发展状况调查工作。多次组织开展贯标评定工作会和培训会。抓产业服务，增强落地效果，落实软件企业所得税优惠政策，完成两批共541家企业所得税备案材料的初审。开展软件和信息服务业“走基层、下企业、强服务”调研活动，共计完成130家重点软件企业调研。举办第21届软博会，以“软件定义世界，智能引领未来”为主题，在形式、内容、参与度等多方面进行创新，创下多个“首次”，提高了市产业在国内外的影响力。抓创新中心建设，构筑创新高地，对接国家创新中心工作部署，推动组建“基础软件先进制造创新中心”，形成统一操作系统及应用软件生态体系；筹建北京国际人工智能研究院，形成国际知名的人工智能科研和创新高地。

（市经信委软件服务处）

【12 英寸清洗机累计流片量破国产纪录】 1 月，北京七星华创电子股份有限公司自主研发的 Saqua 系列 12 英寸清洗机，在中芯国际完成 52 万片生产线流片，创造国产 12 英寸集成电路清洗设备流片量纪录。Saqua 系列清洗机是七星电子自主研发、具有完全自主知识产权的新一代高端清洗工艺设备，应用于 IC 制造中铜互连清洗工艺，设备采用全新的模块化设计理念，通过 65 纳米 /55 纳米 /40 纳米大生产工艺验证。

（北京电控）

【中国首条 6 代柔性 AMOLED 生产线投产】 5 月 11 日，京东方成都第 6 代柔性 AMOLED 生产线正式投入生产。该产线 2015 年 5 月开工建设，2016 年 7 月主体厂房封顶，设计产能为每月 4.8 万片玻璃基板（玻璃基板尺寸为 1850mm × 1500mm），定位于高端手机显示及新兴移动显示等产品，总投资 465 亿元。

（北京电控）

【新能源锂电装备实现重大技术突破】 6 月，北方华创科技集团股份有限公司成功制出在线检测高精密涂布机，并通过主流厂商联合测试，相关技术指标达到国际先进水平，填补了国内高端精密涂布机空白。此新型涂布机，属于新能源动力电池生产环节中的关键工艺设备，采用自主研制的全自动在线检测留白装置，对电池极片涂布质量实时在线检测，能够保证极片质量的一致性，生产效率可提高两倍。

（北京电控）

【自主研发制造 8 英寸金属刻蚀设备】 11 月，北方华创科技集团股份有限公司自主研发的国内首台 8 英寸金属刻蚀设备进入中国最大代工厂生产线，实现国产高端装备应用工艺的又一次突破。该设备主要应用于 8 英寸 0.13 μm 及以下技术代 Al 金属刻蚀工艺，关键技术指标达到国际先进水平。

（北京电控）

【全球首条 10.5 代线投产】 12 月 20 日，全球首条最高世代线——京东方合肥第 10.5 代 TFT-LCD 生产线投产，是全球最高世代线，也是全球首条 10.5 代线。

（北京电控）

汽车与交通设备制造业

【概况】 2017 年，北京汽车及交通运输设备制造业工业总产值 4916.2 亿元，比上年下降 4.9%。汽车制造业实现产值 4492.5 亿元，比上年下降 5.8%。累计生产汽车 225 万辆，比上年下降 13.1%。其中，北汽股份生产整车 18.5 万辆，同比下降 48.5%，实现产值 107.8 亿元，同比降幅为 51.87%。北汽股份较有优势的是越野车板块，全年完成 2.7 万辆产销量，同比增长 98.8%。北汽福田生产整车 57.6 万辆，同比增长 15.5%，实现产值 716.6 亿元，同比增长 30.3%。福田乘用车实现产销量分别为 73201 和 73947 辆，同比增长分别为 30.6% 和 32.0%。北京奔驰生产整车 43 万辆，同比增长 29%，实现产值 1360.6 亿元，同比增长 30.1%。北京现代生产整车 80 万辆，同比下降 30%，实现产值 734.5 亿元，同比下降 35.4%。北汽新能源生产整车 10.3 万辆，同比 98.1%，北京地区实现产值 70.2 亿元，同比 113.5%，位居全球纯电动汽车领域第一名。北京长安生产整车 25.6 万辆，同比 25.4%，实现产值 223 亿元，同比增长 19.8%。

（市经济信息化委汽车交通处）

【戴姆勒入股北汽新能源获批】 2 月 7 日，国家发展改革委网站发布，正式批复同意戴姆勒大中华区投资有限公司收购深圳井冈山新能源投资管理有限公司所持的北汽新能源的部分股份。股权转让完成后，北汽新能源的中方股份比例不得低于 50%。6 月，北汽集团与戴姆勒签署关于加强双方新能源汽车战略合作的框架协议。戴姆勒入股北汽新能源，北汽新能源将利用戴姆勒的雄厚品牌实力及其在整车制造、新车验证等方面的丰富经验，结合自身在新能源汽车技术及市场运营方面的优势，巩固在中国新能源汽车市场的领先地位。

（市经济信息化委汽车交通处）

【北京通航法荷航飞机航线维修公司揭牌】 2 月 27 日，北京通航法荷航飞机航线维修有限责任公司揭牌仪式在北京汽车产业研发基地成功举行。北京市副市长程红，法国驻华使馆公使孟森，荷兰驻华使馆公使杜安德以及数十家新闻媒体共同出席揭牌仪式。北京通航法荷航飞机航线维修有限责任公司由北汽集团旗下北京通航公司与法荷航集团旗下法荷航维修工程参股公司共同成立，主要从事民航飞机航线维修等业务。该公司的成立主要得益于“外商投资飞机维修项目取消中方控股限制”的试点政策。法荷航集团属 500 强企业，是国际知名的航空集团及欧洲航空业的龙头企业，在航空客运、航空货运和航空维修等航空业务板块均具有强大的市场优势。

（市经济信息化委汽车交通处）

【燃料电池汽车创新产业联盟筹备工作启动】3月14日，市经济信息化委联合清华大学及北京亿华通科技股份有限公司组织会议，就成立北京市燃料电池创新产业联盟等有关事宜进行研讨，正式启动联盟筹备工作。清华大学欧阳明高教授和北京航空航天大学、北京有色金属研究总院、神华集团、航天研究所、北汽集团、北京长安、北汽福田、盟固利、精进电动、北京科泰克等高校、科研院所及有关企业参加了筹备会议。会上，清华大学等汇报了国内外氢燃料电池产业发展趋势，市经济信息化委介绍了《中国制造2025北京市行动纲要》有关背景。发展燃料电池产业符合北京市建设科技创新中心的方向和要求，有助于落实新能源智能网联汽车专项。以联盟为基础，打造本市燃料电池创新中心，充分整合全球科技、人才等资源，加强产学研合作，通过产业基金及市场推广等手段，加快本市燃料电池关键技术研发及产业化。

（市经济信息化委汽车交通处）

【北汽福田公司与阿尔及利亚企业合资建厂启动】4月20日，北汽福田公司与阿尔及利亚KIV集团战略合作签约暨合资工厂启动仪式在阿尔及利亚首都阿尔及尔市正式举行。根据框架协议，双方将组建福田阿尔及利亚产销一体公司。新公司主要面向北非五国市场，第一阶段产品线以卡车产品线为主，第二阶段将陆续拓展客车及专用车类产品。业务范围涵盖本区域内产品的开发、采购、制造、销售及服务等全价值链业务。合资工厂项目将是中国在阿尔及利亚设立的首个汽车整车合资企业和第一个整车制造工厂。

（市经济信息化委汽车交通处）

【北汽福田公司向泰国GCR集团交付首批车辆】4月25日，北汽福田公司与GCR集团战略合作启动暨首批车辆交付仪式在泰国首都曼谷举行。北京市深入落实首都城市战略定位，大力推进“走出去”和“一带一路”等国家战略，主动搭建平台，促进企业积极承办和对接落实。2015年，北汽福田在泰成立首个独资商用车企业，启动组装工厂建设，并于2016年底建成投产，具备1万辆产能，已在泰国实现销售近千辆。

（市经济信息化委汽车交通处）

【国家发展改革委正式批复戴姆勒入股北汽新能源】6月，北汽集团与戴姆勒签署了关于加强双方新能源汽车战略合作的框架协议。此次入股，是基于该协议内容约定。通过战略入股，北汽新能源将充分利用戴姆勒的雄厚品牌实力及其在整车制造、新车验证等方面的丰富经验，并结合自身在新能源汽车技术及市场运营方面的优势，进一步巩固在中国新能源汽车市场的领先地位，同时为公司上市奠定有利基础。

（市经济信息化委汽车交通处）

【北京（曹妃甸）汽车产业园区首个项目竣工投产】7月26日，北京城建重工有限公司曹妃甸厂区一期工程竣工仪式暨首届“新能源智能网联物流车产业创新研讨会”在曹妃甸举行。市经济信息化委、河北工信厅、唐山市政府以及曹妃甸区政府、丰台区经信委、北京汽车行业协会、北京新能源汽车产业协会、北京城建集团、北汽福田等十余家单位负责人参会。2016年4月，城建重工公司率先落地曹妃甸。此次城建重工公司曹妃甸厂区一期工程竣工投产，标志着京冀两地落实《共同打造曹妃甸协同发展示范区框架协议》，共建北京（曹妃甸）现代产业发展试验区取得实质性进展。

（市经济信息化委汽车交通处）

【两家专用车生产企业落户北京（曹妃甸）】8月25日，市经济信息化委与河北省唐山市曹妃甸区政府、北京汽车行业协会共同举办北京诚志北分机电技术有限公司、北京环达汽车装配有限公司入园签约仪式暨北京（曹妃甸）现代产业发展试验区承接北京市专用车企业转移推介会。大兴区经信委以及本市近10家专用车企业代表参会。北京诚志北分机电技术有限公司、北京环达汽车装配有限公司与曹妃甸区政府正式签订项目投资协议。诚志北分公司计划投资3亿元，征地40亩，主要生产通信车等产品；环达汽车公司计划投资6亿元，征地200亩，主要生产物流车、检测车等产品。至此，北京（曹妃甸）现代产业发展试验区汽车产业园区已有北京市三家专用车生产企业入驻，其中北京城建重工有限公司曹妃甸厂区一期工程已于7月26日正式竣工投产。

（市经济信息化委汽车交通处）

【纯电动乘用车继续保持行业第一】年内，北汽集团构建了包括48V、HEV、PHEV等在内的技术矩阵，首款PHEV产品拟在2019年下线，并将与奔驰共同打造北京奔驰新生产基地，为后续推出更多新能源车型打好基础。智能网联汽车产业加速布局，百度无人驾驶汽车项目获市首批5张自动驾驶车辆临时号牌，标志自动驾驶车辆可以正式开始上路测试。

（市经济信息化委汽车交通处）

【北汽新能源获全球纯电动汽车销量冠军】年内，北汽新能源销量103199辆，超越特斯拉77辆，成为2017年全球纯电动汽车销量冠军。EC系列车型销量78079辆，位居全球畅销车型榜首。北汽新能源也成为国内首家年产销超过10万辆纯电动车企。

（市经济信息化委汽车交通处）

【北京长安汽车新能源快速发展】年内，设立“长安新能源产业基金”，与蔚来汽车、滴滴集团、百度等企业在汽车研发、充电环境建设、出行方案提供、电商平台运营等领域开展创新合作。完善新能源产业链布局，发布“香格里拉计划”，推出CS15EV、逸动PHEV、新逸动EV300计3款新产品。全年北京长安生产汽车25.68万辆，同比增长14.3%；销售汽车25.68万辆，同比增长14.34%；实现销售收入218.16亿元，同比增长16.85%，实现税收14.77亿元，同比增长12.67%。

（市经济信息化委汽车交通处）

【氢燃料电池客车获首张新能源客车牌照】年内，北汽福田欧辉氢燃料电池客车获得国内首张新能源客车牌照（冀G08988F）。该产品利用氢氧化学反应为车辆提供动力，加注氢气5~10分钟，可实现500公里续航里程。并已通过1700米高海拔、超长连续爬坡动力及干燥空气等各种环境适应性测试，可实现零下20摄氏度超低温启动，零下40摄氏度低温存放。

（市经济信息化委汽车交通处）

智能制造和装备工业

【概况】2017年，北京装备制造业规模以上企业1060家，产值2412.5亿元，同比增长5.0%，增加值增速7.6%，占工业总产值12.6%；固定资产投资45亿元，比上年下降19.8%。年产值10亿元及以上企业40家，年产值超50亿元企业5家，85%以上的企业分布在中关村1区16园。装备产业上市企业37家，总市值约3468亿元，总市值较上年减少700亿元。市值过百亿装备制造企业8家，较上年减少5家，新三版挂牌企业70家。

市经济信息化委加强对36家重点监测装备企业运行信息收集，了解运行情况及问题，研究措施办法。调动相关区、行业协会、行业联盟等力量，对机器人、增材制造等智能制造装备企业及重点企业制造业服务化情况进行梳理，加强动态监测。督促昌平、延庆两区开展一般制造业退出及清理整治违法违规排污工作，全年两区共调整退出73家一般制造业企业，开展325家“散乱污”清理整治企业的整改销账工作。加强安全生产检查督查。完成重污染期间停限产企业督查。

推动优质装备企业与新机场、城市副中心建设对接，三一重工、恒有源等企业部分装备在相关重大工程中应用；推动新能源、节能环保装备企业参与河北省阜平县扶贫建设，北京林林光伏开发有限公司畜牧养殖光伏项目与阜平实现合作。帮助企业争取国家优惠政策，向工信部推荐北方微、华锐风电2家企业享受2017年度国家首台（套）重大技术装备保险补偿申请，为企业减少保费2597.5万元；向国家推荐41条首台（套）重大技术装备产品申报《首台（套）重大技术装备推广应用指导目录》，其中，21项新产品填补国内空白，9条新产品可实现进口替代，11项新产品技术达到国际先进。支持并帮助13家企业申请享受国家关键零部件和原材料进口免税政策，全年共有1.37亿元美元进口货物得到免税批复；支持北京鑫精合激光科技发展（北京）有限公司等4家企业申请享受2018年度重大技术装备进口税收政策，涉及大型清洁高效发电装备、大型石油及石化装备等领域，进口部件总金额818.0万美元，可减免税额1575.6万元。支持装备企业加快转型升级，推荐北京智同精密传动科技公司“机器人精密摆线针轮减速器”等2个项目申报工信部工业强基专项；推荐和利时、同方威视等5家企业的5个产品申报工信部产品单项冠军，1家企业申报企业单项冠军。

组织企业开展高档数控机床和基础制造装备研制，推荐机械科学研究总院牵头的“用于航空航天制造的数控机床铸焊结构床身设计制造关键技术研究与应用”、北京工研精机股份有限公司牵头的“精密、超精密数控机床创新能力平台建设”等3项课题申报2017年04专项，获得中央资金支持4188万元。向工信部推荐中电科45所晶圆电化学沉积（ECD）设备、中科信离子注入机等47项短板装备重点方向，为国家实施重大短板装备专项工程提供依据。

推动智能制造创新发展，加快产业创新中心建设，搭建以企业为主体的创新载体。推荐积水潭医院、北京协和医院、北京天智航医疗科技公司联合申报国家骨科手术机器人应用创新中心。组织企业、科研院所对接合作，推动机械科学总院、机床所、哈工大机器人集团、三帝打印、和利时等企业开展轻量化快速成型装备、高档数控机床、机器人技术与应用、增材制造、智能制造等市级产业创新中心的筹建工作，推动创新资源向企业集聚。印发《"智造100"工程实施方案》，并组织召开"智造100"工程新闻发布会，对相关政策措施宣传和解读，组织推进了21个智能制造应用示范项目。推荐上报43个综合标准化项目和14个新模式应用项目，其中14个综合标准化和6个新模式应用项目被工信部正式立项，共获得资金支持2.25亿元。乐普（北京）医疗心脏病植介入诊疗器械智能制造试点示范等3个项目入选工信部2017年智能制造试点示范项目，北汽福田宝沃汽车八车型柔性智能制造系统等3个项目入选中德智能制造试点示范项目。组织企业申报工信部第一批智能制造系统解决方案供应商，8家企业入选工信部第一批智能制造系统解决方案供应商推荐目录，占入围企业总数的1/3以上，居全国各省市之首。年内超过15家机器人及上下游企业在北京经济技术开发区注册，产业聚集效应初步显现。

推进重大项目建设，协调顺义区相关单位，完成煤科天玛煤矿综采设备自动化产业基地用电设施项目。协调密云区相关单位完成超同步智能装备产业园（二期）项目备案、环评手续，项目全面开工建设，并拉动产业固定资产投资。推动智同精密完成注册和项目建设手续，启动机器人关节用RV减速器产业化项目建设。推动森特士兴总部及研发中心建设项目完成手续办理工作，全面开工建设。

推动产业疏解及京津冀协同发展。6月初，京仪集团完成位于东城的罗蒙斯特、远东仪表、艾默生等下属企业的生产制造环节向京仪大兴仪器仪表基地搬迁。推动金风科技张家口有限公司产业基地建设，加快制造环节疏解；推动合纵科技（天津）生产基地开工建设；协调精雕科技廊坊产业基地（三期）项目规划。

（市经信委智能装备处）

【机械工业高档数控机床创新中心在京成立】1月12日，机械工业高档数控机床创新中心成立大会在北京机床研究所密云检测基地召开。工信部装备司、中国机械工业联合会、中国机床工具工业协会、中国通用技术集团、北京机床研究所、密云区政府以及各发起单位领导出席大会。创新中心理事成员单位包括北京机床研究所、中国工程物理研究院机械制造工艺研究所和中航工业北京航空制造工程研究所等10家研究院所，清华大学、北京航空航天大学等5所大学，北一机床、北二机床、北京工研精机等14家制造企业以及沈飞、成飞、上海航天设备制造总厂3家用户。创新中心建设立足于弥补实验室研发成果与产业化之间的缺失环节，开展行业共性技术研究，逐步形成高档数控机床制造业创新生态系统，打造高水平的行业协同创新平台，并力争将其建设成为国家级高档数控机床制造业创新中心。

（市经信委智能装备处）

【中关村科学城智能制造创新周开幕】7月23日，市经济信息化委与海淀区政府共同主办的中关村科学城智能制造创新周在海淀区智造大街正式启动。开幕式上，中科院院士程和平发布了全球首款新一代微型双光子显微成像系统设备；中关村智造大街与"Plug and Play 中国总部"合作设立专注于国内外智能制造领域天使投资的双币基金，同时海淀区联合社会资本发起设立智能制造产业投资基金。中国电子技术标准化研究院与北京硬创梦工场科技有限公司进行了合作意向签约。创新周期间，围绕"智造未来"主题，集中展示智造大街一年来在思想、模式上的创新，人才、技术上的突破和品牌影响力。中关村智造大街是中关村大街的延伸，是中关村科学城智能制造产业的重要支点。

（市经信委智能装备处）

【2017世界机器人大会召开】8月22日至27日，由市政府、工信部、中国科学技术协会主办，中国电子学会、市经济信息化委、北京经济技术开发区管委会承办的2017世界机器人大会，在北京经济技术开发区亦创国际会展中心召开。大会举办了六大专题主论坛，20场专题论坛，邀请来自全球顶尖学府、研究机构和机器人企业的300多位行业大咖开展学术、技术交流与探讨；汇聚150余家全球著名企业，展示千余件行业科技成果和产品；吸引超过4500余名选手参赛。超过25.5万名观众参观博览会，共计48位副部级以上领导到会视察指导。在2017世界机器人大会上，发布了《北京市智能机器人产业创新发展路线图》。

（市经信委智能装备处）

【发布北京智能装备制造业指导意见】12月26日，《关于加快发展北京智能装备制造业的指导意见》发布，向社会传达北京市大力发展智能装备产业的意愿的决心，明确市高端装备制造业发展的重点方向和主要任务。

（市经信委智能装备处）

生物与医药产业

【概况】2017 年，北京市医药制造业落实推进京津冀协同发展工作科创中心建设总体要求，坚持稳生产、扩需求、强帮扶、推项目，全年完成工业总产值 981.6 亿元，同比增长 20.5%，完成固定资产投资总额 37.5 亿元。16 家重点企业（集团）全年完成工业总产值约 605 亿元，比上年增长 19%。

（市经信委生物医药处）

【北京市 13 家企业入围医药工业百强榜单】9 月，在成都举办的第 34 届全国医药工业信息年会暨 2016 年度中国医药工业百强榜单发布会上，工信部正式发布“2016 年度中国医药工业百强榜单”。北京市共有 13 家企业入围百强名单，较 2015 年度企业数量增加一家。中国医药、华润医药、拜耳医药、中国远大 4 家企业主营业务收入超过 100 亿元；同仁堂集团首次以集团合并报表形式参评，排名显著上升；乐普医疗作为新上榜企业此次排名第 97 位。2016 年度中国医药工业百强企业的入围门槛突破 24 亿元。

（市经信委生物医药处）

【编发科技创新发展医药健康产业指导意见】年内，市经济信息化委牵头编制《北京市关于加快科技创新发展医药健康产业的指导意见》（以下简称《指导意见》）并以市委、市政府名义印发。《指导意见》承接了 2016 年以来国家发布的医药产业系列政策，围绕科创中心建设总体要求，推动医药健康产业智能化、服务化、生态化、高端化发展，设定了规模、创新、结构、绿色等多维度指标，明确了加强技术研发创新、实施重大发展专项、培育发展新兴业态、积极优化产业布局和提升产品质量水平五项任务，在资金、人才、政策三方面设立了支持政策。

（市经信委生物医药处）

【科创中心重大项目建设】年内，科创中心医药项目实施，支持博奥生物组织开展黄帝计划（智慧生命健康综合保障系统）工程。工程计划开展 36 项任务，其中白睛无影成像仪等创新成果进入转化和产业化阶段。推动甘李药业第三代胰岛素和东方百泰基因工程两个创新药物产业化项目。甘李药业新工厂部分生产线完成认证并实现投产，东方百泰厂正在进行厂房建设，开展设备定制工作，JY09 药物启动临床试验。品驰医疗脑起搏器产业化项目选址确定，建立专项督查机制推动项目提速。推动大兴、亦庄的中关村医疗器械园二期、神州细胞等 6 个项目进入市级供地联审机制，项目总投资 81 亿元。

（市经信委生物医药处）

【化学原料药退出】根据 2017 年初印发的《〈京津冀及周边地区 2017—2018 年秋冬季大气污染综合治理攻坚行动方案〉北京市细化落实方案》，会同市食药监局、环保局明确退出范围、退出要求和退出时限，进行精细化分类管理。截至 12 月底，全部 26 家企业均已停止化学原料药制造并按要求实现环节退出，其中 1 家企业完成工商登记变更核减了化学原料药制造项，9 家企业拆除主要生产设备，21 家企业在外埠选址建设原料药基地。

（市经信委生物医药处）

【医药产业园区建设】重点关注大兴生物医药基地、亦庄开发区等产业聚集地，以及大兴中关村医疗器械园、亦庄生物医药园孵化器等园中园。对各区核准备案的 119 个项目进行分析，对其中的 76 个产业化项目和总投资超过 5000 万的 21 个项目进行主动对接和重点服务。推动北京 · 沧州渤海新区医药产业园建设，建立定期联系机制，协调供暖季生产和施工工作。全年产业园共签约北京项目 82 个，开工项目 19 个、办手续 40 家。

（市经信委生物医药处）

都市产业

【概况】2017 年，北京都市产业规模以上企业全年实现工业总产值 1580.2 亿元，比上年增长 0.4%，占全市工业总产值的比重为 8.3%；实现主营业务收入 1976.6 亿元，比上年增长 1.6%，占全市工业总体主营业务收入的比重为 9.4%；实现利润总额 113.4 亿元，比上年增长 6.7%；实现利税总额 245.5 亿元。都市产业多个细分行业中，食品工业、服装纺织、印刷包装、工艺美术 4 个行业是重要的支撑行业。其中，食品工业实现产值862.7亿元，比上年增长1.4%，占都市产业的54.6%，是都市产业的第一支柱行业。服装纺织行业实现产值131.1亿元，比上年下降1.4%，占都市产业的8.3%。印刷包装行业实现产值175.1亿元，比上年增长3.2%，占都市产业的11.1%。文体工美行业实现产值129.5亿元，比上年下降6.0%，占都市产业的8.2%。以上四大重点行业产值合计1298.4亿元，占都市产业的82.2%。

（市经信委都市产业处）

【京津冀保健品产业协同发展】6月15日，北京·滦南大健康产业园项目集中签约活动正式举行，北京同仁堂、宝健、知蜂堂、澳特舒尔等24家北京保健品企业集中签约落户滦南。11月1日，北京·滦南大健康产业园第一批项目集中开工，同时第二批19个保健品项目集中签约。北京·滦南大健康产业园按照“组团入驻、统一规划、集中监管”的方式进行建设，本着“合作共赢、企业主体、谋划长远、创新服务”的原则开展工作。入驻企业既保留“京牌”的品牌优势和原有市场，又解决了规模化生产受制约问题，获得可持续发展空间，实现企业技术提升和产业转型升级。

（市经信委都市产业处）

【开展“三品”创建】6月，按照国务院《关于开展消费品工业“三品”专项行动营造良好市场环境的若干意见》精神，结合北京市消费品工业实际，印发《北京制造业创新发展领导小组印发〈关于开展消费品工业“三品”专项行动营造良好市场环境的实施意见〉的通知》，并组织各区经济信息化委行业主管部门相关负责人、相关行业协会、企业代表等开展了“三品”政策解读和宣贯。支持北京三元食品做强品牌、开发高端产品，三元通过全产业链协同创新，运用生命科学技术，推出超高端牛奶——极致A2β-酪蛋白纯牛奶。时尚产业开展“三品”创建，爱慕、朗姿、依文、威克多、李宁、铜牛、赛斯特、童创童欣（派克兰帝）、白领、顺美等10家北京服装企业入选工信部“重点跟踪培育服装家纺自主品牌企业名单”，推动751D·PARK北京时尚设计广场和北服创新园入选工信部第一批纺织服装创意设计试点园区（平台）。支持举办中国国际时装周（2017/2018秋冬系列）、2017北京时装周、中华亲子时尚周等时尚活动，通过强化创新设计引领，扩大北京时装品牌影响力和知名度，着力推进“时装之都”建设。

（市经信委都市产业处）

【推进食品诚信体系建设】8月，组织举办食品工业企业诚信管理体系国家标准宣贯培训班。全市100家食品工业企业（其中规模以上企业61家，占全市规模以上食品企业的20%）参加了宣贯培训，各区经信委行业主管部门相关负责人、北京食品协会诚信评价机构人员、食品工业企业质量安全管理人员等130余人参加了宣贯培训。

（市经信委都市产业处）

【实施战略重组】12月15日，北京市委、市政府召开北京首农集团、京粮集团和二商集团重组大会，正式宣布市属三家食品企业实施联合重组，成立北京首农食品集团有限公司。

（市经信委都市产业处）

【打造工美行业新增长点】年内，市经济信息化委会同市财政局对《北京市传统工艺美术保护发展资金管理办法》《北京传统工艺美术品种技艺珍品及工艺美术大师和民间工艺大师认定办法》进行修订。其中，《北京传统工艺美术品种技艺珍品及工艺美术大师和民间工艺大师认定办法》（2017年修订稿）于2017年12月正式印发实施。北京传统工艺美术保护发展资金支持方向聚焦于重大国礼的设计开发、工艺产品创新发展、技艺保护传承、工艺美术平台建设、人才培养及行业建设等方面，经市政府批复，确定支持项目18个，安排项目资金1000万元。举办文博会工艺美术展，推动市场交易。2017年北京工艺美术展共组织50余家企业参展，展出作品1000余件，接待约15万人次参观，在2017年“一带一路”高峰论坛上，6件国礼首次公开亮相，获得高度评价。

（市经信委都市产业处）

【京津冀协同发展推介专项】年内，市经济信息化委参与“协同促疏解、转型谋发展”为主题的京津冀产业协同发展招商推介专项行动，组织企业分别参加家具产业、保健品产业特色专场推介活动。组织北京包装技术协会、北京酿酒协会等重点行业协会和8家企业到河北省阜平县，开展精准扶贫产业对接。

（市经信委都市产业处）

【参与“一带一路”建设】年内，组织北京珐琅厂、北京华方文化、北京华方地毯等5家企业，参加2017年阿斯塔纳世博会。北京工美集团组织著名设计师、工艺美术大师组成设计制作专项工作组，采用3D建模技术进行设计制作，结合中国传统的青铜失蜡浇铸法和创新的热着色技术，制作完成向世卫组织赠送的“针灸铜人”雕塑。北京工美集团完成“一带一路”国际合作高峰论坛国礼设计研发制作任务。

（市经信委都市产业处）

基础与绿色环保产业

【概况】2017年，基础产业加强产业运行监测调度，开展原材料产业发展研究，梳理原材料产业企业情况，提出建议重点支持、改造提升、疏解退出类企业名单。开展月度经济运行调度，联系年产值超过10亿元的42家企业，掌握重点企业运行动态，做好监测调度。走基层强服务调研，了解企业生产经营状况、项目投资进展、技术创新情况以及生产经营中遇到的难点问题，帮扶企业协调解决，并进行政策宣贯。累计调研基础产业企业30家，其中，联合研究室、结构调整处等调研企业20家，对调研中企业反映的问题予以解答协调，推动原材料产业部分行业和一般制造业企业疏解退出。开展国家淘汰落后产能全市摸排工作，对平板玻璃、水泥、钢铁、煤炭等进行全面排查。落实《北京市建材工业调整优化实施方案》，推动建材产业转型发展，关停金隅前景环保公司，压缩水泥产能90万吨，保留的北水、琉水2家水泥企业全部转型为协同处置城市危险废物的市政基础设施。

（市经信委绿色环保处）

【京Ⅵ油品正式供应北京市场】1月1日起，北京市开始实施第六阶段车用汽柴油标准。燕山石化作为京Ⅵ油品指定资源配置单位，每月向北京市场供应25万吨高品质、低排放的京Ⅵ汽油，每年可提供300万吨，约占北京汽油使用量的3/4。

（燕山石化）

【石墨烯产业创新中心成立】4月11日，市经济信息化委组织召开北京石墨烯产业创新中心成立大会。工信部原材料司、市经济信息化委、中关村管委会、市发展改革委、市科委、市财政局、市环保局、海淀区、顺义区、房山区、北京经济技术开发区管委会等单位的相关领导以及有关专家学者参加了会议。北京石墨烯产业创新中心主要由北京石墨烯技术研究院有限公司、北京石墨烯研究院和石墨烯产业联盟组成，形成了“一体两翼”的组织格局，聚集最优资源的优势，构建多层次人才激励机制，建立“众智”型研发模式和共享型产业公地。北京石墨烯产业创新中心的总体目标成为“全球一流的石墨烯复合技术研究及产业孵化中心”。年内，北京石墨烯产业创新中心坚持以知识产权为核心枢纽，与多家龙头企业深入合作，已有多项科研成果在军工尖端装备、半导体、电力传输及电池等领域获得了应用，并积极推进在天津、深圳、沈阳、呼和浩特、常州和宁波等地的产业化落地，初步探索出一条北京研发、多方转化、军民融合、反哺创新的创新引领型发展模式。

（市经信委科技标准处）

【企业技术中心创新服务联盟成立】4月24日，市经济信息化委组织召开北京企业技术中心创新服务联盟成立大会，讨论通过了《北京企业技术中心建设评价规范》团体标准。北京软件和信息服务交易所有限公司、京东方科技集团股份有限公司、神雾科技集团股份有限公司、北京神舟航天软件技术有限公司、北汽福田汽车股份有限公司、北京新能源汽车股份有限公司、北京信威科技集团股份有限公司、北京东方雨虹防水技术股份有限公司、中国电子信息产业集团有限公司、北京华胜天成科技股份有限公司、北京千方科技股份有限公司等联盟31家单位代表出席成立大会。北京企业技术中心创新服务联盟是由中关村领域高校、科研院所及一批锐意创新和改革的企业：京东方、神雾集团、神舟航天、北汽福田、新能源汽车、信威通信、东方雨虹、中国电子、华胜天成、千方信息、软交所等自愿联合发起成立，是经北京市社会团体登记管理机关核准登记的非营利性社会团体，英文名称是BeijingEnterprise Technology Center Innovation Service League，缩写是BETC。联盟旨在贯彻落实《〈中国制造2025〉北京行动纲要》与《北京加强科技创新中心建设总体方案》，以创新和改革的思路，按照“创新、协调、绿色、开放、共享”的发展理念，汇聚产业创新资源，推动建设以企业为主体、产学研用联动的新型产业创新体系，全面促进北京科技创新中心建设，强化企业技术创新在促进产业发展、引领京津冀协同发展等方面发挥重要作用。

（市经信委科技标准处）

【北京天仁道和新材料有限公司项目奠基】5月2日，北京天仁道和新材料有限公司高速列车基础制动材料研究院及智能制造示范项目奠基。市经济信息化委、房山区政府及区有关部门、相关高校院所、金融机构、建设单位参加奠基仪式。北京天仁道和新材料有限公司成立于2016年8月，是北京天宜上佳新材料股份有限公司全资子公司。该项目选址北京高端制造业（房山）基地，占地83亩，总投资7亿元，其中固定资产投资6.2亿元，新建制动材料研究院、技术研发中心、试验检测中心、智能制造示范线、员工中心及配套设施。项目2017年年底投产，项目可实现销售收入30亿元、净利润9亿元、税收6亿元。

（市经信委汽车交通处）

【中国新材料测试评价联盟成立】6月16日，“中国新材料测试评价联盟成立大会暨第一届会员代表大会”在京正式成立，中国新材料测试评价联盟是工信部落实《中国制造2025》在新材料领域计划建设的4个主要平台之一。由北京有色金属研究总院、中国建材检验认证集团股份有限公司、中国钢研科技集团钢研纳克检测技术有限公司、中国航空发动机集团北京航空材料研究、中国广州分析测试中心等中国材料测试评价核心机构共同发起，联合了新材料研发、生产、装备制造、产业应用等相关企、事业单位、高等院校、科研机构、产业园区等首批共122家单位，按照自愿、平等、互利、合作的原则发起成立的跨行业、开放新、非营利性的社会组织。

（市经信委科技标准处）

【完成普柴质量升级】9月1日，燕山石化完成普通柴油质量升级工作，所生产的普通柴油全部达到GB 252—2015标准要求，硫含量上限由50毫克/公斤断崖式下降至10毫克/公斤，达到国际先进水平。

（燕山石化）

【工业疏解和“散乱污”治理】年内，市经济信息化委开展疏解一般制造业和“散乱污”企业治理专项行动，按照“有目标、有计划、有部署、有政策、有调度、有督查、有验收、有总结”的工作思路，调动市区两级政府部门的积极性，强化职责，落实任务。全市累计退出一般制造业企业651家，完成全年500家任务的130.2%。全年上账6557家“散乱污”企业全部实现分类处置。

（市经信委绿色环保处）

【工业污染治理】年内，按照《〈京津冀及周边地区2017—2018年秋冬季大气污染综合治理攻坚行动方案〉北京市细化落实方案》要求，市经济信息化委起草《“散乱污”企业及企业集群综合整治强化方案》《北京市2017—2018年采暖季工业企业错峰停限产实施方案》和《北京市2017年—2018年秋冬季重点工业企业错峰运输实施方案》，会同相关部门印发实施，抓督促落实。强化空气质量保障工作，做好“一带一路”高峰论坛、中共十九大等重大活动以及空气重污染预警期间空气质量保障工作。制订并落实《北京市空气重污染应急工业分预案（2017年版）》，组织各区制定市级空气重污染应急企业名单。年内共启动4次空气重污染预警应急，组织工业企业采取相应停限产措施。推进工业领域压减燃煤，年初组织各区建立工业燃煤设施台账，会同市环保局下发《关于报送工业企业压减燃煤工作总结的通知》，督促各区总结并按月报送工作完成情况，年底基本实现无燃煤（原料煤除外）。加强工业领域土壤污染防治，会同市环保局制订全面排查粉煤灰、脱硫石膏等大宗工业固体废物堆存场所工作方案。推进《国家鼓励的有毒有害原料（产品）替代品目录（2016年版）》落实工作，结合退出目录，有序推进对土壤造成严重污染的存量企业关闭退出。

（市经信委绿色环保处）

【构建绿色制造体系】年内，围绕绿色工厂、绿色产品、绿色设计，构建全市绿色制造体系，共有京东方、北京奔驰等8家企业被工信部评为第一批绿色工厂示范企业，又推荐9家企业申报第二批绿色工厂示范企业。围绕电器电子产品领域试点开展生产者责任延伸制推行方案研究，会同市发展改革委等发布《关于征集北京市废弃电器电子产品回收试点的通知》。加快储备绿色化技术改造项目，加大资金支持力度，统筹利用国家及本市相关部门资源，推动一批绿色项目实施。联合各区工业主管部门，组织企业申报工信部绿色制造系统集成项目，共有碧水源、福田康明斯等4个系统集成项目申报工信部并获得资金支持。编制《北京市绿色化技术改造储备项目申报指南》以及《专家评价方案》《投资评审方案》，组织征集2017—2018年绿色化技术改造储备项目。加快推动全市节能环保产业发展。研究产业政策，通过摸底调研、征求意见、专家论证等多种方式，牵头起草了《关于加快发展节能环保产业的指导意见》。重点围绕市场应用广、节能减排潜力大、需求拉动效应明显、自主知识产权薄弱的重点领域，包括高效节能、先进环保、资源循环利用以及节能环保服务领域，加快相关技术装备的研发、推广和产业化，促进产业高端发展。推动工业领域企业清洁生产工作，配合市发展改革委和市环保局开展工业企业清洁生产审核评估工作，工业领域企业有150家，涉及印刷、汽车零部件及配件制造、化工、石化、热力、家具制造等行业。

（市经信委绿色环保处）

【节能与新技术推广】年内，开展工业节能与新技术推广，印发2017年度北京市工业和信息服务业节能低碳新技术、新产品推荐目录，推广先进节能技术经验。完成2016年度经济信息化委节能目标考核评估任务，参加市发展改革委组织的答辩。组织完成工信部布置的能效领跑、重大节能环保装备技术目录修订推荐工作。

（市经信委绿色环保处）

【工业运行监测】年内，市经济信息化委继续加强产业运行监测调度，开展原材料产业发展研究，梳理原材料产业企业情况，提出建议重点支持、改造提升、疏解退出类企业名单。开展月度经济运行调度，联系年产值超过10亿元的42家企业，掌握重点企业运行动态，做好监测调度。走基层强服务调研，了解企业生产经营状况、项目投资进展、技术创新情况以及生产经营中遇到的难点问题，帮扶企业协调解决，并进行政策宣贯。累计调研基础产业企业30家，其中，联合研究室、结构调整处等调研企业20家，对调研中企业反映的问题予以解答协调。推动部分基础产业关停转型，推动原材料产业部分行业和一般制造业企业疏解退出。开展国家淘汰落后产能全市摸排工作，对平板玻璃、水泥、钢铁、煤炭等进行全面排查。落实《北京市建材工业调整优化实施方案》，推动建材产业转型发展，关停金隅前景环保公司，压缩水泥产能90万吨，保留的北水、琉水2家水泥企业全部转型为协同处置城市危险废物的市政基础设施。

（市经信委绿色环保处）

国防科技工业

【概况】2017年，北京市国防科技工业系统创新思路、凝心聚力、完成全年工作任务。突出“保军”主线，军品科研生产把质量放在第一位。协调重点国防任务和重大科技专项在京实施，在长征五号运载火箭、嫦娥卫星、北斗导航等工程中，建立武器装备科研生产条件保障长效协调机制。坚持管理与科学技术防范并重，落实安全监管责任，研究改进监管方式，探索事中事后监管措施，强化安全监管体系建设，促进军工、民爆企业安全生产健康发展。围绕“简政放权、放管结合、优化服务”总要求，简化优化军工资质受理工作流程、畅通办理渠道，严格按照标准和程序，公平公正地开展军工资质受理和审查工作；开展军工固定资产投资验收、项目招投标等工作。军民融合特色园区建设、军民融合“高精尖”项目发展；推进军贸出口工作，为民参军企业拓展军贸业务提供便利。

（市国防科工办）

【核应急管理】7月13日，市核应急办与原子能研究院开展了核应急公众沟通及宣传活动。市核应急成员单位及周边群众300余人参观了核科普展板、核工业科技馆，听取了专家讲座、参与了现场知识问答。开展调研，启动北京市核应急法规制度制修订工作，按程序上报《北京市核应急预案》；组织研究《北京市“十三五”时期应急体系发展规划重点工作委内分工方案》的落实措施，完成了《北京市核应急法规体系框架》研究。保持和提升核应急能力建设，坚持核应急队伍每周组织一次紧急出动演练，每半月组织一次战备演练，每月组织一次带背景的应急处置演练。12月8日，市核应急办联合陆军防化第一团组织开展了“2017年北京市核事故通信应急专项演练”。

（市经信委军工服务处）

【军工科研生产运行协调保障】年内，市国防科工办协调国防重大任务条件保障工作，以重型运载火箭、载人航天、深空探测等国家重大科技专项为重点，加强综合协调，保障在京武器装备科研生产条件，确保了工作完成。建立武器装备科研生产条件保障长效协调机制，协调航天二院706所、三院33所、电子11所等多家单位办理项目环评、规划等验收手续，保障了多项固定资产投资项目的实施和竣工验收。协调航天九院昌平区阳坊镇工业园建设，保留了激光惯性导航系统等重点型号产品的研制生产条件。

（军工服务处）

【军品市场准入与市场监管】年内，全市构建统一、高效、富有活力的军品市场环境，简化优化工作流程、畅通办理渠道，严格程序、严格标准，公平公正、高效有序地开展军工资质的受理及审查工作，为武器装备科研生产提供了保障。年受理、审查二类武器装备科研生产许可申请，参与保密资格认定现场审查近200家，为不同主体进入国防领域提供了服务保障。开展持证单位年度监督检查工作，对北京地区二类许可持证单位100余家进行了2016年度监督检查，坚持重大事项报告制度，对资产重组、承担的军品科研生产任务发生重大变化事项及时进行上报处理，组织对科研生产场所发生重大变化的14家企业进行了现场检查；办理许可证书变更40余家单位，开展安全保密检查二类许可持证单位60余家。按照国家保密局、国家国防科技工业局、中央军委装备发展部《关于印发〈武器装备科研生产单位保密资格认定办法〉

的通知》，北京国防科学技术工业办公室将保密资格认定受理窗口及相关资料移交北京市国家保密局，北京市保密局、北京市国防科工办组织《北京市军工保密资格认定新颁标准》宣贯，北京市军工企业1000余人参加培训。

（市经信委军工服务处）

【军工及民爆安全】年内，市国防科工办认真落实北京民爆行业安全生产"一岗双责"，督促企业落实主体责任，制定"党政同责、一岗双责、齐抓共管"的落实措施。强化"按岗定责"，明确各岗位的责任人员、责任范围和考核标准，层层签订责任状，确保责任落实到位。研究北京民爆行业监管方式，明晰职责边界，拓展监管手段，加大监管力度。按照首都城市功能定位，督导京煤化工公司实施产能转移疏解工作，组织开展报废销爆和拆除工作的立项、方案评审等工作。开展京津冀三地民爆安全生产联合检查，对京外生产点、销售点督查，与所在地主管部门沟通，探索异地监管模式。与市公安部门协调沟通，形成执法检查合力，引导北京民爆行业健康发展。全年开展民爆行业执法检查28次，军工安全生产标准化运行检查12次，指导军工单位建立健全重大危险源（点）和10人以上危险作业场所的基础数据库和隐患排查治理台账，实现全周期闭环管理。

（市经信委军工服务处）

【军工项目管理】年内，市国防科工办完成82项军工固定资产投资项目竣工验收。完成对北京矿冶研究总院、钢铁研究总院等单位承担的2项军工固定资产投资项目监督检查，并形成检查报告上报国防科工局；办理招投标备案137项。协助地方企业争取国家项目资金支持，完成国内首家非国有企业申报军工固定资产投资项目，项目总投资4300万元；北京飞宇、宇翔公司军工固定资产投资项目取得可研批复；北分仪器、晨晶电子军工固定资产投资项目竣工验收。受科工局委托组织专家对工信部一所、四院、北京航空航天大学、北京玻璃研究院、北京理工大学等5家单位承担的38个科研项目进行了验收。

（市经信委军工服务处）

【军工技术基础】年内，市国防科工办完成计量最高标准器复查共28家单位180项；完成国防计量三级技术机构和监督检查6家单位；委托技术机构集中培训3次；完成计量检定人员培训考核230余人次；组织召开北京地区国防计量三级技术机构培训宣贯会；组织编写《三级计量技术机构工作指南》和《北京市国防计量检定人员考试题库》；配合中央军委装备发展部、国防知识产权局对北京地区64家单位的380项国防专利进行密级和保密期限确认。

（市经信委军工服务处）

【军民融合产业园建设】按照海淀军民融合"一体三园"产业空间布局规划，经过两年建设，北理工军民融合创新园、玉泉慧谷信息安全产业园、中关村军民融合产业园全部建成。北理工园区、玉泉慧谷园区共有30余家企业入驻，四季青园区正式开园运营。海淀区综合考虑业态、规模、增长率、技术先进性等因素，制定了房租补贴支持政策。市国防科工办配套相关支持政策，出资3500余万元设立了规模1.8亿元的基石信安基金。投资9个创投项目，金额8300余万元，通过"园区＋基金＋服务"的模式，促进军民融合项目发展。顺义区与哈尔滨工业大学启动哈工大顺义军民融合创新产业园建设工作，园区以军民融合为主题，借助哈工大机器人技术与系统、先进焊接、特种环境复合材料等国家重点实验室平台，会聚科技创新人才，开展军民两用技术研发。丰台区重点推进安全谷、海格通信产业园、军民融合产业创新基地等园区建设；大兴区军民结合产业基地航天新长征项目二期开工建设。

（市经信委军民融合处）

【军民融合项目建设】年内，昌平区与深圳光启高等理工研究院签订战略合作协议，在京规划建设超材料研究院、光启国际创新基地、国际创新共同体双创基地等版块，为未来科学城引入首家民营军民融合企业创新元素。加强与中船重工协调，推动以深海空间站为主要建设内容的国家科技重大专项在京实施，推进水声探测、水下机器人、能源管理等军民两用技术开发转化，将重大专项的部分原始创新能力和共性技术研发实验条件建设，纳入深海装备创新中心建设内容。引进在IDC环境管理领域全国第一的深圳英维克公司项目，将新型IDC环境管理、电动客车及轨道交通一体化能源管理系统、设施农业、移动指挥所及军用车辆安全人工环境四大业务版块落户北京。同时，建设院士工作室、博士后工作站、产品全寿命服务体系。参观第三届军民融合发展高技术成果展，挖掘深圳文库、杭州华澜微电子等军民融合企业，对接机器人和新材料工程研究创新基地、机器人研发制造基地、超低温石墨烯锂（钒）等新能源电池研发制造基地、数据存储和信息安全集成电路芯片研发制造等"高精尖"项目，为企业在京发展提供服务。配合"高精尖"项目建设，将军民融合纳入"高精尖"产业发展基金重点投资领域、专项资金支持方向。成立15亿元规模的军民融合“高精尖”产业并购基金。给予招通致晟的无人机管控项目“高精尖”产业资金支持，航天科技顺义产业园、航天科技大兴产业园、航天科工长阳产业园、中航工业顺义产业基地、中船工业大兴产业创新基地、中船重工昌平产业园二期等项目纳入“高精尖”重大项目库。

（市经信委军民融合处）

【军民融合服务】年内，市国防科工委结合国家军贸“十三五”规划以及加强军贸出口工作要求，简化立项申报流程，将非密流程对外公开，为民参军企业拓展军贸业务提供便利。全年组织4场军贸产品出口立项评审会，向军委装备发展部和国家国防科工局报送了中航智无人直升机、瑞达恩低空目标搜索雷达、大唐联诚飞行训练评估系统等6型产品的出口立项申请，其中4型产品获批复立项。向军委装备发展部推荐了太极信息、中科国信、星地恒通等130家民参军企业的军工资质、主营业务、主要产品等情况，为军队装备主管部门了解北京市军民融合相关工作提供了第一手材料。组织推荐民营企业参加第三届军民融合发展高技术成果展，其中，星光凯明、卫达科技、华力创通、星网宇达、启明星辰、理工雷科等110余家信息系统领域高科技企业参展，数量居全国首位。组织民参军企业参加第二届中国军民两用技术创新应用大赛，北京市共有12个项目晋级决赛，中国航发北京航材院的石墨烯铝导线、金泰众合的自安全无线电保密通信系统、金帆智华的光纤智能诊断及编码应用技术等项目分获大赛金、银、铜奖，市国防科工委和市工商联被大赛组委会评为优秀组织奖。通过多种形式宣传鼓励相关单位在国家级军民融合平台注册和共享信息。截至10月，共有276家单位在国家军民融合公共服务平台注册，报送信息获得1260积分，均名列第一位；共有1029家企事业单位在全军武器装备采购信息网注册认证，占总数的24.6%。在国家国防科工局支持下，采用涉密平台镜像系统，在市国防科工委设立了国家军民融合公共服务平台查询点，为具有军工保密资格的单位提供涉密军民融合信息的查询服务，为民参军企业提供获取涉密军民融合信息的渠道。

（市经信委军民融合处）

中小企业

【概况】2017年，全市中小企业超过42.5万户，占全市企业总数97%以上，承载了60%的就业，创造了40%的收入，呈现出增长日益健康、结构日益优化、创新日益活跃的发展态势。

就业方面。中小企业从业人员结构呈现出高端化特征。信息服务业、商务服务业、科技服务业从业人数持续增长，分别为9.0%、11.9%和13.5%。劳动密集型行业人员持续下降，建筑业、批发零售业和住宿餐饮业分别下降3.5%、14.1%和10.6%。

产业结构方面。中小企业产业结构不断优化。在“调结构、转方式”的大环境下，疏解力度不断加大，不符合城市功能定位的企业逐步退出北京。2014年以来，服务业中小企业数量占比保持在80%左右，有力支撑了北京市服务经济主导的产业格局；信息服务业、科技服务业、商务服务业和文体娱乐业等服务业保持了快速增长，增速高于全市平均水平；制造业中小企业“减量增效”特征明显，在企业数下降3.5%的同时，营业收入保持稳步增长5.5%。

发展质量方面。中小企业进一步提质增效。2014年以来，全市中小企业收入利润率稳步提高，户均收入、户均利润持续扩大；2017年新三板挂牌企业数量达1620家，占全国的14%。

企业创新方面。中小企业成为推动北京科技创新的生力军。至2015年年底，北京市每万人发明专利拥有量达到61.3件，居全国第一，“十二五”时期全市中小企业申请专利数量超过全市企业总量的50%。

企业分布方面。中小企业空间布局进一步优化。随着中心城区发展空间日渐饱和，城市发展新区和城市功能拓展区成为中小企业发展的重要阵地。特别是城市发展新区，中小企业数量、资产总额、营业收入、应缴税金均实现快速增长，增速远高于全市平均水平。

经济类型方面。私营企业规模占主导，国有企业盈利能力较强。据“三经普”统计，私营中小企业数量占全部中小企业总量的59%，营业收入和利润总额分别占23.4%和2.3%。国有中小企业数量占1.1%，但利润占比达到27.8%。港澳台独资和外商独资中小企业数量分别占0.5%和1%。

（市经信委中小企业处）

【创新中小创投引导基金合作方式】5月25日，北京市中小企业创业投资引导基金第10批合作创业投资机构征集发布，在原有合作方式基础上，增加创投机构发起人与本市各类产业聚集基地或有实力的社会出资人联合申报，投资于符合《〈中国制造2025〉北京行动纲要》要求的中小企业和合作基地内入驻企业。

（市经信委中小企业处）

【举办中小创投引导基金10年活动】5月27日，以“凝聚资源、助力双创”为主题的北京市中小企业创业投资引导基金10年回顾与展望活动在北京举办。工信部中小企业局、各委办局、各区、中小平台、小企业基地、知名创投机构、银行、创新型企业等400多人参加大会，扩大中小创投引导基金影响力，引导民间资本支持创新创业。

（市经信委中小企业处）

【3家基地获“国家小型微型企业创业创新示范基地”称号】9月26日，工信部公布第三批国家小型微型企业创业创新示范基地名单，北京市推荐的北京林业大学科技园、牡丹孵化器小微企业创业基地、海淀创业园等三家基地荣获“国家小型微型企业创业创新示范基地”称号。

（市经信委中小企业处）

【参展第14届中博会】10月10日，由工信部、国家工商行政管理总局、广东省人民政府和南非中小企业发展部、联合国工业发展组织联合主办第14届中国国际中小企业博览会在广州拉开帷幕。北京展团共组织11家企业和服务机构参展，在人工智能、机器人、智能芯片、节能环保等“高精尖”产业发展和服务体系建设方面，集中展示了北京市全国科技创新中心建设的新成果和“大众创业、万众创新”服务工作的新成绩。展会上，举办2017年度“创客中国”创新创业大赛全国总决赛，来自全国各地的24个优质项目参赛，北京地区的飞轮储能技术服务提供商项目获得企业组一等奖，边坡三维检测系统项目获得创客组三等奖。

（市经信委中小企业处）

【5个平台获“国家中小企业公共服务示范平台”称号】12月11日，工信部公布2017年度国家中小企业公共服务示范平台名单，北京市推荐的北京云基地企业管理有限公司、北京瑞克博云科技有限公司、北京软件和信息服务交易所有限公司、汇龙森国际企业孵化（北京）有限公司、北京盛世大唐科技发展中心5个平台被授予“国家中小企业公共服务示范平台”称号。

（市经信委中小企业处）

【引导基金协议出资总额76.77亿元】截至12月底，签订投资协议的中小企业创业投资引导基金参股创业投资公司共9批43家，创投引导基金协议出资总规模（协议出资总额）约76.77亿元，财政资金实现近5倍放大效果。

（市经信委中小企业处）

【引导基金进行626项股权投资】截至12月底，中小企业创业投资引导基金合作创业投资机构对中小企业进行626项股权投资。被投项目集中于海淀、经济技术开发区及昌平等“三城一区”内的科技型、创新型中小企业。投资领域中超过90%集中在新一代互联网、生物医药、智能制造等“高精尖”领域。

（市经信委中小企业处）

【中小企业资金服务】年内，中小企业资金工作重点，从服务对象、服务内容、服务方式和服务能力水平保障等角度，择优服务“高精尖”产业。共支持中小企业服务体系建设项目54项，支持金额7461万元，带动社会投资6.5亿元，新增和改造服务场地14.5万平方米，新增设备、软件1.75万套，年增中小企业7万余家；支持小微企业担保业务奖励项目10项，支持金额2169万元。对原有中小专项资金管理办法进行了修订，以市财政局、市经济信息化委的名义联合印发《北京市支持中小企业发展资金管理暂行办法》。制定了《2018年度北京市支持中小企业发展资金项目申报指南》等系列文件，促使中小资金的支持更加精准、科学、规范。

优化小微企业担保代偿补偿资金使用，将代偿补偿政策与再担保机制结合，对于500万元以下的小微业务提高风险容忍度，促进合作担保公司及银行提高小微担保业务的信贷供给，全年纳入资金支持范围的业务规模超过40亿元，实现资金使用放大8倍。努力扩大政策实施范围和力度，参与的合作银行和担保公司分别增加至12家和15家，引导银行落实银担分险政策，改善小微企业的融资环境。持续推进小微企业担保奖励，对再担保、中关村科技担保、首创担保等10家担保、再担保机构给予奖励金额2169万元，引导担保机构支持1996家小微企业，涉及融资总额38.8亿元。

通过公开遴选，确定盛世投资作为中小基金母基金管理机构，强化基金管理内部流程梳理，推动基金出资人与管理人相分离，使中小基金管理更加市场化、专业化、规范化。以“凝聚资源、助力双创”为主题，举办北京市中小企业创业投资引导基金10年回顾与展望活动，工信部中小企业局、各相关委办局、各区政府、中小平台、小企业基地、知名创投机构、银行、创新型企业等400多人参加大会，扩大中小创投引导基金影响力，引导民间资本更好地支持创新创业。创新中小创投引导基金合作方式，在第10批合作创业投资机构征集中，创新合作方式，增加创投机构发起人与市各类产业聚集基地或有实力的社会出资人联合申报的方式，投资于符合《〈中国制造2025〉北京行动纲要》要求的中小企业和合作基地内入驻企业。探索开展创投引导基金绩效评价工作，委托第三方机构对引导基金及11支参股子基金进行绩效评价，对于客观掌握引导基金政策效果，明确财政基金放大示范效应，提升和加强引导基金的投资决策及内部管理能力发挥了作用。

全市创投引导基金规模16.2亿元，签订投资协议的引导基金参股创业投资公司共9批43家，引导基金合作创业投资机构对中小企业进行626项股权投资，投资额43.85亿元。投资项目中，超过90%集中在新一代互联网、生物医药、智能制造等“高精尖”领域。所投项目中有5家已上市，分别是世纪瑞尔、新雷能科技、太空板业、智美传媒、东方时尚驾驶学校。其中，世纪瑞尔、新雷能科技为自主可控信息系统领域企业，太空板业为通用航空与卫星应用领域企业，智美传媒和东方时尚驾驶学校为现代都市领域企业。新三板挂牌企业30家，包括北京牡丹联友环保科技股份有限公司、北京九恒星科技股份有限公司等。债权融资基金规模3亿元，累计服务企业360家，融资金额18.39亿元。风险补偿基金规模2亿元，累计发放信用贷款36.33亿元，累计发放信用贷款企业745家。昌平中小双创基金实缴到位资金6亿元，储备基金16支，其中，通过投资决策的基金共11支，包括丹华跨境技转基金、华盖回家创投基金、黑马基金、真格基金、建信汉康基金等，投资领域覆盖智能制造、新一代信息技术、大健康等行业。

（市经信委中小企业处）

【提升中小企业服务平台能力】年内，北京工业提升中小平台网络服务能力。全年平台网络累计组织服务活动2004场，服务企业96024家次；开展政策培训、融资对接、人才与技术等服务活动211场，举办路演项目19场。平台网络还围绕中心工作，推进科创中心、三城一区建设，促进“高精尖”产业发展，落实京津冀一体化。重点开展双创周系列主题活动276场；2017“创客中国”创新创业大赛北京推选赛，推动《京津冀中小企业服务一体化战略合作框架协议》签署落地，举办了京津冀合作构建中小企业协同服务主题论坛。

（市经信委中小企业处）

【规范服务平台基地认定管理】年内，《北京市小型微型企业创业创新示范基地管理办法》和《北京市中小企业公共服务示范平台管理办法》修订并出台，为中小企业创新创业提供支撑。开展第一批北京市中小企业公共服务示范平台、北京市小型微型企业创业创新示范基地的认定工作，5家市级平台被认定为国家中小企业公共服务示范平台，3家市级基地被认定为国家小型微型企业创业创新示范基地。

（市经信委中小企业处）

镇村工业

【概况】2017年，北京市镇村企业按照首都城市功能定位的总要求，稳步推进京津冀一体化协同发展，全力疏解非首都功能，持续深化供给侧改革，主动适应增速趋缓、结构优化、效益提高、质量提升的经济发展“新常态”，克服国内外经济发展环境中诸多不利因素影响，调整产业结构和空间布局，淘汰落后产业，压缩过剩产能，转变经济增长方式，在经济总量和总体规模大幅缩减前提下，实现企业提质增效，创新能力和市场竞争能力提升，可持续发展能力增强。

2017年，北京市镇村企业95555家，比上年减少23.2%，其中，规模以上企业1464家，比上年减少11.4%，规模工业企业998家，比上年减少13.7%；从业人员688472人，比上年减少20.2%；完成营业收入43842629万元，比上年下降10.3%；完成利润总额2321320万元，比上年下降20.8%；实现增加值7915138万元，比上年下降7.9%；实现工业增加值4361065万元，比上年下降11.1%；完成出口产品交货值695241万元，比上年下降17.4%；上交税金2011311万元，比上年下降9.9%；提供劳动者报酬3519785万元，比上年下降1.5%；人均劳动者报酬51125元，比上年增长23.4%；私营以上企业资产总额88864514万元，比上年增长3.6%；私营以上企业负债总额60844943万元，比上年增长8.8%；私营以上企业资产负债率68.5%，比上年升高3.3个百分点。

（市经信委中小企业处）

【经济总量下降】年内，按照首都城市功能定位要求，疏解非首都功能，淘汰落后产能，退出一般制造业企业。受此影响，京郊镇村企业经济总量呈现负增长，除增加值外，各项主要经济指标降幅均超过10%。全市镇村企业累计完成营业收入4384.3亿元，比上年下降10.3%，其中工业营业收入2351.2亿元，比上年下降10.2%；实现增加值791.5亿元，比上年下降7.9%，其中工业增加值436.1亿元，比上年下降11.1%。

（市经信委中小企业处）

【经济效益下滑】年内，受经济结构调整和市场环境变化影响，京郊镇村企业经济效益下降，镇村企业利润总额负增长，且利润总额降幅高于营业收入降幅，企业利润率降低，经济效益下滑。全年镇村企业累计实现利润总额232.1亿元，比上年下降20.8%；镇村企业利润率为5.3%，比上年降低0.6个百分点。镇村工业企业实现利润总额98亿元，比上年下降31.2%；镇村工业利润率为4.2%，比上年降低1.2个百分点。

（市经信委中小企业处）

【产业结构优化】年内，京郊镇村企业主动适应经济发展“新常态”，转变增长方式，产业结构继续优化。全市镇村企业（私营以上）完成增加值696亿元。其中，一产增加值7亿元，占1%，所占比重比上年提高0.6个百分点；二产增加值447.9亿元，占64.4%，所占比重比上年降低3.8个百分点；三产增加值241.1亿元，占34.6%，所占比重比上年提高3.2个百分点。与上年相比，二产比重下降，一产和三产比重上升，产业结构优化；除企业个数外，二产各项主要经济指标所占比重均超过50%，仍然保持主体地位。

表　2017年北京镇村企业（私营以上）主要经济指标产业分布情况

项目	增加值（亿元）	企业（个）	职工（人）	营业收入（亿元）	利润总额（亿元）
合计	696.0	14018	471031	3961.8	187.2
一产	7.0	482	14244	40.4	−1.1
比重（%）	1.0	3.4	3.0	1.0	−0.6
二产	447.9	6486	299649	2573.8	96.7
比重（%）	64.4	46.3	63.6	65.0	51.7
三产	241.1	7050	157138	1347.6	91.6
比重（%）	34.6	50.3	33.4	34.0	48.9

（市经信委中小企业处）

【空间布局更加合理】年内，随着首都城市功能布局调整不断深化，北京镇村企业空间布局和区域结构更加趋于合理。城市发展新区（通州、顺义、大兴、昌平、房山）作为全市镇村经济的主体，镇村企业营业收入、利润总额、增加值、工业增加值和出口产品交货值分别为3420.7亿元、175.9亿元、600.1亿元、381.9亿元和61亿元，分别占全市镇村企业的78%、75.2%、75.8%、87.6%和87.8%，所占比重分别比上年提高7.4%、9.1%、1.1%、1.5%和4.2%，主导地位显著。

表　2017年京郊镇村企业主要经济指标区域分布情况

单位：亿元

项目	营业收入	利润总额	增加值	工业增加值	出口产品交货值
合　计	4384.3	232.1	791.5	436.1	69.5
城市功能拓展区	456.5	30.2	100.1	9.4	0.3
所占比重（%）	10.4	13.0	12.7	2.1	0.4
城市发展新区	3420.7	174.5	600.1	381.9	61.0
所占比重（%）	78.0	75.2	75.8	87.6	87.8
生态涵养区	507.1	27.4	91.3	44.8	8.2
所占比重（%）	11.6	11.8	11.5	10.3	11.8

（市经信委中小企业处）

【镇村工业比重下降】年内，全市稳步推进京津冀一体化协同发展，疏解非首都功能，加大工业小区、工业大院清理，镇村工业规模大幅缩减，在镇村企业中的主体地位削弱。全年京郊镇村工业企业11163家，比上年减少30.9%；职工人数309536人，比上年减少31.1%；完成营业收入2351.2亿元，比上年下降10.2%；实现增加值436.1亿元，比上年下降11.2%；实现利润总额98亿元，比上年下降31.2%。镇村工业企业数、职工人数、营业收入、增加值和利润总额分别占镇村企业总量的11.7%、45%、53.6%、55.1%和42.2%，所占比重分别比上年降低0.8%、0.6%、0.4%、0.1%、和7.2%，在镇村企业产业结构中的主体地位下降。

表　2017年北京镇村工业企业主要经济指标完成情况

项目	企业（个）	职工（人）	营业收入（亿元）	增加值（亿元）	利润总额（亿元）
私营以上	5846	263604	2219.4	406.8	88.4

（续表）

项目	企业（个）	职工（人）	营业收入（亿元）	增加值（亿元）	利润总额（亿元）
个体户	5317	45932	131.8	29.3	9.6
合　计	11163	309536	2351.2	436.1	98.0
占镇村企业总量的比重（%）	11.7	45.0	53.6	55.1	42.2

（市经信委中小企业处）

【规模企业作用凸显】年内，受市疏解非首都功能影响，京郊镇村企业各项主要经济指标大幅下降，但规模企业，特别是规模工业企业发展势头良好，在镇村经济中所占比重大幅提高，在镇村经济中的主导地位进一步巩固，带动作用加强。年镇村规模企业1464家，比上年减少12.5%，占镇村企业总数的1.5%，所占比重比上年提高0.3个百分点。其中规模工业企业998家，比上年减少6%，占镇村工业企业总数的8.9%，所占比重比上年提高2.3个百分点。镇村规模企业职工人数266297人，比上年减少15.3%，占镇村企业职工总数的38.7%，所占比重比上年提高6.8个百分点。其中，规模工业企业职工人数174618人，比上年减少7.7%，占镇村工业企业职工总数的56.4%，所占比重比上年提高14.3个百分点。镇村规模企业营业收入3367.7亿元，比上年增长4.5%，占镇村企业营业收入的76.8%，所占比重比上年提高11.4个百分点。其中，规模工业企业营业收入2040.5亿元，比上年增长19.8%，占镇村工业企业营业收入的86.8%，所占比重比上年提高21.8个百分点。镇村规模企业增加值585.9亿元，比上年增长12.4%，占镇村企业增加值的7458.5%，所占比重比上年提高15.5个百分点。其中，规模工业企业增加值380.5亿元，比上年增长25.9%，占镇村工业企业增加值的87.3%，所占比重比上年提高25.8个百分点。镇村规模企业利润总额168.8亿元，比上年增长3.6%，占镇村企业利润总额的72.7%，所占比重比上年提高16.3个百分点。其中，规模工业企业利润总额92亿元，比上年增长0.8%，占镇村工业企业利润总额的93.9%，所占比重比上年提高29.8个百分点。

（市经信委中小企业处）

【节能减排成效显著】年内，镇村工业企业转变经济增长方式，调整产业结构，淘汰落后产能，推进产业升级，发展资源节约型和环境友好型的绿色低碳产业，节能减排成效显著，能源结构趋于合理，资源消耗量明显下降。全市998家镇村规模工业企业消耗水资源3421.8万吨，比上年减少37.3%；消耗电能14.5亿千瓦时，比上年减少28.2%；消耗原煤16.7万吨，比上年减少54.7%；消耗焦炭3180吨，比上年减少64.6%；消耗成品油70861吨，比上年减少89.7%；消耗天然气13876.2万立方米，比上年减少31.4%。

（市经信委中小企业处）

【园区清理成效显著】年内，市加快疏解非首都功能，大力清理郊区镇村工业小区和工业大院，镇村工业园区数由上年的76个减少到40个，比上年减少36个，降幅为47.4%；园区内年末实有企业2373家，比上年减少232家，降幅为8.9%；园区内企业年末从业人员数104498人，比上年减少73018人，降幅为41.1%；园区内企业完成总产值781.9亿元，比上年下降50.8%。

（市经信委中小企业处）

【职工素质提升】年内，全市各级镇村企业主管部门开展多层次、多渠道、多形式的镇村企业职工教育培训工作，全年培训32959人，比上年增加2307人，增长7.5%；镇村企业职工取证人数8181人，比上年增加2112人，增长34.8%。镇村企业职工中具有大专及以上文化程度的人数127824人，占职工总数的18.6%，所占比重比上年提高0.5个百分点。其中，具有中级及以上技术职称人数50863人，占职工总数7.4%，所占比重比上年提高0.2个百分点，镇村企业职工素质进一步提升。

（市经信委中小企业处）

【工资收入大幅增长】年内，市镇村企业在企业总数和职工人数大幅下降背景下，全年支付劳动者报酬352亿元，比上年下降1.5%；人均劳动者报酬51125元，比上年增长23.4%。镇村企业增加农民工资性收入，带动农民增收的作用更加凸显。

（市经信委中小企业处）

【创新能力提升】年内，京郊镇村企业积极引进、培育“高精尖”产业，建立技术创新中心和研发机构71家，比上年增加34家，增长91.9%，企业自主创新能力和可持续发展能力提高。

（市经信委中小企业处）

【“融资难”有所缓解】年内，各级镇村企业主管部门与银行、担保公司等各类金融机构加强合作，积极搭建融资平台，多方拓宽融资渠道，千方百计解决镇村企业“融资难”问题。全年镇村企业金融机构贷款总额181.7亿元，比上年增长44%；年末金融机构贷款余额350.9亿元，比上年增长214.7%。企业“融资难”

有效缓解。

（市经信委中小企业处）

【外贸出口形势严峻】年内，受国内外经济环境及各种不利因素影响，京郊镇村企业外贸出口面临较大困难，全年出口企业数和出口产品交货值均呈现负增长，外贸出口下滑。全年北京镇村出口企业281家，比上年减少20家，同比减少6.7%。其中，年出口交货值500万元（含）以上企业172家，比上年减少7家，同比减少3.9%。全年累计完成出口产品交货值69.5亿元，比上年下降17.4%。其中，年出口交货值500万元（含）以上企业出口交货值68.7亿元，比上年下降15.3%。出口产品交货值占营业收入的比重为1.6%，比上年降低0.1个百分点。

（市经信委中小企业处）

【社会贡献】年内，京郊镇村企业数95555家，比上年减少23.2%；镇村企业职工人数688472人，比上年减少20.2%；上交税金201.1亿元，比上年下降9.9%。镇村企业吸纳农民就业，支持郊区新农村建设，推动京郊农村经济社会发展的作用有所弱化。

（市经信委中小企业处）

民政工业

【概况】北京市民政工业总公司（以下简称总公司）是市直属福利企业的管理部门，代行国有资产出资人的权利和职能，承担福利企业管理、国有资产保值增值、集中安置残疾人就业和保障残疾人生活的社会责任。2006年12月，北京市社会福利事务管理中心成立后，总公司及所属企事业单位由市民政局划归中心直接管理。截至2017年，共有企业46家，其中直属企业13家，经营业务涉及资产经营、物业管理、日化与化妆品生产、金属机械加工、印刷包装、工艺品加工、医药制品、建筑设计、工程建设、装饰装修、驾驶培训、出租车服务、汽车租赁、食品加工等10余种行业。全系统职工总数7882人，其中在职职工1939人，离退休职工5943人，残疾职工3018人（占职工总数的38%）。2017年，完成工业总产值1.76亿元，营业收入4.5亿元。

（庞 婉）

【新产品开发】年内，北京市火化设备厂本着技术改进实施一代，新产品研发储存一代的工作目标，加大产品研发力度。为延长火化炉鼓风管使用寿命，避免高温情况下鼓风管的破损和爆裂，把原普通碳钢管更换为304不锈钢。为增加火化机炉膛使用寿命，避免长期高温状态下炉膛破损，把原使用的普通标准黏土耐火砖更换为耐高温的磷酸盐耐火砖，在原有炉膛耐高温1800摄氏度的同时，具有热震性稳定、变形小的特点并且耐腐蚀，表面不易脱落，国内使用此项技术仅此一家。改造东郊殡仪馆1、2号台车式火化机炉门及炉门传动系统，对炉门内胆进行调整，采用新型耐火材料浇注及陶瓷纤维毡压制而成，减轻炉门重量，延长使用寿命，增强密封效果；采用一体式电机减速机，安装简便，运行平衡、稳定，安全可靠性强。八宝山、东郊殡仪馆将原火化机下烟道排放方式改在火化机炉顶，烟管采用耐火材料浇注，烟管表面用耐火纤维毡包裹及铝板固定，阻止热量扩散；炉膛供风管路采用不锈钢管连接，延长使用寿命，减少热损失，提高炉膛负压，减少阻力，使炉膛燃烧更加充分，污染物排放达到合格标准。

（庞 婉）

【纸棺产品研发】2月，京海纸棺产品的研发启动投放市场三类可定制新型环保纸棺产品，有实木木纹系列、锦缎系列、绒布系列。启动了研发新品的ISO 9000、绿色环保（十环环保认证）等相关认证工作。10月12日起，京海公司整建制划归定福庄园艺场管理，园艺场成立专管纸棺工作的业务一部，积极加强与中心、八宝山殡仪馆、东郊殡仪馆等各单位的联系交流，组织技术人员探索纸棺生产的新材料、新工艺、新结构。

（庞 婉）

【企业改革】年内，总公司推进制度建设，制订了改制后公司的财务、人事、薪酬等配套制度，汇编管理制度共收录11类77项制度规定。完善改制后薪酬改革的配套管理制度，10月印发《北京市民政局所属国有企业负责人薪酬制度改革实施方案》。在《总公司改革总体方案》基础上，研究拟订了《北京市民政工业总公司转企改制工作方案（初稿）》，确定了改制的方式和范围、组织实施、职工安置、资产处置、改制后新公司的设立等实施内容。委托第三方专家组，对《总公司深化改革社会稳定风险评估报告》进行评审论证。厘清产权结构，制订《总公司关于对其所属企业开展梳理产权和清理退出工作实施方案》，完成总公司所属46家企业的分级产权梳理并纳入长期投资，完成振兴汽配厂等5家企业出资人变更。推进国有资产产权登记工作，向财政部门提交18家企业的相关资料，完成10家单位国有资产产权登记。推进非凡制药厂混合所有制改革，先后在平房、大兴、平谷等地进行选址比较，推进企业搬迁工作，初步完成非凡制药厂混合所有制改革的调研报告。

（庞 婉）

【党风廉政建设】年内，总公司修订了总公司党委理论中心组学习制度，制订了总公司党委2017年度党委理论中心组学习计划。总公司系统共410名党员、82名入党积极分子参加北京市12次党代会“答题测试”活动，为系统内全体党员、入党积极分子购买了中共十九大报告单行本、新党章、辅导读本和学习辅导百问，总公司党委印制“学习贯彻中共十九大精神知识测试题”，组织409名党员进行中共十九大精神答题。324名党员、干部完成中共十九大精神应知应会在线答题。根据中心党委《关于组织参加“党徽闪耀践忠诚党旗飘扬保平安”主题征文活动的通知》，共收到征文46篇并上报中心组织处。组织系统内600名职工分两次到北京展览馆参观“砥砺奋进的五年”大型成就展。开展“两学一做”学习教育活动，组织处科级领导参加干部轮训班，组织全体党员学习习近平总书记系列重要讲话和优秀人物先进事迹，48名党员干部参加“两学一做”学习教育专题征文。基层党组织采取书记讲、普通党员讲、收看党课专题辅导等形式讲授党课45次。编辑印刷《北京市民政工业总公司“两学一做”学习教育口袋书》600册，发送全体党员和入党积极分子。总公司党委对直属14家企业及43名直属企业领导班子成员、机关14名科级干部进行了年度考核。总公司系统8名处级领导干部按要求完成个人有关事项的填报工作。总公司机关内设部室调整，行保部与办公室合并成立综合办公室；成立基建部。完成京海纸制品公司与定福庄园艺场的合并调整工作，共提任厂（科）干部8名。报名参加社会工作者职业水平考试62人。

（庞 婉）

【扶残助困】年内，总公司开展扶残助困送温暖系列活动，在重大节日期间，开展走访慰问活动，为困难群体送去慰问品慰问金，累计178万元，普惠职工约4918人次。开展“爱心助学”活动，为237名职工的244名子女发放助学金153400元，为符合条件的19名困难职工子女申请市总工会金秋助学金76000元。为26名离休干部发健康休养费、发团拜费共18200元。为老干部累计祝寿24人次，探病6人次；为去世的两名离休干部申报一次性抚恤金。组织离退休老干部体检，由往年的统一参加转变为到慈铭体检机构自行参检。

（庞 婉）

【安全稳定工作】年内，总公司建立安全管理制度，总公司和15家直属企业签订《安全稳定工作目标管理责任书》。实行安全信息月报制度。加强安全宣传教育工作。总公司系统召开安全保卫工作会议181次，签订安全责任书1576次，组织安全检查806次，组织安全保卫工作培训65次，参加培训1017人次。张贴安全教育宣传画1564张，开展交通安全教育培训68次，参加安全教育培训936人次。做好“一带一路”、中共十九大期间各项安全保障工作。“一带一路”期间，总公司系统召开专题会议共21次，组织安全培训5次，进行消防演练共7次，张贴条幅6幅，宣传画42张，签订安全责任书共146份。推进公车改革工作，改革后全系统共削减车辆40辆，保留车辆521辆，总体节支率24.09%，保留的521辆公务车辆全部按照要求张贴公务车辆标识。

（庞 婉）

私营个体工业

【概况】2017年，北京市工商业联合会（以下简称市工商联）第14次代表大会召开，完成换届工作。拍摄制作电视宣传片《筑就两个健康》，首次以电视片形式宣传工商联工作。北京16区的工商联党组书记由区委统战部副部长担任实现全落实。发布《工商联+小助手》丛书，举办京津冀非公经济产业对接会暨首届物流文化节活动，开展京保产业对接项目规模达千亿元的“北京民营企业保定行”活动。市工商联光彩办荣获“北京市对口支援先进集体”荣誉称号。朝阳、东城、大兴、海淀、西城、顺义、昌平、石景山8区工商联被确认为2016年度全国“五好”县级工商联。2016年，首都非公经济在天津、河北的投资额分别为899亿元、1140亿元，分别增长26%和100%，总投资额突破2000亿元。北京14家企业入围中国民营企业500强。截至年底，市工商联在区工商联、行业商协会、民营企业中建立调解组织44家。

（市工商联）

【举办系列政策解读会】1月4日，市工商联在飞天大厦针对企业税收筹划及风险防控等问题举办财税政策解读会，各区工商联、直属行业商会、外埠在京商会近400位企业负责人参会。4月21日，组织召开雄安新区形势报告暨新会员座谈会，全市100多位民营企业家和商协会负责人代表与会。11月3日，市工商联与市发展改革委共同举办《关于率先行动改革优化营商环境实施方案》政策解读会，各区工商联、商会组织、民营企业负责人近400人参会。11月28日，市工商联举办服务民营企业“走出去”形势分析报告会暨非公经济发展服务基地授牌仪式，北京市有关区工商联、行业商协会、在京异地商会及市工商联（北京市商会）非公经济发展服务基地及“走出去”民营企业代表近200人参会。

（市工商联）

【帮扶低收入村】1月13日，市工商联深入密云区不老屯镇燕落村，调研考察产业帮扶项目，看望慰问村里老人和军烈属，协调非公有制企业为燕落村捐赠50万元解决生产生活的急难问题。初步确定由志起未来营销策划公司对燕落村产业发展进行整体规划，由首农电商策划在燕落村投资建设农产品深加工与营销基地，由中民新能投资有限公司策划前期投入6亿元建设该村光伏电站项目，由中检溯源策划投资发展麦饭石矿泉水项目，由去哪儿网帮助策划发展民俗旅游项目，由知诚会建立网上众邦平台助力燕落村在互联网整体宣传。

（市工商联）

【北京—青海工商联扶贫协作座谈会】3月15日，青海省工商联到市工商联走访座谈，对接东西部扶贫协作事宜。北京艺苑集团、中关村智慧环境产业联盟、志起营销策划公司、京东集团等企业参加座谈，分别介绍在青海投资的龙羊峡景区、环保产业基金、青海湖奶业、茶卡羊等项目。市工商联表示将进一步引导、鼓励、支持、帮助民营企业参与精准扶贫行动，与青海方面特别是玉树州做好对接工作，为青海省贫困地区经济社会发展做贡献。

（市工商联）

【推进商会国际化建设】3月22日至30日，市工商联连续召开4场申报京外、境外非公经济发展服务基地暨工商联商会国际化建设座谈会，36家代表和项目负责人50人参加会议，围绕在京外或境外发展情况对所申报的项目进行了推介。会议在首批发展服务基地工作经验基础上，动员各区工商联、行业商协会、在京异地商会、市工商联副主席、副会长等执常委单位推荐非公经济发展服务基地。通过资质审核、座谈认定初审、重点单位走访、企业信用核查等程序，确定2018至2019年度服务基地总数25家，其中境外12家。

（市工商联）

【联合津冀举办首届物流文化节】5月6日，市工商联联合天津市工商联、河北省工商联在北京蟹岛绿色生态农庄共同举办“京津冀非公经济产业对接研讨会暨首届物流文化节活动”。市工商联和行业商协会、在京异地商会、驻京机构负责人及河北省唐山市和承德市、内蒙古自治区乌兰察布市等地有关政府部门负责人以及京津冀三地企业家代表500余人参加。活动期间，组织召开了京津冀非公经济产业对接研讨会，参观了物流文化展、物流服务产品（设施设备）展并进行项目对接。2016年，北京企业在天津、河北的投资认缴额分别为899亿元、1140亿元，分别增长26%和100%。

（市工商联）

【二手车商会举办普法活动】5月12日，北京市二手车商会在北京北辰亚运村汽车交易市场中心举行“商会普法惠及会员遵纪守法持证驾驶”主题活动启动仪式。北京北辰汽车交易市场中心、北京二手车商会、北京北方汽车驾驶学校签订了《普法基地战略合作框架协议》，共同搭建互助互惠平台。

（市工商联）

【举办“北京民营企业保定行”活动】6月15日至16日，“北京民营企业保定行”产业对接会在保定市举行，北京市民营企业家160余人参加。参观考察了徐水区大王店产业园、长城汽车股份有限公司、保定·中关村创新中心等项目。中发集团、北京泰宁科创技术股份有限公司、北京住宅房地产商会等50余家商会、企业，会后分赴易县、蠡县、曲阳县等地产业园区开展对接洽谈，初步达成合作意向30余项，涉及养老、医疗、度假休闲、智慧城市等多个领域。戎威远集团还与保定市涞源县政府签订了《劳务合作框架协议》，在当地建立培训基地，开展精准扶贫行动，每年为涞源县解决10000人就业。

（市工商联）

【发布“工商联＋小助手”丛书】6月29日，市工商联编辑的“工商联＋服务小助手”系列丛书与读者见面，丛书有《两个健康100问》《商协会党建工作指导手册》《非公企业矛盾纠纷多元调解操作手册》

《商标法实用知识100问》《举案说法—商标权纠纷案例（上）》《非公企业履行社会责任 开展光彩事业指导手册》《北京市工商业联合会、北京市商会非公经济发展服务基地指南》。

（市工商联）

【推广“金融小助手App”】 7月3日，由市工商联、市金融局主办，西城区工商联、中关村资本市场服务有限公司承办的2017年北京地区工商联会员企业运用场外资本市场融资培训会召开，来自市工商联行业商会、区工商联和部分直属会员企业共200余人参加培训。培训会旨在引导企业用好“北京市工商联金融小助手App”平台。金融服务小助手App是市工商联以“普惠金融”为主题，以“搭平台、促发展”为主要目标，联合国内领先的创新金融公司91金融推出的中小企业投融资信息交流平台。

（市工商联）

【召开经济服务工作交流会】 7月26日，市工商联召开经济服务工作交流会。来自各区工商联、直属行业商会、外埠在京商会负责人共80余人参加会议。与会代表介绍了各具特色的经济服务亮点工作，围绕工商联经济服务工作的理念创新、思路创新、内容创新和举措创新等内容进行了讨论和交流。诺亚财富提出“诺亚V联盟”计划，期待与各区工商联、商会进行脚踏实地的金融资源对接，联合开展系列金融公益讲座，务实助力非公经济发展。“人民在线”介绍了“人民云”开放战略，讲解了众云大数据平台的使用方法，发放了“人民慕课网络课程学习卡”。

（市工商联）

【14家企业入围中国民营企业500强】 8月24日，2017中国民营企业500强在济南发布。北京市联想控股、京东集团、泰康保险、百度公司、建龙重工、天安人寿、物美控股、链家房地产、运通国融、东兆长泰、江河创建、远邦控股、明天投资、京奥港集团等14家企业入围中国民营企业500强；联想集团、建龙重工、庆华能源、君诚实业、洛娃科技、东方雨虹等6家企业入围制造业500强；京东集团、泰康人寿、百度公司、天安人寿、物美控股、链家房地产、运通国融等7家企业入围服务业100强。

（市工商联）

【举办第9届投资北京洽谈会】 9月5日，由民建北京市委、市发展改革委、市工商联等14家单位主办，市投资促进局承办的第9届投资北京洽谈会（以下简称“京洽会”）在京举办，市工商联、各区工商联、各商会及部分会员企业共150余人参加。本届“京洽会”以“优化北京营商环境促进‘高精尖’产业发展”为主题，内容突出最新政策解读、重大项目签约和京津冀协同发展。会议现场共签约仟亿达、兰格加华等重大项目15个，主要集中于创新型总部和高新技术产业等“高精尖”产业领域，涵盖港口建设、3D打印、智慧能源、汽车投资研发等，签约总金额达251.8亿元。“京洽会”组织专场“民营企业参与京津冀协同发展研讨会”，邀请京津冀三地相关部门对推进京津冀协同发展的有关举措和进展情况进行介绍。市各区还展示推介近150个优质投资项目，涵盖创新型总部、高新技术产业、高效益生产性服务业、高品质生活性服务业、高价值文化创意产业等。

（市工商联）

【举办“责任与使命”主题活动】 9月17日，由市工商联作为支持单位，北京甘肃企业商会联合北京福建企业商会总商会、北京青年企业家商会等10家商会共同在京主办“不忘初心·继往开来——在京企业商会的责任与使命”主题活动，有关商会及首都民营企业近400人参加。活动中，10家主办商会签署《在京企业商会责任与使命倡议书》并联合发出倡议；围绕信用体系建设主题，由老、中、青三代企业家共同推出《信用公约》；围绕青年企业家成长主题，向商会青年“创业导师”颁发证书，正式启动北京青年企业家商协会联盟；围绕企业家履行社会责任主题，爱帮联盟发布雏鹰腾飞助学金援甘计划，现场捐赠20万元，重点资助庆阳革命老区贫困且品学兼优的学生。

（市工商联）

【京津冀青年企业家合作发展】 11月8日，市工商联举办京津冀非公经济产业对接研讨会暨京津冀青年企业家合作发展交流洽谈会，北京青年企业家商会、北京天津企业商会、河北省青年创业促进会代表及各区工商联所属青年企业家组织、行业商协会、在京异地商会、廊坊市青年企业家组织、京津冀三地青年企业家代表近200人参会。会上，发起成立“不忘初心、牢记使命，弘扬青年企业家精神，勇担青年新时代责任”——京津冀青年企业家联盟。会议期间，举办了京津冀青年企业家金融、文化、科技、医疗大健康等领域合作发展对接交流和成果展示活动、贵州省毕节市织金县推介活动。

（市工商联）

【第8届首都非公经济金融服务推进会】 11月23日，市工商联、北京市金融局联合主办，北京投融资商会、北京文化产业商会协办的“2017年首都非公有制经济金融服务推进会”召开。市工商联、金融局、文资办、科委等有关部门领导和商协会、民营企业负责人400余人参加。推进会旨在鼓励更多的民营企业聚焦科技、文化创意等重点领域，服务首都“四个中心”功能建设。北京银行、中关村银行、民生银行、拉卡拉集团等26家金融机构，围绕文创金融、科技金融、绿色金融、民生金融、征信大数据等，在现场为民营企业提供特色金融产品与精准服务。

（市工商联）

【“中国企业家南极环保倡议”活动】12月19日，由北京青年企业家创新发展协会承办的“中国企业家南极环保倡议”系列活动启动仪式在北京举行。活动中，亿利资源集团、吉利集团、正泰集团、红豆集团、波司登集团、泰豪集团、超威集团等百家民营企业共同发起环保倡议。

（市工商联）

【调查研究与参政议政】年内，市工商联《关于激发首都民间投资创新活力的提案》荣获北京市政协2017年度优秀提案；《非公经济领域楼宇统战工作研究——叶青大厦楼宇统战工作调研报告》获全国工商联优秀调研成果，《关于盘活低效工业用地、促进产业转型升级的提案》和《关于加强民营企业知识产权保护的提案》获全国工商联优秀提案；《2015年北京市民营经济发展报告》获全国工商联优秀数据分析报告；《积蓄新动能　增添新动力》获2017年度北京市工商联系统参政议政优秀成果二等奖。市工商联参加市政协12届五次会议交团体提案2份，分别为《关于激发首都民间投资创新活力的提案》和《关于加强民营企业知识产权保护的提案》，口头发言为《落实“放管服”,更好发挥商协会组织作用》1份；大会书面发言6份，分别为《以供给侧改革为契机促进北京民间投资》《抓好“十三五”开局，促进首都民营经济健康发展》《构建新常态下健康政商关系新生态》《协同创新是京津冀经济发展的必由之路》《优化非公有制经济发展环境仍需再加鞭》和《迎接新挑战、彰显新作为，积极引导首都非公有制经济人士健康成长》。市工商联参加市政协和市委统战部联合召开的两次议政会，发言题目分别是“着力提升健康科技创新能力，助力‘健康中国2030’”和“有效供给，规范秩序，全面提高静态交通治理水平”。

（市工商联）

校办产业

【概况】截至2017年年底，北京地区有51所高校参加普通高校校办产业统计。其中，教育部直属高校25所、其他中央部委属高校8所、市属市管高校18所。参加统计的51所高校所投资企业共2212家。其中，大型企业95家、中型企业415家、小型企业1122家、微型企业580家。年末资产总计8256.14亿元，流动资产合计5133.20亿元，非流动资产合计3122.94亿元；年末负债总计6012.69亿元，流动负债合计3355.87亿元，非流动负债合计2656.82亿元；所有者权益总计2243.45亿元，实收资本（股本）85.69亿元，未分配利润174.14亿元，归属于学校方股东的所有者权益452.08亿元。营业收入2666.62亿元，其中主营业务收入2661.64亿元；营业成本2528.49亿元，其中主营业务成本2192.68亿元；销售费用118.09亿元，管理费用246.11亿元，财务费用133.19亿元；利润总额131.83亿元，净利润93.39亿元，其中归属于学校方股东的净利润28.02亿元。现金净流量−79.48亿元，其中经营活动现金净流量34.97亿元，投资活动现金净流量1641.65亿元，筹资活动现金净流量815.57亿元。财政补贴收入36.22亿元；国有资本经营预算金0.007亿元；文化产业专项资金0.27亿元；科技创新资金6.17亿元；上交国有资本收益3.61亿元；企业实际缴纳税金总额165.24亿元，其中增值税37.18亿元，营业税0.57亿元，企业所得税57.18亿元，其他70.67亿元；当年上交学校利润金额7.16亿元。获授权的专利数2096项，登记的计算机软件及集成电路版权753项，获省市部委、国家级的奖项379项，研发费用支出134.65亿元。接纳学生实习9393人次，学生累计实习267.57万小时，全年累计在培硕士研究生1704人，全年累计在培博士研究生383人。年末职工总人数205712人，其中接受高等教育学历的人员98050人，研究开发人员25698人，专职管理人员14408人；已参加社保人数144500人。实际发放和支付的劳动工资总额243.71亿元，其中支付社会保险（含住房公积金）43.18亿元。职工年教育培训经费4.17亿元。具有学校事业编制的员工人数1686人。

（宋慧宇）

【重大奖项】 1月9日，国家科学技术奖励大会在人民大会堂举行。由中国移动通信集团公司、工信部电信研究院、电信科学技术研究院、展讯通信、清华大学等单位共同承担的“第四代移动通信系统（TD–LTE）关键技术与应用”项目荣获2016年度国家科学技术进步奖特等奖。由公安部信息通信中心、北大方正集团等单位共同参与的“全国警用地理信息基础平台应用技术研究与规模应用示范”（PGIS项目）荣获2016年度国家科学技术进步奖二等奖。3月3日，根据美国课程中央网站（Class Central）对全球2016年新上线的2600门慕课进行的评选，清华学堂在线课程《清华汉语》（*Tsinghua Chinese：Start Talking with 1.3 Billion People*）荣登2016年全球新慕课排行榜第二位。4月14日，清华大学建筑设计研究院与华东建筑设计研究院有限公司合作设计的国家会展中心（上海）项目荣获中国土木工程最高奖——詹天佑奖。4月21日，博奥生物集团申报的“遗传性耳聋基因诊断芯片系统”项目荣获2017年度“黄家驷生物医学工程奖”技术发明类一等奖。5月18日，在国务院发展研究中心企业研究所、中国指数研究院等联合主办的“2017中国房地产上市公司研究成果发布会暨第十五届中国房地产投融资大会”上，北大资源凭借在产业新城运营领域的突出成绩，荣膺“2017中国特色产业新城运营优秀企业”。6月8日，在2017年全国职业院校技能大赛上，方正软件技术学院代表队分别在“移动互联网应用软件开发”“软件测试”两个赛项中收获一、二等奖，也是继2014年、2016年之后软件学院第3次获得该赛项的一等奖。“全国职业院校技能大赛”由国家教育部、工信部等37个部委联合主办，是全国职业教育领域最高级别的赛事。大赛的“移动互联网应用软件开发”赛项吸引了全国29个省、自治区、直辖市的92支代表队参赛。主办方还首次邀请英国、德国、泰国的3支代表队与国内参赛队同场竞技。比赛采用实际操作形式，现场编程，选手需要在四个小时内，通过“系统文档”“程序排错”“功能编码”“创意设计”四种题型进行考核。

6月16日，在中国指数研究院主办的“2017中国物业服务百强企业研究”成果发布会上，北大资源物业集团入选“2017中国物业服务百强企业榜”，同时荣膺“中国特色物业服务领先企业”称号。7月21日，在《2017年全国产业地产发展白皮书》发布论坛暨产业园区运营商TOP30发布会上，北大资源荣膺2017年中国产业园区运营商30强。8月8日，在第11届中国品牌节上，清华控股荣获“华谱奖”并荣膺“迅速崛起的卓越先锋”称号。9月26日，由《经济观察报》主办的“2017中国蓝筹物业年会”暨“蓝筹物业价值榜评选颁奖典礼”在京举办，北大资源物业集团荣获“中国蓝筹物业企业”（30强）。10月11日，《财富》（中文版）推出“2017年最受赞赏的中国公司排行榜”，北大方正集团位列第36名，与阿里、百度、华为等公司同登榜单。11月3日，清尚公司凭借奥林匹克塔精装修工程荣获中国建设工程质量最高荣誉——鲁班奖，清华同衡规划院遗产中心与华清安地共同作品“景德镇陶溪川博物馆”获联合国教科文组织亚太遗产保护奖中的“创新奖”。11月26日，APDC 16/17亚太室内设计精英邀请赛颁奖盛典在中国上海外滩W酒店举行，来自美国、巴西、丹麦、加拿大等地的国际评委，中国内地、香港、澳门的开发商，建筑室内景观设计师代表，共300余位专业人士参加，昆明北大资源·博泰城项目凭借其在商业设计领域的持续创新，荣获商业空间设计最高奖项——金奖。11月28日，在经济观察报主办的“2016—2017年度中国最受尊敬企业年会”上，同方股份、紫光集团荣获“中国最受尊敬企业”称号。12月1日，清华同衡规划院连续七年获英国景观行业协会国家景观奖（BALI国家景观奖），主持设计的“茶卡盐湖景区改造规划设计”“辽宁兴城比基尼广场景观设计”获2017年度国际类奖项，茶卡盐湖项目还获“敏感地带恢复特别奖”。12月6日，在2017中国社会责任公益盛典上，启迪控股荣获“2017中国社会责任公益慈善奖”。12月7日，在“美通社2017年新传播年度论坛”上，北大方正集团凭借优质的原创传播内容和创意策划，获得“2017美通社新传播大奖”——品质内容奖。12月8日，第八届“北京影响力”评选活动结果揭晓，博奥晶典荣获“最具影响力十大企业”大奖。

12月13日，第19届“中国专利奖”评审结果揭晓，同方威视与清华大学共同拥有的两项发明专利、诚志永华一项专利荣获第19届“中国专利优秀奖”。

12月29日，国家科技部公布《2017年度国家级科技企业孵化器》和《2017年度国家备案众创空间》，启迪控股旗下8家孵化服务基地、清控科创旗下小样青年社区4家创新服务载体入选“2017国家队”。是年，北京北大维信生物科技有限公司通过ISO9001：2015、O14001：2015、OHSAS18001：2007三体系转版认证，被市水务局评为“北京市节水型单位”。

（宋慧宇）

【基地建设】 1月18日，紫光南京半导体产业基地及新IT投资与研发总部项目签约，总投资额2600亿元。启迪国际携手启迪之星与美国密歇根大学签订战略合作协议，共建中美科技孵化基地，推动高校科技成果转化，并设立创投基金，重点关注发展智能出行、智能制造等科研领域。2月26日，启迪之星与新加坡国立大学在中新天津生态城签署合作协议，双方将互换、共享在研究、孵化、投资等领域的优质资源，共推科技创新事业发展。3月，北京农学院与北京市委联合共建“首都科技条件平台北京农学院研发实验服务基地”，共整合开放价值1.3亿元的仪器设备400台（套），开放各领域专家100人；开放农业部华北都市农业重点实验室、农业应用新技术北京市重点实验室等重点实验室8家。基地主要面向现代农业、生物医药等领域，为科研院所、高校、企业提供委托测试、检验认证、产品研发、科技成果转化和推广等技术服务，降低企业研发成本，提高企业自主创新能力。4月22日，紫光集团与天府新区成都管委会正式签署紫光IC国际城项目合作协议，该项目是近年来在成都市投资最大的先进制造业项目。4月，北京农学院科技综合楼项目竣工验收，总投资1.87亿元，总建筑面积40555平方米，共有实验室、办公用房200间，项目获得“2016年度北京市建筑长城杯银质奖工程”。12月19日，同方威视在荷兰建立分支机构并将以此为依托打造全球创新中心。年内，北大科技园上地园区项目征地拆迁工作取得重大突破，该项目是北京大学围绕国家“创新驱动”发展战略规划建设的国家级大学科技园，总用地规模37.42万平方米，规划建设面积49.15万平方米，总建筑规模约80万平方米，是定位于面向全世界“高精尖”技术发展战略方向、建设中国未来20年国家自主创新示范区、核心区的“双核心”。北大科技园围绕轻资产业务继续开疆拓土，台州北大科技园1万平方米投入使用，石家庄北大科技园新增运营面积4410平方米，签驻率93%，入驻企业62家，荣获河北省级科技企业孵化器、河北省省级示范性创业就业众创空间、京津冀协同发展人才志愿服务基地·北大科技园·裕华区站等荣誉资质。西安北大科技园曲江创客大街园区4000平方米开园，西安北大科技园未央园区运营1.5万平方米实现签约，西安北大科技园曲江文化大厦签驻率100%，入驻企业级团队50家，荣获全国青年创业示范园区、西安市创业孵化基地等荣誉资质。盐城北大科技园一期项目运营1.65万平方米实现签约，入驻企业70家。天津宝坻北大科技园签驻率达93%，入驻企业109家。北大科技园包头园区工业一期5.5万平方米，厂房整体签驻率84%，引入企业及项目31个，涵盖无人机、石墨烯、机器人等行业，获得国家级科技企业孵化器、内蒙古自治区小型微型企业创业创新示范基地等资质认定。金华北大科技园一期签驻率达97%；二期项目占地面积24.4亩，建设面积2.6万平方米，轻资产运营面积新增6万平方米；北大科技园与金华市金义都市新区管委会签约共建“金华北大科技城”，项目总占地6000亩，涵盖高教、医疗、产业、科研、配套等功能板块。北京中石大新元投资有限公司选择“原址原建、预留接口”方案对北京石大中油油品销售有限责任公司所属第二加油站进行贯标改造。

（宋慧宇）

【生产经营】2月21日，清控人居集团中标24亿福州市晋安东区水系综合治理及运营维护PPP项目，是清控人居集团在福州拿下的首个内河治理项目。3月9日，展讯通信宣布与Dialog半导体公司建立战略合作伙伴关系，共同开发LTE芯片平台。3月19日，北大医疗信息技术有限公司与北大医疗产业集团携手共建的“北大医疗互联网医院”落户银川。4月7日，方正电子参与承建的新闻出版业科技与标准重点实验室“AR+教育数字出版联合实验室”正式揭牌。4月28日，中国高科集团宣布发起成立中国高科全球教育发展研究院在北京举行启动仪式。中国高科集团同北京大学教育学院签署战略合作协议，宣布双方将在教育发展研究领域开展全方位合作，联合打造中国最具影响力的教育研究机构。6月29日，中芬商业峰会暨中芬企业签约仪式举行，启迪控股与芬兰贸易投资旅游促进总署（FINPRO）签署合作协议，双方将在冰雪产业领域展开深入合作，芬兰总理尤哈·西比莱、全国政协副主席韩启德出席致辞并见证签约。7月18日，博奥晶典与山东省济南市章丘区人民政府战略合作协议签约，双方将在精准医疗检测、健康大数据管理、农业技术研究、技术人才培养等方面深入合作。11月17日，清华大学建筑设计院与贝氏建筑事务所签订合作备忘录。双方将利用各自的资源开展项目合作，并在国内外开展联合展览、联合研讨会、联合教学等品牌活动。2017年，北京科兴生物制品有限公司营业收入及销售回款均突破10亿元大关。主要产品甲型肝炎灭活疫苗孩尔来福通过世界卫生组织（WHO）预认证，成为继葛兰素史克（GSK）之后全球第二个通过WHO预认证的甲肝疫苗产品。未名生物农业集团有限公司（简称：未名农业）水稻基因发现平台鉴定了700多个有明显性状改变的突变体、发现了160多个性状基因，应用CRISPR技术改良了三个粳稻和一个籼稻的成熟期和抗旱性，初步获得提高产量的基因信息。北大未名集团实现营业收入34亿元，其中，利税5.9亿元。清华控股位居2017年中国企业500强第163位，研发强度位居2017年中国企业500强第7位，所投资企业包括同方股份、紫光集团、启迪控股、诚志股份、清控人居集团、清华大学出版社、博奥生物集团、慕华教育等45家控参股企业。

（宋慧宇）

【自主创新】2月27日，展讯通信在2017世界移动通信大会（MWC）上宣布推出14纳米8核64位LTESoC芯片平台SC9861G–IA。该芯片平台面向全球中高端智能手机市场，采用英特尔14纳米制程工艺，内置英特尔Airmont处理器架构。5月9日至13日，由方正电子发起，汇聚产业链上下游力量共同组建的“鸿雁POD联盟”正式成立，共建POD按需印刷新生态，推动智能生产、智能制造、按需印刷技术在中国落地。5月22日，由中国工程院和清华大学联合主办、联合国教科文组织（UNESCO）国际工程教育中心（ICEE）承办的“面向未来的工程教育与工程能力建设国际工程教育论坛”在清华大学举行，学堂在线Lagos大学在线教育平台（unilag.xuetangx.com）正式发布。10月19日，方正云舒书刊制作云平台系统在外语教学与研究出版社正式上线，是出版单位全流程数字化转型的重要应用，填补了图书出版生产领域的空白。10月27日，诚志宝龙在河南郑州召开立式遥测新产品发布会，诚志宝龙全球首创的立式遥测产品正式进入河南市场。

（宋慧宇）

【产业运行】3月1日，北大医信携手北大医疗集团取得“互联网医院”牌照。5月1日，国家食品药品监管总局公布最新一批药物临床试验机构名单，认定149家医疗机构具有药物临床试验资质。其中，北大医疗旗下的两家医院——北京大学国际医院、北大医疗鲁中医院同时入选。5月22日，国家数字复合出版系统工程V1.0成果发布会上，方正电子发布“出版社复合采编系统”“XML排版系统”“图书应用集成”“书刊协同采编系统”“少数民族文字出版资源管理系统”等研发成果。5月23日，北大医疗产业集团与国家卫生计生委干部培训中心（国家卫生计生委党校）在北京大学国际医院举行战略合作签约仪式。北大医疗产业集团、北京大学国际医院被列为国家卫生计生委党校实践教学基地。8月18日，北大医疗信息技术有限公司（简称：北大医信）牵手北京大数据研究院开，共同成立联合实验室。8月30日，方正证券与湖南省怀化市人民政府签订合作框架协议，协力合作以实现怀化市政府、方正证券、怀化地区企业多方共赢和社会经济协调发展。10月23日，北大医疗产业集团与方正证券股份有限公司就携手开展医疗健康扶贫建设在北京签订战略合作协议。双方将利用各自专长，发挥方正旗下兄弟企业的协同效应，服务国家脱贫攻坚战略。年内，北京中传资产管理有限公司以提高国有资本收益、促进企业健康发展为目的，重点推进校办企业混合所有制改革，完成了中传扬帆（北京）传媒有限公司的改制及增资扩股工作。北京北化大投资有限公司完善科技成果产业化机制，完善科技成果作价入股实施路线、优化决策审批流程、明晰收益分配及股权奖励分配方案，与二级学院5个科研团队建立联系，确定3项科技成果以作价入股的方式产业化。完成科技成果作价增资扩股南京绿金人橡塑高科有限公司工作。

（宋慧宇）

【节能减排】3月30日，在清洁能源供暖应用技术交流大会暨新闻发布会上，同方人环申报的“北京密云西湾子新村热泵采暖项目”荣获清洁能源供暖优秀工程奖最高奖——蓝天杯。4月10日，在市农委指导、中国节能协会主办的2016年北京市“煤改清洁能源”空气源热泵行业表彰会上。同方人环荣获“突出贡献单位”奖。9月12日，在《关于消耗臭氧层物质的蒙特利尔议定书》缔结30年纪念大会上，同方人环荣获“为保护臭氧层做出宝贵贡献和努力”认可荣誉证书。12月，未名集团与加拿大Enerkem Inc.公司签署投资与合作“世界最先进水平城市垃圾衍生物（“RDF”）和农林废弃物利用技术”协议，北大未名集团将帮助Enerkem在大中华区推广其代表世界目前最先进水平的城市垃圾衍生物（“RDF”）和农林废弃物的利用技术，并合资生产关键专利设备。

（宋慧宇）

【京津冀协同发展】3月31日，紫光集团与天津滨海高新区管委会签署合作协议，将在津建设金融租赁公司、信息大数据平台、公共云数据管理中心、互联网智慧园区、高科技产业研发基地，并共同发起成立技术转移基金。5月9日，北京博奥检验与河北省武安市第一人民医院举行共建精准医学中心签约仪式。5月19日，清控人居集团、河北清华发展研究院、河北旅游投资集团股份有限公司举行战略合作意向书签约仪式。6月22日，启迪控股与河北建投集团签署战略合作协议，双方将在科技服务平台搭建、战略新兴产业发展、科技成果转化等方面展开多层次合作，助力京津冀一体化协同发展。8月27日，第13届全国运动会在天津奥林匹克中心体育场开幕，由同方光电环境打造的天津全运会市容环境综合整治南开区景观灯光设施提升改造项目竣工，围绕“增光、添彩、提质”三大目标，以奥体中心体育馆为辐射中心，周边200余处灯光组团完成整体亮化。年内，清控科创在天津建立全链式科技园区，把清控科创服务科技创新模式复制到天津。其中，科创空间（天津）入选国家级众创空间，启迪（南卅）科技城项目以智能制造、智慧互联、节能环保、医疗健康四大产业为主导，定位为“南开区产业升级核心区，天津市创新发展示范点，京津冀智力产业、现代服务业协同发展能量极”。天津紫光置地负责天津区域科技园、双创基地等科技地产建设运营，承担南开大学新校区建设等项目。同方环境利用先进的脱硫脱硝与除尘等技术，在河北大型火电发电、钢铁冶金等行业的脱硫、粉尘污染控制、固体废弃物处置中发挥作用，为京津冀的大气污染联防联控做出贡献。清控人居承担河北省原阳县泥河湾遗址保护利用的整体策划，成功申报成为国家遗址公园，完成了后续的整体规划和建筑景观设计方案。

（宋慧宇）

【化育空间被认定为国家备案众创空间】12月25日，由大学科技园负责建设和运营管理的“化育空间”众创空间，经科技部火炬高技术产业开发中心审核，被认定为2017年度国家备案众创空间。“化育空间”内有创业企业48家，其中，在校师生设立的创业企业15家。

（孙晓彤）

【重点项目】12月28日，北大科技园人工智能专业孵化平台入选科技部下发的“第二批国家专业化众创空间示范名单”，成为首个入选的人工智能国家级专业化众创空间。全年，智能化科技服务平台服务用户万余人，积累企业库近2500家、项目库近2000个、专家导师库近400人，服务表单达数万次。

年内，北大科技园创新孵化品牌“创启未来”升级为全球创新创业汇，围绕赛事核心，从活动组织形式、大赛赛程赛制、项目规模、评委阵容到创业孵化服务全方位提升。“创启未来”2017全球创新创业汇6月1日在北京大学全球大学生创新创业中心正式启动，历时5个月，足迹遍及北京、金华、包头、天津、石家庄、西安、台州、郑州、香港、首尔、波士顿、西雅图、硅谷地区全球13个城市站点，举办双创活动100余场，吸引海内外优质创业项目近800个，经过层层选拔，最终59个优质项目参加全球总决赛。结合创业大赛全球总决赛，同期举办了以“聚焦创新生态，创启时代变革”为主题的北京大学创新创业论坛。年内，北大科技园创新研究院独家出品《北大科技园园区评价指标体系》《中国人工智能产业发展白皮书》《经济与产业研究汇编2017》等高标准研究成果，对外提供顾问咨询服务项目7个。北大未名集团正在建设3个千亿级的未名生物产业园。其中，保定通天河未名生物经济产业园、北戴河未名生命健康产业园都位于京津冀一体化协同发展区域内，计划2020年全部建成投产。新元公司继续推进科技成果转化，协助众筹联盟在河北省怀来县召开“京津冀协同创新与科技成果转化论坛暨北京高校科技产业协会科技成果转化服务分会（众筹联盟）2017年年会”，制作众筹联盟各理事单位宣传册，推荐新能源研究项目“生物燃气成套技术”。新元公司以中国石油大学（北京）石工学院教授科研专利与成果评估作价入股设立公司，并将其产业化。新元公司与中石大（新疆）研究院股份有限公司、新疆联合能源股份有限公司、克拉玛依市富城能源集团有限公司、北京国海能源技术研究院签订发起协议，5家共同出资成立克拉玛依中石大联合油气科学技术研究院股份公司，其中新元公司以无形资产出资，代学校持股35%。

（宋慧宇）

区工业

本栏目主要记述东城区、西城区、朝阳区、海淀区、丰台区、石景山区、门头沟区、房山区、通州区、顺义区、大兴区、昌平区、平谷区、怀柔区、密云区、延庆区16个区工业发展情况。

综 述

2017 年，北京市区规模以上工业企业总产值 12042.49 亿元。其中，首都功能核心区工业总产值 1345.87 亿元，城市功能拓展区工业总产值 3763 亿元，城市发展新区工业总产值 5639.47 亿元，生态涵养发展区工业总产值 1294.15 亿元。全市区规模以上工业企业单位个数 3231 家。其中，首都功能核心区 77 家，城市功能拓展区 865 家，城市发展新区 1513 家，生态涵养发展区 488 家。全市区规模以上工业企业资产总计 45985.76 亿元，主营业务收入 20722 亿元，利润总额 2023.67 亿元，应缴税金合计 1195.46 亿元，从业人员年平均人数 99.55 万人。

（编辑部）

东城区工业

【概况】2017 年，东城区规模以上工业企业实现工业总产值 200.2 亿元，比上年增长 2.2%；实现工业销售产值 166.3 亿元，比上年增长 2.5%；产销率为 95.9%，产销衔接处于合理区间。两大主导行业文教、工美、体育、娱乐用品制造业和医药制造业，全年合计实现工业总产值 135.6 亿元，比上年增长 1.7%，占全区产值比重为 78.2%。其中，文教、工美、体育和娱乐用品制造业全年工业总产值比上年增长 0.7%，拉动全区工业总产值增长 0.4 个百分点；医药制造业以中成药生产为主，凭借“老字号”优势，中成药生产持续增长，全年实现工业总产值比上年增长 5.0%，拉动全区工业总产值增长 0.9 个百分点。

（黄 旭）

【中小企业服务】年内，东城区内各中小企业服务分中心、小企业创业基地走特色化发展道路。嘉润分中心、小企业基地以传统品牌服务为基础，在促进科技成果转化、培养高新技术企业和优秀文创企业上实现综合性打包服务。汉潮大成统合所有服务整体构建“瀚海源众创服务平台”，将创业服务系统、瀚海桥国际信息服务平台、汉潮大成国际加速服务平台、瀚海投融资服务平台等服务模式整合，构建了“空间 + 导师 + 投资 + 国际化”四位一体的服务模式。歌华大厦基地以打造大厦产业链为目标，吸引文化 + 科技特色中小企业集聚。京城百工坊基地开拓传统工艺文化利用新途径，打造形成以文创产业和非遗保护传承结合的聚集区。人美基地以高端文创企业为引领，带动周边文化产业发展。77 文创园基地以戏剧、影视为主导，形成了行业聚集。航星创业园基地依据中关村园区优势，以科技文化双轮驱动为发展战略，开展规范化管理服务，为企业提供精准服务，促进园区发展国际化，促进中瑞基地落地。文创科技产业园，为入驻园区的大学生创业者提供房租减免扶持政策，根据创业项目情况制订孵化方案并配专业导师进行全程指导。

（景少尉）

西城区工业

【概况】2017 年，西城区规模以上工业企业完成工业总产值 1145.7 亿元，比上年增长 4.5%。其中，能源供应业企业完成产值 1054.5 亿元，比上年增长 6.0%，占全区规模以上工业企业总产值的 92.5%。完成工业销售产值 1140.4 亿元，比上年增长 4.5%；产销率达到 100.0%，产销衔接良好。

（黄正洲）

【节能减排】年内，西城区按市政府下达的 2017 年指标任务，全区能源消费量 393.13 万吨标准煤，同比增长 0.69%。单位 GDP 能耗为 0.1004 吨标准煤 / 万元，比上年同期下降 5.46%。

（黄正洲）

【中小企业发展】年内，西城区认定 61 家企业为中小企业；完成“不使用政府投资的工业和信息化固定资产投资项目备案”4 项；协助工业和信息化部完成 15 家企业《企业负担问卷调查》填写工作。

（黄正洲）

朝阳区工业

【概况】2017年，朝阳区实现工业总产值723.4亿元，同比增长6.2%，增幅较1月至11月扩大1.8个百分点，排名前五的支柱行业产值实现496.9亿元，同比增长12.4%，增幅高于全区工业增幅6.2个百分点，拉动全区工业产值增长8.0个百分点，是全区工业生产向好的有力支撑。其中，电力、热力生产和供应业实现产值179.5亿元，比上年下降0.7%；医药制造业实现产值99.4亿元，比上年增长36.7%；开采辅助活动业实现产值91.1亿元，比上年增长5.7%；电气机械和器材制造业实现产值71.4亿元，比上年增长29.1%；非金属矿物制品业实现产值55.5亿元，比上年增长17.6%。

（朝阳区）

【获评新型智慧城市创新50强】6月，第十一届中国电子政务高峰论坛暨2017年中国新型智慧城市创新50强授牌活动在北京大学举办，朝阳区成为北京市唯一荣获“中国新型智慧城市创新50强创新服务奖”的地区。

（朝阳区）

【京津冀协同发展座谈会】9月，朝阳区在CBD创新发展年会期间举办区域协同发展座谈会。邀请天津市东丽区，河北省保定市、承德市、张家口市康保县等地区有关领导出席。探讨京津冀协同发展背景下的产业协作、精准扶贫等工作的实施路径，并与保定市、承德市签订《协同发展框架协议》。与承德市政府及北京市热力集团签署《建设中国供热绿色产业园项目战略合作协议书》。十八里店乡与承德市双滦区签订《战略合作框架协议书》，双方共同研究推动产业转型升级，建设十八里店双滦产业示范园。

（朝阳区）

【中欧企业家峰会在朝阳区举办】11月21日，2017中欧企业家峰会朝阳论坛在朝阳区举办，法国前总理拉法兰、原国家外经贸部副部长龙永图、原国家发展改革委副主任张宝国、联合国驻华系统协调员兼联合国开发计划署驻华代表罗世礼等中国和欧洲百余名企业界具有影响力的人物云集，共同聚焦“一带一路”倡议指引下的中欧互联互通和创新合作。会上，为“北京市朝阳区对外经济合作促进会”揭牌。

（朝阳区）

【高技术制造业稳步增长】年内，朝阳区高技术制造业实现产值180.2亿，比上年增长9.4%，占全区工业总产值比重为24.9%。其中，电子计算机及办公设备制造业实现产值3.8亿元，比上年下降30.9%；电子及通信设备制造业和医疗设备及仪器仪表制造业分别实现产值47.6亿元、29.4亿元；比上年分别下降14.8%、3.9%；医药制造业实现产值99.4亿元，比上年增长36.7%，拉动高技术制造业产值增长16.2个百分点。

（朝阳区）

【企业综合能源消费下降】年内，朝阳区261家规模以上工业企业综合能源消费203.3万吨标煤，比上年减少44.7万吨标煤，下降18%。其中，电力、热力生产和供应业综合能源消费160.8万吨标煤，比上年下降20.5%，下拉消费总量16.7个百分点。

（朝阳区）

【工业企业空气重污染应急】年内，朝阳区确定25个街乡停限产企业名单，包括空气重污染橙色预警期间停限产企业143家。按照《北京市空气重污染应急预案》和《朝阳区空气重污染应急预案》要求，在空气重污染预警时，对名单内重点企业措施落实情况逐一进行现场检查，并对其他企业进行抽查，对发现的问题督促整改。各街乡成立督查组对辖区内所有应急企业停限产措施落实情况进行督查检查。建立停限产企业联系人制度、应急工作负责人和联系人备案制度，确保工业应急措施落实到位。

（朝阳区）

【大气污染防治】年内，朝阳区完成煤改电、煤改气4.6万户，推进燃气锅炉低氮改造5736蒸吨，完成年度任务的358%。与697家餐饮企业签订进化器升级合同，完成改造454家。整治“散乱污”企业660家，淘汰一般制造业企业99家。检查机动车97.5万辆，其中，重型柴油车6.0万辆，淘汰老旧机动车8.6万余辆。检查机动车检测场1539场次，检查加油站2965座次。针对机动车、检测场、加油站等违法行为做出简易和一般行政处罚1410件。裸地及拆迁垃圾苫盖面积1450万平方米。强制性清洁生产审核9家单位，挥发性有机物减排203吨。PM2.5年均浓度58微克/立方米，比上年下降22.7%。

（朝阳区）

【扶持中小企业】年内，根据《朝阳区促进中小企业发展引导资金管理办法》，安排促进中小企业发展资金 3026 万元，支持项目 71 个。主要用于银行贷款贴息、创新融资补贴、展会租金补助和公共服务平台等项目。

（朝阳区）

【扶持信息服务业】年内，根据《朝阳区高新技术产业发展引导资金管理办法》，信息服务业安排资金 1980 万元，支持项目 30 个。主要用于支持大数据、云计算、物联网、基于互联网和移动互联网的信息服务等信息化领域项目。

（朝阳区）

【加快一般性制造业企业疏解】年内，朝阳区大力推进一般性制造业企业的疏解工作，确定重点项目带动疏解工作思路，通过广渠路沿线综合整治、萧太后河综合治理、重点村整治、温榆河森林湿地公园建设等重点项目，带动疏解 99 家企业，完成全年计划任务。落实市工作部署，对辖区一般制造业存量 3 次摸底，综合考虑行业类别、土地性质、税收贡献等因素后，明确 2018 年至 2020 年疏解的数量和范围。统筹协调属地街乡加大相关政策日常宣传解读，加深企业对非首都功能疏解意义的认识，促使企业及时掌握未来产业发展动态，实现企业主动退出。

（朝阳区）

【雅宝路地区疏解整治工作】年内，朝阳区积极推进雅宝路地区的疏解整治工作。开展环境治理，关闭批发裘皮、服装等“开墙打洞”小商户 114 户，拆除经营皮毛、餐馆违法建设 3 处 1200 平方米，拆除俄语图文违法户外广告 195 块，总面积 3100 余平方米。完成东方圣元、老番街、雅宝日月 3 座楼宇式市场疏解，疏解面积 26666.73 平方米，涉及摊位 740 个，疏解从业人员 3700 人。注重“以引促疏”，通过产业对接、外埠承接等方式，已有 217 家商户与乌兰察布、集宁国际皮革城意向签约。加大资金支持，完善《朝阳区街道地区商品交易市场疏解专项资金管理办法》，对市场疏解标准、疏解资金的使用范围等进行针对性调整。

（朝阳区）

【东方国信打造冰雪大数据平台】年内，在第二届“中国数坝”暨中国互联网大会“支撑冬奥张家口赛区”峰会上，东方国信与张家口市宣化区签署战略合作协议。此次双方合作建设冰雪大数据平台在国内尚属首例，是打造全国冰雪大数据产业的先行试点。项目将助推国家冰雪大数据产业发展，对张家口市加快冬奥会信息化建设和促进新一代信息技术产业发展具有重要意义。

（朝阳区）

【全球首条最高 TFT–LCD 世代线】年内，京东方全球首条最高 TFT–LCD 世代线在合肥正式投产。合肥 10.5 代线为京东方自主投建，设计产能每月 12 万片玻璃基板，在产品设计开发、工艺保障、技术控制难度等方面超过以往任何一条液晶面板生产线，其智能化和核心工艺均达到业界最高水平，标志着中国在全球显示领域成为领跑者。

（朝阳区）

【中核环保有限公司落户】年内，中核环保有限公司落户朝阳区，完成登记注册，注册资金 5 亿元。该公司为中核集团下属公司，是中国核环保产业的开拓者，在核环保领域建立有完整的产业体系，组建有核环保产业专业队伍。

（朝阳区）

【京东方液晶面板出货量全球第 2】年内，京东方显示事业持续发力，液晶电视面板全年出货量 4380 万片，首次冲上全球第 2。福州 8.5 代线产能提高，成都柔性 6 代线和合肥 10.5 代线相继投产，多条高世代线满产满销，显示器、笔记本、电视等大尺寸显示屏领域出货量稳步增长，规模化生产能力持续提升。京东方加快新业务布局，持续扩展艺术、车载、零售、健康等新领域，推出物联网细分市场解决方案，推动整体盈利能力稳定在较高水平。

（朝阳区）

【京津冀科技协同创新载体建设】年内，中关村朝阳园继续推动电子城天津国际创新中心、西青大数据及互联网产业园等京津冀科技协同创新载体建设发展。项目预计直接投资 48.83 亿元，预计直接及带动投资近百亿元。“电子城 · 天津西青科技产业园”项目将成为京津冀一体化大背景下承接非首都功能产业疏解及首都企业外迁的承载平台。

（朝阳区）

海淀区工业

【概况】2017 年，海淀区工业经济高速增长，规模以上工业企业实现工业总产值 2387.6 亿元，位列全市第三、城六区第一；同比增长 13.2%，高于全市 11.7 个百分点。规模以上工业总产值中高技术制造业产值占比 65.8%。规模以上工业销售产值 2001.7 亿元，同比增长 14.7%。规模以上工业企业实现出口交货值 172.2 亿元，同比增长 69.2%。六大产业的工业总产值同比增速四升二降，电子信息产业、装备产业、消费品产业、生物医药产业上升，基础与新材料产业、能源生产和供应产业下降。工业总产值排序在行业首位的是电子信息产业，实现工业总产值 1173.5 亿元，占海淀区工业总产值的比重为 57.0%，比上年增长 30.1%，拉动工业总产值提升 14.4 个百分点。装备产业实现工业总产值 654.6 亿元，比上年增长 3.0%。基础与新材料产业实现工业总产值 92.2 亿元，比上年下降 11.8%。消费品产业工业总产值 61.3 亿元，比上年增长 4.6%。生物医药产业，工业总产值 49 亿元，比上年增长 14.8%。能源生产和供应产业总产值 27.2 亿元，比上年下降 0.4%。

（郑　雪）

【大唐电信集团项目获国家科技特等奖】1 月 9 日，在国家科学技术奖励大会上，大唐电信集团（电信科学技术研究院）作为主要单位完成的“第四代移动通信系统（TD−LTE）关键技术与应用”项目荣获 2016 年度国家科学技术进步特等奖。

（郑　雪）

【首批 36 家前沿技术企业授牌】1 月 20 日，中关村管委会向中科寒武纪、商汤科技等 36 家企业授予“中关村前沿技术企业”标牌。前沿技术企业选拔重点聚焦三大领域：一是以人工智能、大数据、虚拟现实、高端芯片、智能机器人、无人驾驶等为代表的新一代信息技术领域；二是重大生物医药和高端医疗器械技术突破；三是石墨烯、液态金属、量子通信等为代表的颠覆性材料技术突破。

（郑　雪）

【小米自主研发芯片正式商用】2 月 28 日，小米公司发布了定位中高端的自主研发芯片“澎湃 S1”，此举使小米成为继苹果、三星、华为之后，全球范围内有同时生产芯片和手机能力的企业。“澎湃 S1”芯片采用八核架构，首批量产并搭载于同时发布的小米新款旗舰拍照手机小米 5C。

（郑　雪）

【小米公司将在印度建第 2 座手机工厂】3 月 20 日，小米公司宣布，将与富士康合作，在印度开工建设第 2 座手机工厂。建成后，小米公司在印度的产能可提升至平均每秒制造一部手机，同时，小米新工厂将为周边 100 多个村的村民创造 5000 个工作岗位。

（郑　雪）

【重大项目和国家实验室建设】3 月 24 日，全球健康药物研发中心落户北京，石墨烯研究院等建设取得积极进展，引进和支持知名科学家及团队在光电子、新材料等前沿领域加快筹建新型研发平台。

（郑　雪）

【小米公司电动滑板车获德国红点最佳设计奖】4 月 11 日，小米米家电动滑板车荣获 2017 年德国红点设计奖的最高奖项——红点最佳设计奖。

（郑　雪）

【北京石墨烯产业创新中心】同日，北京石墨烯产业创新中心落地中关村科学城北区，授牌仪式在中国航发航材院举行。北京石墨烯产业创新中心将引导开展石墨烯前沿技术、石墨烯应用技术和石墨烯产业技术发展，发挥地方政府产业引领示范和国家科研院所的技术优势，打造军民融合发展典范，立足京津冀协同发展。

（郑　雪）

【光量子计算机诞生】5 月 3 日，世界上第一台超越早期经典计算机的光量子计算机在中国诞生，标志中国的量子计算机研究迈入世界一流水平行列。该光量子计算机是由中科大、中国科学院—阿里巴巴量子计算实验室、浙江大学、中科院物理所等协同研发完成。

（郑　雪）

【龙芯中科发布四款新一代芯片】5 月 9 日，中关村海淀园企业龙芯中科公司正式发布龙芯 1H、龙芯 2K1000、龙芯 3A3000/3B3000 四款新一代国产芯片，其中龙芯 3A3000/3B3000 芯片采用自主微结构设计，是目前国产 CPU 中单核 SPEC 实测性能最高的芯片之一，达到国际先进水平，其访存带宽达到与国际主流处理器相当的水平。

（郑　雪）

【佳讯飞鸿智能科技研究院】5 月 26 日，佳讯飞鸿智能科技研究院揭牌仪式在北京交通大学举行。该研究院目前设立五个研究方向：移动与宽带互联技术，轨道交通安全与物联网技术，智慧指挥调度技术，云计算、大数据与人工智能技术以及信息技术军民融合。

（郑　雪）

【国内首个 80 纳米磁随机存储器】5 月 27 日，北京航空航天大学与微电子所联合研制的国内首个 80 纳米自旋转移矩——磁随机存储器芯片（STT－MRAM）器件，采用可兼容传统 CMOS 集成电路的工艺方法和流程，具备产品化、产业化转移的条件。应用于大型数据中心，可降低功耗，还可用于各类移动设备，提高待机时间。

（郑　雪）

【四通道 GNSS 宽带射频芯片“天鹰”】6 月 2 日，在第 8 届卫星导航学术年会上，北京合众思壮科技股份有限公司发布的中国首款四通道 GNSS 宽带射频芯片——“天鹰”，是继去年该公司星基增强基带芯片“天琴”之后，又一款面世的中国精度星基增强芯片。“天鹰”芯片满足了单颗射频芯片实现多模多频高精度信号处理的需求，大幅度降低射频电路的尺寸，功耗及成本，适应未来市场对于无人机、ADAS 汽车辅助驾驶系统，以及便携式高精度定位接收机的需求，提升了市场化服务能力。

（郑　雪）

【工业互联网云平台全球发布】6 月 15 日，由四川省成都市政府、四川省经济和信息化委员会、四川省国防科学技术工业办公室、中国航天科工集团有限公司联合主办，航天云网科技发展有限责任公司承办的工业互联网高峰论坛正式举行。论坛上，由中国航天科工集团研发的工业互联网云平台 INDICS 正式面向全球发布。INDICS 平台自 2015 年 6 月 15 日上线运行以来，注册企业数达到近 80 万户，其中境外企业 3000 多户，中小微企业占比超过 90%，私营企业占比超过 90%，与线下实际分布一致；线上协作需求发布约 1000 亿元，协作成功约 400 亿元；业务运行过程嵌入云平台企业 1500 余家，设备接入云平台 6000 余台，成为全球已知嵌入企业数和接入设备数最多的云平台。

（郑　雪）

【小米生态链成全球最大智能硬件平台】6 月 28 日，小米公司宣布，经过 3 年多的努力，小米生态链已成为全球最大的智能硬件平台。小米 MIOT 平台的联网设备总量突破 6000 万台，地域分布遍及全球，日活跃设备数超 800 万个，日处理设备量超过 300 亿次，小米通用智能模块累计出货量超过 950 万个。

（郑　雪）

【新能源汽车国家大数据联盟】7 月 18 日，新能源汽车国家大数据联盟成立。联盟致力于全面推进大数据挖掘分析、大数据应用模式、大数据标准化研究，将统筹整合、开发利用新能源汽车数据资源，为政府、企业和公众提供高品质数据服务。

（郑　雪）

【小米可穿戴设备成全球第一】8 月 3 日，全球知名调研机构 Strategy Analytics 宣布，2017 年二季度小米公司超越苹果公司、Fitbit 等知名厂商，成为智能可穿戴设备领域的全球第一。小米手环自 2014 年正式推出以来，经历小米手环 1 代、小米手环光感版和小米手环 2 代等产品。4 月，小米生态链公司华米科技宣布，小米手环全球市场累计出货量超过 3000 万件。

（郑　雪）

【智联轨道交通运营产业联盟】8 月 18 日，由神州高铁、佳讯飞鸿、和利时、千方科技、北京交通大学等海淀区轨道交通领军企业和高校联合发起成立的中关村智联轨道交通运营产业联盟在京成立。联盟在中关村管委会和海淀园管委会的指导下，由神州高铁、北京交通大学等企业及高校院所牵头成立，以“顺应国家战略，依托区域优势，整合行业资源，促进共同发展”为宗旨，致力于打造“技术＋市场＋资本”的科技创新服务平台，打造轨道交通产业集聚区，强化全产业链资源整合，实现抱团发展。

（郑　雪）

【世界首款手机 AI 芯片发布】9 月 2 日，华为公司在德国柏林 IFA2017 大展上举办全球新品发布会，正式发布麒麟 970 芯片，是世界首款具有专用人工智能元素的手机芯片。麒麟 970 芯片采用台积电 10 纳米工艺，在不到 100 平方毫米的狭小面积内集成 55 亿个晶管体，集成度高，运行速度快，功能更强。

（郑　雪）

【产能调整】9 月 4 日，为推进低效能产业调整升级，原经济信息化办、原财政局发布《海淀区一般性制造业调整退出奖励资金办法》。全区全年疏解一般制造业企业 16 家，清理整治“散乱污”企业 2775 家。全区严格执行新增产业禁限目录，实现不符合首都功能定位的产业“零准入”。

（海淀区）

【联合成立机器人研究中心】9 月 14 日，德国西门子集团宣布与清华大学（西门子全球“知识交流中心”

高校之一）共同成立北京先进工业机器人联合研究中心。该研究中心将专注于机器人相关技术和产品的研发，包括整合机械、电子、类人机器人和人工智能技术在机器控制中的应用等。

（郑 雪）

【紫光打造工业云引擎平台】 9月20日，紫光集团及旗下新华三集团在北京举行发布会，正式发布紫光工业云引擎平台UNIPower。该平台作为业界首个智能制造公共服务平台，全面服务于工业企业的转型升级，可以为企业提供工业软件、协同制造、服务性制造、C2M等创新能力。

（郑 雪）

【工业大数据产业应用联盟成立】 12月14日，工业大数据产业应用联盟正式成立。联盟由联想集团和中国电子技术标准化研究院携手众多行业骨干企业共同发起，旨在推动构建工业大数据产业技术创新链，为工业大数据技术在各个行业的深度融合与落地提供涵盖技术、平台、标准等多方面服务在内的能力支撑体系，推动中国工业转型发展。

（郑 雪）

【甲型肝炎灭活疫苗（孩尔来福）】 12月28日，北京科兴生物制品有限公司生产的甲型肝炎灭活疫苗（孩尔来福）通过世界卫生组织（WHO）预认证。该疫苗已在亚洲及南美洲的十几个国家注册，将为世界上更多的国家和地区提供疫苗产品。

（郑 雪）

【推动重大项目落地】 年内，中国铁道科学研究院投资1.89亿元建设中国首个城轨检验验证平台。中科富海大型氢氦低温制冷系统项目作为中国自主研发首台万瓦级液氢温区低温制冷设备，各项指标取得突破，实现产业化，产品进军国际市场。北京中科寒武纪科技有限公司研发并产业化全球首款人工智能处理器，成为全球AI芯片领域首个独角兽企业。

（海淀区）

【多项成果转移转化】 年内，北京协同创新研究院在美国硅谷、中国香港设立分院，联合多所国际高校，系统开展具有世界领先水平的“高精尖”技术研究，建成柔性电子、先进材料、先进制造、水处理技术、能源材料与系统等5个国际协同创新实验室，实现108个项目成果转移转化，吸引社会总投入近12亿元。

（海淀区）

【人工智能领域】 年内，旷视科技、商汤科技、地平线、深鉴科技和云知声等企业，围绕计算机视觉、深度学习、语音识别形成集群式突破，在共享出行、金融支付和安保领域形成深度交融。百度和数码大方分别获批筹建国家工程实验室，佳讯飞鸿与北交大共建智能科技研究院，小米发布首款自主研发中高端芯片“澎湃S1”，成为全球第四家手机、芯片自研“双全”企业。寒武纪研发全球首款人工智能处理器和全球首个商用能够“深度学习”的“神经网络”处理器芯片，成立一年跻身“独角兽”行列。百度宣布开放自动驾驶技术平台开发布“Apollo”新计划。

（海淀区）

【大数据领域】 年内，以数据堂、百分点和腾云天下等新兴企业为“发力点”，搭建大数据综合服务平台，百分点作为中国唯一大数据及人工智能企业入选亚太地区大数据厂商TOP25榜单。

（海淀区）

【工业网络安全领域】 年内，匡恩科技研发的基于大数据的工业网络安全态势感知平台，填补了中国在工业控制系统网络安全风险评估领域有效工具和方法的空白。

（海淀区）

【集成电路设计领域】 年内，北京大学5nm碳纳米管集成电路项目达到世界顶尖水平；紫光展讯研发的16nm工艺的LTE多模芯片，测试达到稳定量产水平。

（海淀区）

【节能环保】 年内，海淀区加强生态文明和环境保护工作，全面实施清洁空气行动计划。万元地区生产总值能耗、水耗预计下降4%，连续3次取得北京市节能减排先进区称号，实现以更少的资源消耗支撑更大总量、更高质量、更强动能的发展。

（海淀区）

【推进供给侧改革】 年内，海淀区降低企业成本，全面落实国家各项税收优惠和收费减免政策，全年减免退税1000多亿元，“营改增”试点纳税人总体税负下降43%。开展互联网金融专项整治和代币发行融资清理工作，提升区域金融风险防控的科技化、制度化水平。领军龙头企业、独角兽企业等作为有效供给的重要载体，形成了以网络化、创新性为特征的平台型经济和双创生态体系。

（海淀区）

【营商环境持续提升】 年内，海淀区持续深化“放管服”改革，企业登记全程电子化试点范围延伸至外资企业，2515家企业取得电子营业执照，成为国务院基层政务公开标准化规范化试点单位。细化落实外籍人才出入境试点政策，305人通过“绿卡直通车”获得永久居留许可。企业境外并购外汇管理取得突破，纳通科技、启迪控股等8家企业享受境外并购外汇管理政策优惠。外债宏观审慎管理试点成效显著，64家企业境外融资41.6亿美元，节约融资成本7.6亿元。中关村创业大街三年入驻机构累计孵化团队1900个，总融资91亿元，在全国设立分支机构超过150家。中关村智造大街入驻率超过95%，聚集芯视界等47家“高精尖”企业。打造跨区域协同创新共同体，设立中以创新花园、加州—北京创新中心和京港澳青年创新中心，推动海外创新中心建设，海外创新母基金累计参与投资项目10个。支持中关村“一带一路”产业促进会开展“藤蔓计划”，助力国际化人才成长，吸引30多家企业对接国际留学生超过3000人。

（海淀区）

【创新环境提升】年内，海淀区在国家首批双创示范基地建设评估中排名首位。国家知识产权示范城区、“质量强区”建设稳步推进，获批筹建中关村知识产权保护中心。驻区单位创制国际标准6项，占全市50%。中关村大街国际人才社区加快建设，人才服务体系不断完善。海淀基金体系覆盖从天使投资、创业投资到并购重组的全链条，中关村银行成立，上市（挂牌）企业新增80余家，累计1020家。推进国际化发展，中以、中加创新中心加快建设，以中关村一带一路产业促进会为平台，引导和服务一大批企业“走出去”，深度参与“一带一路”建设。

（海淀区）

【创新空间优化拓展】年内，推进中关村大街改造提升，累计腾退存量空间35.5万平方米，海龙、科贸、创富等一批大街沿线楼宇转型升级，中关村国防科技园一期等建成项目释放产业空间31.8万平方米。科学城北区发展空间释放，翠湖科技园D21和D22、西北旺镇亮甲店1号和2号地块等11宗土地上市；翠湖科技园、永丰基地、中关村软件园实现开复工项目31个，全年竣工项目12个、新增产业空间135万平方米。“一镇一园”建设取得突破性进展，温泉云中心北地块西区基本建成，西北旺X2与X5地块、苏家坨协同创新园等项目稳步推进。

（海淀区）

【园区建设】年内，智能制造创新中心——金隅智造工场、小米科技园、中关村集成电路设计园、轨道交通产业创新园等取得进展。中关村移动智能服务创新园取得阶段性成果。持续推进永丰产业基地、东升科技园等现有园区产业指导、更新改造工作。中关村军民融合创新示范区建设逐步深入，50余家人工智能、虚拟仿真、信息安全等军民融合产业领域企业入驻四季青军民融合产业园、北理工军民融合创新园、玉泉慧谷信息安全产业园。

（海淀区）

【京津冀协同发展】年内，根据一区多园工作统筹，海淀区与延庆区、中关村管委会、中关村发展集团合作，共建长城脚下的创新家园。推进秦皇岛分园建设，中关村e谷、海淀留创园在分园建立运营的科技孵化器入孵企业近100家。已落地分园的千方科技、恒业世纪等项目发展良好。先后组织轨道交通、智慧城市、园区运营领域园区企业赴雄安新区实地考察，与京雄直通车对接，为园区企业参新区建设提供前期服务。

（海淀区）

丰台区工业

【概况】2017年，全区154家规模以上工业企业实现工业总产值437.6亿元，比上年下降2%，增速比上年同期增长5.7个百分点。在全市16个区及开发区中，丰台区工业产值所占比例约为1.7%，排名第11位，增速排名第13位。全年工业企业实现销售产值312亿元，比上年增长1.3%。其中，内销产值302.6亿元，比上年增长0.6%；出口交货值9.5亿元，比上年增长29.1%。工业产销率为101.1%。全区现代制造业全年工业总产值162.2亿元，比上年下降0.8%，占全区总产值的比重52.6%；高技术产业实现工业总产值80.8亿元，比上年增长1.8%。六大产业产值呈现出“三升三降”态势，生物医药产业、基础与新材料产业和装备产业这三大产业与上年相比有较快增长，增速分别为14.19%、11.53%和3.68%；汽车与交通设备产业同比下降6.2%，电子信息产业同比下降4.8%，都市产业同比下降2.87%。前十大行业总产值261.98亿元，占全区总产值比重84.9%。前十大行业呈现“六增四降”态势。其中，有色金属冶炼和压延加工业、通用设备制造业、医药制造业、专用设备制造业、仪器仪表制造业、电力热力生产和供应业分别增长64%、29.5%、14.2%、12.4%、1.4%和0.6%。

（王　蕾）

【疏解非首都功能】年内，丰台区编制出台《丰台区工业企业调整退出政策指南》。按照市政府调整疏解非首都功能的总体要求，全年计划退出工业污染企业34家，实际退出52家，超出计划18家，完成全年任务量的153%。52家工业污染企业中，按照行业类型划分，机械制造类企业26家，家具制造类企业9家，建材制造类企业4家，食品制造类企业3家，医药制造类企业2家，造纸印刷类企业2家，化工生产类企业2家，木制品加工类企业3家，橡胶和塑料品制造类企业1家。

（王 蕾）

【落实产业限制政策】年内，丰台区落实北京市及区内有关新增产业的禁止和限制目录相关规定，控制不宜发展的产业增量。全年共完成固定资产投资备案12个，其行业均不属于禁限目录的范围。

（王 蕾）

【清理整治违法违规企业】年内，编制出台《丰台区“散乱污”企业治理工作指南》，整治完成328家环保部上账的“散乱污”企业，涉及土地面积约68.7万平方米。9月，新摸排上账“散乱污”企业2104家，至11月底全部完成治理工作。12月1日起，按照“动态清零”的工作要求治理“散乱污”企业。

（王 蕾）

【服务中小企业发展】年内，制定《丰台区中小企业“助保贷”工作规则》，符合“助保贷”准入要求企业有17家，授信金额1.9亿元，实现贴息121.8万元。筹备设立首期规模2亿元人民币，用于“中小企业创新创业投资引导基金”。3家企业获批北京市2017年第一批中小企业发展专项资金服务体系建设项目资金支持，推荐3家企业申报2017年第二批中小企业发展专项资金公共服务平台延续性建设项目。认定2017年“专精特新”企业创新创业示范基地4家，中小企业创新创业公共服务平台9家，“专精特新”企业13家。

（王 蕾）

石景山区工业

【概况】2017年，石景山区围绕“全面深度转型，高端绿色发展”战略，聚焦“两大生态”和“六个先行区”建设，着力构建“高精尖”经济结构，打造高端绿色崛起先行区。全区工业和软件信息服务业主要经济指标增速稳中有升，总体格局稳中向好，基础更加稳固。全年工业和软件信息服务业生产经营总产值540.7亿元，实现增加值176.8亿元，占全区GDP比重为33.1%。其中，工业总产值完成222.4亿元，比上年增长4.2%；软件信息服务业营业收入完成319.1亿元，同比增长21.3%。进行经济结构调整，严格落实《北京市新增产业的禁止和限制目录》和《北京市工业污染行业、生产工艺调整退出及设备淘汰目录》，推动一般制造企业及高端制造业中不具备比较优势的生产环节加快向津冀等地转移，促进区域经济产业转型升级。

（代 蓉）

【完善社会信用体系建设】年初，石景山区经信委召开社会信用体系建设领导小组联席会，27家成员单位参会。建设“信用石景山”网站，一期设立信用工作、典型案例、“双公示”、政策法规等7个栏目，集中展现全区社会信用体系建设工作的成果。石景山区人民政府第10次常务会议审议通过《石景山区关于尽力完善信用联合奖惩制度加快推进诚信实施意见》。

（代 蓉）

【疏解非首都功能】年内，石景山区锁定疏解非首都功能及“散乱污企业基本清零”工作目标，积极推进疏解一般制造业和“散乱污”企业治理专项行动。全年完成9家一般制造业的疏解和23家散乱污企业的治理，涉及人员1146人，建筑面积78000余平方米。同时协调阿尔西制冷工程技术（北京）有限公司整体搬迁至河北固安工业园区、北京热力众达换热设备有限公司整体搬迁至曹妃甸园区。

（代 蓉）

【提升空气质量保障】年内，按照《北京市工业污染行业生产工艺调整退出及设备淘汰目录（2017年版）》等有关法规，北京双鹭药业股份有限公司因涉及原料药生产，被列入淘汰范围，停止原料药环节生产任务。完成23家“散乱污”企业治理，其中13家涉及大气污染类取缔内企业均按要求“两断三清”。制定完善《石景山区空气重污染应急工业分预案（2017年修订）》和《石景山区经信委空气重污染督查方案》，完善工业行业空气重污染应急方案，细化应急减排措施清单，组织工业企业实施“一厂一策”，确保重污染期间各项应急减排措施落实到位。全年，因预警天气检查，共出动检查小组29批次60人次，对50余家次工业企业、散乱污企业进行了现场督查和安全指导。

（代 蓉）

【安全生产】年内，严格落实“党政同责、一岗双责、齐抓共管”的安全管理工作责任体系，按照管行业必须管安全的原则，加强本区工业企业安全生产指导工作，制定下发了《石景山区2017年工业和软件信息服务业安全生产工作要点》。逐步形成上下联动机制，配合市经信委建立和完善安全生产指导记录工作模式，纳入市经信委指导督查工作系统，以到企业实地指导或组织召开座谈会议的形式，按期统一编制下发《工业企业安全生产指导记录表》，引导、督促企业落实主体责任，强化安全管理工作。全年，共对企业进行现场指导62次，收回指导表62张。“十九大”期间和“安全隐患大排查大清理大整治专项行动”等重大活动期间，增加现场安全指导频次，保障全区工业企业的生产安全零事故。

（代　蓉）

门头沟区工业

【概况】2017年，全区规模以上工业企业累计完成总产值83.9亿元，比上午增长9.4%；实现主营营业收入80.9亿元，比上年增长9.9%；实现利润14亿元，比上年增长92%；完成出口交货值19亿元，比上年增长19.6%。软件和信息服务业实现收入4.1亿元，比上年增长23%。

（贾岩琦）

【中小企业服务】年内，组织企业参加北京市中小企业公共服务平台举办的中小企业相关政策培训会。组织企业申报北京市支持中小企业发展资金服务体系建设项目。利用“中小企业之友”微信公众平台，共发布294余条政策、融资、就业等信息。

（贾岩琦）

【工业调整疏解】年内，落实产业调整疏解工作目标，完成北京宝宜耐火材料有限公司、北京聚星复合材料有限公司两家不符合首都功能定位企业退出工作。

（贾岩琦）

【重污染日应急】年内，按照《门头沟区工业领域空气重污染应急预案》，在空气重污染期间，及时启动并严格落实应急预案，督促重点企业严格执行停产或限措施，减少污染物排放，并做现场检查工作，确保空气重污染应急工作落实到位。

（贾岩琦）

【“散乱污”治理】年内，制定《门头沟区2017年疏解一般性制造业和“散乱污”企业治理专项行动工作方案》，完成66家市级挂账企业清理整治的年度工作任务。

（贾岩琦）

房山区工业

【概况】2017年，房山区规模工业实现总产值895.2亿元，同比增长19.2%，环城五区中总量和增速均排名第二，完成工业税收136.6亿元，比上年增长11%，占全区税收总量的52.7%。创新驱动引领力度增强，高技术制造业产值比上年增长16.6%，现代制造业产值同比增长23%。

工业经济全年高位运行。规模以上工业总产值始终保持两位数增长，高于全市增速14.3个百分点，为全市实现年初任务目标做出贡献。重点产业“三升二降”。基础原材料产业实现产值722亿元，比上年增长20.1%。其中，燕化公司实现产值550.9亿元，比上年增长20.8%。现代交通产业实现产值261.4亿元，同比增长26.6%。其中，长安汽车实现产值225.5亿元，比上年增长20.9%。医药健康产业实现产值15.8亿元，比上年增长13.8%。其中，九和药业实现产值5.4亿元，比上年增长49.4%。装备产业实现产值61亿元，比上年下降1.5%。其中，北京电力设备总厂实现产值20.6亿元，比上年下降0.9%。都市工业实现产值51.7亿元，比上年下降1.1%。其中，卓宸畜牧实现产值9.9亿元，比上年下降17.3%。工业园区集聚作用明显。各园区规模以上工业企业实现产值901.6亿元，比上年增长22.2%，占全区比重为81.1%。重点园区中，北京高端制造业基地实现产值265.4亿元，比上年增长27.8%；北京石化新材料科技产业基地实现产值613.7亿元，比上年增长20.5%；北京良乡经济开发区实现产值17.8亿元，比上年增长16.6%。中关村房山园1月至11月实现工业总产值204.2亿元，比上年增长42.9%；总收入

286.9亿元，比上年增长38.5%；实缴税费14.3亿元，比上年增长20.9%；地均产出率完成19.5亿元/平方公里，劳均产出率98.8万元/人，超额完成全年任务目标。房山区初步形成以北京高端制造业基地为主要载体，以长安汽车为龙头，集聚驭势科技无人驾驶汽车、国能电池、海博思创新能源汽车动力电池、博曼迪汽车电子以及天宜上佳新型高铁制动材料等企业的现代交通产业集聚区；以北京石化新材料科技产业基地为主要载体，集聚八亿时空液晶显示材料、三菱化学聚碳酸酯、燕化高科3D打印等企业的新材料产业集聚区；以中关村新兴产业前沿技术研究院为核心的科技服务产业集聚区。经营质量提升，出口形势低迷。规模以上工业企业全年实现产销率99%，比上年增长0.99%；全年实现主营业务收入1166.6亿元，比上年增长17.7%；主营业务税金83.7亿元；利润总额53.3亿元，比上年增长81.5%；全年实现出口交货值9.7亿元，比上年下降11.6%。产业结构持续优化，高技术制造业和现代制造业增长迅速。18家高技术制造业企业实现产值21.7亿元，比上年增长16.6%；42家现代制造业企业实现产值319.9亿元，比上年增长23%。

（房山区）

【北京长安CS95上市】3月28日，北京长安CS95汽车正式上市，是长安汽车旗下的高性能全尺寸旗舰SUV，采用长安自主研制的蓝鲸2.0TGDI发动机，填补了国内2.0L及以上增压直喷发动机自主开发能力空白，共申请专利74项，其中发明专利24项。2017年，北京长安生产汽车25.6万量，比上年增长13.8%；实现产值225.5亿元，比上年增长20.9%；实现税金8.1亿元。

（房山区）

【天宜上佳项目启动】5月2日，由天宜上佳新材料股份有限公司投资的“高速列车基础制动材料研发及智能制造示范生产线”项目在北京高端制造业基地正式启动建设。项目总投资7亿元，占地83亩，建设组建制动材料研究院、技术研发中心、实验检测中心和高速列车智能制造示范生产线。项目达产后，预计年产高速列车制动闸片80万件，安置就业300人。

（房山区）

【疏解整治】年内，房山区疏解退出一般制造业企业50家，完成市级下达任务的119%；清理整治“散乱污”企业1170家，完成全年市级下达任务的123.5%。统筹推进镇村产业小区和工业大院清理整治工作，完成1家镇村产业集聚区整治，完成23件市环保督查组信访举报件办理。

（房山区）

【规划编制】年内，启动并初步编制完成《房山区工业发展规划》《中关村南部（房山）科技创新城发展规划》等规划，高标准谋划发展方向，搭建产业规划体系，以顶层设计引领产业发展。

（房山区）

【工业固定资产投资】年内，房山区工业固定资产投资项目共计53个。其中，前期项目16个，（计划）新开工项目9个，续建项目28个。项目计划总投资372.18亿元，累计完成投资69.01亿元。其中，2017年计划投资21.63亿元，实际到位资金22.61亿元。

（房山区）

【重点企业项目】年内，重点依托北京高端制造业基地和北京石化新材料产业基地，围绕大力发展的现代交通、新材料产业和积极培育的智能装备、医药健康产业，房山区引进了京东方（北京）生命科技园、天仁道和等一批“高精尖”项目，着力构建具有房山特色的“高精尖”工业产业结构。

（房山区）

【中关村房山园建设】年内，中关村房山园新认定中关村高新技术企业61家，完成全年30家任务的203.3%，中关村高新技术企业累计达到210家，全年预计实现总收入380亿元，同比增长25.8%。工业重点园区带动作用明显，布局持续优化，园区内规模以上工业企业产值占规模以上工业产值的81.1%。搭建北京石化新材料产业联盟，为联盟会员单位和行业企业提供政策法规、行业资讯、项目对接等服务。

（房山区）

【众创空间】年内，房山区共有10家众创空间获得科技部、市科委和中关村管委会授牌。其中，2017年认定国家级众创空间4家，北京市众创空间3家，中关村海外人才创业园2家，中关村创新型孵化器1家。2017年，全区22家众创空间建筑面积23.7万平方米，共入驻双创企业1630家，实现收入55亿元，税收2.8亿元。凯利达全国示范加速器和跨境大数据应用中心项目于12月18日与房山区政府签署《项目合作协议》。

（房山区）

通州区工业

【概况】2017 年，通州区区域工业完成总产值 711.3 亿元，同比下降 7.9%；营业收入 868.9 亿元，比上年下降 1.7%；增加值 183.3 亿元，比上年下降 10.6%；利润总额 56.1 亿元，同比下降 9.1%；上缴税金 51.1 亿元，比上年下降 10.4%。其中，全区规模以上工业企业完成总产值 641.2 亿元，比上年下降 0.4%，占区域工业总产值的 90.1%。

（朱宝刚）

【区域工业运行平稳】上半年，规模以上工业延续 2016 年的良好发展态势，增速呈现较快增长。下半年受汽车制造业等行业产量下降的影响，总产值增速持续回落，11 月开始累计增速转为负增长。区域工业受上年停产 1937 家企业影响，规模以下工业形成较大减量，主要经济指标持续回落，全年产值增速下降 7.9%。

（朱宝刚）

【重大活动保障】 5 月 8 日 0 时至 17 日 24 时，根据《“高峰论坛”通州区空气质量保障重点工业企业生产调度工作方案》，区经济信息化委会同市经济信息化委组织北京诺飞新能源科技有限责任公司、北京华腾橡塑乳胶制品有限公司等 7 家市属国有企业采取生产调度措施，减少大气污染物排放，保障高峰论坛活动期间空气质量。其间，每天对上述 7 家企业生产调度措施的落实情况进行检查或抽查，共进行了 35 家次检查督查；督促中国石化催化剂北京奥达分公司采取升级调度措施，实施全面停产，17 日后恢复生产，其他 6 家企业均按照预案落实相关生产调度措施。

（朱宝刚）

【医药制造业拉动作用显著】年内，医药制造业总体生产形势较好，产值增速持续加快，拉动作用显著，全年完成产值 64.6 亿元，比上年增长 45.5%，拉高全区规模企业产值增速 3.2 个百分点。其中，甘李药业股份有限公司实现产值 28.4 亿元，比上年增长 74.6%，拉高全区规模企业产值增速 1.9 个百分点。

（朱宝刚）

【区域工业质量提升】年内，通过北京城市副中心建设和工业结构调整，退出一部分低端企业，有效提升区域工业质量，也形成一定规模的减量。北京城市副中心功能区建设致使部分企业停产退出，永顺、梨园等乡镇受影响较大，工业总量明显萎缩。

（朱宝刚）

【工业固定资产投资项目管理】年内，全年围绕北京城市副中心建设需要，大力发展“价值高端、技术高新、体量轻型、生产清洁”的“高精尖”产业，及时面对新情况、新问题，主动适应，细致服务。依据《北京市新增产业的禁止和限制目录（2015 年版）》及《通州区新增产业发展指导目录（2015 年版）》的相关规定，按照《关于进一步加强通州区重大固定资产投资项目管理的意见》的要求，所有新增项目必须经区政府专题会审定。截至 12 月底，共完成工业项目立项 38 个，总投资 448240.6 万元。其中，新建项目 31 个，改扩建项目 4 个，技术改造项目 3 个。

（朱宝刚）

【疏解退出】年内，全区 445 家一般制造业企业退出，超额完成 2017 年全部疏解任务，完成 33 家有机溶剂型生产制造业企业退出工作及 42 家淘汰目录内未退出企业的验收工作。全区“散乱污”挂账企业累计销账 1310 家，超额完成新增后 1240 家任务总量，完成数量居全市第二；累计完成 97 个工业大院污染整治工作，其中市级镇村产业小区 19，市级工业大院 27 个。

（朱宝刚）

【清理整治】年内，联合区环保、工商、国土、城管、安监等部门制定了《通州区 2017 年疏解一般制造业企业专项行动工作方案》《通州区“散乱污”企业治理专项行动 2017 年工作方案》，在《淘汰目录》、环保、证照、安全生产、土地、建设、用水排水、消防等方面，明确各有关单位牵头负责，开展清理整治专项行动。每月汇总整理各乡镇街道、各牵头部门工作进展和完成情况，进行经验交流，编发工作进展通报，形成月度分析报告。

（朱宝刚）

【建立工作台账】年内，各乡镇、街道对一般制造业企业和“散乱污”企业进行摸底排查，建立市区两级工作台账。其中，疏解一般制造业台账在年初制订 150 家市级退出企业计划名单基础上，又制订了 295 家区级退出企业计划台账；“散乱污”企业整治台账在 2017 年初制订 460 家“散乱污”企业市级台账基础上，按照环保部和市里的要求，再次全面摸排，到 6 月底又有 14 个乡镇街道新上账“散乱污”涉污企业 780 家，9 月按照市“散乱污”企业动态清零的要求，新排查出 70 家“散乱污”涉污企业，10 月底全部清理整治完成。建立“日汇报、周调度”的工作机制。“区专指办”每天汇总各乡镇、街道上报的整治工作信息，并上报区主管领导和区监察委、区委区政府环境督查办；每周召开调度会，研究解决工作推进过程中的问题，协调各成员单位职责履行、工作推进。印发《通州区关于做好“疏解整治促提升”专项行动疏解一般制造业和“散乱污”企业治理验收工作的通知》，明确专项任务的验收标准和工作要求，为 2017 年度工作验收提供依据。

（朱宝刚）

【为“高精尖”企业服务】年内，围绕构建通州区“高精尖”产业结构，开展“走基层、下企业、强服务”的帮扶工作，积极做好北京中科信电子装备有限公司、北京四环制药有限公司等重点“高精尖”企业跟踪服务工作，了解企业运行状况、发展规划、研发投入、技术创新、人才引进、遇到的困难等情况，帮助企业协调解决遇到的困难和问题。

（朱宝刚）

【为企业申报提供服务】年内，根据《中共北京市委北京市人民政府关于增强自主创新能力建设创新型城市的意见》的有关要求，鼓励企业技术中心加强自主创新能力建设，引导和支持企业加大技术创新投入。组织了 10 家“高精尖”企业学习《国家认定企业技术中心管理办法》及《北京市企业技术中心认定评价管理办法》，了解申报国家级、市级技术中心的程序、要求和标准，同时参加市经济信息化委的企业技术中心申报专题培训。推荐了北京英惠尔生物技术有限公司、北京比亚迪模具有限公司、北京环境工程技术有限公司、中铁十六局集团北京轨道交通工程建设有限公司 4 家企业的技术中心申报了市级企业技术中心，已有北京比亚迪模具有限公司、北京环境工程技术有限公司、中铁十六局集团北京轨道交通工程建设有限公司 3 家企业的技术中心审核通过了市级技术中心。

（朱宝刚）

【推动企业“工业云”运用】年内，通过集中讲解、分类指导、示范带动、促进加盟等形式推动“工业云”运用；通过政策引导，着力打造企业向“互联网 +”的应用势态，使“互联网 +”得到广泛深入的推广和应用；借助北京市工业云产业联盟成立的势头，利用走访调研的机会继续加强推进“工业云”在我区生产制造业的广泛认知与运用，通过推进工业云平台的运营，力求通过平台为中小企业信息化提供咨询服务、共性技术、支撑保障、技术交流和高效服务，帮助中小企业解决研发创新以及产品生产中遇到的信息化成本高、研发效率低下、产品设计周期较长等多方面问题，缩小中小企业信息化的“数字鸿沟”，加速中小企业转型升级，推进“北京制造”到“北京创造”的转变。截至年底，已有 8 家规模企业加入工业云应用行列，基本步入“互联网 + 制造设计”的轨道。

（朱宝刚）

【两化融合贯标及评估系统】年内，借助北京市经济和信息化委员会搭建的两化融合对标和评估平台，在全区规模企业内开展两化融合及对标评估工作，企业结合自身信息化建设程度，客观地评估和了解自身信息化建设水平。全年共有 200 余家企业开始接受和运用网上平台的对标与评估，比上年增加 10%；有 20 家申请贯标试点企业，8 家企业被北京市评为两化融合试点企业，其中光机电产业园区北京首量科技股份有限公司通过了贯标三方认定，通过贯标审核。

（朱宝刚）

【社会信用体系建设】年内，通州区社会信用体系建设工作紧紧依靠区政府办、通州工商分局、区文明办、区委政法委等单位，积极开展政务诚信、商务诚信、社会诚信和司法公信工作。以“信用通州”网站建设为重点，以建立健全联合奖惩机制、开展实施联合奖惩为抓手，依据“开局抓谋划、活动做牵引、全程抓落实、工作高标准、绩效严考评”的工作思路，重点完成了创城社会信用体系建设指标达标，建设开通“信用通州”网站，公布通州区第 3 期、第 4 期诚信“红黑名单”，制发《北京市通州区人民政府关于建立完善信用联合奖惩制度加快推进诚信建设的实施方案》，开展联合奖惩工作，“质量第一诚信做产品”等诚信主题实践活动；全力打造云景东路、西门金街、车站路 3 个诚信示范街区；对外公示行政许可和行政处罚双公示信用信息 25261 件，完成 153 项净化信用环境任务中相应工作；圆满完成北京市社会信用体系建设联席会议布置的三年重点工作任务有关通州区的 8 项主要任务，完成 19 起政府机构失信问题专项整改工作，对 68 家成员单位进行了年度绩效考评。

（朱宝刚）

【工业领域空气重污染应急预案】年内，按照《通州区空气重污染应急预案（2017 年修订）》有关要求，结合通州区工业领域的实际情况，研究制定《北京市通州区空气重污染应急工业分预案（2017 年修订）》；制定《通州区 2017 年度制造业保障企业名单》，全区列入保障名单企业为 7 家。重新对停限产企业名单进行梳理，制定本辖区黄色、橙色和红色预警期间制造业企业停产限产名单，其中，停产企业311家，限产企业3家。全年，共出动督查104人次，督查检查企业289家次。依据《〈京津冀及周边地区2017—2018年秋冬季大气污染综合治理攻坚行动方案〉北京市细化落实方案》等文件规定，启动5天内部黄色预警应急措施，对全区工业企业实行黄色预警期间停限产方案。

（朱宝刚）

【安全生产】年内，按照“管行业必须管安全”的要求，组织开展安全生产指导工作，推动安全生产工作的落实。为确保春节、两会、“一带一路”高峰论坛、国庆节及“十九大”等重大节日和会议期间安全生产形势稳定，按照工作方案要求，深入企业开展安全生产指导工作。按照“安全生产月”工作方案，深入电信企业实地检查、观摩移动通州分公司和歌华有线通州分公司组织开展的应急演练。开展安全生产大检查。为做好7月至10月的安全生产大检查，出动检查人员81人次，检查企业50家，发放《安全生产指导工作记录表》50份；大检查期间开展有限空间夜查，分别对电信企业在区主要街道内有限空间作业情况进行巡视，确保安全无事故。

（朱宝刚）

【减轻企业负担】年内，区政府认真贯彻落实国家、市、区各级减轻企业负担的相关文件精神，做好企业减负工作。组织物流、文化创意、医药制造、农产品加工等不同行业的15家企业参加了北京市组织的企业负担问卷调查，为国家和北京市制定降本减负工作提供第一手材料。通过区经信委网站、区中小企业服务平台、“通州区中小企业服务平台”微信公众号及纸质文件转发等渠道，开展对减负和惠企政策的宣传解读，按照分级负责的原则，及时将惠企政策措施传达、落实到企业，帮助企业加深对国家政策的了解，协调解决政策执行中存在的各种问题。对涉企行政事业性收费、政府性基金及行政审批有关的涉及中介服务性收费有无违规问题开展了自查工作。区级涉企行政事业性收费及政府性基金执收单位13家，涉及收费项目共计14项，其中，涉企行政事业性收费项目9项、政府性基金收费5项。通过认真梳理，14个收费项目均符合国家法律、法规以及市财政、市发展改革委和市经济信息化委相关规定，不存在强制垄断性经营服务性收费以及其他利用行政权力或资源开展的涉企收费项目。

（朱宝刚）

【技术创新资金支持】年内，为推进通州区中小企业技术创新、科技成果转化，提升企业核心竞争力，促进企业发展，资助授权专利1520件、专利实施项目15项，奖励北京市专利试点单位26家、中国专利奖优秀奖3项，资助奖励金额共计785.75万元；立项实施科技计划项目68个，支持资金3500多万元；建有市级重点实验室、科技研发机构等创新创业平台13家，市区级孵化器、众创空间11家，支持资金250万元。

（朱宝刚）

【商务贸易资金支持】年内，为促进全区商务贸易中小企业做大做强，帮助企业获得总部企业奖励补助资金547.23万元、外贸稳增长奖励605万元、网络零售健康发展奖励专项资金924万元。

（朱宝刚）

【中小企业服务体系建设】年内，为建立健全通州区中小企业服务体系，按照市经济信息化委关于《2017年第一批北京市中小企业专项资金服务体系建设项目征集通知》的相关要求，推荐区电信科学技术仪表研究所进行申报，并通过了专家组的评审，获得资金支持390万元。

（朱宝刚）

【中小企业公共服务平台】年内，贯彻落实《北京市促进中小企业发展条例》，按照市经济信息化委“1+16+N”的服务体系建设总体工作部署，通州区投资475.94万元，建立通州区中小企业窗口公共服务平台，为企业提供政策宣传、政策解读、政策培训、融资培训等服务；同时建立了“通州区中小企业服务平台”微信公众号，与平台网络组成覆盖固定网络和移动网络的政策宣传窗口。截至年底，平台已与北京银行通州支行、建设银行通州支行等8家金融机构签订合作协议，积极为通州区中小企业提供金融服务。

（朱宝刚）

【汇集高端创新创业要素】年内，强化市区联动，推动市科委和区政府签署《推进北京城市副中心科技创新合作协议》，联合举办了“科技资源通州行”系列活动暨北京城市副中心创新创业对接会，通过专家座谈、专题对接暨成果发布会、科技政策宣讲等7场活动，发布重大科技成果118项，27家区内双创运营机构、30家北京众创空间联盟成员参与对接，4家企业签订合作协议。

（朱宝刚）

【优化创新创业载体】年内，加强重点实验室、工程（技术）研究中心、科技研发机构、科技孵化器、大学科技园等高端人才事业平台建设，建有市级重点实验室、科技研发机构等创新创业平台13家，市区级孵化器、众创空间11家。全区拥有高新技术企业439家，高新技术产业成为拉动区域经济发展的重要力量。

（朱宝刚）

【优化科技服务平台】年内，首都科技条件平台通州工作站新吸纳成员单位25家、科技人才10人，汇集科技需求24项，共建了“百纳威尔无线 & 清华大学研发基地”，中丽制机与中国纺织科学研究院对接合作；探索科技金融结合新渠道，与建行通州支行签署科技金融框架合作协议。

（朱宝刚）

【组织培训】年内，通州区开展知识产权政策培训10次，开办创业培训班17期，培训学员452人次，培训合格率100%。同时对学员上门回访，后续跟踪服务，取得合格证后成功申请营业执照开办企业共计155人。

（朱宝刚）

顺义区工业

【概况】2017年，顺义区工业在支柱产业龙头企业生产下滑影响下，全区规模以上工业总产值下滑，总量上从全市首位退居第二。全区346家规模以上工业企业完成工业总产值2192.1亿元，比上年下降27.1%，减量816.5亿元。实现销售产值2201.7亿元，比上年下降29.1%，产销率101.5%。实现出口交货值147.7亿元，比上年下降32.6%。全区工业全年完成属地财税收入（税收部分）135.4亿元，比上年下降38.4%；完成一般公共预算收入（税收部分）25.5亿元，比上年下降32.4%。6大产业产值增速两升四降，生物医药产业、装备产业分别比上年增长5.4%和1.1%；电子信息产业、汽车与交通产业、基础与新材料产业、都市产业分别下降64.4%、37.5%、3.7%和0.2%。

（杨　帆）

【14家企业获“顺义区双创基地”称号】5月，顺义区人民政府授予金蝶软件园、闽京蒲企业园、三帝打印创业基地、新三板产业加速器、优客工厂双创基地、领创顺宇中关村顺义园孵化器、北京捷运康双创基地、众乐创实践空间、北京正丰凯双创基地、茂华工厂双创基地、天作创造中心、巨鸿大厦创业基地、北郎中双创基地、彩园创业基地14家企业“北京市顺义区双创基地”称号。14家获得称号的双创基地，运营总面积达50万平方米，其中公共服务面积19.5万平方米，出租率达85%，主要是以特色金融、文化创意、电子信息、现代农业、生物医药、基础与新材料、新能源产业等新兴产业为主导。基地共入驻企业458家，新三板上市企业22家，企业人数9387人，获得专利数168个。本科以上学历占总人数的90%。已获得融资企业15家，共计融资额1.36亿元。全年销售收入26.26亿元，比上年增长20%；税收2.35亿元，比上年增长30%。

（杨　帆）

【北汽新能源EU300下线】7月15日，北京汽车高端基地二期竣工暨15万新能源汽车产能达产仪式在顺义北京分公司举行。二期工程生产线首款产品——北汽新能源EU300的全新下线。

（杨　帆）

【“驻京中外知名企业投资顺义行”举办】7月19日，“驻京中外知名企业投资顺义行”活动举办。大型央企、国企、民企知名企业，外省市驻京商会、协会，国际知名咨询公司、招商机构等300余家企业的代表参加活动。活动以中国制造2025为主题，聚焦智能新能源汽车、航空航天、高端装备制造、新材料、集成电路、生物医药及新一代健康诊疗、新一代信息技术等7大新兴领域产业集群。

（杨　帆）

【桑德新能源项目签约】7月31日，桑德新能源智能化产业项目签约仪式在顺义举行。9月9日，孚能科技（北京）新能源动力电池项目战略合作协议签约仪式举行。

（杨　帆）

【市政府主要领导到基层党建联系点调研】8月22日，市委书记蔡奇来到基层党建联系点北汽集团调查研究，了解北汽的历史文化和战略转型发展规划。

（杨　帆）

【“军民融合创新产业园”启动】8月24日，“哈工大顺义军民融合创新产业园”正式启动。顺义区与哈尔滨工业大学签署了产业园合作框架协议。

（杨　帆）

【创新型产业集群和2025示范区推介会】12月21日，顺义区“创新型产业集群和2025示范区重点项目推介会”在北京临空皇冠假日酒店会议中心举行。推介会共签约“高精尖”项目15个，投资总额近300亿元，项目全部聚焦智能新能源汽车、第三代半导体、航空航天三大创新型产业。

（杨　帆）

【第3代半导体创新创业大赛举行】 11月1日，第6届中国创新创业大赛之第2届国际第3代半导体创新创业大赛颁奖仪式在顺义区举行。大赛于6月启动，历时5个月，分7个国内分赛区和4个国际项目区。作为中国创新创业大赛专业赛事之一，国际第3代半导体创新创业大赛有效整合了国内外第3代半导体优秀资源，并通过赛事平台集聚了众多国际优秀项目、技术和人才对接中国第3代半导体产业，助力中国第3代半导体产业发展提质增效。

（杨　帆）

【第3代半导体创新型产业集聚区揭牌】 11月1日，2017第3代半导体国际论坛暨第14届中国国际半导体照明论坛在顺义区开幕，北京市“第三代半导体创新型产业集聚区”揭牌。2017年第3代半导体国际论坛是引领全球第三代半导体新兴产业发展，促进相关产业、技术、人才、资金、政策合力发展的全球性、全产业链合作的高端平台和高层次综合性论坛。

（杨　帆）

【乐视手机停产】 下半年，乐视手机类业务经营状况恶化，无法为公司带来经济利益，乐视手机遂停产。

（杨　帆）

大兴区工业

【概况】 2017年，大兴区规模以上工业企业350家，实现工业产值811.9亿元，同比增长9.2%，低于全市平均增速1.5个百分点，占全市工业总量的比重为4.38%。四大主导产业完成工业产值541亿元，比上年增长4.8%；高技术产业实现产值170.2亿元，比上年增长13.3%。

（李淑敏）

【产能调整】 年内，大兴区调整退出一般制造业企业79家，完成1490家“散乱污”清理整治工作，并对以上企业逐一核查验收。完成《北京工业污染行业、生产工艺调整退出及设备淘汰目录（2017年版）》，涉及区内企业的退出工作。据《2017年大兴区全面清理整治镇村产业小区和工业大院工作方案》开展清理整治工作，完成7个市级下达的工业大院清理整治任务。编制《大兴区农村集体经营性建设用地产业布局研究》，开展大兴区工业园区产业疏解腾退后的工业用地利用研究，为全区现代服务业和“高精尖”产业发展拓展空间，指导优势产业引进和布局。

（李淑敏）

【节能减排】 年内，大兴区加快工业燃煤锅炉清洁能源改造，台账涉及的208蒸吨工业燃煤锅炉全部完成改造或拆除。空气重污染期间对列入市区两级台账的企业采取应急停限产措施。

（李淑敏）

【京津冀协同发展】 全年，组织600余家企业与河北沧州、唐山曹妃甸、邯郸、邢台，内蒙古乌兰察布察右前旗等50余个地区进行对接，推进不符合首都功能定位的企业转移外迁。

（李淑敏）

【重点项目】 年内，实现民海二期、康百世医疗器械产业基地等9个项目开工。世纪宝旺、中业园等10个项目竣工。全年完成工业固定资产投资56.9亿元。

（李淑敏）

【企业发展】 年内，中关村高新技术企业认定工作有序开展，大兴园新增及复审中关村高新技术企业58家。大兴园11个项目申报并通过中关村现代服务业中小企业孵化试点项目，3500余万元项目资金将拨付到位。北京三元食品股份有限公司等19家企业获得2017年度中关村技术创新能力建设专项资金（专利国内部分）支持。

（李淑敏）

昌平区工业

【概况】 2017年，昌平区坚持稳中求进总基调，围绕京津冀一体化发展要求，加快推进工业大院清理整治和一般制造业疏解退出，深化中小企业服务工作，稳步推动智慧城市建设，促进全区工业经济平稳健康发展。全区296家规模以上工业企业完成产值1070.8亿元，比上年增长21.6%。工业经济总量位列5个城市发展新区第3位，增速位列第一。完成销售产值1064.2亿元，比上年增长21.6%，实现产销率99.4%；主营业务收入完成1192.8亿元，同比增长21.2%；实现利润总额102.8亿元，比上年增长37 %。完成工业固定资产投资43.3亿元，比上年增长45.2%。完成工业出口交货值57.9亿元，比上年增长29.4%。

汽车与交通设备、装备、基础与新材料产业、生物与医药、都市产业、电子信息六个产业比上年均实现增长。其中，汽车与交通设备产业完成产值474.1亿元，比上年增长23.7%；装备产业完成产值252.3亿元，比上年增长21.5%；基础与新材料产业完成产值156.3亿元，比上年增长31.8 %；生物与医药产业完成产值101.2亿元，比上年增长13.2%；都市产业完成产值58亿元，比上年增长1.2%；电子信息产业完成产值28.9亿元，比上年增长20.9%。

（于凌燕 刁睿杰）

【重点企业运行】年内，北汽福田在密云生产宝沃汽车后，原高端轻卡产能转移昌平；奥铃轻卡、欧马可中卡等高端F4款市场向好。完成产值323.9亿元，同比增长28.6%，增量72亿元，拉动全区规模工业增长8.2个百分点。三一公司同比增长大，工程机械、风电市场总体运行向好。完成产值72.4亿元，比上年增长59.1%，增量26.9亿元，拉动全区规模工业增长3.1个百分点。康明斯发动机完成产值100.5亿元，同比增长30.7%，增量23.6亿元，拉动全区规模以上工业增长2.7个百分点。诺华制药完成产值51.9亿元，比上年增长12.8%，增量5.9亿元，拉动全区规模以上工业增长0.7百分点。

（于凌燕 刁睿杰）

【重点工业项目建设】全年，共有投资3000万元以上的重大项目20个，总投资92.7亿元，占地1573.72亩。至年底，11个项目已开复工建设。北京首科凯奇产业化基地竣工；新雷能模块电源扩产项目、蜂产品以及茶色素、膳食纤维生产基地等9个项目主体封顶；有研亿金生产综合楼项目主体厂房建设完成。另外9个项目正在积极办理各项手续。做非政府投资的工业项目备案、核准等工作，全年共办理核准项目10个，总投资1.66亿元；办理备案项目33个，总投资30.78亿元；完成环保备案87个，意向总投资4.1亿元。

（于凌燕 刁睿杰）

【工业大院清理整治】年内，按照北京市关于退出一般制造业和污染企业、全面取缔违法“小散乱污”企业的工作要求，指导支持村集体经济组织（或村民委员会）对辖区内现存工业大院进行自主腾退。制定了《关于全面清理整治工业大院工作方案》等政策文件，指导审定镇村工业大院清理整治意见。到10月底，清理整治工业大院及其入驻企业达到全部存量的70%以上。其中，六环路以南24个、六环路以北11个，合计35个工业大院全部完成清理整治；其余15个工业大院内的违法“散乱污”企业全部取缔。35个工业大院累计完成搬家面积258.08万平方米，拆除面积250.3万平方米。

（于凌燕 刁睿杰）

【疏解整治促提升】年内，联合属地镇街加大对疏解企业的政策宣传和指导，全年完成一般制造业70家疏解任务。加大“散乱污”企业整治力度，开展秋冬季大气污染治理攻坚战，通过取缔、关闭、改造升级等方式对“散乱污”企业进行清理整治，市级280家“散乱污”企业全部销账。其中完成升级改造的“散乱污”企业58家，对没有完成升级改造的“散乱污”企业依法依规进行了“两断三清”。加强空气重污染防治，制定了《空气重污染应急预案》，对全区98家工业企业采取停产或限产措施。推进煤改清洁能源，完成工业企业燃煤锅炉拆改、停用635.84蒸吨，压减燃煤17.8万吨。加大安全生产检查力度。全年共督导检查企业574家次，下达安全指导记录单43份，下达安全生产督查检查通知单531份，查处安全隐患751处。

（于凌燕 刁睿杰）

【中小企业发展环境优化】年内，加强中小企业公共服务平台建设，完善企业服务平台微信版，形成网络、微信同步服务模式。中小企业公共服务平台现共注册关注企业810家，发布政策动态1570条，通过网站与微信端解决的信件35条，通过QQ群解决的企业咨询约5000件，通过热线电话解决的问题约200件。举办“企业财税管理”“企业素质提升”培训班，培训500余人次。组织腾讯众创空间等20多家小企业创业创新基地集中培训，17家申报市级基地和平台。指导三一重工小企业创业创新基地申报全国双创示范基地，完成小微企业创业创新基地城市示范建设年度工作任务，新增小微企业创业创新空间22.6万平方米，建立4000万元的小微企业贷款风险补偿资金。研究起草了《昌平区社会信用体系建设行动计划（草案）》，在企业中建立了人民调解委员会，制定下发了《关于加强企业内部人民调解组织规范化建设的指导意见》，调解劳动争议等纠纷17件，解答法律咨询110余件。

（于凌燕 刁睿杰）

【企业创新能力增强】年内，推荐北京智行鸿远汽车有限公司等 6 家企业申报认定北京市级企业技术中心，全区市级企业技术中心达到 61 家。推荐北京科诺伟业科技有限公司等 2 家企业申报认定国家技术创新示范企业，全区国家技术创新示范企业达到 5 家。推进福田新能源汽车科技创新中心和三一智能制造创新应用示范中心建设。对 50 余家企业进行企业技术创新与品牌建设相关政策的培训。组织首钢吉泰安、盟固利等 10 余家新材料重点企业召开座谈会，邀请市经信委领导就“十三五”时期新材料产业发展规划进行解读。

（于凌燕　刁睿杰）

【智慧昌平建设稳步推进】年内，推进云计算数据中心业务迁移工作，基本完成原政务中心机房业务系统迁移上云。对流村和延寿两镇开展歌华有线电视网络改造工程，免费为 6000 余户农民发放高清交互机顶盒。推进“–MyBeijing–”免费无线上网服务点建设，组织北京黑六、海林节能等 12 家公司申报两化融合试点，完成北京市版权局对区 2016 年度软件正版化考核工作，完成全区 2017 年双公示自查工作，完成第五届北京农业嘉年华应急通信保障工作。组织区政府投资信息化建设项目申报工作，共有 89 个纳入 2018 年度区级财政的信息化建设项目。举办 2017 年通信保障和网络安全应急演练活动。

（于凌燕　刁睿杰）

平谷区工业

【概况】2017 年，平谷区全区规模以上工业企业完成总产值 189.0 亿元，比上年下降 23.4%，低于全市平均增速 29.3 个百分点，占全市工业总量的比重为 1%；营业收入 214.9 亿元，比上年下降 23.1%；利润总额 –9887.8 万元，由上年盈利 10.6 亿元转为亏损。全区共有 28 个工业项目开工建设，共完成固定资产投资 6.9 亿元，超出全年投资任务目标 2.3 亿元。

（李　远）

【中关村平谷园】年内，中关村平谷园共有高新技术企业 117 家（实地经营 67 家，注册 50 家），其中国高新企业 60 家（规上国高新 28 家，其中实地经营 16 家，注册 12 家），2017 年新认定企业 22 家。按行业划分电子信息行业 28 家、环境保护技术行业 10 家、生物工程和新医药行业 8 家、先进制造技术行业 29 家、现代农业技术行业 9 家、新材料及应用技术行业 5 家、新能源与高效节能技术行业 14 家、文化创意等行业 14 家。2017 年年底，中关村平谷园规模（限额）以上高新技术企业 54 家（其中实地经营企业 27 家），企业总收入 134.5 亿元；工业总产值 50.8 亿元；实缴税费 7.6 亿元；利润总额 7.4 亿元；期末从业人员 17495 人，其中，科技活动人员 2548 人。

（李　远）

【服务中小企业】年内，制定出台《平谷区关于支持中小企业科技创新发展资金使用管理办法》。至 10 月，信促会共为 6 家企业发放 26 笔信用借款，累计金额 2560 万元。加快转变职能，完成区中小企业协会与经信委脱钩工作。开展融资培训 20 场，涉及 200 余家企业 500 多人。申报创业基地扶持项目 1 个，申请扶持资金 200 万元。

（李　远）

【一般制造业企业疏解退出】年内，制定出台《北京市平谷区一般制造业企业疏解退出工作方案》，疏解非首都核心功能，加快环境治理步伐，完成一般制造业企业疏解退出 18 家。其中，市级任务 2 家，重点企业 16 家。为减少工业企业在空气重污染期间的污染物排放，制定《平谷区空气重污染应急工业分预案（2017 年修订）》，下发《关于制定 2017 年度空气重污染应急期间企业应急预案的通知》。成立区经信委空气重污染工作领导小组，确定 6 家重点制造业企业停限产名单和 9 家应急补充停限产企业名单，成立由领导班子成员带队的 8 个检查组，按照“一厂一册”要求对停限产企业监管。

（李　远）

怀柔区工业

【概况】2017 年，怀柔区工业在汽车产业强劲带动下，主要经济指标增速逐月攀升且高位运行，生产实现“三个首次”：工业总产值首次迈上 600 亿元新台阶，增速首次实现连续 2 年正增长，销售收入首次突破“700

亿”大关。根据企业调查结果显示，168家规模以上工业企业从业人员3.86万人，实现总产值636.0亿元，比上年增长29.3%，产值总量完成当年预期目标的125.0%，增速高于预期目标24.4个百分点。规模以上工业拥有资产618.6亿元，负债347.8亿元，资产负债率为56.2%；全年实现销售收入735.2亿元，比上年增长23.0%；利润总额33.6亿元，比上年下降1.3%；上交税金34.9亿元，增长10.7%。福田戴姆勒全年生产整车11.85万辆，比上年增长54.5%，完成产值313.4亿元，比上年增加119.5亿元，增长61.6%。

汽车产业拉动突出，36家规模以上汽车制造业完成工业总产值375.6亿元，较上年增加124.6亿元，比上年增长49.6%；完成销售收入383.9亿元，比上年增长46.2%；完成利润总额8.6亿元，是上年同期的2.2倍；税收7.3亿元，比上年增长19.2%。零部件配件中，博萨汽配、福斯汽车等企业增长迅速。

食品饮料温和上涨，41家规模以上食品饮料业完成工业总产值133.4亿元，比上年增长5.7%；实现销售收入211.3亿元，比上年增长2.1%；利润总额12.0亿元，比上年下降18.6%；上交税金19.1亿元，比上年增长13.4%。其中，农副食品加工业完成产值32.5亿元，占食品饮料行业的24.3%；食品制造业完成产值58.1亿元，占整个行业的43.6%；饮料、酒类制造业完成产值42.8亿元，占整个行业的32.1%。重点企业中，玛氏公司完成产值完成26.8亿元，增长10.6%；北京二商穆香源清真肉类食品有限公司产值完成12.8亿元，是上年同期的3倍，主要是牛羊肉销售良好。

包装印刷行业下滑，以金属制罐为主的包装印刷业共完成工业产值26.5亿元，比上年下降6.2%；销售收入34.1亿元，比上年增长3.6%；利润总额4.5亿元，比上年下降29.6%；上交税金2.4亿元，比上年下降4.8%。其中，重点企业奥瑞金制罐完成产值20.4亿元，下降8.4%。

生物医药规模扩充，产业持续增长，北京春风药业有限公司、北京科卫临床诊断试剂有限公司生产规模扩大，生物医药产业占规模总量比重提高到1.5%。12家规模生物医药产业共完成工业总产值9.2亿元，比上年增长27.2%；实现销售收入9.8亿元，比上年增长24.2%；利润总额1.5亿元，比上年增长44.2%；上交税收0.8亿元，比上年增长6.8%。

2017年，落实《怀柔区促进区域经济转型发展专项资金支持政策》，落实2016年工业项目33个获奖励资金共2628.7万元。完善监管台账，推进企业转型升级工作，共征集备案500万元以上技改项目39个，主要是生产工艺、生产设备及设备基础设施改造，年底完成技改项目12个，完成投资2.7亿元。围绕推进重大项目落地、开工、建设，制订推进工作方案，倒排工期计划，力促重大项目实施。全程跟踪服务，推动511所小卫星、福田戴姆勒验证车间项目和红星怀柔厂区联合厂房、立体库、安全改造及勾兑车间项目等重点大项目实施。

集中清理整治“散乱污”企业、镇村产业集聚区和工业大院，推动企业加快技改创新、淘汰落后工艺。全年清理整治“散乱污”企业中，完成市级任务150家，区级任务438家，市、区级任务均实现存量清零，并通过建立“怀柔区空天地一体化综合监测平台”，对企业实时监控。完成疏解一般制造业任务22家，其中市级任务6家；完成庙城镇霍各庄产业集聚区和雁栖镇南小区产业集聚区的清理整治工作。

依托怀柔区中小企业公共服务平台，创新服务形式，集聚服务资源，搭建投融资平台，提高服务产业发展能力水平。共组织服务活动23次，联合市中小处举办培训3期；开展融资对接6次，鼓励引导金融机构为中小企业定制信用融资产品，推动各大银行信用融资产品落地，累计帮助企业融资2.1亿元；线上线下为40余家企业输送各类人才3000余人。

全力推进智慧怀柔项目——地理空间信息系统、怀柔通、智慧交通和雪亮工程4个子项目建设进程。重点加强山区隧道及农村地区的信号全覆盖，持续提升怀柔地区4G移动网络和宽带网络服务能力。完成平原镇乡15个行政村的4G通信信号深度覆盖，全区284个行政村，实现4G网络覆盖率平原达98%，山区行政村达95%，主要自然村达92%。

狠抓检查督查，杜绝安全生产事故，以用电用气、消防、特种作业、机械设备等为主要内容，全年共出动1566人次，车辆443台次，实地指导检查企业443家次，查出隐患1363条，逐条提出整改建议，整改率100%。针对国务院第28督查组检查出的区内科高大北农、古诺凡希等工业企业的安全隐患问题，指定专人实时跟踪、逐项落实，直至整改全部完成。聘请专业第三方，全面提供工业和信息化领域安全检查工作技术保障。区工业企业未发生亡人事故。

（王 伟）

【15家工业企业获奖】1月12日，怀柔区2017年度企业新春座谈会在北京市雁栖湖旅游服务中心召开，会议对2016年度为怀柔区经济发展做出积极贡献的

企业进行了表彰。15家工业企业获奖，其中，玛氏食品（中国）有限公司、北京福田戴姆勒汽车有限公司、红牛维他命饮料有限公司、北京红星股份有限公司、北京统一饮品有限公司、奥瑞金包装股份有限公司、北京罗麦科技有限公司7家企业荣获年度经济突出贡献奖。北京碧水源膜科技有限公司、北京丘比食品有限公司、北京东方红航天生物技术股份有限公司、北京科高大北农饲料有限责任公司、北京御食园食品股份有限公司、东明兴业科技股份有限公司、同方泰德国际科技（北京）有限公司、北京博萨汽车配件有限公司8家企业荣获年度经济贡献奖。

（王　伟）

【双得利获ICP经营许可证】2月23日，北京双得利仪表运营科技有限公司正式通过北京市通信管理局《中华人民共和国电信与信息服务业务经营许可证》年检。获得市通信管理局颁发ICP经营许可证。

（王　伟）

【智能交通项目通过专家论证】3月7日，怀柔区经济信息化委组织召开“怀柔区智能交通项目立项专家论证会”，邀请7位市级专家开展评审论证，区公安分局作为项目建设单位汇报了怀柔区智能交通项目建设方案。该项目立项通过专家组论证。

（王　伟）

【碧水源膜科技获第四届北京市发明专利奖】3月9日，碧水源旗下全资子公司北京碧水源膜科技有限公司发明专利“一种增强型中空纤维膜的生产方法及装置”获第4届北京市发明专利奖三等奖。该项专利技术产品对解决水资源短缺、水环境污染，提升膜技术水平具有重要作用。

（王　伟）

【统一方便面和饮料入选中国好口碑食品品牌】3月12日，由中国统计信息服务中心、工信部工业文化发展中心、中华商标协会、中国搜索共同主办的中国食品品牌口碑发布会暨第4届中国品牌口碑年会启动仪式在京召开。会议发布了2016年度中国好口碑食品品牌。统一方便面和统一饮料分别入选了方便面和饮料品类口碑指数TOP10品牌。

（王　伟）

【欧曼EST进入量产】3月15日，在福田戴姆勒汽车北京超级卡车工厂总装车间，首台欧曼EST超级卡车驶下生产线，预示中国首款超级卡车进入量产，宣告中国高端重卡步入超级卡车时代。4月12日，2017流行时尚＆欧曼EST超级卡车上市发布会在上海举行，发布会标志欧曼EST超级卡车、康明斯X12超级智能动力正式上市。由福田戴姆勒汽车承办的“2017中国高效物流卡车公开赛”、携手中国下一代教育基金会联合发起的“欧曼卡车人助学公益计划”一同启动。

（王　伟）

【两化融合贯标试点企业】3月22日，市经济信息化委公布2017年市级两化融合管理体系贯标试点企业名单，怀柔区北京福田戴姆勒汽车有限公司、奥瑞金包装股份有限公司、东明兴业科技股份有限公司等13家企业入选。8月，北京福田戴姆勒汽车有限公司、奥瑞金包装股份有限公司，被工业和信息化部核定为2017年两化融合管理体系贯标试点企业。

（王　伟）

【东方红航天新品上市】4月10日至11日，东方红航天民用健康产业发展年会暨航天神舟体重管理系列新品上市发布会在温都水城召开。航天神舟体重管理系列产品为航天神舟牌奶昔代餐蛋白固体饮料和航天神舟牌代餐伴侣固体饮料，基于航天员的体重管理和膳食营养补充标准研发而成，在补充营养的同时具有辅助减重作用。

（王　伟）

【奥瑞金构建绿色制造体系】4月14日，奥瑞金包装股份有限公司与协鑫新能源控股有限公司签订了分布式光伏发电项目开发建设合作框架协议。由协鑫新能源控股有限公司负责在奥瑞金建设分布式光伏电站、储能电站，并解决用电的需求侧管理，减少奥瑞金二片罐工厂的能耗，降低用电成本。

（王　伟）

【奥康达获“2017年体博会器材评选活动”两项大奖】5月23日至25日，2017年中国国际体育用品博览会在国家会展中心（上海）召开，北京奥康达体育产业股份有限公司参展并获得2项大奖。其中，太阳能古典风景数字化系列器材健身车获“室外健身新器材评选活动”金奖，残障人士数字化健身器材系列坐拉训练器获“特殊人群健身器材评选活动”特殊关爱铜奖。

（王　伟）

【太尔时代发布UP Studio 2.0版本App】6月5日，太尔时代发布了基于iPhone的UP Studio 2.0版本App，该App可无线连接太尔时代3D打印机并进行操作，简化操作流程，为用户提供更多可自主生成的模型和应用，全面支持云服务，为每位用户提供500MB云储存空间。

（王　伟）

【东方红航天神舟发布两套新品】6月14日至15日，

中国航天东方红产品说明会在北京举行。发布的新品为航天神舟牌蔓越莓玫瑰茄压片糖果和航益牌辅酶Q10衣物洗护组合。蔓越莓玫瑰茄压片糖果是预防和改善泌尿系统健康的天然食疗产品；航益牌辅酶Q10衣物洗护组合添加经太空搭载的高纯度辅酶Q10，可强力清除衣物上的污渍且不伤害皮肤。

（王 伟）

【太平洋制罐技改项目通过验收】6月16日，市经济信息化委成立项目验收组，对太平洋制罐（北京）有限公司“扩大产能技术改造”项目进行验收。该项目是在原生产线厂房内新增一条完整的铝制两片易拉罐生产线，2011年建设竣工，实际完成总投资7918.35万元。项目建成后使太平洋制罐的产能得到大幅度提高，对公司提高市场占有率及提升经济效益有很大帮助。

（王 伟）

【意大利PometonSPA公司来有研粉末访问交流】7月4日，欧洲著名粉末生产商PometonSPA公司人员到有研粉末新材料（北京）有限公司访问，就金属粉末相关领域合作进行会谈交流。

（王 伟）

【福田戴姆勒汽车第100万辆暨欧曼EST超级卡车第1万辆下线】7月10日，以“见证百万传奇 开启超卡时代”为主题的福田戴姆勒汽车第100万辆暨欧曼EST超级卡车第1万辆下线庆典仪式在戴姆勒二工厂举办。庆典仪式上，进行了欧曼第100万辆下线及交车仪式，正式发布了面向未来的“超级卡车品质工程”，通过涵盖研发、采购、制造、质量、服务、人才6项工程持续打造中国商用车行业的品质标杆。

（王 伟）

【镇村产业集聚区通过验收】8月17日，市经济信息化委、市环保局组成验收组，对怀柔区北房镇宰相庄村、庙城镇聚源地、庙城镇桃山村3个产业集聚区工业污染整治工作进行验收。北房镇宰相庄产业集聚区内5家工业企业已全部停产，生产设备均已拆除。庙城镇聚源地产业基地和桃山村产业基地有10家工业企业，其中，4家通过设备升级改造，达到节能减排目的，符合环保要求；6家企业未发现明显污染行为。集聚区所在乡镇政府已建立防控工业污染的长效机制。3个镇乡产业集聚区均达到验收标准，同意验收。

（王 伟）

【打造中国西南地区首片FIFA新标准认证场地】9月初，北京火炬生地人造草坪有限公司为重庆七中铺设的人造草坪足球场，通过FIFA（国际足联）系统各项检测，获得FIFA QUALITY PRO（最高级别）场地认证证书，成为中国西南地区第一片FIFA新标准认证场地。该人造草坪球场拥有更佳的运动性能，有助于提升比赛质量，保护球员健康，北京火炬人造草坪产品已遍布山东、新疆、湖北等省份。该公司是国内铺设FIFA场地最多的企业，为全球26家FIFA场地认证企业之一。

（王 伟）

【3家食品企业参展中国农洽会获奖】在9月13日至15日召开的第20届中国农产品加工业投资贸易洽谈会上，怀柔区红螺食品、御食园食品、好亿家食品3家企业的6种产品参加展示。其中，红螺食品“红螺”牌山楂糕、御食园食品“御食园”牌清恬莲子荣获“金质产品”称号，好亿家食品“好亿家”牌无蔗糖添加苹果脯荣获“优质产品”称号。

（王 伟）

【罗麦科技荣膺首批京津冀影响力品牌】9月28日，在中共天津市委宣传部、人民日报社人民网等部门共同主办的“2017京津冀协同发展创新驱动峰会暨京津冀影响力品牌发布仪式”上。北京罗麦科技有限公司荣膺首批京津冀影响力品牌——“2017最具影响责任品牌”。

（王 伟）

【召开中小企业法律风险防范宣讲会】11月10日，召开怀柔区中小企业法律风险防范宣讲会，各镇乡政府、科学城筹备办及区内97家企业共163人参加活动。法律专家以“合法性”操作为导向，从如何招工、经济补偿金、附加条款重要性、合同解除和终止等14项内容，有针对性地分析企业在日常用工、合同等方面存在的问题隐患，讲解相关法律知识和应对方法。结合实际案例30个，对企业提出的带薪年假、股权激励等问题进行了解答。

（王 伟）

【奥康达获评“国家体育产业示范单位”】11月14日，国家体育总局公示2017年国家体育产业基地评选结果，北京奥康达体育产业股份有限公司荣获“国家体育产业示范单位”称号，成为2017年全国22家入选单位之一。

（王 伟）

【开展安全隐患清理整治专项行动】11月19日，全区开展企业安全隐患大排查、大清理、大整治专项行动。检查组先后到北京晨益门窗制品有限责任公司、北京兴达远洋汽车配件有限责任公司、北京汇英寅泰塑业有限公司共 3 家企业，检查厂房库房、仓储物流、职工宿舍等部位，重点对生产、住宿、仓储“三合一”场所的安全隐患进行彻底排查，严防安全生产事故发生。对检查中发现的彩钢板房屋、私接乱拉临时线、气瓶无防护帽等问题，现场约谈企业负责人，现场严格执法。共发现安全隐患 8 项，查封企业 1 家。

（王　伟）

【疏解一般制造业】年内，北京华中新工贸有限公司、北京嘉润粉末注射技术有限公司等 6 家工业企业通过区财政局和环保局验收检查，获批怀柔区第二批调整退出工业污染企业市级奖励资金，合计 800 万元。6 家工业企业均自愿退出，正式停产，完成设备拆除工作。调整退出后，预计每年节约标准煤 900 余吨，减排烟（粉）尘、二氧化硫、氮氧化物等污染物 20 吨。截至 10 月底，全区已累计退出一般制造业和污染企业 18 家，提前完成区级制定的全年任务，超额完成市级制定的任务。

（王　伟）

【统一企业入选福布斯全球企业 2000 强】年内，统一公司销售额 128 亿美元，利润 4.5 亿美元，资产 117 亿美元，总市值 104 亿美元的成绩，荣登福布斯全球企业第 1036 位。福布斯最新全球企业 2000 强榜单，从销售收入、利润、资产和市值 4 项指标对全球上市公司进行综合排名。

（王　伟）

【“聚顺和茯苓夹饼传统制作技艺”列入非遗】年内，红螺食品申报的“聚顺和茯苓夹饼传统制作技艺”获批区级非物质文化遗产代表性项目。

（王　伟）

【罗麦科技新制造中心建成】年内，筹建于 2015 年的罗麦科技新制造中心建成，集科研、生产、运作于一体，占地面积 3182 平方米，建筑面积 12728 平方米，整栋楼高 18 米，地上 3 层、地下 1 层。其中，地下 1 层和地面 1 层为物流公司，2 层为生产基地产品制造中心，3 层为检测中心、产品展厅和办公区域。

（王　伟）

【英茂药业公司获制药工业十佳药用辅料】年内，北京英茂药业有限公司获“制药工业十佳药用辅料”企业称号。该公司是集薄膜包衣预混剂的研发、生产、销售和技术服务于一体的高新技术企业，是中国唯一薄膜包衣预混剂“国药准字”批准文号的获得者，也是国家全水型薄膜包衣预混剂首创者。

（王　伟）

【“一厂一策”应对空气预警】按照《北京市空气重污染应急预案（2017 年修订）》和《〈京津冀及周边地区 2017—2018 年秋冬季大气污染综合治理攻坚行动方案〉北京市细化落实方案》工作要求，10 月 24 日，怀柔区召开全面应对空气预警会议，全区 8 个镇街、科学城筹备办、33 家制造业企业负责人参加。会上，对市区两级应对空气重污染相关文件进行了解读，要求已被列入 2017 年污染天气制造业企业停限产名单的企业，签订“承诺书”，保证在空气重污染预警期间，严格执行停限产措施，全力改善空气质量。各属地要严格按照“一厂一策”原则，组织辖区内企业对照重污染天气应急预案减排项目清单内容，制订企业重污染天气应急工作预案。

（王　伟）

【6 家制造企业获疏解政策奖励】年内，区内北京华中新工贸有限公司、北京嘉润粉末注射技术有限公司等 6 家工业企业通过区财政局和环保局验收检查，获批怀柔区第二批调整退出工业污染企业市级奖励资金，合计 800 万元。6 家工业企业均自愿退出，正式停产，完成了设备拆除工作，调整退出后，预计每年节约标准煤 900 余吨，减排烟（粉）尘、二氧化硫、氮氧化物等污染物 20 吨。至 2017 年 10 月底，全区已累计退出一般制造业和污染企业 18 家，提前完成区级制定的全年任务，超额完成市级制定的 6 家任务。

（王　伟）

【开展食品检验人员职业资格培训】12 月 8 日，怀柔区举办食品检验人员职业资格培训班，为期 2 天，培训内容有食品微生物检测技术、食品理化检测技术、生产许可与食品企业体系认证等 7 项课程。全区 15 家企业共 85 人参加培训，经考评合格后，颁发高级食品检验工、食品检验技师、食品检验高级技师 3 类等级证书。

（王　伟）

密云区工业

【概况】2017 年，密云区完成工业收入 364.2 亿元，比上年下降 10.0%；主营业务收入 352.4 亿元，比上年下降 9.2%；工业总产值 305.8 亿元，比上年下降 7.8%；利润总额 11.0 亿元，比上年增长 2.8%。密云区工业经济高开低走，全年发展趋势持续下行。六大产业呈现四升两降态势，基础与新材料产业、生物与医药产业、都市产业、电子与信息产业产值增速同比上升。其中，基础与新材料产业完成产值 27.3 亿元，比上年增加 5.9 亿元，增长 27.3%；生物与医药产业完成产值 23.6 亿元，比上年增加 4.3 亿元，增长 22.4%；都市产业完成产值 48.1 亿元，比上年增加 1.2 亿元，增长 2.6%；电子与信息产业完成产值 3.2 亿元，比上年增加 0.35 亿元，增长 12.5%。汽车及交通设备业和装备制造业产值增速同比下降。其中，汽车及交通设备业完成产值 151.1 亿元，比上年减少 38.5 亿元，下降 20.3%；装备制造业完成产值 47.7 亿元，比上年减少 4.3 亿元，下降 8.2%。

（尹志东）

【规模工业企业发展】年内，密云区规模以上企业 139 家，完成工业总产值 299.1 亿元，比上年下降 9.3%，占全区总产值的 92.4%；主营业务收入 327.4 亿元，比上年下降 10.0%；利润总额 12.5 亿元，比上年增长 8.9%。规模以上工业总产值增速指标在全市排名第 14 位（含亦庄开发区）；在 5 个生态涵养发展区中总量排名第 2 位，增速排名第 4 位。

（尹志东）

【重点企业发展】年内，密云区年产值达到 1 亿元以上的企业 46 家，完成产值 257 亿元，比上年下降 9.0%，占工业总量的 79.2%。其中，10 亿元以上企业 4 家，5 亿至 10 亿元企业 8 家。产值增加 1 亿元以上的企业 7 家，共增加产值 24.2 亿元，拉动全区工业增长 7.4 个百分点。产值减少 1 亿元以上的企业 6 家，共减少产值 54.1 亿元，下拉全区工业增长 16.3 个百分点。剔除北汽福田外迁原因，全区工业产值增长 2.5%。

（尹志东）

【高技术产业发展】年内，密云区高技术产业完成工业总产值 26.9 亿元，占全区规模以上工业企业产值比例 9.0%，比上年增长 22.4%，拉动规模以上企业工业产值增长 1.5 个百分点；全年实现利润 5.1 亿元，比上年增长 31.9%。其中，生物医药产业完成 4.8 亿元，比上年增长 33.6%。

（尹志东）

【出口交货值增速下降】年内，密云区完成出口产品交货值 19.8 亿元，比上年下降 22.5%。其中，汽车制造业完成 7.7 亿元，比上年下降 42.4%；纺织服装业完成 7.6 亿元，比上年增长 26.1%；通用设备制造业完成 1.1 亿元，比上年下降 41.6%。

（尹志东）

【工业固定资产投入】年内，密云区工业固定资产投入项目 27 个，累计完成投入 22.1 亿元，比上年增长 9.6%。其中，经济开发区 12.9 亿元，比上年下降 13.1%，占比 58.3%；区属老工业 7.6 亿元（主要为供暖供热项目），比上年增长 253.7%，占比 34.3%；乡镇工业 1.6 亿元，比上年下降 49%，占比 7.4%。

（尹志东）

【一般制造业疏解】年内，密云区市级疏解任务是退出 9 家一般制造业企业，涉及人口 249 人。全年，北京铜牛瑞蓝制衣有限公司、北京韦氏服装制造有限公司、北京格瑞特汽车零部件有限公司等 12 家一般制造业企业退出，涉及人口 343 人。完成市级任务 133%。

（尹志东）

【“散乱污”企业清理整治】年内，密云完成市级台账“散乱污”企业清理整治 99 家，涉及开发区和 15 个镇街，共 6792 人。涉污类 57 家，安全隐患类 26 家，无证无照类 16 家。其中，关停 25 家，整改 74 家，疏解人口 152 人。完成区级台账“散乱污”企业清理整治 1489 家，其中，取缔 686 家，整改 803 家，全区生产经营环境极大改善，“散乱污”企业清理整治工作超额完成。

（尹志东）

【上账工业燃煤锅炉“清零”】年内，密云区通过制订改造拆除计划、下达指标任务、工作部署会、协调推进会、函件督办、现场督查、资金支持等多项措施，实现方案制订率、燃煤锅炉上账率、责任制签订率、燃煤锅炉拆除率 4 个 100%。全年拆除（含改造）139 家的燃煤锅炉 208 台计 342.98 蒸吨，压减燃煤 96034.4 吨；拆除 126 家的茶炉大灶 197 台。

（尹志东）

【完成泡沫彩钢板拆除】年内，密云区 6 家监管企业分别成立以党政一把手为组长的整治工作领导小组，签订整治责任书，设专人监督验收企业拆除泡沫彩钢板整改落实情况。共完成市场、矿山等区域泡沫彩钢板拆改 30 处计 2.55 万平方米。其中，拆除 1.07 万平方米，更换阻燃材料 1.48 万平方米。

（尹志东）

【市、区重点工程稳步推进】年内，盛隆电气智能配电及能源互联网项目和达鑫利华精密数控机床产业基地项目取得入市前期手续。超同步智能装备产业园一期工程竣工，二期工程备案。康为重工产业园取得规划工程手续，完成招投标，正办理项目开工许可申请。中科恒源仪器仪表产业基地项目取得工程规划许可证，完成环境评价和节能登记。北京宝沃汽车有限公司二期正实施改造，商用车轻卡和皮卡完成搬迁，剩余设备拆除；部分乘用车设备正进厂安装。同方威视安全环保产业园核名工作完成，签订厂房租赁协议。

（尹志东）

【推进企业上市】年内，结合政策环境和密云区发展实际，密云区从扶持力度、申报标准、工作流程、职责义务等方面对现行上市政策进行扩充和优化，并报送区政府审核。成功推进2家企业登陆新三板。至年底，密云区累计上市挂牌企业95家，其中主板上市1家，新三板挂牌企业26家，四板挂牌企业68家，挂牌企业数量居5个生态涵养区首位。

（尹志东）

【中小微企业服务】年内，密云区完善中小企业信息服务平台、投融资平台、信息采集系统和项目申报系统；征集27家专业服务机构，为区中小企业提供专业化、有保障的综合服务。着力解决企业融资难，全年以私募债、融资租赁等创新融资方式，为中环膜科技、博恩特药业等9家企业融资3.3218亿元；开展4次银企对接，为美中双和、汉业先科等企业融资7600万元。围绕转型升级和创新发展，开展专项培训8期，培训中小企业经营管理人员1000余人；组织区内各镇街、上市资源企业和拟挂牌企业等40余个单位的100余人进行企业上市专题培训；组织开展四板和财务管理专题培训3期。以“帮融资、帮宣传、帮创业、帮提升”为服务理念，完善服务功能，全年发布服务信息16期128条。

（尹志东）

【非政府投资项目核准备案】年内，密云区严格执行国家产业政策和《北京市新增产业的禁止和限制目录》，全年办理34项核准、备案事项。其中，备案15项，备案投资总额16.8亿元。

（尹志东）

【政策申报】年内，密云区积极协调经济开发区，为企业申报项目服务，向企业宣传贯彻市级政策，根据企业实际情况策划项目申报工作，向市经信委推荐优质企业。先后推荐北京市凯利尔医疗科技有限公司申报“凯利尔”商标；推荐北京超同步伺服有限公司申报“智能装备核心功能部件数字化车间新模式应用项目”。按照北京制造业创新发展领导小组印发的《关于开展消费品工业“三品”专项行动，营造良好市场环境的实施意见》要求，组织北京鑫地酒业有限公司、名都酒业、北京京古酿酒厂、北京洪福金正酒业有限公司（密云三烧）、伊利等企业参加专项行动；按照《北京市经济和信息化委员会关于开展2017年第20批北京市级企业技术中心有关工作的通知》要求，为北京汉典制药有限公司、雷蒙德（北京）科技股份有限公司、北京华源泰盟节能设备有限公司、中航建设集团有限公司申报市级企业技术中心；支持北京奥金达蜂产品专业合作社和北京金禾绿源农业科技公司参加2017年第20届中国农产品加工投资贸易洽谈会。

（尹志东）

【排查工业污染和退出落后工艺】年内，密云区宣传和贯彻《北京市工业污染行业生产工艺调整退出和设备淘汰目录》，全面排查符合目录企业。5月，伟腾顺天木门等2家使用有机溶剂型涂料的家具制造企业签订《永不使用有机溶剂型涂料承诺书》；10月底，力达塑料等2家企业退出使用有机溶剂型油墨的丝网印刷工艺，北陆药业退出化学原料药生产环节。

（尹志东）

【工业空气重污染应急】年内，密云区严格执行《密云区空气重污染应急工业分预案（2016修订）》，制定了《重大活动期间密云区工业企业空气质量保障措施实施方案》《“高峰论坛”期间密云区工业空气质量保障实施方案》。在1月空气重污染及“一带一路”高峰论坛期间，加强督查检查，出动9人次，检查企业9家次；联合区环保局，对全区工业企业主要污染物排放情况排查分析，确定空气重污染应急停限产企业28家。其中，黄色及以上预警15家，橙色及以上预警13家。

（尹志东）

【错峰生产运输】年内，制定《密云区2017—2018年秋冬季工业企业错峰停限产（含错峰运输）实施方案》，对区域内企业逐一进行摸排筛查，确定11家企业列入供暖季错峰停限产企业，对符合错峰生产（含错峰运输）的企业制订“一企一策”错峰停限产（含错峰运输）实施方案。明确错峰停限产（含错峰运输）企业采暖季期间停产范围，细化到生产工序、车间、生产线，明确具体停限产措施和停限产时间，签订承诺书，以确保停限产措施落实到位。

（尹志东）

【能耗监测管控】年内，密云区与国资监管企业签订节能环保目标责任书，对全区22家重点工业用能企业加强能耗监测管控，实现企业综合能源消费量和万元产值能耗均低于发展改革委下达的约束性指标。

（尹志东）

【清洁生产审核】年内，密云区积极开展本区域工业企业清洁生产审核，深化污染治理，减少污染排放。威克公司完成现场评审，云冶公司完成项目改造报专家组待评审，北京北汽摩有限公司启动项目程序。

（尹志东）

【环保技术项目改造】年内，密云区广泛宣传北京市大气污染防治技术改造项目奖励资金政策，鼓励排污企业开展大气防治环保技术改造工程。北京宝沃汽车有限公司涂装废气减排设施升级环保改造项目基本完成。

（尹志东）

延庆区工业

【概况】延庆区经济和信息化委员会（简称区经济信息化委）是负责本区工业经济和信息化产业管理工作的政府工作部门。设办公室、经济运行监测科、产业发展规划科、中小企业科、信息化科、政工科（监察科）、综合科、创新能力建设科计8个科室，在编81人。2017年，延庆区严格执行禁限目录、准入标准及相关产业政策，引进科技含量高、研发能力强、经济效益好的“高精尖”项目，共接待咨询项目54个。其中，不符合产业政策项目37个，备案项目13个。加强重点支撑，督促固定资产项目投资。北京美正食品安全与环境保护检测产品生产项目完成立项、规划条件、规划方案审查、民防审批意见、建设工程规划许可证办理等手续。北方大陆生物工程有限公司生产及研发中心建筑项目办理建设工程规划许可证。长城脚下创新家园、浩运金能、安心财险、东晨阳光、浩华科技等项目前期手续办理有序推进。完成固定资产投资1291万元，占全年任务的184%。

（高建敏）

【举办国资专场培训会】4月13日，区经济信息化委中小企业服务中心会同区国资办，组织全区51家国有企业的97名财务负责人及工作人员参加“企业在经营中的涉税风险和筹划方法”培训会。以增强国有企业涉税风险防控意识，提高税收筹划水平，促进企业降低经营成本，提高经济效益。

（高建敏）

【开展“散乱污”企业夜查行动】9月14日，区经济信息化委联合区环保局对中关村延庆园和康庄镇散乱污企业整治落实情况开展夜查，重点检查违规企业整改措施落实、关停取缔企业“两断三清”及违规生产等情况。北京振兴运华玻璃纤维制品有限公司在未办理环评等手续的情况下，异地生产，被责令停止生产，查封断电。对康庄镇木材洁具加工厂“两断三清”落实情况进行了突击抽查。

（高建敏）

【中小企业素质提升培训会】10月19日，由市中小企业服务中心主办、区经济信息化委承办的“延庆区中小企业素质提升”培训会在中银酒店举行，对《北京市支持中小企业发展资金管理暂行办法》《北京市“高精尖”企业产业发展资金管理暂行办法》《高新技术企业认定管理办法》进行政策解读和申报技巧的实操培训。参加培训的有中关村延庆园内高新技术企业及部分乡镇中小企业共74家的107人。

（高建敏）

【落实安全隐患专项行动】11月21日，区经济信息化委组织人员到康庄镇、中关村延庆园2家单位检查落实安全隐患大排查、大清理、大整治专项行动情况。查阅了康庄镇、中关村延庆园制定的专项行动方案、落实措施，现场检查了4家企业，要求企业对原材料、成品库、危化库、员工宿舍、彩钢板建筑等重点区域部位加强整治，建立健全隐患台账，逐项整改落实。

（高建敏）

【“中小企业经济运行监测”培训会】12月14日，为适应监测数据统计网上申报系统运行操作，区经济信息化委举办培训会，邀请经济运行监测系统平台工程师进行监测系统培训及答疑，共15个乡镇21人参加。

（高建敏）

【与建行签订战略合作协议】12月21日，延庆区中小企业服务中心与建行延庆支行举办银企对接座谈会，签订了“中小企业融资服务战略合作协议”，40位企业家代表参加。

（高建敏）

【优化发展环境】年内，起草《延庆区工业闲置低效空间资源盘活利用的意见（初稿）》，二次利用闲置土地，实现控增量盘存量和资产的保值增值。与科委、延庆园服务中心共同制定《中关村国家自主创新示范区延庆园促进创新创业发展支持资金管理办法（试行）》。

（高建敏）

【企业疏解和“散乱污”治理】年内，延庆区研究制定《延庆区疏解一般制造业和“散乱污”企业治理专项行动2017年工作方案》和《疏解一般制造业和“散乱污”企业治理专项行动2018—2020年工作方案》及分方案，健全领导机制，统筹协调推进全区“散乱污”清理整治工作。制定下发《北京市延庆区一般制造业企业调整退出资金管理办法（试行）》《延庆区2017年春季工业企业大气污染防治专项行动方案》《延庆区2017—2018年一般制造业和“散乱污”企业秋冬季大气污染防治综合治理攻坚行动方案》。完善监督考核机制，每月按照清理整治工作完成情况进行排名，对清理整治工作进展缓慢的乡镇、街道进行通报。加强联合执法，共出动执法1036人次，检查各类执法主体6782家，对1023家单位下达整改通知单。

（高建敏）

【完成环保部督办整改】年内，环保部启动京津冀及周边地区大气污染防治强化督查以来共督查延庆区8轮次，反馈督办单8件，涉及企业63家，问题66个。针对未完成整改的24个问题，分别对有关企业进行现场逐一督查，对发现问题企业，立即停产整改。

（高建敏）

【落实空气重污染应急任务】年内，根据《北京市延庆区空气重污染应急工业分预案（2017年修订）》，制定本辖区黄色、橙色、红色预警期间制造业企业停产限产名单，细化空气重污染应急措施。要求企业重新制订停限产方案，做到“一企一策”，明确到具体生产线，确定具体减排量。全年启动空气重污染预警9次，共出动162人次，检查企业246家次。按照《北京市2013—2017年清洁空气行动计划重点任务分解2017年工作措施》第24项重点任务要求，所有有机溶剂型涂料生产企业全部关停、清退，3家家具制造企业完成整改。23家工业企业燃煤锅炉全部停用并拆除，共压减燃煤19700吨，完成目标任务100%。

（高建敏）

【服务体系优化】年内，起草制发《北京市延庆区人民政府关于紧抓绿色大事发展机遇全面推进大众创业万众创新的意见》及《中关村国家自主创新示范区延庆园促进创新创业发展支持资金管理办法（试行）》。围绕“花卉园艺工”“食品检验工”“作物种子繁育工”3个项目开展共计215人的职工技能鉴定。围绕“企业涉税风险防控意识”“中小企业素质提升”相关内容开展2次培训，共有125家企业的204人参加。夯实安全生产基础，全年共出动97人次到企业开展安全生产指导工作53家次，并发放《生产安全事故案例》光盘和指导单，组织安监、质监、消防、食药监、街道等职能部门开展联合大检查3次，共检查企业7家。

（高建敏）

【新能源环保产业】年内，受龙头企业中材科技以及信都净化、东晨阳光等企业产值增速下降影响，新能源和环保产业增幅较小，完成产值47.4亿元，同比增长5.3%。重点企业中材科技受“弃风限电”影响，三北地区装机量萎缩，公司2.0MV及以上大功率叶片供货能力不能满足客户需求，导致市场份额下降，完成产值29.8亿元，同比下降6.1%；东晨阳光建筑工地停工，企业停产，产值增速下降，完成产值3114万元，同比下降46.4%；北玻院民品客户需求量增加，增速继续加大，完成产值5亿元，同比增长38.9%；京能清洁能源完成产值2.6亿元，同比增长15.6%；环都拓普完成产值1.7亿元，同比增长20.8%。

（高建敏）

【疏解退出和清理整治专项行动】年内，全区大力开展一般制造业企业疏解退出督促检查，加快疏解退出列入年度计划的企业。完成北京昌茂金属制品加工有限公司等3家一般制造业企业的调整退出工作，完成年度目标任务的150%。加大对一般制造业环境保护专项整治力度，加快工业企业燃煤锅炉清洁能源改造。完成八达岭酒业有限公司等24家企业燃煤锅炉拆除，完成年度目标任务的104%。开展联合执法，集中清理整治“散乱污”企业，完成清理整治市级任务45家，完成总任务量的100%；清理整治区级任务805家，完成总任务量的100%。

（高建敏）

【重点园区工业产值】年内，中关村延庆园规模以上工业完成产值76.7亿元，占全区规模以上工业总产值的94.8%。其他区域规模以上工业完成产值4.2亿元，同比下降1.5%。

（高建敏）

开发区

本栏目主要记述中关村国家自主创新示范区、北京经济技术开发区、北京天竺综合保税区3个国家级开发区以及北京天竺空港经济开发区等16个市级开发区发展情况，收录2017年北京市开发区土地开发，招商、入资，投资、生产情况表。

综　述

2017年，北京市开发区主要经济指标持续增长，企业经济效益明显改善，开发区招商工作取得明显成效，土地集约利用水平进一步提高。

开发区经济规模稳步扩大。年内，北京市开发区实现总收入6.1万亿元。其中，中关村国家自主创新示范区实现总收入5.3万亿元；3个市级开发区实现总收入2636亿元。北京市开发区实现工业总产值11506亿元，占全市工业总产值的比重为60.9%。北京市开发区实现利润总额4698亿元。其中，中关村国家自主创新示范区实现利润总额4321.1亿元，3个市级开发区实现利润总额268.5亿元。

招商引资工作取得丰硕成果。自开始至报告期，北京市开发区招商项目共计84733个，项目总投资3.1万亿元，注册资本2.9万亿元，其中三资企业注册资本3530.6亿元、外商实际投资308亿美元。中关村国家自主创新示范区招商项目65364个，项目总投资2.2万亿元，注册资本2.1万亿元。其中，三资企业注册资本2403.8亿元，外商实际投资231.8亿美元。

土地开发建设进度逐步加强。年内，北京市开发区规划面积466.9平方千米。其中，3家国家级开发区规划面积454平方千米，3家市级开发区规划面积12.9平方千米。截至年底，全市开发区累计开发土地面积和累计供应土地面积分别为324.1平方千米和304.9平方千米，累计建成城镇建设用地面积270.5平方千米。全市开发区单位土地工业总产值产出率约为145.3亿元/平方千米。

2017年，全市开发区完成固定资产投资987.2亿元；完成总收入6.1万亿元；完成利润总额4698亿元。自开始至报告期累计招商项目84733个，项目累计总投资2.9万亿元，外商实际投资累计完成231.8亿美元。

（北京国际工程咨询有限公司）

中关村国家自主创新示范区

【概况】2017年，中关村国家自主创新示范区（以下简称中关村）牢牢把握首都城市战略定位，牢固树立全球视野，当好北京加强全国科创中心建设的主阵地，加快建设具有全球影响力的科技创新中心，示范区改革创新政策不断深化，创新创业生态进一步优化，自主创新能力持续增强，经济规模质量实现双提升。

深化先行先试改革取得新突破。落实推广已有先行先试政策，300多名外籍人才通过“绿卡直通车”获得永久居留权。在全国率先开展外籍人才申请在华永久居留积分评估工作，为94名急需紧缺的外籍人才出具了“绿卡”推荐函。中组部等部委与本市联合印发中关村人才20条新政，中关村生物医药国检试验区、中国（中关村）知识产权保护中心获得批复。投贷联动试点深化实施，新三板改革取得实质性进展，中关村银行获批运营。示范区“1+4”政策体系构建完成，科技型小微企业研发支持政策发布。

构建“高精尖”经济结构取得新突破。着力推动科学城空间优化提升，中关村大街沿线完成20平方米存量空间腾退改造，北京大数据研究院、中关村前沿技术创新中心等建成运行。加大优势产业培育，印发实施《中关村人工智能产业培育行动计划》，成功举办中关村前沿科技创新大赛、首届中关村科技军民融合专题赛和中关村人工智能活动季，发布了7大前沿领域TOP10企业。在人工智能领域，围绕计算机视觉、深度学习、语音识别形成了集群式突破，寒武纪、旷视科技、地平线、芯视界、百度等抢占国际创新竞争制高点。涌现独角兽企业70家。

优化创新创业生态取得新突破。创新创业服务体系不断完善，68家创业服务机构新纳入支持体系，海淀建设创客小镇，顺义获批国家双创示范基地。社会组织超过500家，开展2000场次服务活动，服务企业10万多家次。人才集聚效应凸显，继续实施中央“千人计划”、北京市“海聚工程”和中关村高聚工程、雏鹰人才工程，中关村创业大街设立“中关村外籍人才服务窗口”，为外籍人才创新创业提供“一站式”服务。科技金融融合创新活跃，中国互联网金融标准研究院落户中关村核心区。启动首个创投项目孵化园——朝阳园未来科技中心建设，大力引导社会资本投向硬科技和成果转化。上市公司321家，创业板上市、新三板挂牌占全国1/7，股权投资占全国36.5%。全年新设立科技型企业近3万家。成功举办第3届双创周主题展。

一区多园统筹协同发展取得新突破。研究提出示范区分园创新发展考核评价指标体系，制定强化分园产业定位的指导意见，管委会建立“一处一园”服务机制。特色园区建设取得新进展，医疗器械产业园正式开园，门头沟人工智能产业园、延庆创新家园等加快推进。海淀园企业总收入超过2万亿元，朝阳、亦庄、丰台等9个分园企业总收入过千亿元，门头沟、房山、密云、大兴保持了高速增长。

推动开放式创新取得新突破。与雄安新区管委会签订共建雄安新区中关村科技园协议，南宁·中关村创新基地建设得到习近平总书记肯定。领军企业在海外设立研发中心、分支机构近千家，百度、京东进入全球互联网公司10强。成功举办中关村论坛，聘请首批“中关村海外顾问”。

（中关村管委会）

【小米公司发布3款产品】1月6日，小米科技有限责任公司在“2017年美国国际消费电子展”上发布3款产品。其中，小米手机MIX的机身和中框采用陶瓷材质，采用91.3%屏占比的“全面屏”设计，采用悬臂梁式压电陶瓷声学系统代替传统听筒，以超声波距离感应器取代距离传感器；小米路由器HD采用全金属外壳，搭载高通4核处理器，具有4×4AC2600路由性能，最高内置8TB硬盘，主要面向高性能的智能家庭网络设备；小米电视4采用超薄无边框设计，厚度4.9毫米，配搭“PatchWall拼图墙”人工智能电视系统和基于人工智能设计的TV系统。

（中关村管委会）

【11家企业入选核心软件品牌】2月21日，在“2017中国电子信息行业发展大会”上，中国软件行业协会公布2016中国自主可靠企业核心软件品牌名单，20家企业入选。其中，中关村示范区11家企业入选，分别为中国软件与技术服务股份有限公司、神州数码系统集成服务有限公司、中科软科技股份有限公司、方正国际软件（北京）有限公司、北京中电普华信息技术有限公司、北京神舟航天软件技术有限公司、北京先进数通信息技术股份公司、北京超图软件股份有限公司、苍穹数码技术股份有限公司、北京拓尔思信息技术股份有限公司、北京慧点科技有限公司，入选企业涵盖基础软件、办公软件、信息系统开发和集成、云服务、大数据等领域。

（中关村管委会）

【首款石墨烯锂离子充电电池】同日，由北京碳世纪科技有限公司主办的石墨烯锂离子5号充电电池烯储霸王产品发布会在丰台园举行。烯储霸王是碳世纪公司研发的国内首款石墨烯锂离子5号充电电池，是石墨烯改性的钛酸锂负极锂电池，采用磷酸铁锂作为电池正极、石墨烯包覆的钛酸锂材料做负极，每节电池额定电压1.9伏，循环寿命3万次，工作温度零下40-65摄氏度。

（中关村管委会）

【全球首个智能机器人云平台】2月23日，达闼科技（北京）有限公司在京召开全球首家云端智能机器人运营平台发布会，主题为“云端智能 连接未来”。通过云端智能机器人平台提供的移动内联网云服务（MCS），可实现端到端的安全隔离，为云端机器人的远程操控构建信息安全保障体系，也为实现下一代企业移动信息化提供“云网端”安全架构，其首创的融合认知计算平台，能够实现人工与机器智能协作。发布会上，达闼科技公司展示云端智能控制终端DATA，终端将作为机器人实体和云端大脑之间的连接器；同时启动云端导盲机器人META项目。META将以头盔的形态，为视力障碍人群提供人脸识别、物体识别、路径规划、避障等服务。

（中关村管委会）

【基于航天云网平台的智能化生产线】4月17日，在第15届中国国际机床展览会上，中国航天科工集团公司推出基于航天云网平台的智能化生产线——中之杰全自动智能柔性生产线。产线主要由智能装备、智能装配线和智能信息化系统3个部分组成，通过与航天云网平台集成，可使云端与生产现场的数据进行实时交互，实现从订单下达到装配出成品的整个制造的全过程无人值守自动生产，省去装夹、刀具的更换等流程，生产效率较传统产业提升50%。

（中关村管委会）

【首艘货运飞船“天舟一号”发射】4月20日，由中国空间技术研究院牵头研制的首艘货运飞船“天舟一号”在海南省文昌航天发射场发射升空。飞船与火箭成功分离，进入预定轨道。“天舟一号”长10.6米，舱体最大直径3.35米，起飞重量13吨，是中国体积和重量最大的航天器，一次能送6吨多货物上天，载货比高达0.48。飞船上将开展微重力对细胞增殖和分化影响研究、两相系统实验平台关键技术研究、非牛顿引力实验检验的关键技术验证、主动隔振关键技术验证4项科学实验或技术验证，还将验证货物在打包、运输、信息管理、交付、装载及微生物控制全过程方案的有效性。货物主要侧重 3 人 30 天的生活和健康的保障，以及搭载舱外航天服、结构服等。

（中关村管委会）

【**龙芯新一代处理器发布**】4 月 25 日，由龙芯中科技术有限公司主办的“我们正在前进——龙芯 2017·产品发布暨合作伙伴大会”在京召开。工业与信息化部等单位有关负责人及合作伙伴和用户的代表等 1000 余人参加。龙芯公司发布 4 款芯片（龙芯 3A3000/3B3000、龙芯 2K1000、龙芯 1H），以及龙芯笔记本电脑、龙芯服务器等操作系统平台。其中，龙芯 3A3000 采用中芯 28 纳米 FDSOI 工艺制程，基于自主指令系统 LoongISA 打造的 GS464E 架构设计，是一枚 64 位的四核处理器，主频 1.5 吉赫，访存接口满足 DDR3—1600 规格，功耗 30 瓦，其峰值运行性能每秒 240 亿次浮点运算，实测 SPECCPU2006 定点和浮点单核分值分别在 11 分和 10 分的水平，而四核分值定点在 36 分水平，适合笔记本电脑使用。龙芯 3B3000 处理器主要针对服务器设计，支持多路互联。

（中关村管委会）

【**灵云智能外呼机器人**】4 月，北京捷通华声科技股份有限公司推出国内首款灵云智能外呼机器人。产品可主动外呼电话，通过先进的灵云语音识别、语义理解技术，能够准确“听懂”客户的疑问，针对性地做出回答，并实现复杂的多轮对话，具有欠款催缴、信息提示、回访调研等功能，可应用于银行、保险、互联网金融、快递、房地产等领域。机器人还可将外呼电话 100% 转写，收集记录反馈信息，并进行大数据分析与挖掘，为企业的客户研究提供海量的一手数据。

（中关村管委会）

【**80 纳米 STT—MRAM 研发成功**】5 月，北京航空航天大学电子信息工程学院赵巍胜教授与中科院微电子研究所集成电路先导工艺研发中心研究员赵超联合团队成功制备国内首个 80 纳米自旋转移矩－磁随机存储器器件（STT—MRAM）。成果采用与传统 CMOS 工艺兼容的工艺方法和流程，制备出直径为 80 纳米的磁隧道结，器件性能良好，其中器件核心参数包括隧穿磁阻效应达 92%，可应用于大型数据中心，降低功耗，还可用于移动设备，提高待机时间。

（中关村管委会）

【**工业互联网云平台 INDICS 发布**】6 月 15 日，中国航天科工工业互联网云平台 INDICS 全球发布会在成都市举行。中国航天科工集团公司发布由其子公司航天云网科技发展有限责任公司研发的 INDICS 工业互联网云平台（os.casicloud.com）。平台能够提供涵盖 IaaS、DaaS、PaaS 和 SaaS 的完整工业互联网服务功能，适合不同层次、类型、规模的企业；可支持各种工业设备接入、集成各类工业应用服务，构建良性工业生态体系，使制造管理更加便捷高效；构建涵盖设备安全、网络安全、控制安全、应用安全、数据安全和商业安全的工业互联网完整安全保障体系。

（中关村管委会）

【**时速 300 千米以上高铁车轮用钢**】7 月 7 日，由山东省淄博市政府与中国钢研科技集团有限公司联合召开的时速 300 公里以上高铁车轮用钢（HS7）专家评审会在济南市举行。钢研集团通过纯净化生产技术、凝固控制技术以及均匀扩散等技术，研发出 HS7，并制定出符合 HS7 钢生产特点的工业化生产工艺。专家组一致同意项目通过评审。

（中关村管委会）

【**4 个项目获全国医药行业 QC 成果奖**】7 月 28 日，在第 38 届全国医药行业质量小组管理（QC）成果表彰大会上，北京海燕药业有限公司申报的晨钟 QC 小组“降低苏黄止咳胶囊市场投诉率”、啄木鸟 QC 小组“提高苏黄止咳胶囊干燥工序人均生产效率”、新起点 QC 小组“降低 BZ150 型直燃机夏季天然气消耗量”、急先锋 QC 小组“提高 NJP—3500 全自动胶囊充填机设备利用率”4 项成果全部获全国医药行业优秀 QC 小组一等奖，同时全部获最佳发表奖。

（中关村管委会）

【**首款低温电池产品问世**】8 月 31 日，由北京理工大学、中信国安盟固利动力科技有限公司及美国 ECPower 公司组成的研发团队开发出首款低温电池产品。电池可从 −30℃快速升温至 0℃以上，正常应用。操作并不改变电池原有结构，且改造成本低，适用于铅酸电池、锂电池等电池。

（中关村管委会）

【**国承万通公司产品获奖**】9 月 1 日，在第 2 届 T100 新技术·新产品创新力行动发布盛典上，北京国承万通信息科技有限公司研发的“激光定位大空间多人交互系统（STEPVR）”获“T10 最佳创新奖”。系统由空间定位激光发射单元、标准定位及动作捕捉单元、无线操作手柄、虚拟画面显示单元、强大的中央计算处理单元及体感仿真道具六大部分组成，具有定位精度高、延时低，运营维护成本低，抗遮挡、易捕捉，开源 SDK，大空间无限拓展，性价比高，多目标标定，以及运行稳定流畅等优势，可运用于教育、医疗、军事、电影、游戏等领域。

（中关村管委会）

【第6代柔性AMOLED生产线量产】10月26日，由京东方科技集团股份有限公司主办的开启柔性显示新纪元——成都京东方第6代柔性AMOLED生产线客户交付仪式在成都市举行。成都市政府、成都高新区等单位有关负责人及半导体显示企业的代表等参加。生产线是中国首条6代柔性AMOLED生产线，总投资465亿元，2015年5月开工，采用柔性封装技术，可实现显示屏幕弯曲和折叠，主要生产应用于移动终端产品及新型可穿戴智能设备等领域的显示产品，设计产能每月4.8万片玻璃基板，达产后每年可出货9000万片以上高端柔性显示屏。

（中关村管委会）

【5项科技成果入选世界领先】12月3日，第4届世界互联网大会发布18项世界互联网领先科技成果。其中，中关村示范区内中国卫星导航系统管理办公室的北斗导卫星导航系统、国家并行计算机工程技术研究中心的“神威·太湖之光”超级计算机、北京嘀嘀无限科技发展有限公司的基于大数据的新一代移动出行平台、北京摩拜科技有限公司的摩拜无桩智能共享单车、北京百度网讯科技有限公司的DuerOS对话式人工智能系统5项成果入选。

（中关村管委会）

【Intewell工业互联网操作平台】12月5日，在第4届世界互联网大会上，北京东土科技股份有限公司发布“Intewell工业互联网操作系统/云平台”。平台采用全球首创基于IPv6的实时宽带现场总线，将工业互联网技术应用到工业控制及智能制造的各个领域，实现软件定义工业控制单元、软件定义工业控制流程，可推进人工智能在智能工厂和协同制造中的深度应用，实现实时性和云服务统一。平台现场层内核——道系统、设备云操作系统，历经18年研发，是中国完全自主可控、具有国际领先水平的高性能实时操作系统，广泛应用于智慧工业、智慧城市、智慧军事等领域，是中国多个重大项目的高可靠、高安全、自主可控的智能核心。

（中关村管委会）

【OZEMPIC糖尿病新药在美国上市】12月6日，美国食品药品监督管理局批准诺和诺德（中国）制药有限公司研发的新药OZEMPIC（semaglutide）在美上市，包括0.5毫克和1毫克的每周一次注射剂型。

（中关村管委会）

【全球首条10.5代线投产】12月20日，京东方合肥第10.5代TFT-LCD生产线产品下线暨客户交付仪式在安徽省合肥市举行。该生产线是全球首条最高世代线，也是全球首条10.5代线，其建成投产，标志着中国在全球显示领域成为领跑者。项目总投资458亿元，2015年12月2日动工，主要生产65英寸以上8K超高分辨率液晶显示屏，设计产能为每月12万片玻璃基板。

（中关村管委会）

【首创白睛无影成像健康智能分析技术】年内，由博奥生物集团有限公司首创的白睛无影成像健康智能分析技术入选2017年中国医药生物技术十大进展。博奥集团通过将传统中医眼像分析理论与现代工程技术相结合，研制成功全球首个白睛无影成像智能分析系统。系统独有的白睛无影成像技术具有极高的保真度。利用深度学习和人工智能语音及图像处理技术，使受检者实现自助眼像自动采集并构建眼像特征分析数据库。系统使用简单、省时、无创、客观，是健康管理中开展疾病早期筛查和预警、实现未病先防的理想工具。

（中关村管委会）

北京经济技术开发区

【概况】2017年，北京经济技术开发区推进疏功能、转方式、调结构、填空白、补短板工作，产业集聚效应提升，创新氛围增强，生态环境改善，社会管理和公共服务水平提高，在北京推进科技创新中心建设、构建“高精尖”经济结构等重点工作中作用突出。全年，开发区完成地区生产总值1365.2亿元，比2016年增长12.2%（不变价）；增速排名全市第一。规模以上工业总产值完成3328.3亿元，比上年增长19.6%；工业增加值完成869.4亿元，比上年增长16.2%；一般公共预算收入实现214.6亿元，比上年增长26.7%；一般公共预算支出完成184.4亿元，比上年增长13%。税收收入完成535.4亿元，比上年增长20.7%；全社会固定资产投资完成358.5亿元，比上年下降7.3%。其中，社会消费品零售额399.5亿元，比上年增长5.2%。PM2.5年均浓度值65微克/立方米，比上年下降20%。四大主导产业中，汽车及交通设备产业产值 1496.7 亿元，电子信息产业产值 704.6 亿元，装备制造产业产值 497.5 亿元，生物工程与医药产业产值 354.4 亿元。

（开发区管委会）

【悦康集团科研项目获国家科技进步二等奖】1 月 9 日，2016 年度国家科学技术奖励大会在北京人民大会堂举行，开发区内悦康药业集团有限公司的“化学药物晶型关键技术体系的建立与应用”项目获国家科学技术进步奖二等奖。该项目技术为全国 30 个省市的 300 余个品种提供技术支撑，打破国际晶型技术壁垒，促进了中国晶型药的研发。

（开发区管委会）

【中经云北京亦庄数据中心投入运营】1 月，中经云数据存储科技（北京）有限公司北京亦庄数据中心投入运营，是全国首个光磁混合存储架构云存储示范中心和量子保密通信示范数据中心，占地面积 5.33 万平方米。一期建筑面积 4.5 万平方米，设计 1.1 万

个机柜位，符合美国 T3+ 级标准，PUE ＜ 1.5。采用双路供电，电力来自 2 个独立变电站。电信、移动、联通三大运营商设立核心网络节点，超过百人的运维和安保团队为其提供 7×24 小时全方位安全保障。7 月，该数据中心通过中国质量认证中心（CQC）A 级机房认证。截至年底，有互联网、金融、电商等行业多家客户入驻，入驻率 80%。

（开发区管委会）

【集创北方总部落户开发区】2 月 15 日，北京集创北方科技股份有限公司（以下简称集创北方）总部落户开发区景园北街 2 号，员工 154 人，主要产品线包括全尺寸面板驱动芯片、触控和指纹识别芯片、LED 显示驱动、LED 照明驱动、电源管理、信号转换、时序控制等。2016 年 11 月 10 日，由北京亦庄国际投资发展有限公司与集创北方等共同出资设立的北京屹唐集创科技有限公司，以约 1.5 亿美元并购美国 IC 设计厂商 Exar 旗下面板显示电源管理 IC 设计公司 iML，并完成交割。重组整合后，集创北方成为显示 IC 行业的领军企业。

（开发区管委会）

【5 家企业获批市级工程实验室】2 月 23 日，开发区 5 家企业被市发展改革委认定为北京市工程实验室。分别是北京世纪金光半导体有限公司的第三代半导体功率器件设计与验证北京市工程实验室，北京汉氏联合生物技术股份有限公司的围产干细胞北京市工程实验室，北京和合医学诊断技术股份有限公司的微量样本临床检测技术北京市工程实验室，北京天广实生物技术股份有限公司的抗体创新关键技术北京市工程实验室，北京天诚同创电气有限公司的新能源并网关键技术北京市工程实验室。

（开发区管委会）

【中冶京诚两项技术达到国际先进水平】3 月 7 日，中冶京诚工程技术有限公司自主研发的“高炉热风炉燃烧控制模型”和“低压单段式橡胶膜密封型转炉煤气储气技术”接受中国金属学会的科技成果鉴定，评价委员会专家认为 2 项技术均达到国际先进水平。“高炉热风炉燃烧控制模型”技术将数学模型和人工智能有机结合，实现炼铁热风炉的燃烧过程全自动控制，使燃烧过程平稳、精确、可控，在检测数据明显异常时可通过数据库进行历史回溯，达到异常状况不失控目的；使用人工神经网络进行参数训练，并结合追溯历史炉况进行参数校正，达到自动校正烧炉参数的目的，实现烧炉自动化；在热风炉燃烧控制方面首次使用有限状态自动机（FSM）对热风炉状态切换进行监控，并结合分阶段燃烧策略保证煤气的充分利用，降低换炉带来的管网煤气压力波动。“低压单段式橡胶膜密封型转炉煤气储气技术”解决了两段式橡胶膜密封型转炉煤气储气装置事故频发问题，主要创新点包括开发一种多平台组合桁架式轻型活塞结构，用以支撑内部橡胶膜和煤气压力，在保障活塞结构强度和运行稳定的同时，降低活塞系统的重量；开发 45 度交叉压纹薄型低压密封橡胶膜，用于足储气技术对密封材质的性能要求；开发密封间隙的多点、远程实时监控技术，实现对活塞漂移的预警功能；开发正多边形的调平装置及其新型轴承结构，保障活塞系统的安全运行。

（开发区管委会）

【5 个项目获北京市发明专利奖】3 月 9 日，开发区 5 个项目获第 4 届北京市发明专利奖。其中，京东方科技集团股份有限公司、北京京东方时讯科技有限公司的“一种供电系统”项目获一等奖；中芯国际集成

电路制造（北京）有限公司“双镶嵌结构的制造方法”，北京中电科电子装备有限公司“一种偏置漂移主动纠正系统、方法及引线键合机”，博奥生物集团有限公司“一种磁珠与发光体共标记以检测遗传性耳聋的试剂盒”，北京东方雨虹防水技术股份有限公司“非固化沥青胶”，分获三等奖。

（开发区管委会）

【安鹏·中国新能源汽车产业发展基金成立】3月22日，北京汽车集团有限公司主办的以“创领时代，共襄卫蓝”为主题的“安鹏·中国新能源汽车产业发展基金”成立仪式在开发区举行。该基金由北京汽车集团产业投资有限公司作为主发起方，北京新能源汽车股份有限公司、北大先行科技产业有限公司作为参与方，联合北京亦庄国际产业投资管理有限公司、太平投资控股有限公司等大型金融机构共同参与设立，投资规模超100亿元，是国内新能源汽车行业首只百亿元规模的基金。基金的设立旨在为新能源汽车产业发展搭建平台，为资本、技术、产业提供行业合作接口，带动智能汽车核心部件与整车设计、研发、制造工艺等新一代移动通信技术与车联网应用技术全面融合发展。基金采用“产业生态圈资源整合+市场化独立运”模式运营，助力北汽新能源在核心技术领域开展产业链整合和生态圈协同，孵化优质的早期技术和团队，培育成熟的供应商资源，为中国由汽车大国向汽车强国转型提供金融支持。

（开发区管委会）

【生物技术产业研究院揭牌】4月19日，北京亦创生物技术产业研究院在北京亦庄生物医药园揭牌。该研究院由北京亦庄生物医药园管理公司、中关村美中生物技术产业集群创新联盟等共同发起，2016年3月获市民政局批准成立，是开发区基因技术转化创新中心的承担单位，是以转化创新为主要目标的民办非企业单位，旨在依托开发区基因技术转化创新中心，加速基因研究成果转化为医学新技术、新产品，促进医疗朝精准化、个体化发展，提高疾病治疗和健康管理的技术水平。研究院下设基因组学与生物信息学、罕见病基因治疗技术等23个研究所，采取开放式创新模式，吸引产学研领域人才，开展产业共性技术、关键技术和前瞻性技术的创新研发、技术转移和成果转化。揭牌仪式上，为基因技术转化创新中心专家委员会、学术委员会和北京亦创生物技术产业研究院学术委员会的专家颁发聘书。

（开发区管委会）

【航天火箭公司服务“天舟一号”】4月20日，长征七号遥二火箭在海南文昌航天发射中心发射“天舟一号”货运飞船，“天舟一号”货运飞船与“天宫二号”空间实验室实施空中对接，中国载人航天工程实验室任务完成。航天长征火箭技术有限公司承担火箭、飞行器、发射场、测控通信等重要系统的配套产品研制工作，高码率调频遥测传输和天基测控设备、卫星导航接收机、传感器/变换器、中间装置和电缆网等配套产品对发射任务的完成起重要作用。其中，天基测控设备负责运载火箭飞行过程中天基返向遥测数据传输，航天火箭公司项目组对信号传输的可靠性进行大量的仿真分析和复核确认，并开展对接验证试验，确保信号天基传输可靠；高码率调频遥测传输设备用于获取火箭飞行过程中各系统的工作状态参数、环境数据和飞行过程中关键部位的实时图像，解决数据传输过程中数据延时、信号畸变等方面的影响，改善数据传输质量，提高数据传输的可靠性。

（开发区管委会）

【8个项目获北京市科学技术奖】4月26日，在2016年度北京市科学技术奖励大会上，开发区8个项目获北京市科学技术奖。其中，北京北方华创微电子装备有限公司的“22纳米集成电路核心工艺技术及应用”项目、百泰生物药业有限公司的“哺乳动物细胞大规模灌流培养技”项目和北京胜为弘技数控装备有限公司的“叶片复杂型面精加工六坐标联动数控砂带磨关键技术研究与应用”项目均获一等奖。

（开发区管委会）

【人工智能技术创新中心成立】5月17日，开发区人工智能技术创新中心在锋创科技园成立。创新中心依托德国人工智能研究中心（DFKI）、斯坦福人工智能研究院、中国科学院和北京大学等科学机构的人工智能研发学术领域的科学家，聚集人工智能技术应用型企业，在专业基金、孵化器、人工智能专业产业园要素的支持下，通过世界前沿的人工智能技术转化成产品，创建新企业，优化新工艺与中国产业应用相融合。

开发区人工智能技术创新中心由深知无限人工智能研究院（AITC）负责运营。

（开发区管委会）

【航天工程公司航天炉运行创世界纪录】 7月28日，航天长征化学工程股份有限公司承担的玛纳斯项目连续运行360天，创世界气流床气化技术连续运行（A级）时间世界纪录。该项目采用的1台3200/3800大型气化炉，是公司研发的第二代航天炉，其日投煤量从1000吨提高到2000吨，在稳定性、经济性、环保性、煤种适应性方面较第一代航天炉均得到提升。

（开发区管委会）

【北京国际智能金融产业示范区成立】 8月7日，北京国际智能金融产业示范区在国研智库创新科学园内挂牌成立，国研智库智能金融研究院、北京智能金融产业联盟等机构同时挂牌成立。该示范区是在中国智库创新科学园北京国际互联网金融大街基础上建立的，为以金融科技为先导、以人工智能等新技术与金融发展相结合的全国智能金融全产业链产业集群。该示范区以金融支持实体经济发展为出发点，吸引、聚集和培植国内外智能金融产业高端要素，用智能金融的发展提高和带动“互联网＋产业金融”、智能制造、实体经济向智能化、高端化发展；吸纳拥有国际先进IT、智能信息技术等技术理念和方法的部分智能金融企业入区展业，促进国内智能产业生态和智能金融产业生态的良性循环。国研文化传媒股份有限公司、北京大学国家竞争力研究院、国融证券、安捷物联等互联网、物联网、投融资机构、智能金融企业代表出席成立大会。9月29日，该示范区被北京市服务业扩大开放综合试点工作领导小组办公室列为北京市服务业扩大开放综合试点示范项目并授牌，是全国首家智能金融产业示范区。

（开发区管委会）

【首条智能网联汽车潮汐试验道路启动】 9月6日，在工业和信息化部、市经济信息化委、河北省工业厅推动下，北京智能车联产业创新中心主导建设的国家智能汽车与智慧交通（京冀）示范区首条智能网联汽车潮汐试验道路服务启动。道路位于开发区荣华中路至博大大厦路段，全长12公里，含公交专用道、潮汐车道、主辅路等复杂交通环境，在7个路口部署20余套车路协同设备，并与交通信号灯、路侧标示标牌、可变情报板、施工占道标示等互联，具有车联网功能的汽车在该路段行驶，可实现盲区提醒、紧急车辆接近、行人闯入、绿灯通过速度提示、优先级车辆让行等功能，使驾驶人员更加安全高效通过。智能车联开放道路项目由北京千方科技股份有限公司负责建设，中兴通讯股份有限公司提供LTE网络方案。

（开发区管委会）

【京东物流首个全流程无人仓投用】 10月9日，京东物流集团首个全流程无人仓投入使用。该无人仓位于上海市嘉定区，建筑面积4万平方米，物流中心主体由收货、存储、订单拣选、包装4个作业系统组成，存储系统由8组穿梭车立库系统组成，可同时存储商

品6万箱。在货物入库、打包等环节，配备3种不同型号的六轴机械臂，应用在入库装箱、拣货、混合码垛、分拣机器人供包4个场景下；在分拣场内，引进3种不同型号的智能搬运机器人执行任务。实现入库、存储、包装、分拣的全流程、全系统的智能化和无人化，在智慧物流领域居全球领先水平，是全球首个落成并规模化投入使用的全流程无人物流中心。

（开发区管委会）

【推出中国首个IPv6公共DNS】 11月，北京天地互连信息技术有限公司——下一代互联网国家工程中心推出中国首个IPv6公共DNS：240c：6666，助力中国《推进互联网协议第六版（IPv6）规模部署行动计划》全面落实。该中心通过免费提供性能优异的公共DNS服务，为IPv6互联网用户打造安全、稳定、高速、智能的上网体验。同时，该中心联合全球IPv6论坛（IPv6 Forum）启动IPv6公共DNS的全球推广计划，为全球用户提供更优质的上网解析服务。

（开发区管委会）

【北京市新能源汽车技术创新中心成立】 12月9日，北京市新能源汽车技术创新中心在位于开发区的北汽新能源总部成立。创新中心由北汽集团、中国汽车技术研究中心、亦庄国际投资发展有限公司等15个单位发起设立，涵盖新能源汽车领域上下游产业链优势资源，包括整车制造企业、电池生产企业、互联网企业、科研机构和产业投资类企业。

（开发区管委会）

【和利时参建重大项目交付运营】年内，和利时集团参建的多个重大项目交付运营。其中，DCS 控制系统助力全球首套煤制乙醇工业示范项目在陕西延长石油兴化集团打通全流程投产并稳定运行，生产出合格的无水乙醇；提供全套自控解决方案的全球首艘凝析油海上脱硫醇生产平台 30 万吨 VLCC 超大型油轮改装项目完成交付，“中和先锋”号油轮交船；实施的黄河水利职业技术学院仿真智能工厂实训中心项目通过验收；提供的电力监控系统保障武汉地铁 8 号线一期、地铁 21 号线、1 号线延伸线径河线三线开通试运营；参与实施的九景衢铁路开通运营，为九景衢铁路江西段提供列控地面系统核心设备；北京地铁燕房线开通试运行，和利时首创的行车综合自动化系统 TIAS 在燕房线上应用。

（开发区管委会）

北京天竺综合保税区

【概况】2017 年,保税区完成固定资产投资 10.5 亿元；完成总收入 220.2 亿元，比上年降低 55.7%；完成利润总额 26.2 亿元，比上年增长 107.6%。自开始至报告期累计招商项目 345 个，项目累计总投资 438.7 亿元，外商实际投资累计完成 156689 万美元。

（北国咨）

市级开发区

【北京天竺空港经济开发区】2017 年，开发区完成固定资产投资 22.2 亿元；完成总收入 2395.2 亿元，比上年增长 20.1%；完成利润总额 257.6 亿元，比上年增长 40.9%。自开始至报告期累计招商项目 1045 个，项目累计总投资 2040 亿元，外商实际投资累计完成 18.1466 亿美元。

【北京通州经济开发区】2017 年，开发区完成固定资产投资 8 亿元；完成总收入 48.6 亿元，比上年降低 71.6%；完成利润总额 5.5 亿元，比上年降低 87.6%。自开始至报告期累计招商项目 89 个，项目累计总投资 299.7 亿元，外商实际投资累计完成 37198 万美元。

【北京兴谷经济开发区】2017 年，开发区完成固定资产投资 5.8 亿元；完成总收入 158.7 亿元，同比降低 24.4%；亏损 3 亿元。自开始至报告期累计招商项目 214 个，项目累计总投资 91.6 亿元，外商实际投资累计完成 61243 万美元。

【北京雁栖经济开发区】2017 年，开发区完成固定资产投资 17 亿元；完成总收入 415.5 亿元，比上年增长 4%；完成利润总额 26.7 亿元，比上年降低 38.1%。自开始至报告期累计招商项目 1732 个，项目累计总投资 342.7 亿元，外商实际投资累计完成 252780 万美元。

【北京密云经济开发区】2017 年，开发区完成固定资产投资 14.2 亿元；完成总收入 436.8 亿元，比上年增长 21.9%；完成利润总额 15.8 亿元，比上年降低 15.2%。自开始至报告期累计招商项目 260 个，项目累计总投资 313.7 亿元，外商实际投资累计完成 60146 万美元。

【北京永乐经济开发区】2017 年，开发区完成固定资产投资 10.9 亿元；完成总收入 8.4 亿元，比上年增长 32.3%；完成利润总额 0.5 亿元，比上年降低 21.8%。自开始至报告期累计招商项目 79 个，项目累计总投资 41.8 亿元，外商实际投资累计完成 1836 万美元。

【北京大兴经济开发区】2017 年，开发区完成固定资产投资 2.2 亿元；完成总收入 337.5 亿元，比上年增长 35.6%；完成利润总额 23.2 亿元，比上年增长 287.3%。自开始至报告期累计招商项目 3614 个，项目累计总投资 47.9 亿元，外商实际投资累计完成 9491 万美元。

【北京八达岭经济开发区】2017 年，开发区完成固定资产投资 28.4 亿元；完成总收入 116.8 亿元，比上年降低 5.8%；完成利润总额 25.7 亿元，比上年增长 11.3%。自开始至报告期累计招商项目 3071 个，项目累计总投资 996.1 亿元，外商实际投资累计完成 6880 万美元。

【北京延庆经济开发区】2017 年，开发区无新增加的固定资产投资项目；完成总收入 198.7 亿元，比上年增长 32.6%；完成利润总额 7.2 亿元，比上年增长 120.6%。自开始至报告期累计招商项目 1242 个，项目累计总投资 992.5 亿元，外商实际投资累计完成

6494 万美元。

【北京房山工业园区】2017 年，开发区完成固定资产投资 1.5 亿元；完成总收入 44 亿元，比上年增长 2.6%；利润总额 3674 万元，比上年降低 81.2%。自开始至报告期累计招商项目 27 个，项目累计总投资 25.9 亿元。

【北京林河经济开发区】2017 年，开发区完成固定资产投资 2.6 亿元；完成总收入 196.8 亿元，比上年增长 2.8%；完成利润总额 10.5 亿元，比上年增长 23.5%。自开始至报告期累计招商项目 336 个，项目累计总投资 93.8 亿元，外商实际投资累计完成 7396 万美元。

【北京石龙经济开发区】2017 年，开发区完成固定资产投资 8.8 亿元；完成总收入 888.3 亿元，比上年增长 22.5%；实现利润总额 49 亿元。自开始至报告期累计招商项目 11810 个，项目累计总投资 800 亿元，外商实际投资累计完成 6454 万美元。

【北京良乡经济开发区】2017 年，开发区完成固定资产投资 0.6 亿元；完成总收入 250.2 亿元，比上年增长 40.4%；利润总额 2.7 亿元，比上年降低 37.8%。自开始至报告期累计招商项目 80 个，项目累计总投资 30.2 亿元，外商实际投资累计完成 1532 万美元。

【北京采育经济开发区】2017 年，开发区完成固定资产投资 0.7 亿元；完成总收入 205.4 亿元，比上年降低 0.8%；完成利润总额 6.7 亿元，比上年降低 35.2%。自开始至报告期累计招商项目 56 个，项目累计总投资 72.4 亿元，外商实际投资累计完成 1650 万美元。

【北京昌平小汤山工业园区】2017 年，开发区完成总收入 1.9 亿元，同比降低 15.1%；完成利润总额 302 万元。自开始至报告期累计招商项目 78 个，项目累计总投资 5.3 亿元，外商实际投资累计完成 655 万美元。

【北京马坊工业园区】2017 年，开发区完成固定资产投资 3.9 亿元；完成总收入 2.7 亿元，比上年降低 78.4%；亏损总额 641 万元。自开始至报告期累计招商项目 67 个，项目累计总投资 27.8 亿元。

（以上内容均由北国咨提供）

2017年北京市开发区土地开发情况

单位：公顷

名　　称	规划总面积	累计已开发土地面积	累计已供应土地面积	累计已建成城镇建设用地
国家级开发区	45395.68	31200.67	29627.60	26147.36
北京经济技术开发区	4680.00	3700	4075.3	3700
中关村国家自主创新示范区	44801.28	30851.17	29303.93	25888.88
中关村示范区海淀园	17430.58	13970.63	13763.84	13722.25
中关村示范区丰台园	1763	374.83	237.44	198.97
中关村示范区昌平园	5140.25	2741.69	2717.99	1954.19
中关村示范区朝阳园	2610.00	1471.88	1447.09	1047.59
中关村示范区亦庄园	4680.00	3700	4075.3	3700
中关村示范区西城园	1000.00	1000	1000	1000
中关村示范区东城园	603.00	288.78		288.78
中关村示范区石景山园	1334.00	133.4	80.97	133.4
中关村示范区通州园	3434.62	2323.38	1971.16	1284.62
中关村示范区大兴园	1124.73	710.23	558.98	313.12
中关村示范区平谷园	508.00	227.71	103.39	85.19
中关村示范区门头沟园	189.00	120.00	120	
中关村示范区房山园	1572.57	1213.96	1139.44	737.97
中关村示范区顺义园	1208.49	912.35	567.54	410.65
中关村示范区密云园	1000.84	699.27	606.98	462.36
中关村示范区怀柔园	711.00	693.06	664.26	359.16
中关村示范区延庆园	491.20	270	249.55	190.63
北京天竺综合保税区	594.40	349.5	323.67	258.48
市级开发区	9263.0	6658.3	5320.1	5078.3
北京石龙经济开发区	189.00	120	120	
北京良乡经济开发区	240.93	136.11	132.69	114.83
北京大兴经济开发区	414.83	294.32	299.65	278.54
北京通州经济开发区	1947.58	770.67	750.47	637.27
北京雁栖经济开发区	1096.00	1096	722.2	637.57
北京兴谷经济开发区	503.20	571.72	421.59	596
北京密云经济开发区	1249.46	1249.46	1000.37	909.95
北京林河经济开发区	416.00	385	260	349
北京天竺空港经济开发区	660.00	660	449.18	432.2
北京八达岭经济开发区	909.78	443.16	392.55	411.59
北京永乐经济开发区	459.81	219.306	137.13	137.13
北京延庆经济开发区				
北京昌平小汤山工业园区	257.34	23.48	23.48	45.32
北京采育经济开发区	355.01	327.08	319.71	291.41
北京房山工业园区	218.52	159.51	150.72	122.76
北京马坊工业园区	345.58	202.49	140.4	114.72

说明：1．本表所指开发区包括北京市级及国家级开发区情况。

2．中关村国家自主创新示范区亦庄园数据在中关村国家自主创新示范区与北京经济技术开发区中为重叠部分。

3．自2013年起，平谷园、门头沟园、房山园、顺义园、密云园、怀柔园和延庆园7个园区纳入中关村国家自主创新示范区统计范围，后表同（详见表注）。

4．除中关村国家自主创新示范区海淀园外，中关村国家自主创新示范区各园“规划总面积”指标均填报批复土地面积，范围较2012年有所变化。

5．表内“累计”指自开始至年末的累计数。

（北国咨）

2017年北京市开发区招商、入资情况

名称	自开始至报告期累计					
	招商项目企业个数（个）	项目总投资（万元）	注册资本（万元）		合同外资金额（万美元）	外商实际投资（万美元）
				#三资企业		
国家级开发区	83330	286926418	268744665	33260960	4561747	2891113
北京经济技术开发区	18634	81611835	68015732	13137617	1201390	774030
中关村国家自主创新示范区	65364	220240994	210803476	24038102	3574163	2317815
中关村示范区海淀园	25734	87007053	86178108	12585494	2480440	1235423
中关村示范区丰台园	11204	25237299	25237299	240043	26905	33239
中关村示范区昌平园	4043	33219532	33017915	1280256	91504	91504
中关村示范区朝阳园	1782	11250975	11250975	1800347	174385	174385
中关村示范区亦庄园	1013	19313689	11580571	1549870	365887	357421
中关村示范区西城园	723	14285146	14285146	1388886	213675	213675
中关村示范区东城园	2415	2414874	2414874	101275	3293	3142
中关村示范区石景山园	2794	3740224	3747366	237765	34478	37380
中关村示范区通州园	355	2260940	1515497	392507	23049	23049
中关村示范区大兴园	2515	5510771	5510771	257513	34730	17365
中关村示范区平谷园	154	353104	353104	11800	2168	2168
中关村示范区门头沟园	11810	7999588	7999588	52465	8028	6454
中关村示范区房山园	207	191068	1372461	280108	75	1451
中关村示范区顺义园	350	5614337	5192802	815319	111425	113165
中关村示范区密云园	147	913500	946117	41504	3759	7609
中关村示范区怀柔园	66	839055	111042			
中关村示范区延庆园	52	89840	89840	2950	363	386
北京天竺综合保税区	345	4387277	1506029	635110	152081	156689
市级开发区	22558	52287804	43345051	3505160	550980	628727
北京石龙经济开发区	11810	7999588	7999588	52465	8028	6454
北京良乡经济开发区	80	302451	153229	16447	1532	1532
北京大兴经济开发区	3614	478512	2396204	156438	10675	9491
北京通州经济开发区	89	2996539	868049	274346	40360	37198
北京雁栖经济开发区	1732	3426648	970357	460489	240471	252780
北京兴谷经济开发区	214	916128	336538	241483	58992	61243
北京密云经济开发区	260	3137471	582010	131210	24807	60146
北京林河经济开发区	336	938113	628261	91063	11623	7396
北京天竺空港经济开发区	1045	20400476	18662471	1953545	142653	181466
北京八达岭经济开发区	3071	9960770	9690861	2626	6220	6880
北京永乐经济开发区	79	417562	136205	2623		1836
北京延庆经济开发区						
北京昌平小汤山工业园区	78	52800	34731	6242	989	655
大兴采育经济开发区	56	723925	484460	34271	4631	1650
北京房山工业园区	27	259224	124491			
北京马坊工业园区	67	277597	277597	81913		

说明：1. 中关村国家自主创新示范区亦庄园数据在中关村国家自主创新示范区与北京经济技术开发区中为重叠部分。
2. 北京经济技术开发区统计局2016年招商数据暂时缺失，累计数据截止到2015年。

（北国咨）

2017年北京市开发区投资、生产情况

名称	自年初累计		
	固定资产投资（万元）	总收入（万元）	利润总额（万元）
国家级开发区	9609122	580680248	44294916
北京经济技术开发区	3584772	98483087	5712481
中关村国家自主创新示范区	6864220	530257999	43210737
中关村示范区海淀园	1931600	216100468	15793580
中关村示范区丰台园	660000	51043879	4520751
中关村示范区昌平园	164774	39539925	2183444
中关村示范区朝阳园	277714	55388944	3440676
中关村示范区亦庄园	944870	50263007	4890250
中关村示范区西城园	107499	28772046	2880958
中关村示范区东城园	998320	23363931	1587455
中关村示范区石景山园	33781	21395179	4232198
中关村示范区通州园	262527	7996794	780616
中关村示范区大兴园	236158	6500183	414359
中关村示范区平谷园	44815	1344780	73535
中关村示范区门头沟园	88167	2192614	153715
中关村示范区房山园	331196	3641091	175783
中关村示范区顺义园	442942	12560149	1639421
中关村示范区密云园	141094	2693534	109882
中关村示范区怀柔园	170361	6390504	247276
中关村示范区延庆园	28402	1070971	86839
北京天竺综合保税区	105000	2202169	261947
市级开发区	1269489	57055803	4283455
北京石龙经济开发区	88167	8882938	490251
北京良乡经济开发区	6066	2501824	26558
北京大兴经济开发区	21856	3375121	231712
北京通州经济开发区	80404	486444	54989
北京雁栖经济开发区	170361	4155480	266561
北京兴谷经济开发区	58102	1587176	-29989
北京密云经济开发区	142098	4368435	158013
北京林河经济开发区	26136	1967556	105062
北京天竺空港经济开发区	222047	23952106	2576329
北京八达岭经济开发区	284028	1167938	256866
北京永乐经济开发区	109333	83760	4685
北京延庆经济开发区		1987177	71723
北京昌平小汤山工业园区		18901	302
大兴采育经济开发区	6690	2054039	67360
北京房山工业园区	14914	439976	3674
北京马坊工业园区	39287	26933	-641

说明：1. 中关村国家自主创新示范区亦庄园数据在中关村国家自主创新示范区与北京经济技术开发区中为重叠部分。
2. 北京经济技术开发区、市级各开发区“总收入”“利润总额”指标的统计范围为规模（限额）以上法人单位。

（北国咨）

企业

本栏目主要记述北京电子控股有限责任公司、北京汽车集团有限公司、中车北京二七机车有限公司、中车北京二七车辆有限公司、中车北京南口机械有限公司、北京京城机电控股有限责任公司、北京京仪集团有限责任公司、中国北京同仁堂（集团）有限责任公司、北京一轻控股有限责任公司、北京时尚控股有限责任公司、北京隆达轻工控股有限责任公司、北京工美集团有限责任公司、燕山石化、北京化学工业集团有限责任公司、首钢集团有限公司、北京金隅集团股份有限公司、北京能源集团有限责任公司、国网北京电力公司等发展情况。

综　述

2017 年，北京规模以上企业 3231 家。其中，采矿业 17 家，制造业 3089 家，电力、热力、燃气及水供应业计 125 家。按轻重工业分组，轻工业 1123 家，重工业 2108 家。按规模分组，大型企业 135 家，中型企业 532 家，小型企业 2411 家。按隶属关系分组，中央企业 203 家，地方企业 3028 家。按登记注册类型分组，内资企业 2512 家，港澳台商投资企业 175 家，外商投资企业 544 家。按控股类型分组，国有控股 664 家，集体控股 86 家，私人控股 1832 家，港澳台控股 132 家，外商控股 467 家。

在内资企业中，国有企业 48 家，集体企业 26 家，股份合作企业 37 家，有限责任公司 1141 家，股份有限公司 255 家，私营企业 1004 家。在港澳台商投资企业中，港澳台合资经营 83 家，港澳台合作经营 3 家，港澳台独资 78 家，港澳台商投资股份公司 11 家。在外商投资企业中，中外合资经营 203 家，中外合作经营 9 家，外资（独资）企业 312 家，外商投资股份有限公司 15 家。

（编辑部）

北京电子控股有限责任公司

【概况】2017 年，北京电子控股有限责任公司（简称北京电控）是北京市国资委授权的国有特大型高科技企业集团，拥有京东方、北方华创、电子城 3 家上市公司，22 家二级企事业单位。主营产业分布在高端电子元器件（含半导体显示器件、集成电路、特种元器件）、高端电子工艺装备、高效储能电池及系统应用和电子信息产业融合服务四大板块。2017 年底，北京电控资产总量 2929 亿元，收入超千亿元，利润过百亿元。在职职工 8.2 万余人，“千人计划”专家 14 名，“海聚工程”人才 33 名，外籍专家 400 余人。

（北京电控）

【年度经营】年内，北京电控研发资金支出近 80 亿元，同比增长 70%；新申请专利 9178 件，比上年增长 16%，新增授权专利 4634 件，比上年增长 22%，均创历史新高；实现新品销售收入超过 770 亿元，占营业收入比重 74%。整体营业收入 1044 亿元，同比增长 34%；利润总额 109 亿元，是 2016 年的 3.1 倍；归属电控的净资产收益率 6.27%，比上年提高 1.48 个百分点。资产负债率为 59.1%；经营活动净现金流 272 亿元，比上年增长 169%；总资产周转率、存货周转率等指标均较 2016 年有所提升，连续 4 年获得市国资委财务绩效 A 类评价。

（北京电控）

【产业竞争能力再上新台阶】年内，北京电控半导体显示面板出货量全球第一，在五大传统应用领域继续保持市场领先地位；大尺寸显示面板市场占有率全球第一；全球新产品首发覆盖率 37%，位居全球第一。合肥第 10.5 代 TFT-LCD 生产线实现产品点亮并交付客户，国内首条第 6 代柔性 AMOLED 生产线提前量产，产品良率超过 50%。半导体装备产业 14nm 刻蚀机、单片退火炉、ALD、LPCVD 实现客户端上线，进入工艺验证阶段；PVD、刻蚀机等产品进入美国、马来西亚和中国台湾地区市场。8 英寸集成电路生产线项目完成土地获取、关键设备采购等工作，进入施工建设阶段；推进化合物半导体技术研发及产业化，砷化镓项目正式立项，碳化硅项目完成产线改造和关键制造技术开发；两家企业的宇高级项目获得国防科工局正式批复。高效储能电池及系统应用产业向产业链上游拓展，完成与北汽集团、韩国 SKI 的电池芯项目商务谈判，进入开工准备。智能检测装备不良检出率提高到 80% 以上，智能服务机器人取得订单突破；射频电源产品进入长周期在线工艺验证；锂电测试装备形成批量订单，完成大功率开关电源、交直流电子负载等新产品开发。

（北京电控）

【企业改革】年内，北京电控按照“三步走”改革思路，形成电控深化改革实施方案。完成半导体装备平台内部资源整合和组织架构优化，整体实力增强；完成飞宇科技产业与社保分离，为产业平台整合奠定基础；夯实仪器仪表产业平台，实现瑞普三元整体由大华委托管理。资源整合力度加大，京东方实施对法国SES公司和以色列Cnoga公司的收购；北方华创与美国Akrion公司签署并购协议。京东方和电子城的职业经理人试点、798文化公司混改及员工持股试点获得市国资委批准，实施所属单位负责人契约化考核。基本完成社保对象和非经营性资产管理与原企业脱钩，全系统6万名退休人员全部纳入两个大厅、六个分站集中管理；搭建离休干部集中管理平台，完成部分离休干部社保关系转移；与房地集团签署非经营性资产分离移交接收框架协议，完成37家产权单位的实地尽职调查，实现两家产权单位非经营性资产的社会化移交。

（北京电控）

【提质增效】年内，北京电控管理精细化水平提升，开展关联方账务清理，企业间关联往来差异减少8亿元；深化资金集中管理平台建设，实现所有非上市二级企业的资金归集；开展企业成本费用压降专项行动，费用增幅低于营业收入增幅近13个百分点；全年消减冗余人员总量的15%。引入大基金等社会资本，为8英寸线募集项目资本金，意向投资额近30亿元；电控层面首次发行公司债，以较低成本融得资金13.8亿元；797音响通过新三板资本市场增发股份，引入战略投资者；争取市国资委、市经信委、老促办、市科委、市人力社保局的资金支持，累计获得政策资金约5.6亿元。提升存量资源价值，依托上市平台对部分存量资产进行盘活利用，推动低效无效资产和房管所房产使用权处置，累计盘活土地近17万平方米，房产近28万平方米。完成七星集团、东光微电子两家债转股企业的股权回购及工商变更登记，实现11户劣势企业调整退出，完成大华、久益等8户全民所有制企业公司制改制。处理光大银行、宝蓝物业等重大法律纠纷案件，挽回经济损失3000多万元。

（北京电控）

【企业管理】年内，北京电控修订电控公司和13家二级企业章程，把党建工作要求纳入公司章程，进一步明确了党委会、董事会、经理层的职责定位和管理权限。开展全系统2016年度战略评估，对电控整体和17家二级单位的战略规划进行滚动修订。各单位完成制度修订754项，新增制度630项，基本形成业务全覆盖、上下两级紧密衔接的内控体系。结合专项巡视、董事长任中审计、市国资委监事会监督检查提出的整改要求，组织开展综合延伸检查，推进财务管理、决策管理、人力资源等8个方面制度的优化和落实。基础管理水平提升，在北方华创等3家单位推行全级次全面预算与运营监控管理试点；围绕财务管理与会计核算形成300多项评价指标，构建财务管理能力评价体系；制订电控全面推进法治国企建设实施方案，推动企业依法合规经营。信息化建设加快，完成决策过程管理系统建设，财务数据采集系统上线试运行；加强电控信息化基础设施建设，启动网络安全优化和存储扩容项目。

（北京电控）

【社会责任履行】年内，北京电控按照全市疏解整治促提升专项行动的总体安排，完成大红门等3个市级挂账项目和地下空间综合整治任务共计腾退面积约4.5万平方米。优化产业空间布局，推动北方华创、兆维集团、瑞普三元等企业进行战略搬迁。制订电控农租房腾退工作方案，落实腾退安置房源，争取到政府资金支持1800余万元；配合区政府推进酒仙桥旧城改建工程，形成房改售房工作方案，完成房改售房公用面积测绘工作。开展安全隐患大排查大清理大整治专项行动，初步建立隐患排查治理体系。

（北京电控）

北京汽车集团有限公司

【概况】北京汽车集团有限公司（简称北汽集团）1958年成立，是中国主要汽车集团之一，在国内汽车行业排名第5位。拥有“北京”“绅宝”“昌河”“福田”等自主品牌，先后引进“现代”“梅赛德斯·奔驰”等国际品牌，汽车整车产品覆盖轿车、越野车、商用车和新能源汽车等门类。拥有乘用车、越野车、商用车、新能源汽车和动力总成技术的专业研发机构，发展成为涵盖整车（包括新能源汽车）研发与制造、通用航空产业、汽车零部件制造、汽车服务贸易、投融资等业务的国有大型汽车企业集团。

2017年，北汽集团以提质增效为中心，以“两个转型”为主线，加大自主创新和改革，经济效益和整体竞争力提升。整车销量251.2万辆，比上年下降11.8%；营业收入4703.4亿元，比上年增长15.8%；经营利润280.6亿元，比上年增长14.4%。在2017年《财富》全球500强中排名第137位，董事长徐和谊荣获

2017 中国年度汽车总评榜“年度风云人物”奖，北汽集团获得“中国品牌 100 强”。

（张　旭）

【合资合作】 7 月 5 日，北汽集团与戴姆勒签署新的框架协议，双方将共同投资 50 亿元人民币（约合 6.55 亿欧元），在北京奔驰建立纯电动车生产基地及动力电池工厂；北汽产投发起设立安鹏中国新能源汽车产业发展基金，规模超百亿元；北汽新能源与宁德时代、孚能合作，发力产业链核心资源；北汽集团与百度、小米、科大讯飞等 IT 及互联网企业合作，致力于智能化与网联化发展。

（张　旭）

【战略发展】 年内，北汽集团零部件和服务贸易板块业绩增长，年整车销售 10.3 万辆，比上年增长 97.7%，连续第 5 年蝉联国内纯电动汽车市场销量冠军；财务公司、产投公司、九江银行成为集团利润新增长点；华夏出行公司正式成立运营。

（张　旭）

【自主创新】 年内，北汽集团自主品牌销量（含乘用车和商用车）127 万辆，占总量比例 50% 以上。北汽股份开发的首款 2.0 时代的智能化轿车绅宝 D50 正式上市，智能网联领域完成近 10 项 L1–L2 智能驾驶关键技术的整车搭载及量产。北汽福田为国内唯一获得商用车自动驾驶路测牌照的商用车企业，B40 整车开发项目荣获汽车工业科技进步一等奖。北汽越野 BJ80 先后两次作为国家元首检阅用车，服务“香港回归 20 周年阅兵”和“中国人民解放军建军 90 周年阅兵”，并荣获“2017 年度硬派 SUV”大奖。

（张　旭）

【新能源汽车】 年内，北汽集团整车销量 10.3 万辆。全国纯电动市场占有率 22.1%，在全球纯电动市场中名列第二。北汽新能源正向开发的国内首款全新平台、全铝车身的小型纯电动车型 LITE 正式上市。北汽福田新能源大客车销量突破 5500 辆。北汽集团牵头申报的国家级新能源汽车技术创新中心通过科技部批复，成为全国第二家、汽车行业第一家国家级技术创新中心。

（张　旭）

【管理创新】 年内，北汽集团提出“集团化 2.0”战略，继续以“集团化”优势实现管理体系的提升和管理能力的迭代；北汽新能源公司实现 B 轮融资 110 亿元，在混合所有制改革和员工持股方面迈出实质性步伐；北汽集团申报的《大型汽车集团以服务型制造为目标的转型升级管理》成果，荣获第 24 届全国企业管理现代化创新成果一等奖。

（张　旭）

【零部件产业】 年内，北汽集团海纳川公司营业收入 512.1 亿元，比上年增长 4.9%。收购铝合金铸造行业领军企业德国 Trimet 公司（特锐迈特汽车控股公司），发力零部件轻量化。

（张　旭）

【金融产业】 年内，北汽集团北汽财务公司营业收入 9.1 亿元，比上年增长 32%；完成汽车金融融资租赁体系搭建，初步开展新能源项目融资业务；有价证券投资业务成效显现，全年货币基金产品投资规模增长。北汽产投公司加快战略新兴产业的投资与布局，在构建汽车全产业链金融服务体系方面进展显著；联合北汽新能源等合作伙伴发起设立百亿元级“安鹏·新能源汽车产业发展基金”，助力行业全面新能源化转型；新设股权投资基金、创投基金、并购基金等专项基金 14 支，管理资金规模 300 亿元；融资租赁业务扩张，设备租赁、飞机租赁、汽车租赁等业务投放总额超过 12 亿元；互联网金融平台“优普钱包”用户数量和存款额度大幅增长。

（张　旭）

【通用航空产业】 年内，北汽集团北京通用航空有限公司在警用航空与航空体育消费市场取得突破，全年实现 P750 和 AW 直升机交付 13 架。首架“常州造”P750 成功试飞并交付用户；法荷航飞机航线维修有限责任公司与直升机维修技术中心正式成立；北京八达岭、海南博鳌、河南郑州等全国跳伞点布局全面落地，高端跳伞网络和体验平台初具规模；江西直升机基地在飞机制造销售、民航资质获取、通航运营等方面取得阶段性进展。

（张　旭）

【服务贸易产业】 年内，北汽鹏龙营业收入 329.3 亿元，正式提出未来发展成为上市的千亿级“车·人”生态集成服务商。奔驰等汽车经销业务猛进，汽车改装、保险代理等板块扩张，业务协同效应显现；中都物流推进铁路、水运布局落地。北汽集团正式成立华夏出行公司，为北京市 532 家政府及企事业单位提供了出行服务保障，累计运营车辆规模 1367 台，配套建设网点 450 个，注册会员 45670 人。在石景山区开通全国首个“共享汽车运营示范区”；摩范出行拓展昆明、西安、成都等 10 余个城市，全国上线运营车辆规模 2261 辆，注册会员 5820 人，行驶里程超过 250 万公里。

（张　旭）

【农业装备】年内，兴东方公司在完成企业改制基础上，重组成立兴东方科技公司，打造全新农业现代化发展平台。年营业收入21.5亿元，同比增长2%；温室等现代农业装备业务签订合同总额突破11.4亿元，同比增长42%；定位于全产业链运作的云南现代生态循环农业项目正式落地运行；京鹏科技参与申报的《高光效低能耗LED智能植物工厂关键技术及系统集成》项目荣获国家科学技术进步二等奖。

（张 旭）

【信息化建设】年内，北汽集团通过建立和完善法务、审计、财务等管控业务信息平台，打通相关业务的集团化管理通道，集团业务垂直管控能力提升；通过组织构建以研发协同、生产精益、整合营销为特点的集团级信息平台，实现信息化资源的共享和整合。

（张 旭）

中车北京二七机车有限公司

【概况】中车北京二七机车有限公司（以下简称二七机车公司）为中国中车股份有限公司一级子公司。主要经营项目有，制造、加工铁路及城市轨道交通运输设备、电子设备、机械电器设备；开发、设计、制造、修理、销售铁路及城市轨道交通运输设备、电子设备、机械电器设备；技术咨询、技术服务、技术进出口、代理进出口、货物出口、供暖服务；仓储服务；施工总承包；专业承包；劳务分包；机械设备租赁等。2017年，拥有机械动力设备1830台（套），占地面积约44.3万平方米，厂房建筑面积约13.4万平方米。另在房山区窦店镇购得土地约38.6万平方米，正在进行建设。注册资本135000万元，从业2320人。有硕士以上学历136人，本科668人。行政下设11个部室、6个中心、9个事业部、4个子公司。党群系统设7个职能部室。产品出口20多个国家和地区，遍布全国18个路局、100多家路外工矿企业，矿山车辆领域形成从50吨到400吨的产品系列，是世界上唯一同时拥有整车集成和交流传动核心技术的矿车制造商。公司先后通过IRIS体系认证、ISO9001：2000质量管理体系认证、ISO10012测量管理体系认证、ISO14001环境管理体系认证、OHSAS18001职业健康安全管理体系认证和EN15085焊接体系认证，获得中国钢结构协会颁发的中国钢结构制造一级企业资质，DF7G−E型机车通过欧盟标准认证。公司具备新造电力机车100台，新造内燃机车100台，修理内燃机车80台，大型养路机械60标准节的生产能力。主要产品有HXD3、HXD3C型7200KW电力机车、DF7系列内燃机车、GK1E和GK31E型内燃机车、铁路大型养路机械LZC−800型路基处理车、GMC96B型钢轨打磨车、多功能作业车、BS−1200型边坡清筛车等。年内，二七机车公司路外新造内燃机车7台，出口越南新造内燃机车1台，修理内燃机车21台，BS−1200型边坡清筛机1列，GMC16A型钢轨打磨列车3列。

（胡跃平）

【规划发展】年内，二七机车公司营业收入51亿元。根据北京市非首都功能疏解政策和中车股份公司产业发展战略调整相关文件要求，公司业务转移、股权调整、停止制造业业务，全面转型为科技、文创及服务型企业。按照北京市对老厂区工业遗存保护要求以及中车公司业务转型发展要求，在实施老厂区保护利用基础上，开展文创产业业务，打造中车二七1897科技文化创新城。规划二七科技园主要以工业遗存保护利用与科技文化产业集群交融发展为主线，打造双创产业区、科技研发区、文化产业区、人才公租房和商务配套区等四大产业功能区。明确园区未来业务发展方向为轨道交通产业、文化创意产业、高科技产业、生态旅游产业等；公司未来发展方向为打造机车工业博览会、全国轨道交通交易平台、工业展示中心；文化创意产业领域吸引文化艺术、新媒体、设计服务类企业；高科技产业领域吸引信息服务、大数据、人工智能类企业；生态旅游产业领域发展文化体验、火车主题游览、红色旅游、生态休闲旅游类产业等。根据园区搬迁实际及整体规划方案，划定启动区和样板区，与青旅文化公司签订合作框架协议和启动区租赁合同，共同开发中车二七1897科技文化创新城。启动区基本完成腾退工作，厂区整体规划设计和启动区设计开始方案细化、景观设计和厂房建筑内外部修缮等工作。窦店产业园项目开工面积约18万平方米。其中，调试联合厂房、组装联合厂房、零部件加工厂房、钢结构厂房、涂装加工联合厂房、备料厂房等厂房完成厂房封闭；所有辅房正在装修中；室外管网工程完成90%。产业园项目实际完成资金3.55亿元，全部为国内贷款。其中，建筑工程费3.22亿元，其他费用0.33亿元。项目累计完成投资13.29亿元。其中，土建工程投资5.30亿元，土地使用权投资6.43亿元，其他项目投资1.56亿元。

（胡跃平）

【改革改制】年内，根据中车公司《关于推动中车北京二七机车有限公司业务重组工作的指导意见》文件，二七机车公司成立由董事长和总经理领导的深化改革工作领导小组和由主管副总经理牵头的工作小组。制定相关制度、管理办法、方案、通知等共计28项。召开了董事会决议通过股权转让立项事项，开展公司及下属子公司资产审计、评估事宜。与集团公司相关部门沟通，明确业务转让的实施路径，成立产业疏解工作领导组和由公司副总经理担任组长的各业务专项工作组，就承接业务范围、资产、资料、人员、售后等方面与业务承接单位接洽，陆续与各承接单位签订业务转让承接框架协议。

（胡跃平）

【经营管理】年内，根据中车公司工作指导意见要求，二七机车公司与各业务转移承接单位签订协议转让合同，完成了各业务板块技术资料、设备工装等相关资产的转移及股权转让；根据中车公司业务重组计划总体安排，运作矿山设备租赁和工程总承包业务及不落轮镟床销售业务、二七康库得公司曲轴镦锻业务整体进入集团公司。

（胡跃平）

【人力资源管理】年内，二七机车公司规范劳动合同管理，完成183人劳动合同到期续签合同。为节约人力成本，雇佣劳务用工246人。内部员工调配817人次，签约应届毕业生34人。办理101人离职及档案移交手续（其中清理不在岗15人，旷工解除9人）。选拔赴长客培训124人（其中12人因生产任务推迟培训）。借调至四方股份公司钳工24人。开展培训鉴定工作，培训班总数323班次7218人次，“双师工作室”培训252人次。“薛礼亮电焊工技师工作室”被评为“丰台区首席技师工作室”，薛礼亮被评为丰台区“首席技师”；刘纬被评为丰台区“首席员工”。

（胡跃平）

【质量管理】年内，二七机车公司IRIS标准被ISO/TS 22163所替代，成立了标准推行工作领导小组和标准推行工作小组。进行了为期三天的ISO/TS 22163标准内审员培训，34名员工取得ISO/TS 22163内审员证书人员资格。形成《ISO/TS 22163标准文件识别清单》，制定了IRIS体系文件修订工作计划表。下发《质量损失管理办法》，明确了公司质量损失的归集范围、类别、原因及相应代码，明确了工作职责和管理要求。对年度质量损失控制指标进行分解，制定相关保证措施。以全面质量管理理论中的6个（人机料法环测）影响产品质量的因素为考虑点，确定6部分内容，分别是人力资源、资产管理、物流管理、工艺管理、质量管理、生产单位进行审核。公司质量保证能力评价结果符合《铁路机车车辆产品造修企业质量保证能力审核评价办法（试行）》相关要求，公司质量保证能力能满足产品质量稳定性要求。下发了《质量安全大检查推进计划》《关于组织开展质量安全专项检查活动的通知》，组织设计、工艺等部门联合北京（二七）机车监造项目部共同开展机车车辆产品源头质量安全专项检查，对《质量安全大检查推进计划》的实施情况进行监控。组织两次为期一个月的以质量或质量安全为主题的专题活动，成立了“质量月”活动领导小组，负责“质量月”活动工作。编制大修机车质量提升年活动实施计划检查表，确定18个重要质量攻关项点，并安排专人跟进质量攻关项点的推进与落实。开展外购件入厂检验工作和重要、安全关键件的监造复核工作。

（胡跃平）

【科技创新】年内，二七机车公司完成GMC16A型钢轨打磨列车（宽轨型）设计96头短编组打磨列车方案设计。完成机车车体钢结构静强度试验台项目符合国家质量检测检验中心的相关标准。为宁波地铁项目设计的GCY450（330）重型轨道车、接触网作业车完成设计输出评审。参与TB/T 2745—2017动力装置用柴油机认证试验、TB/T 2381—2017内燃机车线路运行试验、TB/T 2054—2017铁路机车漏雨试验方法、TB/T3474.1—2017机车车辆螺纹连接软管第一部分波纹金属软管等7项行业标准的制修订。完成深圳地铁、昆明地铁轨检车的研制。HSM型钢轨铣磨车通过中车专家组科技成果鉴定，达到国际先进水平。申请专利15项，其中发明专利11项。4项科研课题列为中车公司年度科研计划重点课题，申报科研课题2项。获丰台区科技三项费项目批准立项。项目奖励381万元。完成GMC96B型钢轨打磨列车，BS1200型边坡清筛机行政许可的申报工作。

（胡跃平）

【市场营销】年内，二七机车公司调整销售系统，撤销原以区域划分的9个部门，整合重组为主要以业务板块划分的6个部门，分别是国铁业务部、大客户部、城轨业务部、海外业务部、售后服务部、市场发展部。路外新造内燃机车7台。其中，中铁四院集团南宁勘察设计院1台DF7G新造内燃机车，安庆石化1台DF7G新造内燃机车，签订宁波港1台DF7C新造内燃机车，签订平煤集团4台DF7G新造内燃机车。出口越南新造内燃机车1台，修理内燃机车21台，BS-1200型边坡清筛机1列，GMC16A型钢轨打磨列车3列。配件收入13308万元，矿山工程总承包业务9443万元，曲轴锻造业务3365万元，其他业务收入1051万元。派出售后服务人员431人次，累计出差天数4592天，处理问题224项，产生三包损失费约638万元，售后服务客户满意度98%。

（胡跃平）

【基本建设和技术改造】年内，二七机车公司房山高端装备制造园项目获得中车股份公司批复，批复总投资214980万元，包括6座生产厂房、铁路线及场站工程、辅助配套设施等。批复了长客股份公司提出的二期轨道客车立项、可研、初步设计。开工面积18万平方米，规划设计的6座厂房均基本完成整体封闭，雨水收集池、道路及室外综合管网等附属工程部分竣工。铁路线开始施工。产业园项目累计完成投资132851.82万元。其中，土建工程投资52933.49万元，土地使用权投资64323.81万元，其他项目投资15594.52万元。完成产业园项目土地使用权证名称变更、调试及组装厂房消防设计备案，以及长客二七合资公司注册资本增资，法人、董事、监事调整，营业执照变更等工作。科技城项目启动开发工作，对启动区内青旅提交的拆改方案进行审查、施工图纸进行审核，移交44台报废设备进行文化创意工作。

（胡跃平）

【企业文化建设】年内，二七机车公司弘扬劳模精神，在微信平台上介绍6位全国劳模的先进事迹，制作33名年度先进工作者“劳动风采录”系列微新闻在微信公众平台上播出。组织168名党员进行“传承历史 砥砺前行 开启二七转型发展新征程”党员宣誓活动。微信平台发布225条微信，电视台完成310条广播播报，制作22条微新闻，完成18期《二七机车报》编辑。在二七1897文化科技创新园启动区安装120块展板，介绍公司120年来的历史、人物、产品、活动等，各界人士上百人参加国企开放日活动。

（胡跃平）

中车北京二七车辆有限公司

【概况】2017年，中车北京二七车辆有限公司（以下简称二七车辆公司）在册员工2391人。其中，教授级高级工程师20人，副高级专业技术职称126人，中级专业技术职称193人，高级技师资格99人，技师资格186人。本部（不含子公司）固定资产原值58394.24万元，有机械动力设备1511台。公司设有行政部室19个，党群部门6个，生产车间4个，分公司1个，一级全资子公司1个、一级控股子公司2个，二级控股子公司1个。公司生产用地630204.86平方米，房屋建筑193450平方米。全年新造货车销售4704辆（国铁3800辆、自备车904辆），实现检修货车销售1442辆。全年营业收入26.8亿元，归属母公司净利润10107万元。

（刘 浩）

【规划发展】年内，二七车辆公司与中车置业公司共同研究提出《二七车辆公司土地划分方案》，土地开发建议，转型升级项目落地实施的规划布局，以及与启迪控股沟通合作的可行性，编制了《京西南科技创新生态城概念性方案》。制定了以科技成果孵化为发展主线，建设物流科技中心、电商中心、服务中心、产业孵化中心、京外制造中心、汽贸城六大业务板块，实现场地租赁、制造服务、代理销售、产权交易、京外代理、系统结算六大收入，打造集创新、投资、物流、制造、服务五大业务领域的“1266”北京二七车辆产业生态城转型升级发展目标。

（刘 浩）

【改革改制】年内，完成北京诺安舟应急缓降机械装置有限公司（简称诺安舟公司）注销工作。对北京丰华实机械有限公司（简称丰华实公司）人事、财务等方面存在的问题和风险进行梳理整改，制定了丰华实公司注销工作计划，明确了人员安置、债权、债务及资产处置等工作方案。

（刘 浩）

【经营管理】年内，公司以“降成本、增效益、保生产、促转型”为主要任务，紧扣经营主线，坚持管理体系设计，以“目标统一、行动一致、责任清晰、落实有据”为工作原则，通过“1+11”项主要项目，从节支降本、力保生产、增加利润、深化转型4个方面，拓宽公司经营工作，从 8 个方面分解了 16 项经营工作项目，把控进度，形成“问题清单”闭环管理。围绕战略，以建设“可平移、可复制、可输出”的精益管理体系为目标，召开“提质增效动员与精益管理启动会”。建设“1+5”的模块化组织构架，形成由总经理挂帅督导精益管理体系构建“1”的引领作用；由财务副总经理作为精益管理推进方案落实的主抓领导，以“精益价值模块”为侧重点，开展成本管控、两金压降、精益工作考评等工作。

（刘　浩）

【生产运营】年内，二七车辆公司完善 SQ6 产品完整交车管理，加强对完整交车的监督指导，对相关指标实施情况监控、统计分析并动态调整，保证产品质量有效控制。开展质量问题回头看活动，加强质量问题责任落实。对公司造修车辆质量跟踪，获取在运用中发生的行车设备故障或事故信息，快速响应处理。

（刘　浩）

【科技创新】年内，二七车辆公司应对铁路改革，做好与铁总、特货等大客户沟通工作。完成《适应电商物流快运集装箱运输装备关键技术研究》《提高 SQ6 型运输汽车专用车技术性能研究》《适应物联网的铁路货车“平台 +”技术平台研究》《铁路平车地板技术研究》等科技项目。完成关节式双层汽车运输专用车组产品试制及相关型式试验，通过铁总试用评审。完成 NA1 型运输重型卡车专用车产品试制、车体静强度试验及车辆冲击试验。公司研制的 SQ7 型汽车 - 普货双层两用车荣获中国中车科学技术奖一等奖，《冷藏集装箱运输装备技术研究》《SQ7 型运输汽车 - 普货两用车批产工艺研究》均获 2017 年度中国中车股份有限公司科学技术奖三等奖。

（刘　浩）

【市场营销】年内，公司新造车完工数量和销售数量均为历史之最，全年签订新造车订单 4217 辆，比上年增长 2150 辆，增长率 104.02%。实现销售新造车 4732 辆，比上年增长 2715 辆，增长率 134.61%。

（刘　浩）

【基建与技改】年内，二七车辆公司职工住宅项目（一期）B01–A、B06 地块建筑工程规划许可证获得北京市规划委员会的批复，建设规模分别为 44679.7 平方米和 17390.58 平方米，环境影响报告表获得北京市环境保护局批复。B01–B 地块，宿舍区锅炉安装调试完成，实现正常供暖。B06 地块、B01–A 地块主体结构完成。供电移交项目完成分离移交协议的签署。将位于张郭庄的职工家属区供热系统所涉及设施、资产及管理职能移交给北京市丰台区房屋经营管理中心供暖设备服务所，对主体业务退出后出现的闲置装备，办理封存手续，并择期进行处置；公司内正常报废的装备按《闲置报废装备管理办法》采取招标出售的方式进行处置。

（刘　浩）

【人力资源管理】年内，二七车辆公司向四方股份公司输送 31 名车辆钳工。加强国际化人才开发和培养，通过选送外出培训高级人才 1 名、中级人才 3 名。选派参加核心管理人才国际化培训 1 人，核心管理人才专业培训 1 人，精益研发体系培训 3 人，优秀领导力培训 6 人，德国精益研修 1 人。组织首次职称外语考试活动，66 人参加考试，根据总部《关于公布 2017 年度中车职称外语合格标准》，通过高级及以上合格人员 8 名，中级合格人员 48 名，通过率 85%。规范职称评审工作，评审出中级职称 55 人，初级职称 34 人，推荐高级以上职称 38 人参加集团评审。开展人才推优工作，推荐 15 名专业技术人员参加中车研究院协助工作。

（刘　浩）

中车北京南口机械有限公司

【概况】2017 年，中车北京南口机械有限公司（以下简称南口公司）在岗员工 875 人。其中，硕士及以上学历 39 人，本科学历 341 人，专科学历 133 人，中专及以下学历 362 人。固定资产原值 10.38 亿元，净值 6.08 亿元。占地面积 54 万平方米。设备 1162 台（套），其中大型精密设备 85 台，进口设备 83 台。设行政部室 8 个，党群部门 3 个，经营实体单位 6 个，合资公司 2 个。全年销售收入 1.86 亿元。

（陈宗河）

【改革改制】年内，南口公司转变经营机制，营销一部、机电车间、轨道传动研究所合并，成立轨道齿轮箱公司；营销二部划入压缩机公司；营销三部、风电厂、风电传动研究所合并，成立风电齿轮箱公司；机械加工厂变更为铁路配件公司；动电厂变更为机电公司；齿轮厂、热处理车间、压缩机配件厂合并，成立制造事业部。撤销铸造厂和结构件事业部，保留铸造业务和铆焊业务；撤销科技管理部、生产安全部、质量保证部、工艺技术研究所，新成立运营管理部和群众工作部；经营财务部更名为财务部，企管信息部更名为企划信息部，综合管理部更名为存续管理部，纪检审计部更名为纪检监察部；成立能效实验室，挂靠压缩机公司。存续企业中车集团北京南口机车车辆机械厂（简称南口厂）根据中国中车集团公司批复，经北京市工商行政管理局昌平分局登记注册，11月8日正式启用“中车集团北京南口实业有限公司”（简称南口实业公司）企业名称。

（陈宗河）

【经营管理】年内，南口公司贯彻落实专项治理工作方案，以深化改革、转变机制为核心，优化运营模式和组织机构，优化人员队伍和业务结构。铸造、铆焊等亏损业务下马，“煤改气”“三供一业”移交。按不同业务板块重组整合为5个分公司和1个事业部，并由公司领导班子成员兼任3个重要经营实体总经理职务，各经营实体全面推行模拟法人运营管理模式。公司与福伊特正式签署《合资经营合同》。完成分流安置员工322人，正式员工总数减少23%。持续开展提质增效专项活动，采购成本比上年降低2.03%，“两金”占用比上年降低10.49%，应收账款压降幅度比上年降低25.35%。编制完成公司2018年至2020年3年滚动发展规划。通过ERP系统流程控制，集团编码物资全部上线，实现中车供应链管理电子平台切换，全年网上采购率92.17%。机电设备公司注销，实现所属子企业户数压减目标，获中车集团压减工作“突出贡献单位”荣誉称号。安全生产管理保持良好状态，未发生重大以上工伤事故，轻伤事故率控制在2‰以内。

（陈宗河）

【科技创新】年内，南口公司结合市场需求，优化产品设计。风电产品完成中车风电、三一重能、许继、株所等企业风电齿轮箱初步设计，以及久和、华创风电齿轮箱质量改进工作，NP3风电齿轮箱通过IEC/CE认证。轨道产品启动时速250公里中国标准动车组齿轮箱研制项目；完成CJ−1型动车齿轮箱60万公里实际线路运用考核；完成CRH3A动车组齿轮箱CRCC认证，取得正式证书；完成福伊特改造NH3动车齿轮箱设计，通过中国中车技术方案评审。压缩机整机结合客户需求，推出新外观、新机型产品，从7.5千瓦至355千瓦功率等级、1.5公斤至16公斤压力等级实现产品系列全覆盖，所有产品均达到国家一级能效标准。

（陈宗河）

【生产运营】年内，公司严格生产节点计划考核，提高生产管理水平。完成主要配件10828件（套），其中完成和谐2型技术引进机车主动齿轮498个，从动齿轮184个；东风4型机车主动齿轮556个；喷油泵1049套，喷油器456套，喷油器偶件1060副。完成风电齿轮箱49台、轨道齿轮箱38台；完成不同规格螺杆空压机657台、系列转子产品2620对。

（陈宗河）

【市场营销】年内，公司风电产品销售收入比上年减少91%，轨道产品比上年增长42%，压缩机系统产品比上年增长47%。轨道产品获得同车公司和谐机车配套产品以及大连金普线轻轨齿轮箱产品批量订单，并陆续交付。压缩机产品订单充足，生产任务饱满，整机产品年度销售收入比上年增长125%。

（陈宗河）

【基建与技改】年内，公司严格控制设备维修、基建工程整体费用指标，年度更新改造计划31项。其中，设备23项，费用1120万元，实施12项，完成10项，合同金额137万元；基建工程更新改造项目完成126.53万元。实施锅炉房煤改气、供暖分离移交项目，完成7台锅炉注销手续及锅炉房供暖设施拆除工作，每年可减少污染物排放20余吨，实现天然气供暖，获得政府供热补贴172万元。完成液化气站社会化移交，丙烷站罐体拆除工作获得政府奖励90万元，从源头上消除重大危险源。采取临时减容、调整负荷等措施，年度节省电费近200万元，获得政府节电奖励22万元。全年处置报废、闲置设备153台。

（陈宗河）

【人力资源与劳动管理】年内，公司调出、解除劳动合同共计247人，退休31人，校园招聘29人。制定风电类、轨道类、压缩机类新产品零件工时定额80余件，处置临时一次性定额工时100余次。经营实体单位按照利润中心模式考核，印发公司转型过渡期暂行工资办法。完成公司领导班子年度考核自评分数和个人事项报告上报以及96名中层管理岗位人员年度任职考核。选拔、调整和岗位交流中层管理人员29人次，其中调整9人次，提拔4人次，转正2人次，降职、免职4人次，退二线10人次。完成职称评审工作，工程师通过10人次、政工师通过3人次。完成技师、高级技师评审，技师通过13人次、高级技师通过3人次。办理因公护照2人次，签证4人次。

完成11份涉及人力资源管理内控文件修订工作。整理大学生档案70份。组织各级各类员工培训119项，培训人员2615人次，培训课时298学时；组织10次HCM业务培训，参加国际化初级培训共4人、国际化中级培训1人。

（陈宗河）

【质量管理】年内，公司完成中车股份6项质量考核指标，未发生一般D类以上质量责任事故，外部产品质量监督抽查合格率100%。开展“质量安全月”活动。完成质量体系文件重新修订和换版工作，通过埃尔维质量认证中心审核，保持质量体系证书持续有效。对67家供应商进行业绩评价，新开辟8家供应商；完成5家供应商现场审核、6家供应商资质评定；对NPT232C齿轮箱上下箱体毛坯及成品进行首件鉴定。与中车大连机车车辆有限公司转向架分公司、河北兴盛机械有限公司、河北邢台三鑫橡塑有限责任公司等供应商签订质量保证协议。

（陈宗河）

【企业文化建设】年内，南口公司强化思想政治建设，加强宣传思想和企业文化引领。出版内报7期，制作广播节目46期、发布微信24条；7条新闻被中车采纳。组织“班前喊话”和朗诵者比赛活动；报道参观“砥砺奋进五年”大型成就展、“青春喜迎十九大不忘初心跟党走”等主题教育活动；开辟《贯彻落实职代会坚决打赢减亏攻坚战》专栏采访报道。推进BI建设，发掘公司文化内涵，促进文化品牌建设落地。成立BI建设组织机构，制定《南口公司推进BI建设实施方案》并召开动员会，完善班前会规范等五项专项BI建设制度，与《中国中车员工日常行为规范》进行对标，规范员工行为，开展“塑造中车品牌规范员工行为从我做起”承诺活动。

（陈宗河）

北京京城机电控股有限责任公司

【概况】2017年，北京京城机电控股有限责任公司（以下简称京城机电）加强党的建设，推动产业转型升级，构建“高精尖”产业结构，坚定不移疏解非首都功能，深化体制机制改革，赢得基础更加牢固的发展空间。

（尹亚昌）

【谋划发展战略先导产业】年内，重点选取机器人集成应用、外骨骼机器人、军工机器人等领域，开展机器人行业合作。京城机电所属企业北京亦创科技文化有限公司借助举办世界机器人大会契机，完善园区建设，构建产业创新孵化平台，吸引35家国内领先机器人企业入驻园区，入驻率90%。公司所属企业北京京城长野工程机械有限公司调研多家特种机器人和工业机器人企业，筛选出智能靶标机器人、管道维护机器人等项目推动合作。围绕老旧小区电梯改造深入调研爬梯机器人，实现初步合作。公司下属企业北一法康公司发展机器人集成应用技术，在汽车制造领域积累了经验。确定金属与非金属相结合的增材制造产业发展方向，制定涵盖材料、软件、工艺、装备、服务的产业链发展路线。公司所属企业北京北一机床股份有限公司完成增减材加工复合机床研发项目及样机设计制造，9月，参加了德国汉诺威展会。公司所属企业北京京城重工机械有限责任公司开展行业合作，推动与粉末制造企业成立合资公司，培育原材料生产制造能力；与上海优势企业洽谈，推动金属打印合作；实施的模块化军用装备实验室项目为承接军工项目积累了经验。

（尹亚昌）

【产品创新助推产业转型升级】年内，北京北一机床股份有限公司XKAS25系列龙门铣床样机参展，中型数控立加VA400系列完成设计进入试制阶段；北京天海工业有限公司推动IV型瓶技术引进，开发船用燃料罐及供气系统；北京华德液压工业集团有限责任公司新产品实现收入5500万元，增长110%。其中，M7工程阀批量供应市场，新系列比例阀产销比上年增长80%。北京京城环保股份有限公司桨叶式干燥机和流化床焚烧炉完成样机制造，参与建造的上海竹园污泥项目获国家住建部市政公用科技示范工程奖。北人智能装备科技有限公司书刊印刷智能工厂按期试制投产，软包装智能工厂昆山项目基本完工，完成零排放零污染的卫星式电子束印刷机开发，推动VOCs（挥发性有机物）整体解决方案市场化应用。

（尹亚昌）

【产品与技术规划有效落地】年内，按公司所属企业制订年度产品研发计划，至2017年年底，完成34项新产品研发，其中6项战略产品按计划完成。编制完成“十三五”技术规划，梳理出新开发重点产品的162项关键技术。初步建立内、外部技术资源库，发布《北京市相关科技资源信息汇编（1.0版）》，开展

4项关键技术对接。CAE仿真分析中心围绕重点产业开展仿真分析课题14项，为企业新产品研发提供量化技术支撑。

（尹亚昌）

【智能创新中心助力产业发展】年内，北京市机电产品标准质量检测中心寻找符合公司发展方向的合作项目，协调推动项目落地。与北一机床联合成立数控机床实验室，推动双主轴机床等新产品研发。北京市机械工业局技术开发研究所加快资源库和专家库建设，搭建完成在线咨询系统。

（尹亚昌）

【坚持首都城市战略定位】年内，以疏解非首都功能促进产业转型升级。截至2017年年底，累计疏解土地面积179万平方米，安置6000余名职工，多家企业以疏解为契机实现产业转型升级。公司所属企业北京巴布科克·威尔科克斯有限公司按照“清洁能源+节能提效改造服务”定位，非核心部件全部外包，占生产总量近40%；腾退土地6.6万平方米，腾退厂房2万平方米；抓住机会完成美方股权收购工作，为后续搬迁疏解和开拓国际市场创造条件。公司所属北京北重汽轮电机有限责任公司按照“生产性服务业+文创和保障房综合开发”定位，搭建合作产能平台，最大限度退出一般生产制造环节，外协比例近80%；培育发展机组改造服务业务，比上年增长31%。公司所属企业北京京城重工机械有限责任公司按照“增材制造+文化创意”定位，持续推进疏解退出，发展新业态，全面停产台湖厂区起重机业务，推进京城泰格、现代京城和北起多田野等企业退出。北一机床完成普机业务退出，华德液压厂研密封件完成生产单元停产疏解，毕捷联华铸造实现停产，北人富士和华德威力德完成清算注销。

（尹亚昌）

【以战略引领改革发展】年内，企业战略实施效果显著。京城机电按照推进国企改革、专业化经营、突出转型升级、剥离社会职能四项原则，对原北人集团公司进行全面优化资源配置，三项业务独立运营，独立核算，为未来发展创造条件。调整完成后，北人智能装备科技有限公司专注绿色、高效、智能化印机业务，实现书刊印刷智能工厂和软包装智能工厂的研发制造与市场推广。北京亦创科技文化有限公司保障亦创会展中心运营，为后续发展创造条件。北人集团公司盘活房地资源，推动亏损企业退出，解决历史遗留问题。北京天海工业有限公司多措并举发展迅速，加大市场开拓力度，CNG产品比上年增长38.8%，LNG产品比上年增长112%，低温罐式集装箱新签订单3亿元，比上年增长410%，美国市场销售额达2亿元，比上年增长37%。开发国内能源气体市场，按照大客户需求，制订完成车用供气、供氢系统设计方案。Ⅳ型瓶引进工作进入产品技术性能测试阶段。与北燃集团等气源企业在多领域拓展合作，逐步从单件产品向系统解决方案提供商转型。优化空间布局，廊坊天海缠绕瓶和管制瓶转移至天津天海生产，冲拔瓶和大管制瓶转移至宽城天海生产，将木林车间焊接瓶搬迁至江苏天海生产，大幅降低生产成本。

（尹亚昌）

【深化体制机制改革】年内，为公司发展注入活力与动力，管控体系优化效果初步显现。京城机电总部各部门按照管控体系方案和权限表，修订近30项核心制度和业务流程。董事会有近30%的决策事项改由总经理办公会审批，提高决策效率。在决策执行上，董事会和总经理办公会各决策事项推进落实速度加快、力度加大。制定并发布《企业经营者业绩考核管理办法》《企业经营者薪酬管理办法》，把党建考核纳入绩效管理体系，将年度综合业绩考核与战略周期业绩考核相结合，构建与生产经营、党建紧密挂钩的差异化业绩考核与薪酬体系。京城机电公司非经平台作用发挥，完成华德液压、一机床厂8000余名离退休人员，27万多平方米非经资产的移交工作，实现非经人员与资产的专业化统一管理，减轻企业历史负担。

（尹亚昌）

【推动腾退房地资源开发利用，服务首都功能建设】年内，公司制定《重点土地资源利用推进方案》，与政府沟通对接，推动13宗地块盘活开发。定向安置房建设取得突破，北京京城置地有限公司落实卢沟桥定向安置房项目启动建设。推进文化创意园区建设，公司所属企业北京华德液压工业集团有限责任公司和北京京城重工机械有限责任公司推进西三旗文创园规划设计和3D打印科技文化创新产业园开发。养老项目开发取得阶段成果，通州半壁店项目列入通州城市副中心重点建设项目名录，北人印机所养老项目取得规划调整批复。老旧小区电梯改造进展迅速。公司积极响应市委、市政府、市国资委要求，履行国企职责，编制17部电梯改造方案，11月底，启动首批3部电梯开工建设。参与北京城市副中心建设，公司所属企业北京京城环保股份有限公司推动通州区有机质资源生态处理站项目建设，污水池车间等建设收尾，餐厨、污泥料仓等设备安装完毕进入调试阶段。

弥补首都公共服务设施短板，截至2017年年底，北京锅炉厂主动腾退办公场所，建设养老照料中心，提供养老适老服务；北人集团公司将自有物业用于北京东区儿童医院建设，解决了该地区儿童就医难问题；北京北重汽轮电机有限责任公司将3000余平方米办公楼腾退后用于开办同心医院，提升周边地区医疗服务水平；北京京城机电资产管理有限责任公司将位于西城区的旅馆主动关闭，改造为社区公共服务中心，丰富了该地区人民群众的文体娱乐生活。北京毕捷电机股份有限公司拆除库房等生产设施，构建出6万平方米的绿色生态体系，向市民免费开放，成为休闲健身的特色场所。

（尹亚昌）

【队伍建设】年内，内部选拔任用处级干部5名，市场化选聘职业经理人2名，干部交流任用、岗位调整116人次。提升总部专业能力，对公司总部组织机构、部门职能、岗位职责、人员编制、绩效考核体系、薪酬和晋升体系进行全面优化和重新设计，促进总部人力资源优化配置。加强核心人才建设，搭建核心人才队伍建设管理体系，建立完善企业核心人才选拔、管理、激励机制，举办企业中层骨干人员培训班，为核心人才发展创造条件。注重高技能人才培育，通过技能竞赛、技能培训、首席职工和先进评选表彰，增强职工技术技能并拓宽荣誉晋升通道。在第44届世界技能大赛上，工贸技师学院胡萍同学获时装技术项目金牌，是北京市自参加世赛以来的最好成绩。完善模范职工评选与关爱机制，制定模范职工评选表彰管理办法，开展劳模先进体检、休养、宣讲活动和劳模先进合理化建议征集活动。新增全国五一劳动奖章1人、首都劳动奖章1人、1个集体荣获“北京市工人先锋号”荣誉称号。开展多项关爱职工活动，建立覆盖绝大多数企业在职员工的补充医疗制度，通过送温暖、助单亲、送清凉、金秋助学、互助保险、重疾慰问等工作，落实关爱职工具体行动。完善民主管理程序，建立公司级职代会，规范二级企事业单位职代会，保障职工合法权益。

（尹亚昌）

北京京仪集团有限责任公司

【概况】北京京仪集团有限责任公司（以下简称京仪集团）隶属于北京控股集团有限公司。京仪集团是集科研、设计、生产制造、销售服务、工程设计和系统工程成套于一体的集团公司。注册资金12.77亿元，拥有二级控股子公司16户、科研院所3户、科技孵化平台1户、高级技工学校1户，与ABB、艾默生等多家国际公司建立有长期合资合作关系。2017年末，职工人数3918人（不含返聘、事业单位），其中大专及以上学历占职工人数的59.7%。2017年，京仪集团国有及国控工业总产值24.96亿元，工业增加值4.10亿元，营业收入29.10亿元，利润总额2915.1万元，科技投入1.24亿元，占营业收入的4.27%。

（李　婕）

【企业改革】年内，京仪集团坚持“宜改则改、稳妥推进”的原则，选择合适的、具备条件的企业或业务推进混合所有制改革。新设京仪环保公司，专注于开展工业污水处理装备集成业务；启动了北分麦哈克公司的混合所有制改革工作；完成京仪集团总经理市场化选聘及经营层身份转换工作，并以新身份履职。职业经理人年度考核口径经济指标全部完成。

（李　婕）

【提质增效】年内，京仪集团持续开展“提质、增效、控风险”专项工作，运营质量和效率提升。全年经营活动现金净流量完成1000万元，比上年改善5000万元；应收账款周转率完成1.9次，比上年提高0.2次；存货周转率完成2.8次，比上年提高0.2次；成本费用占营业收入的比重为98.8%，比上年下降2.1个百分点；人均销售收入提高10万元，人均利润提高近10%；通过发送律师函、诉讼等法律手段实现回款近3500万元。

（李　婕）

【压减疏退与扭亏控亏】年内，京仪集团所属企业法人实体净减少9户，完成远东测振、北分华通等企业的退出；亏损户数由12户减少为6户，亏损金额下降9200余万元。其中，京仪椿整、北仪创新、博飞公司调整业态、主动瘦身、退出不赢利业务，京仪椿整由上年亏损2400万元转为赢利300万元。

（李　婕）

【高端装备制造升级】年内，京仪集团国家级企业技术中心制订了软硬件提升方案，博飞公司划转至研究总院，京仪创投基金启动设立；研究总院和京仪北方联合研制的智能膜式燃气表通过了计量院与质监局验收，取得防爆、计量以及生产许可等证书；京仪赛拉弗“光伏组件一期”项目初步达到设计产能；京仪绿能开发的光伏电站智能运维系统在浑源投入运行；京仪椿整6000余万元智能配电系统应用于通州副中心、北京新机场等重大项目；京仪北方连续6次国网中标；布莱迪球阀、蝶阀以及调节阀取得安全仪表（SIL3）证书；研究总院与北仪创新分别荣获省部级奖项。全系统新增专利授权49项。其中，发明专利13项，计算机软件著作权登记18项，评定京仪集团级科技成果奖7项。逐步形成大兴、延庆、涿鹿三大制造基地。艾默生北京测量技术中心正式入驻大兴基地。

（李 婕）

【投资运营】年内，京仪集团光伏投运业务电站拓展，追踪项目在500MW以上，在广西、安徽、青海等地初步达成200MW光伏电站合作意向；在山西、青海、河北等地建成并网65.4MW光伏电站，陕西50MW光伏电站在建中；全年持有、运维的327.4MW光伏电站发电超2.5亿度，减少碳排放量超22万吨；青海新能源实现新三板挂牌，股票代码871438。远东有限智慧环卫平台应用于北控城市服务河北、陕西、内蒙古等项目，京仪环保中标华电集团1200万元脱硫污水零排放项目。

（李 婕）

【现代服务业】年内，京仪集团实施优化资源配置，压缩生产占用，开展租赁巡查，整治长租期低租金合同，释放房产资源4.6万平方米，平均租金单价较上年提高9.3%。京仪工贸围绕打造首都核心区高端园区，实施“西什库31号”文创园升级改造；京仪大酒店与北控置业共同推进古巴中餐厅建设；京仪孵化器荣获国家级众创空间，并协助京仪集团通过国家知识产权局审核员实践基地认定；京仪世纪加快推进棚户区改造；研究总院利用博飞亦庄厂区与北控集团共建大数据中心；仪表技校深化校企合作，为北控环保打造德国EEW固废发电定向委培班。

（李 婕）

【运营管控】年内，京仪集团对原有167项规章制度进行梳理、更新和完善，形成新制度83个并装订成册；在集团、企业两级推进内控体系建设，《内控手册》试运行。完成远东有限对海福尔、布莱迪工程的托管；监事会重点开展平泉电站及京仪赛拉弗“光伏组件一期”等项目投资后评价工作。制定《集团本部法律审核工作管理规定》，启动“现金池”建设工作，新建了客户信用管理体系，人力资源信息化管理系统、房产经营信息化管理平台正式上线，实现国有及国控企业100%全覆盖。

（李 婕）

【安全生产】年内，京仪集团落实安全生产主体责任，制定并下发了《安全生产工作要点》《现代服务业安全管理规范》，与所属各企业签订了《安全工作目标管理责任书》《交通安全责任书》，明确了全年安全生产工作重点和要求；开展安全隐患大排查大治理大整治工作，对“霍营违建”进行了重点治理，同时加强了对外埠企业（办事处）的安全管理。全系统全年查处并完成整改安全隐患141项。

（李 婕）

中国北京同仁堂（集团）有限责任公司

【概况】中国北京同仁堂（集团）有限责任公司（简称同仁堂集团）是市政府授权经营国有资产的国有独资公司，以中药为主业，集科工贸、产供销于一体的大型中药企业集团。拥有6个二级集团、3个院、5个直属单位。其中，北京同仁堂股份有限公司（简称同仁堂股份）、北京同仁堂科技发展股份有限公司（简称同仁堂科技）和北京同仁堂国药（香港）集团（简称同仁堂国药）是3家上市公司，北京同仁堂健康药业集团、北京同仁堂商业投资集团、北京同仁堂药材参茸投资集团（简称同仁堂药材参茸）等11家为中外合资及股份制公司，1家研究院、1家中医医院、1家教育学院。业务涉及中药材种植及饮片加工，中成药、普通营养食品、保健食品、传统滋补品、生物制品及化妆品的生产销售、科研开发、出口贸易等。

2017年，同仁堂集团加快转变发展方式，挖掘内部资源，探索营销新模式，培育新增长点，着力科研技术开发，开展全面质量管理，强化基础管理，经营质量稳中有升，营业收入、利润总额再创历年最高。全年营业收入175.33亿元，比上年增长9.96%；利润总额24.9亿元，比上年增长10.86%。职工人均增资4级。全年无重大安全、质量事故。同仁堂集团获得首都文明单位标兵称号；同仁堂药材参茸投资郭金生被授予“全国五一劳动奖章”荣誉称号；同仁堂股份郭凤华、同仁堂商业张中捷被授予“首都劳动奖章”称号。

（葛　冰）

【成立同仁堂养老产业基金】 5月26日，同仁堂集团发布成立同仁堂养老产业基金。发布会上，碧桂园集团、光大永明保险、招商银行、中诚信托、中国老年保健医学研究会分别与同仁堂签署了战略合作协议。同仁堂养老品牌同时发布。

（葛　冰）

【签署战略合作协议】 6月7日，北京同仁堂欧洲控股有限公司、中信哈萨克斯坦有限责任公司、哈萨克斯坦共和国总统事务局医学管理中心医院三方，在哈萨克斯坦总理府签署战略合作协议，成立“同仁堂中医健康中心”，提供符合当地健康需求的中医药产品和服务。哈萨克斯坦共和国总理萨金塔耶夫，中信集团董事长常振明，同仁堂集团副总经理丁永玲等出席签约仪式。

（葛　冰）

【同仁堂（黑山）中医药发展中心落成】 9月14日，北京同仁堂（黑山）中医药发展中心落成，并在黑山“16+1”首都市长论坛举办“同仁堂中医药文化展”。北京市委副书记、代市长陈吉宁出席活动。9月16日，塞尔维亚首府贝尔格莱德“北京日”活动开场，陈吉宁在现场向塞尔维亚总理推介同仁堂。同仁堂展位吸引上百名塞尔维亚民众体验传统中医药养生、诊疗。

（葛　冰）

北京一轻控股有限责任公司

【概况】 北京一轻控股有限责任公司（简称一轻控股）是由北京国有资本经营管理中心出资，按照《公司法》建立的集投融资、控股、参股、资本运作、生产经营、科研、进出口贸易、技术咨询服务为一体的具有独立法人资格的大型国有控股公司。资产总额272.97亿元，净资产157.92亿元。直属企事业单位14家，中外合资企业9家。拥有红星、龙徽、义利、星海4个“中华老字号”及1个国家级非物质文化遗产（红星二锅头酿制技艺），13个北京市著名商标（清华阳光、奥琪、宝贝、欧珀莱、熊猫、金鱼、星海、义利、五星、夜光杯、古钟、红星、龙徽）和9个北京知名品牌（红星、龙徽、义利、北冰洋、欧珀莱、金鱼、星海、大豪、三一），知名品牌总数居全市各控股公司品牌产品之首。在全国轻工行业2016年度百强榜上，一轻控股位居综合能力排名第46位。

2017年，一轻控股把握首都城市战略地位，贯彻京津冀协同发展规划纲要，拓展“7+1+3”集团化发展战略，加快实施“三优四调三培育”战略布局，经济保持健康稳定发展，全年完成工业总产值100.66亿元，实现营业收入154.43亿元，实现利润28.05亿元。在岗职工年人均收入增长11.53%。

（一轻控股）

【改革调整】 2017年，一轻控股坚持创新驱动，加快优势发展。大豪科技荣获工信部“第二批全国制造业单项冠军示范企业”称号，智能工厂网络云平台研发与推广等项目实施。红星股份六曲香固态发酵法连续蒸馏技术属国内首创，项目进入设备试运行阶段。食品集团加快马鞍山基地建设，积极开拓第二个外埠基地；食品技术品控中心建成并投入使用，义利—北冰洋主题文化乐园完成基础建设。星海钢琴（河北）有限公司完成工商注册，京纸集团京融恒达公司完成混改，日化集团主要产品实现OEM生产。龙徽公司完成怀来庄园改造一期工程和葡萄酒孵化中心生产线改造调试，取得生产许可证。首量科技在新三板挂牌并公开转让。大豪科技并购大豪明德工作完成。启动红星股份、食品集团上市工作，完成IPO方案和尽职调查，制订了对接资本市场方案。启动京纸集团并购中纸在线项目，完成尽职调查和审计评估。北酒所举办2017“一带一路”国际葡萄酒大赛，协助海淀区签订比利时布鲁塞尔国际葡萄酒大赛协议，并积极开展平台业务风险评估。浆纸交易中心挂牌运行，玻璃陶瓷交易中心、食品交易中心、乐器交易中心及日化交易中心申报工作推进。玻璃集团天坛体育文化分中心、永定门文化创意分中心、红桥文化创意分中心挂牌运行。合资设立北京芬钛克金融小镇管理有限公司，打造国家级互联网金融小镇示范区。玻璃陶瓷文化创意产业园完成项目前期筹备，正在报批。京纸空港文化创意产业园完成开发设计方案，正在合作谈判。合资设立北京龙徽国际酒文化创意产业园有限公司，启动龙徽文创园开发建设。鸿运置业提高资产经营和物业管理水平，推进G9商务楼合作项目落地。

（一轻控股）

【科技创新】 年内，一轻控股完成科技投入1.49亿元，新产品试制118项，累计新产品投产237项，实现销售收入16.22亿元。红星股份投产上市新产品7项，完成大小二、蓝瓶、甑流、内部品鉴等系列产品升级。大豪科技研发投入占销售收入的比例6.26%，10种新产品成功转产。食品集团陆续投产面包系列、蛋糕系列、巧克力系列、冰激凌系列等新产品45种。启动扶培基金项目3项，分别为“一轻食品集团电商平台”项目、“北玻集团眼镜电子商务平台”项目、院企对接的“运用气调包装延长食品保质期工艺”项目。年内结题验收项目2项，分别是“食品生物原浆制备工艺优化”项目和“智能钢琴产品试制—测试平台建设”项目，其中星海钢琴集团推出30余台智能钢琴产品。全年开展科研技改项目89项，一批重点项目申报国家重点研发计划和市国资委原始创新项目，其中部分项目获专项资助。大豪科技开展“集成一体化电控系统平台”“网络智能工厂”等12项重点研发项目，红星股份“酿酒微生物筛选及应用”“酿造自动化和工艺创新”等项目按计划推进。

（一轻控股）

【新品研发】年内，星海钢琴开发出UF130系列智能钢琴等新产品2种。日化集团开发出高端餐洗系列、洗衣液系列等多项新产品。龙徽公司开发中华五粮液等新产品。一轻院开发出新型闪烁晶体、玻璃封接插件等4大类70多种规格新产品。

（一轻控股）

【品牌建设】年内，“大豪”荣获2017年第八届“北京极具影响力十大品牌”和2016年度“北京知名品牌”，红星股份、食品集团加强全方位品牌宣传，“红星”入选2018年CCTV“国家品牌计划”。食品集团、日化集团、龙徽公司等企业参加知名品牌进社区活动，大豪科技加入中国服装智能制造技术创新战略联盟，电光源质量检验中心推出品牌与项目互动模式，北玻院和首量公司参加国内外光电展，浆纸交易中心亮相福州展会。星海钢琴集团联合国家大剧院举办艺术沙龙，并被评为中国质量诚信A级企业，“星海”被评为“北京老字号”。

（一轻控股）

【重点项目建设】年内，一轻控股安徽义利北冰洋食品项目厂房及配套工程主体完工，进入设备安装阶段。义利连锁配套加工楼项目进入工程结算阶段。星海钢琴肃宁基地项目完成土地购置并取得规划许可证。红星股份山西六曲香分公司酿造车间和办公楼主体及装饰工程进入收尾阶段。怀柔厂区安全整改项目进入整体验收及结算阶段，怀柔厂区升级改造项目勾兑车间完成预验收。北玻集团山东郓城项目主体框架完成，窑炉施工同期进行。龙徽葡萄酒孵化中心项目及怀来龙徽庄园改造工程进入收尾阶段。保障房建设中的石佛营定向安置房项目取得相关手续，大兴保障房项目取得前期工作函。

（一轻控股）

【技能人才建设】年内，一轻控股全系统引进外埠人才12名，招收应届大中专毕业生79名，公开招聘7人进入总部管理岗位。一轻控股博士后工作站进站博士后1名，博士后课题正在审批中。在北京发明协会《寻找中国工匠》评选活动中，杜艳红、魏秀珍获得“创新大工匠”称号，另有3人获得提名奖。持续开展岗位练兵技术比武，星海钢琴开展比技艺、比绝活、比精品活动。技师学院承办了食品检验工、维修电工技师研修培训。技师学院作为第44届世界技能大赛糖艺、西点制作项目中国队集训基地，完成参赛选手的集训选拔任务，代表中国队首次出征世界大赛的基地选手吕浩然，在28个国家选手中取得第5名，获得糖艺、西点制作项目优胜奖。

（一轻控股）

【综合管理】年内，一轻控股全面预算管理取得明显成效。各单位预算编制水平普遍提高，预算刚性有所增强，执行偏差明显缩小。企业决算编报质量提高。财务分析向三级企业延伸。坚持经济工作月例会、季度经济分析会制度，持续推进降成本、降应收、降库存工作。完成资产管理信息系统平台建设。逐级开展全系统内控体系评价工作，对内控体系完整性和制度执行有效性进行全面梳理，对11家企业139个流程进行检查，共发现缺陷286项，逐一剖析原因，按计划如期完成整改。完成上年度内控评价37项审计整改。完成5家单位的离任审计和任中审计。制定并实施《一轻控股公司全面推进法治国企建设的实施方案》《法治国企建设目标任务分解表》。加强公司章程审核，制订了二级单位章程范本。制作房屋租赁等参考文本。积极应对诉讼案件，挽回经济损失近600万元。完善法务管理制度体系，建立“一轻外聘律师专家库”，威科先行法律数据库正式上线。坚持开展食品质量季度抽查及现场质量控制检查，食药局、质监局历次抽检产品全部合格。开展食品生产许可证专项认证援助，4家企业取证。重点企业开展质量体系、环境管理体系、职业健康安全体系等认证审核。一轻产品质检中心完成3600多项检验。推进“三供一业”移交工作，与房地集团签订非经营性资产移交协议。推进退休人员社会化管理，启动一轻退休人员社会化管理平台建设。制订并落实公务用车改革方案，控股公司总部及所属事业单位完成公务车改革，二级企业公务用车改革方案上报待批。完成控股公司《章程》《“三重一大”决策制度》《党委会议事规则》《董事会议事规则》的修订工作。

（一轻控股）

【安全稳定】年内，一轻控股坚持“党政同责，一岗双责，失职问责”，层层落实安全责任。逐级签订安全目标责任书，实现安全生产责任“全覆盖”。强化安全教育和安全检查，全年累计培训安全主管领导、安全管理人员、内保人员364人次，开展了有限空间作业专项培训暨实战演练观摩活动。开展安全隐患大排查大清理大整治专项行动，共组织各类安全检查95次，检查出安全隐患528项，累计安全投入2170万元，整改消除隐患480项。全年开展3次矛盾纠纷大排查，各单位共查出矛盾纠纷29件，10件矛盾纠纷化解、稳控，其余得到有效缓解，全年信访总量、批次和人次均下降。

（一轻控股）

北京时尚控股有限责任公司

【概况】2017年，北京时尚控股有限责任公司（以下简称时尚控股公司），注册资本168702.1万元，经营主要涉及高端服装纺织业和现代都市服务业等。拥有北京铜牛集团有限公司、北京雪莲集团有限公司、北京光华纺织集团有限公司、北京京棉纺织集团有限责任公司、北京京工服装集团有限公司、北京清河三羊毛纺集团有限公司、北京大华时尚科技发展有限公司及北京方恒置业股份有限公司等107户全资及控股企业，职工总数9433人。公司围绕“思想观念有更新，企业转型有作为，产品升级有进展，业态创新有突破”的年度工作总要求，实施“调优产品结构、调绿生产方式、调高运营水平、调顺管理体系”举措，聚集资源，加强管理，推动工作。公司资产总额175.37亿元，营业收入121.24亿元，利润总额1.94亿元。

（李童瑶）

【产品销售】年内，时尚控股公司工业企业产品销售收入完成255033.4万元，比上年增加43478.1万元，增长20.6%。其中，服装业完成收入120925万元，比上年增长27.6%，所占比重为47.4%；面料原料企业完成收入26467万元，比上年增长0.4%，所占比重为10.4%；产业用纺织业完成收入87754万元，比上年增长24.4%，所占比重为34.4%。非纺企业完成收入19889万元，比上年增长0.1%，比重为7.8%。销售纱97吨，比上年增长16%；布0.9万米，比上年下降99.6%；毛线2448吨，比上年下降14.6%；无纺布5150吨，比上年增长36.8%；服装1765.6万件，比上年增长50.2%。

（王晓蕾）

【产业结构调整】年内，时尚控股公司围绕“企业转型、产品升级和业态创新”三条战略转型路径，加快推动“品牌时尚化、产品科技化和服务增值化”业务布局。疏解退出市国资委考核企业2户，企业自行退出8户，压缩管理层级和法人6户，全民所有制企业公司制改制3户。完成宁波奕辉公司、毛科所股权转让，解决京纺雪莲股权划转后续问题。投资新设企业8户，增资扩股8户，股权收购5户。

（时尚控股公司）

【品牌运营】年内，时尚控股公司通过展会和大型活动，展示品牌形象，宣传推广新品，提升品牌影响力。控股公司参加中国（北京）国际服务贸易交易会（京交会），雪莲集团、光华集团参展CHIC2017中国国际服装服饰博览会，绿典品牌参加上海孕婴童展，铜牛品牌参加CHIC中国国际针织展，雪莲品牌高级定制2017春夏系列亮相巴黎高级时装发布会。雪莲、雷蒙、pure touch、铜牛、绿典、Artfusion、6个重点服装品牌在北京时装周期间，共举办6场动态发布活动；雪莲、铜牛、PURE TOUCH、绿典品牌首次亮相北京时装周时尚北京展。公司品牌渠道共计707家（含电商），品牌销售收入75061万元，比上年增长10.88%。

（张芳芳）

【科技创新】年内，时尚控股公司主要生产企业科技投入12491.10万元，占产品销售收入的4.90%；实现新产品销售收入77247.16万元，占产品销售收入的30.29 %。申请专利20项，其中发明专利13项；授权专利12项，其中发明专利7项。北京燕阳公司参与起草的国标《橡胶或塑料涂覆织物 油扩散性能的测定杯法》发布；燕阳公司聚氨酯软质输液管线生产小组获中国纺织工业联合会全国纺织行业质量信得过班组二等奖；燕阳公司获中央军委装备发展部颁发《装备承制单位注册证书》，编入中国人民解放军装备承制单位名录。中纺海天公司荣获国家知识产权局颁发的中国专利优秀奖。京兰公司获中关村高新技术企业认定，北京市毛麻丝织品质量监督检验站获得中关村高新技术企业认定和北京市高新技术企业认定。“铜牛”牌针织内衣裤连续15年（2002年至2016年）荣列同类产品市场综合占有率前10位；铜牛集团美肤暖针织面料荣获2017年第二届中国功能性针织产品最佳市场应用奖，纯棉高纱支针织产品面料荣获2017年第二届中国针织功能（舒适性）产品入围奖。

（付清云）

【节能环保】年内，时尚控股公司万元产值综合能耗为0.024吨标煤/万元，比上年下降38.5%；万元产值水耗为1.194吨/万元，比上年下降18.6%。在空气重污染预警期间，及时启动空气重污染应急预案。京兰公司完成清洁生产审核工作。方舟开源公司、科兴源公司、大华时尚公司中关村办公区域完成燃气锅炉低氮改造，达到市级氮氧化物排放标准，获得节能环保资金517.5万元。其中，埃姆公司和京棉巨龙公司获“三高”工业企业调整退出奖励资金各200万元，方舟开源公司获燃气锅炉低氮改造补助资金117.5万元。

（付清云）

【重点项目建设】年内，时尚控股公司共投入14个重大创新项目，投入资金6768.65万元，实现销售收入29007.12万元，实现利润4711.77万元。铜牛集团“功能性针织产品深度研究与产业化”项目，研发具有舒适性的纯棉系列产品和再生纤维素纤维系列产品，体现家居服高档时尚的穿着风格，受到消费者欢迎；光华集团“柔性节能保温篷房的研发与产业化”项目产品在新疆规模化生产，保温篷房质量高、耐风耐寒性能好。设计人员紧跟市场需求，设计生产了休闲度假“木屋”，产品应用领域由工业农业向民众运动休闲方向拓展；雪莲集团“羊绒衫全自动编织技术产品研发及产业化应用”项目继续与江苏扬帆服饰有限公司合作研发生产全成型针织系列服装，与北京华冠经纬文化公司合作研究开发无缝裤装；大华时尚“功能性纺织服装产品的技术研究和产业化应用”项目根据市场及客户反馈信息，开发新的功能性产品，对YDP成衣免烫设备进行系统调研，对设备进行招标采购，推进项目实施。

（葛顺顺）

【效能监察】年内，时尚控股公司效能监察立项15项，完成率100%。为企业避免经济损失95.66万元，挽回损失1.26万元，增加效益371.43万元，提出改进管理建议58条，被采纳56条；建立和完善规章制度27项，举办效能监察培训12期，培训人员100人次。

（张肖雯）

北京隆达轻工控股有限责任公司

【概况】北京隆达轻工控股有限责任公司（以下简称隆达控股公司）是北京市人民政府授权的国有独资控股公司，主要从事印刷包装、有色新材料、家用电器、塑料加工、塑料建材、皮革制品、环保设备、商贸、宾馆、物业服务等产业。公司下属企业共81家，其中国有及国有控股企业46家。国有及国有控股企业在职职工2128人，其中具有大学本科452人、硕士29人、博士3人，高级专业技术人员90人，中级专业技术人员177人。

2017年，隆达控股公司资产总额（汇总）54.21亿元，所有者权益（汇总）26.87亿元，工业总产值19.34亿元，营业收入39.66亿元，利润总额1.7174亿元，净资产26.87亿元，归属母公司为14.42亿元，比上年增长7.4%。净资产收益率6.61%，其中主业企业净资产收益率9.18%，高新技术企业营业利润增长率28.6%。上缴税费2.29亿元。年内，隆达控股公司第5年荣获“中国轻工业百强企业”称号。

年内，隆达控股公司对17户全民所有制企业实施公司制改革。完成北京市印刷技术研究所、北京市冶金设备自动化研究所、北京市有色综合服务公司、北京市黄金公司、北京市塑料研究所、中国少数民族文化开发总公司6户企业改制工作，按国资委要求改制为国有独资公司。推进企业资产重组及股权转让工作，启动京华虎彩公司48%股权转让资产评估，富文新特公司增资扩股项目完成资产评估。全面启动劣势企业退出工作，完成北京市塑料技贸公司退出项目。

疏解非首都功能，依据“京内做强、京外扩张”发展思路，华盾云南公司完成工商注册与试车工作。立足首都功能定位，领会北京市促进工业老厂区转型发展要求，重新修订《老工业厂区向高端创意服务转型升级指导意见》，清退低端业态，提升工业老厂区物业经营品质，打造胶印厂77文创“美术馆”、弘祥1979、马家楼戏曲园、印二电影园等文化创意服务品牌，逐步实现工业老厂区向高端创意服务转型升级。

北泡公司刘老公庄、塑研所鼓楼大街、楠辰公司刘家窑等项目取得重要进展，轻钢厂区、北厨四十亩地、塑三厂区的低端疏解总体完成，白菊汽车零部件公司主动退出加工制造业全面停业，北厨联合体退出铝梯生产，有色总公司本部整体搬迁，结束在市府大楼办公60余年历史。

投资1.9亿元，实施印刷集团、有色所、北泡公司、北厨公司、塑料三厂、印刷一厂等19个科技研发和技术改造项目。有色所荣获"中国电子材料行业50强"称号，申请国家发明专利6项，授权发明专利4项，参与起草和修订国家标准或行业标准7项。达博公司研发的金丝新产品批量供货。特色印刷产业向高端发展，印刷集团完成高新技术企业和森林认证，实施高端防伪技术产业智能化项目，设立冬奥会文印室，承接市十二次党代会选票和《习近平总书记关于北京工作指导摘编》印制任务。华盾固安公司全面投产，实现盈利。

北京市塑料研究所编辑部经营收入52.54万元，其主编发行的《塑料》杂志再次成为国家科技部《中国科技论文统计源》核心期刊、北京大学图书馆《中文核心期刊要目总览》核心期刊、中国科学院文献情报中心《中国科学引文数据库》（CSCD）核心期刊、美国化学文摘（CA）收录期刊。北京隆达兴业科技开发有限公司轻工质检一站在北京市行业分类监管活动中取得98.6分，位列北京市检测机构的第一类；轻工质检一站开拓电商市场，与"微店"签订检测2000种产品的合同，年内执行完成400种，电商检测收入达200万元；轻工质检一站在北京市消费者协会和北京市工商局2次招标中全部中标。

（隆达控股公司）

【华盾公司云南项目】 9月，北京华盾雪花塑料集团有限责任公司按疏解非首都功能要求，在云南投资设立了云南华盾雪花塑料有限公司，注册资本1000万元。其中，北京华盾雪花塑料集团有限责任公司以设备和现金出资600万元，持有60%股权。

（隆达控股公司）

【消防隐患治理】 12月12日，隆达控股公司召开隐患排查治理专题汇报会，会议总结了消防安全隐患大排查大清理大整治工作，听取了7家单位重大消防安全隐患整改工作情况。隆达控股公司系统在市国资委挂账的重点隐患有4个，完成整改2个，正在整改2个。共拆除7处可燃性彩钢板房10233平方米，整治散乱污8处计2810平方米，清退1172人，打通消防通道2处。6家单位隐患排查治理系统完成与市安监局系统对接。

（隆达控股公司）

【文化产业园建设】 是年，北京隆达控股公司疏解非首都功能取得新进展。修订《老工业厂区向高端创意服务转型升级指导意见》，明确老工业厂区转型方向和具体要求。北京英特塑机公司对老厂区文化产业园升级基础设施、修建花园式园区、改造旧厂房成低密度LOFT与休闲空间，吸引高端文化企业入驻，入驻率达80%。老厂区转型事迹被北京青年报等媒介刊登报道，园区影响力、品牌文化持续增长，文创园经营收入逐年提高，完成收入1066.1万元，比上年增长55.7%。北京雪花电器集团公司对马家楼2.6万平方米厂房进行徽派特色改造，完成小市政及供燃气、供暖工程和园林景观绿化工程，马家楼文化产业园区进入运营。其中，格林豪泰快捷酒店、花嫁丽舍婚庆公司正式对外营业，引进戏剧文化、智能文娱、创意摄影、网络传媒、珠宝文化、机器人研发等产业进住园区，形成当地标志性文化产业集群。对原汇南饭店升级改造，更名为桔子水晶酒店，引进战略合作伙伴，正式对外营业。北京隆达印刷包装集团有限公司启动京华老厂区升级改造工作，完成富润饭店菜市口店改造，配套了健身、茶饮、花园等设施与区域，升级为中档商务酒店；确定塑料三厂产业园区基础设施改造设计方案、投资预算等工作；印刷二厂迁出，打造长安街东沿线开放式绿色文创园区，项目整体设计、工艺规划、工程招标、建设申报、属地立项等进入实施阶段；胶印厂77文创园作为文化资产运营商的新兴品牌，成为区域知名文化创意园区。北泡集团通过招标租赁方式引入新的战略合作者，完成刘老公庄厂区新旧承租单位交接工作，投入资金300多万元，改造厂区，新增配电设施，引入天然气。

（隆达控股公司）

【科技创新项目申报】 是年，隆达控股公司遴选2个科技创新项目参加国有资本经营预算科技创新项目的申报工作，分别是北京有色金属与稀土应用研究所国家重点领域用先进导电材料产业化项目、北京印刷集团有限责任公司高端防伪技术产业智能化项目。经评审获得1380万元资金支持。

（隆达控股公司）

【领导班子与干部队伍建设】 年内，隆达控股公司从严选拔任用干部，坚持"逢提必审""逢提必核"，把从严从实的要求贯穿到选拔任用工作的全过程。围绕基层党组织换届、产权代表派出、提拔使用、平级转任重要岗位、试用期满转正、纪委书记提名考察等内容规范工作程序，优化调整领导班子结构。全年任免调整二、三级领导人员29人次，其中职务提升4人，职务调整16人，调整派出产权代表8人，违纪处理1人。加强干部监督管理，连续3年对所属企业干部兼职情况清理，完成在职和退休领导人员48人的兼职清理，其中在职干部兼职43人，退休干部兼职5人次；完成2名二级企业领导干部任中经济责任审计工作；完成11个二级企业领导班子、52名领导人员、15名新任中层干部的民主测评与结果分析。坚持干部培养交流机制，选派7名干部挂职锻炼，选派1名基层企业干部到村担任第一书记。严格领导人员出入境管理，对管理范围内的领导人员出入境证件再次审查、催收，补充完善出入境证件管理台账，完成8名干部的备案撤销和22名干部的备案新增。

（隆达控股公司）

【内部资金协调】年内，隆达控股公司按照市国资委提出的“提高系统内部资金使用效率、降低国有企业融资成本”的指导思想，严格控制资产负债率总体水平，协调资金富集企业为隆达控股公司所属7家企业提供内部融资1.69亿元。其中，北京楠辰皮革有限公司为北京华盾雪花（固安）有限责任公司提供维持生产经营资金1000万元；北京楠辰皮革有限公司为北京达博有色金属焊料有限责任公司提供内部借款2500万元，作为科技创新发展资金。系统内资金协同业务，降低了企业外部杠杆和融资成本，缩短了融资时间，提升了资金使用效率。

（隆达控股公司）

【非经营性资产移交】年内，隆达控股公司根据《北京市剥离国有企业办社会职能和解决历史遗留问题实施方案的通知》要求，完成非经营性资产分离移交财政补助资金预算申报工作，共涉及28户移交主体企业，建筑面积56.61万平方米，申请财政一次性综合补助预算费用9906.75万元。与房地集团完成沟通和对接工作，新特公司定福庄宿舍、英特公司2个试点企业接收单位进场。12月6日，隆达控股公司与房地集团完成非经营性资产分离移交框架协议签订。

（隆达控股公司）

【农租房腾退】年内，隆达控股公司落实腾退方案399户，争取财政专项资金9548.8万元，完成综合任务的92%，达到市国资委要求完成90%的基本目标。

（隆达控股公司）

【公务用车改革】年内，隆达控股公司严格落实北京市车改领导小组和车改办工作部署，制定了《隆达控股总部员工公务出行管理规定（试行）》《隆达控股所属国有企业公务用车制度改革实施意见》《关于加强隆达控股所属集体企业公务用车管理的通知》，完成隆达控股公司系统车改工作。隆达控股公司总部共收回公务车5辆，退回二级企业公务车3辆，7名班子副职及享受待遇人员从8月1日起享受公务交通补贴，取消总部其他员工公务交通补贴。45户国有企业车改前公务车共计197辆，车改后取消46辆，保留151辆。其中，企业领导保障用车10辆，一般公务车36辆，业务保障车105辆，节支率28.8%；9户事业单位原有公务车16辆，取消3辆，保留13辆；对集体企业公车管理提出要求；改制企业是否参加车改由企业自行决定，报隆达控股公司备案。

（隆达控股公司）

【企业产权登记】年内，按照市国资委产权登记工作专题会“应登尽登、登则必准、一企一册”的要求，隆达控股公司对所属企业进行产权登记核查及分析工作。隆达控股公司国有及国有控股企业“应登已登”共计76户数。其中，一级企业1户、二级企业37户、三级企业36户、四级企业2户；国有全资企业30户，国有实际控制企业7户，国有绝对控股企业24户，国有参股企业15户。完成6户企业产权登记变动工作。

（隆达控股公司）

【专利、商标、国标制定】年内，隆达控股公司注重知识产权工作，努力提升自主核心知识产权能力。有色所申报6个专利项目，累计共有57个专利申请。其中，有效授权专利7个，获得北京市、朝阳区及中关村专利资助金及奖励金共计4.2万元；申请的3个类别的商标获得批准，共有9个有效商标。有色所参与国家标准制定29项。其中，10项完成发布；2项国家标准分别获得全国有色金属标准化技术委员会颁发的技术标准一等奖和二等奖，2项标准获得朝阳区资助奖励。诺飞公司申报的“一种高强度太阳能硅片”“一种高效吸收光线的单晶硅片”“一种电动汽车用动力电池箱的固定结构”“一种散热效率高的减震电动汽车用电池箱”“一种便于快速更换电池的电动汽车电池箱”5项实用新型专利全部获得专利证书。

（隆达控股公司）

【固定资产投资】年内，隆达控股固定资产投资7038万元，实施项目36个。其中，实施计划内项目12个，投资5459万元，完成计划的28.69%。主要有印刷集团“高端防伪技术产业智能化项目”“环保防伪印刷技术研发及试验中心”，塑料三厂基础设施升级改造项目，有色所稀贵金属系列新材料重大共性关键技术研究项目，印刷集团印刷一厂“冬奥组委文印中心建设项目”，有色所国家重点领域用先进导电材料产业化项目等。实施计划外投资项目 24 个，投资 1579 万元。主要有恩布拉科雪花压缩机顺义厂区厂房维修和消防整改 200 万元，北泡集团刘老公庄厂区供暖天然气工程 185 万元，有色所采暖锅炉更新改造 220 万元，富诚彩印更新锅炉 198 万元，富润饭店菜市口店供电设备改造 130 万元。

（隆达控股公司）

【打非治违工作】年内，隆达控股公司列入拆除违法建设任务面积 26552 平方米，完成 24395 平方米，占年度任务 92%。完成 2 户企业共 5 个项目 3129.2 平方米地下空间清理整治任务；完成散乱污企业治理 1 个项目并取得区环保部门行政许可；完成城乡接合部整治 1 个项目，与实施单位完成工作对接。

（隆达控股公司）

北京工美集团有限责任公司

【概况】北京工美集团有限责任公司（简称北京工美集团）以工艺美术为主业，是集工艺美术品设计开发、国礼造办、商业经营、国际贸易、检测鉴定、职业教育、文化交流、基金投资、会展博览等于一体的多元化综合性企业集团。具备自营进出口权、黄金批发零售权、珠宝首饰实验室、市级技术研发中心及大师工作室等特殊资质。2017 年，北京工美集团注册资本 4.66 亿元，在册职工 1269 人，拥有企、事业单位 26 家。营业收入 110 亿元，利润 6500 万元。

（冯　瑜）

【国礼制作】年内，北京工美集团为中国赠送世界卫生组织设计制作了国礼“针灸铜人”，为中国赠送“一带一路”国际合作高峰论坛领导人及配偶制作了礼品，为中国赠送在越南召开的 APEC 会议制作了雕塑“和梦同圆”。

（冯　瑜）

【媒体合作】年内，北京工美集团继续加强与北京电视台、北京人民广播电台合作，赞助北京电视台《这里是北京》等栏目，继续与 BTV2018 春晚联合开发衍生品“春碗”工艺品。

（冯　瑜）

【获得荣誉】年内，北京工美集团获得 2019 年世园会特许生产商及零售商“双特许”资质，取得北京 2022 年冬奥会和冬残奥会特许零售试运行资质。荣获第 8 届北京影响力“一带一路”特别贡献大奖，被评为“中国轻工业百强企业”“首都文化企业三十强”“北京老字号优秀企业”等荣誉称号。

（冯　瑜）

燕山石化

【概况】燕山石化位于北京市房山区燕山岗南路 1 号，是中国石化集团公司旗下特大型石油化工联合企业。前身为 1970 年成立的北京石油化工总厂，曾更名为北京燕山石油化学总公司、中国石油化工总公司北京燕山石油化工公司、北京燕山石油化工集团有限公司。2016 年，燕山石化包括中国石油化工股份公司北京燕山分公司（简称燕山分公司）和中国石化集团北京燕山石油化工有限公司（简称燕化有限公司）。北京东方石油化工有限公司（简称东方石化公司）为燕化有限公司全资子公司，保定石油化工厂（简称保定石化厂）由中国石化集团公司划归燕化有限公司管理。

燕山石化始建于 1967 年，1970 年成为中国第一家炼化一体化企业。2017 年年底，燕山石化共有在岗职工 8817 人（不含东方石化、保定石化）。公司本部拥有生产装置 62 套、辅助装置 68 套，具有千万吨炼油能力、80 万吨乙烯生产能力，可生产 94 个品种、431 个牌号的石油化工产品，是中国石化 12 个千万吨炼厂和 11 个大型乙烯装置之一，是中国重要的合成橡胶、合成树脂和高品质成品油生产基地。

截至 2017 年，燕山石化累计加工原油 3.30 亿吨，生产乙烯 2183 万吨；累计实现销售收入 12323 亿元，上缴利税 1423 亿元。

（燕山石化）

【东方石化调整转型】6 月 14 日，完成《东方石化调整转型总体方案》，经中国石化集团公司党组审议通过；7 月 21 日召开东方石化职代会表决通过《人员分流安置方案》，8 月 26 日实现在岗职工 100% 妥善安置；8 月 23 日起，历时 56 天完成 7 万余吨主体装置拆除工作，11月6日企地双方进行土地交接。9月1日下属唯一正常生产的有机化工厂委托燕山本部管理，9月18日启动资产重组程序；留守机构进行轻资产化经营和日常管理工作，待条件具备时注销法人资质。

（燕山石化）

【完成1＃S－zorb、二催化装置检修改造】8月2日，燕山石化同步进行1＃S－zorb、二催化2套装置投产以来最大规模检修改造，共计完成常规检修408项、技改技措25项、设备更新7项，并分别于11月1日下午、11月2日凌晨产出合格产品。检修改造后，1＃S－zorb首次全部使用平衡剂开工，可节约新鲜吸附剂费用300万元以上；二催化经LTAG技术改造可回炼－10#柴油，催化汽油产率可提高至少2个百分点，柴油产率降低3个百分点。

（燕山石化）

【推进企地合作“共建共享”】9月27日，燕山石化与房山区燕山工委办事处签订战略合作框架协议，就城市规划、智慧城市建设、养老产业发展和石化新材料产业发展、环境综合治理以及便民措施建设等领域继续深化战略合作伙伴关系，加强企地双方资源共享、责任共担、互利共赢。

（燕山石化）

【十九大保障服务】为保障中共十九大顺利召开，燕山石化认真筹备，9月21日组织召开安保维稳工作誓师大会，并与地方政府、公安、武警开展联合演习；9月25日召开干部大会部署中共十九大保障方案；9月26日至28日由公司领导带队进行安全环保检查；10月9日在全公司召开“护航中共十九大、再创新辉煌”誓师大会，全面启动保障工作；10月20日，中共十九大召开期间，公司领导带队以“四不两直”方式检查“平安十九大”服务保障工作落实情况，全力以赴确保中共十九大期间安全环保稳定和北京油品保供。

（燕山石化）

【取得石化行业排污许可证】10月27日，北京市环保局在燕山石化举办“中国石油化工股份有限公司北京燕山石化公司石化企业”排污许可证颁发仪式，燕山分公司、燕山橡塑、东方石化有机厂获批石化行业排污许可证，燕山石化成为全国首批、北京市首张获发石化行业排污许可证的企业。

（燕山石化）

【牛口峪生工业污水净化工程竣工】10月31日，燕山石化牛口峪公园一期工程竣工，11月1日正式向社会公众开放。该项目2016年6月启动，采用国际流行的“天然处理湿地”设计理念，以原牛口峪生态中心为基础，利用净化后的工业废水搭建人工湿地，通过自然生态修复系统实现工业废水的循环再利用，是北京市率先实践“达标排放的工业污水处理＋湿地自然生态修复系统”的生态型工业污水综合净化方案。

（燕山石化）

【全国技能大赛获佳绩】11月8日至10日，2017年中国技能大赛——第九届全国石油和化工行业职业技能竞赛决赛在江苏扬州举行。燕山石化公司代表队在仪器仪表维修工赛项中获团体一等奖，参赛选手陈思龙、李浩分别取得“全国技术能手”“全国石油和化工行业技术能手”荣誉称号。

（燕山石化）

【120万吨／年柴油加氢装置增上循环氢脱硫系统】12月7日，燕山石化120万吨/年柴油加氢装置增上循环氢脱硫系统项目完工，一次开车成功，高压分离器循环氢中的硫化氢浓度从2.5%降至0.5%以下，在增产低凝柴油的同时提高氢气资源利用率、实现环保达标排放。该项目2017年6月启动。

（燕山石化）

【张宝彤获选“国企楷模·北京榜样”】12月27日，北京市国资委第4届“国企楷模·北京榜样”颁奖，燕山石化化工一厂乙二醇装置内操职工张宝彤以其兢兢业业认真工作、精心照顾病退妻儿的感人事迹，获选2017年“国企楷模·北京榜样”十大人物。

（燕山石化）

【经济效益】年内，燕山石化加工原油892.07万吨，生产成品油618.42万吨、乙烯79.33万吨、合成树脂107.75万吨、合成橡胶13.83万吨、苯酚丙酮20.61万吨，实现营业收入553.13亿元，上缴利税136.59亿元，实现赢利29.5亿元。

（燕山石化）

【推进“四供一业”分离移交】年内，燕山石化稳步推进“四供一业”分离移交工作。7月7日与房山燃气集团签订供气、供热分离移交实施协议，全面完成供气、供热业务移交；8月22日与国网北京市电力公司签订供电移交意向书，11月7日与北京水务投资中心签订供水移交推进工作协议，供水、供电移交可研报告编制基本完成；物业服务按照“两步走”思路，完成公司化改造及市场化运作，并与“彩生活”服务集团协商成立合资公司有关事宜。

（燕山石化）

北京化学工业集团有限责任公司

【概况】 北京化学工业集团有限责任公司（以下简称化工集团）是国有独资大型企业，对所属全资、控股、参股企业的国有资产行使出资者权利，依法进行经营、管理和监督，承担国有资产保值增值责任。拥有资产总额 67 亿元、企事业单位 31 家。主要经营领域包括精细化工、橡塑制品、工程塑料、新材料、循环经济产业等为主的制造业和房地产开发及置业。

（化工集团）

【年度经营】 2017 年，化工集团营业收入全口径实现 49.7 亿元，市国资委口径完成 42.12 亿元。利润总额 1.04 亿元，完成考核指标的 109.3%，比上年增加 3.5%。完成市国资委考核的 2 项基本指标（利润总额、净资产收益率）和 3 项其他指标（创新指数增长率、都市服务收入占比集团收入比重、京外制造收入占比集团制造业收入比重）；足额完成国有资本收益收缴指标，上缴收益 993 万元，连续 9 年归属于母公司净利润 20%，足额上缴国有资本收益，达到出资人要求。23 家二级单位实现赢利；职工收入比上年增长 14%；制造业万元增加值能耗比上年下降 11.7%，水耗比上年下降 2.1%。

（化工集团）

【制造业“京外布局”】 年内，化工集团京外生产基地选定国家级化工园区—沧州临港化工园，成立集团与企业两级基地建设指挥部。化研院的宁波华腾 2 万吨/年工程塑料项目投产，产销量达 800 吨/月以上；北京分院全面停产；“三地产能整合”平稳推进。华腾橡塑“1+8”京内外合作模式继续巩固，瑞京医用手套全部转入安徽华腾，胶板和胶鞋开始京外加工，京外制造占比提升。

（化工集团）

【京内基地转型】 年内，化工集团围绕北京文化中心和科技创新中心的战略定位，结合地方区域规划，统筹策划京内腾退空间，优化盘活京内基地，实现转型升级。位于朝阳区文化创意规划区域内的东部基地，与专业公司开展战略合作，共同打造“北化东部基地文化产业创意园”。利用北普公司闲置办公用房，集中母体企业及其相关管理职能，实现集约化管理的物理集中。

（化工集团）

【节能减排】 年内，化工集团坚持安全发展、绿色发展，完善安全环保责任体系，编制补充安全生产相关制度，修订备案各类应急预案，开展安全环保教育培训。规范提升安全生产基础管理，14 家单位获得安全生产标准化三级证书，4 家危化品生产储存单位完成安全生产标准化二级达标创建。推进隐患排查治理信息平台建设，23 家二三级单位上线使用隐患排查治理系统，全年共巡检 24958 次，上报排查隐患 305 条，整改率 99%。加大重要节点和特殊时期安全大检查，排查事故隐患 1856 项，整改完成率 99.8%，下达隐患整改通知书 5 份，检查通报 1 次。开展 2017 年至 2018 年秋冬季大气污染治理攻坚行动，开展清煤降氮工作。完成锅炉煤改气、工艺水处理设施改造等多项安全环保项目。

（化工集团）

【科研创新】 年内，化工集团科技支出总额超过 6656 万元，占主营业务收入 1.66%。华腾新材料获国家“十三五”重点专项研究无偿资助。华腾橡塑“高速列车风挡胶板产品开发及产业化”项目、华腾大搪科研团队获得市国有资本预算资金支持，试剂所科研团队获得市委组织部的优秀人才培养资助。全年申请专利 15 项，获得授权 5 项，新产品收入 1.9 亿元，华腾创新研究院完成设置方案，启动组建。博士后科研工作站获得北京市研发项目资助，引进 2 名博士后。化研院“未来之星”纳米新材料众创空间，获批加入国家级创新孵化系列；华腾新材料“食品用包装材料安全溯源技术公共服务平台”，被工信部认定为国家级中小企业公共服务示范平台。

（化工集团）

【城市运行服务】 年内，集团所属北普公司继续扩大医疗用气、食品级二氧化碳产品产销规模，开发高校、实验室及电子行业应用产品客户，拓展消防气、干冰市场。推进高校及研究院所危化品电子商务交易平台项目，拟合作成立化学品电商平台。继续为自来水、排水、环卫、公交等城市运行保障部门提供专业化学试剂及相关安全技术配套服务。发挥危废经营许可优势，调整废旧溶试剂回收策略，扩大危废回收处理量，改进生产方式、调整生产工艺，提质增效。

（化工集团）

【社会化服务产业】 技师学院致力于培养工业匠人，打造工业品牌，在第 44 届世界技能大赛中取得“一金一银一铜”的历史最好成绩。职防院继续巩固职防、体检、医疗等多板块业务优势，培育高端检测技术服务、辐射危害风险评估实验等新经济增长点，应急救援楼项目通过建设工程规划设计方案审查。华腾通标拓展安全、环保、危化品等社会急需检测项目，扩大京津冀及周边地区的监督抽查业务，着手筹建北京市危险品等重点化工产品追溯体系，积极参与制定国家、行业标准。

（化工集团）

【深化改革】年内，化工集团完成将党建工作总体要求纳入章程工作，修订完成“三重一大”决策制度实施办法及董事会、党委会、党委常委会等议事规则；分批分类开展企业章程修订。提速公司制改制工作，制订12家拟改制企业工作实施方案，年底前完成8家。推进混合所有制经济发展，完成化工厂与广东光华科技的合资公司设立，推动华腾大搪制造业的股权重组，完成4家企业增资工作。

（化工集团）

【劣势企业退出】年内，华腾华毅公司、上海典范公司清算退出，京南盛田通过产权转让退出，天津美琪凌完成破产法律程序终结及工商注销。解决已破产企业助剂研究所、经营实业公司、北化精细化学品公司、进出口公司、橡胶二厂等工商注销工作。按照市国资委要求，超额完成压缩管理层级减少法人户数三年工作方案。

（化工集团）

【人才队伍建设】年内，化工集团坚持党管人才原则，落实人才强企战略，招收本科以上毕业生25名。举办各级各类培训班22个，培训人数达千人次。开展导师带徒工作，华腾新材料、试剂所和化研院3家试点企业的10对师徒教学相长。年内晋升高级专业技术职称13人；组织百千万人才工程申报，完成1名国家级人选、3名市级人选的申报工作。开展集团第三批技能人才评选，表彰39名技能人才、5个首席技能工作室、4名首席技师。

（化工集团）

首钢集团有限公司

【概况】首钢集团有限公司（以下简称首钢）总部位于首都北京。首钢始建于1919年，迄今已有近百年历史。首钢大力传承“敢闯、敢坚持、敢于苦干硬干”文化，发扬“敢担当、敢创新、敢为天下先”的精神，不断推进企业发展，已成为以钢铁业为主，兼营矿产资源业、环境产业、静态交通产业、装备制造业、建筑及房地产业、生产性服务业、海外产业等跨行业、跨地区、跨所有制、跨国经营的大型企业集团。进入新世纪，首钢贯彻奥运国家战略和钢铁业结构优化升级要求，率先实施并完成了史无前例的搬迁调整，首钢京唐公司、迁钢公司、首秦公司、冷轧公司等新钢厂全面建成，技术装备达到国际一流水平，特别是京唐钢铁厂是中国新一代可循环钢铁制造流程的率先示范，被誉为中国从钢铁大国走向钢铁强国的“梦工厂”；跨地区联合重组水钢公司、贵钢公司、长钢公司、通钢公司、伊钢公司，产业布局拓展到沿海和资源富集地区；钢铁业形成3000万吨以上生产能力，产品结构实现向高端板材为主转变。非钢产业通过改革创新，综合实力和盈利能力明显增强。2017年，首钢销售收入1857.85亿元，实现利润20.17亿元。集团生铁产量2692万吨，粗钢2763万吨，钢材2615万吨。

《首钢深化改革综合试点方案》获市政府批准，成为北京市唯一综合试点单位。首钢总公司完成公司制改革，更名为“首钢集团有限公司”。实现经营计划、财务预算、专项工作（1+1+N）衔接和支撑。压缩管理层级，全年退出企业27家，闭合“失血点”23项，被评为北京市企业退出工作成绩突出单位。集团年末在册职工8.9万人，实现职工人数和人工费双下降、职工收入和劳产率双上升。

钢铁板块坚持“三个跑赢”，“双百工程”等13项专题攻关进步明显，与先进企业对标，钢材销售跑赢行业平均水平2.3%，国内原燃料采购跑赢市场8.3%，进口矿采购跑赢普氏指数5.2美元/吨；生铁成本比行业平均缩差54元/吨；钢材单利比行业缩差118元；吨钢内部挖潜增效94元。矿业自产精矿粉制造成本排名进入行业前五，实物劳产率进入行业前三。板块全年劳产率提高31.2%。全年完成高端领先产品627万吨。成为宝马、吉利、北汽、长城等的第一供应商，家电板、桥梁钢、车轮钢国内占有率第一，汽车板、电工钢占有率第二，镀锡板实现高端客户全覆盖。

新首钢高端产业综合服务区规划获英国皇家城市规划学会颁发的“国际卓越规划奖”，获国际绿色建筑大会“绿色建筑先锋大奖”，获住建部“中国人居环境范例奖”。北区和东南区控规调整获得批复，西十筒仓区域10万平方米工业遗存完成改造，海外院士专家北京工作站落户园区，冬运中心训练基地建设启动，单板大跳台项目落户园区。曹建投公司完善与京冀两省市及唐山、曹妃甸各级政府部门协同工作机制，将涉及北京非首都功能疏解并符合曹妃甸产业发展定位的石化产业、新能源、节能环保等产业项目、国际合作项目、央企项目在曹妃甸示范区布局、落户，探索北京园区科研总部＋曹妃甸园区制造基地招商模式，协同地方政府签约23个产业项目，总投资247亿元。5.5平方千米产业先行启动区基础建设、配套生活设施等取得重要进展，引进4.6平方千米产城融合先行启动区项目，曹妃甸新城被动式住宅被住建部评为“十大绿色科技示范项目”。曹建投公司荣登“CIHAF（中国国际房地产与建筑科技展览会）2017年度绿色先锋企业”榜单。

首钢生物质能源科技公司垃圾焚烧112万吨，发电3.8亿度，鲁家山园区规划环评获批；特钢和贵钢老厂区污染土完成处置。静态交通产业第二代公交车立体车库研发成功，3种自行车停车库技术定型和市场推广。首自信公司中标北京城市副中心行政办公区综合管理服务平台项目。首钢建设获住建部“国家装配式建筑产业基地”第一批示范单位。与体育总局打造国内首家“国家体育产业示范区”，组建棒垒球、冰球国家队俱乐部；篮球世界杯组委会、中篮联等一批机构入驻首钢体育大厦；北京首钢女篮继2015—2016赛季夺得WCBA总决赛冠军之后连续第2年获得总决赛冠军。创业公社服务企业超过1万家，成为国家“双创”优质平台。“老年福”养老模式得到民政部认可，一耐养老项目获得世行支持。工业题材话剧《实现·突围》成功演出。

财务公司增资方案获北京银监局正式批复，完成工商登记手续，领取新营业执照；增资后，财务公司注册资本由50亿元增加至100亿元，股权结构保持不变。基金公司获惠誉A-和大公AAA评级，管理基金数量达15支，完成改制企业发展基金、成都“一带一路”基金等基金设立，布局停车、医疗、体育及供应链金融等领域；入围中国最具成长潜力私募股权投资机构TOP10，基金管理规模达405亿元。集团成功发行60亿元非公开可交换债，债券主体及债项评级均为AAA。

集团权力清单完成制定，实现权力清单、规章制度和风控手册协调统一，形成基本管理制度、业务基础制度和具体操作规范的分层分级。完成全面预算管理、会计制度等50项重要制度修订。集团协同办公、全面预算管理、投资管理和部分财务共享业务等信息化平台上线。全年共完成环保治理项目42项，集团获“优秀碳资产管理单位”称号。

全集团学习宣传贯彻中共十九大精神，推动进产线、进园区、进班组、进岗位。举办学习贯彻中共十九大精神领导人员研修班，青年干部特训班，青年干部海外研修班等，全年培训2万人次。评选表彰第8批“首钢技术专家”39名、“首钢技术带头人”52名。获“全国厂务公开民主管理示范单位”称号。

（关佳洁）

【合资合作】1月8日，首钢基金公司与浦发硅谷银行在首届北京—硅谷国际风险投资论坛上举行战略合作签约仪式，并将设立国内首支投贷联动基金。2月28日，国家体育总局与首钢总公司签署《关于备战2022年冬季奥运会和建设国家体育产业示范区合作框架协议》。9月20日，首钢集团与柳工集团签署战略合作协议。9月25日，深化与普锐特（德国）冶金技术有限公司合作，共同成立“先进轧制技术联合实验室”。12月13日，首钢集团与中国船舶重工集团公司签署战略合作协议。

（关佳洁）

【开发新工艺】2月，首钢技术研究院、首钢股份公司、北京科技大学开发的“首钢烧结高温烟气循环新工艺”，通过中国金属学会评价验收，确认达到国际先进水平。该项目投入使用后，烧结矿平均粒径提高12%，烧结综合返矿率下降6.6个百分点，烧结固体燃耗降低3.39千克/吨，高炉煤气利用率提高1个百分点，高炉燃料消耗降低2.7千克/吨，烧结粉尘排放降低27.81%、SO_2减排15.89%，NOx减排23.41%，年直接经济效益超过2000万元。

（关佳洁）

【资格认证】2月，首钢技术研究院和首秦公司研制的“大型水电站用高强度易焊接厚板与配套焊材焊接技术开发应用”通过中国金属学会鉴定；国家外汇管理局北京外汇管理部批准首钢集团财务有限公司开展“跨国公司外汇资金集中运营管理业务”，可开展境外外汇资金境内归集、境内外汇资金集中管理、外债和对外放款额度集中调配、经常项下集中收付汇；中国钢铁工业协会研究决定，首钢工学院等5家单位为首批全国钢铁行业专业人才继续教育基地。3月，首钢牵头的北京市科技计划项目《1200-1500MPa超高强热成形汽车钢开发》通过北京市科委专家组验收。4月，首钢环境产业有限公司实验室通过科委组织的专家会议评审与现场专家评审，成为北京市首家土壤修复领域工程技术研究中心。5月，首秦公司生产的A500+S32250/31803船用双相不锈钢热轧复合板通过法国（BV）船级社认证，成为国内两家双相不锈钢复合板生产企业之一；首自信公司信息事业部移动互联创新中心项目组开发的移动互联网产品“倒班助手”商标申请成功。6月，首钢京唐公司镀锡板通过德国莱茵国际专业认证机构认证审核，获得ISO22000食品安全管理体系认证证书。7月，首钢建设集团提交的《综合体建筑内部分段预留后滞施工技术》《高层钢结构住宅预制外墙板外挂安装施工技术》《特殊环境下砼烟囱绿色拆除施工技术》3项工法关键技术通过中国冶金建设协会鉴定。8月，首钢技术研究院和首秦加工公司开发的化学品船用高强度A500+S31803双相不锈钢复合板，通过法国必维（BV）船级社及中国船级社（CCS）认证，成为国内首获BV及CCS双船级社认证产品。9月，首自信公司通过增值电信业务（IDC/ISP）经营许可证认证审核程序，获得工信部跨地区增值电信业务（IDC/ISP）牌照。12月，首钢吉泰安新材料公司主持制定的《“铁铬铝纤维”国家标准》通过专家会审定，并确定为国际先进水平。

（关佳洁）

【海外市场】3月，首秦公司高强调质压力容器钢投用阿联酋富查伊拉原油储罐区，中东地区累计供货5.5万吨；首建集团与中国航空技术国际工程（阿联酋）公司法人代表签署双方关于阿联酋阿布扎比中央公园塔楼项目合作协议，项目合同总价2.338亿迪拉姆，折合人民币4.37亿元。4月，京西重工捷克工厂沃尔沃SPA项目被动式减震器产品实现首批供货。7月，首钢国际工程公司设计的埃塞俄比亚孔博查工业园区竣工，12月该项目获ENR《工程新闻纪录》主办的“全球建筑峰会”颁发的工业类“全球最佳工程奖”。

（关佳洁）

【科技大会】4月1日，首钢科技大会颁发《首钢总公司关于2016年度首钢科学技术奖、首钢第十七届管理创新成果及第八批“首钢技术专家”“首钢技术带头人”的表彰决定》。科学技术奖励方面，授予马家骥、杨春政同志2016年度首钢科学技术特殊贡献奖；授予“首钢SEBC工艺技术开发”等10项科技成果首钢科学技术一等奖；授予“冷轧镀锌宽规格高端汽车板关键生产工艺技术研究及产业化应用”等24项科技成果首钢科学技术二等奖；授予“首钢新型景观提升护栏”等65项科技成果首钢科学技术三等奖。管理创新成果奖励方面，授予《首钢落实京津冀协同发展战略的创新与实践》等11项管理成果第17届首钢管理创新成果一等奖；授予《创建开放型实验室管理新体系，实现钢铁技术创新和城市服务共发展》等16项管理成果首钢管理创新成果二等奖；授予《打造城市综合服务商，创新立体车库制造》等21项管理成果首钢管理创新成果三等奖。“首钢技术专家”“首钢技术带头人”方面，授予股份公司孙茂林等39名同志“首钢技术专家”称号；授予国际工程公司曹朝真等52名同志“首钢技术带头人”称号。

（关佳洁）

【安装街景绿地护栏】5月，首钢机电公司完成与长安街主干道衔接的国家大剧院周边护栏、西单图书大厦及长安街街景绿地护栏的制作安装。新绿地护栏东起建国门，西至复兴门，采用不锈钢材质及波浪加祥云图案，一次整体精密铸造成型，外加汽车烤漆，氟碳漆喷涂等工艺。为安防需要，定制设计了天安门地区包括国家博物馆、观礼台、东西两翼护栏高度，并配制570根链式护栏。

（关佳洁）

【汽车板成为“绿色标杆”】5月，在“2017中国车用材料（西青）国际论坛”上，北京首钢股份有限公司“车用材料技术工作组”经推荐评选，当选2017年度“绿色标杆企业”，标志首钢汽车板成为“绿色标杆”。评选是从55家企业中评出10家车用材料“绿色标杆企业”，国内仅2家钢铁企业获此殊荣，首钢高强镀锌汽车板受到行业评审专家和汽车厂商的好评。

（关佳洁）

【公司制改革】6月，根据市国资委《关于首钢总公司公司制改革方案的批复》，首钢总公司由全民所有制企业整体改制为国有独资公司，企业名称由“首钢总公司”变更为“首钢集团有限公司”。公司于2017年5月27日完成工商变更登记并领取变更后的企业法人营业执照。6月9日，首钢集团有限公司发布《关于首钢总公司改制并更名为首钢集团有限公司的公告》。改制后，原“首钢总公司”全部经营业务、业务合同、资产、债权债务、账面净资产等均由“首钢集团有限公司”承继。原登记名为“首钢总公司”的商标及各类资质、证照文件等暂时延用，公司将陆续办理商标、资质、证照文件的更名手续。公司营业地址、联系方式不变。

（关佳洁）

【入围最具价值品牌】7月，第14届“世界品牌大会”发布2017年《中国500最具价值品牌》分析报告，首钢集团再次上榜。首钢品牌价值从2016年的280.57亿元增长到2017年的331.68亿元，总排名107位，在钢铁企业中排名第二。

（关佳洁）

【产城融合展示中心揭牌】 7月31日，京冀曹妃甸协同发展示范区产城融合展示中心揭牌。该中心展示4.6平方千米产城融合先行启动区的总体规划和发展前景，同时也展示行业领先、国内最全的被动式超低能耗绿色节能建筑技术。

（关佳洁）

【“海外院士专家北京工作站”揭牌】 8月22日，国务院侨办专家咨询委员会大会为“海外院士专家北京工作站”授牌，首钢集团党委书记、董事长靳伟和石景山区委书记牛青山共同接牌。新首钢国际人才社区被市委组织部纳入全市4个国际人才社区建设的首批试点之一。原首钢办公大楼是世界侨商创新中心一期项目、海外院士专家北京工作站所在基地。

（关佳洁）

【获安全标准化一级企业】 8月，首钢股份公司迁钢公司炼铁作业部、炼钢作业部、热轧作业部、硅钢事业部和动力作业部被国家安全生产监督管理总局确定为冶金行业安全生产标准化一级企业。根据国家安监总局印发的《企业安全生产标准化评审工作管理办法（试行）》规定，企业安全生产标准化达标等级分为一级、二级、三级企业，其中一级为最高。

（关佳洁）

【建筑垃圾砖混类再生品应用】 8月，首钢环境公司与北京鑫实路桥建设有限公司签订实验及供货协议，建筑垃圾再生无机料在房山区顾八路工程中应用，实现砖瓦类无机料在北京道路系统大规模应用。其中，底基层采用砖混类再生无机料，基层采用废混凝土类再生无机料，强度等级1.0兆帕，累计使用再生无机料3960吨。经施工方联合业主及监理单位现场检测，芯样及检测结果均达到标准要求。

（关佳洁）

【举行“第二届海洋发展曹妃甸论坛”】 9月7日，由中国海洋工程咨询协会、首钢集团有限公司共同主办的“第二届海洋发展曹妃甸论坛”在曹妃甸渤海国际会议中心举行。论坛主题是“蓝色产业与京津冀协同发展”，论坛由主论坛和系列分论坛组成。其中，“海洋装备产业发展分论坛暨首钢高端客户座谈会”围绕海洋装备、涉海用钢及其他高端钢铁产品研发进行交流，“滨海城市建设分论坛”围绕产城融合、滨海城市规划建设交流研讨。

（关佳洁）

【第二代立体车库研发】 9月，首钢公交车立体停车库第二代产品（PPY-TGGJ型5层平面移动类机械式停车设备）完成国家起重运输机械质量监督检验中心的特种设备型式试验。报告显示，首钢公交车立体停车库第二代产品各项试验结果符合规定，综合判定型式试验合格，取得特种设备型式试验合格证。首钢公交车立体停车库具有存取车采用托辊横移模式、采用类似带式输送机的运作原理、通过托辊滚动实现车辆输送等创新点。二代产品由一代产品建筑冶金钢结构，优化为工艺钢结构，在存停车辆数相同的情况下，车库整体高度降低1/3。

（关佳洁）

【中德职工焊接赛获奖】 9月，在中德“北京·南图林根”职工焊接对抗赛上，京唐公司王海龙获熔化极气体保护焊组第二名；首秦公司刘少鹏获得钨极氩弧焊组第二名、果志伟获得焊条电弧焊组第二名。刘少鹏综合成绩优异，被授予特别奖，他的比赛焊件被德国教练收藏。3名选手均取得德国焊接协会颁发的国际认可的DVS焊接证书。

（关佳洁）

【发行非公开可交换债】 9月，首钢集团发行60亿元非公开可交换债，债券主体及债项评级均为AAA，该项目由首钢基金配合首钢股份共同完成。本次债券是目前钢铁行业最大规模可交换公司债券，也是市场上成功发行的规模最大的一笔私募可交换债。

（关佳洁）

【获绿色建筑先锋大奖】 10月18日，在首届“GreenbuildChina”国际绿色建筑大会上，中国有两家企业获“2017年绿色建筑先锋大奖”，首钢集团为其一。

（关佳洁）

【获“全国厂务公开民主管理示范单位”称号】 10月，首钢集团被全国厂务公开协调小组授予“全国厂务公开民主管理示范单位”荣誉称号。

（关佳洁）

【上榜品质卓越产品】 11月，冶金工业质量经营联盟公布《2017年度冶金行业品质卓越产品》名单，29家企业71个产品实物质量符合冶金行业品质卓越产品条件。首钢集团12项产品上榜，其中首钢股份迁钢公司5项、京唐公司3项、冷轧公司2项，长钢公司2项。

（关佳洁）

【获“品牌文化建设十大典范组织”奖】11月，首钢集团获得中国企业文化研究会颁发的“品牌文化建设十大典范组织”奖；京唐公司获得“品牌文化建设三十标杆企业”奖；股份公司、矿业公司、水钢公司、长钢公司、通钢公司、销售公司分别获得“品牌文化建设优秀单位”奖。首钢集团“坚定文化自信，培育品牌文化，在转型发展中实现企业文化升级”实践成果，入编中国企业文化研究会《优秀成果文集》。

（关佳洁）

【获冠军炉称号】11月，中国机冶建材工会、中国钢铁工业协会组织开展的“全国重点大型耗能钢铁生产设备节能降耗对标竞赛”2016年度竞赛结果出炉，共评比出7座冠军炉、28座优胜炉。首钢股份公司7号360平烧结机荣获冠军炉称号，2号高炉和4号210吨转炉荣获优胜炉称号。

（关佳洁）

【获中国钢铁工业科技工作荣誉】12月，中国钢铁工业协会、中国金属学会公布《关于表彰中国钢铁工业科技工作先进单位和优秀个人的决定》。北京首钢股份有限公司、北京首钢国际工程技术有限公司获“中国钢铁工业科技工作先进单位”荣誉称号；首钢集团王涛、李杨、高长益、李海波、钱宏智、杨接明获“中国钢铁工业优秀科技工作者”荣誉称号；邱冬英、李刚获“中国钢铁工业优秀科技管理工作者”荣誉称号。

（关佳洁）

【集团管控体系改革】年内，首钢集团颁发实施《管控权力清单（试行）》，确定13个职能领域、60个关键业务、127个关键事项、279个关键环节，建立集团分层授权治理体系。扩大授权市场化程度较高、行业特点鲜明的二级单位，全年集团公司审批项目37项，企业审批项目198项。完成战略管控部门、优化战略支撑部门、集团总部“13+4+5”组织体系搭建，清理规范集团副职以上领导兼职工作，出台《集团成员单位深化薪酬分配制度改革指导意见》，建立职工收入与企业效益效率、领导人员收入与在岗职工收入双挂钩机制，下放考核分配权。完成集团层面公司制改革，二级及以下企业基本完成公司制改革；建立权力清单、规章制度、风控手册三位一体制度体系；颁发法人授权、投资管理、全面预算管理、资金管理、内部审计管理等27项制度，清晰分层分级制度体系；做实二级单位董事会。形成钢铁业务板块、股权投资平台、园区管理平台、金融党委4个业务板块，形成股份公司、股权投资公司、首建投公司、曹建投公司4个平台公司和11个直管单位。

（关佳洁）

【供给侧结构性改革】年内，首钢集团钢铁板块顺应供给侧结构性改革要求，全面提升质量，扩大有效供给。钢铁板块各单位围绕“制造+服务”，结合自身品种特点从“提升全员质量意识、强化产品制造质量、提高产品交付质量、提升用户服务质量、健全质量体系”开展质量提升工作。结合工序工艺瓶颈及用户反馈问题开展技术质量攻关，股份公司共开展51项公司级工艺质量攻关，产线制造能力和用户服务能力提升，开发生产超薄S65军用管线钢；成为宝马、吉利、长城、北汽、长丰猎豹第一大供应商，向宝马公司提供的产品质量PPM月平均值优于宝马标准要求。股份公司自主研发的DP980最高轧制速度达到600米/分钟，实现DP980极限规格0.67毫米顺稳轧制。京唐公司围绕高强钢生产稳定性，梳理出DP钢全流程生产20项攻关，并制定《首钢京唐钢铁联合有限责任公司难轧钢种生产管控规定》。首秦公司钢板探伤合格率从年初的98%提升至99.5%，船板、风电钢板锈蚀及粗糙质量异议发生率为零。贵钢公司动车车轴钢EA4T动车组车轴钢通过铁路总公司CRCC认证。

（关佳洁）

【安全生产】年内，首钢集团有限公司下发《关于表彰2017年首钢安全生产先进集体、先进个人和“安康杯”“青安杯”竞赛优胜单位的决定》。集团公司决定对在2017年安全生产工作中做出突出成绩的北京首钢股份有限公司能源部等24个先进单位、首钢水城钢铁（集团）有限责任公司铁运厂机务段等103个先进车间、北京首钢自动化信息技术有限公司运行事业部生物质维护班等173个先进班组及北京首钢股份有限公司崔永生等420名先进个人进行表彰。授予北京首钢股份有限公司硅钢事业部、秦皇岛首秦金属材料有限公司炼钢事业部、首钢集团有限公司矿业公司大石河铁矿、北京首钢建设集团有限公司首钢新产业园区第二工程项目部、迁安首实包装服务有限公司、北京京西重工有限公司房山工厂2017年首钢“安康杯”竞赛优胜单位。授予北京首钢股份有限公司等5个单位2017年首钢“青安杯”竞赛优胜夺杯单位；授予首钢水城钢铁（集团）有限责任公司能源公司风机工段等22个岗位2017年“首钢青年安全生产示范岗”；授予首钢环境产业有限公司代亚明等29名同志2017年“首钢优秀青年安全监督员”。

（关佳洁）

【钢铁产品】年内，首钢集团全年，汽车板、电工钢、镀锡板三大产品产量和结构均得到提升。汽车板 304 万吨，品种实现全车型覆盖，与 50 余家国内外知名汽车厂建立供货关系，市场占有率排名国内第二，高端用户及日系品牌认证实现突破，成为奔驰、一汽大众、福特、东风日产等稳定供货商。电工钢 150 万吨，完成 8 个无取向和 4 个取向电工钢新产品开发，实现新开用户 37 家；无取向电工钢扩大变频空调压缩机市场份额，行业占比达到 47%，国内每 2 台变频空调就有 1 台由首钢供应；完成 2 台 14000 转 / 分钟高转速乘用车驱动电机设计、制造及基础性能测试；实现对上海电驱动、精进电动等 5 家用户批量供应；其中，四季度供应比例占到行业用量 15% 左右，成为国内第二家新能源汽车专用系列产品的电工钢制造企业。取向电工钢超额完成 500 千伏及以上超、特高压变压器材料供应 80 台年度目标，其中供应 1000 千伏特高压变压器 6 台，各项指标优于设计要求。无取向硅钢市场占有率居全国第一，取向硅钢市场占有率全国第二。镀锡板 42 万吨，订单量同比增长 36%，实现国内高端用户全覆盖，高端产品市场占有率 16%。京唐公司镀锡板产线产品认证 50 多项，通过欧洲阿达包装材集团体系审核和德国莱茵 TUV 集团 ISO22000 食品安全管理体系审核。K 板已实现万吨批量供货，并出口意大利、泰国，与中粮、奥瑞金、华源、昇兴和福贞等建立战略合作关系。奶粉罐、红牛铁、DR 材、高抗硫、高锡铁占全年镀锡板五大重点产品接单量的 43.62%。首秦桥梁钢市场占有率第一。全年开发系列耐候桥梁钢 Q345qNH—420qNH，实现桥梁钢品种、规格、强度全覆盖，在世界第一高桥——北盘江大桥，世界上公铁最大主跨跨度大桥——荆州长江公铁大桥等“一带一路”国家战略重大、重点建设工程中广泛应用。全球最先进的超深水双钻塔半潜式钻井平台——蓝鲸 1 号供应钢板约 1 万吨，成为 4 家主要供应商之一；供应我国制造的世界最大散货船——新一代超大型 40 万吨矿砂船船板 5 万吨。

（关佳洁）

【开展 EVI 活动】年内，首钢集团 EVI（供应商早期前端介入）产品 115 万吨，EVI 先期介入由汽车板、电工钢拓展到所有重点产品。实现 7 款新车型的 EVI 实践，涉及“整车多项”和“技术专项”项目，包括北汽新能源 C35DB 新车型选材推荐和材料利用率分析、众泰汽车 M12 新车型零件成形性评估和抗凹性研究、郑州日产 P15 新车型技术降成本、上汽大通 SV63 及 SV51 新车型材料利用率分析，获得东风、海信、中粮包装优秀供应商，成为宝马国内最大供货商。构建“驻厂代表、用户代表、用户经理”三级市场响应机制，汽车板成功挤进日系车企，成为“日系元年”。

（关佳洁）

【新产品开发】年内，首钢集团开发新产品 93 项。其中：增强塑性双相钢 DH780+Z、化学品船用复合板 A500+S31803、特厚奥氏体不锈钢轧制复合板 345R+904L、免涂装塔架用钢 SQ420NH、热轧精冲钢 SK95、膨胀套管 PZ801、新能源汽车用高强度无取向电工钢 35SWYS8007 项产品属国内首发。2 项电工钢产品全球首发——35SWYS900 无取向电工钢，主要应用于新能源汽车高速驱动电机转子制造，该产品屈服强度达到 950 兆帕斯卡，比世界上现有的电工钢最高屈服强度高 150 兆帕斯卡，使用该产品制作成为驱动电机转子后，产品抗变形性大幅提升。另一款 35SW1700–H 无取向电工钢则可同时应用于新能源汽车高速驱动电机定子和转子制造，在保持铁损、磁感水平不降低的条件下，屈服强度达到 470 兆帕斯卡。

（关佳洁）

【首钢北京园区】年内，首钢集团组建首钢北京园区开发运营管理平台公司，由首建投公司行使平台管理职能，同时将园区管理部、园服公司、特钢公司纳入平台管理体系。首建投公司组织形成《新首钢高端产业综合服务区北区详细规划》（简称“首钢园区北区规划”），年底获北京市规划和国土资源管理委员会正式批复。西十冬奥广场 12 个建筑单体项目改造完成，西十冬奥广场停车楼项目投入使用。精煤车间改造的速滑、花滑、冰壶训练馆进行外幕墙玻璃安装和室内精装修；网球馆南馆部分幕墙玻璃安装完成，配套运动员酒店式公寓 2 号楼屋面结构完工，3~4 号楼七层结构完工。修复原生态山体及古建筑群，其中，群明湖景观项目完成牌坊、长廊、水榭、连桥及湖心岛修缮施工；广东门广场完成风雨长廊主体、中央及环形人行路、喷泉水池、灯光照明、乔灌木、观景平台、景观小品、观赏草及市政管线施工；绿轴景观完成晾水池东路东侧段及焦化厂区域管道拆除；秀池及地下车库完成方案及施工图设计及地下车库主体结构施工；石景山景观公园完成南山区古建筑群基础施工、功碑阁平台铺装。景观改造以高炉等工业遗存为主体，施工建设从安全消隐拆除工程、结构安装工程、防腐工程推进。首钢园区东南区土地一级开发项目获市发展改革委核准批复，正式立项。

（关佳洁）

【获科研成果奖】年内，首钢获省部级以上科学技术奖励12项，新承担“钢铁流程绿色化关键技术”等14项国家及北京市等科技计划项目，其中“热轧板带钢新一代控轧控冷技术及应用”获国家科学技术进步二等奖，“大型水电站用高强度易焊接厚板与配套焊材焊接技术开发应用”获冶金科学技术一等奖和北京市科学技术一等奖。编制修订各类标准58项，其中，主持修订国际标准1项，在“国家标准研制贡献指数”大数据分析报告中，首钢名列冶金行业第一位；获专利授权522件，首钢集团被国家知识产权局授予“国家知识产权示范企业”称号。

（关佳洁）

【获国家、北京市和冶金行业奖】年内，首钢第18届管理创新成果推荐申报59项，获奖37项，较上届增长23%。在第24届国家级企业管理现代化创新成果获奖名单中，京唐公司“以行业引领为目标的冶金企业智慧能源管理体系的构建与实施”、矿业公司“冶金地下矿山以安全高效为目标的爆破‘四化’管理”获二等奖。在2017年冶金企业管理现代化创新成果获奖名单中，京唐公司“冶金企业智慧能源体系的构建”“面向市场一贯制钢铁产品推进管理体系构建与实施”获一等奖；首钢集团“大型钢铁企业搬迁调整中资产处置体系的构建与实施”等5项成果获二等奖；首钢集团“大型企业推进转型提效工作的实践”等9项成果获三等奖。在第32届北京企业管理现代化创新成果获奖名单中，首钢集团人力资源部“大型国有企业深化干部人事制度改革的创新实践”、发展研究院“综合性大型企业集团管控体系的构建与实施”、战略发展部“大型国有企业战略退出实现结构优化的实践”、技术研究院“钢铁产品结构调整管理体系的构建与实施”、股份公司“大型钢铁企业创建现场问题管理体系的实践”、石景山区老年福敬老院“运用物联网和互联网+养老服务，打造智慧养老服务模式”、水钢公司“以优化产能提升效益为中心的流程再造管控体系构建”获一等奖；首钢集团办公厅“大型企业集团战略决策型董事会建设的创新与实践”等12项成果获二等奖。

（关佳洁）

【获北京市科学技术奖】年内，首钢集团3项成果分别荣获2017年度北京市科学技术一、二、三等奖。其中，一等奖“大型水电站用高强度易焊接厚板与配套焊材焊接技术开发应用”项目，共获授权发明专利58项，制定国家标准3项，发表论文51篇，形成企业级技术秘密14项。该项目开发的水电用钢系列产品近十年市场占有率第一，项目成果已应用在31个重大水电工程，其中国内23个，总装机6774万千瓦，占“十一五”以来国内新增水电装机的50%以上，国外项目有巴基斯坦塔贝拉电站、非洲最大的吉布Ⅲ水电站等超大型水电工程。“首钢3000吨/天生活垃圾焚烧发电项目集成工艺开发与优化”项目获二等奖；“首钢烧结高温烟气循环提质节能减排新工艺与工业化应用研究”项目获三等奖。

（关佳洁）

【获质量技术优秀奖】年内，中国质量协会下发《关于2017年度质量技术奖励的决定》，其中首钢1项质量技术成果、6项六西格玛优秀项目获奖。北京首钢股份有限公司“基于SPC技术的全流程质量管控平台构建与应用”获质量技术优秀奖；北京首钢股份有限公司“提高X−射线荧光熔片分析烧结矿和球团矿中全铁的准确度”“提高精矿粉和进口矿仪器分析率”“提高汽车外板“氧”三命中率的比例”，以及首钢京唐钢铁联合有限责任公司“提高1700冷轧流程特殊粗糙度产品一检合格率”“降低马口铁热轧缺陷发生率”“开发高抗硫蛋白饮料食品罐镀锡板”获六西格玛优秀项目奖。

（关佳洁）

北京金隅集团股份有限公司

【概况】北京金隅集团股份有限公司（以下简称“金隅集团”），是以“新型绿色环保建材制造、贸易及服务，房地产开发经营、物业管理”为主业，并完成A+H整体上市的市属国有控股产业集团，间接控股冀东水泥、冀东装备2家A股上市公司。位列中国企业500强、中国企业效益200佳和全国企业盈利能力100强。2017年，金隅集团资产总额2347亿元，营业收入773.8亿元，利润总额35.3亿元，上缴利润2.39亿元。

2017年，金隅集团并购重组冀东集团效应释放，金隅冀东水泥公司以提高企业效益和质量为核心，取得全面提质增效业绩，收入比上年增加16.8%，利润比上年增加20.7亿元。冀东发展集团收入比上年增长60.8%，实现利润1.6亿元。各产业板块经济效益明显提升，水泥及混凝土板块以提高经济效益和运营质量为中心，以营销为龙头，深入推进全流程管控和全价值链增利，全年营业收入 299.6 亿元，同比增长 16.8%；实现利润 16.9 亿元。新型建材与商贸物流板块抓管理、降成本、促产销，全年营业收入 82.9 亿元。房地产开发板块深化组织管控改革，探索规模化发展途径，组建板块法人实体金隅地产开发集团，运营能力和盈利水平提升，全年营业收入 166.4 亿元。地产与物业板块围绕北京“四个中心”定位，做好非首都功能疏解工作，开展“疏解整治促提升”，经营指标保持稳定增长，全年营业收入 26.8 亿元。绿色转型走向深入，集团科技投入 11.3 亿元，获得专利 95 项。琉水环保、金隅鼎鑫、金隅加气、广灵金隅等通过国家高新技术企业认定。金隅鼎鑫、邯郸金隅、广灵金隅获选首批全国绿色工厂。邯郸金隅生活垃圾处置、太行和益污泥处置、启新冀东污泥处置等项目投入运营。曲阳金隅、陵川金隅、广灵金隅危废处置项目取得正式危险废物经营许可证。承德金隅、冀东永吉取得临时危废经营许可证。赞皇金隅生活垃圾和污泥处置项目、琉水环保公司建筑垃圾处置项目和飞灰二期项目完工。集团有 17 家企业开展了水泥窑协同处置业务。北京城市副中心建材保供工作取得成果，科学组织、优化生产，累计供应水泥 61.1 万吨，混凝土 60 万立方米，砂浆 15 万吨，加气块（板）15.3 万立方米，涂料 3100 吨，岩棉 3193 吨，玻璃棉 920 吨，窗户 3091 平方米，矿棉板 23865 平方米，龙骨 134819 米，散热器 4574 组，洁具 1100 件（套），承接 1.8 万平方米装修工程。围绕北京城市战略定位，处理“瘦身”与“健体”的关系，坚持有所为有所不为，提前半年完成市国资委挂牌督办的“疏解整治促提升”专项行动全部 12 项任务。全年共完成清退工作 359 项，共腾退土地 2.9 万平方米、房产 6.2 万平方米。农租房腾退工作、“清煤降氮”工作全面完成。前景水泥公司 4 月底停产，6 月底完成人员分流安置，正在制订转型方案。集团整体上市及混改工作作为北京市属国企唯一案例，入选国务院国资委编选的《国企改革探索与实践》。

（龚国腾）

【产业发展】年内，金隅集团产业链向纵深发展。水泥板块启动实施环保提升工程，对排放口废气排放控制、物料棚化环保要求、无组织排放控制、污水处理、噪声治理、固废处置和矿山安全治理等，制定了金隅冀东水泥公司环保与安全提升工程，涉及项目 656 项，预算总投资 11 亿元，其中 2017 年完成 475 项。石家庄金隅混凝土通过租赁高邑博达搅拌站、续租砂驰搅拌站，天津金隅混凝土通过拆迁汉沽分公司、租赁地利通搅拌站、续租天成搅拌站，实现对新区域市场的拓展和站点的优化布局。金隅大兴国际物流园二期项目完成市政配套建设进入收尾验收阶段，三期项目按计划稳步推进。建材总院国家节水器具产品质量监督检验中心项目 4 月份完成建设，具备检测能力。太尔化工疏解搬迁项目 10 月试生产。冀东发展集团曹妃甸装备基地建设暨盾石机械搬迁项目辅机车间 7 月试生产，盘活存货闲置资产。金隅智造工场项目 6 月开工建设，利用原金隅天坛家具公司西三旗厂区升级改造，打造智能制造科技创新园，实现传统工业企业转型升级。

（王云海）

【结构调整】年内，金隅集团完成 22 户子企业和 17 个分公司的注销工作。完成年度疏解退出计划和“压减”计划 22 户。新设子公司 18 家、分公司 3 家。7 家全民所有制企业，按市国资委要求 2 家改制、1 家注销，剩余 4 家企业正按计划实施。调整金隅国际物流园，由金隅嘉业公司设立物流园项目公司负责物流园项目的代建工作，由地产经营公司负责物流园的管理与运营；金海燕物业公司对公司 4 家养老服务公司实施统一运营管理，实现资源整合和利用；调整邯郸区域水泥及混凝土企业，将原邯郸金隅水泥公司管理的混凝土企业委托给峰峰金隅混凝土公司归口管理；调整唐山海螺型材公司股权管理，由冀东发展集团代表金隅股份行使股东职责；成立金隅冀东（唐山）混凝土环保科技集团有限公司，打造流程顺畅、制度统一、保障有力的混凝土法人实体平台；推进水泥企业转型升级，金隅冀东水泥公司组建水泥环保产业中心，调整红树林（生态岛）公司职责定位；冀东发展集团将南非曼巴水泥公司、冀东物流公司委托给金隅冀东水泥公司管理。

（覃　静）

【建材生产经营】年内，金隅集团新型建材与商贸物流板块主营业务收入 101.75 亿元，为上年的 106.7%；实现利润 3.6 亿元，为上年的 150.5%。其中，国有及控股企业主营业务收入完成 86.35 亿元，为上年的 106.8%；合资参股企业主营业务收入完成 15.4 亿元，为上年的 106.3%；国有及控股企业国有及控股企业经营活动现金流入量 91.2 亿元，为上年的 101%。金隅天坛家具公司内部整合，完成向大厂生产基地转移的二次人员调整工作，全年营业收入 8.27 亿元，比上年增长 14.3%。金隅加气混凝土公司抢抓重点工程，产销量均创历史新高，全年营业收入1.99亿元，比上年增长30.8%。金隅涂料公司加快外埠市场布局和销售渠道建设，外埠市场销售额超过80%，全年营业收入2.12亿元，实现利润605万元。金隅节能保温公司（金海燕玻璃棉公司）加强资源整合，加大营销力度，岩棉销量同比增长48%，玻璃棉销量同比增长25%，全年营业收入2.65亿元，利润5600万元。科实五金公司做好转型升级前期工作，编制完成搬迁调整方案。太尔化工公司完成黄骅项目建设，产品销量增长，全年营业收入4560万元。大厂金隅工业园剩余土地实现网上摘牌，金隅窦店科技园完成园区规划编制工作。建材总院为所属企业提供技术服务，示范和引领作用明显，全年营业收入1.32亿元。建都设计研究院调整业务模式，提升服务水平，拓展市场，全年营业收入8800万元。星牌优时吉公司产销量翻番，市场占有率稳居国内首位，全年营业收入3.44亿元，利润3868万元，比上年增利5500万元，实现扭亏为盈。金隅商贸公司做实卫浴代理业务，扩大卫浴代理业务市场区域，优化营销渠道和市场布局，持续稳定提升卫浴代理业务盈利水平，加大卫浴电商业务创新发展，电商比上年增长78%；全年营业收入64亿元，利润4945万元。北京城市副中心行政办公区工程建材优化生产组织，“保质、保量、保时”完成保供任务，加大加气防火板、无甲醛和无苯酚巧克玻璃棉、节能窗等新产品新技术推广应用，扩大产品在行业中的影响力。

（刘小敏）

【水泥及预拌混凝土产业】年内，金隅冀东水泥公司以打造“国际一流的现代化、专业化大型水泥产业集团”为战略目标，以融合促发展、以发展促增效、以增效促提升，制定了统一营销、统一供应、统一质量和对标管理办法，在行业自律、市场运作、管控效能提升、文化深度融合、夯实党建基础等方面全面整合提升，取得了优良的经营业绩。全年水泥熟料销量1.08亿吨，预拌混凝土产销量1447.66万方，营业收入351046亿元，同比增加19.28%，实现利润17.29亿元，同比增加421.9%。全年共组织、召开和参与区域行业自律会议330次，积极参与“沿海C5组织”“晋冀鲁豫C12+4去产能协调组织”“2+26通道城市”等行业组织建设，深化行业间合作。与中建材北方水泥、亚泰水泥合作完成组建吉林水泥集团工作。积极打造去产能“唐山范本”，积极推动唐山区域去产能，通过政府主导、金隅冀东引领，非国有熟料企业全部参与的方式在唐山区域内组建水泥熟料企业投资管理平台；加强科技创新工作，环保产业发展再上新台阶。公司建立水泥窑协同处置危险废物规范化运行体系、管理指南和管理办法，金隅冀东水泥共有19家企业开展了水泥窑协同处置工作。全年自主或主导完成重大科研项目14项，年创效近1亿元；实施供应链+互联网平台建设，电商平台覆盖77家营销公司和生产企业。平台纳入用户近800个，水泥交易量超140万吨，交易金额达4.8亿元。纳入供应商4459家，完成线上标的金额23.14亿元；强化安全生产管理，提升环保水平。所有企业签订《安全生产保卫目标责任书》，启动安全生产一级标准化试点工作。全年完成环保设施、安全防护设施投资4.5亿元。金隅鼎鑫水泥公司、邯郸金隅太行水泥公司、广灵金隅水泥公司成为工信部评定的第一批13家绿色工厂之一。开展劣势企业清理退出以及非首都功能疏解工作，金隅前景环保科技公司关停，淘汰水泥产能150万吨，减煤11万吨，减少二氧化碳排放40万吨以上。

（高守民）

【科技创新】年内，金隅集团科技投入11亿元，实施18项重点科研项目；新产品销售收入23亿元；获得省部级及行业科技奖励15项，获得国家专利95项，其中发明专利28项，软件著作权6项，主参编国家、行业及地方标准34项；争取各级政府科技资金950余万元。邯郸金隅太行水泥公司采用国际先进的生活垃圾预处理技术，建设集团首条日处理500t城市生活垃圾生产线。唐山冀东装备公司（盾石电气）开发的2600千瓦永磁直驱电机应用于立磨系统，技术在国内外水泥行业属首创。金隅琉水公司与北京建材总院在琉水公司建成的高效钾钠盐分离装置，氯化钾纯度达到国家一级产品的要求，在国内首次实现飞灰中氯化钾的资源回收，飞灰处置能力提升20%。北京金隅混凝土公司实施的城市副中心项目混凝土技术攻关与应用项目通过对原材料进行优化、混凝土配合比调整，满足了倾角大、面积大、悬挑长度大的斜弧面屋顶施工需求，保障了施工进行和工程质量。北京金隅嘉业公司开发的西山甲一号项目采用地源热泵系统、天棚辐射系统、置换式新风系统等多项绿色节能技术，与传统化石能源相比，每年可减少碳排放533吨。唐山冀东混凝土有限公司开发北京新机场耐久性混凝土，在机场各等级混凝土力学性能基础上优化原材料，取得良好效果。唐山冀东发展燕东建设公司实施集成房屋制板车间设备技术改造，提高了自动化程度与设备运转率，复合板产量由每天400

平方米增加到 700 平方米，板材合格率由 80%提升到 99%。建都设计院按照绿建三星级标准设计的中关村西三旗（金隅）科技园公租房利用互联网平台与信息通信技术，把互联网和社区服务结合，创造新的“互联网 + 社区”的智慧生活。金海燕物业公司提升小区智能管控系统水平，新增红外幕帘报警触发器、室外避雷装置等设备，利用科技手段降控管理风险、提高管理效率、提升服务能力。金隅集团重点科研项目金隅琉水科技公司“废旧轮胎替代水泥窑燃料技术研究及应用”项目实现联动试车，窑尾烟气 SO_2 排放符合标准。金隅砂浆公司“地下工程及加固工程用喷射干料的研究与应用”研发的喷射干料应用在多条在建地铁工程以及城市副中心综合管廊、基坑支护等工程，供货超过 10 万吨。金隅嘉业公司“装配式住宅施工工法与管理”项目，通过优化施工组织与节点施工方法，每层楼工期缩短一周以上，达到 8 天左右；与建材科研总院共同研发的“金隅超低能耗建筑应用图集与技术手册的编制”项目，完成西砂西区 12# 楼超低能耗项目前期图纸、节点施工方案，通过德国能源署专家审批。金隅冀东水泥公司“供应链 + 互联网云平台开发”项目水泥电商平台在 6 家营销公司上线应用，纳入客户 200 家，水泥在线下单交易累计金额达 1.0329 亿元，电子采购平台覆盖至 75 家水泥企业，纳入供应商 1660 家，采购金额累计达 1.0044 亿元，在线销售采购交易额实现“双过亿”。

（田立柱）

【节能环保】年内，金隅集团实现节约标准煤 5.9 万吨，节水 83.1 万立方米；处置危险废物 19 万吨，处置生活垃圾、生活污泥、污染土 18.1 万吨；全年未发生重大环境事件。金隅冀东水泥公司投资 10.5 亿元启动为期 2 年的环保补短板促提升工程，实施电改袋、脱硫脱硝、棚化、输送和转运封闭、污水治理、噪声控制等 437 项改造项目。大成房地产公司、建机公司、金隅程远公司与地方政府沟通，克服困难，投入 1650 万元，在采暖季之前，完成 7 个片区 565 户居民的煤改气或煤改电供暖改造，全面完成北京市政府下达的“清煤降氮”工作任务。节能降耗技改项目成果显著。投入专项资金 9800 万元，淘汰落后机电设备 2094 台，更换绿色照明 20236 盏，实施了 35 项工艺系统节能改造、31 项节水工程改造、20 项能量系统优化、14 项窑炉改造、3 项余热余压利用改造。广灵金隅水泥公司、赞皇金隅水泥公司、金隅鼎鑫水泥公司、天津振兴水泥公司、金隅八达岭温泉度假村、金隅物业公司、宣化金隅水泥公司、金隅涂料公司等开展的节能降耗和电力需求侧等项目获得政府奖励资金 1300 万元。实施清洁生产，全面完成能耗双控任务目标。水泥板块 59 户、其他板块 27 户通过清洁生产审核。按照“百千万”重点用能单位“双控”目标要求，持续提升“内涵促降”，四平金隅水泥公司、金隅北水环保科技公司、金隅琉水环保科技公司、金隅物业公司、金海燕物业公司等 68 户全面完成政府年度节能目标任务，通过政府节能阶梯电价专项审核。

（田立柱）

【安全生产】年内，金隅集团以监督落实“党政同责、一岗双责”为主线，推进隐患排查治理体系建设，深化安全监管机制，从严从细从实狠抓双基建设。与 114 个考核单元签订个性化安全生产目标管理责任书（告知书），明确企业党政负责人同为安全生产第一责任人，对安全生产工作负总责。总部制定各级领导、板块、部门、全体岗位员工安全管理责任清单，健全责任管理体系，重点推动各事业部及管理公司主动履职。按照北京市安监局和国资委要求，在二级生产型企业中推动安全总监制度。金隅地产经营公司和金隅物业公司完成金隅喜来登酒店“一带一路”接待服务保障任务。按照《“平安金隅”规范化安全管理考评标准》，对 20 家企业进行自评复核检查，组织 30 家企业进行全过程观摩学习，复核组现场提出整改项 406 项。赞皇金隅水泥公司、金隅鼎鑫水泥公司、阳泉冀东水泥公司、广灵金隅水泥公司实现一级标准化达标。持续推进生产安全事故隐患排查治理暨信息系统建设，制定管理办法、实施细则和考核制度。编制完成京内 34 家企业 1715 份隐患排查清单，全部并网运行，4 家试点单位隐患排查治理系统与北京市安监局系统实现数据对接。组织专业部门对集团公司内 400 多万平方米高层建筑、出租部位、人员密集场所进行消电检，对 141 台锅炉、269 台压力容器、1406 台电梯、8229 点避雷设施进行检验检测。对原工业大院、可燃性聚苯夹芯彩钢板建筑、“三合一”、“多合一”、涉及人员密集场所等高危建筑场所和“六小”业态出租等予以封停清退，共排查整改各类安全隐患 557 项。

（袁朝震）

北京能源集团有限责任公司

【概况】北京能源集团有限责任公司（简称京能集团）2004年12月成立，由原北京国际电力开发投资公司和原北京市综合投资公司合并重组，是北京市政府出资设立的国有独资公司。2011年12月，北京市委、市政府从优化首都国有经济布局的战略高度，决定将京能集团与北京热力整合，实现第二次重组，促成电、热上下游产业链的完善，使京能集团成为首都电力、热力能源投资的主体，确定了“能源为主、适度多元、产融结合、协同发展”的战略。2014年12月28日，根据市委、市政府和市国资委决定，京能集团与京煤集团实现重组，形成煤、电、热一体化的大能源格局。作为北京市政府能源投资经营主体，集团以服务首都为己任，承担着首都及周边地区能源项目的投资建设、运营管理以及节能环保技术开发等任务。集团以“电力生产和供应、热力生产和供应、煤炭的生产和销售、房地产开发经营”为四大主业，拥有四家上市公司，分别是京能电力、京能置业、清洁能源（香港上市）和昊华能源，集团的资产证券化率为76%。京能集团初步形成煤电、清洁能源、热力、煤化、房地产开发经营及物业管理、文旅、金融、战略新兴产业发展格局。

2017年，京能集团实现资产运营和资本运作的“双轮”驱动。集团投资经营区域遍及全国20余个省、市、自治区，包括北京、山西、河北、内蒙古、广东、宁夏、四川、湖北、青海、甘肃、新疆等地。集团依托区位优势，抢抓机遇，科学发展能源项目，积极拓展战略资源，在注重经济效益和社会效益的同时，实现了集团跨越式发展，正致力于成为国际一流的首都综合能源服务集团。

年内，京能集团承受到煤价上涨、火电效益下滑，燃气电厂发电小时数下降、电厂环保改造等多重压力，又面临天然气压非保民、供给侧结构性改革和北京疏解整治促提升等多重任务，对京能集团当期效益和生产经营造成重大影响。京能集团按照“稳中求进、防控风险、强化融合、创新发展”的工作方针，改革创新，融合发展，疏解拆违，整治提升，提质增效。在困难与挑战中，迎难而上，超额完成了市国资委下达的经营指标，完成了首都重大政治任务和能源保障工作，保持了企业持续稳定发展。

年内，京能集团总资产2628亿元，比上年增长8.75%；净资产1031亿元，比上年增长5.24%；净资产收益率0.86%，超年度预算0.14个百分点；归属母公司所有者权益715亿元，比上年增长1.89%；营业总收入634亿元，完成全年预算的108.35%；利润总额30.85亿元，完成全年预算的154.12%；人均收入12.11万元，比上年增长9.89%。实现营业收入超过634亿元，利润总额超过30亿元，控制电力装机容量突破2000万千瓦，供热管网面积达3.26亿平方米。2017年，京能集团主要生产指标为，发电量完成817亿千瓦时，完成全年计划的104.69%；电厂供热量完成4675万吉焦，完成全年计划的137.50%；供热面积3.26亿平方米，完成全年计划的103.13%；煤炭产量916万吨，完成全年计划的104.09%；房地产销售面积38万平方米，完成全年计划的140.74%。

（刘子硕）

【京津冀协同发展项目】9月，京能集团成立京津冀地区能源项目前期工作协调小组，制订了《京津冀地区综合能源市场开拓行动计划》，以京津冀、城市副中心、雄安新区、冬奥会场地等为重点区域，全力推进风电、光伏、地热和分布式能源项目的发展。已调研收集了北京城市副中心、雄安新区、崇礼冬奥地区、首都新机场及新航城地区、延庆地区等11个重点发展区域潜在项目信息，并密切跟踪新航城、延庆、崇礼冬奥场馆、北京市“三城一区”（中关村科学城、怀柔科学城、未来科学城和北京亦庄经济技术开发区）综合能源服务项目，跟进怀柔新城核心区、雁栖湖生态示范区、雁栖居住区、庙城地区规划发展进程，聚焦怀柔科学城等重点发展区域，推进大型集中供热、地热、试点村“煤改气（LNG）”、煤改电等方式替代小、散、乱、高排放燃煤锅炉房。此外，结合雄安新区建设，京能集团积极在能源供应、智慧停车、基础设施等领域谋篇布局，寻求发展机会。

（刘子硕）

【电力生产和供应】截至年底，京能集团电力总装机约2039万千瓦。其中，火电占比80.7%（燃煤发电占57.4%，燃气发电占23.3%），可再生能源发电占比19.3%（风电占11.2%，光伏占5.3%，水电占2.8%）。集团在北京地区及电力送北京地区的电力机组总装机834.3万千瓦，约占集团总装机的41%，占北京市历史最大电力负荷的40.2%（2016年8月数据）。其中，燃气供热机组装机 443.5 万千瓦，风、光可再生能源装机 24.8 万千瓦，点对网送北京地区电力装机 366 万千瓦。

（刘子硕）

【热力生产和供应】截至年底，京煤集团供热板块供热面积 3.26 亿平方米，占全市总供热面积的 38.26%，拥有全国最大的供热管网系统，担负着为北京市市民和中央党政军机关及各国驻华使馆、北京市党政机关、大型企事业单位的供热保障职责。供热区域范围包括东城、西城、朝阳、海淀、丰台、石景山、门头沟、通州、昌平、房山，河北燕郊、三河、廊坊等地区。同时围绕京津冀协同发展，推进京津冀地区重点功能区、重点镇建设项目。

（刘子硕）

【煤炭生产和销售】年内，京能集团煤炭业务总资产 612.54 亿元，收入 257.54 亿元，利润 7.54 亿元。煤炭产能 1020 万吨，产量 916 万吨，煤炭销售 1309 万吨。随着国家供给侧结构性改革和首都城市功能的调整，煤炭板块推进产业转型升级，优化经济结构，打造“煤炭能源和现代城市服务”两大产业链条，构建煤炭及煤化工、民爆化工、电力、城市综合服务、房地产、建筑施工与勘探、智能停车、医疗健康养老等产业发展格局，不断优化升级产业结构。在发展上，主动适应首都功能新定位，逐步退出京西煤矿，谋划产业转型，实施战略转移。

（刘子硕）

【房地产开发经营】年内，京能集团房地产业务主要分为开发和经营两大类。其中，开发业务主要涉及住宅、商业、旅游、养老项目的开发与施工，经营业务主要涉及商业、办公、酒店项目的经营与管理。集团房地产板块二级企业共 8 家，包括房地产开发类企业 2 家，其中京能置业具备房地产一级开发资质；房地产施工类企业 1 家；房地产经营类企业 5 家。2017 年底，京能集团房地产板块资产总额约 500 亿元。房地产业务一级开发项目共 2 个，总用地面积 35 万平方米。二级开发项目共 21 个，总建筑面积合计 560 万平方米。其中，保障房项目 8 个，总建筑面积 172 万平方米；商品房项目 13 个，总建筑面积 388 万平方米。房地产经营性物业项目总数 396 个，可经营面积合计 160 万平方米。

（刘子硕）

【京西煤矿退出转型发展】年内，京能集团昊华能源公司木城涧煤矿停产，是北京年生产能力最高、员工人数最多的矿井。按照北京市总体规划要求，以疏解首都非核心功能实现京津冀一体化发展为抓手，以京西生态涵养功能定位为立足点，参考德国鲁尔矿区转型升级案例，通过对部分自有土地进行不同方式的自主开发利用，围绕和谐宜居之都，大力推进城市服务业转型升级，提高百姓生活品质。围绕首都文化中心，依托腾退闲置厂矿企业，选择矿区周边村镇就业居住人口密集、工业遗迹保护条件好、供水供电等市政基础设施配套相对完善的区域，发展适合首都“四个中心”功能定位的文化、旅游、体育、休闲度假等转型产业。打造“文化养老产业、保障房建设”以及“以高新技术产业为龙头、创业创新为特色、修旧改造为基础”的文化生态涵养圈和京西浅山都市新生带。在解决企业自身转型发展的同时，推动区域的生态型、服务型首都经济后花园建设。

（刘子硕）

【金融投资业务】截至年底，京能集团参股投资有北京银行、大唐发电、北京汽车、国电电力、全聚德、国泰君安、首创股份、嘉实丰和、成都银行等金融资产，总计公允价值为 209 亿元。拥有京能财务公司、融资租赁公司、香港公司、香港上市公司、功能性公司等多个金融与融资平台，为集团资金管理、金融创新和协同业务发展提供支持。

（刘子硕）

【科技创新业务】年内，京能集团以北京高新技术创业投资有限公司、北京源深节能技术有限责任公司等作为创新主体，以市场为导向，致力打造产学研深度融合的技术创新体系。建立了科技项目立项、申报平台，实现了科技创意的全员提报、全员评选、全员招募、在线评审、信息汇总统计分析以及科技项目管理、科技成果奖励等功能。将数字化电厂纳入到了“示范电厂”建设范围，并在集团内部电厂逐步推广，形成具有京能集团特色的数字化电厂实施方案。探索与推广深度余热利用应用、区域能源智能监控系统等技术，填补了国内空白。

（刘子硕）

【海外发展业务】截至年底，京能集团投资的境外项目有澳大利亚 GR 风电光伏项目，风电装机 16.55 万千瓦，光伏装机 1.32 万千瓦；澳大利亚拜亚拉风电项目，拟电力装机约 10 万千瓦。还有非洲煤业和京煤化工蒙古达瓦满度拉项目，京能香港公司、香港上市公司在内的多家香港投资平台以及澳大利亚海外代表处。海外总资产（含有关债券）约 70.66 亿元人民币，海外员工人数 70 人。

（刘子硕）

国网北京电力公司

【概况】国网北京市电力公司（简称国网北京电力）是国家电网公司的子公司，负责北京地区1.64万平方千米范围内的电网规划建设、运行管理、电力销售和供电服务工作。下辖二级单位29个。其中，供电公司16个，业务支撑和实施机构10个，其他单位3个。年内，完成售电量968.01亿千瓦小时，同比增长5.41%。2017年，北京电网内共有电厂29座，机组274台（含124台风机+73台光伏逆变器），总装机容量10453.08兆瓦。并入110千伏及以上的升压变共有64台，变电容量13739.5兆伏安。其中，并入220千伏的升压变37台，变电容量12570兆伏安；并入110千伏的升压变27台，变电容量1169.5兆伏安。北京地区运行的110千伏及以上变电站498座，变压器1252台，变电容量117078.3兆伏安。其中，500千伏变电站10座，变压器28台，变电容量29703兆伏安；220千伏变电站87座，变压器233台，变电容量40795兆伏安。其中，公司所属变电站352座，变压器880台，变电容量42487兆伏安；用户变电站49座，变压器111台，变电容量4093.3兆伏安。北京电网共有110千伏及以上架空线路603条共7067.35千米，110千伏及以上电缆线路986条共2076.75千米。其中，500千伏架空线路8条共312.706千米，500千伏电缆线路2条共13.372千米（其中昌海、门海线为架混线路）；220千伏架空线路213条共2896.02千米，220千伏电缆线路143条共620.29千米；110千伏架空线路382条共3858.63千米，110千伏电缆线路794条共1443.09千米。

（吴国健）

【人力资源】年内，国网北京电力公司业绩考核连续三年位列A段，取得国家电网公司第3名的历史最好成绩。对标位列综合标杆第4名，并获得管理标杆和6项专业标杆。年底公司共有全民职工8156人。其中，研究生及以上学历1628人，本科学历3923人，专科学历1527人；高级职称1470人，中级职称1846人；技师及以上职业资格4041人，高级工1709人，中级工469人。推进前端全能型班组和后台智能管控平台建设工作，形成相对完整的业务集约融合体系。创新建立智能安全管控和配网运维管控平台，完善并推广“智慧工地”管控系统，实现各类作业现场全覆盖和安全质量全流程监控。在城市化区域试点将10千伏生产营销服务等业务下放至营业所，为辖区客户提供立体式、综合式服务。城区公司在崇文供电服务中心试点基础上，推广建设西城、东城、宣武和黄寺供电服务中心。创建首钢冬奥供电服务中心，拓展供电范围。完成城市副中心、雁栖湖等供电服务中心建设。所属单位企业负责人推行“关键业绩制”考核、各级管理机关推行“目标任务制”考核、一线员工推行“工作积分制”考核，实现目标任务层层分解、经营压力逐级传递，组织绩效和员工绩效实现“双提升”。聚焦公司重点工作、核心业务，重点组织开展中共十九大保电、“煤改电”供电服务、继电保护专业和供电所业务青年员工“回炉”等培训。提升专业培训的精准性、系统性，制定落实业务岗位培训、人才培养方案。备战国网公司竞赛调考，公司后勤管理取得第4名，安规第7名，金属检测第8名，“互联网+”电子渠道运营第9名。向一线技能人才倾斜，新增各级各类专家人才125人。加强培训资源建设，在平谷、城区挂牌建设配电与营业、供电服务实训基地，在培训中心组建基建、生产、营销等教研室，选拔认证755名初、中级兼职培训师。

（吴国健）

【电网建设】年内，国网北京电力公司主动对接首都发展大局，全面启动北京电网发展研究，探索新时代北京电网发展方向和实施路径。滚动修编“十三五”电网规划并在全国率先获得政府批复，总投资1000亿元全部纳入输配电价核定范畴。持续优化冬奥会、怀柔科学城等重点区域专项规划，突出发挥电网规划在履行首都供电政治责任上的引领作用。与16个区政府签订战略合作协议，实现区县战略合作全覆盖。将配网投资范围延伸至首钢园区和机场红线以内，开拓了电力体制改革背景下配套电网建设和经营管理的新模式。借助政府将公共服务类建设项目纳入投资审批改革试点的有利契机，将136项工程纳入政府督办任务和“一会三函”审批流程，56项工程纳入绿色通道审批流程。全年取得张北柔直示范工程等73项重大项目立项核准，核准容量和资金规模均达历史新高。“基于卓越管理理念的同期线损精益化管理创新与实践”入选国家电网公司“五位一体”典型案例库并获得国网系统管理创新一等奖，“政企合作拓展电网规划前期工作的管理实践”获第32届北京市企业管理现代化创新成果二等奖，“国际、国内一流城市电网发展对比和北京电网发展定位研究”等2篇分析成果获中电联2017年度全国电力行业统计与分析优秀论文。

全年，开工110千伏及以上输变电工程60项，新建变电容量701.5万千伏安、线路809.28千米；投产110千伏及以上输变电工程31项，新建变电容量326.15万千伏安、线路340.31千米；完成电力线路迁改工程10项，长度42.11千米。首都核心区58条道路、50.61千米架空线入地工程按期完成；副中心行政办公区配套市府东110千伏输变电工程如期投产，为市政府启动搬迁入驻提供可靠保障；新机场配套110千伏张华输变电工程提前建成，走在各项基础设施建设前列；如期建成蔚县—门头沟500千伏线路工程（北京段）；完成张北柔直示范工程四通一平并突破文保审批手续，为工程按计划开工奠定基础。完成安定增容工程全部4组变压器更换；开工建设500千伏张昌三、房山—南蔡线路工程以及南苑、聂各庄加装调相机工程。

推进基建现场反违章专项行动，开展电力建设工程施工安全年活动，全面实施安全责任量化考核，基建工程全覆盖建设和应用“智慧工地”系统实时监督管控现场作业情况，全年基建安全质量局面稳定。推广土建工程预制技术，对围墙压顶、井口等建（构）筑物实施工厂化预制，减少现场湿作业，提高工程实体质量。持续开展创优示范工程建设和标准工艺竞赛活动，完成年度创优输变电工程26项，优质工程率100%，马坡220千伏变电工程、团结湖220千伏送电工程荣获国家电网公司2017年度创优示范工程。深化110千伏变电站钢结构模块化建设，全过程应用变电站、架空线路、电缆机械化施工；完成基建骨干人才储备库三年建设计划，推动基建专家骨干人才“红、黄、蓝”队伍常态化运转，高起点启动基建教研室建设。公司荣获国网公司2017年度基建管理先进单位，基建同业对标连续4年获得专业标杆并取得第3的历史最好成绩；北京经济技术研究院依托三营门220千伏变电站工程获得国网“三维设计”专项竞赛优胜奖。

（吴国健）

【经营管理】年内，国网北京电力公司固定资产投资完成227.98亿元。借助核心区架空线入地、新机场、“煤改电”等工程，全年争取外部资金41.4亿元，超过全年电网投资的20%。科学编制发电量计划，有效化解华能煤机停备带来公司成本增加风险。分线分台区线损合格率提升40个百分点以上，综合线损率下降0.03个百分点，累计结余碳排放配额27.5万吨，带来经济效益3200万元。

年内，克服折旧、财务费用刚性增长影响，调整中共十九大保电等增长成本，完成了利润目标。把握煤电联动、清洁能源采暖等政策调整契机，扩大购售价差，落实输配电价上涨空间，提升了公司盈利能力。开展问题清单梳理，完成“四上四下”梳理任务，落实整改决议，391项问题得到整改。严把决算质量，推进工程决算转资，转资率88.5%。深化运监大数据平台建设，开展7大类主题监测工作，监测内容覆盖11个主营业务部门，基本实现公司业务监测全覆盖。推进30套信息系统查询权限和21套系统数据库读取权限开通工作，应用“大数据”分析技术，完成售电量、物资采购价格、电网运营成效及充换电设施4项大数据专题分析。设计“数据宝宝”卡通形象，设立“数据宝宝讲数据”系列微讲堂，邀请国内知名企业分享数据管理及应用经验。

首都电力交易中心有限公司按照金融监管部门要求实现交易机构开业运营所有条件，建立交易机构行政、管理制度体系。全年北京电网全口径购电交易电量1036.98亿千米小时，比上年增长5.73%。完成市场化交易电量144.25亿千米小时，比上年增长66.51%。落实政府节能减排要求，完成发电权交易电量57.45亿千米小时，节约标煤33.59万吨、减排二氧化硫7067.75吨，减排二氧化碳87.33万吨，为完成非首都功能有序疏解和北京地区节能减排、低碳转型发挥作用；集中电采暖直接交易电量0.41亿千米小时，“煤改电”居民用户电力直接交易电量2.54亿千米小时，新疆送北京交易电量5.95亿千米小时。

全年完成54个批次的物资和服务采购工作，集中采购金额128.58亿元。签订采购合同5293份，金额84.47亿元，处理违约金额80.89万元。废旧物资处置金额5296.51万元，较上年提升118.74%。完成监造工程89项，下达检测任务2684条，检测物资21155台（套），整改设备质量问题284项。

完成对英大人寿保险、英大传媒集团等5项国网委派审计项目，其中4项获得总部考评A类。公司两级审计开展22家258项电网建设项目的竣工决算“回头看”审计；累计对1454个村和街道、60.51万户居民“煤改电”工程持续跟踪，共计下达整改意见书269份，累计纠正、调整结算4396项；对21家清算关闭企业开展清算审计，对31家存续企业开展以治理“五突出”为重点的规范管理全面审计；成立审计中心并实施一体化管理，明晰职责界面，确立资源共享机制，“上审下”监督格局初步形成；探索数字化审计实践，针对“煤改电”电费补贴发放开展专项审计，对30万居民逐户进行资金核查，远程调取数据72.02万条，确保政府补贴到户，对充电桩的合规性及运用过程的效益性进行分析，拓展新业务领域中审计的监督保障作用。北京公司获国网公司审计先进单位，昌平公司获评先进集体。

组织开展制度评估，废止制度158项。开展制度落地执行检查，发现整改问题87项，提出意见建议154项。编制合同承办审核手册，收列常用合同类型5类33项。印发法律风险提示书60份，为上年的5倍。梳理规划建设、电网运维、营销服务、人力资源等领域涉法问题1175项，编辑形成涉法问答丛书。

完成公务用车改革，实现公务用车数量和运行成本“双降10%”目标。梳理2184处房屋资源，形成“一房一册”信息图集。推行《国家电网公司小型基建项目管理手册》，编制《小型基建项目前期工作手册》。施行项目全过程管控，后勤项目初设评审覆盖率、评审合格率、竣工完成率、结算完成率均100%。完成《〈国家电网公司非生产性技改项目技术规范〉等5项技术标准》编写，规范非生产项目管理。建立“专职—专业—专家”三级精准健康管理体系，试点开展“面对面”专家健康咨询。推进健康食堂创建，所属247个食堂100%达标。在中共十九大电力保障期间，完成2.3万余名干部职工和1609名支援人员的保障任务。推进后勤“精益化管理年”活动，围绕公司后勤8个方面重点工作，细化21项重点任务。编写印刷《非生产性房屋及其配套设备设施维修改造典型方案》《典型造价》《“互联网+”与电力后勤的融合与发展》等3册专业管理书籍。

（吴国健）

【安全生产】年内，国网北京电力公司成立国内首家两级配网管控运维中心，建成国内首套“一体双核”配电自动化主站系统；接入6575条配电自动化线路，提前实现北京城市区域覆盖率100%。以防范外力和用户内部故障为重点，安装1187台视频监控装置和10585台用户分界断路器，全面应用生产移动作业终端。综合运用人防、物防和技防措施，输电、变电、配电设备故障比上年下降41.2%、36.4%和69.2%，实现连续2年的大幅下降。

全年完成保电任务178项，累计保电328天，突破历史年度最高保电天数。完成全国“两会”、“一带一路”高峰论坛、中共十九大、天舟一号航天任务以及党中央、国务院重要会议等政治供电任务。北京电网未发生造成保电客户供电影响的电网故障，北京公司供电保障经验和典型做法在国网公司系统内固化并推广。

组建国内首家省地两级安全监控中心，创新建立可视化智能安全管控系统，持续完善生产作业安全规范化管控平台及App功能，实现施工现场视频监督、作业流程管控全覆盖。应用“互联网+”技术，深化安全双准入手段，建立外包企业和人员安全质量信用评价体系，形成“严格准入”和“动态淘汰”相结合的安全质量管控长效机制。开展配网设备质量“两排查一整治”专项行动，排查并治理配网设备质量问题326项，完善隐患排查治理管理体系，建立政治保电专项排查治理组织模式，完成重大活动专项隐患排查治理任务。强化应急队伍能力建设，开展度夏防汛、政治保电等应急演练114次，公司综合应急救援队获得“北京市电力市级专业应急队伍”资格。加强风险预警管控，定期发布电网风险预警单，实现电网风险分析、预警、控制全过程规范管理。建立常态预案、检修预案和专项预案3级预案管理体系，在严重故障处置、典型设备异常处理、拉路限电方案执行等方面应用“一键操作”技术，缩短故障处置时间。编制故障处置预案1469份，实施方式调整措施47项，开展联合反事故演练14次，确保电网平稳应对2254万千瓦历史最大负荷和1960万千瓦冬季最大负荷考验。

成立后勤安全巡检组，围绕工程项目、消防安全、交通出行、办公场所、设备设施、食品卫生等重点领域开展全口径安全检查。开展后勤专业“百日安全”消防隐患排查专项行动，共计发现问题隐患808项，整改率100%。

（吴国健）

【营销工作】年内，国网北京电力公司超额完成市政府下达“煤改电”配套电网建设任务，总建设规模904个村40.77万户，基本实现南七区平原地区“无煤化”。至2017年采暖季前，北京电采暖用户达到110万户。全年完成84项公交充电站外电源工程，完成17个居民小区充电设施电源改造，新建公共充电桩2930个，建成国内首个城市10分钟充电圈。公司全年综合能源服务业务收入5003万元，比上年增长138%。售电量完成968.01亿千瓦时，比上年增长5.41%。新增用电客户16.5万户，新增接电容量1333.33万千伏安，比上年增长3.90%，拉动电量增长3.89个百分点。完成电能替代电量25.58亿千瓦时，超额完成总部下达指标。完成城市公共事业附加费取消、居民峰谷时段延长等5次电价政策调整。开展电价执行情况稽查，整改电价执行差错83户次。加强电费回收管控，当年电费回收率100%，实现年底电费零在途。联合市发展改革委、公安局开展反窃电行动，全年累计追补电量809.18万千瓦时，补收电费及违约金3374.91万元。全年换装智能表23.23万只，采集覆盖率99.6%。优化采集系统网络，更换1.66万台非互通集中器及采集模块，分装1.2万台集中器，实现采集网络全网互通，采集成功率由年初99.1%提升至99.5%，购电费平均下发时间由7.3分钟降低至5.8分钟。电科院计量中心新址投运，建成“六线两库”智能仓储及自动化流水线，形成覆盖计量资产全寿命周期的管理体系。推广“互联网+”线上办电业务，业扩线上报装率96.06%。全年签订内外部“契约”服务书554项，容量378.48万千伏安。推进“三供一业”分离移交，308个小区23.36万户供电接收协议签订率和方案制订率均100%。

（吴国健）

【科技与信息化】年内，国网北京电力公司牵头“863”课题“主动配电网关键技术研究及示范”通过国家科技部验收。“电能替代综合技术联合实验室”获批国网公司联合实验室称号，公司状态检测实验室获批国网公司技术标准验证实验室。获省部级及以上科技成果奖励24项。其中，中国专利优秀奖1项，中国电源学会科学技术特等奖1项，中国电力科学技术奖3项，中国电力创新奖2项，中国机械工业科学技术三等奖1项，省级人民政府科技奖励12项，国网公司科技奖励8项。围绕“煤改电”电动汽车、分布式电源等开展专利布局，全年申请专利326件，公司累计拥有授权专利2199项。

新开工110千伏及以上电网建设项目环评率100%，110千伏及以上电网建设项目竣工环保验收率100%。完成109座变电站电磁环境和噪声监测，以及40座有办公人员的变电站废水监测。完成3座噪声超标扰民变电站的治理工程，试点开展7座变电站全过程精细化环保技术监督。结合“六五”世界环境日、全国科普日、北京科学嘉年华等活动，开展环保科普宣传，引导公众科学认识输变电设施的环境影响，为电网建设和发展营造和谐的外部环境。

公司成立网络安全与信息化工作领导小组，组织各部门、各单位签订网络安全责任书和网络安全承诺书。组织评审信息系统安全防护方案24项，完成63套管理信息系统、26套电力监控系统等级保护测评和备案工作。邀请国家权威机构，对信息系统和电力监控系统开展渗透测试和木马检测。在国网公司率先成立网络安全分析室，建立信息专业“1+29”预案体系，编制专项预案30个，编制现场处置预案60个。完成北京市公安局组织的“护网2017”之中共十九大网络攻防演习，成功拦截外部攻击267次，抵御演习攻击90次。在“一带一路”会议和中共十九大保障期间，成功阻断勒索病毒传播。开展全国两会、“一带一路”、中共十九大、集体企业、研发安全、营业厅摄像头、自建系统等14项信息安全专项督查，全年开展现场检查200余次，发现隐患3289个，隐患整改完成率100%。

完成电网信息化项目133个，建成涵盖公司安全生产、经营管理、营销服务、企业文化、审计监察等多个领域的移动应用，通过“一个终端、一张SIM卡、一套通道、一个商店、一笔预算”，强化移动应用标准化建设管理，推进国网3个移动应用商店实用化，实现移动应用的统一管理。企业领导决策支持移动应用上线，“互联网+”与公司经营管理融合。完成83个功能模块，1792个功能点的设计开发，实现对电网负荷、故障、投诉工单、经营绩效等指标数据在线监测。

完成骨干通信网建设任务，35千伏及以上变电站、主要办公场所、营销网点、分支机构的光纤覆盖达到100%。加快北京副中心通信网建设，构建潞城站、东夏园站、新胡各庄站和辛安屯站的骨干通信系统，初步建成12座开关站、用户配电室的核心区高端智能配电通信网。完成16个供电公司第一会场分体式高清会议系统覆盖。

完成13套通信设备网管系统等级保护测评工作，完成通信系统电气火灾综合治理工作。完成线路走廊存在隐患的14条通信光缆专项整改，部署光缆反外力视频监控系统，光缆缺陷比上年下降34.2%。开展42个通信系统运行方式分析，完成1297条继电保护、1518条调度数据网等6大类重点业务通道风险分析和完善提升工作。健全公司通信系统“1+13”预案体系，修订公司通信系统突发事件应急预案，完善光传输设备、会议电视系统等现场处置预案13个，按照“一站一案”“一线一案”编制中共十九大保障重点站线现场处置预案189个。

制订通信专项保障方案，开展隐患排查治理及应急预案演练，开展重要通信系统专项检查及运行方式分析。综合运用4G单兵、800M集群等信息通信技术实现现场保障人员与指挥中心的音视频双向互动，创新应用量子通信技术传输配电自动化数据，安全加密能力达到国内最高级别。

（吴国健）

【优质服务】年内，国网北京电力公司与中央军委机关事务管理局签署战略合作协议，为京港地铁、中国联通等5大集团客户开展特色集团缴费服务，深入国管局、中直机关等110个重点小区开展便民服务。在工程建设、电网运维、客户服务、后勤保障等专业，组建党员突击队95支、党员保障队79支、党员服务队88支，标准化建设各类党员服务站、示范岗2107个，推动急难险重任务高效完成。开展“卫蓝暖心”专项行动，组建89支党员服务队，村村设党员电力管家、发放服务联系卡，主动入户服务10万余次，确保百姓度冬无忧。开展志愿服务，发放“爱心卡”，连续16年开展“青春光明行”青年志愿服务。开展“保卫首都蓝天，创造美好生活”清洁供暖主题活动，推出“煤改电”、居民日常购电不出村、“应急服务全天候”等5项保障措施，共产党员服务队驻村服务全覆盖，累计入户服务20余万次。推出“微支付”购电新方式，推广支付宝、微信、电e宝等线上服务渠道。至年底，“掌上电力”App居民版注册客户达195.7万户，企业版客户注册率100%，“电力微信”公众号关注客户147.83万户；居民线上交费率达到71.26%，较年初提高8.46个百分点。完善末端融合App功能，抢修电子接单率达到97.2%。自主研发“煤改电”电费补贴代发放系统，实现补贴实时直补到户，累计下发补贴76.16万户。结合“煤改电”冬季供暖服务，进村入户发放学习资料10万余册。建立窗口服务现场、一线服务现场、第三方明察暗访“三位一体”监控机制，健全完善两级供电服务投诉分析例会机制。公司投诉压降率42.06%，在国网系统排名第1。

（吴国健）

【获得荣誉】年内，国网北京电力公司细化党委负主体责任/纪委负监督责任任务清单。强化全面履责约谈报告机制，两级党委共约谈下级负责人3269人次。成立公司巡察组，对6家基层单位进行巡察。在国家电网公司系统率先开发“首善清风”廉政教育App，通过点对点传播廉洁知识，根植廉洁文化，直接受众6万余人次。动态梳理重点岗位人数1832人，累计交流2299人。

开展“百佳支部”“百佳党员”和“百佳班组”“百佳工匠”联合创建。3个单位获评“全国文明单位”称号，28个单位保持首都文明单位（标兵）荣誉，3个单位获评国家电网公司文明单位。实施企业文化“三大工程”，在基层一线建设企业文化宣传阵地，建成职工文化活动中心。公司荣获全国群众体育先进单位，连续3届获得国家电网公司青创赛金奖，公司5个集体荣获“北京市青年安全生产示范岗”称号。

开展“我为企业献一策”合理化建议征集工作，公司采纳优秀建议124条，5条建议被国网公司评为优秀合理化建议。10名女职工获国家电网公司中共十九大供电保障先进个人称号，130余名女职工获公司功臣个人称号；公司1人获国家电网公司“十佳服务之星”称号，1人评为北京市首届“北京大工匠”称号。公司获得全国“安康杯”竞赛安全文化宣传先进单位，1人被评为国家电网公司特等劳动模范，4人被评为国家电网公司劳动模范；照明中心荣获全国五一劳动奖状；海淀公司配电运营指挥室荣获北京市工人先锋号。建立劳模（职工）创新工作室33家，创新成果580余项。陈牧云创新工作室被中华全国总工会授予“全国示范性劳模和工匠人才创新工作室”，陈牧云、冯丽利、王朴创新工作室被评为“国网公司劳模创新工作室示范点”。获得北京市2016年度首都全民义务植树先进单位，北京市2016年度市级交通安全先进单位，北京市2016年度市级交通安全优秀系统称号。

（吴国健）

【十九大保电】年内，国网北京电力公司全力保障中共十九大供电任务。保障涉及62个重要客户、120座重点站室、9605千米10千伏及以上重点线路，保障工作得到山东、河南等10个兄弟单位1700余人支援，23793人参与保障工作。特级保障时段9月30日起，全面进入保障阶段，安保防恐级别最高，全面升级重点站线和重要客户安保防恐标准，采取运维、安保双看护。保电工作划分为“备战、决战、决胜”三个阶段，细化38项重点任务、456项工作计划，先后召开专题党委会议、12次推进会、85次专业会议，推进重点任务落实。在决胜阶段，总指挥部、3个现场指挥部和24个二级指挥部24小时不间断运转，与国家电网公司、北京市等上级保障体系紧密对接。以变电站、线路和客户为单位，创新组建融合运维、安保、客户服务等专业的287个保障团队，构建了“整体指挥、专业协同、团队合作”的作战模式。同时加大科技保电工作，创新研发运检智能管控平台、政治供电监测、气象灾害精准预报预警等8个信息系统，运用移动应用等手段，实时掌握客户、气象等关键信息，部署人员、车辆等重要资源，实现智能化指挥、智能化管控、智能化保障。针对会场、驻地等重要客户，专门配备大容量飞轮储能和UPS电源车、110千伏车载移动式变电站、10千伏移动箱变车等装备，运用“固态切换开关+不间断电源”等技术，为客户零闪动提供保障。17000余名一线保障人员克服恶劣天气，近一个月驻守在野外和变电站，昼夜守护遍布全市的重点站线。

（吴国健）

龙芯中科技术有限公司

【概况】 龙芯中科技术有限公司隶属于海淀区，简称龙芯中科。前身是中科院计算所，2001年开始研制龙芯系列处理器，经过十多年的积累与发展，于2010年由中国科学院和市政府共同牵头出资，正式成立龙芯中科技术有限公司，致力于龙芯研发成果转化、利用，以龙芯技术开发市场适用的CPU产品，为下游企业开发基于龙芯CPU的解决方案并提供完善的技术支持及售后服务。龙芯中科拥有高新技术企业、软件企业、国家规划布局内集成电路设计企业、高性能CPU北京工程实验室及相关安全资质。

2015年8月18日，龙芯中科技术有限公司在北京举行2015年龙芯新产品暨合作伙伴大会，发布龙芯自主指令系统“LoongISA”、新一代高性能处理器微结构“GS464E”和新一代处理器“龙芯3A2000”“龙芯3B2000”等龙芯处理器产品。

2017年，“龙芯”CPU已形成3个产品系列，分别是应用在PC和服务器的3号系列，应用在终端和工控的2号系列，以及面向行业应用市场并结合需求进行定制的1号系列。全年主营业务收入1.22亿元。

（王瑞杰）

小米通讯技术有限公司

【概况】 小米通讯技术有限公司隶属于海淀区。2010年4月正式成立，是一家专注于高端智能手机、互联网电视以及智能家居生态链建设的创新型科技企业。2011年8月16日，公司正式发布第一款手机产品。2016年3月，公司推出智能家庭产品“MIJIA米家”。至2016年年底，公司旗下生态链企业已达77家，其中紫米科技的小米移动电源、华米科技的小米手环、智米科技的小米空气净化器、万魔声学的小米活塞耳机等产品都是明星产品。2017年，小米智能手机销量9141万台，实现工业总产值658.0亿元，占海淀区工业总产值的32.0%，比上年增长55.1%，拉动海淀区工业总产值提升12.2个百分点。小米公司移动电源、小米手环、小米空气净化器、九号平衡车等产品市场份额位列中国消费电子市场国内第一。

（王瑞杰）

北京北大软件工程股份有限公司

【概况】 北京北大软件工程股份有限公司2000年12月成立，是北京大学控股公司。公司以大数据技术为核心，以“大平台、大数据、大系统、大服务”为信息化建设的顶层架构，瞄准国外软件工程技术发展，立足于国内软件产业发展需要，立足于国家重大工程，结合党委、政府、军队、企事业等单位需求，提供信息化解决方案，并为用户提供持续、专业的信息化服务。业务涉及党的执政能力、民主法治、价格综合调控、市场监管、公共服务、国防安全等领域，专注打造富有生命力的软件，打造领域内高端技术产品。2017年有人员390名。其中，科技人员286名，营销人员40名，管理人员28名，其他人员36名；博士9名，硕士65名，本科268名，专科48名。获得CMMI5级证书、“第二届中国创新挑战赛暨中关村首届科技军民融合专题赛决赛二等奖”，通过信息技术管理体系认证。全年收入12586.96万元，较2016年增长6.6%，利润增长至1580.78万元。

（北京北大软件工程股份有限公司）

赛迪顾问股份有限公司

【概况】2017年，赛迪顾问股份有限公司（简称赛迪顾问）隶属于中国电子信息产业发展研究院，下属单位有北京赛迪方略县域经济顾问有限公司、北京赛迪经智投资顾问有限公司、北京赛迪经略企业管理顾问有限公司、深圳赛迪方略县域经济顾问有限公司、北京赛迪工业和信息化工程设计中心有限公司及北京赛迪工业和信息化工程监理中心有限公司。主要经营范围为计算机系统服务、数据处理、基础软件服务、应用软件服务、企业管理、投资与资产管理、市场调查、经济信息咨询、会议服务、承办展览展示活动、技术开发、技术咨询、计算机技术培训、技术中介服务。2017年年底，从业115人。其中，博士8人，硕士57人，本科30人。营业总收入7911万元，利润总额1840万元，净利润1498万元，资产总值1.9亿元。

2017年，赛迪顾问落实"咨询+"战略，加快推进制度创新，实施业务人员任务绩效超额奖励制度、首席分析师制度、平台产品销售奖励制度。激发员工工作热情，促进员工能力以及产品质量和品牌的提升。赛迪顾问聚焦人工智能、虚拟现实、数字经济、区块链、大数据、云计算、移动互联网、共享经济、网络安全、工业软件、智能硬件、3D打印、工业物联网、产业互联网、智能网联汽车、机器人、无人机、绿色制造、水处理、生物医药、养老、健康管理等新兴产业领域，发布系列新兴产业投资价值白皮书、百强榜。围绕"满天星+媒体矩阵+重点会议"进行重点建设。构建了产业知识分享平台"满天星"，完成了PC网站、安卓、安卓PAD、IOS和PAD五端的平台建设。在媒体矩阵方面进行了全方位布局，微信、今日头条、一点资讯、大鱼号、大风号、企鹅号等平台传播了赛迪顾问品牌。召开了"智造中国2017年会""2017中国市场年会""2017中国半导体市场年会""2017人工智能·甲秀论剑分论坛"等多场会议活动，扩大了赛迪顾问品牌影响力。承担了"基于北京产业转移机会分析的客群选择与招商建议""天津中新生态城产业规划""北京市人工智能产业发展规划""北京市中小企业公共服务平台网络合作服务机构评价""基于'高精尖'产业布局的北京市中小企业创新创业环境和服务配置研究""天津西青区电子信息产业三年行动计划""承德高新区大数据产业发展规划""大厂夏垫非遗小镇产业规划""大厂区域人工智能产业集群定位及打造策略研究""西三旗智能制造发展规划"和"阜平经济开发区发展战略及招商策略"等20余项课题研究工作，研究覆盖京津冀多个重点区域及产业领域，为促进京津冀产业协同发展提供决策支撑。加大办公耗材节约管理，在办公照明、用水等方面更换使用节能科技新产品。响应北京市淘汰高排放老旧机动车号召，主动报废国Ⅰ、国Ⅱ排放标准的乘用车，并鼓励员工采用共享交通工具。赛迪顾问取得质量管理体系认证证书ISO9001、高新技术企业证书、IT行业首席顾问、中国智慧城市规划建设推进联盟第一届理事会理事单位等荣誉，进入"全国企业管理咨询机构推荐名录（第一批）"名录，进入中国企业联合会管理咨询委员会"2017中国TOP50管理咨询机构"名单。

（昌平区经济信息化委）

北京开元数图科技有限公司

【概况】2017年，北京开元数图科技有限公司（简称开元数图）属于北京大学校办企业，主要从事教育部211工程之一的高等教育文献保障系统（简称CALIS）项目的系统规划、软件开发、系统运行、技术支持、数据加工及数据库维护、全国高校图书馆服务等业务，还承担中国高校人文社会科学文献中心（CASHL项目）、北京大学图书馆等单位的文献数据加工及数据库建设与维护任务。2017年年末在岗职工97人，其中5年以上工龄人员占47%。研发了基于CNONIX的图书联合馆配订购平台与联合馆藏借阅信息分析系统、数字图书馆业务平台2017年升级开发、数据管理平台2017年升级开发、CALIS对外服务接口2017年升级开发、北京大学中文系分馆网站建设项目等。公司开发的数字图书馆领域的应用系统软件能够有效满足传统图书馆构建出新型数字图书馆平台的需求，改变图书馆系统信息处理相对封闭、服务对象有局限性等弊端，使不同图书馆的资源信息得到利用和共享，提高服务水平。年内，开元数图开发的数字图书馆应用系统软件之一“资源发现及数据管理平台系统 V3.0”，获得国家版权局颁发的计算机软件著作权证书。开元数图再次通过每 3 年进行 1 次审核的国家高新技术企业资格复核，通过质量管理体系的年度监督审核并取得证书。全年，营业总收入 1496.51 万元，科技研发费用 826.58 万元。

（开元数图）

慕华教育投资有限公司

【概况】慕华教育投资有限公司（简称慕华教育）2013 年 12 月成立，是清华控股有限公司出资设立的全资子公司。慕华教育及旗下企业的主要业务为在线教育平台开发及运营、在线课程制作与运营、在线教育相关媒体的运营以及在线教育相关企业的投资与并购。2014 年以来，慕华教育先后投资设立了北京慕华信息科技有限公司、北京慕华金信投资管理有限公司、北京创一教育科技有限公司、中教全媒体（北京）文化传媒有限公司，同时参股北京华誉爱学教育科技有限公司和上海慕华金誉股权投资管理合伙企业（有限合伙），布局了高等教育、基础教育、双创教育、新媒体和投资基金等业务。其中，旗下慕华信息公司所运营的“学堂在线”平台（www.xuetangx.com）是教育部在线教育研究中心的研究交流和成果应用平台，正努力建设成为全球第一的中文在线教育平台。年内，慕华教育旗下各企业凝练核心产品，强化经营规范，形成 2B 和 2C 协同业务体系，建立健全慕华教育内控体系，引进浪潮 ERP 系统，实现财务业务一体化。

（高　翔）

北京科大分析检验中心有限公司

【概况】2017 年，北京科大分析检验中心有限公司（简称北科检测）隶属于北京科大资产经营有限公司，是“首都科技条件平台”首批机制创新试点单位之一。公司全面托管北京科技大学实验检测资源，开展材料制备与分析检验、分析检验技术咨询、分析检验人员培训等服务，是北京科技大学唯一面向社会开展分析检验服务的窗口。公司立足于北京科技大学新材料领域丰富的科技成果资源，开展新材料产品及测试设备的开发与产业化工作。形成“材料制备、化学性能测试、物理性能测试、力学性能测试、组织结构分析、金相及热处理”六大分析测试服务体系，涉及仪器设备近 2000 台套价值 3 亿多元，面向社会全面开放，为企业、高校院所提供材料制备、分析测试等服务。2017 年，扩展西三旗实验基地实验服务体系，建设 6 个专业检测实验室，检测能力达到 300 多项。实验室资质建设继续推进，通过计量认证（CMA）与实验室认可（CNAS）二合一评审工作，评审涉及钢铁材料、合金、矿石、涂料与涂层、建筑材料、塑料橡胶、电力井盖、波纹钢管、空气、废气、水、噪声等领域共 24 个领域 308 个检测项目。公司成为河北省环境保护厅认定的“河北省社会环境监测机构”，重点面向河北省钢铁、冶金企业开展环境检测服务。累计向全国 150 余所高的 45000 块实验教学样品推广使用“北科标样”，在高校材料实验教学领域的影响力提升。截至年底，公司共签订委托协议书 2003 份，出具科测报告 / 数据 1531 份，为 276 家企业和高校院所单位提供测试服务，客户遍及全国 24 个省、市、自治区及 1 个国外地区，全年总收入 1200 多万元，较 2016 年增长 37%。

（刘亚东）

北京北化大科技园有限公司

【概况】北京北化大科技园有限公司 2017 年 4 月 18 日成立，注册资金 1000 万元，为北京化工大学科技园的运营机构，依托北京化工大学在相关领域的科技成果和人才资源优势，面向新材料、新能源、节能环保、生物医药等战略新兴产业领域内的科技创新成果、创业企业提供孵化培育服务。公司主要经营范围包括高新技术企业孵化、高校科技成果转化、创新创业人才培养、园区招商经营、创新创业服务与物业管理服务、园区信息化、智慧化建设等。2017 年，大学科技园新增北京市众创空间、海淀区创新驿站、国家众创空间等荣誉称号，获得市科委、市经信委、市教委、中关村、海淀区等上管部门培养金种子企业支持资金、中关村海外人才创业服务机构支持专项资金、北京市教委共建项目、海淀区创新创业服务载体、中关村现代服务业创业孵化试点等项目的资金支持。公司下设项目孵化部、创业服务部、招商开发部、物业管理部、信息交流部、综合管理部、财务管理部 7 个部门。全年，营业收入 2032.07 万元，税额 40.64 万元，净利润 97.24 万元。

（孙晓彤）

北京化工大学安庆研究院

【概况】2017 年，12 月 22 日，北京化工大学安庆研究院揭牌。研究院是大学科技园按照学校与安庆市共建协议约定、采取市化运营机制管理的新设地方研究院。建有分析测试中心、涂料性能检测中心和 2 个中试放大车间、10 余个专业领域实验室，有北京化工大学光聚合技术研究中心等 5 个研发机构、亚洲固化辐射学会安庆秘书处等 8 个协会分支机构、电化学先进材料与性能研发团队等 7 个重点引进科研项目团队进驻，有 6 个培育项目、2 个产业示范项目签约孵化。与安庆虹泰新材料有限公司、安庆华兰科技有限公司分别签订了合同额均达 300 万元的科技攻关研发合作意向协议。

（孙晓彤）

北京汽车股份有限公司

【概况】北京汽车股份有限公司（简称北汽股份，股票代码：1958.HK）2010 年 9 月成立，是北京汽车集团有限公司乘用车整车资源聚合和业务发展的平台，是北京市政府重点支持发展的企业。2014 年 12 月 19 日，完成首次公开发行 H 股并在香港联交所主板挂牌上市。北汽股份的主要业务涵盖乘用车研发、制造、销售与售后服务，乘用车核心零部件生产、汽车金融以及其他相关业务。2017 年，北汽股份整车销售 146.6 万辆，比上年下降 21.0%；实现合并口径营业收入 1341.6 亿元，比上年增长 15.5%。其中，乘用车销量 23.6 万辆，比上年下降 48.4%。北京奔驰延续高速增长态势，整车销量 42.3 万辆，比上年增长 33.3%。福建奔驰整车销量 2.2 万辆，比上年增长 79%。年内，越野车产品 2 次作为国家元首检阅用车服务“香港回归 20 周年阅兵”和“中国人民解放军建军 90 周年阅兵”，实现销量比上年增长 45.3%；绅宝品牌 2.0 产品初获成功，全新绅宝 D50 在造型、性能、车载互联等方面全面升级。北汽股份与戴姆勒签署协议，双方共同投资人民币 50 亿元，用于北京奔驰引进戴姆勒纯电动汽车产品；认购北汽新能源公司新发行股份，持股比例增加至 8.15%；与小米、百度、科大讯飞、延锋等签订战略合作协议，推进智能化战略落地。

（张　旭）

北京现代汽车有限公司

【概况】北京现代汽车有限公司（简称北京现代）2002 年 10 月 18 日成立，由北京汽车投资有限公司和韩国现代自动车株式会社共同出资设立，注册资本 20.36 亿美元，中韩双方各占 50%，合资期限为 30 年。北京现代是中国加入 WTO 后被批准的第一个汽车生产领域的中外合资项目，被确定为振兴北京现代制造业、发展首都经济的龙头项目和示范工程。北京现代坐落于北京市顺义区北京汽车生产基地，拥有 3 座整车生产工厂、3 座发动机生产工厂和 1 座技术中心。建立河北沧州工厂和重庆工厂项目，形成“三地五厂”的全国产能布局。2017 年，北京现代确定“三纵三横”的产品发展思路，纵向为打造“基础车系、性能车系、新能源车系”三元产品梯队，丰富产品组合；横向为以“电动技术、智能技术、网联技术”为主导，提振产品竞争力。2017 年年底，北京现代拥有 ENCINO、新一代 ix35、全新瑞纳、领动、全新途胜、新名图、全新索纳塔、新 ix25、新名图、全新悦动、新朗动、悦纳等 24 款车型，涵盖 A0 级、A 级、B 级、SUV 等主流细分市场。全年，实现销售 78.5 万辆，营业收入 725.5 亿元。投放 ix25、索纳塔 9 等改款车型，推出全新瑞纳、新一代 ix35、全新悦动等新车型，投放了国内合资企业首款纯电动车型新伊兰特 EV。北京现代名图、全新途胜等车型四季度环比一季度销量增长翻倍，新一代 ix35 等车型上市，自主开发的智能网联车载系统在新一代车型上搭载应用。在 2017 年 J. D. Power 汽车产品满意度调查中，北京现代 SSI、CSI、IQS 同时获得细分行业第一；北京现代发布“享你未想”全新售后服务品牌及“质现代 · 智未来”新品牌理念，提升品质服务。截至年底，累计整车产销 926 万辆，销售收入突破 9100 亿元人民币，累计纳税超过 1153 亿元人民币，带动就业 20 万人。

（张　旭）

北京奔驰汽车有限公司

【概况】北京奔驰汽车有限公司（简称北京奔驰）2005 年 8 月 8 日成立，是北京汽车股份有限公司与戴姆勒股份公司、戴姆勒大中华区投资有限公司共同投资，集研发、发动机与整车生产、销售和售后服务为一体的中德合资企业。拥有全球面积最大、综合性最强的梅赛德斯—奔驰乘用车生产制造基地，戴姆勒公司首个德国本土以外的梅赛德斯—奔驰汽车发动机制造工厂、戴姆勒合资公司里最大的研发中心，并成为戴姆勒全球唯一同时拥有前驱车平台、后驱车平台和动力系统平台的豪华汽车合资企业。产品主要有 C 级、E 级轿车与 GLC 、GLA 两款 SUV，全面占领中高级、行政级、中型 SUV 和紧凑型 SUV 四大豪华车主流细分市场。建立了戴姆勒海外第一个质量中心，以全球统一的标准和质量管理体系进行奔驰车辆的生产。北京奔驰发动机工厂生产的缸体、缸盖、曲轴三大发动机核心部件返销德国，用于戴姆勒德国发动机工厂的整机装配，其发动机产品质量完全达到戴姆勒全球统一标准。2017 年，北京奔驰整车销售 42.3 万辆，比上年增长 33.3%，增速稳居合资豪华品牌前列。上市的 GLA SUV 中期改款车型被评选为 2017 年度 J. D. Power 紧凑型豪华 SUV 新车质量第一名。北京奔驰继续推进发动机二工厂项目建设以及 MFA（奔驰前驱车平台）整车工厂建设，加快实施新能源汽车发展战略。与戴姆勒签署新的框架协议，双方将共同投资 50 亿元人民币（约合 6.55 亿欧元），在北京奔驰建立纯电动车生产基地及动力电池工厂，引入梅赛德斯—奔驰品牌的纯电动产品。北京奔驰成立以公司 CEO 及 SEVP 为主席的环委会，推进公司安全管理工作落实，通过国家安全生产监督管理总局专家组“全国工贸行业安全生产标准化示范企业”称号的复核。

（张　旭）

北汽福田汽车股份有限公司

【概况】北汽福田汽车股份有限公司（简称福田汽车）1996 年 8 月 28 日成立，是中国品种最全、规模最大的商用车企业。1998 年 6 月在上海证券交易所上市，股票代码 600166，是一家跨地区、跨行业、跨所有制的，上交所上市的国有控股上市公司。至 2017 年底，累计产销汽车近 800 万辆。旗下拥有欧曼、欧辉、欧马可、雷萨、奥铃、图雅诺、风景、北京伽途、拓陆者、萨瓦纳等汽车产品品牌，在京、鲁、湘、粤、冀等多省市拥有整车和零部件基地，在中国、德国、日本、印度、俄罗斯等国家拥有研发分支机构，在印度、俄罗斯设立有事业部，在全球 20 多个国家设有 KD 工厂，覆盖全球 110 个营销市场和服务网络。年内，福田汽车中高端产品比重突破 65%，销量达到 60.1 万辆，比上年增长 13.1%。其中，商用车销量 52.7 万辆，比上年增长 10.9%，市场占有率 12.7%；乘用车销量 7.4 万辆，比上年增长 32.0%。北京福田康明斯发动机有限公司销量比上年增长 32%，销售收入及利润均大幅增长，成为公司利润增长点和核心竞争力。公司新能源大客车销量5504辆。全年福田汽车中高端产品比重超过65%。在上海国际车展上，福田汽车陆续推出欧曼EST超级卡车、伽途im8智能家用车、欧马可S1超级轻卡、萨瓦纳柴油国五版、图雅诺EV纯电动和图雅诺高顶版等新产品；搭载康明斯X12发动机的欧曼EST超级卡车上市，福田欧曼ETX轻载运输型自卸车上市。自主开发了新能源汽车核心控制器——VCU；M3平台纯电动卡车投入量产，重卡、中卡、VAN系列产品的纯电动、混动产品投入开发；开发了全国首台氢燃料电池客车，启动开发VAN、轻卡系列的氢燃料电池产品。福田汽车先行技术智能化项目及自动驾驶项目的研究成果应用商业化产品，包括FCW（前碰撞预警）、BSD（盲点监测）、LDWS（车道偏离预警）、超载预警、AEBS（自动紧急刹车）等功能。在上海发布了全国首台自动驾驶卡车，可初步实现在封闭场景下的自动驾驶，包括路径规划、交通标识别、自动跟车、超车等功能。年内，福田汽车整车出口销量6.3万辆，比上年增长8.2%，海外销量占比提升至11%，继续保持中国商用车出口的领先优势；升级分销、服务、配件、金融服务等全价值链环节，提升属地化经营能力，在阿尔及利亚等非洲地区的属地制造、属地服务工程进展顺利。

2017年5月，福田汽车携图雅诺、欧马可两大品牌，承担完成在北京怀柔举行的“一带一路”国际峰会出行服务保障任务；6月，福田汽车成为哈萨克斯坦2017阿斯塔纳世博会中国馆的唯一指定用车；9月，在2017中国深圳第2届新能源汽车（物流车）挑战赛中，福田欧马可揽获“最佳爬坡能力奖、最佳涉水能力奖、最佳加速性能奖、最佳用户评价奖、组委会推荐奖”等5项大奖；11月，福田戴姆勒汽车打造的欧曼EST超级卡车商用车荣获“2017年度第一智能互联卡车”奖；12月，福田汽车品牌入选2017年中国品牌年度大奖——商用车行业NO.1名单；在“第十届中国国际卡车节油大赛”颁奖典礼上，欧曼EST超级卡车6X4 460马力牵引车、6X4 510马力牵引车分别获420–460马力组节油冠军、牵引车500–540马力组节油冠军。福田汽车先后获得“第十九届中国优秀专利奖”“第四届北京市发明专利一等奖”，福田汽车公司成为“北京市知识产权运营试点单位”“北京市专利试点单位”“中关村高新技术企业”，福田汽车公司获“第七届中国公益节‘2017年度公益践行奖’”“第七届中国公益节‘2017年度公益项目奖’”及“2017影响力企业社会责任奖”等荣誉。

（张　旭）

北京汽车北京分公司

【概况】北京汽车股份有限公司北京分公司是北汽集团在收购萨博技术基础上进行自主研发并结合北汽集团在SUV技术上的传统优势成立的汽车生产基地。2009年12月23日，北汽集团出资约2亿美元收购瑞典高档品牌萨博汽车的相关知识产权，获得完整的产品与技术开发体系。随后开始工厂建设，以“欧洲技术、高端品牌、中国成本、精益生产、一次规划、分步实施”为原则，引进先进设备和一流供应商，打造定位国际的现代化汽车制造基地。2011年1月27日，北京汽车股份有限公司北京分公司成立，位于北京市顺义区赵全营镇空港经济开发区。占地面积106万平方米，建筑面积41万平方米。全厂主要由冲压、车身、涂装、总装四大工艺车间组成，生产绅宝系列中高端轿车。投产车型为绅宝D70、D50、D80、x55、x35和新能源EU260电动车，年产能15万辆。2013年5月11日，北汽首款中高端轿车绅宝D70亮相，以其出众的车辆性能开启中国汽车工业以核心技术引领自主高端化的时代。2017年，公司员工2000名。

（顺义区经济信息化委）

北京丰华实机械有限公司

【概况】2017年，公司为中外合资企业，主要从事铁路车辆配件的生产和服务，具备年生产转K2型转向架交叉杆组成6万辆份、L–B型组合式制动梁3万辆份、120防护罩2万辆份的能力。2017年年末在册职工33人。全年生产主要完成SQ6大侧墙组焊639辆份、小侧墙组焊1689辆份，地板1682辆份，小侧墙板 1689 辆份，侧柱 1689 辆份，挡板 1050 辆份；K6 交叉杆 4883 辆份；交叉杆扣板 2200 件；120 防护罩 3600 辆份；NX70A 侧墙 1000 辆份；L–B 制动梁 10.5 辆份。

（二七车辆）

北京隆长泰工程机械有限公司

【概况】 2017 年，北京隆长泰工程机械有限公司公司是中国铁路机车车辆配件、轴承辅件、金属冲压件等机电产品的制造基地之一，占地面积约 7000 平方米，房屋建筑面积约 8000 平方米，是国内生产铁路货车轴承辅件主要生产厂家。2017 年年初，停止隆长泰公司机加工业务，完成人员安置。

（二七车辆）

北京隆轩橡塑有限公司

【概况】 北京隆轩橡塑有限公司属二七车辆公司间接控股子公司，是经铁道部认证的铁路车辆配件生产单位，主要产品有铁路货车、客车轴承用工程塑料（塑钢）保持架、塑钢隔圈，注塑工艺心盘磨耗盘和旁承磨耗板，铁路货车过球试验用球，轴承防护件及铁路货车制动配件防护件，风电和工程机械轴承隔球器（隔离块）等。公司有 16 条成熟的注塑生产线，形成保持架 400 万件以上的年生产能力，塑钢隔圈 100 万件年生产能力，注塑工艺心盘磨耗盘和旁承磨耗板及防护产品达到年产 3 万辆份能力，隔球器年产 100 万件以上生产能力 。2017 年，生产 352226 型保持架 143 万件，353130B 保持架 67 万件，353130B 大修保持架 38 万件，客车保持架 4.3 万件，353130B 隔圈 81.4 万件，风电隔球器 169 万件。新产品地铁保持架 1190 件。全年销售收入 17616 万元，净利润 1752 万元。

（二七车辆）

北京二七储运公司

【概况】 北京二七储运公司为二七车辆公司全资子公司，以仓储、运输、配送、装卸、采购为主营业务，兼营其他商业储存、配送、运输业务，注册资金 1850 万元。2017 年，有员工 120 人，仓库面积 34000 平方米。公司完成销售收入 3370 万元，实现利润 205 万元，完成物料配送任务 10.1 万趟次，物料收发作业频次 7.1 万余次，出入库吞吐量 60.44 万余吨。响应非首都功能疏解，出台《北京二七储动公司停止货车造修业服务人员安置方案》，安置员工 30 人。

（二七车辆）

北京起重工具厂

【概况】 北京起重工具厂系首都经济贸易大学校办工厂，1956 年始建。2017 年，注册资金 1033 万元，净资产 1600 万元，销售额 3000 万元。有职工 90 多人，其中技术人员占 1/3。厂区位于北京市东四环外，占地近 4.67 万平方米，建筑面积 13000 多平方米，可进行车、钳、铣、坐标膛、线切割、热处理等工艺处理，拥有理化室、硬度实验室、万能材料试验机等检测监控设备仪器。在行业内第一家取得产品生产许可证和产品质量出口许可证。产品有手拉葫芦、手板葫芦、单轨行车，起重链条、卷帘机等，其中“雄鹰牌”手拉葫芦是行业标志性产品，有 3 个系列 7 个规格，被国家大型工程指定供应，参与过神舟六号航天基地建设、奥运“鸟巢”、宜昌三峡大坝、中央电视台央视大楼、北京南站、国家大剧院、首都机场 T3 航站楼、“南水北调”、“西气东输”等国家级大型工程的建设，国内行销三北地区电力单位、钢铁企业、船舶制造业、大型煤矿等安全性要求较高的央企、国企等大中型企业。产品自20世纪80年代初开始出口。全年，产品出口至美国、日本、澳洲、欧盟地区，出口份额占全厂产销总量80%。年内，厂销售各类产品36254台，销售额1503.5万元，比上年增长229%，其中出口销售31000余台。年内，再次通过ISO9001质量管理体系的年度监督审核并取得证书。

（北京起重工具厂）

北京航天常兴科技发展股份有限公司

【概况】 北京航天常兴科技发展股份有限公司（简称航天常兴）是2001年航天科工集团和民企共同投资的高科技公司，注册资本3350万元。2008年改制成民营企业。2016年1月28日，航天常兴挂牌新三板。航天常兴为消防技术服务，研发、生产和销售智能消防产品，主要有“电气火灾监控系统”“在线绝缘监测装置”“智能消防应急照明和疏散指示系统”“防火门监控系统”“智能电力监测系统”“消防设备电源监控系统”“阻性漏电式电气火灾监控探测器”“故障电弧探测装置”“智慧消防平台”“智慧城市智慧消防子系统”等，为建筑物安全用电（绝缘检测）、预防电气火灾、智能消防应急照明和疏散、消防设备电源的监测、电力监控等提供多种设计及解决方案。航天常兴国内首创“电气火灾监控系统”技术，二代产品为世界唯一技术，申请的发明专利已受理，并参与该产品国家标准GB14287.9的编写。新研发的在线绝缘监测式阻性漏电电气火灾监控系统产品，是电气火灾监控系统的革命性颠覆，参与编写的国家标准《电气火灾监控系统 第9部分：探测绝缘性能式电气火灾监控探测器》国标号为：GB14287.9报批稿已经通过。2017年12月，公司中标设计和承担沈阳消防研究所应急救援国家工程实验室中的子平台建设。

2017年，航天常兴有正式员工76人。资产总额9817.30万元，工业总产值2664万元，全年收入8238.97万元，利润总额为1593万元。研发投入438.57万元。全年实缴税额475万元，企业所得税享受国家高新技术企业所得税税收优惠税率15%，节支总额为160.77万元，均为企业所得税税收优惠。

（赵 琳）

中航复合材料有限责任公司

【概况】 中航复合材料有限责任公司（简称航空工业复材）2010年6月成立，是由北京市政府和航空工业集团共同出资，将原北京航空工程制造研究所和原北京航空材料研究院的复合材料专业整合组建而成。2010年12月，航空工业复材园区建设项目落户顺义区，占地36万平方米。2015年，通过资本运作，整合上市成为中航航空高科技股份有限公司的全资子公司，注册资本79400万元，注册地址在北京市顺义区顺通路25号。航空工业复材有科研生产面积130000平方米，拥有国内先进的数字化复合材料零部件生产线，拥有大型铺带机、铺丝机和亚洲最大的热压罐（Φ7m×30m）等先进的复合材料制造装备，复合材料零部件产能可达200吨/年。其中，树脂及预浸料产品基本覆盖航空军品领域所需各类树脂体系、各使用温度范围、各种增强材料体系，形成8条先进的预浸料生产线，产能300万平方米/年，树脂产能600吨/年；芳纶纸蜂窝产品为美国诺丹公司、雅奇公司的合格供应商，建有国内唯一的大规格（1200mm×2400mm×914mm）自动化芳纶纸蜂窝生产线，获得NADCAP蜂窝芯制造认证证书，是亚洲首家，世界第4家获得PRI认可的蜂窝芯制造商，产能约4500立方米/年。航空工业复材是绿色复合材料北京市工程实验室、“复合材料检测技术中心”专业实验室（CNAS&DILAC国家级实验室资质认证）、高新技术企业、北京市企业技术中心的依托单位，建有国内唯一具有版权的复合材料数据库，拥有1500多种复合材料体系；“芳纶纸蜂窝先进制造技术研究生产线建设”项目获得航空工业集团科学技术进步二等奖。截至2017年，公司在复合材料体系研制方面，已研制并批量生产了不同用途、不同韧性及不同耐温等级的环氧、双马和聚酰亚胺树脂数10种牌号、不同规格预浸料上百种，广泛应用于航空各型号飞机及其他军事装备领域。开发完成国内唯一具有版权的复合材料数据库“复合材料数据库系统 V1.0”，得到国际行业的高度评价；大尺寸蜂窝产品获得 NADCAP 蜂窝芯制造认证证书，是亚洲首家，世界第 4 家获得 PRI 认可的蜂窝芯制造商。在推进民用复合材料应用方面，完成大型灭火 / 水上救援水陆两栖飞机 AG600 7 类 15 个复合材料结构件的设计、材料验证、零部件制造与装配任务；与中国商飞联合研制了 CR929 全尺寸大型飞机前机身壁板；完成了复合材料电动大巴车、汽车引擎盖等复合材料零部件的研发。

（顺义区经济信息化委）

首都航天机械有限公司

【概况】 2017 年，首都航天机械有限公司隶属于中国航天科技集团运载火箭技术研究院，是中国规模最大的运载火箭和高端国防装备总装集成企业、唯一的火箭氢氧发动机制造企业。公司下属 1 个全资子公司和 4 个控股子公司，公司本级下设 2 个总装事业部、20 个车间、32 个处室；拥有 80 多个专业、130 多个工种和设备仪器共 1.4 万台套。截至年底，从业人员 6724 人，在岗职工 5939 人。其中，科技人员 1648 人，管理人员 721 人，技能人员 3570 人；科技、管理人员中，副高级职称以上 434 人，中级职称 970 人；技能人员中，特级技师 17 人，高级技师 66 人，技师 395 人。

公司前身是 1910 年清政府创建的中国第一家飞机修造厂，自 1958 年承担航天产品研制生产任务以来，始终是推动中国航天事业发展的核心力量。公司试制、生产、总装了名扬世界的“长征”系列运载火箭，为卫星发射、载人航天和深空探月工程做出了突出贡献。

经过 100 多年发展，公司已成为中国航天科技产业中具有相当规模和雄厚科研生产综合加工能力的大型骨干企业，具有以航天总装集成、火箭贮箱制造、氢氧发动机制造、非标装备设计制造为代表的核心业务，综合实力居国内同行业领先水平。公司是航天企业第一家被推荐注册具有承担总装备部装备承制资格的单位，也是中国航天第一家通过两化融合管理体系评定的企业。自 2004 年起连续 14 年获得“中国机械工业 500 强”。军民品质量体系、职业健康安全管理体系、环境管理体系，以及军工一级保密资格单位等通过国家认证。计量理化检测获得国家级实验室资质。2012 年荣获中国航天质量奖。公司先后荣获“全国五一劳动奖状”“高技术武器装备发展建设工程突出贡献奖”“中国载人航天工程突出贡献集体”“首次月球探测工程突出贡献单位”“国家技能人才培育突出贡献奖”“首都文明单位”，以及省部级“模范职工之家”“天宫一号与神舟九号载人交会对接任务先进基层党组织”等荣誉。公司先后荣获国家科技进步奖 27 项，其中特等奖 5 项，国家发明奖 4 项，全国科学大会奖 12 项，部级科技奖 142 项，研究院级型号成果、技术改进奖 2000 多项。

2017 年，公司实现营业收入 35.6 亿元，其中，军品收入 30.2 亿元，航天技术应用产业收入 5.4 亿元；实现利润 2.07 亿元。企业自主研发投入 1.3 亿元，自主研发费用占营业收入的 4%。

（王　蕾）

北京滨松光子技术股份有限公司

【概况】 北京滨松光子技术股份有限公司是一家外商投资股份制高新技术企业。1988 年 3 月成立，总部位于北京中关村（丰台）科技园区，是中国外商投资企业协会会员单位。公司下辖廊坊分公司、永清玻璃分公司、滨松医疗科技(廊坊)有限公司。历经 30 年发展，公司已成为集研究、开发与生产、服务为一体的综合性企业。公司经营领域有光电器件、闪烁体、弱光探测器、核辐射探测器及电子玻璃、食品安全和环境测试仪器及核医学影像设备等光子技术领域高新技术产品。产品广泛应用于医疗卫生、石油勘探、精密分析、环保监测、生物光子、生命科学、工业测控、激光加工、高能物理、宇宙研究、地矿探测等诸多领域。

公司以“生产国内著名的光子探测器件、部件及模块化产品为主的专业制造商、供应商”为战略目标，注重产品质量、环境保护和技术创新。通过 ISO9001、ISO13485 质量管理体系和 ISO14001 环境管理体系认证，拥有知识产权 56 项。其中，发明 4 项，实用新型 33 项，软件著作权 9 项，公司的五大类产品均自主掌握全部核心知识产权。公司响应国家“京津冀一体化协同发展”的号召，在廊坊经济技术开发区投资2.5亿元人民币，建立起拥有厂区面积4.98万平方米，厂房面积2.7万平方米的集光子技术研究、开发、生产为一体的光产业基地。

2017年，公司有员工500余人。其中，管理人员40人，科研开发及产品技术人员70余人，生产制造人员330余人。实现工业总产值3.3亿元，工业增加值1.5亿元，其中光电倍增管产量26万支。营业收入2.8亿元，利润超过7000万元，科技总投入超过1400万元。

（王 蕾）

北京北分瑞利分析仪器（集团）有限责任公司

【概况】北京北分瑞利分析仪器（集团）有限责任公司（简称北分瑞利），隶属于北京京仪集团有限责任公司，前身是北京分析仪器厂和北京瑞利分析仪器有限公司。业务领域涵盖实验室分析仪器、侦检仪器和流程分析仪器等，集研发、生产和销售于一身，拥有员工700人。2017年，北分瑞利国有及控股公司合并口径主营业务收入30002万元；合并口径利润总额33万元；工业总产值21870万元，工业增加值6128万元，营业总收入33149万元，科技投入2758万元。

北分瑞利深化企业混合所有制改革，所属企业北麦公司部分员工以完全自愿为原则，注册成立新公司并以独立法人形式作为出资人，收购北麦公司股东德国西克公司持有的15%股权。

北分瑞利创新运营模式，初步确定实验室分析仪器平台拟通过“独立运营，独立核算”“公共资源共用，资源费用分摊”“超额利润分享，多劳多得”等措施，提升主营业务盈利能力。

北分瑞利启动“北分瑞利干部选拔与人才发展”项目，近50名干部和人才组成学员团队，完成历时五个多月的领导力和行动课题的培训。

北分瑞利通过第三方引领、规范现场管理、优化供应链管理以及产品可靠性测试，形成一批制度化、规范化、标准化的管理文件和产品质量控制的规范化的文件，完善了供应商评估及来料检验程序，重新梳理并重建了重点供应商档案，重新修订了采购基本合同。

年内，北分瑞利取得授权专利2项、软件著作权14项，新申请专利2项。2017年年末，公司已取得有效专利115项。其中，发明专利23项，实用新型专利84项，外观设计专利8项；登记软件著作权43项。北分瑞利AES-8000全谱交直流电弧发射光谱仪荣获“BCEIA金奖”。

（李 婕）

北京远东仪表有限公司

【概况】北京远东仪表有限公司（简称远东有限），隶属京仪集团自动化仪表业务板块，是在原有国有企业基础上经过多次技术引进和股权结构调整后形成的国有控股的面向自动化仪器仪表领域的中外合资高新技术企业。主要从事工业过程测量仪表、自动化控制系统研发、制造和销售，为化工、电力、市政、冶金等企业流程自动化提供服务，为节能减排、绿色环保、安全、物联网、热计量改造等领域提供行业解决方案。远东有限拓展市政民生物联网相关业务，从传统流程工业走向城市管理、民生、节能等新领域。公司注册资本2.12亿元，占地面积3万平方米，有员工485余人，其中工程技术和技术管理人员占比33%。2017年，远东有限经营本部及控股子公司实现工业总产值61325万元、工业增加值5818万元，营业收入63112万元，利润总额288万元。研发投入2208万元，占营业收入的3.5%。

年内，按照北京市总体规划和东城区调整退出不符合首都核心区功能定位的工业污染企业的相关要求，远东有限完成和平里本部厂区内生产制造职能的腾退和外迁。远东有限精密加工业务迁至大兴仪表基地，与京仪集团内兄弟企业实现场地和业务整合。自主产品制造业务和装配业务迁入延庆仪表基地，实现统一智能化管理。本部和平里厂区引入北京市文化产业园区知名企业合作开发，共同打造高端文化科技创新产业园区。

远东有限与托管企业融入融合，完成与托管公司海福尔在组织形式、交易模式、授权体系、薪酬体系的顶层设计，将海福尔职能部门、营销部门、技术部门、生产部门对接融入融合远东有限相应的部门，实现一个团队，两个品牌。

远东有限贯彻“有利润的增长和有现金的利润”经营理念，开展“提质、增效、控风险”专项工作。费用下降373万元，存货下降至859万元，经营现金流净流量增加2017万元。

远东有限参加了中国石油化工重大工程仪表控制技术高峰论坛（无锡）、2017流程工业数字化工厂高峰论坛（杭州）、2017中国环博会（上海展、广东展）、2017廊坊国际经贸洽谈会环保产业展、中国石油化工装备展（克拉玛依）、第28届国际仪器仪表展（上海）、2017中国（银川）智慧城市与智慧生活博览展等大型展会，参与《中国石油化工仪表运行手册》编制，在微信公众号平台推送150余条宣传信息，举办4场行业用户交流会，在多家纸媒投放广告，宣传和展示公司自主产品和整体解决方案以及物联网等方面的技术能力，成为首都科技条件平台成员单位。

远东有限大口径DN600电磁流量计具备供货能力，FEK8000型自主质量流量计技术指标达到国内先进水平，质量流量计、涡街流量计取得制造计量器具生产许可证。中标中国石油天然气集团公司流量仪表集中采购框架。电磁流量计、转子流量计入选《全国水利系统优秀产品招标重点推荐目录》。《电磁流量计研发与产业应用》获京仪集团2017科技成果奖三等奖，《质量流量计产品研发及产业化》项目获京仪集团200万元科研创新专项基金支持，《质量流量计研发及智能生产线建设》项目获北京市国资委480万元科技创新资金支持。

远东有限相继推出市政和工业领域的智慧安监、数字城管、大气防治、智慧供热、园区计量、流域治理等物联网应用解决方案并获得典型行业业绩新突破。中标第一个自主研发的工业蒸汽物联解决方案项目——华能沁北电厂工程，获取首个智慧城市管理平台订单——河北河间智慧环卫项目。

远东有限2017年首次新方案·新产品发布会召开。会上对工业园区蒸汽计量平台方案、罐区自动化解决方案以及自主研发新产品电磁流量计和激光测距仪进行发布。远东有限第一套超大型解决方案工程——山西金达300万吨焦化一期项目一次投产成功。该项目采用三段加热炼焦工艺，首次实现规模化生产与高端技术的融合，代表行业最高水平。远东有限承接了该项目的全部自控仪表、阀门、DCS系统以及设备的安装调试工作。

远东有限开展“大排查大清理大整治”“岁末年初”及“三个领域”专项整治等多项安全隐患排查治理工作，共排查整改安全隐患88项。签订各级各类安全生产责任书，在搬迁过程中未发生人身伤害和财产损失。继2016年年底获北京市安全生产二级标准化复评达标后，又通过北京市安全生产联合会专家组的现场复核。

远东有限开展多维培训，提升人力资源效能。相继开展了中层干部半年、年终述职，制造青工技能大赛，销售模拟实战训练营，解决方案培训研讨会，环境安全管理体系培训，5S+1现场管理培训等培训活动。在全国首届仪器仪表制造工技能竞赛中，获一等奖、二等奖、三等奖各有1人。获北控集团“巾帼岗位创新能手”称号1人，获北控集团“优秀职工”称号2人，获京仪集团“先进生产工作者”称号7人。年底，公司有高级职称22人，中级职称54人，高级技师10人，技师20人。

年内，远东有限荣获北控集团“先进企业”称号，京仪集团“先进单位”称号，“北京市青年文明号”称号，“北京市青年安全示范岗”称号，北控集团、京仪集团“五四红旗团委”称号，北控集团“2016年工人先锋号”称号、京仪集团“科技成果三等奖”荣誉。

（李　婕）

北京京仪敬业电工科技有限公司

【概况】北京京仪敬业电工科技有限公司（简称敬业科技），隶属于北京京仪集团有限责任公司。敬业科技是2010年3月由北京京仪敬业电工集团有限公司主辅分离，采用存续分立方式分立新设的有限责任公司，注册资本5009万元。2010年，京仪集团组建北京京仪科技股份有限公司（以下简称京仪科技）。敬业科技股东于2011年8月10日变更为京仪科技，注册资本增加1318万元，变更后注册资本为6327万元。敬业科技致力于提供节能、环保、智能化的电气自动化领域综合解决方案，分别从德国、法国、瑞典、日本等国引进多项先进技术，与ABB公司建立了合作关系，生产低压电器、低压无功功率补偿装置、谐波滤波设备、配电设备自动化集中监控、智能型变频节电设备、节能高效电机等机电一体化节能、智能产品。产品广泛应用于智能配电、节能、环保、军工等领域。2017年，总资产34762万元，员工140人，其中研发、工程技术人员占16%。工业总产值10042万元，工业增加值2943万元，营业收入17017万元，销售收入15523万元，利润总额409万元，科技投入763万元，占营业收入的4.5%。敬业科技获得了AAA企业信用等级证书，通过了高新技术企业复审。

（李 婕）

北京京仪椿树整流器有限责任公司

【概况】北京京仪椿树整流器有限责任公司的前身是1960年成立的北京椿树整流器厂，为集体企业。2002年，改制为北京京仪椿树整流器有限责任公司（简称“京仪椿整”）隶属于北京京仪集团有限责任公司，注册资金7284万元，资产总额2.2亿元，是中国最早生产电力电子器件和电力电子变流装置的高新技术企业。京仪椿整致力于开关电源、风电逆变器、APF、PWM整流器、直流斩波器电源等产品领域的研究与开发，为客户提供集设计、研发、制造、服务于一体的解决方案。京仪椿整拥有市级技术中心、博士后科研工作站、北京市优秀创新工作室。2017年，有66名员工，电力电子相关专业的工程技术人员占26.2%；硕士学历13人，本科以上学历人员占47.2%。工业总产值2907万元，工业增加值是978万元，主营业务收入1727万元。

2017年，京仪椿整聚焦核心行业关键技术，研发新产品，科技投入达到主营业务收入的11%，获得两项发明专利。其中一项实用新型专利获得授权。成立电源事业部，调整业务布局，退出不盈利产品，集中力量研发传统优势产品的升级方向，确定2项公司新产品，研究开发的186WM多模态电弧加热器可控硅整流电源系统，通过多重技术攻关，提高了电弧加热器的容量水平，并且解决系统的功率因数、谐波污染等电能质量问题。京仪椿整“126MW多模态电弧加热器可控硅整流电源系统项目”获得京仪集团科技成果二等奖。

（李 婕）

北京北仪创新真空技术有限责任公司

【概况】2017年，北京北仪创新真空技术有限责任公司（简称北仪创新）隶属于北京京仪集团有限责任公司。拥有真空获得、真空测量、真空应用三大类产品，从低真空到超高真空30多个系列160多个品种，产品广泛应用于航天航空、电子信息、光学产业、冶金、建筑装饰、食品、纺织、电力环保及新能源等行业。2017年，拥有员工65名，其中国家科技部专家库成员1人，教授级高级工程师2人，高级工程师4人。工业总产值3797万元，工业增加值−835万元，营业收入5940万元，销售收入3708万元；利润总额285万元，比上年增长147%；经营活动现金流1064万元，比上年增长159%；科技投入292万元，占营业收入的5%。

年内，北仪创新，围绕“T、C、S”三大业务板块，完成《北京北仪创新真空技术有限责任公司深化企业改革工作方案》的各项工作。“S”板块业务，盘活存量资源，提升物业服务质量，实现房租收入1947万元，同比增加53.8%。“C”板块业务，加大对优成公司市场管控，主营业务收入、利润总额分别同比增长16.6%、46.5%。“T”板块业务，北仪创新与全国能源互联网研究院合作，完成高功率器件封装焊接用真空回流焊炉及微波清洗机设备的研发、生产，实现国内首台该类设备研发、生产及市场应用；与航天514所合作设计开发的环模设备，完成前期设计方案并签订设计方案合同。

年内，北仪创新自主研发的MDP系列抗大气冲击分子泵产品，获得中国机械工业联合会颁发的科学技术奖二等奖；XHJ−600连续真空焊接炉被认定为2017年度北京市新技术新产品；同时，新增发明专利1项。

（李 婕）

北京京仪北方仪器仪表有限公司

【概况】北京京仪北方仪器仪表有限公司（简称京仪北方）隶属于北京京仪集团有限责任公司，秉承30余年电能表产品计量技术积累和专业制造经验，具备智能电表、水表、燃气表、热力计量、充电桩、故障指示器等多种产品的生产研发能力。实现DDZY47-M、DDZY47C-M型单相费控智能电能表的研发及产业化。四表集抄项目突破水、电、气、暖各自独立管理系统，实现资源共享，完成水表、电表、暖表和气表的自动抄表控制工作。具有年仪表制造生产量100万只能力。2017年，有职工118人，其中大专以上学历39人、管理人员27人。工业总产值7891.7亿元，工业增加值1669.3万元，营业收入8290.6万元，销售收入8016万元，利润89.8万元。科技投入455.9万元，占营业收入的5.5%。

年内，京仪北方加快构建“企业主体、市场导向”的科技创新体系，着重研发电力配套产品有单三相电能表、智能报告系统等，研发民用计量产品有燃气表、直流电表等。取得燃气表CMC证书。京仪北方在2项实用新型专利及12项软著基础上，新增1项发明专利及2项实用新型专利证书。京仪北方编写了《京仪北方内控体系建设实施方案》，在企业内部实施。京仪北方通过安全生产标准化二级企业复审。

（李　婕）

北京京仪绿能电力系统工程有限公司

【概况】2017年，北京京仪绿能电力系统工程有限公司（简称京仪绿能）是由北京京仪集团有限责任公司、北京能源投资集团、保定英利能源（中国）有限公司合资组建的高科技新能源企业，注册资金11875万元，隶属于北京京仪集团有限责任公司。是中国光伏发电产业的开拓者之一，具有全自主知识产权的光伏逆变器及相关产品，获得有金太阳、TUV、CE、ENEL等认证及“北京市自主创新产品”称号，是金太阳项目及光伏领跑者计划的逆变器设备指定供应商。可提供全系光伏并网逆变器、离网逆变器、光伏储能系统、智能光伏汇流箱、智能光伏直流配电柜、数据采集器、电站环境监测系统、电站数据监控系统、太阳能路灯及控制器等产品。京仪绿能逆变器及相关产品应用于多个大型并网电站。年内京仪绿能有员工115人，技术研发人员占43%。

年内，京仪绿能开工建设的静乐、浑源、格尔木光伏电站全部实现6月30日并网发电，在山西实施的4个扶贫电站全部被当地政府部门选定为观摩示范项目。京仪绿能编制了《EPC成本控制方案》，修订完善了《运维人员岗位设置及薪酬管理办法》等管理制度体系，修订《内控手册》并开展试运行工作。完成ISO 9001质量管理体系和ISO 14000环境管理体系的换版工作，完成OHSAS 18000职业健康与安全管理体系年度外部监督审核工作。全年实现工业总产值5.02亿元，其中工业增加值4002.95万元。科技投入1006.07万元，资产总额10.43亿元。其中，完成EPC总承包工程60兆瓦，实现营业收入4.96亿元，为全年预算的90.2%；利润总额307.22万元，为全年预算的27.2%。

京仪绿能在山西浑源20兆瓦光伏电站低压设备的通信系统“四遥”联调工作基础上，完成20兆瓦光伏电站监控系统的上线工作，是该项技术第一次在电站应用，实现对逆变器、箱变、汇流箱等设备的集中监测和远程控制功能，根据需求将实时数据发布到网页端，总部可以随时查看电站数据。

京仪绿能中标的山西省大同市浑源县6兆瓦、大同县5.9兆瓦和浑源县7.9兆瓦村级扶贫电站3个项目如期建设完毕，在青海省市格尔木职业技术学校的5兆瓦分布式电站通过验收并网，在山西省中标的浑源县20兆瓦光伏扶贫电站和忻州市静乐县35兆瓦光伏扶贫电站项目分别于6月28日和6月30日并网，承接的系统外项目河北省唐山市玉田县唐自头镇石岭口14兆瓦光伏电站和李家团城18兆瓦光伏电站上半年全部竣工，又中标延安宏拓县50兆瓦光伏电站项目。

年内，京仪绿能获得延庆区首家“北京市安全文化建设示范企业”，北京市国有企业安全生产工作创新奖，京仪集团科技成果奖。自主研发的光伏电站智能运维监控系统获得“北京市新技术新产品（服务）证书”等多项荣誉、证书及称号。全年公司新增15项授权专利。其中，发明专利4项，实用新型9项，外观专利2项。500KM光伏并网逆变器通过“CQC领跑者”再认证。

（李 婕）

北京京仪科技孵化器有限公司

【概况】2017年，北京京仪科技孵化器有限公司（简称京仪孵化器）隶属于北京京仪集团有限责任公司，总孵化面积8万平方米，入驻企业320家，其中留创企业43家。京仪孵化器秉承“支持创新创业，培育高新企业，整合产业资源，加速成果转化，促进产业发展”的宗旨，围绕人工智能、智慧城市、智能制造等三大重点产业方向，为入驻企业提供科技条件、专业咨询、技术转移、市场推广、专业投融资等方面的全链条一体化服务。2017年，实现主营业务收入10094万元，实现利润总额220万元，净利润158万元，净资产收益率为6.01%，总资产报酬率为2.4%。年底，有员工45人，专科以上学历占总数的85%，40周岁以下员工占55%。

年内，京仪孵化器围绕打造国家级众创空间的目标，完成京仪创新港众创空间的物理空间建设，制定了众创空间运营管理办法，获得国家级“众创空间”资质认定。京仪孵化器被中关村管委会纳入中关村创业服务体系。京仪孵化器探索“投资+孵化”的业务模式，延展科技创新服务链，构建覆盖科技创新全生命链的创业孵化生态体系，逐渐由租赁收入主导型向服务收入和投资收入主导型转变。

年内，京仪孵化器被中关村管委会评为“创新型孵化器”，被市经信委评为“北京市小型微型企业创业创新示范基地”。京仪融科科技孵化器被科技部授予“国家级众创空间”，被中关村管委会授予“中关村高新技术企业”称号，被西城区管委会授予“西城区高新技术产业专业孵化基地”称号。

（李 婕）

北京京仪仪器仪表研究总院有限公司

【概况】2017年，北京京仪仪器仪表研究总院有限公司（简称研究总院），隶属于北京京仪集团有限责任公司，主要经营仪器仪表的技术开发、技术服务、技术转让，销售机械设备、仪器仪表、软件及辅助设备，主办《仪器仪表与分析监测》《数字与缩微影像》杂志等。拥有发明专利30项，实用新型45项，外观著作权3项，软件著作权30项，多次承接科技部、国家重大科学仪器设备开发专项，参与仪表产品国家标准编制，多个项目获得军队、部委的各类科技奖项。研究总院拥有精通光、机、电等专业的研发队伍及工程队伍。研究总院形成技术平台统一、经营模式多元化的管理体系，形成4个二级子公司、1个技术中心、1个托管公司架构的经营模式。研究总院及所属二级子公司在职人员计231人。其中，博士后2人，博士6人，研究生44人，本科78人；高级工程师职称31人，工程师职称18人，高级技工39人。全年工业总产值15872.30万元，工业增加值7894.7万元，营业收入20843.15万元，利润1483.06万元。科技投入2190.67万元。

（李 婕）

北京京仪工贸有限公司

【概况】北京京仪工贸有限公司（简称京仪工贸），前身是1955年由北京市电子仪表工业局成立的北京电表厂，以北京远东仪表公司为基础组建北京京仪工贸公司，注册资本9215.7万元。2016年1月15日，京仪工贸主体改制，名称变为北京京仪工贸有限公司，隶属北京京仪集团有限责任公司，其职责也由京仪集团辅业管理平台转型为现代服务业管理平台。2017年年底，公司拥有及管理的资产总额62022.8万元，固定资产6132.3万元，投资性房地产21020.2万元。公司下设8个职能部室，4家分公司，2家子公司，5 家托管单位，全员 365 人。其中，从业 299 人，不在岗 66 人。管理离退休人员 9267 人。京仪工贸拥有及管理的房产资源主要集中在海淀区、西城区和朝阳区，房屋总建筑面积 19.16 万平方米，其中出租面积 14.87 平方米，自用面积 2.49 万平方米，出租率 77.6%。全年整体营业收入 15785 万元，比上年增长 1%。利润总额 3053 万元，比上年增长 111.3%。京仪工贸及所属各单位房租收入完成 12698 万元，比上年增长 20%。人均营业收入 38.07 万元，比上年的 35.41 万元增长 7%；人均利润 9.62 万元，比上年 2.43 万元增长 74.8%。

年内，京仪工贸加快劣势企业和劣势业务的退出工作，解决了部分历史遗留问题。完成北照长城销售中心退出注销工作，供销公司退出工作，利强物业的重组工作，检测主业的退出工作。

年内，敬业园区规划定位为首都核心区最具品质的示范园区、北控集团最具特色的文化园区、京仪集团最具科技创新的高端园区。敬业园区更名为“西什库 31 号”，完成园区 LOGO 设计、安装以及立体车库的改造工作。

年内，京仪工贸大力推进企业文化建设，不断增强企业文化软实力。加强品牌建设，提升品牌知名度，建立“西什库 31 号”视觉识别系统，承办“北京文投会杯”第二届北京市文化创意创新创业大赛等具有影响力的活动。增强宣传力量，成立工贸记者团并开展新闻写作摄影培训；筹划市国资委系统机关报《首都建设报》、北京卫视、北京新闻频道对“西什库”文创园的专访。加强微信平台建设，以企业微信公众号发布消息。公司获北京市文化创意产业发展专项资金奖励 238 万元。

（李　婕）

北京博晖创新光电技术股份有限公司

【概况】北京博晖创新光电技术股份有限公司（简称博晖创新）2001 年成立，是地属昌平区的国家级高新技术企业、中关村“瞪羚计划”重点培育企业、中关村信用促进会会员、深圳创业板上市公司（股票代码：300318），是集体外诊断产品、分析测试产品及血液制品的研发、生产、销售及售后服务于一体的生物医疗高新技术企业。公司坐落于北京中关村生命科学园，拥有建筑面积 5 万平方米的研发中心。拥有河北大安制药有限公司、广东卫伦生物制药有限公司、美国 Advion 公司以及北京博昂尼克微流体技术有限公司 4 家控股子公司。公司开发的平台技术具有国际领先水平获得国家科技部认可与支持，先后承担多个国家科研项目。

2017 年，博晖创新总收入 4.5 亿元，净利润 4010 万元，收入利润持续增长。其中，微量元素销售收入 1.1 亿元，微流控销售收入 1588 万元，分析仪器销售收入 1.1 亿元，血液制品销售收入 2.4 亿元。由公司自主研发搭建的全球唯一微流控芯片自动化生产线的生产效率提高 10 倍，良品率超过 95%，微流控产品装机覆盖全国 27 个省份。年内，博晖血液制品控股子公司新获批 3 个单采血浆站，共拥有 11 个单采血浆站，采浆量、投浆量逐年攀升，收入利润稳步增长。微流控产品取得“新技术新产品”荣誉证书，成为北京专利试点单位，取得 2017 年国家高新技术企业的证书。年内，为配合国家卫计委启动百姓生殖健康促进工程，提高工程试点地区基层医疗卫生服务机构服务能力和水平，捐赠 20 台微流控全自动核酸检测系统——核酸芯片检测仪，价值 900 万元。博晖创新投身参与援助非洲坦桑尼亚项目，为非洲筛查宫颈癌 HPV。

（昌平区经济信息化委）

北京科兴生物制品有限公司

【概况】北京科兴生物制品有限公司隶属于海淀区，是由科兴控股（香港）有限公司、北京北大未名生物工程集团有限责任公司合资组建的生物高科技企业，2001 年在中关村高科技园区北大生物城注册成立。公司采用国内外先进科技成果，进行人用疫苗及相关产品的研究、生产和销售，提供技术咨询及技术服务，进而提高国内外对包括甲、乙型肝炎在内的多种严重疾病的防治水平。主要经营范围有生产生物制品、生物技术产品；开发生物制品、生物技术产品；提供自产产品的技术咨询、技术服务；销售自产产品等。

（王瑞杰）

中生北控生物科技股份有限公司

【概况】中生北控生物科技股份有限公司（简称中生北控）1988年成立，是中国科学院生物物理所创办并控股的高新技术企业（属于生物医药产业）。经营范围有医用诊断试剂、医疗器械、仪器仪表的制造、销售；医用诊断试剂、医疗器械、仪器仪表、生物制品的技术开发、技术服务；自营和代理各类商品及技术的进出口业务。拥有自建的两个综合厂房（共占地2.48万平方米），拥有1.6万平方米按照GMP标准建设的生产基地。其中，一号综合厂房总建筑面积1.1万平方米，主要用于办公、研发、生化试剂生产等。二号综合厂总建筑面积5000平方米（地上5层），主要用于诊断试剂生产，含库房、车间、实验室、办公室等。公司产品通过ISO9001、ISO13485、欧盟的CE以及加拿大的CMDCAS等一系列体系认证，质量管理和质量控制水平通过ISO/ICE17025：2005《检验与校准实验室能力的通用要求》的认可，获得使用CNAS实验室认可标志。公司在国内拥有500多家代理商和销售商，在全国大部分的省份和海外都设有分支机构，建立了覆盖全国的市场营销网络及技术支持与技术服务体系。多年来，公司生化诊断试剂产品稳居国内市场份额前列，产品远销欧洲、北美、非洲以及东南亚等50多个国家和地区。单位职工293人，平均年龄37岁，本科占52.9%，硕士占17.41%，有博士5人，硕士42人。其中，研发系统34人、生产系统70人、管理系统57人、市场销售系统147人。2005年年初昌平园区生产基地落成，企业正式落地昌平园区。2006年，中生北控在香港联交所上市（股票代码：08247），为体外诊断企业第一家上市且在海外上市的内资企业。2017年，公司工业总产值1.7亿元、工业增加值59万元、营业收入2.7亿元、净利润1630万元、研发科技投入1622万元。

公司为香港创业板上市公司，总股本144707176股。其中，H股64286143股，内资股为80421033股。2017年，新增投资三家子公司，投资额1000余万元。形成集体外诊断、精准医学研究、医学检验服务、医疗特殊食品、健康管理和大健康投资于一体的产业链集团。2017年，中生北控取得多项发明专利。

2017年，中生北控参加北京市临检中心开展的京津冀地区医疗机构临床检验结果互认试点工作，引进临床质谱开展维生素检测项目。该关键技术应用于维生素A、维生素D、维生素E、维生素C、系列维生素B的质谱检测项目上，开发出维生素检测系统中的质控品、校准品、内标品、流动相、样本处理液等组分。本公司创造性应用DOE实验设计关键技术，在分子、质谱、生化、免疫层析POCT检测等技术平台上多次应用，提高了各个技术平台攻克技术瓶颈的工作效率，体现了DOE数学模型的精准性，形成了有效软件设计和分析模式，可以指导各个技术平台的项目开发。开发出叶酸代谢能力基因多态性检测试剂盒（荧光PCR法），完成注册检测，正在进行临床实验。应用于生化分析中酶法、比色法、胶乳增强法等技术平台上，开发出系列营养检测的试剂盒18种，均取得注册证。

年内，公司成功申请建立伴随诊断试剂北京市工程实验室项目，建设内容包括对实验室部分场地210平方米装修改造，购置相关软硬件设备，建立伴随诊断关键技术平台，包括荧光定量PCR、流式细胞检测、组织病理学检测、微量循环肿瘤DNA高通量测序、生化免疫等，并在此基础上开展感染性疾病伴随诊断试剂、肿瘤伴随诊断试剂、血液与免疫系统疾病伴随诊断试剂、个体营养状态伴随诊断试剂和其他疾病伴随诊断试剂的研制。承担北京市科技计划《G20工程龙头企业培育－生化诊断试剂质量性能评价研究及标准品体系建立》项目基本完成，取得注册证书35项，完成国家标准物质的研究16项，形成主校准品30项。分别在20家医院进行准确度的验证实验，结果非常有效，实现了国内三个大的生化诊断厂家测值统一的目标。

（万 玮）

北京玛诺生物制药股份有限公司

【概况】北京玛诺生物制药股份有限公司（以下简称玛诺生物）位于怀柔区雁栖工业开发区25号，2005年成立。是中关村怀柔园区内的国家高新技术企业、中关村高新技术企业，致力于体外诊断试剂的生产、研制、开发，主营产品“aware爱卫”是中国首个通过CFDA（国家食品药品监督管理总局）认证的无创艾滋检测产品。拥有唾液检测艾滋技术中国发明专利、实用新型和外观设计专利等多项专利，在艾滋病检测行业占主导地位。

公司客户包括中国疾病预防控制中心性病艾滋病预防控制中心、北京市疾控中心、天津市疾控中心、四川省疾控中心、云南省疾控中心、湖北省疾控中心等。借助于天猫、京东等互联网电商平台实现网络营销和推广，通过个人自测方式实现艾滋病早期诊断，有效扩大监测检测覆盖面，产品质量坚持从世界优秀供应商选择核心原料，生产车间通过ISO 9001和ISO 13485的双重认证，年生产能力1亿人份，2015年12月9日新三板挂牌上市。2017年，工业总产值2880.17万元，工业增加值2556.71万元，销售收入2835.37万元，利润总额827.63万元。

（姜学昆）

科玛化妆品（北京）有限公司

【概况】科玛化妆品（北京）有限公司（简称北京科玛）隶属韩国科玛株式会社2007年5月成立，属外商独资企业（韩国科玛100%出资法人）。总投资金额880万美金（其中注册资本金500万美金），主营化妆品的研发、生产、销售、原料进口和化妆品的咨询工作，公司占地19343.1平方米，员工487人，年生产量1亿支。北京科玛于2011年4月得到ISO 9001和ISO 22716优秀化妆品制造企业的认证，技术开发占投资金额的6%。在华的长期投资目标是定居中国当地，确定ODM、OEM领先企业的地位，传授韩国顶尖的ODM技术。北京科玛对于中国市场的营销原则分为保密客户隐私、一企业一处方和技术独立。2017年，公司工业总产值32790万元，增加值8479万元，营业收入34421万元，利润1585万元。

（姜学昆）

北京同仁堂制药有限公司

【概况】北京同仁堂制药有限公司隶属于中国北京同仁堂（集团）有限责任公司，由中国北京同仁堂（集团）有限责任公司与香港泉昌企业有限公司合资组建，位于中关村科技园大兴生物医药产业基地。2005年年底通过GMP认证并于2006年5月正式开业，2012年5月通过新版GMP认证。主要经营范围：生产丸剂、颗粒剂、片剂、胶囊剂、浓缩丸、散剂，生产糖果制品（糖果），销售自产产品，开发新药产品、新剂型。企业总占地面积36805平方米，总建筑面积40563平方米。建有厂房、自动高架库房，以及检验室和研发中心等设施。并引进有先进丸剂生产线，实现丸剂机制及微波干燥的流水线生产。拥有90多个产品品种，主要产品有皮肤病血毒丸、久强脑立清、参苓白术丸、清肺抑火丸、香砂和胃丸、龙胆泻肝丸、木香顺气丸、加味保和丸、清心明目上清丸等。2017年，销售收入12686万元，营业收入12686万元，利润1057万元，科技投入1007万元，工业总产值13856.4万元，工业增加值6850.3万元。

（杨　爽）

北京本草方源药业集团有限公司

【概况】北京本草方源药业集团公司是一家大型中药饮片加工销售企业。2017年1月11日，公司当选中国中医药信息研究会中药材及饮片质量分会副会长单位，3月17日，公司当选大兴区工商业联合会(商会)第4届执行委员会常委企业。4月1日，捐赠500万元助力“首都名医走基层”活动。9月29日，公司获得“全国质量诚信标杆典型企业”称号。10月25日，公司获市科委、市财政局、市国税、市地税联合颁发的“高新技术企业证书”认定证书。2017年，公司占地面积3万平方米，生产用房1万平方米，经营饮片1200余种。有职工164名，其中执业药师8名，从业药师5名，主管药师5名，学历在大专以上40名。完成工业总产值55693万元、营业收入为53944万元、销售收入为53868万元、纯利润收入为392万元。申请完成9项软件著作权专利技术。

（李　霄）

北京四海华辰科技有限公司

【概况】北京四海华辰科技有限公司（简称四海华辰）是专业从事医学营养评价设备的研发、生产、销售公司，为中国唯一专注于天然膳食营养解决方案的国家级高新技术企业。2011年，投资1.2亿元在大兴生物医药产业基地建立个体营养定量分析仪生产基地，占地面积2.2万平方米，其中研发中心场地面积5000平方米，配备了开发大型项目的软、硬件实验室。2014年，公司研发中心获得市科委“北京市级企业科技研究开发机构”称号。公司先后承担科技部《孕妇体成分监测及诊断一体化技术的合作研究》等6项国际合作项目、大兴区科委《多频生物超声电导电阻抗物理因子调控平台建设》等3项成果转化项目。2015年至2017年，以董事长李利明博士为首的多名研发、管理人员获得“中关村高端领军人才”“科技北京百名领军人才”“海聚人才”“万人计划”“科技创新创业人才”“科技经营管理人才”等称号。公司的生物电阻抗技术，采用低频1、5、50千赫兹和高频250、500和1000千赫兹6个频率进行人体阻抗检测；采用四肢和躯干五段测量；安全、准确、方便、快捷。建有中国人的大数据建立算法模型和孕妇算法（中国首创）模型，有膳食数据库、人体成分数据库和用户行为数据库以及孕妇、儿童、老人等人群和糖尿病、高血压和肿瘤病人等专业营养软件。

2017年，四海华辰成为获得中国营养学会科学技术三等奖/唯一获奖企业，食物营养和健康效应评价关键技术及其推广应用项目获得2017年度华夏医学科技奖，面向全人群的精准营养监测分析与评价技术转化项目获得北京市高新技术成果转化项目，智能体成分分析仪获新技术新产品认证。公司享有北京市工程实验室称号，为注册营养师指定培训基地

四海华辰与康宝莱、解放军总医院（301）、大连大学等600家科研院所建立了长期合作关系，与中国疾病预防和控制中心（CDC）、中国营养学会、北京体育大学共同建设人体成分检测及营养分析研发中心，与北京化工大学联合成立了生命科学研究院。与英国诺丁汉大学、俄罗斯门捷列夫化工大学、加拿大哥伦比亚生命科学研究中心、莫斯科国立机械工程大学、奥地利媒体通讯有限公司建立有国际合作交流机制，被国家科技部与北京市科委分别授予“国家国际科技合作基地”“北京市国际科技合作基地”称号。

年内，四海华辰拥有5项发明专利、10项实用新型和7项外观专利及20余项软件著作权，自主创新成果达到100%。产品从家用便携式到医院专业级产品、从营养监测分析设备到营养评价服务。其中，人体营养分析仪、超声电导仪、个体营养检测分析仪获得食品药品监管部门颁发的注册证书，家用个体营养分析仪、智能食物分析仪、个体营养检测分析仪、智能体成分分析仪等产品获得北京市新技术新产品认定。四海华辰业务遍及全国30余省级医院和国内外专业厂商，服务医疗机构4600余家，包括国内知名三甲医院、各地方妇幼保健院等，使用人群从孕妇、儿童、老年人、慢病人群逐渐覆盖到全人群，使用者超过2000万人次。

年内，四海华辰占地面积2.2万平方米，其中研

发中心场地面积 5000 平方米，配备有开发大型项目的软、硬件实验室。公司团队凝聚一批国家级专家、科技骨干和经营管理人才，其中博士 5 名、硕士 36 名，其余人员均为本科以上学历。全年，公司产值 11000 万元，销售收入 10515 万元，利润 5833.35 万元，纳税额 673.33 万元。研发投入 841.27 万元，占销售收入 8%。

（谭伟晶）

北京红星股份有限公司

【概况】北京红星股份有限公司（简称北京红星）隶属于北京一轻控股有限责任公司，有 2 个分公司，5 个全资子公司，1 个海外控股公司，1 个参股公司。主营“红星”“古钟”“六曲香”品牌白酒及“夜光杯”牌果露酒、营养保健酒。年生产能力 10 万吨。“红星”产品出口五大洲，产品市场综合占有率连续多年居全国白酒企业前 3 位，“红星二锅头酒”连续多年居全国清香型白酒销量第 1 位。2017 年，公司本部在册职工 974 人。其中，硕士以上学历 21 人，本科学历 336 人，大专学历 275 人。

2017 年，北京红星工业总产值 72767 万元，比上年增加 32.5%；工业增加值 37246.2 万元，比上年增加 15.52%；产品销量 104805.5 吨，比上年增加 5.21%；主营业务收入 234172.6 万元，比上年增加 10.05%；主营业务利润 111957.2 万元，比上年增加 13.47%；利润总额 37475 万元，比上年增加 43.2%；净利润 26847.7 万元，比上年增加 40.15%；科技投入 2361.72 万元。

年内，北京红星股份有限公司深化改革，参照国际通用的 COSO 内控管理框架，制定内控管理体系，提升企业管理质量和效率。打破白酒传统营销模式，从“产品、品牌、销售”三方面强化升级，实现经营效益大幅提升。延续品牌举措，围绕“每个人心中都有一颗红星”为中心，强化“心怀梦想，勇敢前行”的品牌形象，签约张涵予作为公司形象代言人，拍摄广告片，利用其硬汉形象诠释红星的品牌精神。公司对大小二、蓝瓶、陈酿 5、桶酒、内部品鉴等产品进行全面升级，更加突出品牌符号，外观更趋时尚，增强外观品质感，推出 46 度低度小二。通过销售分区划片、提高铺货率和单店品项数增加市场规模。

年内，北京红星产品“红星蓝瓶 12 年”连续 2 年获得布鲁塞尔大奖后，又拿下布鲁塞尔国际烈性酒大奖赛中国唯一最高奖项，也是全场最高奖项——大金奖。公司旗下的“红星百年”“女娲酒”分别获得金奖、银奖。红星品牌再获“CCTV 国家品牌计划”行业领跑者殊荣。

（姜学昆）

北京红螺食品有限公司

【概况】北京红螺食品有限公司（红螺食品）创始于 1909 年，是具有悠久果品生产历史、集产供销一体化的“中华老字号”企业，是农业部等国家九部委认定的“农业产业化国家重点龙头企业”“全国农产品加工示范企业”“北京市高新技术企业”。红螺食品主要生产果脯、羊羹、茯苓夹饼、板栗、烤鸭、老北京小吃等特色休闲食品，拥有 7 大系列 40 多个大类 220 余个品种 400 余种包装规格。产品行销全国 20 多个省、市、自治区，出口 15 个国家。2017 年有员工 278 人。其中，本科 17 人，大专 82 人，大专及以上学历者占总人数的 35.6%；高级职称 1 人，中级职称 68 人，初级职称 4 人。产品销售收入 29078 万元，利润 2614 万元，上缴税金 2823 万元，科技投入 900 万元。

2017 年，红螺公司积极投入京津冀协同发展计划，确定在河北省唐山市玉田县建立生产加工基地。完成项目建设用地的勘察、测绘，厂区的整体规划、平面布局。红螺公司与帽儿课程活动中心共同编写的校本教材在北京部分区县及山东省院校推广授教。中华老字号工作委员会对红螺食品“京城果脯第一家”称号的复审通过。聚顺和原址回归工作得到市区相关部门的肯定与支持。

年内，红螺公司被中关村科技园区管理委员会授予中关村高新技术企业，被 2017 中国（江苏）老字号博览会暨老字号创新发展高峰论坛组委会评为“最受欢迎老字号奖”。“红螺食品”牌山楂糕被第 20 届中国农产品加工业投资贸易洽谈会组委会评为

"第二十届中国农产品加工业投资贸易洽谈会金质产品"，红螺食品被中国食品工业协会授予"中华百年传承品牌"。

（姜学昆）

北京华腾东光科技发展有限公司

【概况】北京华腾东光科技发展有限公司（简称华腾东光公司）隶属于北京化学工业集团有限责任公司，是一家投资管理型企业，下属北京稀贵金属提炼有限公司（简称稀贵公司）、凯新科商贸有限公司（简称凯新科公司）和北京东方亚科力化工科技有限公司（简称亚科力公司）3个生产、经营型企业。其中，稀贵公司主要经营范围金银以及稀贵金属等的回收精炼业务。2017年，年提炼稀贵金属1000千克，销售额330万元。受北京市产业疏解调整政策影响，企业生产牌照核销，计划退出。单位留守人员3人。凯新科公司是贸易型企业，主要经营乙二醇、丙烯酸酯、苯乙烯、润滑油等化工产品。有人员13人，年经营产品11.45万吨，贸易额5.39亿元。亚科力公司是高新技术企业，主营业务是丙烯酸酯乳液等环保型聚合物系列产品的研发与生产、环戊烷类发泡剂、和丙烯酸羟基酯等产品的生产。公司乳液类产品生产规模5万吨/年，羟基酯类产品3500吨/年，环戊烷类产品1.8万吨/年。10月底，为支持北京城市副中心建设，完成拆迁工作，保留人员98人，其中研发人员17人，技术与生产人员20人，管理人员25人。年内，华腾东光公司工业总产值330万元，工业增加值7500万元，营业收入5.5亿元，销售收入5.39亿元，科技投入50万元。完成东方化工厂区域内企业所属企业的拆除工作和人员疏解任务。公司员工杜辉获北京市"国企楷模、北京榜样"优秀人物荣誉称号。

（化工集团）

北京华腾通标检测与校准技术研究中心有限责任公司

【概况】北京华腾通标检测与校准技术研究中心有限责任公司（北京市化工产品质量监督检验站）（简称华腾通标公司），是北京市化学工业集团有限责任公司所属综合性独立的第三方产品质量监督检验与校准机构，业务范围包括化工产品及其原辅材料质量监督检验、仲裁检验与鉴定、在用产品安全性能与质量检验；仪器仪表计量与校准；技术研究和推广；技术培训以及相关技术咨询服务。北京市化工产品质量监督检验站是北京市化学工业集团有限责任公司的化工类产品质量监督检验平台，2005年由市编办批准成立的经费自理事业单位，是市质量技术监督局、市财政局认可并依法授权的第三方化工产品质量监督检验机构，拥有CMA、CAL（国家级、省级）、CNAS、强检授权、行业授权资质，是市安全生产监督管理局认定的北京市生产安全事故调查技术支撑推荐单位、国家工信部认定的工业（化学试剂和橡塑）产品质量控制和技术评价实验室、中国农药工业协会认定的农药质量检验机构。全国工业产品生产许可证办公室危险化学品产品生产许可证审查部试剂产品审查分部和全国橡标委橡胶杂品分技术委员会设在北京市化工产品质量监督检验站。2017年，华腾通标公司根据《京津冀及周边地区2017—2018年秋冬季大气污染治理攻坚行动方案》和北京市蓝天计划，积极参与京津冀及周边地区质检局、工商局以及环保局等政府部门组织的产品监督抽查。推进加油站油气回收装置、玻璃水、防冻液等新项目检测业务，努力拓展安全、环保、危化检测业务，促进公司发展。全年营业收入1163万元，利润总额309万元。

（化工集团）

博洛尼家居用品（北京）股份有限公司

【概况】博洛尼家居用品（北京）股份有限公司（以下简称博洛尼）2004年11月成立，位于大兴区庞各庄工业西区78号，是专业从事开发并生产各种厨房、卫生间、卧室、办公室家具及门窗、地板、装饰用品、家居产品等产品的大型生产、加工企业。博洛尼中高端生活方式品牌，全资控股德国百年橱柜企业 Kuhlmann，以“大师设计”+“德国品质”+“变态级环保”为核心优势，提供“整体厨房 + 全屋定制”家居全系统解决方案。至 2017 年，博洛尼参与制定 10 项国家及行业标准，拥有 72 项国家专利；并与万科、恒大、保利等 28 家全国排名前 50 的地产商合作；荣获科技部颁发的詹天佑大奖、中国地产 500 强首选品牌等多项全国大奖；先后与意大利、日本的多名大师合作，为国人量身定制 1500 套全屋设计方案。先后推出 50 宅家居产品及互联网软装产品。2017 年，公司投入约 2000 万元，生产制造喷漆环节应用水性漆的工艺技术改造项目，使用水性漆替代油性漆，生产出的家具产品无毒无味，超低 VOC 含量，不含苯、甲苯、二甲苯等多种有机性挥发物；在生产使用过程中遇火不燃烧，降低了火灾发生概率。公司强化涂装工序有机废气处理设施的建设和运行管理，水性漆自动喷涂线、等离子废气净化装置使 VOC“趋 0”，降低涂装工序 VOC 污染排放，减少了喷漆涂装工序作业对于周边环境的污染影响。全年，公司员工 1665 人。工业总产值 20 亿，收入 14 亿，销售收入 13 亿，利润 3000 万元，工业增加值 5700 万元。

（王树明）

曲美家居集团股份有限公司

【概况】曲美家居集团股份有限公司 1993 年成立，注册资本 48412 万元。1993 年曲美品牌诞生。2000 年“曲美国际设计联盟”成立，汇集世界一流的家具设计团队。2001 年曲美和丹麦著名设计师团队“鹈鹕设计师事务所”合作，设计了 SOHO 家庭办公系列家具。2002 年，与丹麦著名设计师邦·纳力克合作，开发出国际经典的软体家具系列。2003 年，曲美获得中国商品学会颁发的“绿色选择”环保证书。第一家“概念店”——北京北四环曲美家居专卖店开业，总面积 3000 平方米。2010 年，创建北欧阳光、如是等系列家具，展现原创设计作品。2014 年，曲美全线产品启用水性漆。2015 年，曲美集团在上海证券交易所挂牌上市，为国内首家上市的家具品牌。2017 年，公司先后获得成果和荣誉有“中国家居产业家具领军品牌”“全国家居行业质量领军企业”。“全国产品和服务质量诚信示范企业”“建材家居行业消费者信任品牌”“2017 年定制家具消费影响力品牌”“十大京派家具领袖品牌”“中国家居制造先进企业”“2017 中国家具产品创新奖—餐厅家具银奖”“北京市设计创新中心”“全国质量诚信标杆典型企业”。“中国创新设计红星奖”“2017 年度家居绿色环保领跑品牌”“2017 年度家居绿色环保推荐品牌”“2017 年度协会诚信文明单位”“2017 年度中国优秀民营科技企业”。曲美家具风格“简约、时尚、现代”，发展成为中国最具设计感的现代家具品牌。市场占有率多年居北京首位，被誉为“北京现代家具第一股”，是全国家具业首家全线水性漆生产企业，两化融合贯标试点企业、北京创新设计中心、国家高新企业。年内，公司在全国经销商超过 300 家，开设的专卖店 800 多家，覆盖全国 400 多个城市。

（杨　帆）

协会组织

本栏目主要记述北京工业经济联合会、北京质量协会、北京电子商会、北京汽车行业协会、北京机电行业协会、北京光机电一体化协会、北京设备管理协会、北京酿酒协会、北京日化协会、北京保健品化妆品协会、北京服装纺织行业协会、北京家具行业协会、北京印刷协会、北京包装技术协会、北京工艺美术行业协会、北京化学工业协会、北京塑料工业协会、北京市矿业协会、北京金属学会、北京建材行业联合会、北京水泥工业协会以及其他协会组织工作情况。

综 述

2017年，按照市委、市政府、市社工委对社会组织的工作要求，北京工业经济领域社会组织认真学习贯彻中共十九大精神，以党建工作为引领开展各项工作。推进党建工作双覆盖，助力首都“四个中心”功能建设。围绕首都定位，坚持不懈抓好产业疏解、整治和提升。立足全局角度，发挥行业优势，以创新驱动“高精尖”经济结构，推动京津冀协同发展。

市社工委建设工作办公室核定了28个党建岗位并给予资金支持；市社工委对北京工经联“枢纽型”工作充分肯定并给予资金支持。京津冀产业转移、产业转型升级办公室先后参与或组织到河北省曹妃甸、河北省阜平、天津市宁河、山东省庆云等地进行考察对接活动，围绕企业产业转移组织洽谈、接触、签约工作。多个会员单位在产业对接、转移中做出业绩。

北京汽车行业协会根据会员单位需求，在2017上海车展期间，组织了房车企业专题调研；协助并指导会员单位申报并取得工信部专用车生产资质；组织双源无轨电车鉴定会，为会员单位新产品市场准入创造条件；支持会员单位开展品牌宣传和促销活动；发挥协会专家智库资源，支持会员单位开展技术带头人评审活动。2017年，北京汽车行业协会再次被评为AAAAA级社团组织。

北京服装纺织行业协会举办2017北京时装周系列活动，包括高峰论坛、创意大赛、发布会、摄影大赛等项活动；举办首届“北京时尚消费月”活动，包括时尚发布、时尚培训、时尚快消专场等活动；在京津冀协同发展战略背景下，京津冀三地行业协会共同发起，专家学者出谋划策，在北京服装学院举行了2017“京津冀百强青年设计师”推选活动。

北京工艺美术行业协会继续开展企业诚信创建活动，两年中有17家企业获评“北京市诚信创建企业”称号；推进京津冀工艺美术协同发展，主办了“2017年京津冀工艺美术行业高峰论坛暨战略合作签约仪式”；先后承担多次国礼的制作任务。

北京表面工程协会持续落实《中华人民共和国清洁生产促进法》，推进清洁生产审核；为罗森伯格等3家企业颁发牌匾；首都航天机械完成评估验收工作，产生59个清洁生产方案，每年可实现经济效益300多万元。

北京包装技术协会把京津冀协同发展作为协会长期的战略任务，定期召开京津冀三地包协会长、秘书长联席会议；组织行业内重点企业参加京津冀地区各类展会和对接会、座谈会、讲座等。

北京模具行业协会针对亦庄工业园区企业举办18场“增材制造（3D打印）技术在医疗领域中的开发与应用”专题讲座，培训企业技术骨干和员工596人。

北京家具行业协会联合河北省深州市政府打造河北深州家具产业园，项目总体规划约1万亩，一期1030亩开工建设，二期500亩已启动。

北京电子商会受市经济信息化委委托，负责北京电子信息制造业经济运行数据的统计、汇总、监测及分析工作，建立了行业统计网络，对电子信息制造业规模以上企业进行经济运行监控。

北京市饲料工业协会主办“京津冀饲料百强峰会”，10个省市饲料协会和京、津、冀等地区共120多家企业近500名代表参会。组织饲料企业前往河北、辽宁、山东等地相关企业现场考察，收集、筛选对接信息，有50多家饲料企业在河北、天津、山东、辽宁、内蒙古、江西重新选择生产场地。

（北京工业经济联合会）

【北京工业经济联合会】2017年，北京工业经济联合会（以下简称北京工经联）党建委开展经常化党建活动，增强影响力、凝聚力和感召力。市社工委核定工经联社会组织中28个党建岗位，并给予资金支持；举办了学习中共十八届六中全会精神暨纪念红军长征80周年作品展示；进行多次党建微视频、微党课征文活动；召开建党96周年庆祝大会及文艺演出；召开“学习贯彻中共十九大精神宣讲报告会”，由中共十九大代表做宣讲报告。

贯彻落实市委、市政府要求，推动产业疏解转移、转型升级。北京工经联“京津冀产业转移、产业转型升级办公室”召开3次会议，参与或组织交流、学习、研讨工作，到河北省曹妃甸、阜平，天津市宁河，山东省庆云等地进行考察对接、洽谈、接触、签约活动。组织进行宣贯新政策报告会。

北京3D打印技术联盟制定的《全国模具行业建模师3D打印技术规范》获国家有关部门审核通过，并组织多次培训，其中17次生物医疗领域3D打印技术培训，培养企业技术人员300多人。

参与“一带一路”国家倡议，组织北京服装纺织协会、建材联合会等参加了新华经济社组织的中国—阿曼产业园招商会。北汽集团、同仁堂、BOE(京东方)以不同形式与“一带一路”沿线国家开展多项投资和贸易合作。

北京工经联在红星博物馆召开协会工作交流研讨会，来自30家协会的会长、副会长、秘书长参会。组织行业协会到中国人民革命军事博物馆参观“庆祝中国人民解放军建军90周年主题展览”，参观“砥砺奋进五年”大型成就展，参加“北京榜样”“身边好人”“社会好事”大型主题活动。参加中国工经联组织的“中国经贸形势报告会”，以及以“走进鸟巢、助力冬奥”为主题的奥运之旅活动；组织行业协会参与第三届“北京社会公益汇”活动。

（北京工经联）

【北京质量协会】北京质量协会成立于1981年9月，2017年，主管单位是市经济信息化委，业务指导单位是市质量技术监督局。协会设立秘书处负责日常工作，设有办公室、会员与用户工作部、小组与现场工作部、评审部、培训部等工作部门。有工作人员11名，会员单位251家。

年内，协会推动会员单位参加品牌培育试点、示范企业活动，在会员内部推进品牌培育试点工作，帮助企业建立和完善品牌培育管理体系。组织会员单位参加品牌培育经验交流及质量标杆活动。主要参加了工信部组织的工业品牌培育管理体系有效运行评价培训和经验交流会。在全国质量月活动期间，会员单位150余人参加了工信部举办的第3期质量标杆经验学习交流活动。参加中关村商标品牌众扶小组品牌活动，先后参与了联想（北京）有限公司、北汽福田汽车股份有限公司、小米科技有限责任公司、京东集团等14家企业的调研帮扶。负责开展北京地区制造业质量现状调查的活动。开展群众性质量管理活动，推进现场管理和班组建设工作。联合市总工会、团市委、市妇联、市科协等单位共同推进群众性质量管理小组活动，分别召开北京市第70次和第71次质量管理小组成果发表会，来自全市工业、建筑业和服务业等行业企业的代表500余人参加了会议，有334个QC小组成果获得北京市优秀质量管理小组荣誉称号。推荐全国优秀QC小组38个、全国优秀企业2家、全国卓越领导者2名、全国优秀推进者3名。召开北京市第3届质量信得过班组现场成果发表会，来自生产一线的41个班组，在会议现场以发言或书面形式展示创建信得过班组活动成果。推广先进质量管理方法的普遍应用，助力企业提质增效升级。开展企业质量诚信体系建设，推进用户满意工程活动，有32家优秀会员单位开展质量信誉和自我声明承诺活动。指导会员单位参与品牌质量建设交流研讨，组织会员参加专项质量活动，参加年内经贸形势大会、满意中国年会、中国质量大讲堂。组织会员单位人员参加质量管理体系内审员培训、质量信得过班组培训、QC小组活动推进培训及QC小组评委培训。组织会员单位参加质量标杆经验交流活动，观摩质量管理小组成果发表会。与广州质量协会联合组织部分企业代表到会员单位北京卷烟厂、中铁电气化局集团进行质量经验交流和参观。利用协会杂志和网站宣传会员单位，通过新媒体微信公众号、QQ群、微信群等为会员单位传递质量信息。继续加强内部建设。年检结论为合格，完成三证合一工作。

（北京质量协会）

【北京电子商会】北京电子商会成立于1993年2月20日，是经市民政局核准、登记注册，由北京地区工商企业经营电子信息产品的单位及团体自愿组成的跨地区、跨部门、不以营利为目的的社团组织，具有社团法人地位，业务上受市经济信息化委领导。2017年有企业会员200多家。会员企业来自中央在京企业和北京电子信息行业企业，涉及通信、计算机、测量仪器、电子专用设备、电子元器件、集成电路、电力电子等多个行业。

年内，受市经济信息化委委托，负责北京电子信息制造业经济运行数据的统计、汇总、监测及分析工作，为政府决策提供参考意见。建立了行业统计网络，对电子信息制造业规模以上企业进行经济运行监控，每月向市经济信息化委汇报在统企业的主要经济指标数据。参加工信部组织的年报会审，汇总全系统全年的经济运行数据，向市经济信息化委提供本年度经济运行报告。组织北京地区每年一次的中国电子信息百强申报工作，参加工信部组织的百强发布会，2017年（第31届）中国电子信息百强企业北京地区有10家企业入围。

商会应河北省正定招商邀请在正定举办招商会。组织会员企业代表30余人，赴河北省廊坊市参加由中国电子信息行业联合会与河北省工业和信息化厅联合主办的“新型显示产业对接洽谈活动”。组织企业家到廊坊市学习参观并举办研讨会。参加了中关村社会组织联合会京津冀及区域合作专委会。就做好京津冀“4+N”工作，突出做好曹妃甸区、新机场临空经济区、张（家口）承（德）生态功能区、滨海新区

4 个重点区域对接。配合相关政府部门，举办京台科技论坛分论坛“第三届京台面板显示产业高峰论坛”。组织京港洽谈会分论坛“京港‘高精尖’产业合作发展论坛”，介绍北京“高精尖”产业发展环境和政策，与香港金融服务业共同探讨产业基金合作方式，推介北京集成电路产业园和北京 VR 创业园两大创新创业园区建设，帮助园区内企业及项目招商引资，展示北京“高精尖”产品。“12330”电子商会工作站开展工作，通过电话随时解答企业提出的问题，工作站相继走访北京利亚德科技有限公司等十几个会员企业。组织企业参加“2017 年北京市科技政策宣讲会”“2017 年经贸形势报告会”“2017 年全球智能工业创新大会暨 2017 年全球创新技术成果转移大会（GIIC）”“国际应用光学与光子学技术交流会（AOPC）”“第四届中国（北京）国际高新技术交流展洽会暨第九届光电子 · 中国博览会”。组织企业代表参观在国家会议中心举办的 3E · 北京国际消费电子博览会。组织北京电子信息制造业 61 家企业参与诚信创建企业复审活动。

商会与易电联（北京）电子商务有限公司联合主办“2017 供应商大会暨北京电子商会会员企业授牌仪式”。电子商会、易电联携手宅急送举行共建智能云仓战略发布会，以“‘易’齐汇聚，共商未来”为主题，百余家品牌商宣传“共享共建，协同发展”核心理念，包括人民日报、搜狐网在内的数十家媒体进行了报道。商会与中发智造联合举办了智能智造供需对接会——安防专场，特邀多家国内安防企业分享智慧安防发展趋势和最新产品。商会主办，新华三集团承办题为“创新 IT，持续领航——走入新华三集团，分享 IT 创新方案”新华三北京电子信息行业研讨会，40 家京电子商会成员单位代表参观访问新华三集团，体验云网融合大背景下新华三创新色彩的新 IT 产品和解决方案，体验技术变革带来的全新动能。

商会主办的双月刊《信息科技与文化》版面增大，页数增加，全刊铜版，内容更加丰富。

（北京电子商会）

【北京汽车行业协会】北京汽车行业协会是经北京市政府批准，由北京市社团办公室核准登记注册的汽车行业社团组织。2017 年年底，协会有会员单位 242 家。

2017 年，北京汽车产业高端乘用车型需求高速增长，商用车较快增长，经济型乘用车进入微增长及负增长新常态，新能源汽车继续高速增长，汽车出口继续保持较快增长的良好态势。全年产销分别为 279.87 万辆和 278.74 万辆，比上年分别下降 9.8% 和 10.3%。其中，乘用车产销分别为 224.55 万辆和 223.46 万辆，比上年分别下降 13.2% 和 13.87%。商用车产销分别为 55.32 万辆和 55.28 万辆，比上年分别增长 7.27% 和 8.14%。出口汽车 8.9 万辆，比上年增长 19.2%，出口交货值 88.1 亿元，比上年增长 26.7%。

北京汽车行业协会根据会员单位需求，在 2017 上海车展期间组织了房车企业专题调研；协助并指导会员单位申报并取得工信部专用车生产资质；组织了双源无轨电车鉴定会，为会员单位新产品市场准入创造条件；支持会员单位开展品牌宣传和促销活动；发挥协会专家智库资源，支持会员单位开展技术带头人评审活动。积极服务政府重点工作，协助政府部门开展京津冀协同发展及汽车产业疏解转移工作，助力汽车产业京津冀协同发展：重点调研城六区企业，组织“推动京津冀协同发展，加快北京产业转型升级”专题报告会，引导企业更好地理解和把握各产业有序疏解及转型升级的相关政策；配合市经济信息化委、市质监局等部门开展行业管理，向企业宣贯市经济信息化委、交管局等五委（局）《关于开展货车非法改装专项整治行动的通知》，并配合开展相关服务工作；配合市商务委、北京国检局开展“北京市汽车产品质量安全示范区”复评迎检工作；为北京国检局提供北京地区相关企业质量控制情况，服务拓展海外市场。开展标准化工作，组织并代表北京市汽车标准化技术委员会参加市质监局举行的专业标准化技术委员会的年度考评工作；组织新标准《机动车运行安全技术条件》（GB7258-2017）国家标准宣贯会；组织《除雪车》《护栏清洗车》两项国标修订工作；组织开展北京市地方标准《建筑垃圾运输车辆标识、监控和密封技术要求》的复审工作。参加 2016 年北京市社会组织评估工作，2017 年 2 月 20 日，北京汽车行业协会再次被评为 AAAAA 级社团组织；建立协会招聘体系，开通“五险一金”账户，为实现社会招聘创造条件。

（北京汽车行业协会）

【北京机电行业协会】2017 年，协会和北京汽车行业协会组织北京京城机电控股有限责任公司、北京天海公司、京城压缩机公司部分管理和技术人员赴天海公司现场调研，召开“氢燃料能源汽车技术现状与未来发展”专题研讨会。协会深入华德液压集团公司、德威特继保自动化科技股份有限公司、京地钻探机械有限公司等单位现场调研，组织 20 多家会员企业参加专题交流座谈会。其中，北一数控机床公司通过境内外资源整合，推进中型中高端产品系列化及规模化，提升智能制造等整体解决方案能力；华德液压公司以智能制造示范基地建设项目、中型挖掘机高端液压元件产业化项目为重点，提高高端液压产品市场占有率，解决工程机械配套高端液压件的发展瓶颈，实现进口替代；天海公司研发高端气瓶，以满足氢燃料电池、航空航天和军工等领域的需求，解决行业发展短板；德威特继保自动化科技股份有限公司，投入几千万研发资金，研发利用云计算、互联网技术的智能开关产品；京城机电控股公司成立机器人研发公司，着力开展机器人产品的研究和开发。

协会与北京企业评价协会合作，开展“诚信长城杯”创建工作。北京华征元烁热力科技有限公司、北京捷通机房设备工程有限公司、绿友机械集团股份有限公司、北京第二机床厂有限公司、北京机电院机床有限公司和北京朝阳隆华电线电缆有限公司等6家会员单位通过2017年度“诚信长城杯创建”复审。创建京津冀三地机电行业协会协同发展研讨会机制，结合三地机电行业协会特点，召开京津冀三地协会协同发展研讨会，专题研讨了三地行业协会如何发挥优势，为行业、为企业服务问题，确定建立定期磋商沟通机制、轮流主持机制。

组织会员企业参加北京市非公有制企业履行社会责任评价活动。协会重点推荐北京捷通机房设备工程有限公司参与申报，获评2017年度履行社会责任优秀企业。组织推荐“2017北京榜样”候选人活动，重点推荐两个非公企业代表人物参选。继续配合市工商局开展北京著名商标评审工作。对2016年申请认定北京市著名商标的机电类项目进行审核。需审核的22项机电类项目中，有17项为复审项目，5项为新申请项目。配合市质监局针对协会起草的2013年度节能标准，开展2017年度北京市地方标准复审工作。做好专业技术资格评审和职业技能鉴定考评。全年网上申报机械和电气专业高、中级专业技术资格评审共1970人，其中高级770人，中级1200人。经审核，高级职称通过475人，通过率63%；中级职称通过728人，通过率66%。完成北京市社会化职业技能鉴定技师、高级技师10个批次844名的综合评审工作，其中技师641人、高级技师203人。通过鉴定评审的有632人，其中技师486人、高级技师146人，通过率74.9%。

（张桂萍）

【北京光机电一体化协会】北京光机电一体化协会是由从事光机电一体化研发、生产、经营、服务的企业及相关科研院校自愿加入的社会团体，承担政府为推动产业发展进行行业调研、理论研究等委托的相关服务工作，以及为会员单位提供信息交流、技术合作、咨询服务、人才培训、经济合作等方面服务的工作。2017年，有单位会员65家，组成来源于机械加工、光电子、仪器仪表、新能源、自动化等行业的国有和民营企业以及相关的科研院所。

2017年，协会与北京光学学会、中国光学学会激光加工专业委员会、北京生产力促进中心等6家协会及学会联合主办北京国际激光技术前沿论坛，9名专家学者分别就《国内激光加工市场2016年述评及2017年展》《亚波长光学的研究》《超快激光的光电子应用》《裸眼3D光场显示》等前沿技术课题做了报告，并与参会企业代表进行互动。协会与北京光学学会、北京机械工程学会、北京工业大学科协、北京模具行业协会5家单位联合主办了第8届首都先进制造应用技术暨创新簇华德示范站技术交流会，专家学者就《现代制造业的液压技术》《智能制造浪潮下数控加工生产线规划设计方案探讨》《激光熔覆技术在液压行业的应用》等创新技术做了报告。

（北京光机电一体化协会）

【北京设备管理协会】2017年，北京设备管理协会瞄准重大设备、重要材料、关键工艺、核心软件、核心元器件等共性关键技术，进行自主研发与技术集成，突破行业技术瓶颈，打造完整的创新链。通过互联网和创新联盟在全国推广研究成果，孵化高科技企业，引领增材制造行业发展，带动整个制造业的转型升级。“产学研用”紧密结合，整合京内外优势资源，带动材料、软件、检测、设备等增材制造产业链上下游协同发展，搭建高能束流科技成果转化平台。平台拥有国际领先的高性能金属构件高能束流增材制造技术精英团队，具备从材料到设备直至成品的研发与生产一体化的产业转化链。平台核心技术来源于平台研发团队延续20余年的快速成形技术的研发成果，同时聘请了国内外著名高校、研究单位和知名企业的专家、教授担任技术顾问、导师或兼职研发人员，形成一支专业、学历和年龄结构合理、多学科综合交叉的研究开发队伍。平台主导业务为，合金构件高效增材制造新工艺与成套装备；工业级高功率高能束流能量源研制；增材制造新工艺的开发；新型功能材料的研发。

（北京设备管理协会）

【北京酿酒协会】2017年，协会召开会员大会，完成协会换届。在北京牛栏山酒厂举办“北京酿酒协会成立30周年庆祝大会”，对多年来为北京酒业的发展做出贡献的先进人物进行表彰。共设立3个奖项，其中，王秋芳、高景炎获北京酒业领军人物奖，张德春、李福成、李怀民获北京酒业发展突出贡献奖，刘春梅、于长水、张振江、王存厚、张秀全、何云龙、任可达、李兰英、冯景章、白振江、吴武之、张渭增、李敦永、郝忠获北京酒业发展贡献奖。

落实京津冀协同发展战略，推动企业转型升级。协会多次组织会员单位会参加政府及有关协会共同组织的报告会、说明会、宣讲会，如工经联召开的北京科技协会技术委员会宣讲会，工经联等几家协会共同举办的“推动京津冀协同发展，加快北京产业转型升级”报告会等。组织北京酿酒协会、北京包装技术协会、北京新媒体产业园区管委会等单位到唐山曹妃甸进行考察。协同北京红星酒业股份公司、北京牛栏山酒厂、北京二锅头酒业公司、北京八达岭酒厂领导到巴东县酒厂考察。北京八达岭酒厂和当地酒厂达成合作项目。协会先后到了十几家会员单位，了解了企业安全整改进度、质量情况及存在的问题和困难，并与企业进行座谈，提出指导性意见或建议。

协会组织召开北京地方标准《安全生产等级评定技术规范第26部分：酒类制造企业》意见征求会。在北京隆兴号方庄酒厂召开安全生产整改交流会，协会介绍已经通过验收的北京同仁堂药酒厂的安全整改验收情况。协会组织企业参加北京市疾病控制中心举办的5期食品安全标准学习班，有48人次参加学习。参加市卫生计生委有关标准的跟踪评议评价活动。协会组织会员单位参加中国酒业协会举办的第3届全国啤酒品酒职业技能竞赛，为大赛推荐人才11名。

协会参加北京市著名商标认定专家评审工作会，复审著名商标。参加了北京市环保技术研究院召开的北京市白酒污染物治理最佳方案指南鉴定会，协会根据行业情况提出自己的认定意见，协会重视会员单位诉求，针对社会上出现以盈利为目的职业举报人给白酒企业造成的麻烦，专门做了《北京酿酒协会关于“三类白酒生产许可证”“两种白酒发酵法”和三类白酒产成品的说明》，上报政府有关部门并发放会员单位，为企业出示证明。协会组织会员单位参加北京市第6届减轻企业负担政策宣传周现场咨询活动，“让百姓吃得放心、用得放心——知名企业进社区”大型公益活动，在蟹岛国际会展中心举办的2017品牌高峰论坛，以及中共十九大代表宣讲报告会。协会和北京流通协会一起，在两次糖酒会和贵州国际酒博览会上，为北京名优企业做北京酒业联合展示，获得政府资金支持。组织4个会员单位参加“丝绸之路名品汇之美食嘉年华”活动，在会上展示自己产品。组织参加布鲁塞尔国际烈性酒大奖赛，北京红星股份有限公司43度红星二锅头（蓝瓶12年陈酿52%）获得大金奖，52度红星牌百年酒获金奖，42度红星NUWA酒获银奖；北京八达岭酒业有限公司的八达岭52度京爵酒和43度京爵北京二锅头酒获金奖。

（北京酿酒协会）

【北京日化协会】北京日化协会成立于1980年5月，是具有法人资格的AAAA级行业协会，有会员单位61家。下设秘书处、教育培训部、政策法规部、化妆品工作部、功效评价部5个职能部门。开展诚信建设活动，有10家会员企业获北京市诚信企业创建活动荣誉称号，2家企业经审核获诚信长城杯企业荣誉称号，其中5家企业为一星级诚信长城杯企业，2家企业为二星级诚信长城杯企业；有3家企业为三星级诚信长城杯企业。这些被录入市工商局官方网站《北京市企业信用信息网》。先后组织会员单位参加市经济信息化委政策宣讲会3次，帮助企业在转型中找到更新更好发展机遇。与市药监局联合组织“北京日化协会化妆品法规系列讲堂——中国化妆品监管与务实”讲座，200余人参加。举办2期“中国化妆品科技大讲堂”，并出版《论文集》，来自北京、上海、天津、广州、杭州等地的900余人参会。由资深专家对化妆品研发、植物原料提取选取原则及相关政策案例等进行演讲。组织会员企业赴美国进行化妆品业态考察交流活动，参加在韩国首尔举办的第3届韩中化妆品产业国际共同论坛。协会深入朝阳区的6个社区，以咨询、体验、讲解相结合的形式进行日化品科普知识讲座。并参加了海淀区科协、北京公园管理处共同举办的大型科普活动，参与群众近万人次。采取一对一互帮互助，为企业在科技创新，升级改造方面提供服务，为北京斯奎特科技有限公司与3家会员单位建立了合作关系。协会组织行业专家对日化行业著名商标进行复审，通过企业自检及专家复审，使著名商标和服务质量达到国内同类先进水平，维护了企业和消费者的权益。协会官方网站以全新面貌上线，与35家会员企业建立网站链接。网络课堂上线，共上传视频8期，学习人数100余人。微信平台关注用户1602名，点击量万人次以上，发表原创文章1000余篇。

（北京日化协会）

【北京保健品化妆品协会】2017年，协会有专职工作人员6名，下设研发、GMP、广宣、蜂产品、流通5个专业委员会。协会会员总数137家，比上年新增10家。协会连续11年编制《北京保健食品行业调研报告》，成为北京保健食品行业的重要资料。协会历年调研工作的数据显示，北京保健食品行业年产值和销售额超亿元的企业有10余家，产值和销售额占整个行业的90%以上。在国家食药监总局批复北京保健食品产业异地监管政策落户滦南后，协会成立“北京(滦南)大健康产业园筹备委员会”和“北京(滦南)大健康产业园工作站”，并召开“生产企业部署动员会”“北京保健食品异地监管政策解读会”“意向入住滦南企业沟通交流会”等专题会议。协会组织23家企业参与了“北京（滦南）大健康产业园项目集中意向签约”，航洋健康科技公司成为第一家疏解转移企业正式签约滦南。到年底，首批落地9家企业征用生产用地500余亩，总投资额10.5亿元，带动当地劳动就业千余人，其中7家企业在当地取得营业执照；第二批集中签约的企业19家，计划总投资额30多亿元。“北京（滦南）大健康产业园”项目已作为2018年河北省20个重点项目之一，写入河北省委、省政府《进一步推进新时代对外开发》文件,并下发全省。

协会受市食药监局委托，组织召开保健食品注册与备案相关法规沟通会，邀请国家食药总局三司主要领导参会，市10余家规模型保健食品生产企业的主要负责人参加。组织会员企业参加第11届“5·25护肤日”宣传活动，引导消费者通过正规美容医学手段和日常科学保养，建立理性消费观念。协会与北京电视台共同召开新闻发布会，创建“北京保健品化妆品预防虚假宣传与媒体曝光机制”，并在协会秘书处设立专项办公室，开通举报投诉热线。协会协助市食药监局召开全市保健食品生产企业“保健食品备案与监管培训会”，各区局、直属分局、直属单位以及全市80余家保健食品生产企业负责人参会。协会在北京大学英杰交流中心召开“保健食品行业舆情风险管理研讨会”。与中正舆情机构签署战略合作协议，成立“北京保健品化妆品舆情风险监控与大数据应用研究中心”。协会主办的第17届北京国际营养健康产业博览会于11月17日至19日在国际展览中心（老馆）举办，设立九大专业展区，共有来自20多个国家和地区的百余家品牌企业参展，其间举办了北京保健品化妆品协会专题高峰论坛。协会还完成《北京志·工业志》中“保健食品篇”的审稿工作。

（北京保健品化妆品协会）

【北京服装纺织行业协会】2017年，按照中央对北京作为首都的“四个中心”定位，北京服装纺织行业继续加快推进产业转型升级，向时尚转型，向文化创意产业进军。

9月21日至28日，协会与北京时尚控股有限责任公司、《时尚北京》杂志社联合主办，北京时装周有限责任公司、北京时装之都文化传播有限责任公司承办，分别在太庙前广场、国家博物馆、中华世纪坛、凤凰国际传媒中心等时尚文化地标举办2017北京时装周系列活动，包括2017时尚北京展、2017北京时尚高峰论坛（主题：文化·科技·消费)、国内外17个时尚品牌专场发布会、“雪莲杯”羊绒手工编织创意大赛、2017“中国儿童”风采模特大赛全球总决赛颁奖典礼、京津冀三地优秀青年设计师作品联合发布、北京时装周时尚北京“和平杯”摄影大赛等项活动。9月22日晚、9月23日晚，北京时装周开幕盛典暨雪莲·行18/19秋冬羊绒针织服装流行趋势发布会、海派经典·京华锦绣重耀雷蒙·1940宫藝高级定制发布会分别于太庙前广场举行。

北京时尚控股公司推进传统工业园区向文化创意产业园区转型，拓展和布局文化创意产业，莱锦文化创意产业园、铜牛电影产业园、雪莲仁立时尚手工坊等一批文化创意园区相继落成。贝壳京工时尚创新园、怀柔杨宋影业园、北京时尚生活实践区——时尚驿站、铜牛体育电影产业园等文创项目加快建设。北京雪莲集团成立“全国劳动模范苗晓光创新工作室”，发挥劳动模范在技术攻关、建设高素质知识型创新队伍过程中的示范作用。北京铜牛集团将东郊老旧厂房仓库改造成电影产业园，作为淘汰落后产能、实现产业转型升级试点项目，两年时间内有40余家入驻企业，涵盖电影产业链的上下游，包括策划、投资、制作、发行等环节。北京大红门地区继续对纺织品、服装批发市场实施撤并、外迁疏解和升级改造工作，腾退之地引进文化创意产业孵化器等项目，向产业中高端转型发展。在“三八妇女节”到来之际，协会组织部分设计师会员、著名时装设计师及行业女企业家在北京时尚设计广场举行交流与联谊活动。9月，北京服装纺织行业协会、北京时装设计师协会、《时尚北京》杂志社及多家行业协会在主办方市商务委的支持下，举办了首届“北京时尚消费月”活动，以搭建综合促销服务平台为核心，引导消费结构的转型升级，包括时尚发布、时尚培训、时尚快消专场等，除时装新品系列产品外，涵盖数码产品、珠宝新品、家具新品等商品展示发布，销售与服务并举，多行业多品牌群体出击，活跃了北京时尚消费市场。

在京津冀协同发展战略背景下，京津冀三地行业协会共同发起，吸收京津冀三地知名专家学者和设计师出谋划策，在北京服装学院举行了2017“京津冀百强青年设计师”推选活动，并在时装周期间举办“风尚京津冀”百强青年设计师作品展示发布专场。协会组织和带领本市6名服装设计师赴江西服装学院参加了2017年全国纺织行业“富怡杯”服装制版师职业技能竞赛决赛，北京选手郑凤玲获得“全国服装行业服装制版操作能手”称号，郭金雨获得“全国纺织行业服装制版师职业技能竞赛优秀奖”。

市服装纺织制造业整体转型，生产加工企业数量减少，产量下降，经济效益保持适度增长。2017年，全市规模以上服装纺织行业企业主营业务收入157.42亿元，比上年增长2.2%；利润总额6.8亿元，比上年下降17.7%。全市完成服装及纺织品进出口总额34.95亿美元，其中服装、纺织品行业出口额28.8亿美元，比上年增长15.2%。行业出口中，服装及衣着附件出口额19.33亿美元，比上年增长4.16%。全市衣着类商品零售总额774亿元，比上年增长3.9%。经行业协会推荐，中国服装协会审核发布，探路者控股集团、爱慕内衣公司、铜牛集团公司、朗姿股份公司、雪莲集团公司、卓文时尚纺织股份、威克多制衣、依文服饰和格雷时尚科技公司9家企业进入2016年度全国服装行业“产品销售收入”“利润总额”“销售利润率”百强企业行列。北京五木服装有限责任公司、北京酷绅服装有限公司、依文服饰股份有限公司被市经信委认定为2017年度北京市级两化融合管理体系贯标试点企业。中国针织工业协会授予北京铜牛集团有限公司、探路者控股集团股份有限公司“中国针织行业优秀科技研发企业”荣誉称号，授予探路者控股集团股份有限公司陈百顺“中国针织行业优秀总工程师”荣誉称号。中国纺织职工思想政治工作研究会授予北京雪莲集团有限公司“全国纺织行业品牌文化建设创新企业”荣誉称号，授予北京大华天坛服装有限公司总经理吴桐“全国纺织企业诚信文化建设带头人”荣誉称号，授予北京纺织科学研究所（北京市劳模）张津育“中国纺织大工匠”荣誉称号。北京市工贸技师学院轻工分院选手胡萍（学生）代表中国参加在阿联酋阿布扎比举行的第44届世界技能大赛决赛，获得大赛时装技术项目金牌，北京市新媒体技师学院（世赛基地）选手郑宗林（学生）获得第44届世界技能大赛3D数字游戏艺术项目铜牌。协会坚持开展重点服装企业生产经营状况季度报表数据收集工作，定期将行业统计资料提供报送企业，实现行业资源共享。北京雪莲集团玉娟、铜牛集团赵晓红、爱慕内衣刘宇、威克多制衣中心刘静敏、小护士纺织科技公司史佳楠、奔彪服装公司闵丽华等16人被中国服装协会授予“2016—2017年度服装行业先进统计工作者”荣誉称号。北京质量协会、北京知名品牌评审组委会再次授予“雪伦”品牌、“雅派朗迪”品牌为“北京知名品牌”。

开展产业疏解与京津冀及周边的产业交流合作，协会召集五木服装公司、木真了时装公司负责人随市经济信息化委考察团到天津滨海新区产业园区考察学习。为承接产业疏解工作，接待安阳市北关区委、区政府（街道）领导及产业园区负责人座谈交流行业发展情况，走访派克兰帝、嘉曼服饰等童装企业。河南省光山县政府、县招商局及光山县驻京党委负责人和内蒙古自治区鄂尔多斯市东胜经济科教轻纺园区招商局负责人分别与协会接洽，座谈了解北京服装行业发展与产业疏解情况，沟通交流行业信息。京津冀服装纺织行业协会联盟成员会聚北京，三地行业协会会长沟通交流情况。北京光华纺织集团京和公司与新疆维吾尔自治区和田市拉斯奎镇墩阔恰村签署结对共建协议，向对口村提供了缝纫机、计算机、打印机、照相机、电视、清洁机车、服装、书包等物资，捐助8万元设立“京和”扶贫基金。发挥专业媒体的宣传引导作用，北京时尚控股有限责任公司增资控股《时尚北京》杂志，提升杂志运营活力。协会秘书处向会员单位及政府、行业相关部门赠阅《时尚北京》杂志共计3100余册。协会组织40家会员单位到阿里巴巴北方总部参观学习，并与北京易优特网络技术有限公司联合举办“服装企业电商化暨阿里巴巴百行诚企项目宣讲会”。协会推荐威克多制衣中心和靓诺派时装公司代表参加2017北京榜样候选人推选申报活动。组织亿都川服装集团公司、格雷时尚科技公司完成本市非公企业履行社会责任评价推荐申报。组织会员企业赴上海参加行业智能制造示范工厂参访交流活动。

（北京服装纺织行业协会）

【北京家具行业协会】2017年，协会共有企业会员390余家。发挥桥梁纽带作用，配合市经济信息化委、市环保局和市工商局等相关职能部门，做好基础性工作。参与由中国轻工业职业技能鉴定指导中心、中国家具协会主导的“2017全国家具（红木雕刻）职业技能竞赛”和北京市总工会组织的首届“北京大工匠”的评审。联合中国对外贸易广州展览总公司，举办了“中国家博会座谈会暨美国尖峰设计亚太奖推介会”，推动和提高行业设计水平。推动“诚信创建企业”，开展行业信用建设，加强行业自律。联合河北省深州市政府打造河北深州家具产业园，项目总体规划约1万亩，一期1030亩开工建设，二期500亩已启动。

（何法润）

【北京印刷协会】2017年，北京印刷协会完成换届选举。协会下设教育工作委员会、质量工作委员会、出版印制工作委员会、节能环保工作委员会4个工作委员会和秘书处，共有9人组成。协会有团体会员单位273个，其中7个是2017年新增会员。

2017年，协会围绕京津冀一体化协同发展战略，为促进首都印刷事业的发展和进步开展工作。

推进环保治理。按照环境保护部的《固定污染源排污许可分类名录》征求意见稿，协会同中国印协、中国印工协联名向环保部有关司局反映了企业诉求。协会推进企业清洁生产和绿色印刷工作，加大对“散、乱、污”企业的清理力度。截至年底，北京地区有42家印刷企业通过清洁生产审核；有15家印刷企业正在进行审核；有150余家印刷企业取得绿色印刷认证，数量均排在全国首位。协会多次召开印刷环保课题组会议，对“2+26”个城市出版物印刷企业VOCs排放调查工作进行分析和研究，编制发放和收集“调查表”。

围绕企业疏解探索外迁经营模式。先后赴雄安新区为京冀两地印刷企业资源整合和协调发展做先期考察调研；赴京冀曹妃甸协同发展示范区考察，研究北京印刷企业外迁的可行性和适应性；为中小企业的资源整合抱团搬迁探路发挥作用。约有100家中小印刷企业退出或外迁河北和天津。分组分别赴天津、山东、河北、河南、山西调查取证，为政府制定“一市一策”提供依据。先后组织会员单位在河北曹妃甸和滦县举办了两次大规模的考察推介会活动，为外迁企业做好对接工作。

举办绿色印刷交流会，促进印刷产业健康发展。协会承办了北京新闻出版广电局主办的第6届京津冀协同发展绿色印刷产业促进商务交流会，来自北京、天津、河北、内蒙古等地的印刷行业、企业代表2500多人参观了北京印刷精品、绿色印刷原辅材料、清洁生产成果、产业园对接成果。

完成印刷行业统计，提供数据资料。受市新闻出版广电局委托，完成北京市印刷业统计资料汇编工作。

加强印刷产品质量管理。开展“3·15专项质量检查活动和安全质量月”活动，对推荐的图书进行了审核评议，组织业内专家和8省区市协会代表组成评审委员会，评出第7届“精密达”印后装订明星企业。

组织华北东北八省区市印刷业发展论坛。围绕“创新、融合、环保、发展”主题，共同探讨发挥协会合力作用，推动行业健康发展，着力解决制约行业发展的结构性问题，以及在“一带一路”倡议下的发展之路等热点问题。配合新闻出版广电总局印刷发展司和市新闻出版广电局举办全国首届绿色印刷知识竞赛。启动由市新闻出版广电局主办、北京印刷协会承办的第18届印刷行业职业技能大赛暨第6届全国印刷行业职业技能大赛北京赛区的比赛活动，召开近200人参加的动员大会。

（北京印刷协会）

【北京包装技术协会】2017年，北京包装技术协会以党建工作为引领，努力推进各项工作。把京津冀协同发展作为协会长期的战略任务，积极承接与企业转型升级相关工作，为企业进行深度对接和精准对接搭建桥梁，并做好服务。定期召开京津冀三地包协会长、秘书长联席会议，组织“推进京津冀协同发展、加快北京产业创新升级”政策宣讲会。组织主要会员企业领导座谈，专题讨论包装印刷退出问题，带领北京地区有意向进行产能疏解的包装企业去河北省邢台市、曹妃甸、阜平县、迁安市、渤海新区等工业园区考察并座谈交流。组织行业内重点企业参加京津冀地区各类展会和对接会，参加北京医药行业协会在北京经济技术开发区举办的第2届医药创新展览会开幕式并组织纸制品包装企业、商标印刷企业、二维码印刷等相关包装企业参展。组织北京地区包装企业参加2017第9届中国河北东光包装机械展览会，参加“2017中国瓦楞产业智能制造高峰论坛天津站活动——中国食品医药化工纸箱智能制造高峰论坛”。

参加承接首都产业疏解转型招商引资对接会，参加大兴区政府组织的产业疏解转型招商引资对接会。联合10余家相关协会组织两场政府政策宣讲会，邀请市经济信息化委产业结构调整处领导为北京地区企业进行政策宣讲，帮助企业了解掌握运用政府政策，在企业转型、升级中发挥作用。邀请市科委相关处室就企业科技创新、科技成果转化、科技人才培养等方面进行政策解读。受市经济信息化委都市产业处委托，邀请有关行业专家参加由市经济信息化委主持的房山鑫宏鹏公司废弃纸塑复合包装物再生利用生产线技术改造项目验收会，及北京太平洋包装制罐有限公司技术改造提升项目的验收会。受市经济信息化委科技标准处邀请，协会参与包装科技标准项目的评审工作。受市科委邀请，协会作为专家评委参加由北京市工业设计促进中心主办的2014年度北京市设计创新中心复合评审工作。

承接政府课题项目，帮助企业做好申报政府项目工作。联合航天万源实业有限公司、奥瑞金包装股份有限公司共同申报的《特种用途包装技术研发及设计应用》课题立项。完成市经济信息化委布置的“协助建设重点行业协会联络机制”课题调研报告。协助北京市产业经济研究中心完成国内包装行业政策、法规、产业布局、行业发展的调研报告。

加强横向联系，创新工作新模式，强化产业链服务一体化，先后与北京酿酒协会、北京医药行业协会等签订战略合作协议。与市工经联等12家兄弟协会秘书长召开关于京津冀协同发展座谈会。与市工经联等10家协会，召开由主要重点协会会长、秘书长参加的“建立行业协会联络机制”专题研讨会。联合天津市包装协会、石家庄包装印刷协会、中国包装联合会纸制品委员会，在河北石家庄共同主办“2017年美印纸箱、彩盒行业培训会”。组织北京包装企业参加中国工业经济联合会主办的“2017年经贸形势报告会”。

对不同类型的企业开展有针对性的服务，解决企业困难和问题，先后到20余家重点包装企业进行产业转移、企业转型提升调研，了解企业情况及相关需求和在调整、退出、转型、提升中面临的问题，帮助企业针对遇到的困难寻找解决方案。推动军民融合，推进军需品包装民用化，为军需品包装改进进行对接，协助航天万源实业公司特种包装及军需品包装拟使用二维技术与北大方正进行业务对接。与北京酿酒协会在密云区联合召开业务对接及平台建设研讨会。10余家白酒生产企业与包装企业进行了业务对接，并针对如何推进包装集采平台建设进行研讨。组织参会企业参观北京奥瑞金包装股份有限公司和刮拉瓶盖包装有限公司生产基地。为北京红星二锅头酒厂联系并推荐对接玻璃瓶、瓷瓶生产企业；受北京酿酒协会、北京红星二锅头酒厂委托，组织北京北大方正电子公司、北京博源包装，邀请四川华晶玻璃制品有限公司、山西华隆瓷业有限公司与北京红星二锅头酒厂对接二维码、纸箱、玻璃瓶、瓷瓶、包装业务，为用户提供包装服务。

召开部分纸箱生产企业领导座谈会，传达市经济信息化委对企业退出转型相关文件精神及政策支持，针对纸包装原材料纸张不断涨价的情况，听取企业情况并通过中包联向有关政府部门反映。联合多家行业协会，组织会员企业120余人参加在上海举办的2017年美印纸箱、彩盒行业培训会、2017中国国际瓦楞节&美印纸箱彩盒行业采购大会、2017中国国际瓦楞展—中国国际彩盒展—包装容器展，并参加论坛及技术交流活动。

（北京包装技术协会）

【北京工艺美术行业协会】北京工艺美术行业协会成立于2000年9月，是经市民政局批准成立的一级法人、AAAAA级社团组织，也是北京工业经济行业“二级枢纽型”协会组织。行业协会下设12个专业委员会，有会员单位290家，市级以上工艺美术大师312名。

2017年，协会继续开展企业诚信创建活动，推进行业信用体系建设，参加北京市行业协会商会信用体系建设项目，建立行业信用管理制度，获得项目建设“优秀单位”“诚信建设行示范单位”等荣誉称号。2年中有17家企业获评“北京市诚信创建企业”称号。进行第7届中国工艺美术大师评选推荐工作，共推荐12名大师参加评选，有6人被评为中国工艺美术大师，比例高于全国平均水平，继续保持了北京市在全国工艺美术高端人才数量上的领先优势。开展2017年度北京工艺美术行业培训，与北工大艺术设计学院联合举办“国家艺术基金项目‘燕京八绝’高级研修班”，主办“企业高级研修班”和“技师研修培训班”。推进京津冀工艺美术协同发展，主办了“2017年京津冀工艺美术行业高峰论坛暨战略合作签约仪式”。组织“工美杯”创新设计大赛，完成第12届北京文博会工艺美术展；延伸扩大交流合作平台，提高行业宣传展示效果，全年先后主办、协办、承办展赛活动达20余项，在展赛活动中有近百家会员企业、200余人次工艺美术大师参与其中，近万件作品参展，近千件作品参评，获全国性展赛奖项232项。先后承担赠送世界卫生组织“针灸铜人”雕塑、赠送联合国日内瓦总部“盛世欢歌”瓶、赠送世界经济论坛“兽耳方尊”“一带一路”高峰论坛6件国礼的制作和在越南召开的APEC会议雕塑“和梦同圆”的设计制作任务。

（北京工艺美术行业协会）

【北京化学工业协会】2017年，北京化学工业协会共有会员70家，比上年减少11家。主要工作内容为开展行业调研、技术交流、咨询服务、专业培训、承办委托。2017年，受市经济信息化委委托，完成“北京化工行业企业2017年实施差别电价企业现状调研项目”课题。受市安监局委托，完成涉危使用事故隐患治理专项行动技术服务工作。完成3本危险化学品专业培训教材编写与印刷工作；开展涉危使用安全监管人员培训，共培训209人次；组织首批危险化学品仓库库管员进行持证上岗培训，共培训536人次；协助做好11家涉危使用试点企业典型经验总结和推广工作；为11家创建使用专项治理示范企业提供全程技术服务。受北京经济技术开发区安监局委托，完成企业安全生产责任体系设立的调研，编制企业主要负责人、安全主管负责人、各职能部门、岗位工作人员安全生产责任制模板，编制试点企业安全生产责任体系调研报告。受通州区安监局委托，完成医药企业隐患治理及加油站贯标改造方案审查与验收工作，2017年11月21日至30日，对17家医药企业进行安全检查，重点是危险化学品储存、使用、废弃等管理过程；完成了通州区内40余家加油站的贯标改造方案审查工作以及改造完成后的现场验收工作。与北京市环境保护科学研究院合作，完成《有机化学品制造业大气污染物排放标准》（DB11/1385—2017）前期企业现状调研工作以及地标编制说明起草工作。完成市人力社保局委托的化工高、中级职称评审工作，共聘请54名评审专家。申报高级职称参评人员221人，经评审通过人员124人，通过率56.6%。申报中级职称参评人员234人，经评审通过人员174人，通过率74.4%。对危化品的使用单位及库管人员进行培训，共培训5个单位189人。编辑印发协会“简报”4期，每期印制100份，邮寄给会员单位。

（王　琛）

【北京塑料工业协会】2017年，北京塑料工业协会主要开展塑料行业的技术服务、技术咨询，开展行业调研工作，向同行提供最新发展动态，请清华大学等高院专家举办专业性的技术讲座，进行信息交流。共有60个会员单位。协会依托北京燕山石化高科技术有限责任公司，进行“国内外塑料添加剂的发展现状分析”调研、“薄膜太阳能电池”调研。进行国家标准创制，完成标准GB/T 24149.2—2017《塑料　汽车用聚丙烯（PP）专用料 第2部分：仪表板》制定修订工作，完成标准GB/T 24149.3—2017《塑料　热塑性聚酯（TP）模塑和挤出材料 第2部分：试样制备和性能测定》制定修订工作，均于11月1日发布；完成标准SH/T 1816—2017《塑料　聚乙烯中甲基（共聚单体）含量的测定　红外光谱法》制定修订工作，于7月7日发布。加强基础管理工作，随着北京工业结构的战略性调整和塑料行业发生的变化，理顺会员单位工作程序，掌握搬离北京的会员单位信息。解决历史遗留问题，协调财务人员，完成变更银行开户行及税务的法人变更手续。完成专项检查的自查报告及自查表。为合法开展协会工作奠定基础。配合市经济信息化委组织的协会脱钩工作，完成脱钩审计。

（冯俊清）

【北京市矿业协会】2017年，协会有会员单位63个。下设矿泉水专业委员会、办公室。主要职能是开展专业研究、地热勘查工程技术监督、经验交流、专业培训、咨询服务、编辑专业刊物。年内，协会开展“矿业绿色发展与转型升级”问卷调查，建立了会员单位微信群。利用《北京矿业》杂志，宣传3个会员单位在矿山发展循环经济、提高矿山废弃物资源水平方面的做法和业绩。协会开展对地热（浅层地热）基础勘查项目可行性评审、利用和开发施工过程中的技术监督工作，签地热井技术监督订合同5份。举办了地热井施工过程中技术监督工作培训班。多次前往两处施工场地进行实地考察，帮助协调解决遇到的问题。矿泉水委员会参加北京市“畅行2017·安全文明出行”交通安全宣传活动，与《中国质量万里行》杂志社合作，为每个优秀品牌企业量身定做饮水知识宣传手册，多次组织“质量饮水·万里行”走进社区活动，举办饮水知识大讲堂，现场教消费者如何正确选水、饮水。在市委社会工作委员会开展的“2017年身边好人、社会好事”宣传教育活动中，荣获“北京社会好人榜”证书。协会按要求基本完成脱钩（试点）工作；完成市建委交办的北京市砂石企业的生产状况调查；完成《北京矿业》杂志3期编发工作。

（张爱武）

【北京金属学会】北京金属学会成立于1957年，是北京地区冶金专业领域的学术团体，是经北京市社团登记管理机关核准登记的学术性、非营利性民间科技社团组织。2017年，学会有理事56人，常务理事11人，下设组织工作委员会、学术工作委员会、科普与青年工作委员会、咨询工作委员会4个专业委员会，以及采选、焦化、耐火材料、炼铁、炼钢、无损检测、压力加工、金属材料、有色冶炼、有色压加、有色金属材料、物理冶金、理化检测、能源、环保、冶金设备、自动化与计算机、技术经济、安全与健康计19个专业分会。有团体会员33个，会员单位涵盖高校、科研院所，在黑色和有色金属研究领域拥有雄厚的技术资源，拥有“高精尖”实验室和仪器设备以及一支近500人（包括两院院士）组成的专家团队。

开展学术交流活动，与中国金属学会联合举办了2017年炼铁关键技术高级研讨会；与下游行业学会合作，举办了第2届中国制造2025报告会暨京津冀协同创新发展论坛——智能立体车库发展论坛；与中国金属学会专业分会合作，举办了第6届线棒材高效能工艺技术研讨会暨线棒材厂长会、全国凝固与浇铸学术年会；与中国金属学会地方分会合作，举办了京津冀及周边地区钢铁行业废气排放深度治理和利用技术交流会，第20届耐火材料应用与发展技术研讨会，第5届炼铁对标、节能降本及新技术研讨会，11省金属学会安全环保、节能减排技术交流会，第24届8省市金属学会矿业学术交流会，2017全国凝固与浇铸学术年会——全国炼钢厂品种、质量、成本专题研讨会，首届京津冀模拟炼钢—轧钢比赛；与北京科技大学等会员单位合作，举办了第5届全国金属加工润滑技术学术研讨会。承接政府转移职能，开展科技成果评价和政府委托的专项检查工作。组织召开了“经理学术沙龙暨科技成果评价工作研讨会”和“科技评价技术委员会工作会”，提高对社会团体承接政府转移职能的认识，研讨如何更好地发挥科技社团在服务国家创新驱动发展战略和北京建设全国科技创新中心中的作用，分享开展科技评价的成功经验和做法。组织“超超临界燃煤电站用焊接材料国产化成果评价与推广会”，组织专家对北京北冶功能材料有限公司研发的超超临界燃煤电站用焊接材料国产化项目成果开展评价，同期进行成果推广。

受市经济信息化委的委托，按照工信部《关于加强废钢铁加工已公告企业管理工作的通知》要求，组织相关行业专家对北京市废钢铁加工已公告企业——北京首鑫盛贸易有限公司和北京博坤再生资源开发有限公司两家企业进行3次检查评审工作，提出检查评审报告上报主管部门。助力河北创新发展行动，组织会员单位专家赴河北省开展技术咨询服务。组织专家赴唐山陆凯科技有限公司、迁安市迁源达钢渣综合利用有限公司开展提高电渣钢的表面质量服务。组织技术专家赴河北省衡水欧通有色金属制品公司开展铬锆铜有色金属合金导电率及硬度性能改服务，现场指导改进方案。组织专家与河北力特工程机械有限公司针对变速箱挂齿等技术问题进行咨询，签订了首钢科技工作者助力河北创新发展计划合作意向书。搭建青年人才成长平台，举办第5届青年学术演讲比赛，6家会员单位的25位选手参赛。代表北京金属学会参加了市科协举办的第18届青年学术演讲比赛，北京金属学会获得优秀组织奖。组织第14届冶金论文评选活动，共征集论文166篇，评审出获奖论文96篇，全文刊登在《矿冶》增刊，从中选出10篇论文参加市科协论文评选工作，最终2篇论文获二等奖，8篇论文获优秀奖。开展青年人才托举活动，在会员单位中遴选优秀青年科技工作者，实施北京市科协青年人才托举计划。首钢技术研究院汽车用钢首席工程师韩赟依托其承担的“汽车用高塑性冷轧先进高强钢开发”项目获5万元专项资助。资助矿冶研究总院刘建远、郭利杰两名青年科技工作者参加“非洲岩石力学国际会议”和“国际浮选会议”。展示研究成果，了解专业领域前沿动态，开拓专业视野，提升研究水平。资助矿冶研究总院张元生等人出版《数字矿山与智能采矿技术》专著。

北京金属学被北京市民政局授予AAAAA社团组织称号，获北京市科协系统先进集体和先进个人荣誉称号、中国金属学会先进集体荣誉称号，入围北京市科协系统深化改革试点学会，获北京市科协演讲比赛及第14届北京青年优秀科技论文优秀组织奖。

（谭子筠）

【北京建材行业联合会】2017年，北京建材行业联合会是北京市民政局评定的AAAAA级社会组织，是经北京工业经济联合会认定的二级枢纽型协会，有职工38人，团体会员1200家。

2017年，北京建材行业企业按照市政府要求，积极做好有序疏解，在京保留技术研发、经营策划和资金管理中心，其余部分如生产中心、采购中心等逐步调整搬迁至外埠相关工业园区。烧结砖企业、防水卷材企业、石材加工企业（汉白玉加工和石材雕刻除外）全部退出北京。全年产品产量总体上升，经营规模、经济效益提高。按在京直接生产统计数据，受搬迁调整相关政策的影响，主要产品产量总体下降，其中硅酸盐水泥熟料282万吨，同比下降27%；水泥374万吨，同比下降27%；沥青和改性沥青防水卷材1080万平方米，同比下降72%；平板玻璃53万重量箱，同比下降5%；商品混凝土3854万立方米，同比下降10.5%；玻璃纤维和玻璃纤维增强制品9万吨，同比下降4.3%；石膏板4391万平方米，同比增长24%；卫生陶瓷197万件，同比增长18.2%。

年内，北京建材行业联合会承接市经济信息化委《组织企业负担问卷调查和减负惠企政策宣传调研》课题，全市262家企业进行了申报；配合市经济信息化委组织举办北京市第6届减轻企业负担政策宣传周现场咨询活动，重点对国家和北京市近年来降成本减负担的政策措施和工作成效进行解读和集中宣传，百余家单位170多人参加活动；开展《北京市企业诚信创建》活动，组织企业申报，有43家会员企业获得资信证明；发挥“国建联信认证中心北京地区认证工作站”作用，开展“质量管理、环境管理、职业健康安全管理、能源认证管理”4个体系的认证复审和年度检查，全年安排并实施年度监查审核49家，近200项次；举办内审员培训班，来自21家单位的69名学员获得体系内审员证书；职称评审工作获得高级职称评审的资格授权；举办“2017年建材中级职称论文辅导讲座”，70余人参加培训。

（北京建材行业联合会）

【北京水泥工业协会】2017年，北京两家传统水泥企业全部转型为环保科技企业。在承担消纳北京市约17万吨危险废弃物的同时，按照北京市以废定产的原则，生产水泥熟料300万吨左右；水泥产量380万吨左右。北京砼企业总数133家，产能7000万立方米，产量3600万立方米。北京砂浆企业31家，产能986万吨，实际产量约500万吨，散装160万吨左右，散装率60.9%。金隅冀东混凝土于12月改革调整为金隅冀东（唐山）混凝土环保科技集团有限公司。

北京水泥行业协会是跨地区跨行业的综合性协会，有会员单位44家。与水泥相关的企业有：混凝土企业3家，水泥外加剂1家；耐火材料1家；环保产业2家；商贸公司7家。会员分布在京津冀晋豫吉四省两市。在北京建材联合会党委领导下，与墙体协会联合组建了第七党支部。协会扩大工作范围，逐步将工作重点转移到水泥市场管理服务中。搭建技术交流平台，与中国水泥协会技术中心、北京建材科研总院和金隅科技学校合作，宣传、推广国内外先进技术形成产学研一体化，研究探讨京津冀淘汰日产2000吨以下水泥窑企业的转型、转产、升级，将面临淘汰的水泥窑改造成为可生产多个产品的多用途水泥窑；与数字水泥网、水泥内参和金隅销售公司搭建营销管理平台，进行市场信息交流，对不守诚信的企业建立黑名单，配合市工商稽查大队打击假冒伪劣产品；与中国水泥协会企业文化研究会合作搭建企业文化交流平台，宣传、推荐、表彰企业管理经验、先进个人，号召企业承担社会责任。

（北京水泥工业协会）

【北京电源行业协会】2017年，协会继续开展《抗干扰型交流稳压电源技术条件和测量方法》标准修订工作，来自电源行业领军企业及行业专家代表30多人出席会议。“中国新能源与电源行业专家智库”平台正式上线。北京电源行业“12330”工作站进行知产司法调解宣传，参加高法多元化调解促进会调解员培训，协会拥有专职调解员5名，法院陪审员4名，企业调解信息员30名。搭建“中国（北京）电源行业信用体系企业综合信息公示平台”，推进行业协会诚信自律的建设，召开“北京市企业诚信创建活动”总结大会。建立和完善“中国电源门户网”（www.cpsa.com.cn）产品市场报价查询专业网站，建立和完善联合官方网站（联盟 www.cpsia.org.cn/ 协会 www.bpsa.org.cn），实现网上社会公示、网上办公目标。指定“中国电源门户网”为“两会一盟”产品市场报价查询专业网站，指定《电源工业》为会刊。

（张　录）

【北京模具行业协会】2017年，北京模具行业协会紧扣制造业发展主题，坚持将构建高、精、尖结构作为主要抓手和突破口，加快推进模具产业全面发展，并向产业高端核心领域和尖端科技聚焦发展。针对亦庄工业园区企业举办18场“增材制造（3D打印）技术在医疗领域中的开发与应用”专题讲座，培训企业技术骨干和员工596人。推动新工艺、新技术、新材料应用。组织模具行业中企业参观中国模具工业协会在上海举办的第17届模具技术与设备展览会。在河北省泊头市召开京津冀三地协同发展研讨会，帮助企业加快疏解，在疏解中技术升级。全市80%的模具企业的制造业务转移到河北省。

（北京模具行业协会）

【北京铸锻行业协会】2017年，北京工业系统围绕首都城市战略定位，有序推进非首都功能疏解，北京的铸、锻造企业基本将产能转出。截至年底，北京现存铸、锻造生产企业不足30家，且以军工、外资或合资为主。产能转出北京市后，大多数企业的管理人员和技术人员留在了北京，科研院所大专院校也在北京，协会整合资源组建了产学研相结合研发型的技术服务队伍，服务中心成员所属单位有清华大学、北京铸造研究所、行业内有突出贡献的专家、百铸网等，在京津冀协同发展中为智能制造的推进及产业提升提供服务。推进3D打印技术及软件在铸、锻造生产中的应用。北京菲美得机械有限公司铸造生产转到河北省献县，协会发现所购设备在硬件和软件上都有缺陷，与企业合作组建有清华大学、3D打印公司及铸造专家参与的研发队伍，深入企业现场解决难题。协会本着协同发展的目标，先后到河北省沧州、唐山，河南省林州、禹州、濮阳，辽宁省喀左、凌源等地考察调研对接，了解需求建立合作关系。与中国投资协会创新投资委员会合作开发军民融合项目技术服务；与中国民营促进会中心企业委员会合作开发核电铸锻件的技术市场。

（北京铸锻行业协会）

【北京照明电器协会】北京照明电器协会成立于1987年5月16日，业务主管单位为北京市经济和信息化委员会，2017年发展新会员4家，到年底共有会员186家。协会下设广告照明、照明工程、灯具灯饰市场、智能4个专业委员会及秘书处，主要职能是：开展行业协调、信息交流、咨询服务、专业培训、承办委托编辑专业刊物；服务会员，服务政府、服务社会，发挥行业协会桥梁和纽带作用。

2017年，组织对2013年至2016年北京市诚信创建企业的复审工作。经自愿申请复审、信用信息采集、第三方机构征信、行业协会审核、社会公示等工作程序，认定11个会员单位通过2017年“北京市诚信创建企业”复审资格并报市经济信息化委备案，并纳入全市公共信用系统。协会参加2017年度“北京市行业协会商会信用体系建设项目”培训，获得培训证书。成立协会流动党支部，会员企业北京星光社区党总支和红星美凯龙北京北五环商场党支部被推荐为北京市企业优秀党组织。协会组织会员企业参观“第三届北京社会公益汇”，与北京企业联合会一道开展“进社区（老山）公益活动”。组织企业开展社会帮扶公益活动，推荐星光影视设备科技股份有限公司参加市委社会工委举办的“2017年北京市非公有制企业履行社会责任百家上榜单位”。协会配合政府，履行协会脱钩工作，完成资产清查。

协会为有合作需求、有实力的会员企业提供与国外企业合作机会，参加“投资尼泊尔‘一带一路’产业合作峰会”“投资巴林‘一带一路’项目合作推介会”。开展安全生产及消防安全教育，防患于未然。对行业内所属照明工程企业主管领导和项目工程师进行国家标准《建筑电气照明装置施工与验收规范》及相关知识的讲解和培训。在2017年中国灯饰照明行业品牌大会上，北京万隆汇洋灯饰时代广场、北京高力国际灯具港被评为“行业十佳灯具市场”。

（胡秀英）

【北京表面工程协会】2017年，北京表面工程行业工作持续落实《中华人民共和国清洁生产促进法》，推进清洁生产审核，为罗森伯格等3家企业颁发牌匾；首都航天机械完成评估验收工作，产生59个清洁生产方案，每年可实现经济效益300多万元；完成布尔顿紧固件、威讯联合半导体等企业的清洁生产审核工作，清洁生产报告已上报环保局。应环保部履约办委托，开展PFOs优先行业削减与淘汰项目，要求电镀企业2019年以前停止生产和使用PFOs型铬雾抑制剂；组织专家开展工业废水中全氟辛烷磺酸和全氟辛酸的测试方法课题研究。参加环境保护部环境保护对外合作中心在广东省组织的“中国履行斯德哥尔摩公约2017年度技术协调会”，并做了关于《电镀行业POFs使用、淘汰及替代情况》的报告。完成环保部关于《危险废物排除管理清单（征求意见稿）》的意见反馈工作，对《电镀工业排污许可证申请与核发技术规范》提出修改意见和建议。完成《工信部办公厅关于征求长江经济带市场准入负面清单（产业发展部分）意见的函》的复函工作。协会应环保部规划财务司邀请，参加了《排污许可证申请与核发技术规范 电镀工业》的评审工作。组织北京会员参加“ProSF 2017国际表面精饰展暨中国表面工程行业论坛”，第26届中国国际电子电路展览会，2017广州国际表面处理、电镀、涂装展览会，在广东惠州园区开展“表面工程行业科技服务万里行”活动。派出专家到天津市、湖南省为天津电镀学会、湖南省电镀行业协会解读《电镀行业清洁生产评价指标体系》。举办第645期清洁生产审核培训班。应北京邮票厂邀请，组织专家对北京邮票厂进行电镀知识培训。利用《中国电镀》刊物、中国表面处理网（zgbmcl.com）、协会微信（微信号：zgbmcl）等媒体渠道，交流情况，沟通信息。立足首都定位，引导企业转型升级，组织京津冀地区高端装备制造业对接活动，协会派专家多次深入天津滨港电镀产业基地、河北华融环保产业园、天津专用汽车产业园等京津冀地区考察调研。其中，北京组堡入驻天津专用汽车产业园；科宇金鹏、景致金属、桑维金属等9家公司入驻天津滨港电镀产业基地。

（北京表面工程协会）

【北京电器电材行业协会】2017年，北京电器电材行业协会发挥纽带作用，开展行业协调服务，成为政府与企业之间的桥梁。年底有会员单位40个。配合第三方北京中知博研咨询有限公司开展行业协会脱钩工作，开展行业协会商会资产清查，完成脱钩和资产清查任务。

参与协会社会信用体系建设，获北京信用协会颁发的“诚信建设行优秀单位”牌匾“诚信建设争创单位”牌匾“信用体系建设项目”培训证书，入选全市30家社会组织争创“诚信建设行”示范单位。参与社团组织评估工作，获北京市民政局颁发的“AA级中国社会组织评估等级证书”。协会组织11名专家，召开北京科锐配电自动化股份有限公司研发的4个型号变压器产品的技术鉴定会，通过产品鉴定。协会组织9名专家，召开北京双杰电气股份有限公司研发的欧式电缆分接箱、SF6环网柜、真空环网柜、预装式变电站共9个产品的技术鉴定会，所有产品均通过产品鉴定。协会组织9名专家，召开北京双杰电气股份有限公司研发的柱上真空断路器、柱上真空负荷开关共5个产品的技术鉴定会，所有产品均通过产品鉴定。协会邀请华夏认证高级讲师为会员单位开展《质量/环境/职业健康安全管理体系标准换版》的培训工作，20余位单位负责人参加了培训。协会开办的“电协兴中器电材经营部”为会员单位配套提供优质电器电材产品，并无偿提供技术咨询服务。

协会内部季刊《北京电器电材之窗》，内容涵盖产业政策、行业动态、新产品新技术等信息。组织会员单位积极参与国际国内行业会议、行业会展，关注行业前沿发展动态。

（唐军平）

【北京玩具协会】2017年，北京玩具协会发挥桥梁纽带作用，积极开展各项工作。协会到河北省平乡参加第7届国际自行车、童车玩具博览会，到上海市参加中国玩具展、中国婴童展、中国授权展、中国幼教展及2017中国玩具和婴童用品行业年度盛会。北京优贝百祺儿童用品有限公司优贝“小威龙”儿童自行车在上海市举办的第27届中国国际自行车展览会上，荣获“China Cycle 2017”创新奖。阿旗皮影戏康刚等5人的艺术作品荣获奖项。新闻媒体网络对北京民间传统玩具、北京民间工艺大师做了近20个专题的采访、宣传报道。协会组织北京民间艺人代表召开传艺培训教学工作座谈会，经梳理，完成北京绒花、堆绣艺术、风车、葫芦烙画、京派剪纸、空竹、蜡果制作、太平燕8个门类的统一教案制作模板。北京传统手工技艺传承培训基地（北京传统手工艺术博物馆）于9月26日在北京汇诚六艺国学馆举行揭牌仪式，中小学生、教师及社会各界2000多人次参加“周末手工”传统手工艺体验、开放性科学实践等特色活动40期，涉及门类10余项。怀柔红庙非遗展厅建成。协会选派内画、绒花、葫芦工艺、刻瓷、玲珑枕、卵石画、手工布艺等11个门类参加第12届中国北京国际文化创意产业博览会。北京毛猴第四代非遗传人、会员张凤霞将历时8个月制作完工的《二十四孝故事》毛猴作品无偿捐赠仇庄孝道馆。空竹玩具委员会将30套空竹捐赠宁夏回族自治区永宁县闽宁中心小学。空竹元老及空竹高手在山东省龙口举办“新、奇、特”技术交流大展示活动。第10届“恒安杯”京、津、冀空竹艺术节暨北京市朝阳区学生课后活动非遗传承项目空竹专项展示活动在北京市民族学校举行，来自北京市、天津市、河北省的30支代表队300余人参加比赛。非遗大师走进朝阳区呼家楼中学传授技艺，近百名初中生参与文化传承与实践体验活动。新街口街道民间手工艺培训基地堆绣作品展在西城区文化中心举办，展出花鸟、人物、京剧脸谱等题材作品100多幅。协会组织民间艺人相继参加中国玩具和婴童用品协会与京东超市联合主办的2017中国玩博会和在天津国际展览中心举办的2017妇儿博览会。北京民间工艺献艺2017北京国际文创产品交易会、第4届北京国际儿童教育及产品展览会、第19届北京国际玩具及幼教用品展览会、“放飞梦想、快乐成长”国际儿童画展、第5届长城板栗文化节。受国务院侨办委托、协会承办的2017年领养中国儿童外国家庭夏令营与中华传统文化对接活动在北京汇诚六艺国学馆首次举办，来自美国、加拿大、荷兰、西班牙4个国家44个领养家庭、54个中国儿童及其外国父母共126名营员，观看民俗表演、学习手工艺制作，感受地道北京民俗文化。协会应邀参加在北京市第八中学怡海分校举行的“亲情中华——走进北京丰台，华裔青少年国学、冬奥体验之旅夏令营”开营仪式，来自美国纽约、西雅图和俄亥俄州的40名营员零距离与各位大师学习交流，营员们参加了内画鼻烟壶知识和内画鼻烟壶工艺技法的学习培训。协会接待了来自美国华盛顿的2017海外华裔青少年“中国寻根之旅”夏令营——大华府营营员，组织了益智玩具和空竹技艺的教学活动。协会有近10位民间工艺大师随团赴苏里南、牙买加、多米尼加、埃及、俄罗斯、蒙古国等国家参与国际文化交流交往活动。举办北京民间玩具工艺大师、面塑艺术家杨守光收徒拜师仪式，曹氏风筝第二代代表性传承人孔令民收徒拜师仪式。年内，协会办公地点迁至朝阳区柳芳西坝河南路甲一号新天第家园B座2102室。协会委托中国人民大学历史学院学生开展会史编纂工作。

（赵亚曼）

【北京市饲料工业协会】协会成立于1986年。2017年有会员企业90家。自北京市全面推进畜禽养殖禁养区划定与规模养殖场治理工作以来，依法关闭或搬迁禁养区内的畜禽养殖场和养殖专业户步伐，调整退出不符合首都功能定位的产业。2016年年底，全市规模以上生猪养殖企业共788家，2017年年底剩467家，一年内全市321家规模以上生猪养殖企业关停。北京生猪养殖向良种化、品牌化发展，领航京津冀畜牧业协同创新，产业不断转型升级。2017年，北京市饲料行业总产量、工业总产值和总营业收入均下降。其中，饲料总产量约223.9万吨，比上年减少

14.5%；总产值117亿元，比上年减少15.2%；总营业收入116.5亿元，比上年减少19.7%。

2017年，协会主办“京津冀饲料百强峰会”，10省市饲料协会和京、津、冀等地区共120多家企业近500名代表参会。组织相关饲料企业前往河北、辽宁、山东等地现场考察，收集、筛选对接信息，有50多家饲料企业在河北、天津、山东、辽宁、内蒙古、江西重新选择生产场地。配合政府进行协会脱钩，完成脱钩试点工作，完成协会脱钩。协会主办的杂志《饲料与畜牧》主管单位由北京市农业局变更为中国畜牧业协会。

加强党的建设与管理。协会成立党支部，成功申报北京市社工委2017年度社会组织党建管理岗位。在大兴区“11·18”火灾后，为帮助企业平稳过渡，协会向北京市委巡视组反映情况，呼吁给企业调整退出预留合理时间。协助会员企业申报市科委的“北京市科技计划项目（课题）”“天然植物饲料在母猪养殖中的试验示范”等多个项目。协助组织北京企业参加中国饲料工业展览会，共35家企业布展230个展位。2017年，协会获得“诚信体系建设项目优秀单位”“诚信建设争创单位”、“2015—2017年度北京市社会组织系统先进集体”等荣誉。

（韦兴茹）

【北京市豆制品协会】2017年，协会有会员企业38家，新增会员单位3家，另有3家会员单位退出。北京地区生产加工生鲜豆制品的9家企业中，已有6家搬迁到河北地区。协会设置秘书处、会员部和技术服务部。协会在原党建工作小组基础上，成立了流动党支部。继续开展行业信用体系建设及行业诚信创建工作，1家会员单位获得北京市诚信长城杯创建3星级企业，2家会员单位获得北京市诚信长城杯创建2星级企业。协会历时10余年参与首个《非发酵豆制品》国际标准的制定工作，第38届国际食品法典委员会(CAC)大会正式发布《非发酵豆制品》亚洲区域标准，是中国制定的第一个国际食品法典委员会商品标准。协会组织行业专家团队到河北豆豆集团现场指导工作，提供搬迁建厂技术咨询服务；组织会员企业代表40余人，到北京市仙源食品酿造公司河北涿鹿新厂、河北省宣化区的豆制品市场进行调研；组织会员企业代表20余人到中国台湾地区进行为期8天的参观交流活动。协会协办的首届大豆食品产业博览会在农展馆举办，北京有6家会员单位参展。协会组织会员单位参加了北京市卫计委食品安全标准处举办的食品安全标准培训活动。按照市里试点脱钩工作要求，协会完成财务审计、资产清查、党建工作等脱钩相关工作。

（北京市豆制品协会）

【北京室内装饰协会】2017年，协会以理念创新、制度创新、服务创新的工作模式，维护室内装饰市场的经济秩序，保障消费者的合法权益，增强会员企业的市场竞争能力。全年共发展新会员32家。完成市总工会“古建非遗传承人培养工程”项目实施工作，项目具有行业特色，连续举办5年，多次获优秀项目奖。协会在河北省承德市举办第8期“古建非遗传承人培养工程”培训活动，82名会员企业职工参加学习。在古建筑较集中的北京颐和园举办第9期、第10期“古建非遗传承人培养工程”学习班，共有200余名企业职工参加学习。与北京市建筑设计工程有限公司工会共同在国际物流园三期工地项目部举办“培养有能力的新北京人”培训活动，有39人参加学习。协会党支部全年发展新党员1人。组织全体党员和入党积极分子，赴河北省易县狼牙山革命教育基地，开展“登狼牙山、走英雄路”红色之旅教育活动。

（北京室内装饰协会）

【北京企业评价协会】2008年11月8日召开北京企业评价协会成立大会。2017年，协会为二级“枢纽型”社会组织、二级党建工作委员会，为北京市工商业联合会会员单位，北京市AAAAA级社会组织。协会下设办公室、财务部、会员服务部、科技质量部和信用评价部等职能部门，有工作人员12人。有会员单位196家，其中2017年度新增会员26家，会员单位涵盖高新技术、建筑业、服务业、生物制药等多个领域。

年内，协会继续开展“北京市企业诚信创建活动”，在强化统筹协调工作机制、完善评价指标体系、强化宣贯动员力度、创新工作方式方法、加强动态管理机制等方面开展工作。新增了10个行业组织参与创建，创建协会/商会总数达到28家，累计认定创建企业达到2050家。承担“北京市企业党建诊断交流推广项目”，组成34人专家团队，围绕党建诊断项目活动主线，相继举办了研讨会、书记培训班、宣贯、观摩交流等活动，从45家非公党组织中选拔出15个具有一定工作特色的基层党组织进行推广。

承担市社团办组织的福彩金公益服务项目——以信息化平台为支撑提升行业组织诚信建设能力项目，推进行业一体化诚信建设工作方法。举办第9届北京企业诚信论坛，以“诚实守信以质取胜”为主题，20余家商协会负责人、诚信推进企业和新闻媒体代表等近300人出席论坛，交流推进诚信建设工作先进经验，分享北京市社会信用体系建设成果。举办“诚信长城杯”公益服务活动，新增包装饮用水协会、锁业协会、汽车用品协会加入创建办公室，分别组织3次行业宣贯动员会。诚信创建办公室成员单位扩大到38家，创建企业累计1200余家。继续组织开展第9届“北京企业评价协会科技创新奖”评选工作。经过动员宣传、企业申报、专家评审、社会公示等严格评奖程序，评选出“北京企业评价协会科技创新奖”100项。联合北京企业联合会、北京软件和信息服务业协会、北京信息化协会、北京市餐饮行业协会、北京清洁行业协会，共同推进行业企业信用评价工作的开展。累计向社会公示6批共103家信用A级企业，并将评价结果纳入市工商局、市经济信息化委的公示平台。制作了诚信建设宣传海报和桌帖，与会员单位嘉和一品在市内门店进行张贴，向就餐客户宣传诚信理念，提升消费者诚信意识。通过电视、报纸、网站等媒体，对举办的活动进行宣传报道共百余次，其中诚信创建活动还作为权威发布项目在第2届BTV财经《诚信北京》3·15特别节目中播出，营造人人知诚信、人人讲诚信、人人享诚信的社会氛围。整合资源，设计筹建了“北京市诚信自律公共服务平台”。为会员提供资金减免服务，组织培训服务，带动会员企业参与社会公益活动。推荐会员参加“首都文明单位”和“2017年北京市非公有制企业履行社会责任百家上榜单位”评选活动，推荐优秀诚信企业参加“《诚信北京》3·15晚会”，参加“党建示范单位”和“党员驿站”示范点评选工作。党支部专门建立了“党员驿站”，并按照有场所、有标识、有队伍、有服务、有制度的“五有”标准进行规划建设，购置应用设备，为支部组织生活和定期开展党建政策宣传教育提供良好活动场所。得到市委社会工委的党建岗位购买支持，以及党建项目品牌的奖励资金，得到中关村社会组织联合会对协会建设经费的支持。协会在社会组织评估工作中再次获得AAAAA级称号等。

（北京企业评价协会）

【北京市开发区协会】北京市开发区协会职能：根据北京市工业发展规划、工业布局和产业结构调整规划，协助市经济信息化委参与开发区发展规划的研究编制，引导开发区理性发展；根据综合环境和区域特点，为开发区招商选资服务，优化资源配置；协调会员之间，会员与政府各部门之间的关系，维护会员合法权益。协会有团体会员单位30家，其中2017年度新吸收团体会员单位4家。

2017年，协会围绕首都城市战略定位和构建“高精尖”经济结构战略目标，以“三城一区”为依托，推进京津冀协同发展，为打造全国科技创新中心提供支撑，推进工作。共参与市发展改革委调研10余家开发区；参与市经济信息化委会议服务4次；组织参加境内会议21次，境外考察交流活动2次；兄弟协会座谈交流2次；拜访相关单位2次。组织会员单位参加在京召开的“2017年经贸形势报告会”；参加在广州召开的“第3届中国开发区互联网+产城融合发展论坛”，及在广州召开的“第6期开发区创新发展考察培训班”；参加在京召开的“2017开发区PPP研讨会”。应中国工业经济联合会邀请，随南南合作促进会投资贸易考察团访问了阿根廷、智利、巴西三国；参加了北京中小企业服务中心赴中国台湾地区考察团。

（北京市开发区协会）

【北京市中小企业国际合作协会】北京市中小企业国际合作协会于1994年成立。2017年，有会员单位约100家。协会与美国、法国、德国、加拿大、俄罗斯等44个国家和地区的450家客商1500多人次进行了经贸洽谈活动，组织全市800多家企业参加了交流与合作洽谈、考察、研讨会和展览活动。

（北京市中小企业国际合作协会）

【北京工业国际智力交流协会】协会主要职能为，与国内外人才交流机构合作，为企业提供高端人才信息；帮助聘请海外专家，为企业引进人才筹措专项资金；协助企业高端人才到国内外进行学习交流；协助政府定期开展职业技能竞赛活动，定向培养高技能人才；开展专业人才培训，为首都经济的创新发展提供高端智力储备。2017年有协会成员11个，单位会员45个，个人会员14个。围绕首都经济转型、京津冀协同发展以及北京市工业和信息化重点行业发展需求，做引进国外专家和专业人员出国培训工作，共有12个企业开展15个聘请国外专家项目，共聘请外国专家26人次；为5个企业实施出国培训项目5个，出国培训78人次。协会承担市经济信息化委组织的澳洲“智能机器人产业创新发展与人工智能先进技术培训”，培训团成员14人，为期21天。协会组织第17届北京市工业和信息化职业技能竞赛获奖人员学习交流及提升培训，来自北京汽车集团、首钢、北京地铁、北京电控、医药集团等十几个复赛组委会的百余名获奖人员参加活动，为期4天。第17届北京市工业和信息化职业技能竞赛总结大会在北京信息职业技术学院召开。竞赛共设置51个职业工种，涉及竞赛组委会89个，2万多人参加初赛，

4256 人晋级复赛，1490 人入围决赛。经过层层选拔，共 1468 人取得职业资格证书。其中，初级证书 239 人，中级证书 579 人，高级证书 430 人，技师证书 183 人，高级技师证书 37 人。评选出北京市工业和信息化高级技术能手 300 名，北京市工业和信息化行业技术能手 60 名，北京市工业和信息化最佳操作能手 33 名。参加在安徽芜湖市举办的 2017 年中国技能大赛——“埃夫特·栋梁杯”第二届全国工业机器人技术应用技能大赛决赛，市经济信息化委率领的北京代表队收获 3 个二等奖、3 个三等奖，6 名参赛选手全部获奖，市经济信息化委获得优秀组织奖和团体总分奖。协会在调研、资料收集、整理分析基础上，编撰完成“2017 北京工业和信息化人力资源年度发展报告”。协会赴云南省文山州与当地工业和信息化委员会就人才交流、高技能人才培养、技能竞赛组织以及校企联合办学、精细化订单式培养等方面的经验和做法进行交流座谈，并且协会通过北京市慈善协会为文山州贫困地区希望小学捐助价值 3 万元的教学设备。

（北京工业国际智力交流协会）

产　品

本栏目收录了2017年全市工业领域58个产品，其中包括华为技术有限公司研发的全球首款人工智能移动计算平台麒麟970、京东方科技集团股份有限公司推出的全球领先BOE 8K超高清系统解决方案、北京北方华创微电子装备有限公司自主开发的面向集成电路领域的NMC612D硅刻蚀机、北京兆维电子（集团）有限责任公司研制的生产智能服务机器人以及北京新能源汽车股份有限公司研发的北京新能源汽车多款车型等产品，涵盖电子、汽车、装备、医药、都市、基础等行业的研发及应用成果。

【四通道 GNSS 宽带射频芯片“天鹰”】北京合众思壮科技股份有限公司研发推出。天鹰芯片由 3 个 GNSS 射频通道和一个 L 波段射频通道构成，可满足多星座多频高精度 GNSS 接收机的信号接收需求，和“中国精度”L 波段星基增强的信号接收服务，适合单频、多频及 L 波段星基增强，满足单天线、双天线及三天线等不同类型接收机的使用要求。“天鹰”芯片满足了单颗射频芯片实现多模多频高精度信号处理的需求，大幅降低了射频电路的尺寸、功耗及成本，适应未来市场对于无人机、ADAS 汽车辅助驾驶系统，以及便携式高精度定位接收机的需求。

地址：海淀区知春路 118 号知春大厦 1501 室
邮编：100176
电话：58275000
传真：58275100
网址：www.unistrong.com
电子邮箱：unistrong@unistrong.com
法定代表人：郭信平

（王瑞杰）

【手机 AI 芯片麒麟 970】华为技术有限公司研发的人工智能移动计算平台麒麟 970 在 9 月 2 日发布。麒麟 970 是全球首款内置神经元网络单元（NPU）的人工智能处理器，其 AI 性能密度大幅度优于 CPU 和 GPU。相较于 4 个 Cortex-A73 核心，在处理同样的 AI 应用任务时，新的异构计算架构拥有大约 50 倍能效和 25 倍性能优势，这意味着麒麟 970 芯片可以用更高的能效比完成 AI 计算任务。在图像识别速度上，可达到约 2000 张 / 分钟，远高于业界同期水平。

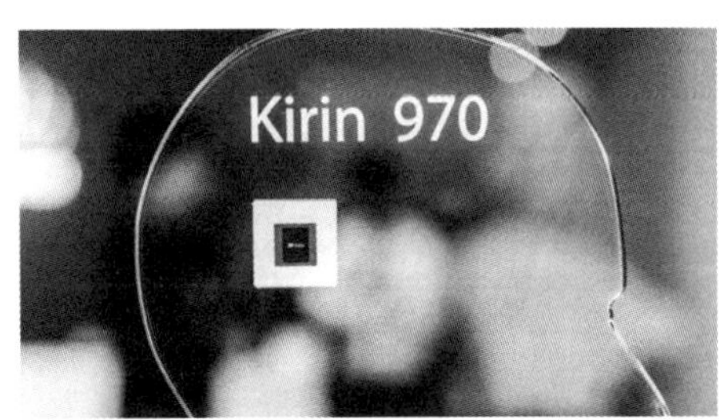

地址：海淀区上地信息路 3 号
邮编：100085
电话：82882006
网址：www.huawei.com
电子邮箱：weixiaozhen@huawei.com
法定代表人：孙亚芳

（王瑞杰）

【BOE Electronic Shelf Labels 电子标签】电子标签是京东方科技集团股份有限公司推出的零售物联网解决方案，它将纯颜色的单色显示、电子墨水、传感器、近场支付、模块化设计等软硬件技术相结合，形成交互界面，为零售物联网提供了全新的解决方案。电子标签可以显示黑白红三色促销信息，消费者通过手机 NFC（近距离无线通信技术）或扫描二维码，就可以进入线上商城获得更多商品信息；货架管理系统会提示缺货或异常摆放现象，协助管理人员解决异常问题。该产品降低人工成本，可帮助消费者找到商品位置，在提升效率的同时惠及消费者。

地址：北京经济技术开发区西环中路 12 号
邮编：100176
电话：64318888
传真：60965600
网址：www.boe.com
电子邮箱：pr@boe.com.cn
法定代表人：王东升

（张　博）

【BOE 8K 超高清系统解决方案】京东方科技集团股份有限公司推出的全球领先 BOE 8K 超高清系统解决方案，包括 BOE 4K/8K 影像服务云平台、BOE 8K 解码播放器和 BOE 8K 显示终端 3 个组成部分。该方案推动了 8K 加快应用于商用显示，使 8K 走入家庭成为可能。京东方已推出 27 英寸、65 英寸、75 英寸、98 英寸、110 英寸等全系列 8K 超高清显示产品。

地址：北京经济技术开发区西环中路 12 号
邮编：100176
联系电话：64318888
传真：60965600
网址：www.boe.com
电子邮箱：pr@boe.com.cn
法定代表人：王东升

（张　博）

【BOE 移动健康管理平台】该平台由京东方科技集团股份有限公司生产，包含由无创多参数检测仪（MTX）和 BOE 移动健康 App 组成的无创血液监测系统。使用者将手指放入设备，便可在 1 分钟内精确测量并记录 14 项血气、血液和血液动力相关的生理参数。结合生理参数，BOE 移动健康 App 可快速提供个性化的健康风险预警和健康管理建议，并对使用者的健康水平变化趋势进行动态记录管理。BOE 无创血液监测系统能免除人们去医院采血带来的痛苦和不便，还可以得到快速的血液检测数据。

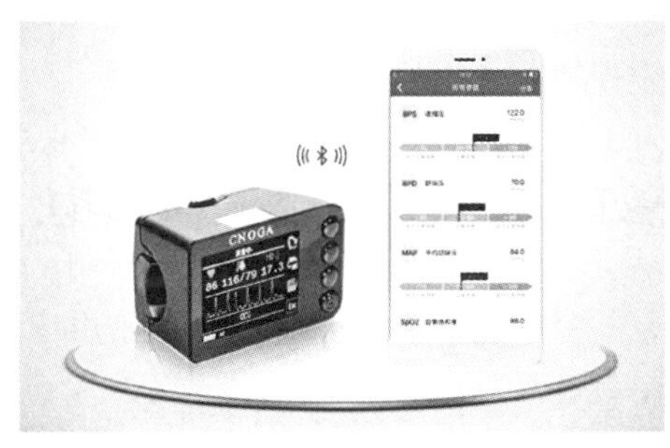

地址：北京经济技术开发区西环中路 12 号
邮编：100176
电话：64318888
传真：60965600
网址：www.boe.com
电子邮箱：pr@boe.com.cn
法定代表人：王东升

（张　博）

【NMC612D 硅刻蚀机】北京北方华创微电子装备有限公司自主开发的面向集成电路领域的硅刻蚀机，可用于逻辑芯片（Logic）、3D 闪存（NAND）、动态存储（DRAM）等产品的晶圆制造。该产品采用了新开发的同步脉冲等离子技术，通过对等离子体的实时控制和诊断来实现低损伤和高选择比，采用多区 ESC 以获得更高的 CD 均匀性，增加高温上电极的设计，降低缺陷，增大 Throughput，设备多项关键指标达到国际先进水平。NMC612D 硅刻蚀机已实现近 3000 万元销售额，实现在逻辑产品和 3D NAND 产品的生产应用；NMC612 系列 12 英寸硅刻蚀机共实现销售收入近 1.7 亿元。

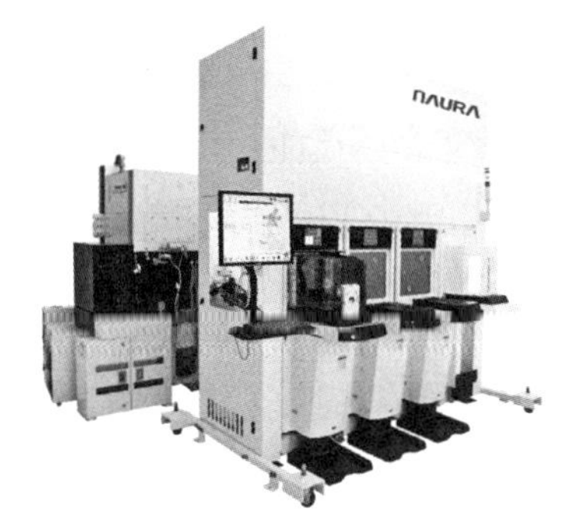

地址：北京经济技术开发区文昌大道 8 号
邮编：100176
电话：57846789
传真：57846777
网址：www.naura.com
电子邮箱：sales.nmc@naura.com
法定代表人：张劲松

（宋京京）

【硅外延 SES630A APCVD 系统】该系统由北京北方华创微电子装备有限公司生产，服务于功率半导体和集成电路领域 6 英寸和 8 英寸硅外延片的生产，适用于厚度 5 ～ 130 微米范围 N 型、P 型掺杂精确可调的外延工艺。该设备具有成膜均匀性好、产能高、兼容性好、自动化程度高、占地面积小和性价比高等特点。该设备入选“第 12 届（2017 年度）中国半导体创新产品和技术”项目。截至 2017 年年底，SES630A APCVD 系统获得销售收入超过 3000 万元。

地址：北京经济技术开发区文昌大道 8 号
邮编：100176
电话：57846789
传真：57846777
网址：www.naura.com
电子邮箱：sales.nmc@naura.com

法定代表人：张劲松

（宋京京）

【液晶显示驱动芯片 NV3029】该产品由北京燕东微电子有限公司设计生产，主要应用于手机、数码产品、可穿戴设备等消费类产品。系统架构包括 MPU/RGB/SPI 接口与数据锁存模块、数据读写锁存模块、图像存储器模块、寄存器与寻址器模块、时序控制器模块、特殊应用功能模块、Gamma 参考电平模块、电平转换 Gate 输出模块和源极线输出驱动模块等。该产品研发成功打破了液晶显示驱动领域的国外垄断，提升了国家显示行业的自主创新能力和本土化配置能力。2017 年，NV3029 的市场占有率从 18% 提升至 25%，累计销售额超过 10 亿元。该产品荣获工业和信息化部第 11 届中国芯“最佳市场表现产品”奖项，以及“2017 年度大中华 IC 设计成就奖之年度最佳驱动芯片”奖项。

地址：朝阳区西八间房万红西街 2 号
邮编：100015
电话：64320432
传真：64320176
网址：www.ydme.com
电子邮箱：market@ydme.com
法定代表人：谢小明

（李宗峰）

【DH17800 系列大功率可编程直流电源】北京大华无线电仪器有限责任公司推出的该系列产品共有 40 款型号，输出电压、电流最高可达 600 伏、1080 安，单机功率最高 30 千瓦。该系列电源具有高分辨率和高精度、低纹波和低噪声、高稳定性、高可靠性等特点。标配 LAN、USB、GPIB、RS485（或 RS232）等接口，能够灵活地进行上位机通信；具有过流、过压、过热保护功能，保护负载；实现电压预置、电流预置、过压保护预置、输出 / 禁止、菜单设置 / 回读等功能。

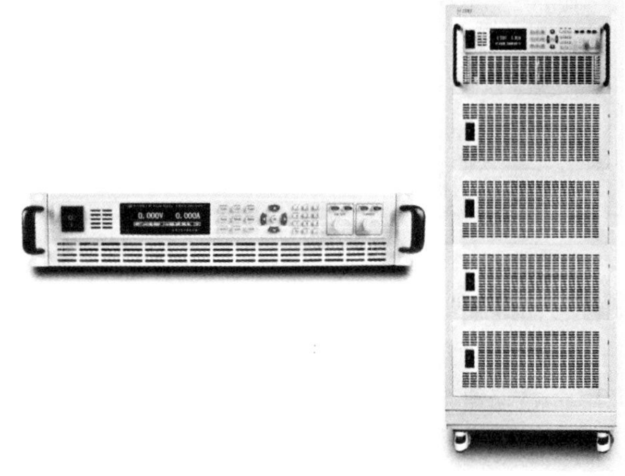

地址：海淀区安宁庄东路 18 号
邮编：100085
电话：62937169
传真：62937171
网址：www.dhtech.com.cn
电子邮箱：marketing@dhtech.com.cn
法定代表人：叶 枫

（北京电控）

【DH27600 系列大功率可编程直流电子负载】该产品由北京大华无线电仪器有限责任公司研制，该系列提供 0.8 ～ 45 千瓦输入功率，可以满足用户多种测试需求；具有 CC、CV、CP、CR、CC+CV 5 种工作模式，并且具备动态和 List 序列等灵活的动态模式；具有过压、过流、过功率、过温等多种保护功能，为用户安全使用提供保障；标配 LAN、RS232 和 USB HOST 通信接口，方便用户通过上位机系统控制。该产品可广泛应用于汽车电子、国防军工等行业。

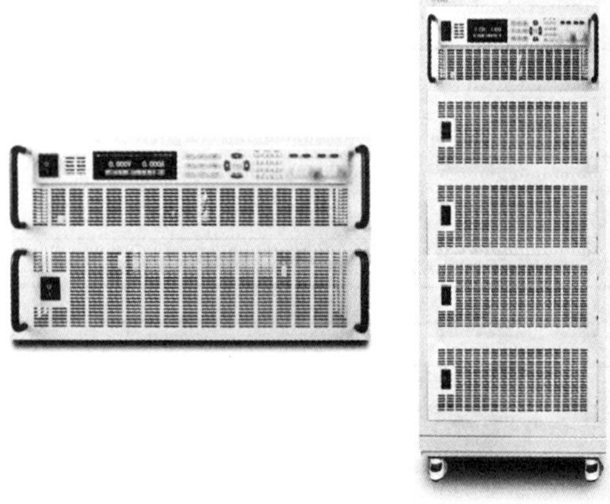

地址：海淀区安宁庄东路 18 号
邮编：100085
电话：62937169
传真：62937171

网址：www.dhelec.com.cn

电子邮箱：marketing@dhtech.com.cn

法定代表人：叶枫

（北京电控）

【智能服务机器人】该产品由北京兆维电子（集团）有限责任公司研制生产，有引导服务机器人、业务机器人、替身机器人三大系列。产品通过对多传感器信息融合、语音采集及识别、语义理解、音视频通信、SLAM、人工智能等技术的应用，具备智能语音交互、实时避障、自主导航、自动充电等智能推理与知识表达能力，可代替人工和自助服务设备为用户提供多项服务，可以降低网点运营成本，提升服务效率和服务质量，可广泛应用在银行、电信、社保、医院、政府行政中心、党群活动中心等领域。公司荣誉“2017年度中国服务机器人应用十大运营商”称号，通过中国机器人产品认证（CR认证），“金融业务智能服务机器人”项目列入2017年度朝阳区科技企业技术创新专项。

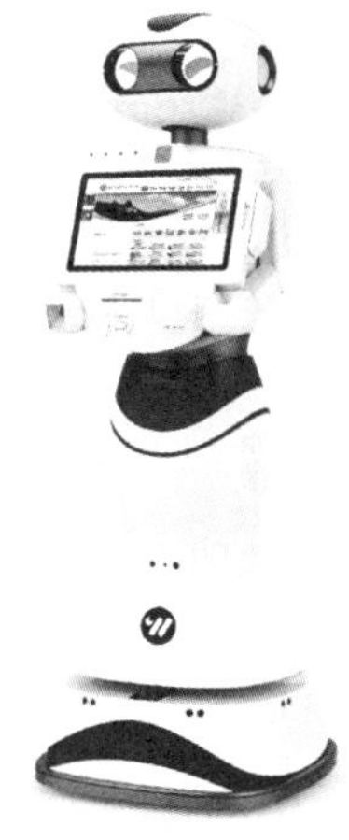

地址：朝阳区酒仙桥路14号

邮编：100015

电话：84563089

传真：64376621

网址：www.bjcw.cn

电子邮箱：renjie@bjcw.cn

法定代表人：刘会阳

（北京电控）

【小米可穿戴设备】该产品由小米科技有限责任公司研发。主要包括智能运动手环、蓝牙耳机、米动系列手表等。2017年，小米手环销售额超20亿元，出货量1810万部，占小米可穿戴设备出货量的90%。

地址：海淀区清河中街68号华润五彩城购物中心二期13层

邮编：100085

电话：60606666－1000

传真：60606666－1101

网址：www.mi.com

电子邮箱：chenchongwei@xiaomi.com

法定代表人：雷军

（王瑞杰）

【小米米家电动滑板车】该产品由小米科技有限责任公司生产。2016年12月12日正式上市。该电动滑板车具有30公里超长续航电量，采用E－ABS防抱死系统和碟式刹车系统，刹车距离缩短至4米。

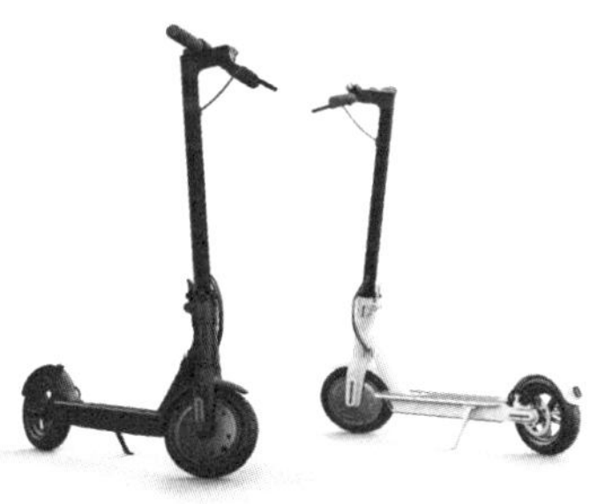

地址：海淀区清河中街68号华润五彩城购物中心二期13层

邮编：100085

电话：60606666－1000

传真：60606666－1101

网址：www.mi.com/about/

电子邮箱：chenchongwei@xiaomi.com

法定代表人：雷军

（王瑞杰）

【EP－P3850尼龙3D打印机】北京易加三维科技有限公司研制的EP－P3850尼龙3D打印机3月上市，其采用选择性激光烧结技术，将三维数据模型快速打印成实物模型和零件，可直接小批量生产功能性测试零件。设备采用成型缸可拆卸设计，提高烧结效率，减少设备待机时间。可烧结矿物纤维复合尼龙、碳纤维复合尼龙、PP、超高分子量 PE 等多种粉末材料。该设备可运用于航空航天、汽车等工业领域以及个性化定制医疗器械、可穿戴运动装备等领域，实现单件或小批量产品的快速制造。该项目在 2017 年申请发明专利 1 项、实用新型专利 2 项、软件著作权 1 项、企业标准 1 项，获北京市科技进步奖 2 等奖。至 12 月，该项目销售收入 2300 万元。

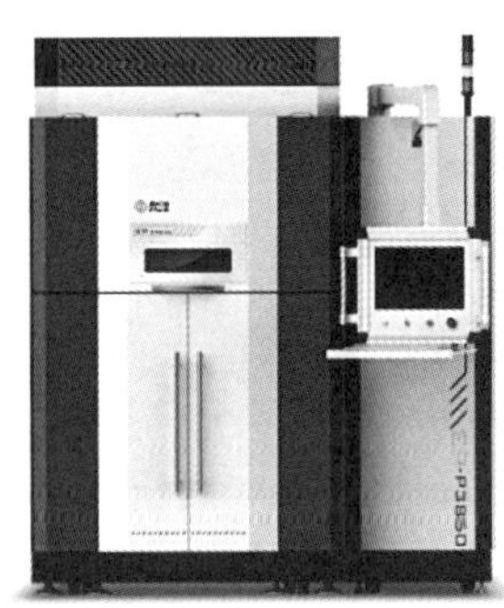

地址：昌平区沙河镇昌平路 97 号 7 幢 705 号、105 号

电话：13381135228

网址：www.eplus3d.com

电子邮箱：wupeiqi@eplus3

法定代表：黄贤清

（万　玮）

【北京新能源汽车】该产品由北京新能源汽车股份有限公司研发。其中，EV 系列 2014 年投入量产，最高续航里程 245 千米（EV200 车型），最高车速 125 千米 / 小时，快充 1 小时，慢充 8 小时。2015 年至 2017 年，EV 系列销售 3.9 万辆，在 A0 级纯电动轿车市场占有份额为 46% 左右。

北汽新能源 EV200 车型

威旺 M 系列 2014 年投入量产，最高续航里程 220 千米，最高车速 100 千米 / 小时，快充 0.8 小时，慢充 6.5 小时。2015 年至 2017 年，M 系列销售 8336 辆，在交叉型纯电动乘用车市场占有份额为 62% 左右。

北汽新能源 M 系列车型

EU 系列 2015 年投入量产，最高续航里程 450 千米（EU400 车型），最高车速 140 千米 / 小时，快充 0.5 小时，慢充 7 小时。2015 年至 2017 年，EU 系列销售 3.1 万辆，在 A 级纯电动轿车市场占有份额为 21% 左右。

北汽新能源 EU400 车型

EX 系列 2016 年投入量产，最大续航里程 280 千米（EX260 车型），最高车速 125 千米 / 小时，快充 0.5 小时，慢充 7 小时。2017 年，EX 系列销售 4569 辆，在 A0 级纯电动 SUV 市场占有份额为 62% 左右。

北汽新能源 EX260 车型

EC 系列 2016 年投入量产，最高续航里程 200 千米，最高车速 100 千米 / 小时，快充 0.6 小时，慢充 8 小时。2017 年，EC 系列销售 7.8 万辆，在 A00 级纯电动轿车市场占有份额为 25% 左右，其中 EC180 车型摘得“2017 年度全球最畅销纯电动车型”桂冠。

北汽新能源 EC200 车型

EH300 在 2017 年投入量产，续航里程 300 千米，最高车速 140 千米 / 小时，快充 0.75 小时，慢充 10 小时。2017 年，EH300 销售 100 辆。

北汽新能源 EH300 车型

地址：大兴区采育镇经济开发区采和路 1 号
邮编：100026
电话：80278085
传真：80278085
网址：www.bjev.com.cn
电子邮箱：mail@bjev.com.cn
法定代表人：徐和谊

（王小鹏）

【长征系列运载火箭】由首都航天机械有限公司生产。首都航天机械有限公司生产总装了长征系列 15 种型号火箭（长征一号、长征二号、长征二号 C、长征二号 C/FP、长征二号 C/SM、长征二号 C/SMA、长征二号 E、长征二号 F、长征三号、长征三号甲、长征三号乙、长征三号丙、长征十一号、长征七号、长征五号），取得举世瞩目的成就。截至 2017 年年底，共完成上百次发射试验任务，占长征系列火箭 272 次发射的 65%。先后将中外卫星、试验飞船、载人飞船、货运飞船等送入太空，火箭发射成功率达到世界先进水平。长征三号甲和长征三号乙火箭荣获国家科技进步奖特等奖，长征二号丙火箭被授予“优质火箭”称号，长征二号丙改和长征三号甲火箭获得“金牌火箭”荣誉称号，长征二号 F 火箭被全国十家行业协会集体授予“中国第一世界名牌”。

地址：丰台区南苑警备东路 2 号
邮编：100076
电话：68750160
传真：67982903
网址：www.bjcamc.com
电子邮箱：office@bjcanl.com
法定代表人：马惠廷

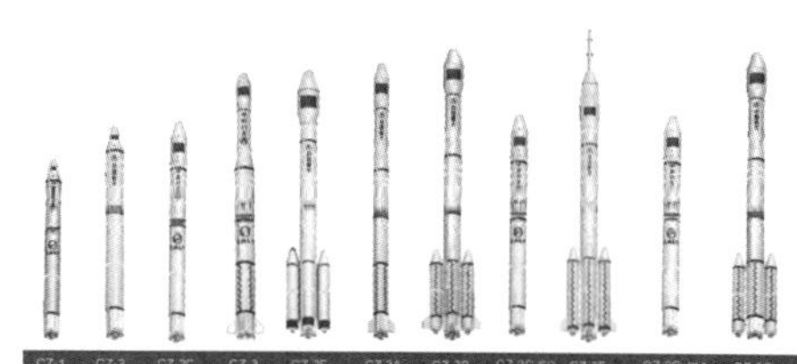

（王 蕾）

【氢氧发动机】该产品由首都航天机械有限公司生产。首都航天机械有限公司是中国唯一的火箭低温氢氧发动机制造企业。1984 年，公司研制的氢氧发动机成功应用于长征三号运载火箭，使中国成为继美国、法国之后第三个掌握氢氧发动机制造技术的国家。1994 年，公司又成功研制了新型号氢氧发动机，提升了长征火箭发射高轨道卫星的运载能力。

地址：丰台区南苑警备东路 2 号
邮编：100076
电话：68750160
传真：67982903
网址：www.bjcamc.com
电子邮箱：office@bjcanl.com
法定代表人：马惠廷

（王 蕾）

【新型影视舞台吊挂及控制系统】该系统由北京星光影视设备科技股份有限公司研发生产。新型影视舞台吊挂及控制系统，实现了演出场所吊挂装备的升降、平移、旋转和悬吊等多维度的运动功能，支持单台单点吊挂机大幅提升载荷，并具有高可靠的末级制动安全保护装置，为拓展舞美创新设计空间、提升文化演出的创作力和表现力提供了技术支撑。已获得2项发明专利、6项实用新型专利。新型影视舞台吊挂及控制系统丰富了舞台的表演形式，它通过对演出场地、演播室改造，带动下游产业或同类行业（包括灯光、音响、舞台升降机等舞台设备）市场需求，也促进了舞台演出、影视文化行业发展。该系统应用到星光影视园3600平方米演播室，获得第11届中照照明工程设计奖二等奖。2017年，生产影视舞台吊挂及控制系统1.5万台套，销售影视舞台吊挂及控制系统1.3万台套，产值1.2亿元，市场占有份额在75%左右。

地址：大兴区西红门镇星光巷7号
邮编：100162
电话：60251752
传真：60242355
网址：www.starlighting.com.cn
电子邮箱：60256494@163.com
法定代表人：陈瑞福

（胡晓芳）

【手拉单轨行车】北京起重工具厂产品。手拉单轨行车以手链驱动，行走于工字钢的轨道下缘处，配以手拉葫芦便可组成桥式、单梁或悬臂式起重机，广泛用于工厂、矿山、码头、仓库、建筑工地等场合，用于安装机器设备、吊运货物的场合，尤其适用于无电源地点的作业。其特点是使用安全，维护方便；结构紧凑，安装尺寸小；车轮间距调整方便，适用

多种工字钢；左、右墙板铰链连接，在重力的作用下，可自行调整高度，使4个车轮受力均匀；传动效率高，手拉力小，可在较小回转半径的弯道上行驶。2017年，销售各类产品36254台，其中向国外销售31000余台；完成销售额1503.5万元，

地址：朝阳区金台里2号首都经济贸易大学
邮编：100026
电话：65976701
传真：87399652
电子邮箱：bjqzgjc@126.com
法定代表人：黄立军

（尚天舒）

【HSZ－A、HSZ－B系列手拉葫芦】该产品是北京起重工具厂推出的新一代产品。其具有HSZ系列手拉葫芦的优良性能，并突破传统的圆形结构，采用等边三角弧形，使产品造型更加新颖美观。HSZ－A、HAS－B系列手拉葫芦可广泛用于工厂、矿山、码头、仓库、建筑工地、农业生产等各个领域，用以升降货物和吊装设备，尤其是在无电源或场地狭小的情况下作业，更显示出其优越性。该系列手拉葫芦可与单轨行车配套使用，组成起重运输小车，用于单轨架空运输，或用于手动单梁起重机和悬臂式起重机上。HSZ－A、HAS－B系列手拉葫芦依据JBT7334－2007标准设计制造，主要零部件和整机性能均经严格检查和测试，其符合Z（重）级工作级别，采用800兆帕高强度起重链条；结构紧凑，传动平稳，效率高，手拉力小；双棘爪、双导轮结构，安全可靠；体积小，重量轻，使用简便。

地址：朝阳区金台里2号首都经济贸易大学
邮编：100026
电话：65976701
传真：87399652
电子邮箱：bjqzgjc@126.com
法定代表人：黄立军

（尚天舒）

【HSZ型系列手扳葫芦】该产品是北京起重工具厂最新研制的一种手动起重工具，为重级工作级别。适用于工厂矿山建筑工地、码头运输等各种场合，是设备安装、货物起吊、物体固定、绑扎和牵引的理想工具，尤其是在任意角度的牵引和场地狭小、露天作业和无电源的情况下，更显出其优越性。其特点是结构先进，使用安全可靠，经久耐用；整机效率高，操作简单；体积小，自重轻，携带方便。

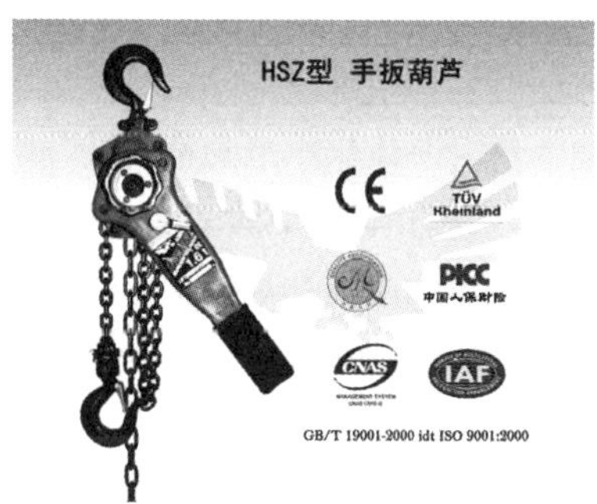

地址：朝阳区金台里2号首都经济贸易大学
邮编：100026
电话：65976701
传真：87399652
电子邮箱：bjqzgjc@126.com
法定代表人：黄立军

（尚天舒）

【复合闪烁体】该产品由北京滨松光子技术股份有限公司闪烁体部研制生产，应用于"慧眼"卫星。其技术要求高，封装难度大，国际上只有为数不多的几家公司能生产，且采购受限。北京滨松光子技术股份有限公司开发人员潜心研究，经过2年的努力，研制成功并量产，2017年已经向用户交付29个合格产品。该产品打破国外的技术封锁，填补了国内空白。6月，产品随中国首颗X射线天文卫星"慧眼"发射升空。

地址：丰台区南四环西路128号院3楼903室
邮编：100070
电话：63706370
传真：63706371
网址：www.bhphoton.com
电子邮箱：bhp@bhphoton.com
法定代表人：竹内纯一

（王 蕾）

【CR365型光电倍增管】该产品由北京滨松光子技术股份有限公司电子管部研制生产。该光电倍增管直径达200毫米，具有快时间响应、高灵敏度、低噪声、宽动态范围、高稳定性、大探测面积等诸多优点，可在40米深水下可靠工作20年。2017年获得LHAASO项目订单并量产供货。LHAASO项目技术要求高，使用环境苛刻，只有CR365型光电倍增管能满足其要求。

地址：丰台区南四环西路128号院3楼903室
邮编：100070
电话：63706370
传真：63706371
网址：www.bhphoton.com
电子邮箱：bhp@bhphoton.com
法定代表人：竹内纯一

（王 蕾）

【X射线成像系统】该产品由北京滨松光子技术股份有限公司探测器部研制生产。X射线成像系统由探测模块和采集系统组成，是安检物品机的核心器件，广泛应用于地铁、机场安检等场合。该产品具有采集速度快、传输稳定性好、图像分辨率高等优点。2017年，产品实现量产，销售额2350.7万元，与上年度相比增长52%。

地址：丰台区南四环西路128号院3楼903室
邮编：100070

电话：63706370
传真：63706371
网址：www.bhphoton.com
电子邮箱：bhp@bhphoton.com
法定代表人：竹内纯一

（王　蕾）

【PM2.5 监测用 β 探测器】 该产品由北京滨松光子技术股份有限公司探测器部研制生产。该产品具有高灵敏度、低噪声、大探测面积、高稳定性等特点，主要用在大气颗粒物 PM2.5 监测，已经量产。2017 年，销售额近 2000 万元，市场占有率近 90%。

地址：丰台区南四环西路 128 号院 3 楼 903 室
邮编：100070
电话：63706370
传真：63706371
网址：www.bhphoton.com
电子邮箱：bhp@bhphoton.com
法定代表人：竹内纯一

（王　蕾）

【随钻／高温闪烁体探测器】 该产品由北京滨松光子技术股份有限公司电子管部、闪烁体部、探测器部三部门联合研制生产。石油测井中的随钻测井，对探测器的可靠性要求极为严苛，要求耐高温 175℃（少数甚至达到 200℃），抗强振（振动加速度 30 克、冲击加速度 1000 克），能够在高温下长达几百小时无故障工作。该产品一直被国外垄断，存在货期长、价格贵、服务慢等问题。北京滨松光子技术股份有限公司历经 5 年的研发，从材料部件的选型、设计和工艺等方面反复验证，于 2017 年完成开发，并推向市场。

地址：丰台区南四环西路 128 号院 3 楼 903 室
邮编：100070
电话：63706370
传真：63706371
网址：www.bhphoton.com
电子邮箱：bhp@bhphoton.com
法定代表人：竹内纯一

（王　蕾）

【户用热量表法分户热计量系统】 该产品由北京远东仪表有限公司研发，系统包括楼栋热量表、户用热量表、数据集中器、一体化户用阀控、上位机平台软件（数据信息管理系统）等。热量表具备远传读表功能，系统对电动球阀实现远程及本地控制功能。数据集中器将热量表数据和阀控数据等按照设定的采集周期上传至上位机平台，也接收上位机平台的指令进行控制操作。上位机平台应具备设备运行监控系统、能耗分析系统、热费分摊系统，并具备与供热企业现有上位机对接功能。上位机平台和数据集中器具有数据安全保障措施，满足国家信息安全要求，能够确保热计量数据安全。

地址：东城区和平里北街 6 号
邮编：100013
电话：64513045
传真：64280756
网址：www.bjfeic.com
电子邮箱：dengjun@bjfeic.com
法定代表人：卢继伟

（李　婕）

【工业园区蒸汽计量监控系统】 该系统由北京远东仪表有限公司研发，主要由现场一次仪表、数据采集箱、上位机软件构成，形成集信息传输共享、安全存储、热网信息自动监测的信息化系统，实现对用汽单位、工业园区热网的热力参数（压力、温度、流量等）进行实时动态监测，掌握热网管线供热状态，为蒸汽计量管理提供数据基础和支持平台。

地址：东城区和平里北街 6 号
邮编：100013

电话：64513045
传真：64280756
网址：www.bjfeic.com
电子邮箱：dengjun@bjfeic.com
法定代表人：卢继伟

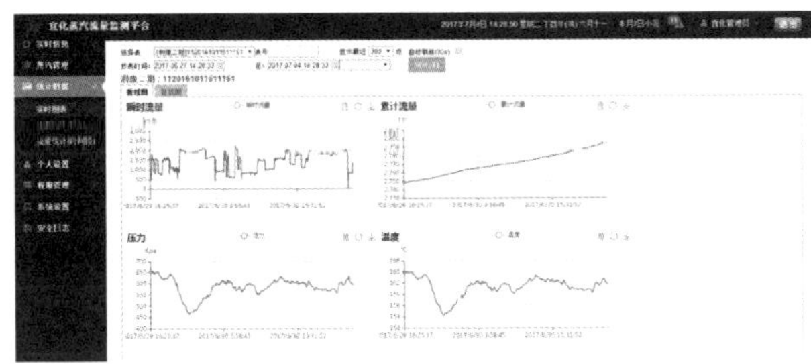

（李 婕）

【Mag60 电磁流量计】北京瑞普三元仪表有限公司生产的Mag60电磁流量计产品有一体型（Y）和分离型（F），最高精度达到0.2%，测量口径从DN15到DN2600，材质具备耐高温和耐腐蚀性，可在沸水及酸腐性液体中工作，转换器可采用电池供电，并具备无线传输功能。该产品采用国际先进的电磁流量计制造技术，是国内首家采用全汉字的智能化电磁流量计。可广泛应用于冶金、化工、城建、环保、食品、印染等领域，用来测量原水、污水、矿浆、腐蚀性溶液等导电流体介质的体积流量。公司在Mag60电磁流量计的研发和生产过程中申请并获得实用新型专利1项、软件著作权2项。公司拥有全套瑞士进口并获中国计量科学院认证，国内精度最高、称重量最大的流量标定装置。

地址：平谷区马坊工业园区西区261号
邮编：101204
电话：60995530
传真：84512778
网址：www.brsanyuan.com
电子邮箱：blue10@163.com
法定代表人：陈勇利

（北京电控）

【FEM2000 系列智能型电磁流量计】该产品由北京远东仪表有限公司生产，是基于法拉第电磁感应定律的仪表，具有双向流量自动测量、自检与自诊断功能；采用低频方波恒流励磁，抗干扰能力强，工作可靠，性能稳定；采用非易失性存贮器，可长期有效地保护设置和测量参数。可测量封闭管道中导电液体的体积流量，应用于石油化工、钢铁冶金、给排水、水利灌溉、水处理、污水处理、造纸、医药、食品等领域的生产工艺过程中对流量的控制和计量。2017年，公司共生产一体型和分体型FEM2000系列智能型电磁流量计2000台，销售1500台。

地址：东城区和平里北街6号
邮编：100013
电话：64513045
传真：64280756
网址：www.bjfeic.com
电子邮箱：dengjun@bjfeic.com
法定代表人：卢继伟

（李 婕）

【FEK8000 型质量流量计】该产品由北京远东仪表有限公司生产。是根据科里奥利原理工作，测量质量流量、密度及温度的智能仪表。产品测量精度高，对质量流量的测量误差为±0.15%，重复性为0.075%，达到国内先进水平；具有混合较均匀的两相流或多相流，以及高黏度液体均可进行计量等特点，可在其他流量计无法测量或难于测量的复杂环境下使用。主要应用于石油、化工、医药、食品、环保等行业的工艺过程控制、批量控制及精确计量。产品具有广阔的发展前景，可望成为多种流量计的换代产品。

地址：东城区和平里北街6号
邮编：100013

电话：64513045

传真：64280756

网址：www.bjfeic.com

电子邮箱：dengjun@bjfeic.com

法定代表人：卢继伟

（李 婕）

【康美小包装中药饮片】该产品由北京康美制药有限公司生产。产品保持中药饮片的原有性状，不改变中医临床以饮片入药、临用煎汤、诸药共煎的用药特色，且能满足临床医师处方用药的常用剂量。采用透明聚乙烯包装，有效防止中药饮片生虫、长霉现象，供制备小包装的中药饮片经过干燥灭菌处理，保证了中药饮片的纯净度与质量，有利于贮存。率先在国内提出使用小包装中药饮片，并通过科学分级、色标控制管理、标签指示明确的标准运用，保证了中药饮片剂量足、鉴别易。2017 年，中药饮片生产共 609 个品种 1072.29 吨，销售量 939.81 吨。

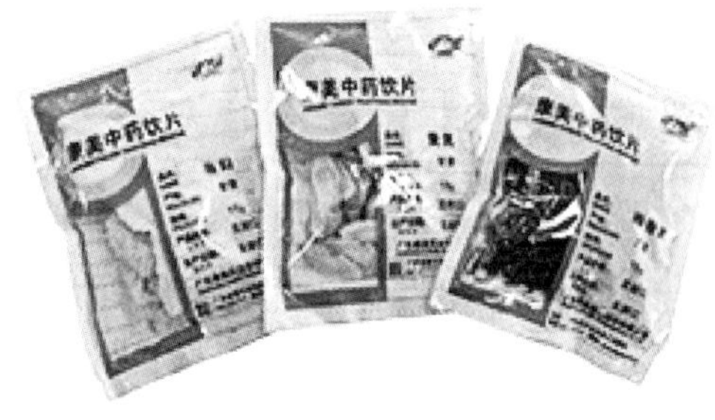

地址：大兴区中关村科技园区大兴生物医药产业基地永旺路 31 号

邮编：102629

电话：89289668

传真：89289660

电子邮箱：bjkangmeiyp@163.com

法定代表人：黄龙涛

（王云燕）

【百赛诺（双环醇片）】该产品由中国医学科学院药物研究所刘耕陶院士领衔创制，北京协和药厂独家生产，是具有国际自主知识产权的一类化学新药，适用于伴有氨基转移酶异常的慢性病毒性肝炎和多种非病毒性肝病的抗炎保肝治疗，安全性高。百赛诺 2001 年荣获“九五”国家重点科技攻关计划优秀科技成果奖；2002 年列入国家高技术产业发展项目，被认定为国家重点新产品；2004 年列入科学技术部科技兴贸行动计划项目；2005 年荣获北京市科学技术奖一等奖；2007 年荣膺国家科技进步奖二等奖；2009 年列入重大新药创制科技重大专项的“药物大品种技术改造”项目；2016 年获评中国医学科学院建院 60 周年十大科技成就。百赛诺上市以来，列入《国家基本医疗保险、工伤保险和生育保险药品目录》《军队合理医疗药品目录》和 10 余个省级新型农村合作医疗用药报销目录、基层常用药品清单。在国内外发表该药相关基础和临床研究学术论文 480 余篇（含 SCI 收录期刊 51 篇），积累了丰富的循证医学证据。作为抗炎保肝“中国方案”一线用药，百赛诺入选国家卫生计生委 6 项肝病临床路径治疗方案，及国内 10 余项肝病诊疗指南、专家共识。百赛诺 4 度获评北京市著名商标，荣登“中国制药 · 品牌榜”。2004 年起，在乌克兰、俄罗斯、乌兹别克斯坦等“一带一路”沿线国家陆续注册并上市，通过药品检查国际公约组织（PIC/S）成员国乌克兰的 GMP 认证。2017 年共生产百赛诺 2.5 亿片。

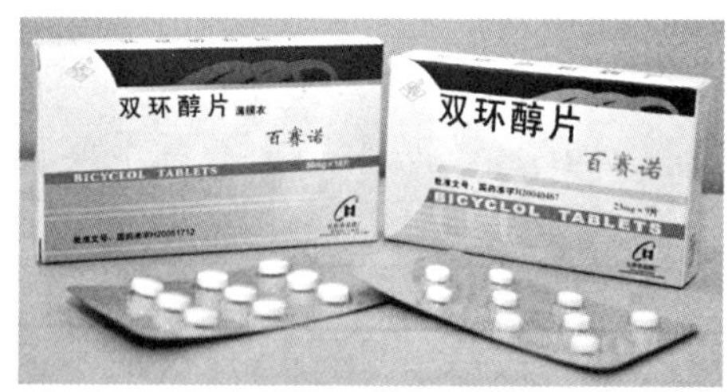

地址：大兴区中关村科技园区大兴生物医药产业基地永旺路 37 号

邮编：102600

电话：89206819

传真：89296810

法定代表人：王珂

（王少华）

【甲型肝炎灭活疫苗——孩尔来福】该产品由北京科兴生物制品有限公司生产，2002 年上市，是中国第一支且使用量最大的甲肝灭活疫苗，在国内 31 个省市自治区均有使用。孩尔来福在中国、蒙古国、尼泊尔、智利、乌兹别克斯坦、孟加拉等国家累计使用5000余万剂。孩尔来福不含防腐剂，为京津沪扩大免疫规划（EPI）使用的甲肝灭活疫苗。孩尔来福是北京市自主创新产品，获颁北京市著名商标称号。2017年12月22日，孩尔来福通过世界卫生组织（WHO）预认证。

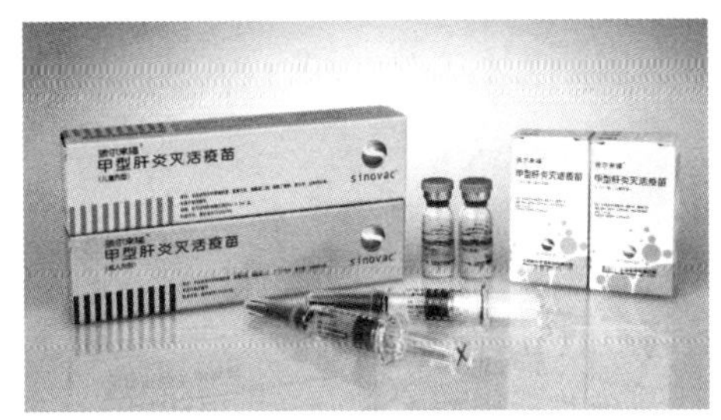

地址：海淀区上地西路39号北大生物城
邮编：100085
电话：82799800
传真：62966910
网址：www.sinobioway.com
电子邮箱：Public@sinobioway.com
法定代表人：潘爱华

（北大未名集团）

【肠道病毒71型灭活疫苗——益尔来福】北京科兴生物制品有限公司2008年开始研发EV71疫苗，2009年12月完成临床前研究，2010年12月获准开展临床试验，成为中国首批获准开展临床研究的EV71疫苗之一。Ⅲ期临床试验于2013年3月揭盲，1万多人的临床试验结果显示，该疫苗对EV71引起的手足口病的保护率可达94.6%，对EV71引起的重症手足口病的保护率达到100%，是唯一观察到重症保护效果的疫苗。2015年12月30日，预防用生物制品1类新药——肠道病毒71型灭活疫苗（商品名“益尔来福”）生产注册申请获得国家食品药品监督管理总局批准，取得新药证书和药品注册批件。

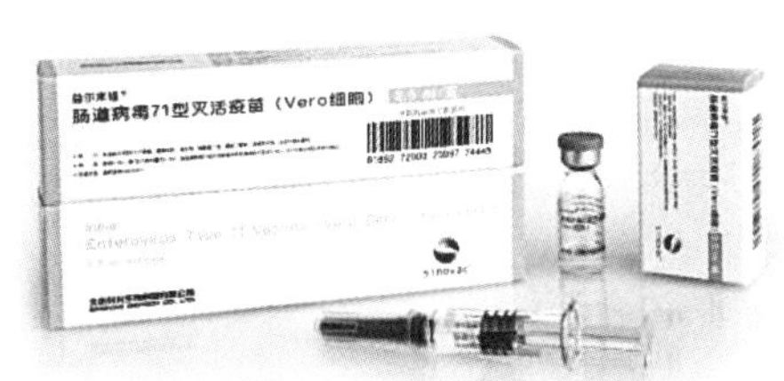

地址：海淀区上地西路39号北大生物城
邮编：100085
电话：82799800
传真：62966910
网址：www.sinobioway.com
电子邮箱：Public@sinobioway.com
法定代表人：潘爱华

（北大未名集团）

【爱卫牌HIV抗体口腔黏膜渗出液检测试剂盒】该产品由北京玛诺生物制药有限公司生产，2008年通过CFDA（国家食品药品监督管理总局）认证的无创艾滋检测产品。2017年，生产试剂50万盒，销售额2835.37万元，在唾液检测艾滋细分市场占主导地位，国内市场份额80%左右。

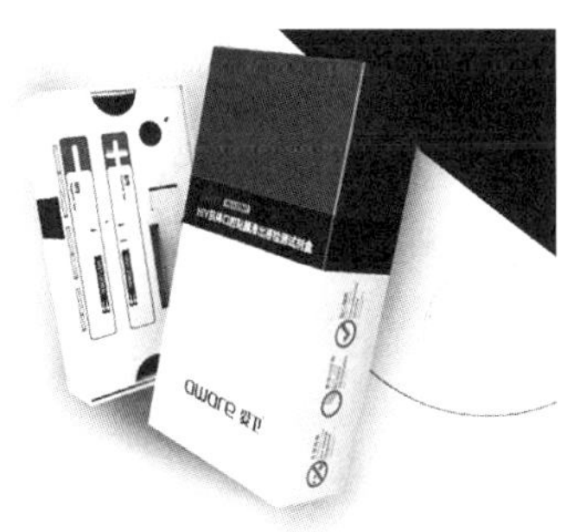

地址：怀柔区雁栖开发区25号
邮编：101407
电话：85296117
传真：65615505
网址：www.marrbio.com
电子邮箱：office@marrbio.com
法定代表人：王保林

（姜学昆）

【新型动物源带瓣管道及补片】北京佰仁医疗科技股份有限公司2017年4月研制生产的新型动物源带瓣管道及补片，作为人工生物肺动脉瓣假体，其主要功能是替代人主肺动脉和重建人工生物肺动脉瓣膜，即通过心外科手术植入，重建右室流出道以及肺动脉瓣，以根治右室流出道出生畸形或病变的各类患者。用于治疗肺动脉狭窄或闭锁、法乐氏四联症、大动脉转位、永存动脉干、右室双出口，以及其他需要重建右室流出道和肺动脉瓣膜的各类患者。产品的主要创新点为利用改性异种组织材料，研制出功能性带瓣修复或置换用人工生物材料。关键技术是通过在异种组织胶原蛋白分子和充填在胶原蛋白间隙的基质分子上的游离羧基之间建立多元交联反应，去除组织的免疫原性，令机体不再对异种组织产生识别，使改性后的组织在植入体内后可抵御过早退变与钙化；从功能上实现了替代天然肺动脉瓣，有极好的耐疲劳性能。已经开发成功并完成临床试验的产品有流出道单瓣补片、肺动脉带瓣管道、无支架生物瓣带瓣管道。产品的设计和组织处理有美国、欧洲、日本、新加坡等国际及国内专利授权共计 8 项发明专利。产品已经在全国有条件开展复杂先心病手术的 30 余家医院重点使用，有数百名原本不治的患儿重获生机。

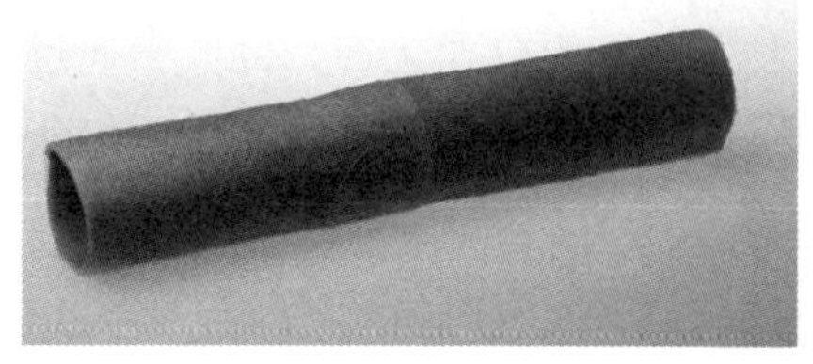
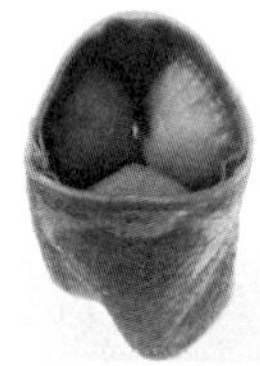

地址：昌平区科技园东区华昌路 2 号
邮编：102200
电话：13910303616　18518280601
传真：89700424
电子邮箱：gaoxiaoying@bairenmedical.com
法定代表人：金磊

（万　玮）

【红星牌蓝瓶 12 陈酿系列二锅头酒】该产品由北京红星股份有限公司 2013 年 11 月研制开发。在传承二锅头传统技艺的基础上进行技术革新，将功能微生物应用于酿造生产中，成倍提高以四甲基吡嗪为代表的健康因子吡嗪类化合物的含量，2015 年量产上市。该产品清亮透明，清香纯正，酒体柔顺细腻、谐调爽净、风格突出。2017 年 9 月，43 度红星二锅头酒（蓝瓶 12 陈酿）在比利时布鲁塞尔国际烈性酒大奖赛 1100 多款参赛白酒中获中国参赛企业唯一大金奖。产品上市后销售收入累计 3000 万元。

地址：怀柔区红星路 1 号
邮编：100022
电话：51202763
传真：51202760
网址：www.redstarwine.com
电子邮箱：ws@redstarwine.com
法定代表人：阮忠奎

（姜学昆）

【红星牌蓝瓶系列二锅头酒】该产品由北京红星股份有限公司生产。2017 年公司对蓝瓶系列产品进行精进，在保持蓝瓶绵柔特点基础上，提升饮后舒适度，提升产品档次。该产品清亮透明，清香纯正，酒体绵柔、谐调舒适。43 度红星二锅头酒（蓝瓶）荣获 2014 年度比利时布鲁塞尔国际烈性酒大奖赛金奖。系列产品上市以来销售收入超过 15 亿元。

地址：怀柔区红星路 1 号
邮编：100022
电话：51202763
传真：51202760
网址：www.redstarwine.com
电子邮箱：ws@redstarwine.com
法定代表人：阮忠奎

（姜学昆）

【红星牌百年系列酒】该产品由北京红星股份有限公司生产，以优质高粱、小麦、大米、糯米和玉米 5 种粮食为酿酒原料，运用红曲霉及嗜热芽孢杆菌强化大曲，采用泥窖固态发酵、分层蒸馏、量质摘酒、精心勾调、长期贮存而成。9 月，52 度红星百年酒荣获 2017 年比利时布鲁塞尔国际烈性酒大奖赛金奖。2017 年量产上市，销售收入 848 万元。

地址：怀柔区红星路 1 号
邮编：100022
电话：51202763
传真：51202760
网址：www.redstarwine.com
电子邮箱：ws@redstarwine.com
法定代表人：阮忠奎

（姜学昆）

【红螺牌北京果脯】该产品由北京红螺食品有限公司生产。包括苹果脯、梨脯、桃脯、杏脯、太平果脯、海棠脯、杏干脯、枣脯、红果脯等 20 多个大类 50 多个品种上百种规格的产品。红螺果脯透、亮、香、筋、净、齐，含有丰富的果酸、矿物质及维生素 C，极易被人体吸收利用，是人们休闲食用的甜点佳品。2017 年销售额 3000 万元，红螺果脯市场占有份额为 35% 左右。

地址：怀柔区庙城镇郑重庄村 631 号
邮编：101401
电话：60692542—9991
传真：60692286
电子网址：www.hljt.com.cn
邮箱：hljt2286@sina.com
法定代表人：李效华

（姜学昆）

【红螺牌茯苓夹饼】该产品由北京红螺食品有限公司生产，用茯苓、面粉、芝麻、蜂蜜、桂花、核桃仁、松子、瓜子等做原料精制而成，含有人体所需的蛋白质和多种维生素，营养丰富，口味鲜美，具有滋养肝肾、补气润肠、健身减肥、抗衰延年之功效。2017 年销售收入 2700 万元，在国内茯苓夹饼市场占有 35% 左右份额。

地址：怀柔区庙城镇郑重庄村 631 号
邮编：101401
电话：60692542—9991
传真：60692286
电子网址：www.hljt.com.cn
邮箱：hljt2286@sina.com
法定代表人：李效华

（姜学昆）

【红螺牌冰糖葫芦】该产品由北京红螺食品有限公司生产。红螺食品研发出糖葫芦自动生产线，采用自主工艺，生产的冰糖葫芦将传统大串的红果变为小巧的 3 粒小串，将原有 3 天的保质期延长达 6 个月。机械化生产的冰糖葫芦在保持原有酸甜风味基础上，加入现代元素，产品颜色鲜亮，口感细腻。2017 年销售额 2800 万元，红螺冰糖葫芦市场份额为 35% 左右。

地址：怀柔区庙城镇郑重庄村 631 号
邮编：101401
电话：60692542—9991
传真：60692286
电子网址：www.hljt.com.cn
邮箱：hljt2286@sina.com
法定代表人：李效华

（姜学昆）

【北京辣菜】该产品由北京六必居食品有限公司自主研制生产。是选用质地脆嫩，粗细均匀，无黑心、无杂质的优良萝卜为原料，采用传统酱腌菜工艺，切丝、腌制 2 个月以上，经脱盐脱水后，再酱制 15 天以上，辅以辣椒、白砂糖、香油、芝麻、姜丝等辅料进行后熟 2~3 天，然后分装灭菌。本品口感脆嫩、甜辣适口，老少皆宜。

地址：西城区北礼士路 8 号
邮编：100044
电话：65494613　65494623
网址：www.liubiju.com.cn
传真：68363799、68363803
法定代表人：周忠

（一轻控股）

【黑蒜酵醋、黑蒜米醋、黑蒜香醋】该产品由北京六必居食品有限公司自主研制生产，有“六必居”“龙和宽”品牌。黑蒜酵醋等系列产品是选用新鲜的生大蒜，经过清洗、酶化、熟化、干燥等过程，在特定的温度和湿度下经过 90 ～ 120 天发酵而成，产品蒜瓣呈深褐色，柔软且富有弹性，入口之后软烂香甜，无生蒜的辛辣感。黑蒜醋是将黑蒜酿造食醋混合再发酵制成的功能性食品。经过发酵的黑蒜醋产品，其有效成分 SOD 酶模拟人体胃液中的酸性环境大量“存活”。成人每日坚持饮用黑蒜醋产品 10~20 毫升，可以起到增强人体、润肠通便、增强免疫力、养肝、美容养颜及抗衰老、抗氧化、抗肿瘤的作用，对预防“三高”、软化血管有较好作用。

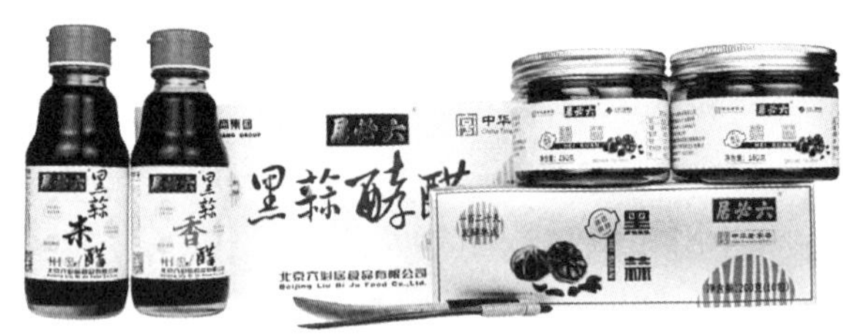

地址：西城区北礼士路 8 号
邮编：100044
电话：65494613　65494623
传真：68363799　68363803
网址：www.liubiju.com.cn
法定代表人：周忠

（一轻控股）

【黑芝麻酱】该产品由北京六必居食品有限公司自主研制生产。黑芝麻酱产品选用优质黑芝麻，经过筛选、清洗、炒制、磨酱等多道工序加工而成。颜色为黑褐色；具有浓郁的芝麻香气，口感细腻，为浓稠状酱体。黑芝麻酱含有大量的脂肪和蛋白质，以及糖类、维生素 A、维生素 E、卵磷脂、钙、铁等营养成分，有健胃、保肝、促进红细胞生长的作用；含有不饱和脂肪酸、维生素 E 和黑色素，有利于头发生长。黑芝麻酱常用于蘸食、拌菜、涮锅调味等，还可作为辅料加工其他食品，有“健康食品”的美誉。

地址：西城区北礼士路 8 号
邮编：100044
电话：65494613　65494623
传真：68363799　68363803
网址：www.liubiju.com.cn
法定代表人：周忠

（一轻控股）

【黑芝麻香油】该产品由北京六必居食品有限公司自主研制生产。产品选用优质黑芝麻，是采用水代法生产的小磨香油，经过筛选、清洗、炒制、磨酱、震荡分离、过滤等多道工序加工而成。为澄清的红褐色液体，具有浓郁的芝麻香油香气。黑芝麻香油含有大量的脂肪和蛋白质，以及糖类、维生素 A、维生素 E、卵磷脂、钙、铁、不饱和脂肪酸、维生素 E 和黑色素等营养成分，有健胃、保肝、促进红细胞生长的作用。黑芝麻香油常作为拌菜、调味等增香用，是一种佐餐食品。

地址：西城区北礼士路 8 号
邮编：100044
电话：65494613　65494623
传真：68363799　68363803
网址：www.liubiju.com.cn
法定代表人：周忠

（一轻控股）

【天坛牌成衣免熨烫衬衫】北京大华天坛服装有限公司研发生产的新型功能性品牌产品。该产品使用新疆长绒棉高档成衣免熨烫面料，缝制中在衬衫领边、肩缝、袖笼、兜口、后复司、侧缝、袖口、袖叉等部位加入特制嵌条设计，并引进先进的成衣免熨烫设备进行定型，实现纯棉衬衫的全流程免熨烫处理。经成衣免熨烫技术处理后的天坛衬衫手感柔软、亲肤透气、环保健康、挺括有型，普通免熨烫衬衫在水洗 30 次后其外观平整度只能达到 2 ～ 2.5 级，天坛牌成衣免熨烫衬衫在水洗 30 次后仍能达到 3.5 级以上，既实现衬衫的免熨烫功能，又确保舒适，全面提升衬衫的品质感和实用性。2017 年生产产品 1 万件，实现销售收入 200 万元。

地址：海淀区中关村大街人民大学南路三义庙大华天坛大厦

邮编：100086

电话：82631160

传真：82631800

网址：www.dahuatiantan.com

电子邮箱：bg@dahuatiantan.com

法定代表人：赵焱

（时尚控股）

【双梳理复合面层热风非织造布】双梳理复合面层热风非织造布是北京京兰非织造布有限公司以特殊双组份皮芯结构复合纤维为原料，利用双梳理设备和技术，经由热风黏合工艺而开发的一种新型热风非织造布，主要应用于卫生用品的面层材料。该非织造布的上层是贴合人体的一层，选用超细 1.5D PE/PET 双组份增白多亲纤维，提高其柔软度、亲肤性、细腻度以及滑爽性，减少与皮肤的摩擦力，让使用者感觉到舒适、无感；下层是贴合吸收芯体的一层，选用三维卷曲度高的 2D PE/PET 偏芯中空双组份纤维，作为支撑层、扩散层，保持其蓬松性、高弹性，提升整个非织造布的厚度。 该非织造布与单层热风非织造布相比，具有穿透时间短、返湿量小和厚度高的优点；网面均匀度好，克重稳定，CV 值降低；手感柔软、丰满，在不增加克重的情况下，可使厚度增加。2017 年，双梳理复合面层热风非织造布总产量 830 吨，实现销售收入 1495 万元。

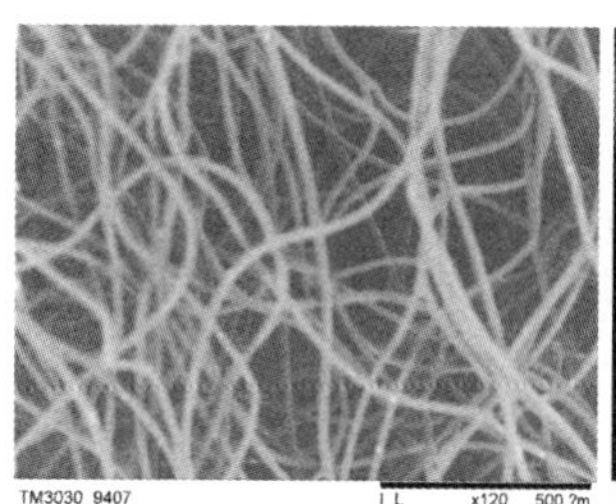

由扫描电子显微镜观测的双梳理复合面层热风非织造布

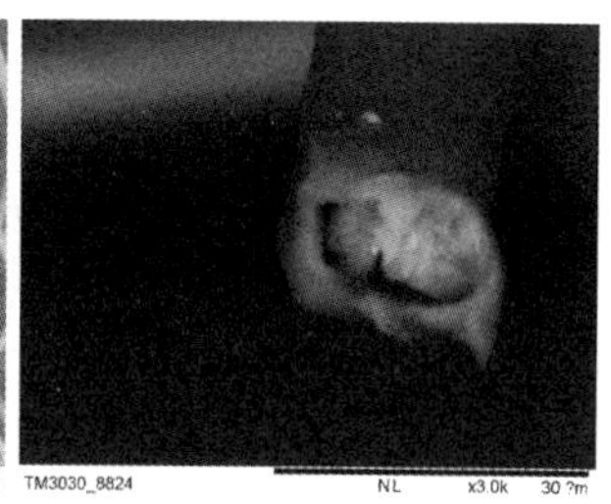

由扫描电子显微镜观测的偏芯中空纤维截面

地址：平谷区马坊工业园区西区 191 号

邮编：101204

电话：85753559

传真：85774902

网址：www.jinglanbj.com/

电子邮箱：majilan1102@126.com

法定代表人：李成群

（时尚控股）

【朗适新风系统】该系统由北京朗适新风技术有限公司引进的德国同步产品，北京英特塑料机械总厂为该新风系列产品提供配套服务。其特点是采用高压头、大流量小功率直流高速无刷电机带动离心风机、依靠机械强力由一侧向室内送风，由另一侧用专门设计的排风新风机向室外排出的方式强迫在系统内形成新风流动场。在送风的同时对进入室内的空气进新风过滤、灭毒、杀菌、增氧、预热（冬天）。排风经过主机时与新风进行热回收交换，回收大部分能量通过新风送回室内。可以有效控制室内二氧化碳浓度 1500ppm 以下，热回收率 85.8% 以上，采用 F8 级高效过滤器，能够过滤 80% 以上的 PM2.5 微粒，净化室内空气，保证健康呼吸的同时兼顾节能保温的效果。该系统被选入建筑节改示范工程项目和国家康居住宅项目，被授予“节能技术住宅产业技术金奖”，被列入“国家康居示范工程选用部品与产品”名录。2015 年，产品入围保障房政府采购序列。2017 年，完成经营收入 1237.2 万元，同比增长 51.2%。

地址：通州区张家湾镇里二泗中街 56 号
网址：www.lunos.cn
电子邮箱：999321164@qq.com
邮编：101113
电话：81525417
传真：80818831
生产企业法定代表人：李向东

（英　特）

【扑克风云彩票印制】 该产品由北京印刷集团有限责任公司印刷二厂生产，设计构思来源于流行的娱乐工具扑克。创新理念打破传统，以花色为主体，搭配放射底纹，与花色相衬托呼应，钻石的点缀，明暗协调，增加视觉感，利用金属墨印刷凸显画面整体质感，使该彩票颇具收藏价值。该产品采用全水性墨印制，销往全国 30 个省市自治区（不含海南省），产品规格 101.6 毫米 ×152.4 毫米。2017 年产量 4800 万张，销售额约 750 万元。

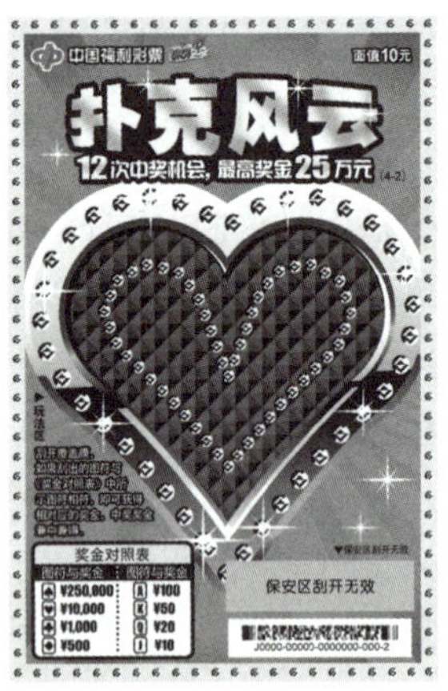

地址：朝阳区建外郎家园 10 号
邮编：100022
电话：85897613
传真：85893400
网址：www.printing2nd.com
法定代表人：粟国锦

（印　刷）

【丁酉鸡－金鸡银鸡彩票印制】 该产品是北京印刷集团有限责任公司印刷二厂生产的一款生肖纪念彩票，分为金、银两专色，搭配五行要素之一"火"的红色。设计构思使用了中国传统的花式底纹并贯穿至彩票主体，呼应鸡年主题。花式纹样和花式边框巧妙的搭配，与彩票主体风格相得益彰。整张票面体现了中国历史悠久且丰富的生肖文化，极具收藏价值。该产品采用全水性墨印制，工艺上增加金、银双金属墨印刷，绿色环保、凸显品质。产品规格 101.6 毫米 ×101.6 毫米。2017 年产量 4900 万张，销售收入约 559 万元。销往全国 30 个省市自治区（不含海南省）。

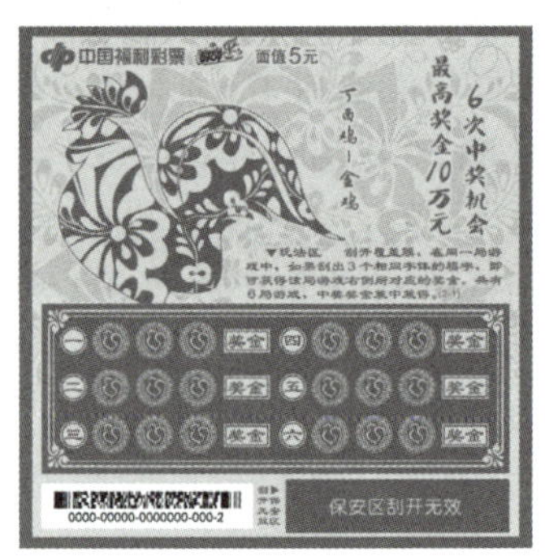

地址：朝阳区建外郎家园 10 号
邮编：100022
联系电话：85897613
传真：85893400
网址：www.printing2nd.com
法定代表人：粟国锦

（印　刷）

【石横特钢转炉气制甲酸工业装置】 该装置由北京北大先锋科技有限公司设计建成。该装置利用北京北大先锋科技有限公司独有的吸附分离净化技术，是国内乃至全球钢铁行业首次使用转炉气制甲酸的工业装置，设计能耗指标优异，减碳增效效果显著。该装置投产前，石横特钢转炉气基本全部用于燃烧发电。项目开展后，石横特钢将 4.5 万标立米 / 小时转炉气用于年产 20 万吨甲酸、5 万吨草酸的生产。项目整体投资 12 亿元。相比煤造气工艺，所产生下游产品的成本降低 30% 以上，年均营业利润 4 亿元，投资回收期 3 年。用转炉气做化工产品，相比燃烧利用，很大程度上降低温室气体排放，测算该项目每年减少 CO_2 排放约 30 万吨。借鉴转炉气制甲酸技术工业化应用，钢铁企业还可采用"钢厂尾气创新利用 4.0"技术从高炉气、转炉气中获得高纯度 CO 原料气，从焦炉气中获得高纯度 H_2 原料气，用于合成更多高附加值的化工产品，如乙醇、乙二醇等，延长产业链条，优化产业结构，走"钢化联产"的发展道路。

地址：海淀区中关村北大街 151 号燕园资源大厦

4层

邮编：100080
电话：58876068
传真：58876066
网址：www.pioneer-pku.com
电子邮箱：pioneer@pioneer-pku.com
法定代表人：张佳平

（田东方）

【宽幅铝板带热连轧成套控制系统和关键工艺技术】 该技术由北京科技大学与广西柳州银海铝业股份有限公司共同研发完成。该项目通过自主集成和创新，研发了具有自主知识产权的宽幅铝板带热连轧成套计算机控制系统、全套板形综合控制技术、非对称和非稳态条件下的工艺质量控制技术、表面质量综合保障控制技术，打破了国外在宽幅铝板带热连轧控制系统方面的垄断。该成果可显著促进宽幅铝板带轧制技术的进步，并提高铝板带加工行业的竞争力。项目成果在广西柳州银海3300毫米+4×2850毫米宽幅铝板带热连轧生产线得到应用，板带厚度、凸度、楔形、温度的控制精度分别达到97.3%、97.5%、98.4%、99.5%，超过同类要求（95.4%），2200毫米以上难轧的宽幅铝带成材率超过97.5%，产品达到国际先进水平，获得包括船级社在内的多家第三方认证，部分产品取代了进口，实现了国内首次采用热连轧生产2600毫米以上大尺寸铝板带产品的技术突破。创造了显著的经济效益，仅宽幅铝板带产品（2200毫米以上）一项，近3年新增销售额3.9亿元，新增利润5696.2万元。项目建设节省投资9800万元。此外，项目成果在宁夏巨科、浙江永杰、河南明泰、无锡银邦等企业的生产线也实现了应用，2017年，为企业新增利润5000万元以上。年内，"宽幅铝板带热连轧成套控制系统和关键工艺技术研发及应用"获得中国有色金属工业科技进步奖一等奖，通过中国有色金属工业协会成果评价，认定其整体达到国际先进水平。

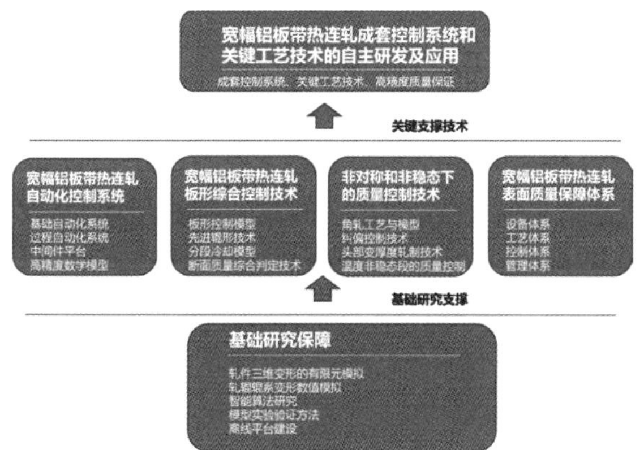

地址：海淀区学院路30号
邮编：100083
电话：62332598-6602
传真：62332947
网址：iet.ustb.edu.cn
电子邮箱：ustbshao@163.com
法定代表人：陈雨来

（邵　健）

【步进式加热炉优化燃烧系统】 该系统由北京科技大学设计研究院有限公司自主研发，系统通过板坯物流跟踪、温度跟踪、炉温优化设定等模块实现以板坯温度为控制目标的优化控制，使板坯以最佳的升温曲线加热到目标出炉温度，同时降低能耗和烧损。系统支持TCP/IP、UDP、OPC等多种协议，支持异构数据库间数据的交换，可服务各类业务场景需求；基于低耦合的模块化设计使系统可以轻松完成定制部署，动态调整业务模块及其状态与优先级别；在可视化方面，颠覆传统工控HMI设计，基于IIS及Web框架的设计实现了真正意义的"瘦客户"，并将平板电脑、手机等移动终端引入工控领域。高精度的数学模型是本系统的核心，在保证板坯加热质量的前提下达到节能降耗的目的。炉内气氛精确控制的优化燃烧技术可以有效降低板坯的氧化烧损，提高加热质量。2017年，完成凌钢880毫米加热炉项目验收、涟钢2250毫米加热炉项目模型精调，为企业节省成本近千万元。公司还承接了柳钢2032毫米加热炉、包钢CSP隧道炉和马钢CSP隧道炉等加热炉过程控制系统的升级改造。

地址：海淀区学院路30号
邮编：100083
电话：62332598-6602
传真：62332947
网址：iet.ustb.edu.cn
电子邮箱：linfengqin@ustb.edu.cn
法定代表人：陈雨来

（蔺凤琴）

【表面缺陷在线检测系统】 该产品由北京科技大学设

计研究院有限公司研发，具有自主知识产权，旨在提升制造业的智能化和信息化水平。本产品采用机器视觉无损检测技术，通过人工智能替代人工识别产品缺陷。关键技术涵盖光学成像、图像算法、软件架构、并行计算等创新技术领域，基于机器视觉技术的金属检测填补了国内空白，处于国际领先水平。产品将光照射到生产线上处于运行状态的物体表面，用CCD摄像机采集物体表面的反射光，将反射光的强度转换成灰度图像。由于物体表面有缺陷区域与无缺陷区域对于光的反射不同，因此通过对图像进行处理分析，可以检测并标定钢板表面的缺陷。新一代HXSI表面检测系统最高检测速度达到2000米/分，具有高效的运算能力与识别能力，并开发了云服务和云计算功能。此产品可广泛应用在钢铁、造纸、纺织、印刷和电子等行业。2017年，公司新增合同额1000万元，为企业创造利润5000万元以上。

地址：海淀区学院路30号
邮编：100083
电话：62332598-6602
传真：62332947
网址：iet.ustb.edu.cn
电子邮箱：zhoupeng@nercar.ustb.edu.cn
法定代表人：陈雨来

（周　鹏）

【冶金行业热连轧计算机控制系统】该系统由北京科技大学设计研究院有限公司自主开发，拥有自主知识产权。系统传动控制级、基础自动化级、过程控制级、生产管理级使用自主开发的管理模型、数学模型、软件平台及控制程序。公司能够完成从系统设计、软件设计、系统集成制造、编程、培训、现场调试、服务到开工投产的全过程。系统控制性能达到或超过国际先进水平，科技成果获得多项省部级奖励。此系统已应用于国内多条热连轧生产线，2017年，为企业节省成本500万元，新增利润近千万元。

地址：海淀区学院路30号
邮编：100083
电话：62332598-6602
传真：62332947
网址：iet.ustb.edu.cn
电子邮箱：zxj@ustb.edu.cn
法定代表人：陈雨来

（张学军）

【丙烯酸酯乳液】该产品由北京东方亚科力化工科技有限公司开发并监制。为水性环保型产品，自1983年北京市化工局东方化工厂引进美国产品及生产技术以来，年产量从最初的数百吨达到近5万吨，应用范围从最初的建筑涂料、建材黏合剂、压敏胶、纺织、造纸等5个领域，拓展到玻纤制造、玻纤应用、无纺布黏结、工业防腐涂料、木器涂料、塑塑复合胶、高铁CA砂浆、防水涂料、织物防水涂层、水性油墨、碳纤维上浆剂、皮革生产等领域，各类产品近百种。2017年，公司销售丙烯酸酯乳液近3万吨，约占国内市场份额的5%。

地址：通州区滨河路143号
邮编：101149
电话：61567430
传真：61567430
网址：www.act-chem.com
电子邮箱：actmarket@act-chem.com
法定代表人：李玉琢

（化工集团）

8月23日，2017世界机器人大会在北京召开

机器人展示

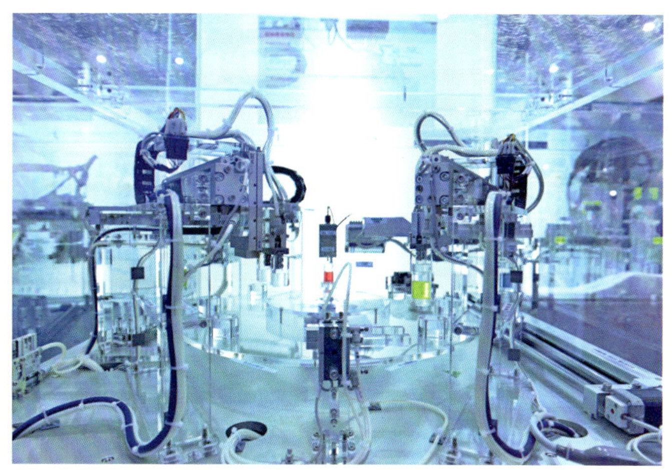

组织建设

Organizational Building

4月17日至4月20日，市经济信息化委处级领导干部“学习贯彻中共十八届六中全会精神”专题研讨班举办

10月27日，市经济信息化委到福田戴姆勒公司宣讲中共十九大精神

11月7日，市经济信息化委在房山区北车营村开展“铭记宗旨、寄望未来——我为孩子献爱心”对口帮扶主题党日活动

5 月 4 日，首届京津冀工信（经信）部门青年交流论坛举行

9 月 7 日至 10 日，市经济信息化委率领的北京代表队在第二届全国工业机器人技术应用技能大赛中取得优异成绩

9 月 25 日，2017 年推动高端产业发展专题研讨班在北京举办

昌平区经济和

1月18日，创新药物科学实验平台正式运营

5月5日，昌平区区长张燕友视察白庙工业大院

4月20日，昌平区举办企业技术创新与品牌建设培训会

6月21日，三一重工入选国家“双创示范基地”

9月30日，昌平区经济信息化委召开安全生产工作部署会

11月28日，市经济信息化委副主任毛东军到昌平区检查工业大院清理整治情况

信息化委员会

10 月 18 日，昌平区经济信息化委机关干部收看中共十九大开幕式

昌平区经济信息化委办公大楼（2017 年摄）

10 月 13 日，昌平区举行通信保障和网络安全应急演练

11 月 6 日，昌平区召开第 8 期高级职业经理人颁证仪式暨毕业典礼

11 月 28 日，昌平区召开《中华人民共和国中小企业促进法》新法宣贯会议

12 月 5 日，中关村生命科学园生物医疗大健康 2017 年度峰会暨发展论坛举办

北京汽车集团有限公司

3 月 9 日，北汽国际津巴布韦 SKD 项目首台车成功下线

3 月 20 日，北京奔驰公司获得 2016 年度全球卓越运营最佳工厂大奖

3 月 22 日，北汽集团所属北汽产投公司与北汽新能源携手发起成立“安鹏·中国新能源汽车产业发展基金”，成为中国汽车企业发起成立的第一支规模超百亿的产业基金

3 月 25 日，北汽集团党委书记、董事长徐和谊和南非工业发展有限公司董事长布思•玛布扎女士代表双方签署南非汽车工业园项目合作备忘录

3 月 27 日，北京汽车发布 2016 年业绩利润，同比增长 92%

4 月 1 日，北京奔驰公司 C+E+GLC 级车月产均突破万辆

4 月 8 日，华夏出行有限公司揭牌成立

6 月 22 日，福田汽车连续 13 年领跑商用车领域

6 月 23 日，北汽越野世家获得 2017 环塔拉力赛 4 项冠军

6 月 29 日，J.D.power 2017 年度售后服务满意度调查，北京现代以 665 分的佳绩获得主流车细分市场第一名

7 月 10 日，福田戴姆勒汽车第 100 万辆重卡下线

7 月 19 日，最新一期《财富》世界 500 强排行榜发布，北汽集团以 695.91 亿美元营业收入，位列世界 500 强第 124 位，比 2017 年上升 13 位

北京汽车集团有限公司

8 月 31 日，北京奔驰公司月产首次突破 40000 辆

8 月 31 日，北京现代重庆工厂正式量产

9 月 21 日，北汽新能源荣获亚洲质量卓越奖（ARE-QP），成为国内首家获此殊荣的新能源汽车制造企业

9 月 27 日，北汽集团南非工厂项目首批设备发运

9 月 28 日，北汽新能源与华为合作，联手打造“中国制造”国家名片

10 月 13 日，北汽集团与百度在北汽研发基地签署战略合作框架协议，在汽车智能化领域达成集团层面的战略合作

10 月，北汽新能源基于正向开发、全新平台的 EC 系列车型单月销量达 15719 台，青岛生产基地突破月产 15000 辆大关

11 月 3 日，新能源汽车生态大会暨擎天柱计划发布仪式在中国・蓝谷举办

11 月 8 日，全新绅宝 D50 在乌镇上市

11 月 28 日，福田康明斯成立 10 周年暨 100 万台发动机下线仪式举办

12 月 9 日，北京市新能源汽车技术创新中心成立仪式在中国・蓝谷举行

12 月 29 日，北汽集团“无人驾驶”运营项目首次落户顺义区奥林匹克水上公园

首钢集团

1月16日至17日，首钢党委扩大会和集团职代会相继召开，总结2017年工作、部署2018年工作

北京市人民政府国有资产监督管理委员会

京国资〔2017〕218号

关于印发《市国资委关于首钢集团有限公司深化改革综合试点的方案》的通知

首钢集团有限公司：

《市国资委关于首钢集团有限公司深化改革综合试点的方案》已经市国资委第十三次主任办公会审议通过，并报经市政府同意，现印发给你单位，请认真组织实施。

12月，首钢成为北京市深化改革综合试点单位

7月17日，中央电视台10集大型政论专题片《将改革进行到底》第一集《时代之问》，展示跻身世界第一梯队的首钢电工钢产品

首钢股份公司硅钢生产线全景（2017年摄）

年内，首钢近万吨高等级海洋工程用钢供应全球。图为最先进的超深水双钻塔半潜式钻井平台“蓝鲸1号”

2017年，首钢成为宝马、奔驰、一汽大众、福特、东风日产等高端用户稳定供货商

2月28日，国家体育总局与首钢总公司共同签署“备战2022年冬季奥运会　建设国家体育产业示范区合作框架协议”

10月18日，《新首钢高端产业综合服务区北区详细规划》获得北京市规划和国土资源管理委员会正式批复

5月，首钢建设集团位于阿尔及利亚第二大城市奥兰的TOSYALI230万吨炼钢工程建设稳步推进

9月15日，首钢环境公司鲁家山餐厨垃圾收运处一体化项目开始运营

11月，首钢12项产品在冶金工业质量经营联盟公布的品质卓越产品榜上有名

2月，首期首钢青年干部赴美研修班学员正在听取专家授课

第二轮《北京志·工业志》编纂工作纪实

Record of Compliation Work

5 月 19 日，2017 年北京工业志鉴工作会议召开

12 月 12 日，第二轮《北京志·工业志》复审评议会召开

第二轮《北京志·工业志（1999—2010)》复审稿

12 月 18 日，第二轮《北京志·工业志》复审会召开，审议并通过复审稿

人 物

本栏目主要记述2017年北京市工业系统主要领导干部名单、第17届北京市工业和信息化职业技能竞赛获奖名单以及北京工业系统劳动模范、先进人物光辉事迹。

2017年北京市工业系统主要领导干部

本名单中，各区和相关部门只列主管工业的领导，市属控股（集团）公司（包括部分中央在京工业企业）列至党、政副职领导。领导任职、离职时间以上级组织部门批文为准。

市级、委办局领导

北京市人民政府

主管工业副市长　阴和俊

北京市经济和信息化委员会

（北京市国防科学技术工业办公室）

党委书记　张伯旭

主　　任　张伯旭

副 主 任　李　洪（4月离任）

王学军

童鹏飞（4月离任）

樊　健

毛东军

孔　磊（7月任职）

潘　锋

纪检组长　续　栋（4月任职）

委　　员　刘京辉（女，5月离任）

任世强（5月离任）

姜广智（5月离任）

副巡视员　刘京辉（女，5月任职）

任世强（5月任职）

姜广智（5月任职）

邹　彤（女）

张兰青（女，4月离任）

副 局 级　陈志峰

北京市无线电管理局

局　　长　陆恭超

16区及其他单位领导

东城区

常务副区长　陈之常

产业和投资促进局（金融办）副主任

张聚海（主管工业）

西城区

副 区 长　司马红

科信委主任　杨　秋

朝阳区

区委常委、常务副区长　马继业

发展改革委主任　朱　晟

海淀区

副 区 长　李长萍

经济信息化办主任　何建吾

丰台区

副 区 长　张　婕（女，2016年离任）

周新春（2016年任职）

经济信息化委主任　吴神赋

石景山区

副 区 长　周西松

经济信息化委主任　王晓华

门头沟区

副 区 长　张兴胜

经信委主任　李国庆

房山区

区委常委、副区长　赵　军（2016年12月离任）

刘　兵（1月任职）

经济信息化委主任　高武军（2月任职）

通州区

副 区 长　洪家志

经济信息化委主任　杜　伟

顺义区

副 区 长　初军威

经济信息化委主任　胡小兵

大兴区

副 区 长　方　健（5月离任）

杨蓓蓓（5月任职）

经济信息化委主任　胡宝琛

昌平区

副　区　长　贺　军（1月离任）
周金星（1月任职）
经济信息化委主任　王志刚（2010年8月任职）
平谷区
副　区　长　李永生（6月离任）
杨东起（6月任职）
经济信息化委主任　胡东升
怀柔区
副　区　长　王　戬（2016年8月离任）
李志遂（2016年8月任职）
经济信息化委主任　周怀明
密云区
副　区　长　范永红
经济信息化委主任　王建国
延庆区
副　区　长　刘　兵（2016年9月离任）
罗　瀛（2016年10月任职）
经济信息化委主任　祁增华（2月离任）
徐自成（2月任职）
北京市工商业联合会
主　　席　程　红（女，9月离任）
燕　瑛（女，9月任职）
常务副主席　郑默杰（女）
驻会副主席　佘运高　王报换　郑勇男
王爱民（9月离任）
赵秀德　林为民
中关村科技园区管理委员会
主　　任　郭　洪（4月离任）
翟立新（4月任职）
副　主　任　杨建华（2016年4月离任）
宣　鸿（5月离任）
王汝芳
侯　云（女）（2016年7月任职）
廖国华（2016年4月离任）
张　涛（2016年9月离任）
赵慧君（女，挂职）
张永强（挂职，9月离任）
翁啟文（挂职，12月任职）
北京经济技术开发区管理委员会
主　　任　梁　胜
副　主　任　王合生　绳立成　袁立洪
陈小男　沈永刚
北京电子控股
董　事　长　王　岩
总　经　理　赵炳弟
副总经理　宋士军　谢小明　杜罗坤
张劲松　陈勇利　潘金峰
党委书记　王　岩
党委副书记　赵炳弟　张岳明
北京汽车集团有限公司
董　事　长　徐和谊
副董事长　卫华诚
总　经　理　张夕勇
副总经理　沈安东（1月任职）　蔡速平
蒋自力（4月任职）　张　健
叶正茂　陈　江　张建勇
张　欣（2月离任）
孔　磊（12月离任）
党委书记　徐和谊
党委副书记　张夕勇　韩永贵
中车北京二七机车有限公司
董　事　长　马建勋
总　经　理　郭凤江（3月任职）
副总经理　高维寅（3月离任）
荣海峰（3月离任）
张志宏　王洪义　乔红波
郭凤江（3月离任）　王玉民
曹　岩（3月任职）
陈　江（3月任职）
党委书记　马建勋
党委副书记　曹宏晏　郭凤江（3月任职）
中车北京二七车辆有限公司
董　事　长　史硕致
总　经　理　兰　叶
副总经理　张志山
安　卫（3月任职，广西柳州挂职）
孙　斌　戴志勇　王武建
赵咏梅
党委书记　史硕致
党委副书记　兰　叶　杜向东
中车北京南口机械有限公司
董　事　长　孙　凯
副董事长　张秀臣（8月离任）
总　经　理　孙　凯
副总经理　耿　刚　樊学军　武德全
王　珩　王文颖　魏亦南
穆乃利
党委书记　孙　凯（8月任职）

张秀臣（8月离任）
党委副书记 孙　凯（8月离任）　宋焕其

北京京城机电控股有限责任公司

董事长 任亚光
总经理 王国华
副总经理 蒋自力（4月离任）　王军
姜　健（2016年6月任职）
戚建波（2016年6月任职）
党委书记 任亚光
党委副书记 王国华　赵　莹

北京京仪集团有限责任公司

董事长 高玉清
副董事长 张　华（2016年7月离任）
秦海波（9月任职）
李英龙（6月任职）
总经理 高玉清（6月离任）
秦海波（6月任职）
副总经理 杨睦民　卢继伟　李　源
党委书记 高玉清

中国北京同仁堂（集团）有限责任公司

董事长 梅　群
总经理 高振坤
副总经理 丁永玲（女）　马保健（女）
顾海鸥　饶祖海　张荣寰
李　缤
党委书记 梅　群
党委副书记 高振坤　陆建国（4月离任）

北京同仁堂股份有限公司

董事长 高振坤
副董事长 丁永铃（女）
总经理 刘向光
副总经理 朱共培　宋卫清（女）
张建勋　韩春举（10月离任）
李维祥　王清泉
党委书记 侯德英（女）

北京一轻控股有限责任公司

董事长 苏志民
总经理 阮忠奎
副总经理 张学清（2016年8月离任）
袁新民　于吉广
马建秋（10月离任）
杨中俊
葛云程（2011年8月任职）
常　明（6月任职）
党委书记 苏志民
党委副书记 阮忠奎　洪艳华（女）

北京时尚控股有限责任公司

董事长 吴　立
总经理 李学彬
副总经理 赵宏晔　吴鹤立　贠天祥
刘明杰　刘常峰（6月任职）
刘占清（6月离任）
党委书记 吴　立
党委副书记 李学彬　顾伟达

北京隆达轻工控股有限责任公司

董事长 李　玎（女）
总经理 张德华
副总经理 粟国锦　董　淳　李文宽
袁和君（5月任职）
党委书记 李　玎（女）
党委副书记 张德华　段远刚（6月任职）

北京工美集团有限责任公司

董事长 李　节
总经理 魏连伟
常务副总经理 王　健
副总经理 孟繁民
党委书记 李　节
党委副书记 魏连伟　甘学荣

中国石化集团北京燕山石油化工有限公司

董事长 罗　强
总经理 罗　强
副总经理 王　哲　李　刚（1月离任）
党委书记 王　哲
党委副书记 罗　强　许　光（8月离任）

中国石油化工股份有限公司北京燕山分公司

总经理 罗　强
副总经理 王　哲　李清河（5月离任）
焦　阳　丛　煜（8月离任）
程嘉猷（8月任职）
曲宏亮（8月任职）

北京化学工业集团有限责任公司

董事长 刘文超
总经理 苏建军
副总经理 吕德明　孙绍刚　陈　宇
韩宝海　韩淑华
党委书记 刘文超
党委副书记 苏建军　吴瑞峰

首钢集团有限公司

董 事 长 靳 伟
总 经 理 张功焰
副总经理 赵民革 白 新
孙永刚（5月离任）
王世忠 胡雄光 韩 庆
梁 捷
党委书记 靳 伟
党委副书记 张功焰 何 巍

北京金隅集团有限责任公司

董 事 长 姜德义
副董事长 王建国（2016年6月离任）
总 经 理 曾 劲（2016年6月任职）
副总经理 姜长禄 姜英武 王肇嘉
刘文彦 陈国高 安志强
党委书记 姜德义
党委副书记 曾 劲（2016年6月任职）
石喜军（2016年8月离任）
吴 东

北京能源集团有限责任公司

董 事 长 姜 帆
总 经 理 阚 兴
副总经理 刘水洋 刘海峡 王永亮
孟文涛 李育海
党委书记 姜 帆
党委副书记 阚 兴 李 迅

国网北京电力公司

董 事 长 李同智（5月任职）
总 经 理 李同智（5月离任）
万志军（5月任职）
副总经理 杨新法（5月离任）刘润生
安建强 唐屹峰 王西胜
张铁恒 赖祥生 孙兴泉
党委书记 杨新法（5月离任）
李同智（5月任职）
党委副书记 李同智（5月离任）
万志军（5月任职）

北京市民政工业总公司

总 经 理 姜 武
党委书记 姜 武

第17届北京市工业和信息化职业技能竞赛获奖名单

为贯彻落实《首都中长期人才发展规划纲要（2010—2020年）》和《北京市人民政府关于进一步加强职业培训工作的意见》（京政发〔2011〕33号），大力弘扬工匠精神，发挥职业技能竞赛在高技能人才培养、选拔和激励等方面的作用，2016年由北京市经济和信息化委员会、北京工业经济联合会共同举办的第17届北京市工业和信息化职业技能竞赛历时1年结束。

根据京经信委发〔2016〕18号文件精神，决定授予薛涛等300人“北京市工业和信息化高级技术能手”称号，授予张鹏等60人“北京市工业和信息化行业技术能手”称号，授予史立民等33人“北京市工业和信息化最佳操作能手”称号，授予孙奇等50人“优秀教练员”称号，授予高健等50人“优秀工作人员”称号，授予北京汽车集团有限公司等24个单位“优秀组织单位”称号。

北京市工业和信息化高级技术能手

电子设备装接工

薛　涛　北京航天光华电子技术有限公司
贺佳伟　航天长征火箭技术有限公司
史立民　北京航天光华电子技术有限公司
廖　伦　中国航天科技集团公司第一研究院第十八研究所
梁海凤　北京自动化控制设备研究所
信力华　北京航天光华电子技术有限公司
赵亚娜　北京华航无线电测量研究所
侯　爽　北京信息职业技术学院
高　君　北京航天万源科技有限公司
赵　岩　北京新立机械有限责任公司

计算机网络管理员

马时伟　北京首钢自动化信息技术有限公司
宁博文　北京北辰信通网络技术服务有限公司
马龙军　北京首钢自动化信息技术有限公司
李澍禹　北京首钢自动化信息技术有限公司
彭　利　北京市电子工业干部学校
高英俊　北京首钢自动化信息技术有限公司
刘　充　北京北辰信通网络技术服务有限公司
张　浩　北京正东电子动力集团有限公司
徐　培　北京市电子工业干部学校
陈胜利　北京北辰实业集团有限责任公司元辰鑫物业管理分公司

无线电调试工

杨建福　中国航天科工飞航技术研究院
李瑞庆　北京大华无线电仪器厂
郑华金　中国航天科工飞航技术研究院
赵光雷　同方威视技术股份有限公司
贾利坤　中国航天科工飞航技术研究院
梁　义　北京电子信息技师学院
张　霞　北京电子信息技师学院
杨俊生　中国航天科工飞航技术研究院
范之光　北京航天光华电子技术有限公司
陈士钢　中国航天科工飞航技术研究院

半导体分立器件、集成电路装调工

吴宝华　北京飞宇微电子有限责任公司
赵新平　北京飞宇微电子有限责任公司
鲍学影　北京宇翔电子有限公司
董秀红　北京飞宇微电子有限责任公司
李　娜　北京瑞普北光电子有限公司
刘　微　北京飞宇微电子有限责任公司
袁　明　北京飞宇微电子有限责任公司
赵彩霞　北京瑞普北光电子有限公司
米亚南　北京飞宇微电子有限责任公司
李　可　北京燕东半导体科技有限公司

涂装工

牛四功　北汽福田汽车有限公司
王海明　北汽福田汽车有限公司
崔宏亮　北京奔驰汽车有限公司
刘玉亮　北汽福田汽车有限公司
张树明　北汽福田汽车有限公司
龙　超　北汽福田汽车有限公司
刘志勇　江西昌河汽车有限责任公司
钟　霖　江西昌河汽车有限责任公司
高　阳　北京现代汽车有限公司

徐洪亮　北汽福田汽车有限公司

汽车装调工

孟德宝　北京奔驰汽车有限公司

郭宗宪　重庆长安汽车股份有限公司北京长安汽车公司

邢　超　北京汽车技师学院

许金龙　北京现代汽车有限公司

孔祥雷　北京奔驰汽车有限公司

毕　楠　北京奔驰汽车有限公司

李　建　北京现代汽车有限公司

刘彭亚　北京汽车股份有限公司北京分公司

葛　翘　北京汽车技师学院

冯彦杰　北京鹏龙行汽车贸易有限公司

叉车司机

吕志静　北京奔驰汽车有限公司

刘天宇　北京奔驰汽车有限公司

宋建雄　北京奔驰汽车有限公司

刘　贺　北京奔驰汽车有限公司

王　帅　北京奔驰汽车有限公司

王孝东　北汽福田汽车有限公司

郑新彪　北京奔驰汽车有限公司

赵研君　北京奔驰汽车有限公司

韦　超　北京现代汽车有限公司

李　平　北京奔驰汽车有限公司

化学检验工

刘　娜　北京市理化分析测试中心

包　楠　北京市工业技师学院

骆无瑕　北京市工业技师学院

张丽苹　国药集团工业有限公司

温　静　北京市理化分析测试中心

张　珊　北京市工业技师学院

张丹妮　北京市工业技师学院

黄　伟　北京市劳动保护科学研究所

张　妍　北京排水监测总站有限公司

刘　博　北京市工业技师学院

中药炮制与配制工

吕建媛　北京同仁堂股份有限公司

刘　颖　北京市双桥燕京中药饮片厂

王　伟　北京同仁堂药材参茸投资集团有限公司

李春艳　北京杏林药业有限责任公司

陈明明　北京杏林药业有限责任公司

陈振会　北京同仁堂股份有限公司

张广富　北京盛世龙药业有限公司

张小杰　北京杏林药业有限责任公司

王　帅　北京同仁堂科技发展股份有限公司制药厂

李云飞　北京同仁堂股份有限公司

防水工

姜　辉　北京市地铁建筑安装工程公司

赵忠文　北京市地铁建筑安装工程公司

武晨旭　北京市地铁建筑安装工程公司

周　峰　北京市地铁建筑安装工程公司

赵　田　北京市地铁建筑安装工程公司

尹　璐　北京市地铁建筑安装工程公司

张　睿　北京市地铁建筑安装工程公司

赵宝云　北京市地铁建筑安装工程公司

许永峰　北京市地铁建筑安装工程公司

刘　帅　北京市地铁建筑安装工程公司

电动列车电气钳工

姜博文　北京市地铁运营有限公司运营三分公司

柳劲松　北京市地铁运营有限公司运营三分公司

杨思远　北京市地铁运营有限公司运营一分公司

张春阳　北京市地铁运营有限公司运营一分公司

宋艳红　北京市地铁运营有限公司运营二分公司

张　晨　北京市地铁运营有限公司运营三分公司

任　意　北京市地铁运营有限公司运营二分公司

鹿　浩　北京市地铁运营有限公司运营二分公司

徐忠原　北京市地铁运营有限公司运营三分公司

焦凤军　北京市地铁运营有限公司运营二分公司

汽车焊装工

朱　楠　北京现代汽车有限公司

吴岩松　北京现代汽车有限公司

张晨辉　北京现代汽车有限公司

赵鹏飞　北京现代汽车有限公司

曹鸿亮　北京现代汽车有限公司

杨士岭　北京现代汽车有限公司

孙贵成　北京现代汽车有限公司

李超科　北京现代汽车有限公司

张　柱　北京现代汽车有限公司

孙国强　北京现代汽车有限公司

天车工

李　纲　首钢股份公司

赵建宣　首钢股份公司

张　浩　首钢股份公司

刘　进　首钢股份公司

廖金成　首钢股份公司

电力调度员

孙鹤林　国网北京市电力公司电力调度控制中心

苏国杰　国网北京市电力公司电力调度控制中心

付　磊　国网北京市电力公司电力调度控制中心
白晓昆　国网北京市电力公司电力调度控制中心
纪　欣　国网北京市电力公司电力调度控制中心
魏华跃　国网北京市电力公司电力调度控制中心
谢　超　国网北京市电力公司电力调度控制中心
林　栋　国网北京市电力公司怀柔供电公司
赵天亮　国网北京市电力公司电力调度控制中心
杨乾丽　北京京港地铁有限公司

信息安全员

吴蔚然　北京信息职业技术学院
马龙军　北京首钢自动化信息技术有限公司
侯立志　北京首钢自动化信息技术有限公司
卞思晨　北京信息职业技术学院
高英俊　北京首钢自动化信息技术有限公司
张二峰　首钢京唐公司
李　承　北京信息职业技术学院
张　皓　北京信息职业技术学院
马时伟　北京首钢自动化信息技术有限公司
刘致盛　北京首钢自动化信息技术有限公司

表面安装技术操作员

信力华　北京航天光华电子技术有限公司
陈丹妹　北京航天光华电子技术有限公司
廖　伦　中国航天科技集团公司第一研究院第十八研究所
李文杰　中国航天科技集团公司第一研究院第十八研究所
贺佳伟　航天长征火箭技术有限公司
赵瑞珍　北京航天光华电子技术有限公司
周　琴　北京华航无线电测量研究所
薛　涛　北京航天光华电子技术有限公司
胡万军　北京华航无线电测量研究所
寇成达　航天长征火箭技术有限公司

薄膜晶体管阵列制造工

杜　斐　京东方科技集团股份有限公司
张　磊　京东方科技集团股份有限公司
宋一帆　京东方科技集团股份有限公司
魏晓宇　京东方科技集团股份有限公司
白云飞　京东方科技集团股份有限公司
隗　强　京东方科技集团股份有限公司
李晓英　京东方科技集团股份有限公司
王德永　京东方科技集团股份有限公司
闻庆亮　京东方科技集团股份有限公司
王成胜　京东方科技集团股份有限公司

液晶显示器件彩膜制造工

张洪涛　京东方科技集团股份有限公司
王　晴　京东方科技集团股份有限公司
陆凯悦　京东方科技集团股份有限公司
薛　振　京东方科技集团股份有限公司
马　旭　京东方科技集团股份有限公司
程祥倩　京东方科技集团股份有限公司
孙　贺　京东方科技集团股份有限公司
吴旺娣　京东方科技集团股份有限公司
李　刚　京东方科技集团股份有限公司
任立志　京东方科技集团股份有限公司

液晶显示器件成盒制造工

卫晶晶　京东方科技集团股份有限公司
李浩源　京东方科技集团股份有限公司
李思豪　京东方科技集团股份有限公司
李　伟　京东方科技集团股份有限公司
王益平　京东方科技集团股份有限公司
邓金荣　京东方科技集团股份有限公司
阚　静　京东方科技集团股份有限公司
朱新生　京东方科技集团股份有限公司
蒋建新　京东方科技集团股份有限公司
孙晶晶　京东方科技集团股份有限公司

液晶显示器件模组制造工

杨海燕　京东方科技集团股份有限公司
刘海彬　京东方科技集团股份有限公司
刘玉浩　京东方科技集团股份有限公司
田建月　京东方科技集团股份有限公司
卢小亮　京东方科技集团股份有限公司
刘丽静　京东方科技集团股份有限公司
苗　伟　京东方科技集团股份有限公司
孙　慧　京东方科技集团股份有限公司
赵　龙　京东方科技集团股份有限公司
郭卫奇　京东方科技集团股份有限公司

中央空调系统操作员

李　磊　北京电子信息技师学院
崔凯华　北京电子信息技师学院
陈　杰　北京首都机场动力能源有限公司
田明宇　北京电子信息技师学院
周　敏　北京电子信息技师学院
韩　屹　北京首都机场动力能源有限公司
高　峰　北京首都机场动力能源有限公司
王晓东　北京首都机场动力能源有限公司
马占民　北京首都机场动力能源有限公司
焦　宇　北京首都机场动力能源有限公司

平版制版工

朱有根 北京奇良海德印刷股份有限公司
秦 宇 北京人教聚珍图文技术有限公司
贾新苗 北京印刷学院
王子烨 北京人教聚珍图文技术有限公司
刘晓艳 北京盛通印刷股份有限公司
王菊红 北京华联印刷有限公司
张 辉 中国人民解放军第一二〇六工厂
许 诚 北京印刷学院
杨英淑 中国人民解放军第一二〇六工厂
侯祎琦 北京人教聚珍图文技术有限公司

平版印刷工

任东明 北京奇良海德印刷股份有限公司
肖相远 北京新华印刷有限公司
卢天英 北京强华印刷厂
赵宏强 北京印刷集团有限责任公司印刷二厂
翟孟利 北京地大彩印有限公司
陈大鹏 北京盛通印刷股份有限公司
李亚军 北京盛通印刷股份有限公司
张同正 北京华联印刷有限公司
刘永刚 北京尚唐印刷包装有限公司
果瑞峰 北京金辰西维科安全印务有限公司

轧钢工（热轧）

李春元 首钢股份公司
焦彦龙 首钢股份公司
张柏元 首钢股份公司
杜 涛 首钢股份公司
张志凯 首钢股份公司

转炉炼钢工

张俊飞 首钢首秦公司
郭佳宁 首钢京唐公司
张海华 首钢首秦公司
杨龙飞 首钢水钢公司
杨 欢 首钢股份公司

机修钳工

屈二龙 首钢股份公司
程利凯 首钢股份公司
孙 杨 首钢首秦公司
高树繁 首钢矿业公司
李海宾 首钢首秦公司

高炉炼铁工

李宏伟 首钢京唐公司
王喜元 首钢京唐公司
纪鹏飞 首钢首秦公司
郑玉平 首钢京唐公司
彭登学 首钢水钢公司

矿车司机

胡敬兵 首钢矿业公司
陈小松 首钢矿业公司
金宝顺 首钢矿业公司
高卫星 首钢矿业公司
何海蛟 首钢矿业公司

电力机车司机

郭大帅 北京市地铁运营有限公司运营一分公司
霍 克 北京市地铁运营有限公司运营一分公司
李国峰 北京市地铁运营有限公司运营二分公司
王 爵 北京市地铁运营有限公司运营二分公司
陈国军 北京市地铁运营有限公司运营四分公司
丁长杰 北京市地铁运营有限公司运营四分公司
朱 博 北京市地铁运营有限公司运营四分公司
夏凤奎 北京市地铁运营有限公司运营三分公司
彭 超 北京市地铁运营有限公司运营三分公司
张 伟 北京市地铁运营有限公司运营二分公司

电力机车钳工（机械）

王 宇 北京市地铁运营有限公司运营三分公司
黄 蕾 北京市地铁运营有限公司运营二分公司
王少博 北京市地铁运营有限公司运营四分公司
张 伟 北京市地铁运营有限公司运营二分公司
赵 腾 北京市地铁运营有限公司运营二分公司
赵思沅 北京市地铁运营有限公司运营一分公司
杨 宁 北京市地铁运营有限公司运营一分公司
门金鑫 北京市地铁运营有限公司运营二分公司
鲍盛荣 北京市地铁运营有限公司运营二分公司
朱庆涛 北京市地铁运营有限公司运营二分公司

车站值班员

李 毅 北京市地铁运营有限公司运营二分公司
张天泽 北京市地铁运营有限公司运营一分公司
刘 争 北京市地铁运营有限公司运营二分公司
郭麟轩 北京市地铁运营有限公司运营一分公司
冯雨申 北京市地铁运营有限公司运营一分公司
张 旭 北京市地铁运营有限公司运营二分公司
孙 琪 北京市地铁运营有限公司运营三分公司
杨 铮 北京市地铁运营有限公司运营一分公司
马 新 北京市地铁运营有限公司运营二分公司
牛子辰 北京市地铁运营有限公司运营四分公司

机电一体化

殷成浩 北京市工业技师学院
马向东 北京市工业技师学院

谢　虎　北京市工业技师学院
铁　鑫　北京市工业技师学院
李　志　北京市工业技师学院
冯志新　北京创思工贸有限公司
罗寅光　北京市工业技师学院
张天寓　北京市工业技师学院
卯增光　北京市工业技师学院
丁　晨　北京市工业技师学院

工具钳工

严　粟　北京航天新风机械设备有限责任公司
宁祥彬　北京航天新风机械设备有限责任公司
李志宏　北京航天新风机械设备有限责任公司
姜岳飞　北京航天新风机械设备有限责任公司
李道胜　北京航天新风机械设备有限责任公司
崔云同　北京航天新风机械设备有限责任公司
赵建文　北京航天新风机械设备有限责任公司
耿江超　首都航天机械公司
冯恩航　首都航天机械公司
姜丛帅　北京航天新风机械设备有限责任公司

北京市工业和信息化行业技术能手

高低压电器装配工

张　鹏　北京合锐赛尔电力科技有限公司
孙怡丹　北京合锐赛尔电力科技有限公司
王文仙　北京合锐赛尔电力科技有限公司
曹院生　北京合锐赛尔电力科技有限公司
高小超　北京合锐赛尔电力科技有限公司

半导体芯片制造工

翟　强　北京宇翔电子有限公司
王素霞　北京燕东微电子有限公司
李铁铮　北京宇翔电子有限公司
彭晓辉　北京燕东微电子有限公司
胡丽娅　北京燕东微电子有限公司

电梯安装维修工

姜　山　北京地铁机电分公司
刘满银　北京地铁机电分公司
汪轶群　北京地铁机电分公司
王明辉　北京地铁机电分公司
隗合远　北京地铁机电分公司

印品整饰工

范飞军　鸿博昊天科技有限公司
卢彦明　北京尚唐印刷包装有限公司

装订工

罗鸿广　北京华联印刷有限公司
关　锋　北京新华印刷有限公司
王　玫　北京印刷学院

行车调度

刘　洋　北京市地铁运营有限公司调度指挥中心
陈太庆　北京市地铁运营有限公司调度指挥中心
李晓峰　北京市地铁运营有限公司调度指挥中心
苏玉明　北京市地铁运营有限公司调度指挥中心
李　岩　北京市地铁运营有限公司调度指挥中心

电力及防灾环控调度专业

刘　斌　北京市地铁运营有限公司调度指挥中心
付　跃　北京市地铁运营有限公司调度指挥中心
武　涛　北京市地铁运营有限公司调度指挥中心
裴　琳　北京市地铁运营有限公司调度指挥中心
张文琦　北京市地铁运营有限公司调度指挥中心

铁路线路工

刘　岩　北京市地铁运营有限公司线路分公司
郭　鹍　北京市地铁运营有限公司线路分公司
赵晓彬　北京市地铁运营有限公司线路分公司
曹大林　北京市地铁运营有限公司线路分公司
顾　松　北京市地铁运营有限公司线路分公司

无损检测员

马博轩　北京市地铁运营有限公司线路分公司
鲁俊合　北京市地铁运营有限公司线路分公司
王一明　北京市地铁运营有限公司线路分公司
杜　江　北京市地铁运营有限公司线路分公司
赵　伟　北京市地铁运营有限公司线路分公司

铁路信号工

高锺平　北京地铁通信信号分公司
刘　伟　北京地铁通信信号分公司
于　晶　北京地铁通信信号分公司
郭剑波　北京地铁通信信号分公司
李　京　北京地铁通信信号分公司

铁路通信工

王　辉　北京地铁通信信号分公司
朱松洁　北京地铁通信信号分公司

铁路通信工（AFC）

邢　进　北京地铁科技发展有限公司
房　亮　北京地铁科技发展有限公司
许佳希　北京地铁科技发展有限公司

变电设备检修工

杨艺森 北京市地铁运营有限公司供电分公司

周春雷 北京市地铁运营有限公司供电分公司

范 宾 北京市地铁运营有限公司供电分公司

马 杰 北京市地铁运营有限公司供电分公司

段朝辉 北京市地铁运营有限公司供电分公司

桥梁工

王雪雷 北京市地铁建筑安装工程公司

胡敬辉 北京市地铁建筑安装工程公司

胡扬扬 北京市地铁建筑安装工程公司

张文杰 北京市地铁建筑安装工程公司

高 强 北京市地铁建筑安装工程公司

北京市工业和信息化最佳操作能手

电子设备装接工

史立民 北京航天光华电子技术有限公司

计算机网络管理员

马时伟 北京首钢自动化信息技术有限公司

无线电调试工

杨建福 中国航天科工飞航技术研究院

半导体分立器件、集成电路装调工

赵新平 北京飞宇微电子有限责任公司

涂装工

崔宏亮 北京奔驰汽车有限公司

汽车装调工

郭宗宪 重庆长安汽车股份有限公司北京长安汽车公司

叉车司机

吕志静 北京奔驰汽车有限公司

化学检验工

刘 娜 北京市理化分析测试中心

中药炮制与配制工

李云飞 北京同仁堂股份有限公司

防水工

赵忠文 北京市地铁建筑安装工程公司

电动列车电气钳工

杨思远 北京市地铁运营有限公司运营一分公司

汽车焊装工

张晨辉 北京现代汽车有限公司

天车工

李 纲 首钢股份公司

电力调度员

孙鹤林 北京电力调度控制中心

信息安全员

吴蔚然 北京信息职业技术学院

表面安装技术操作员

信力华 北京航天光华电子技术有限公司

薄膜晶体管阵列制造工

杜 斐 京东方科技集团股份有限公司

液晶显示器件彩膜制造工

张洪涛 京东方科技集团股份有限公司

液晶显示器件成盒制造工

卫晶晶 京东方科技集团股份有限公司

液晶显示器件模组制造工

杨海燕 京东方科技集团股份有限公司

中央空调系统操作员

李 磊 北京电子信息技师学院

平版制版工

朱有根 北京奇良海德印刷股份有限公司

平版印刷工

翟孟利 北京地大彩印有限公司

轧钢工（热轧）

李春元 首钢股份公司

转炉炼钢工

张俊飞 首钢首秦公司

机修钳工

屈二龙 首钢股份公司

高炉炼铁工

李宏伟 首钢京唐公司

矿车司机

胡敬兵 首钢矿业公司

电力机车司机

郭大帅 北京市地铁运营有限公司运营一分公司

电力机车钳工（机械）

王 宇 北京市地铁运营有限公司运营三分公司

车站值班员

李 毅 北京市地铁运营有限公司运营二分公司

机电一体化

殷成浩 北京市工业技师学院

工具钳工

严 粟 北京航天新风机械设备有限责任公司

优秀组织单位（排名不分先后）

北京汽车集团有限公司
北京奔驰汽车有限公司
北京汽车技师学院
北京现代汽车有限公司
北京市地铁运营有限公司
北京市地铁建筑安装公司
北京市地铁运营有限公司运营四分公司
北京电子控股有限责任公司
京东方科技集团股份有限公司
北京燕东微电子有限公司
北京电子信息技师学院
国网北京市电力公司
北京市工贸技师学院
北京市工业技师学院
北京信息职业技术学院
北京新立机械有限责任公司
北京航天新风机械设备有限责任公司
北京印刷协会
北京医药协会
北京杏林药业有限责任公司
北京市延庆区经济和信息化委员会
首钢总公司
首钢股份公司
北京首钢自动化信息技术有限公司

优秀工作人员（排名不分先后）

高　健　刘　頔　杨志博　何　磊　杨　阳
沈　超　张志锋　刘海龙　杜克文　李　平
齐少伟　杨素梅　刘　明　张霁棕　段德新
刘惠玲　张　静　石凤英　赵连雨　唐军平
李　烨　王铁民　王　萍　李久强　贾　欣
张玉霞　陆　地　刘　兴　蒋开武　李　瑞
孙文成　许芙蓉　崔建凯　陈　捷　汤　毅
王　晨　卞丽亚　李　炳　方　颖　邓迎章
朱晓轩　方　凝　支　玮　邹　艳　张秀芳
刘玉温　冯庆龙　库安娜　吴明伟　王　琎

优秀教练员（排名不分先后）

孙　奇　张俊兰　郑卫国　徐　军　柏志勇
曹　慧　贾　翠　张建师　王有良　张月林
刘海民　张印宝　周运斌　张廷海　赵志杰
于葆墀　桑　伟　唐利军　王金刚　马成龙
张　丰　范景华　史宝会　韩　燕　蔺　强
杨朝辉　赵子雄　宗　帅　李德青　陈　猛
齐建军　刘泗磊　宋　雯　张经义　吕晓辉
铁　雄　田　杰　回春玲　吴学斌　吕　可
齐凤海　陈　强　韩方旭　邵　强　宛建平
张　捷　李　平　蔡小丽　张　浩　侯利明

京工人物

【王朴——国家电网公司特等劳动模范】王朴，男，1983年9月出生，汉族，中共党员，大学本科学历，工程师。2005年8月参加工作，现任国网北京昌平供电公司运维检修部主任。

王朴自参加工作以来，坚持扎根一线，从事继电保护专业，通过多年不懈努力和刻苦钻研，成长为该领域的青年技术专家，被称作继电保护专业“活图纸”。他多次发现并处置保护设备的重大缺陷，主持及参与编制了多部专业规范。在奥运会、APEC、抗战阅兵、中共十九大等重大政治活动供电保障任务中，王朴发扬连续作战的精神，冲在第一线，及时化解了多次异常情况，创造了重大政治活动中供电零闪动的成绩，多次被评为供电保障先进个人。王朴编写了大量实用材料和讲稿，并自行搭建技能实训平台，累计开展义务培训超过1500学时，在团队中培养出省公司及以上劳模3名、岗位能手6名，王朴也荣获北京市“名师带徒”称号。作为北京地区最早开展智能变电站相关技术研究及实践的人员之一，王朴作为负责人主持完成了全国首座新一代智能变电站保护及自动化系统建设的开发调试工作，解决了多项技术难题，实现了多个第一。他是北京电网智能变电站有关建设运行规范标准的主要起草人之一，主持及参与了30余项创新课题，获得各级别奖项近20个，拥有20余项国家专利。以王朴命名的职工创新工作室被授予北京市级职工创新工作室、国家电网公司劳模创新工作室示范点。

王朴先后获北京市电力公司“青年岗位能手”“优秀共产党员”“党员先锋”“先进生产者”“十大首都电力之星”等荣誉称号；2015年获评国家电网公司“优秀青年岗位能手”，被授予“国家电网公司劳动模范”荣誉称号；2017年获得首都劳动奖章，被授予“国家电网公司特等劳动模范”荣誉称号。

（范晓辉）

【王炜——材料研发创新牵头人】王炜，男，1979年1月7日出生，汉族，中共党员，毕业于北京工业大学材料科学与工程专业，工学学士学位，高级工程师，现任北京有色金属与稀土应用研究所副所长、研发中心负责人、理化中心（质检站）站长，北京市电子信息工程技术研究中心主任。

王炜自毕业后到研究所工作以来，把自己所学的一切奉献给了研究所的研发创新和理化检测管理及平台建设工作。他带领研究所研发、理化人员，锐意创新，为研发新产品、争取课题项目、申报专利、建设企业间合作平台做出了突出贡献。作为研究所研发创新的领军人物，他工作在研发、理化检测和科技营销一线，与技术、营销人员共同探讨新产品研发、新市场开发和新领域开拓，促成高科技人才引进，带领团队积极争取项目，悉心指导团队人员。为保证奥运工程质量，王炜带领冶金站工作人员，配合市技术监督局对51个奥运场馆的17000余吨建筑用钢筋累计检测383批次，保质按时完成各项检测任务，被中华全国总工会授予“工人先锋号”称号。为保障民生住房安全，他行使监管责任，对朝阳区在建的28个施工现场抽取样品进行检测。2012年，为了摆脱国外对铝基中温钎料的封锁，保障国防急需，王炜作为项目负责人，进行系统性研究，其研究成果成功应用于机载雷达电子；牵头开发研制铅基高温焊膏和药芯焊丝，应用于天宫二号空间实验室的大规模集成电路中，为国家航天事业做出了贡献。2016年，作为课题负责人，王炜联合贵研铂业等单位申报科技部2017重点研发计划专项“稀贵金属焊接/装联材料研究”，突破制约国家重点工程发展的新材料瓶颈，实现功能替代或进口替代，满足应用需求。王炜作为产业联合平台建设牵头人，积极推动国家与中关村双高新企业达博、诺飞公司确立以市场为纽带的产业联合体，实现技术和生产平台共享，整合材料研究领域各类资源的建设，打造北京创新中心要求的科研开发和技术创新平台。2012年以来，研究所实施科技营销战略，王炜带领科研、技术、检测及销售人员，在服务保障领域取得突破性进展，发展新用户30余家，为用户解决几十项技术难题，累计实现经济效益2000余万元。2016年至2017年，围绕“十三五”时期国家重点工程、重点建设领域和北京科技创新中心的功能定位，申请科研课题经费共计1300余万元。2017年，王炜获颁北京市首都劳动奖章，荣获“国企楷模·北京榜样”称号。

（有色所）

【王卫华——在平凡岗位上做出不平凡业绩】王卫华，女，1970年9月出生，现任北京日光旭升精细化工技术研究所洗衣房主管。

2011年7月，王卫华来到北京日光旭升精细化工技术研究所工作。从一名洗衣工做起，在单调的工作中精心投入，在繁琐的事务中努力奉献，在平凡的岗位上做出了不平凡的业绩。分拣客衣看似简单，其实是个技术活，考验的是耐性、韧性和细心，经验不足就会导致洗涤不干净，工作效率低。王卫华眼睛看得准，五颜六色的衣服在她的手中犹似一只只蝴蝶翻飞，分拣得清清楚楚。洗涤过程中，虽然机器完成了大部分工作，不需要高超的技艺，但仍然需要双手机械地重复操作，投入、取出、消毒、熨烫、悬挂，手不停歇，脚不停闲。有的特殊衣服还需人工洗涤，这就要求操作人员具备丰富的经验和熟练的技术手法，将原本褶皱的衣服浣洗出清新、笔挺、净爽。王卫华对待进厂的每一件衣物都努力做到心中有数，不论是面料材质还是特殊污渍，不论是干洗还是水洗，她亲力亲为，每一道工序都细致地做一遍以保证不出差错。由于她对工作认真，尽心尽力，对客户以及对每一件衣服尽心尽责，很快就被提拔为洗衣房主管。她关心属下成长，倾听属下诉求，帮助属下解决问题，使新员工能很快进入职业角色。

2013年王卫华在北京市商业服务业技能大赛系列活动服装熨烫项目比赛中获得第6名，2014年荣获北京市商业服务业服装技能大赛西服熨烫第4名，2016年、2017年连续两年获得北京市“三八红旗手”称号。

（王　萌）

【刘润生——电力供应保障的安全管理者】刘润生，男，1963年2月出生，汉族，中共党员，硕士研究生，高级工程师，1985年7月参加工作，现任国网北京市电力公司副总经理、党委委员。

作为北京公司安全生产分管领导，刘润生先后参与奥运会、国庆60周年、APEC会议、9·3阅兵等重大活动供电保障任务。2017年，北京公司首次面临3项特级供电保障任务的考验，刘润生带领广大干部职工超前谋划，周密部署，提前一年启动筹备工作。将筹备任务按天细化分解，做成图板挂在办公室时刻提醒自己，以“钉钉子”的精神推进各项筹备工作，按期保质完成任务。从年初开始，每个周末他都要到各重点站线督导巡查，奔波辗转在指挥部、会议场所及驻地，以最高标准树立了首都重大政治活动供电保障的新标杆。作为一名安全生产专业管理者，刘润生始终将公司和员工的安全摆在首要位置，不断创新机制和手段，维护安全稳定的良好局面。面对作业现场点多面广、人身安全风险居高不下的现状，他组织建成国内首个省级安全监控中心，在所有施工现场配置视频监控装置和安全规范化管理App，实现作业现场视频监督和移动作业监督全覆盖，有效破解安全巡检人手不足、质量不高的难题。面对配电网快速发展与专业人员配置不足的矛盾，他创新建立了以两级配电运维管控中心为核心的配电运检业务管理体系，建成国内首套“一体双核”配电自动化主站系统，实现配电运检业务从职能到班组的穿透式管控。2017年，在刘润生的带领下，输、变、配电设备故障率分别同比下降46.4%、44.5%和72.3%，北京公司本质安全水平显著提升。2017年是刘润生作为北京公司安全生产分管领导的第9年。9年来，他未和家人一起过过一个除夕，为的是广大市民可以过上一个光明、温暖的节日。每当雨雪冰冻等恶劣天气影响电网设备安全时，他总是不顾危险，第一时间前往现场指挥应对，以最短时间消除故障，确保电网安全运行。

刘润生先后获得北京市北京奥运会、残奥会先进个人、国家电网公司中共十九大保电工作先进个人荣誉称号，2017年被授予“国家电网公司劳动模范”荣誉称号。

（范晓辉）

【孙傲——国防通信设备的保障者】孙傲，男，1995年10月出生，汉族，群众，毕业于北京信息职业技术学院，现任北京兆维电子（集团）有限责任公司通信产品销售服务分公司工程部技术服务主管。

孙傲2015年7月参加工作，通过向老同志请教业务知识和自觉加强学习，不断增强业务能力，在很短时间后就掌握了所负责产品的工程服务技术，能够独立完成通信设备安装调试和故障排查工作。面对高强度工作压力的挑战，他每年完成安装设备20余台，维修服务达到30余次，一年有200多天往返于北京、辽宁、陕西、河北、内蒙古、海南、四川、福建、山西、江苏等地。2016年一天的凌晨，通信分公司接到西部地区某单位通知，要求在第一时间到达重要会议现场解决通信设备故障，并要求确保会议过程中设备的稳定性和连贯性。接到任务，孙傲凌晨4点回单位携带维修备件赶赴机场，在现场不眠不休工作三天两夜，在会议召开前恢复了通信畅通。孙傲曾先后3次赴艰苦地区执行重要国防通信保障任务，经常要搬运设备步行2小时往返于住所和工作现场。为协调各辅助厂家进行设备安装调试，有时只能把集装箱当成临时居住场所，环境闷热潮湿，与蚊虫相伴，在生活供水不足情况下，只能用空调冷凝水洗漱。在几乎“与世隔绝”的恶劣条件下，他克服种种困难，圆满完成了各项通信保障任务。孙傲献身国防、恪尽职守的作风，继承了738厂60年来不曾褪色的“老军工”精神，也为兆维集团赢得客户的信赖。面对工作中的难题，孙傲总能主动请缨、挺身而出，有很强的责任意识和大局意识，他的座右铭是：“凡心所向，素履以往；生如逆旅，一苇以航。”他常说，作为青年人要有梦想，凡是心所向往的地方，即便条件再艰苦也要前往；生命犹如逆行之旅，即便一叶扁舟也要向前起航。孙傲在平凡的岗位上创造了不平凡的业绩，为推进国家国防信息化建设做出了贡献。

2017年，孙傲获得首都劳动奖章。

（赵　芳）

【杜辉——在疏解中开拓的“化工人”】杜辉，男，1963年7月出生，汉族，毕业于北京市委党校，高级技师，现任北京华腾东光科技发展有限公司生产主管。

2015年，华腾东光亚科力公司与河北沧州渤海新区的一家民营企业合作生产丙烯酸乳液，杜辉作为亚科力公司代表到沧州工厂负责管理工作。面对全新的合作机制，杜辉积极整合两家资源，做到优势互补。他发现，沧州工厂员工操作水平参差不齐，产品质量波动较大。杜辉按照国企上岗标准和岗位操作要求，对操作工进行系统培训，培训1个多月60余人次，帮员工掌握了生产工艺，提升了操作技能，为双方深化合作打实了基础。2016年夏季，沧州工厂改造生产系统，杜辉依据国企标准，在工艺、仪表、设备等多方面提出修订意见和建议。在他的积极参与下，工厂生产效率整体提升，2017年5月设备投产后，工厂单日包装量比改造前提高200吨以上。2017年下半年是东方化工厂区域拆除腾退的关键时期，能否顺利完成，直接关系到华腾东光和亚科力公司的改革调整。遵照华腾东光“早想一步、早走半步”的工作理念，杜辉一方面继续坚守沧州工厂的管理工作，确保生产经营任务的完成，同时按照统一规划，参与公司多种调整发展方案的制订和实施。杜辉作为从事大化工生产的基层管理人员，忠于职守，爱岗敬业，勇于担当，敢于负责，特别是在面对疏解非首都功能、企业调整转型的时候，他以改革和发展为大局，主动顺应形势，带领团队，真抓实干，维护企业的市场和产品美誉度，用实际行动为北京化工人争得了荣誉，增添了光彩。

2017年，杜辉获得北京市国资委“国企楷模·北京榜样”优秀人物称号。

（化工集团）

【吴玉琪——京城机电工会的“琪琪姐”】吴玉琪，女，1962年10月出生，汉族，中共党员，政工师，现任北京京城机电控股有限责任公司工会女职工委员会副主任、工会主管。

吴玉琪从事专职工会工作已经22年。她清正廉洁，关心职工，热情周到，在京城机电工会系统内人人皆

知，被称为“琪琪姐”。吴玉琪深知工会组织建设是开展工会工作的基础，在她的倡导下，京城机电工会率先试行在工会换届选举时女职工委员会与工会委员会同时提名、同时选举、同时报批的“三同时”方案，并被市总女工部采纳并在全市范围内推广。吴玉琪按照全国总工会《企业工会工作条例》等相关规定，参与完成京城机电工会7个专业委员会的“工作制度”及《专业委员会管理办法》的制定。作为京城机电工会女工委员会副主任，吴玉琪将帮扶单亲困难女职工作为工作的重点，她提出“一帮一、一对红”帮扶行动，帮助多位单亲困难女职工家庭脱困。为更好地落实总工会“1+15”文件工作要求，她提出签订《女职工专项集体合同》与工会主席考核奖励挂钩，各单位的《集体合同》中必须设立女职工权益保护专章，并在每年审核《集体合同》履约情况时都要对女职工特殊保护工作进行检查，从源头上维护女职工的特殊权益。她关心女职工的成长，提议建立京城机电系统女职工人才库，对高级工以上技术工人、高级职称以上技术人员和企业中高级管理人员中女干部进行入库管理。在她的关心推荐下，系统内多名优秀女职工成长为各级劳动模范。吴玉琪作为京城机电职工服务中心副主任，组织开展了职工群众喜闻乐见、丰富多彩的文体活动。近年工会的几项大活动都离不开她的辛勤付出，组织控股公司系统第1届、第2届职工运动会，大型合唱节活动，中共建党90周年庆祝活动，参加北京市职工运动会、职工舞蹈大赛、职工歌咏比赛及市级各类文化体育活动，均获得好成绩。自从建立“京城机电工会”微信公众号后，吴玉琪不定期地将京城机电工会重点工作和各基层单位工会工作对外发布，与职工交流。“京城机电工会”微信公众号的关注人数，由刚开始的100余人增加到1300多人。

2017年，吴玉琪被授予“全国五一劳动奖章”。

（张文杰）

【吴松航——国企楷模 北京榜样】吴松航，现为北京三元奶粉事业部总经理，主要负责三元奶粉销售工作。

2010年9月，在“奶粉三聚氰胺”事件爆发、北京三元食品整合三鹿集团、国产奶陷入低谷之时，吴松航出任北京三元食品奶粉事业部总经理，主抓三元奶粉的市场销售工作，千方百计开发市场。首先对2009年以来积压在经销商和终端的大日期产品折价购回处理，拆包卖饲料粉，减轻了经销商和门店的压力，激活了销售渠道，提振员工经营销售信心，对于不再合作的经销商进行了费用结算。三元奶粉作为新品牌、新产品刚刚上市，在渠道布局上，借助原部分三鹿的经销商队伍和经销渠道，组建以现代通路（大超市、大卖场）为主的销售渠道，选择3500家门店进场销售，并在核心门店购买堆头、专柜、专架陈列、招聘增设导购员。在市场推广上，投入专项费用，开展了“百日会战”主题推广活动，集中进行路演、展卖和终端促销活动。吴松航根据市场情况，推出了三元奶粉“小众营销策略、好奶粉五大标准策略、开户开班的双开策略”。以小众策略做基础，五大标准策略为核心，双开策略做保障。不再依托大力度的费用投人，而是依托人员的勤奋和努力，将产品的理念，推介给消费者。吴松航的“好奶粉五大标准”涵盖了从生产到销售、从工艺到配方，从企业文化到企业品德各个方面，形成了消费者易于识别、对生产经营者易于监督、制约的完整体系。在3年多的时间里，三元奶粉参加国内婴童展会近200场，各地业务人员举办孕产妇班6000多场次。三元奶粉凭借优质、稳定的质量，真诚坦荡的态度，得到越来越多消费者的认可，也得到竞争对手的尊重。吴松航带领的北京三元奶粉事业部团队，取得骄人业绩。经销商不断增加，销售额大幅增长。2011年年初，全国经销部90多家，当年销售额1.2亿元；2012年，全国经销商600余家，销售额2.04亿元；2013年，全国经销商980余家，销售额4.2亿元；2014年，全国经销商1400余家，销售额8.1亿元。自2011年中国乳制品工业协会开展月月抽检3年以来，三元奶粉获得全部合格的好成绩。自2011年起，三元奶粉连续3年增长率全国第一，连续3次获得中国统计信息服务中心权威发布《中国婴幼儿奶粉品牌口碑研究报告》国产奶粉口碑第一名。2014年起跻身国产奶粉前10名，实现从小到大、连年跨越、翻番增长的奶粉品牌发展奇迹。吴松航带领的奶粉事业部获得了北京市总工会“2014年北京市工人先锋号”荣誉称号，吴松航被北京市国资委评为“国企楷模·北京榜样”十大人物。

（马　涛）

【张学江——生产一线的企业工匠】张学江，男，中共党员，现任北京玻璃集团公司六〇八厂锅炉房组长。

张学江1980年9月进厂，被分配到动力维修做电焊工，当时厂里有眼镜、光学、机加工、维修、动力等多个生产部门，焊接维修工作要求非常高，他

主动提出学习高压容器技术焊接。在实际训练中，面对成堆的材料需要反复锯断、磨口、焊接，面对艰苦的工作环境，他刻苦实践，每天都坚持上百次，终于熟练掌握了高压容器焊接技术，成为本职岗位的行家里手。六〇八厂技术人员研制成功国内首台眼镜片氧化铈高速抛光、精磨机械，为使设备尽快投入生产，厂里决定马上批量制作，首批50多台机械框架的焊接任务，几十万个焊点，张学江没有丝毫犹豫，接下任务。每天工作十几个小时，吃饭都不离现场，在保证技术标准的前提下提前10天完成全部焊接任务，为企业赢得荣誉。由于工作负责，踏实认真，张学江被调锅炉房班组。锅炉房是企业安全的重中之重，稍有差池，就可能酿成大的事故。一次，锅炉压力出现异常，停炉排查发现炉内出现腐蚀，这可是重大安全隐患，外请专业人员已经来不及。面对这种情况，张学江毅然决然地进入炉内进行修补焊接，在炉温仍处于50多摄氏度情况下，氧气也在焊接燃烧中变得缺乏。他把危险置之度外，出色完成锅炉修理，为企业排除一次重大安全隐患。厂区内合资企业博士伦公司地下大水槽箱泄漏需要紧急排除，他不由分说第一个下到几米深的水槽中进行焊接修理，大水槽入口小，供氧量缺乏，张学江不怕危险和困难，在水槽内连续作业近一个小时，以实际行动为企业正常生产保驾护航。2016年，企业进行锅炉设备改造更新，他带领全组职工，出色完成任务。他多次主持设备维修、锅炉抢险，为企业避免安全事故和损失，被称为“企业工匠”。他的一摞小本子里记录着能源供应的经验和方法。博士伦公司是生产隐形眼镜的公司，对生产蒸汽提出压力在0.75~0.96MPa（兆帕）的精准标准，张学江严格按照标准调整压力限制器，外方高管都竖起大拇指称赞。办公楼地下暖气管道改造，为了确保冬季生产线供暖，张学江带领维修组职工在地沟中加班加点抢工期。地沟里闷热、缺氧、空气不流通、火花四溅，还被石棉保温层玻璃纤维扎得满身刺痒，张学江承担了最累、最脏、最难的工作，在上千米封闭的地沟中，带领维修小组工作28天，出色完成工作任务。2015年年底，企业进行锅炉改造，在锅炉试烧过程中，张学江感觉省煤器声音异常，仔细勘查，发现锅炉与省煤器是密闭连接的，水箱中的水直接进入省煤器，管道循环没有形成，汽化后压力增大撞击省煤器箱体，极易发生爆炸。由于锅炉是根据特殊要求生产，一般安装施工方根本无法解决问题。面对这一棘手情况，张学江仔细分析了省煤器装置，凭着对设备的了解、掌握的专业技能和多年的工作经验，提出利用水箱把省煤器和锅炉断开的合理化建议，方案得到专业部门认定并实施改造，排除了安全隐患，保证了锅炉高效低耗安全运转。张学江践行“工作要有目标、要有责任”的工作信条，脏活累活抢在先，加班加点冲在前，37年来始终工作在生产一线。被市总工会评选为爱国立功标兵，多次被评为一轻控股公司优秀共产党员、先进生产者、经济技术创新标兵。

（六〇八厂）

【张宝彤——操作岗位上的“全科医生”】张宝彤，男，1980年7月出生，汉族，中共党员，高级工，大专学历，现任燕山石化化工一厂乙二醇装置内操工。

2000年，张宝彤从技校毕业后成为乙二醇装置外操工。他工作踏实勤奋，是班组里的“全科医生”，先后经历了2001年、2003年、2007年、2011年4次公司化工系统大检修历练，成为懂业务理论、精实际操作的技能骨干。张宝彤参加工作以来，班前半个小时开始巡检，是和乙二醇装置之间雷打不动的“约定”，不论严寒酷暑，十几年从未间断。2012年，由于岗位轮转，张宝彤离开干了十多年的外操岗位，成为一名内操工。转换工作岗位后，他依然坚持每天接班前进行预巡检。巡检并非内操工本职责任，许多人认为他“多此一举”，他却有自己的坚持：“乙二醇装置太危险，多到现场看看，摸清现场情况，在室内操作心里也踏实。”张宝彤利用休息时间到现场巡检，已经成为工作习惯。2016年3月29日，张宝彤照例在装置里巡检，一摊水渍让他停下脚步。“最近并没有下雨，这一滩水渍是哪来的？”职业的敏感让张宝彤马上爬进管线下方，斜仰着头往里瞧。循环气管线和换热器紧挨着，离地面不足一米，空间有限。身高一米八几的张宝彤弯曲着身体向前探查，强忍身体酸痛僵硬，双眼像雷达一样查看着管线下方的每一处焊缝，终于在阴影中

发现了深色的小点。在这段从未出过问题的循环气管线上，30 厘米长的焊缝竟然出现 3 处裂纹，一旦造成泄漏，循环气将会引发爆炸，后果不堪设想。张宝彤立即向厂调度汇报，燕山石化紧急启动应急预案，避免了重大事故发生。

张宝彤荣获“2016 年北京市国资委优秀共产党员”荣誉称号，被评为 2017 年“国企楷模 · 北京榜样”十大人物。

（吴明晓）

【赵晋荣——高端电子装备研发的领军人】赵晋荣，男，1964 年 8 月出生，汉族，中共党员，毕业于西安电子科技大学，教授级高级工程师，现任北方华创科技集团股份有限公司总经理、党委副书记兼北京北方华创微电子装备有限公司总经理、党委副书记。

赵晋荣投身装备行业 34 年，主导实施了多项国家“八五”“九五”“863 计划”“02 专项”等重点科技攻关项目，项目成果填补多项国内空白，获科技部“十一五国家科技计划执行突出贡献奖”和国家科技重大专项“突出贡献奖”。2001 年，赵晋荣作为总工程师和核心技术带头人，承接了“十五”国家 863 计划集成电路制造装备重大专项 100nm 高密度等离子刻蚀机研发项目，在关键技术受到国外严格禁运和限制的情况下，带领团队创造性地突破十余项关键技术，于 2005 年实现国产首台集成电路 8 英寸 100nm 刻蚀机上线，使中国成为继美、日后第三个能提供 100nm 刻蚀技术解决方案的国家，该项目获得“2007 年北京市科学技术一等奖”和“2009 年国家科学技术进步二等奖”。多年来，赵晋荣带领的研发团队始终保持着赶超国际先进技术的激情和执着，通过不懈的努力，为高端集成电路制造装备实现从无到有、从有到精、从精到优的蜕变做出了突出贡献。自 2005 年第一台国产集成电路 8 英寸 100nm 刻蚀机上线至今，北方华创自主研发的应用于 14nm 先进制程的等离子硅刻蚀机、Hardmask PVD 等已正式进入集成电路主流代工厂；Hardmask PVD、Al Pad PVD 设备成功进入国际供应链体系；同时，通过全力推动集成电路装备核心技术应用最大化，公司在 LED 领域外延与芯片的核心设备基本实现全面国产化，LED 刻蚀机、PECVD 等多款产品市场占有率全球第一；刻蚀机、PVD 等关键设备在先进封装、新能源光伏等领域的市场占有率不断提升，产品性能逐步达到并超越国际先进水平。原七星电子与原北方微电子整合后，赵晋荣主持推动内部业务板块整合、“十三五”规划制订、内控体系搭建及创新、市场渠道重塑、品牌建设及推广、领军人才团队打造及机制体制创新等工作，使得北方华创集团年销售收入和利润连续两年保持较大增长，市场渠道、品牌效应获得成功，会聚“千人专家”10 人，高端人才团队搭建初见成效。

赵晋荣为国家 02 科技重大专项总体专家组特聘专家，“2012 年度科技北京百名领军人才”，第 11 批“北京市有突出贡献的科学、技术、管理人才”，享受北京市政府特殊津贴。2017 年，获得首都劳动奖章。

（赵　芳）

【高文武——外聘工中的首都劳动奖章获得者】高文武，2008 年大学专科毕业后，以劳务派遣方式从河北省承德市来到北京热力输配分公司，成为一名热力管网运行工。管网工作总是不分昼夜地穿梭在大街上，在高温高湿的热力小室里爬上爬下，既艰苦又枯燥，还时常与危险相伴，有的人实在忍受不了这里的工作条件，没多久就离开了。但是高文武却留下来，他认为，能够为首都千家万户送温暖，职业是十分光荣的。在老班长的言传身教下，他很快对热力管网产生了浓厚兴趣，经常问这问那，如小室卡片的画法、热力管道上各种附件的作用和工作原理、“红旗小室”维护标准和发现异常情况的处置办法，都默默地记在心里。有时回到宿舍还在画辖区管线图。有的工友不解地问他：“干嘛那么认真嘛？”他笑着说：“不能白白浪费时间，别看咱们是劳务派遣工，论文化水平一点也不比老师傅差，不能白白浪费青春，我要干出个样来，做个称职的管网运行工，无愧‘热力人’的称号。”由于他在工作中勤学上进，刻苦钻研，很快就熟悉了管网工作，并担任了运行小组的“线长”，2 年后，又担任了副班长。伴随着成长的脚步，他对自己提出了更高的要求，工作中处处以身作则，协助班长搞好班组建设，抓好安全生产，圆满完成班组各项生产任务。2011 年，经公司层层选拔，高文武与其他 4 名选手代表公司参加了市市政市容系统第 1 届有限空间作业大比武，

并获得优秀奖。通过大比武，他进一步认识到管网作业中安全的重要性，并把学到的东西带回到班组，强化班组职工的安全意识，有限空间作业更加规范。2012年，他接过老班长的接力棒，成为公司第一个劳务派遣工班长。2015年公司人事制度改革，他第一批从劳务派遣工转为外聘工。作为运行班组的排头兵，他深知“打铁还须自身硬”的道理，经常利用业余时间学习充电，提高技能。每逢遇到检修放水工作或管网作业环境面临危险的关键时刻，总是身先士卒，冲在前面。他全身心地扑在工作上，心早已经与管网连在了一起，把单位当作自己的第二个家。从日常巡检、维护、检修工作，保障辖区管线安全运行，实现安全生产，到班组建设，落实新员工的传帮带，无不渗透着他的辛勤汗水！他积极主动向党组织靠拢，处处用党员的标准严格要求自己，在干好本职工作的同时，积极参与工会、共青团活动和公司入党积极分子培训班，发挥青年主力军作用，创青年文明岗、青年责任区标兵，服务企业发展，激发了员工争先创优的热情和干劲，多次被公司评为优秀运行工、优秀红旗线长。2016年11月，高文武光荣地成为公司首位“外聘工”共产党员。身为党员，他更懂得了自己肩负的政治责任和社会责任，管网无小事，点点滴滴关系民生，为了这份责任，他每天睡觉都不踏实，经常会突然去某个小室检查工作，也时常会跟着某个运行小组到管线去巡检。为了做到“守土有责”，他认真落实“管网管理承包责任制”，将考核与职工绩效奖金挂钩，把公司“踏实管好两根管、安全高效保输配”的质量方针落到实处。2012年7月21日，全市遭遇60年未遇的暴雨，在管网所领导的统一领导下，高文武带领班组职工经过两天一宿的奋战，确保了管线在雨季里未发生安全隐患事故，管线在雨季里保持正常运行。在APEC会议、2017年5月的“一带一路”国际合作高峰论坛、2017年10月中共十九大等重要会议在北京召开等重大政治活动中，高文武带领全班职工，圆满完成了重大会议的保驾护航任务。他还结合开展“两学一做”学习教育、“学习劳模精神”“我心目中的劳模”等活动，将中共十九大精神贯穿到工作中，在班组内积极贯彻落实，发挥党员干部的先锋模范作用，增强服务意识，改进工作作风，提高业务水平，努力打造让用户满意、让领导放心、安全高效的热力管网，树立“北京热力人”的良好形象。他带领的四班先后荣获“五一劳动奖状”和“工人先锋号”等荣誉。他所带的班组几年来从未出现过工伤事故，也从未因为人为的原因造成跑水、停热类的事故。2016年，高文武的班组获北京市总工会“工人先锋号”称号。

（刘子硕）

【郭岐顶——全国“最美青工”】郭岐顶，2001年3月毕业于北京矿务局技工学校。到北京京煤化工公司参加工作后，担任维修钳工。他勤学上进、苦练内功，很快脱颖而出，成为设备研发团队的主要成员。先后参与导爆管在线检测装置的制作安装和调试、20头点焊机、乳化包装机改造等多个重大项目研发，创出10多项“六小”科研成果。特别是在电子雷管研发实验中，最细的引信直径只有0.016毫米，要穿在极细的针管里对其加工。无论是电子雷管点焊机零部件加工、电子雷管用终冲模具改造与调试、卡口卡中腰机器零件制作、雷管装填线零件加工、导爆管牵引机的制作，还是公司放炮场防爆箱夹子制作与安装，他都能准确无误高质量地完成。2013年，市人力社保局挂牌成立“北京市郭岐顶钳工首席技师工作室”，郭岐顶成为技术研发工作的带头人。2016年，郭岐顶担任公司技术研发中心装配一班班长，2017年11月，担任北京京煤化工有限公司天津雷管生产线项目部成员。到2017年年底，郭岐顶工作室成员全部达到高级工操作水平。郭岐顶还取得京煤集团及国家级技师资格，工作室成为公司科研的主要力量。新研制的设备应用于车间生产，提高了生产的自动化水平，大幅度降低人工成本，提高了经济效益。公司向国内同行业成功转让4条雷管延期药生产线、4条刚性引火元件生产线，累计创造2500多万元销售收入，郭岐顶工作室为此做出了重要贡献。

郭岐顶在2007年、2012年、2014年三次被授予北京市青年岗位能手称号，2011年获北京市青年职业技能大赛机修钳工比赛银奖，2012年获北京市青年机修钳工比赛冠军，2013年被评为全国百名最美青工，2014年被评为北京市优秀青年人才，2016年被评为北京市优秀共产党员、北京市国资委系统优秀共产党员，2017年获得首都劳动奖章。

（刘子硕）

【郭金生——中药材验收专家】郭金生，男，1963年1月27日出生，中共党员，执业药师，职业药师，高级工，同仁堂药材公司质量部专家验收员。

郭金生扎根于一线，经过刻苦钻研和实践，掌握了千余种常用饮片、药材的鉴别方法，以及药材产地、功能、主治、适用范围及其禁忌等知识，在中药炮制加工和中药饮片鉴别方面积累了丰富的经验，并在《科学养生》杂志上发表多篇文章。参加编制了《饮片质量标准通则》（后改为《同仁堂精品饮片标准》），统一了标准，规范了生产管理。郭金生在工作中严格执行验收标准，在验收中发现用色素将女贞子染黑冒充酒蒸女贞子，利用现代技术激光喷成图案冒充金钱白花蛇，劣质木材用沉香油浸泡冒充沉香。十几年来，共验收6万多批次，坚决将假药劣药拒之门外，确保了药监部门的多次抽查和检验均保持100%的合格率。

郭金生2016年成为北京中医药学会特邀专家，2017年获得全国“五一劳动奖章”。

（葛　冰）

【曹帅军——洗染行业技术能手】曹帅军，1989年12月生，现为北京日光旭升精细化工技术研究所日光培训学校校长

2009年6月，曹帅军从北京服装学院材料工程学院应用化学专业毕业，加入北京日光精细（集团）公司工作。当时公司刚刚运营，作为一名洗染行业新人，曹帅军努力学习相关技术与管理知识，深入生产一线调查研究。与主管领导一起，晚上跟班生产，保证客户所需；白天与客户交接、对账，理顺关系。在短短3个月时间内，使企业走上标准化、程序化运营之路。曹帅军将学校学习的理论知识与实践经验互相印证，用心积累与钻研，业务能力迅速提升。通过公司高层的培养和考核，曹帅军调任到北京日光旭升精细化工技术研究所担任售后服务工程师，他与老专家密切配合，为客户和行业朋友提供了有力的技术支持，获得了客户的信任与支持。2013年，又调任到北京日光精细培训学校担任副校长，接手招生与学员培训工作，先后培训全国各地洗染行业学员1000余人。他多次代表北京日光精细集团公司参加北京市及全国比赛，分别在2011年、2013年获得全国洗染业技术能手称号，并在2015年获得全国洗染业职业技能竞赛洗染知识项目第一名。2013年，他被北京市洗染行业协会接纳为专家组成员，成为行业内最年轻的专家。2014年至2016年，他担任人力资源和社会保障部职业技能鉴定中心国家题库命题专家，参与洗衣师职业国家题库开发，具体承担水洗知识的试题编写工作。

2017年，人力资源和社会保障部授予曹帅军“全国技术能手”荣誉称号。

（王　萌）

法规政策文件

本栏目主要收录北京市政府、市政府办公厅、市经济信息化委以及部分委办局有关工业法规和规范性文件等内容。

北京市人民政府关于改革和完善国有资产管理体制的实施意见

京政发〔2017〕3 号

各区人民政府，市政府各委、办、局，各市属机构：

为贯彻落实《国务院关于改革和完善国有资产管理体制的若干意见》（国发〔2015〕63 号）精神，改革和完善本市国有资产管理体制，不断提高国有经济发展质量和效益，现提出以下实施意见。

一、总体要求

深入贯彻落实中共十八大和十八届三中、四中、五中、六中全会精神，深入学习贯彻习近平总书记系列重要讲话和对北京重要指示精神，牢固树立创新、协调、绿色、开放、共享的发展理念，牢牢把握首都城市战略定位，坚持权责明晰、突出重点、放管结合、稳妥有序的原则，按照政企分开、政资分开、所有权与经营权分离的要求，以管资本为主加强国有资产监管，改革完善国有资本授权经营体制，进一步确立国有企业的市场主体地位，推进国有资产监管机构职能转变，更好地适应市场化、现代化、国际化新形势和经济发展新常态，不断增强国有经济活力、控制力、影响力和抗风险能力。

二、主要任务

（一）加强和完善党对国有企业的领导

1. 切实发挥国有企业党组织的领导核心和政治核心作用。毫不动摇地坚持党对国有企业的领导，毫不动摇地加强国有企业党的建设，充分发挥企业党组织把方向、管大局、保落实的作用。坚持问题导向和底线思维，抓好顶层设计和全程把关，加强对改革思路和重要举措的研究和论证，增强改革决策的科学性、协调性，准确把握改革方向，为做强做优做大国有企业提供坚强的政治、思想和组织保证。

2. 建立中国特色现代国有企业制度。坚持两个“一以贯之”（即坚持党对国有企业的领导是重大政治原则，必须一以贯之；建立现代企业制度是国有企业的改革方向，也必须一以贯之）的原则，把党的领导融入公司治理各环节，把企业党组织内嵌到公司治理结构之中，明确和落实党组织在公司法人治理结构中的法定地位。完善“双向进入、交叉任职”的领导体制，全面推行党委书记、董事长由一人担任。党组织研究讨论是董事会、经理层决策重大问题的前置程序，重大经营管理事项必须经党组织研究讨论后，再由董事会或经理层做出决定。

（二）推进国有资产监管机构职能转变

3. 准确把握国有资产监管机构职责定位。科学界定国有资产出资人监管边界，国有资产监管机构根据授权代表政府对监管企业依法履行出资人职责，不行使政府公共管理职能，不干预企业自主经营权。注重通过公司法人治理结构依法行使国有股东权利，重点管好国有资本布局、规范资本运作、提高资本回报、维护资本安全，实现保值增值，更好地服务于首都经济社会发展。

4. 优化国有资产监管机构职能。坚持以管资本为主加强国有资产监管，围绕增强监管企业活力和提高效率，聚焦监管内容，该管的要科学管理、决不缺位，不该管的要依法放权、决不越位。将依法应由企业自主经营决策的事项归位于企业；加强对所出资企业（以下简称一级企业）的整体监管，将延伸到子企业的管理事项原则上归位于一级企业，由一级企业依法依规决策；将国有资产监管机构配合承担的政府公共管理职能，归位于政府相关部门和单位。

5. 严格国有资产监管责任。坚持出资人管理与监督的有机统一，增加监督工作专门力量，加强监督协同，形成监督合力。加大监督检查力度，聚焦企业财务、重大决策、产权流转等关键业务和重点领域，及时发现问题。强化监督成果运用，分类处置和督办监督工作发现的需要企业整改的问题，组织开展国有资产重大损失调查。

（三）明确国有资产监管重点

6. 加强战略规划引领。改进对一级企业发展战略规划的管理方式，突出管理方向，科学界定企业发展定位，引导企业集中资源发展主业。改进投资监管方式，落实企业投资主体责任，对主业范围内的投资一般不进行具体项目审批。通过制定国有资本投资负面清单、强化主业管理等方式，管好企业投资方向。加强境外投资项目监管，开展投资项目第三方评估，实施特别监管企业和投资项目特别监管制度。

7. 提高国有资本运营监测水平。建立健全国有资本运营动态监控体系，集中统一开展财务状况动态监测，加强对重点产业和重点企业的分类指导，确保经营目标和重点任务全面落实。实施预警制度，加大对企业负债、现金流、担保等重点指标及风险业务的监控，对国有资本运营中存在突出问题的企业予以警示。

8. 强化国有产权流转环节监管。加强混合所有制改革监管，推动完善交易规则和监管制度，健全资产定价机制，规范操作流程和审批程序。按照规范透明、公平公正的原则，加大国有资产进场交易力度，实现全链条、全过程管理。建立健全资产评估机构和产权交易机构动态管理机制，完善监督检查工作体系。

9. 改进和完善经营业绩考核体系。综合考核国有资本运营质量、效率和收益，将转型升级、创新驱动、合规经营、履行社会责任等纳入考核指标体系。完善激励约束机制，将企业负责人考核评价结果与职务任免、薪酬待遇有机结合。深化国有企业负责人薪酬制度改革，建立与选任方式相匹配、与企业功能性质相适应、与经营业绩相挂钩的差异化薪酬分配办法，合理确定企业负责人薪酬水平。建立健全与劳动力市场基本适应，与企业经济效益、劳动生产率挂钩的职工工资决定和正常增长机制。

10. 优化公司法人治理结构。把加强党的领导和完善公司治理统一起来，处理好党组织与其他治理主体的关系，充分发挥董事会、监事会、经理层各自作用，明确权责边界，做到无缝衔接，形成治理主体各司其职、各负其责、协调运转、有效制衡的公司治理机制。进一步加强董事会建设，强化董事会内部制衡约束，竞争类企业外部董事比例要超过半数。拓宽外部董事来源渠道，开展专职外部董事试点，全面推行契约化管理，健全完善考核评价机制。加强和改进外派监事会工作，完善外派监事会履职报告制度，运用好外派监事会的纠正建议权、罢免或调整建议权、奖惩建议权，建立健全监事会主席约谈企业领导人员机制。

11. 发挥公司章程的基础作用。通过“一企一策”制定和完善公司章程，将国有资产出资人的意志集中体现在公司章程中，明确治理主体职责分工和履职程序，完善治理主体依法履职保障机制。依据章程建立健全企业各项基本制度、管理机制和工作体系。将党建工作总体要求纳入企业章程，将党组织的机构设置、职责分工、工作任务纳入企业的管理体制、管理制度、工作规范，使党组织发挥作用组织化、制度化、具体化。加强对章程落实情况的监督，坚决纠正与章程不符的规定和行为。

12. 建设高素质国有企业领导人员队伍。坚持党管干部原则和发挥市场机制作用相结合，建立适应现代企业制度要求和市场竞争需要的选人用人机制，保证党对国有企业干部人事工作的领导权和对重要干部的管理权。按照对党忠诚、勇于创新、治企有方、兴企有为、清正廉洁的要求，加强企业领导班子和干部人才队伍建设。建立国有企业领导人员分类分层管理制度，加大经理层市场化选聘力度，适当提高城市公共服务类和特殊功能类企业经理层市场化选聘比例，选取市场化程度较高、法人治理相对完善的竞争类企业开展职业经理人制度试点，实行内部培养和外部引进相结合，畅通现有经营管理者与职业经理人身份转换通道。

13. 建立健全违法违规经营责任追究体系。强化权力运行的监督和制约，加大对国有企业领导人员履行经济责任情况的审计力度，坚持任中审计与离任审计相结合，积极推进任期轮审制度，实现任期内至少审计一次。加快建立国有企业重大决策失误和失职渎职责任追究倒查机制，综合运用组织处理、经济处罚、禁入限制、纪律处分和追究刑事责任等手段，依法查办违法违规经营导致国有资产重大损失的案件，严厉惩处侵吞、贪污、输送、挥霍国有资产的行为。建立健全违法违规经营责任追究典型问题通报制度。

14. 引导国有企业积极履行社会责任。引导国有企业带头执行党委、政府决策部署，在落实首都城市战略定位、疏解非首都功能、提升首都核心功能、推进京津冀协同发展中发挥引领、示范和带动作用。立足实际及行业特点，结合企业功能定位，找准切入点，积极探索具有北京特色、符合企业发展要求的社会责任管理模式。

（四）改进国有资产监管方式和手段

15. 推进国有企业分类监管。将国有企业分为城市公共服务、特殊功能、竞争类企业，其中，城市公共服务类企业以保障首都城市高效安全运行为目标；特殊功能类企业以完成市委、市政府赋予的重大专项任务为目标；竞争类企业以提升国有资本效益效率为目标。在分类基础上，逐步推进国有企业分类改革、发展、监管、定责及考核。针对企业不同功能定位，在战略规划制订、资本运作模式、人员选用机制、经营业绩考核等方面，研究制定差异化的监管目标、监管重点和监管措施，实施更加科学、精准、有效的分类监管。

16. 明确出资人监管权力和责任。坚持权责法定的原则，把握出资人职责定位，建立出资人监管权力和责任清单。大力推进依法监管，按照事前规范制度、事中加强监控、事后强化问责的思路，运用法治化、市场化监管方式，切实减少出资人审批核准事项，不该管的和可管可不管的坚决不管，激发企业活力和内生动力。

17. 统一国有资产基础监管制度。建立由市国资委牵头，市财政局、市文资办、市科委、中关村管委会、北京经济技术开发区管委会等部门和单位共同参与的国有资产基础管理联席会议制度，重点对全市国有资产的基础监管制度进行规范和统一，确保不同的国有资产监管机构按照统一的监管规则实施国有资产监管。

18. 健全信息公开制度。完善国有资产和国有企业信息公开制度，在依法保护国家秘密和企业商业秘密的前提下，依法依规及时准确披露国有资本整体运营情况、企业国有资产保值增值及经营业绩考核总体情况、国有资产监管制度和监督检查情况等信息，增强国资监管透明度。指导企业加大信息公开力度，推动公司治理和管理架构、财务状况、关联交易、企业负责人职务变动、企业负责人薪酬等信息公开。依托产权交易机构网站，推动国有企业产权和资产转让、企业增资等信息披露和结果公开，主动接受社会监督。

19. 探索国有资产监管方式创新。按照以管资本为主加强国有资产监管的要求，探索创新与之相适应的监管模式、内容和方式。在城市公共服务类、特殊功能类企业试点召开出资人（扩大）会议，探索建立国有出资人代表、政府相关部门、人大代表、政协委员和社会公众代表对国有企业的综合监督评价机制，不断提高国有企业服务保障能力。搭建出资人监管信息化工作平台，覆盖国有资产监管各项业务，推进信息共享和动态监管，提升监管效能。

（五）改革完善国有资本授权经营体制

20. 组建国有资本投资运营公司。在现有一级企业的基础上试点组建国有资本投资运营公司，探索有效的运营模式，通过投资融资、产业培育、资本整合等方式，推动产业集聚和转型升级，优化国有资本布局结构；通过股权运作、价值管理、有序进退等方式，促进国有资本合理流动，实现保值增值。

21. 明确国有资产监管机构与国有资本投资运营公司的关系。政府授权国有资产监管机构依法对国有资本投资运营公司履行出资人职责。国有资产监管机构根据行业和企业特点，明确对国有资本投资运营公司授权的内容、范围和方式，依法落实国有资本投资运营公司董事会职权。国有资本投资运营公司对授权范围内的国有资本履行出资人职责，作为国有资本市场化运作的专业平台，依法自主开展国有资本运作。

22. 界定国有资本投资运营公司与所出资企业的关系。国有资本投资运营公司依据公司法等相关法律法规，对所出资企业依法行使股东权利，以出资额为限承担有限责任。以财务性持股为主，建立财务管控模式，重点关注国有资本流动和增值状况；或以对战略性核心业务控股为主，建立以战略目标和财务效益为主的管控模式，重点关注所出资企业执行公司战略和资本回报状况。

（六）提高国有资本配置和运营效率

23. 加快国有资本布局和结构调整。根据首都经济社会发展规划、产业政策等，研究制订国有资本布局和结构调整方案，建立健全国有资本进退机制。引导国有企业按照《北京市新增产业的禁止和限制目录》要求，重点发展符合首都功能定位的产业，坚决退出一般性产业特别是高消耗产业，推进产业结构优化升级。支持国有企业优化空间布局，主动融入“一带一路”倡议，深入开展国际产能合作；积极落实京津冀协同发展战略，进一步加强产业对接协作。鼓励国有企业加大对公共服务领域的投入力度，提升城市公共服务水平和效率；加快发展“高精尖”产业和产业高端环节，打造一批“北京制造”标杆企业。充分发挥国有资本投资运营公司的作用，促进国有资本有进有退、合理流动，提高国有资本的配置质量和效率。

24. 推进国有资本优化重组。按照“资产同质、经营同类、产业关联”的原则，加大企业调整重组和资源整合工作力度，加快培育形成具有核心竞争力的大企业集团和优势产业集群。加强企业内部的资源整合和企业之间的专业化整合，大力减少企业管理层级。稳妥推进国有企业混合所有制改革，放大国有资本功能，增强国有资本带动力。

25. 提高国有资本运营效率。充分利用境内外多层次资本市场，加快企业改制上市步伐。发挥上市公司平台优势，加大并购重组力度，努力提升国有资本证券化水平。加强国有企业与中央企业、高等学校、科研院所等的创新资源对接，加快技术创新、产品创新、管理创新和商业模式创新。

26. 完善国有资本经营预算管理制度。建立与国资国企改革进程相适应，覆盖全部国有企业、分级管理的国有资本经营预算制度。推进国有资本经营预算改革，进一步明确国有资本经营预算的支出范围，优先用于解决国有企业历史遗留问题及相关改革成本支出，同时注重发挥国有资本经营预算在优化国有资本配置中的重要作用。

27. 加强国有资本收益管理。指导企业加强内部国有资本收益管理制度建设，落实和维护国有资本权益。在国有企业分类工作完成的基础上，结合国有资本投资运营公司试点情况，探索国有资本收益分类收缴。加大国有资本经营预算调入一般公共预算力度，落实国有资本收益上缴公共财政方案。

三、组织保障

（一）优化市场化发展环境。推进政府职能转变，进一步减少行政审批事项，区分政府公共管理职能与国有资产出资人管理职能，为国有资产管理体制改革提供良好环境。大幅度削减政府通过国有企业行政性配置资源事项，深入推进政府向社会力量购买服务工作，逐步扩大购买范围和规模，在交通运输、污水和垃圾处理、公共文化服务等领域全面推广政府购买服务方式。创新投资运营机制，根据不同行业特点实行网运分开，放开竞争性业务，推进公共资源配置市场化。逐步建立责任清晰、价格合理、保障有力、运营高效的城市公共服务类国有企业良性发展机制，实现资源有效配置。

（二）完善相关配套政策。落实国有企业重组整合涉及的资产评估增值、土地变更登记和国有资产无偿划转等方面的税收优惠政策。完善国有企业土地和房屋权属管理相关政策，探索存量土地盘活利用有效路径。出台加快剥离国有企业办社会职能和解决历史遗留问题实施方案，建立政府和企业合理分担改革成本的机制。结合本市分类推进事业单位改革情况，稳步将党政机关、事业单位所属企业的国有资本纳入经营性国有资产集中统一监管体系，具备条件的进入国有资本投资运营公司，推进企业国有资产出资人监管全覆盖。

（三）健全工作推进机制。发挥市全面深化市属国资国企改革工作推进小组（以下简称改革推进小组）作用，统筹协调推进本市国有资产管理体制改革工作，推动重大改革政策措施落实，协调解决改革中出现的问题。改革推进小组各成员单位依据本实施意见，按照职责分工制定相应的改革配套政策，并切实抓好落实。

金融、文化等企业的国有资产管理，中央和本市另有规定的依其规定执行。

各区政府可结合实际制定具体改革实施细则，确保国有资产管理体制改革顺利推进，全面完成各项改革任务。

北京市人民政府办公厅

2017 年 1 月 9 日

北京市人民政府关于印发《北京市“十三五”时期现代产业发展和重点功能区建设规划》的通知

京政发〔2017〕6 号

各区人民政府，市政府各委、办、局，各市属机构：

现将《北京市“十三五”时期现代产业发展和重点功能区建设规划》印发给你们，请认真贯彻执行。

北京市人民政府

2017 年 1 月 13 日

北京市“十三五”时期现代产业发展和重点功能区建设规划

前　言

《北京市“十三五”时期现代产业发展和重点功能区建设规划》（以下简称《规划》）是北京市国民经济和社会发展第十三个五年规划中的市级重点专项规划，是对“十三五”时期本市现代产业发展和重点功能区建设目标及任务的进一步深化和细化。

《规划》坚持创新、协调、绿色、开放、共享的发展理念，牢牢把握首都城市战略定位，以优化经济结构、增强内生动力为目标，统筹考虑首都资源与环境承载能力，明确了优化与首都城市战略定位相适应的现代产业集群，建设与人口资源环境相协调的产业空间格局，构建促进新消费、培育新供给新动力的产业生态环境等重点任务和举措，为建设国际一流的和谐宜居之都提供有力保障。

《规划》以《京津冀协同发展规划纲要》《中共北京市委关于制定北京市国民经济和社会发展第十三个五年规划的建议》《北京市国民经济和社会发展第十三个五年规划纲要》《中共北京市委 北京市人民政府关于贯彻〈京津冀协同发展规划纲要〉的意见》等为依据制定，是指导本市各级政府、各行业主管部门和各功能区管委会推动现代产业发展和重点功能区建设、制订各项专项规划和政策措施的重要依据。

第一章 新起点新发展

“十二五”时期，市委、市政府全面落实党中央、国务院各项决策部署，持续推进科技创新和文化创新双轮驱动战略，进一步优化产业结构，高端产业功能区高效集约发展态势明显，新的生产方式、商业模式、产业业态不断涌现，经济发展质量效益稳步提升，首都经济综合实力、创新能力和辐射带动影响力进一步增强。

一、发展成就

（一）综合实力稳步增强，发展质量不断提升。“十二五”期间，首都经济在保持平稳增长中实现提质增效升级。2015 年，地区生产总值达到 2.3 万亿元，“十二五”期间年均增长 7.5%；人均地区生产总值达到 1.7 万美元，实现从中高收入水平到高收入水平的跨越；一般公共预算收入达到 4723.9 亿元，“十二五”期间年均增长 14.9%；规模以上工业企业实现利润 1597.7 亿元，比 2010 年增长 55.4%；规模以上服务业实现利润 2.5 万亿元，比 2010 年增长 1.4 倍。超额完成“十二五”时期减排任务，节能减排工作继续走在全国前列。

（二）产业结构持续优化，开放型经济发展水平显著提升。首都产业服务化、高端化特征更加明显，三次产业结构由 2010 年的 0.9 ：23.6 ：75.5 调整为 2015 年的 0.6 ：19.7 ：79.7，生产性服务业增加值占地区生产总值比重达到 50% 以上，高技术产业增加值占地区生产总值比重达到 22.5%，战略性新兴产业引领产业结构调整作用明显，高端制造业智能化发展水平不断提高，农业种养殖业规模得到有效控制，质量效益与生态功能显著提升。经济发展更加开放，2015 年实际利用外资 130 亿美元，境外投资 95.5 亿美元，服务贸易额达到 1302.8 亿美元。

（三）科技文化双轮驱动，创新创业蓬勃发展。全国科技创新中心的引领示范和辐射带动作用明显增强。2015 年，全市研究与试验发展（R&D）经费支出 1384 亿元，相当于地区生产总值的 6.01%，居全国首位。发明专利申请量和授权量连续多年国内排名第一，技术合同成交额 3452.6 亿元，占全国 37%。产业技术联盟百余家，占全国试点联盟的 42%。全市共有众创空间近 200 家，各类孵化器、大学科技园等服务机构 150 余家，众创空间建设成为亮点。文化创意产业健康繁荣发展。2015 年，文化创意产业实现增加值 3179.3 亿元，占地区生产总值比重达到 13.8%，文化与科技、金融等行业融合态势进一步显现，国家文化产业创新实验区等国家改革试点稳步推进。

（四）产业布局集约高效，协同发展扎实起步。六大高端产业功能区引领全市产业集约高效发展，中关村、金融街、商务中心区等带动示范作用显著。2015 年，六大高端产业功能区增加值占地区生产总值比重达到 47.4%，比 2010 年提高 7.4 个百分点，成为全市经济发展的重要支撑。关停退出一般制造业和污染企业超过 1000 家，清退撤并升级西直河、大红门、动物园等一批区域性专业市场。加快推进京津冀产业协作，曹妃甸协同发展示范区、北京新机场临空经济区、天津滨海—中关村科技园区、张承生态功能区等重点区域建设稳步推进，一批合作项目陆续开工。

（五）政策体系不断完善，改革创新深入推进。产业规划政策体系不断细化完善。中关村国家自主创新示范区“6+4”政策、北京市服务业扩大开放综合试点政策等全面落地实施，陆续颁布实施了战略性新兴产业、生产性服务业、科技服务业、文化创意产业、生活性服务业、现代农业、软件和信息服务业、健康服务业等一系列规划、政策和行动计划。2014 年在全国率先制定了新增产业的禁止和限制目录，并于 2015 年调整修订，全市范围新增产业禁限比例达到 55%。加大简政放权力度，深入推进商事制度改革、行政审批制度改革，不断规范行政审批行为，新兴产业领域企业登记注册活跃。“营改增”改革试点全面实施，政府购买服务取得新突破，石景山国家服务业综合改革试点、中关村现代服务业试点建设取得积极成效。

二、形势要求

世界经济正处于变革调整重组的关键时期，新一轮科技革命和产业变革蓄势待发。我国进入经济发展新常态，发展方式加快转变，改革开放释放新的发展活力，“一带一路”、京津冀协同发展等国家战略的实施，拓展了首都经济发展空间。积极推进北京市服务业扩大开放综合试点，推动京津冀全面创新改革试验，筹办好2019年世园会和2022年冬奥会，将在更加广阔的范围内参与国内外技术、人才、资本、市场等方面的竞争与合作，不断提升科技创新能力和国际化发展水平，有利于构建“高精尖”经济结构，增强全球资源配置能力和控制力，提高首都经济的竞争力、影响力和辐射带动能力。

同时，世界经济虽然总体保持复苏态势，但面临增长动力不足、需求不振、金融市场反复震荡、国际贸易和投资持续低迷等多重风险和挑战。我国经济运行仍存在不少突出矛盾和问题，产能过剩和需求结构升级矛盾突出，经济增长内生动力不足。本市人口资源环境矛盾突出，治理“大城市病”任务艰巨，产业结构有待进一步优化调整，科技、文化创新优势发挥不够，优势资源潜力未能充分释放，市民多层次、多样化服务消费需求还不能完全满足。

总体来看，本市经济发展仍处于重要战略机遇期，必须牢牢把握首都城市战略定位和经济社会发展的阶段性特征，坚持创新驱动、高端引领、开放共享，着眼于优化结构、提质增效，增强经济内生增长动力，不断培育新供给、促进新消费，加快构建“高精尖”经济结构。

三、总体思路

全面贯彻落实中共十八大和十八届三中、四中、五中、六中全会精神，坚持以习近平总书记视察北京重要讲话精神为根本遵循，坚持稳中求进工作总基调，牢固树立和贯彻落实创新、协调、绿色、开放、共享的发展理念，牢牢把握首都城市战略定位，更加突出高端化、服务化、集聚化、融合化、低碳化，适应把握引领经济发展新常态，坚持以提高质量效益为中心，优化发展服务经济、知识经济、绿色经济。坚持以推进供给侧结构性改革为主线，促进首都现代产业发展，加快发展生产性服务业，大力发展战略性新兴产业，促进制造业智能精细发展，提高生活性服务业品质，推动文化创新繁荣发展，集约发展都市型现代农业。优化调整产业空间布局，引导高端产业功能区集约高效发展，积极推进京津冀产业协作，形成具有北京特色的现代产业体系和布局，加快构建“高精尖”经济结构，为建设国际一流的和谐宜居之都提供重要支撑。主要发展导向是：

（一）高端引领，创新发展。服务国家创新驱动发展战略，发挥高端产业功能区对首都经济的支撑作用，汇聚、利用全球高端创新资源，瞄准国际前沿技术，提升自主创新能力，形成一批拥有技术主导权的战略性新兴产业及高技术服务业，强化全国科技创新中心地位，发挥产业引领辐射示范作用。

（二）跨界融合，协调发展。引导产业跨界融合发展，加大科技、金融、商务、文化、“互联网＋”等对工农业生产和城市建设运营服务的创新融合与集成应用。重点加快城六区以外平原地区的基础设施建设，提升承载力。补齐山区发展短板，支持建立生态友好型产业体系。

（三）生态集约，绿色发展。全面节约和高效利用资源，发展资源耗费少、人均产出高的知识、技术、资本密集型行业，淘汰低效、高污染行业，加快城市老旧设施的更新改造，形成一批布局合理的全天候、无时差国际协同生态智能商务楼宇，促进绿色生产、绿色消费。

（四）区域协同，开放发展。对接国家重大战略，主动融入全球化发展格局，积极推进北京市服务业扩大开放综合试点，拓展对内对外开放的广度和深度，推动形成京津冀区域间产业创新链的梯次布局，争创双向开放新优势，引领全国开放型经济发展。

（五）改革创新，共享发展。坚持以推进供给侧结构性改革为主线，发挥首都人才、知识、技术、管理、资本等优势，推动京津冀区域全面创新改革试验区建设，鼓励大众创业、万众创新，积极促进民间投资，加快新动能培育和传统动能改造提升。推动公共服务市场化、社会化，不断增加有效供给，持续增进人民福祉。

四、发展目标

到2020年，实现第三产业提质增效发展、第二产业智能精细发展、第一产业集约优化发展，现代产业发展质量和效益大幅提升，高端产业功能区集聚带动作用进一步增强，首都经济国际竞争力和辐射影响力显著提升，品牌价值进一步彰显，京津冀产业对接协作取得新进展，形成与首都城市战略定位相匹配、与经济发展方式相协调、与人口资源环境相适应的“高精尖”产业发展格局。

（一）加快构建“高精尖”经济结构。服务业增加值占地区生产总值的比重达到80%以上，生产性服务业增加值占地区生产总值的比重达到53%左右，高端制造业智能精细发展，文化创意产业影响力不断提升，形成一批在全国有影响力的高端、高效、高辐射产业集群。

（二）创新能力大幅增强。突破一批关键核心技术，形成一批拥有全球技术主导权的产业集群。企业研究与试验发展（R&D）经费支出占比稳步提升，全社会研究与试验发展（R&D）经费支出相当于地区生产总值的6%左右，技术合同成交额达到5000亿元。要素市场体系建设不断完善，创新成果转化能力持续增强，大众创业、万众创新蓬勃发展。

（三）发展质量和效益显著提升。产业发展更加集约，六大高端产业功能区增加值占地区生产总值比重达到53%左右。全市社会劳动生产率达到23万元/人，地均产出率增长30%以上，万元地区生产总值能耗下降17%，万元地区生产总值水耗降低15%，万元地区生产总值二氧化碳排放下降20.5%。

（四）开放型经济建设实现新突破。对外开放领域和范围进一步扩大，服务贸易进出口总额达到2000亿美元左右，国际经贸往来、科技研发合作、文化交流、商务活动更加活跃，壮大一批国际知名品牌和具有较强国际竞争力的跨国企业。

第二章　优化发展符合首都城市战略定位的现代产业

优化调整三次产业结构，注重激活存量，着力补齐短板，培育发展新产业，加快技术、产品、业态创新，积极引导产业跨界融合发展，扩大对内对外开放，加快产业功能化、功能集聚化，推动产业向价值链高端环节发展，实现提质增效发展。坚决退出一般性产业特别是高消耗产业，严控新增不符合首都功能的产业，加快形成创新引领、技术密集、价值高端的产业结构。

一、加快发展生产性服务业

牢牢把握首都城市战略定位，深入实施《北京市人民政府关于进一步优化提升生产性服务业加快构建“高精尖”经济结构的意见》，强化科技创新引领、信息覆盖应用、金融保障支持、商务融合渗透、流通高效链接，积极培育新业态，推动生产性服务业向专业化和价值链高端延伸，形成创新融合、高端集聚、集成应用、高效辐射的发展模式，不断提高生产性服务业对首都经济贡献度和发展质量效益，实现生产性服务业增加值占地区生产总值的比重达到53%左右，带动服务业升级换代和劳动生产率提高。有序退出区域性物流基地、区域性专业市场，有序引导金融机构电子银行、数据中心、呼叫中心等劳动力密集的后台服务功能从三环路以内整体迁出。

（一）创新发展金融服务业。积极对接国家金融改革发展战略，着力提升金融服务市场化、国际化水平。顺应人民币市场化改革国际化发展趋势，推动国家科技金融创新中心建设，积极发展国际金融服务业。鼓励传统金融服务创新，着力做好与“一行三会”和银行、证券、保险等金融机构的对接，发展资产管理等专业化机构，鼓励保险公司集团化发展、专业化运营。推动全国中小企业股份转让系统、区域性股权市场、机构间私募产品报价与服务系统创新发展。积极稳妥发展互联网金融、消费金融、商业保理等新兴业态，推动数字普惠金融发展，构建绿色金融体系，探索区块链等创新型技术研究应用。有效防范和化解各类金融风险。

专栏1　推动金融服务业改革创新发展

支持亚洲基础设施投资银行、丝路基金等国际性金融机构在京发展，支持在京企业在“一带一路”沿线跨境贸易和投资领域使用人民币结算，鼓励在京金融机构积极开展境外项目人民币贷款业务。充分发挥金融街在国内人民币资金配置、资产交易、清算及定价等方面的积极作用。

加快建设国家科技金融创新中心，提升中关村、商务中心区（CBD）、丽泽金融商务区等区域内金融服务资源的支撑作用和贡献力。支持国家文化产业创新实验区发展。高标准建设好北京保险产业园、中关村互联网金融创新中心、北京基金小镇等。

适应国家金融改革创新，促进金融与实体经济融合发展，支持全国中小企业股份转让系统（“新三板”）、区域性股权市场（“四板”）、机构间私募产品报价与服务系统、全国碳排放交易权中心等金融要素市场互联互通。探索完善银行、保险、证券、创投、金融租赁等机构合作模式，构建创业金融服务体系，为创业企业拓展融资渠道。

（二）融合发展信息服务业。全面推进“三网融合”，大力推广应用云计算、大数据、物联网、移动互联网等新一代信息技术，加快向互联网协议第六版（IPv6）演进升级。培育壮大首都大数据产业，不断拓展北斗应用服务领域，发展位置服务、智能导航、智能终端等新型运营业务，拓展信息集成服务、内容增值服务、智慧城市新兴产业等领域。依托国家通信设施、广电网络等领域总部资源，高标准建设信息传输网络，不断提高基础设施网络化水平，实现提速降费。完善大数据存储、信息安全维护等技术领域基础设施，推动下一代互联网根服务器的研发与落地应用，实现电信基础设施共建共享。支持基于互联网的产业组织变革、商业模式创新、供应链和物流链整合，拓展开放共享的网络经济空间。支持有条件的企业建设跨行业物联网运营和支撑平台，开展以城市运行、市民生活、企业运营和政府服务等为主要内容的“智慧北京”建设。

（三）做大做强科技服务业。落实《北京加强全国科技创新中心建设总体方案》，促进科技服务业向专业化、网络化、规模化、国际化发展。组织实施若干重点产业创新发展工程，统筹带动基础研究、前沿技术研究、技术开发、产业化、标准制定、市场应用等产业环节发展。重点在研发设计、成果孵化、技术转移、检验检测等方面提升服务能力和培育新兴业态，激发创业动力，拓展市场空间，新增一批具有国际影响力的骨干企业、服务机构和知名品牌。培育支撑行业转型升级和服务全国市场的综合科技服务业，鼓励各类新型科技服务业态发展，围绕创新链拓展服务链，促进科技服务业集成化、规模化发展。鼓励科技服务企业“走出去”开展境外服务，引导科研院所、高校和企业在境外申请专利，鼓励参与制定国际标准，推动科技服务加快融入全球化进程。

专栏2 加快科技服务业重点园区建设

深化首都科技条件平台、国家技术转移集聚区、国家工程技术创新基地、北京科技商务区（TBD）、未来科技城、中关村前沿技术研究院等科技创新基地建设，促进技术转移和产业化项目在北京落地。

在高端产业功能区探索建设一批科技服务产业综合基地，优化科技服务业空间布局，围绕信息技术、能源领域、生物科技等方向的关键技术研发和应用，布局一批原创性前沿技术，储备一批创新产品，培育一批技术服务、工程服务骨干企业，加快科技成果转化落地，推动产业升级。

（四）促进商务服务业高端发展。细化落实总部企业在京发展政策，发挥在京总部企业引领带动作用，鼓励在京总部企业开展研发设计、投资、采购、运营、营销、结算等实体化经营，开展资源整合、境内外收购、兼并、上市、模式创新等业务，提高参与全球资源配置的能力。推进商务服务领域对社会资本开放，鼓励社会资本投向创业投资、知识产权服务等商务服务业，支持社会资本以参股、并购等方式参与本市商务服务企业改造和重组。支持会计、审计、评估、信用、法律、咨询、知识产权等行业拓展国际市场，在全球范围内提供对外投资运营、资产管理、兼并重组、商务咨询、财务管理等服务。引导广告企业提升创意设计水平，培育集创意策划、营销策划、媒介代理、信息咨询、品牌整合等为一体的综合服务型广告集团。围绕国际交往中心建设，大力发展会展业，推动展览业国际化、品牌化、专业化、信息化发展。提高中国（北京）国际服务贸易交易会、中国北京国际科技产业博览会等品牌会展的国际化程度，引进国际知名品牌会展在京落户。

（五）调整提升流通服务业。充分发挥中央企业在石油、天然气、矿产品、贵金属、粮食等大宗商品批发业务方面的优势，搭建电子交易平台，增强“优进优出”和高效配置资源的能力。进一步优化城市配送网络，支持统一配送、共同配送、城市配送、电子商务物流等发展，运用现代信息技术、创新商业模式及金融服务配套等手段，提升流通业现代化发展水平。引导企业剥离物流业务，大力发展第三方物流。加快末端配送服务网点建设，鼓励发展集零售、配送和便民服务等多种功能于一体的末端配送网点。完善口岸功能，加强与跨境电子商务相关的快递转运中心建设。依托北京通用航空产业基地，积极申报建设国家通用航空产业综合示范区。

（六）推动生产性服务业业态创新。聚焦前沿技术应用领域，着力培育面向制造业领域的服务业态，创新城市建设运营管理服务。抢占可穿戴设备、智能汽车、智能医疗、智能家居等新兴移动终端市场。推动电子商务的普及应用，创新发展网络零售业，鼓励发展第三方电子商务综合平台服务，培育远程维护、数据托管、远程教育等新业态。加快发展电子认证、在线支付、物流配送、报关结汇、检验检疫、信用评价等配套服务环节。支持检验检测认证服务市场化发展，加强技术标准研制与应用，发展标准研发、信息咨询等服务业态。推动服务外包高端化、国际化发展，支持企业开展信息技术支持管理、财务结算等国际服务外包业务。强化人力资源服务的基础性作用，鼓励人力资源管理咨询、人力资源外包、人员素质测评、高级人才寻访、人力资源信息网络服务等新兴业态发展，构建与首都经济社会发展相适应的人力资源服务产业链。创新发展售后服务，积极运用互联网、物联网、大数据等信息技术，发展远程监测诊断、运营维护、技术支持等售后服务新业态。

二、大力发展战略性新兴产业和高端制造业

深入贯彻实施《〈中国制造2025〉北京行动纲要》，把发展战略性新兴产业作为经济结构深度调整的突破口，强化技术创新对产业的引领和支撑作用，加快绿色发展，大力发展智能制造，进一步推进北京制造业转型升级，实现重点领域跨越发展。坚持调整退出一般性产业特别是高消耗产业，提高产业层级。

（一）实现新能源汽车突破发展。聚焦智能网联电动汽车领域，鼓励发展电动汽车研发、设计、试验试制、验证等环节。建立完善的智能网联技术体系，重点突破动力电池材料和成组装备、电动汽车芯片、智能装备、整车控制等核心技术，推动电子科技、先进材料、传感器、车联网、智慧出行、辅助驾驶等多领域技术的协同创新，建设标准统一、兼容互通的充电基础设施服务网络。更新传统汽车设计、研发、制造理念，创新产业发展和商业运营模式，打造国内领先、全球一流的电动汽车科技创新中心。

专栏3　支持新能源汽车产业创新发展

加快推进北京（大兴）新能源汽年科技产业园、昌平新能源汽车设计制造产业基地、北京（房山）高端制造业基地、顺义新能源汽车产业基地等建设。以整车设计集成为龙头，在京津冀部署新能源汽车测试实验基地，带动形成动力电池、电机、汽车电子等产业链联动发展，带动轻量化材料、电池材料、智能制造装备等延伸链条升级。

落实《北京市电动汽车充电基础设施专项规划（2016—2020年）》，到2020年基本建成互联互通、智能高效的充电设施服务网络，充电设施服务网络可保障60万辆电动汽车的充电需求，重点区域的充电服务半径小于0.9公里，建成全国电动汽车示范推广引领区和充电设施建设样板区。

（二）推动新一代信息技术产业领先发展。抢占大数据、云计算、物联网、移动互联网、新型显示、集成电路、高端软件研发等产业高地，加快类脑计算、未来网络、智能驾驶等研发应用。加速推进先进工艺技术研发及生产线建设，重点发展自主可控、安全可靠的集成电路产业，聚焦存储器、中央处理器、移动通信、图像处理、驱动电器等芯片。推动软件业从产品向服务转型升级，培育面向服务平台和终端的应用软件和集成软件，打造全球软件业领先接包地和全国软件发包地。积极承接国家重大科技专项，加大新一代移动通信、数字电视、卫星导航等核心芯片的设计研发，着力在新型计算、高速互联、先进存储、第五代移动通信（5G）、量子通信等核心技术方面取得突破，大力支持开源软件开发和应用，加强智能设计与仿真及其工具、制造物联与服务、工业大数据处理等高端工业软件核心技术研发，实现工业软件的高端化发展。

专栏4　促进新一代信息技术推广应用

依托宽带光纤、下一代通信网络、未来网络、新一代移动通信网络和数字电视网等信息基础设施，推进新兴技术融合应用与服务模式创新，加快基于云计算、移动互联、物联网、大数据的处理运营等创新服务发展，增强新型信息服务能力。

加快推进14纳米先进工艺技术研发及生产线建设，取得新一代集成电路关键核心技术上的突破性进展。促进电子设计自动化、知识产权（IP）库和专利池建设，优化集成电路制造基地布局，带动京津冀集成电路产业协同发展，实现集成电路制造由代工向创造转型。

完善云计算等平台建设，加强大数据智能应用，培育一批国内领先的大数据技术和应用服务企业，构建大数据智能应用生态。

（三）推进高端装备制造智能化、精细化发展。重点支持发展传感器、智能仪控系统、汽车电子及关键器件、精密及超精密仪器等核心装置，高档数控机床、智能机器人、3D打印设备、无人机等高端智能装备，提升轨道交通、航空发动机、医疗器械、新材料的智能制造水平，支持智能微制造集聚区发展。积极对接国家“智能制造工程”，推动企业加强技术创新系统建设，高水平建设国家车联网产业基地等重点项目，加强物联网、智能工业机器人、增材制造等智能化生产技术和智能化生产系统开发及应用，推动数字化车间、智能工厂和工业互联网的广泛应用，支持高端机械装备企业推进生产外包、业务协同，不断提升智能制造水平。推广智能化生产模式，推广基于互联网的规模化个性定制等新的生产方式，引导发展全球网络化协同制造。

（四）推动生物医药产业跨越发展。创新发展生物制药，推进自主知识产权的新型疫苗、蛋白质药物、基因药物、人源化抗体、生物芯片研发，积极发展干细胞组织工程、生物农业等特色领域，推进中国生物医药创新港等生物医药产业创新基地建设。发展高端化学制药，重点发展高效、速效、长效、靶向给药的新型药物制剂、试剂，支持具有自主知识产权原创药物的研发及产业化。推进中药品牌发展，推动中药新品种产业化。继续深化北京生物医药产业跨越发展工程。推进医疗器械多元发展，重点发展新型数字医学影像设备、新型放疗等高端诊疗整机设备，支持可穿戴医疗设备、智能医疗器械等新型医疗器械开发。

（五）促进节能环保产业健康发展。着眼于生态环境建设和“大城市病”治理，围绕能效提高、温室气体排放控制、大气污染防治、水污染治理、生态修复等重点领域，鼓励发展高效节能、先进环保、资源综合利用、低碳排放等核心产品与技术。大力推行环境污染第三方治理，规范发展合同能源管理、节能技术咨询、能源审计、碳核查等节能环保服务，加快碳排放权交易试点应用推广，力争建成全国碳交易中心。积极发展新能源和可再生能源，推动节能环保技术成果的转化和应用，做好资源回收综合利用，完善环保服务业标准体系，提高节能环保企业核心竞争力，促进节能环保产业发展水平全面提升。

（六）形成一批拥有技术主导权的新兴产业。推动专利密集型产业发展，引导和利用北京市重点产业知识产权运营基金投入专利密集型产业，培育一批核心专利。探索建设知识产权密集型产业集聚区和知识产权密集型产业产品示范基地，推动设立知识产权布局设计中心。聚焦新能源产业研发设计与高端服务环节，加强智能电网、太阳能、地热能、核能、风能等领域关键技术研发，提升专业服务能力。全力推动基础材料产业调整与新材料产业发展相互融合渗透，重点推进第三代半导体、石墨烯、纳米等领域高端前沿新材料发展，建设好中关村国际石墨烯创新中心等新材料研发中心。

（七）加强战略性产业前瞻布局。积极对接国家大飞机专项、载人航天和探月工程专项、对地观测技术系统专项，围绕通用航空运营体系建设、卫星技术转化应用、城市轨道交通建设运营、高速重载轨道交通装备系统，聚焦发展研发试制、金融服务、运营管理等高端环节，支持央地、军民融合创新，推动北京通用航空产业基地、中国高铁创新中心、中核产业园等建设。

三、提高生活性服务业品质

坚持规范化、连锁化、便利化、品牌化、特色化发展，主动适应新时期城乡居民生活服务消费结构、消费方式、消费理念升级的趋势，综合发挥市场和政府作用，强化消费引领、创新驱动、市场主导、制度保障，以供给创新释放消费潜力，以消费升级带动产业升级，不断提升产业劳动生产率，更好地满足人民群众多样化、时尚化、个性化的消费需求。

专栏5　加快发展生活性服务业释放市民消费潜力

重点落实好《北京市提高生活性服务业品质行动计划》，加快实施品牌建设、营商环境建设、人才培养与岗位技能培训等三项重点工程，全面推进加强便民网点建设、促进新型商业模式发展、探索服务功能集成、引导业态转型升级、深化开放合作、推动绿色发展六项重点工作，着力加快居民家庭服务、教育培训、健康养老、体育、旅游等生活性服务业规范化、连锁化、便利化、品牌化、特色化发展。

（一）提升居民和家庭服务水平。着力提高供给质量和水平，规范房地产中介、物业管理、搬家、保洁等家庭服务业发展，支持利用互联网、大数据、云计算等先进技术改进生活服务流程，有序推进社区服务O2O项目，加强便民网点、社区商业便民服务综合体等建设，打造“一刻钟生活圈”。推动冷链物流、电商物流、居民消费“最后一公里”物流等配送网络建设，支持连锁服务企业投资建设末端配送网点、智能快件箱。促进住宿餐饮业连锁化、品牌化发展，提高服务文化品位和绿色安全保障水平。鼓励和规范家政服务企业以员工制方式提供管理和服务，实行统一标准、统一培训、统一管理。加快农村地区物流、商贸、医疗、文化、体育等服务设施建设，支持农村服务消费发展。

（二）提高居民基础性生活服务保障能力。鼓励社会资本参与水、电、气、热等基础设施建设和运营，增强生产和供应能力。构建多层次住房保障和服务体系，发展一批以住房租赁为主营业务的专业化企业，加快危旧房和棚户区改造，调整住房供地布局和结构，合理满足市民居住的刚性需求和改善性需求。大力发展城市轨道交通，完善快速通勤系统，加快微循环道路、停车设施建设，实现居民绿色便捷出行。加快山区和偏远农村水、电、气、热、路等基础设施改造，推动基本公共服务在全市均等化、合理化布局。

（三）培育发展健康养老服务业。加快构建多元化社会办医格局，支持企业、投资机构、商业保险机构等社会力量举办营利性健康服务机构。大力发展中医药医疗养生保健服务，建设好朝阳区国家中医药服务贸易区、东城区国家中医药发展综合改革试验区，推进中医药产业品牌化、规模化发展。加强健康服务业与旅游、文化、信息等产业融合发展，培育健康体检、健康咨询、健康文化、健康旅游、健康保险等新兴业态。继续深化医师多点执业、医疗机构设置、社会资本举办医疗机构医用设备配置等关键环节的改革。推动建设一批各具特色的大健康产业基地，加快培育一批健康服务业优势集群。落实好全面放开养老服务市场、提升养老服务质量的政策措施，全面清理、取消申办养老服务机构的不合理前置审批事项，进一步降低养老服务机构准入门槛，通过多种方式引导社会力量参与养老设施建设与运营，健全养老服务体系。重点发展老年生活照料、康复护理、老年产品用品等行业。深入推进医养结合，构建养老、医疗、照护、康复、临终关怀相衔接的服务模式，提高养老服务产业专业化、连锁化、集约化发展水平。推进公办养老机构改革，鼓励国有企业利用自有土地、厂房等建设养老设施。

（四）促进旅游产业转型升级。发挥好本市深厚的历史文化积淀、丰富的文化演出和体育赛事活动、国际化会展和酒店资源优势，积极开拓国际高端旅游市场，吸引国际商务会展高端客源来京。落实大众旅游、全域旅游理念，办好2020年世界休闲大会，推进旅游方式由观光游向休闲度假游转型升级，促进旅游业与会展、体育、文化、商务等行业融合发展。丰富旅游产业供给结构，积极推进环球主题公园、中影基地二期等重大项目建设。鼓励生态涵养区发展生态旅游，加快国家登山健身步道等建设，合理规划、适度布局房车、自驾车等新兴旅游配套设施，构建完整的郊区旅游路网体系。进一步完善旅游公共服务体系，强化旅游交通、信息、金融、住宿餐饮等服务能力，高标准建设O2O直购体验店、旅游综合体、免税店等设施。完善旅游市场监管机制，坚决打击非法从事旅游经营活动，提升旅游产业服务品质。

（五）加快发展体育产业。以承办2022年冬奥会为契机，进一步优化首都体育产业发展环境，塑造专业服务品牌，提高居民体育消费便利化程度，提升首都体育产业发展的市场化、专业化、国际化水平。以满足广大人民群众日益增长的多元化、多层次体育需求为宗旨，重点发展体育健身休闲、体育竞赛表演、体育场馆服务、体育会展、体育文化创意、体育中介服务等行业，支持开发与健身休闲相关的智能穿戴设备、互联网产品、P2P产品，鼓励开展冬季运动、登山、徒步、自行车等休闲运动。加强与天津市、河北省的协作，合作开发冰雪运动、滨海运动等体育休闲旅游项目，延伸体育服务市场半径。

四、推动文化产业创新繁荣发展

坚持社会主义先进文化前进方向，充分发挥首都历史文化资源优势，全面推进全国文化中心建设。深化文化体制改革，增强文化创新活力，巩固提升传统优势行业，发展壮大创意交易行业，深入推进文化与相关产业融合联动发展。切实增强首都文化软实力和影响力，努力建设社会主义先进文化之都。

（一）优化提升传统优势文化行业。立足首都历史文化资源优势，恢复“一轴一线”魅力景观，保护利用好北部长城文化带、东部运河文化带、西部西山文化带，推进区域文化遗产连片、成线保护利用。推动长城区域联合保护，传承好运河文化，实施好永定河历史文化长廊、“三山五园”历史文化景区、故宫北院区、北运河生态文化发展带等重要文化保护项目建设，彰显北京历史文化名城独特魅力。利用现代网络数字信息技术，优化升级文化艺术、新闻出版、广播影视、文化演艺等领域，增强传统优势行业活力。深化文化体制改革，加快推进经营性文化企事业单位转企改制，开展新闻出版传媒企业特殊管理股试点，培育一批拥有原创品牌、具有较强市场竞争力的骨干文化企业，加大对原创作品的扶持奖励力度，提升首都文化影响力和竞争力。融合戏曲文化元素，建设全国戏曲文化交流中心，优化提升剧目演出水平，运用北京市剧院运营服务平台，创新产业运营、管理、服务模式，实现剧场、院团、优秀剧目资源有效对接，培育、汇聚一批国际一流的品牌剧目，满足群众多元化文化需求，活跃首都文化消费市场。

（二）发展壮大创意交易行业。加快国家文化产业创新实验区、国家对外文化贸易基地（北京）、中国（怀柔）影视产业示范区、国家新媒体产业基地、中国艺术品交易中心、北京文化产权交易中心等重点区域和项目建设，发展壮大现代传媒、文化贸易、设计服务、广告会展、艺术品交易等创意交易行业。聚焦文化创意产品和文化衍生产品研发、设计、营销等关键环节，推进商业模式、营销模式创新，依托龙头企业积极培育一批国际知名的文化设计、工业设计、智能终端设计、建筑设计、服装设计、广告会展集团，支持中小微创意企业做专做精，加快形成一批“北京创意”“北京设计”品牌示范性项目，引导推出一批深刻阐释核心价值观内涵、思想性艺术性观赏性俱佳的文化精品力作。加大版权保护力度，推动北京国际图书城等版权贸易平台和场所建设，大力发展国际版权贸易。鼓励对外文化领域投资，积极承接国际设计、广告策划、文化软件等高端服务外包业务，提升北京文化企业品牌国际影响力。

（三）深入推进文化与相关行业跨界融合发展。充分发挥市级文化创意产业园区引领带动作用，深入推进文化与科技、金融、商务、旅游等相关行业高水平、深层次、宽领域融合发展。推动北京中关村国家级文化和科技融合示范基地建设，积极培育以数字内容、虚拟娱乐、新媒体、文化装备等为主体的文化科技融合产业。开发建设国家数字出版基地、国家音乐产业基地，加快壮大动漫游戏、动漫演艺、移动音乐、网络视频、微电影等新兴业态，推动文化产业数字化、网络化发展。繁荣文化资本市场，加快完善文化投融资服务体系，建设文化金融合作试验区。发挥好北京市文化中心建设发展基金等投融资平台作用，大力促进文化消费信贷、第三方支付、网上银行等文化消费金融，丰富文化信贷产品和服务。发挥京津冀三地地域相近、文化相亲地缘优势，开展文化生产、交易、消费等领域深度合作，建立三地历史文化遗产共同保护机制，形成京津冀互联互通、互促互融、共赢发展的良好局面。组织开展好北京文博会、国际设计周、国际电影节、国际图书节等一批重大文化交流品牌活动，做大做强对外文化贸易，提升国际文化交流水平，加快文化“走出去”步伐。

专栏6 着力推进文化产业重点项目建设

国家文化产业创新实验区。2014年7月31日批复设立，以“CBD—定福庄”一带为核心承载空间，重点发展文化传媒、数字内容、创意设计、文化贸易、休闲娱乐等五大产业，并将建设文化产业协同创新中心、文化产业金融服务中心等一批功能性、平台性项目。

国家对外文化贸易基地（北京）。即北京天竺综合保税区文化保税园。到2020年，在艺术品、影视、设计和信息服务等领域形成2至3个拥有较强国际竞争力的文化创意产业集群，建设一批具有较强辐射力的国际文化交易平台，成为集文化贸易口岸、协同创新平台等于一体的国家级文化贸易示范区。

北京文化产权交易中心。位于东城区前门地区，将打造文化产权交易平台、文化产业“互联网+”投融资平台、文化企业孵化平台、文化产权登记托管保护平台、文化产权信息发布平台等，引导文化要素有序流动和有效配置。

五、集约优化发展都市型现代农业

（一）优化都市型现代农业发展。紧紧围绕都市型现代农业生产、生活、生态、示范四大功能，集成首都科技、信息、金融等优势资源，支持高效节水农业、循环农业发展，加快农产品生产、收储、加工、运输、交易、检验检测等环节的信息化改造和标准化应用。推进北京国家现代农业科技城建设，推动通州区积极创建国家种业综合改革创新试验示范区，发展现代种业。创新农业生产、组织、营销模式，鼓励自主创新，支持发展“互联网+农业”，大力引导农产品电子商务发展。鼓励京津冀生态农业合作，推动本市与周边地区形成“总部+生产基地”合作模式。积极开展境外农业多层次、多内容合作，培育具有国际竞争力的农业跨国企业。压减高耗水作物生产，调减达不到健康养殖标准的畜禽养殖规模，稳定蔬菜、渔业和林果生产，大力发展籽种农业。

（二）强化都市型现代农业综合服务功能。强化农业生态服务、休闲度假、科研科普、城市应急保障等综合服务功能。以2019年世园会为契机，全面提升首都都市型现代农业的应急保障、生态休闲和科技示范水平，构建都市型现代农业产业体系。

专栏7 高效发展都市型现代农业

充分发挥北京农业嘉年华作用，培育休闲观光农业旅游综合体，建设一批集聚连片的休闲、观光、文化传承农业示范区。重点建设好“菜篮子”工程，加强农产品质量安全检测和动植物疫病防控，构建“从农田到餐桌”可追溯的全过程监管体系，提升农副产品的质量安全水平。加强农业现代化设施建设，重点加强对农业综合生产能力、农产品质量和效益保护、提高资金投入和政策支持。

发挥本市在籽种农业、生态休闲、科技示范等方面的优势，推动农业与第二、三产业的进一步融合发展，以2019年世园会为契机，加快首都都市型现代农业向更高水平迈进。

（三）促进农村集体建设用地集约利用。引导农村集体建设用地减量化发展，探索建立农村集体建设用地流转制度，推广西红门镇试点经验，扩大集体经营性建设用地入市试点范围。在符合规划和用途管制的前提下，鼓励集体经济组织按照“难题能破解、投入可持续”的思路，以自主开发、联营联建等方式，对农村集体建设用地进行集约利用和腾退改造。

第三章 优化提升重点产业功能区

牢牢把握首都城市战略定位，优化调整区域功能布局，按照分类指导、分业促进、分区施策、分步实施的原则，引导各类高端产业功能区和特色功能区差异发展、集约发展、联动发展、协调发展，不断完善配套服务体系，增强产业承载能力，培育各具特色的优势产业集群，增强对全市经济发展的支撑能力和带动京津冀产业协同发展的能力。发挥好功能疏解对人口疏解的带动作用，实现人随功能走、人随产业走，推动人口、居住、产业等功能的协调发展。

一、优化调整高端产业功能区

完善高端产业功能区配套服务体系，增强产业承载能力，培育各具特色的优势产业集群。严格资源、环保、人口等准入标准，完善投入产出评价体系，提高园区产出效益，提高高端化、集约化发展水平。强化中关村、金融街、商务中心区（CBD）、奥林匹克中心区内涵式发展，合理控制空间规模、从业人员数量，着力优化提升金融管理、高端商务、文化交流、国际交往等功能；加快推动北京经济技术开发区、临空经济区的产业承载能力建设和产业转型升级，引导高端要素资源集聚，增强对全市经济发展的支撑能力。

（一）中关村国家自主创新示范区。全力建设中关村国家自主创新示范区，打造具有全球影响力的科技创新中心。充分发挥中关村在政策试点、机制创新探索方面的先行先试作用，在人才培育、金融支持、技术创新和成果转化等方面积极研究新的先行先试政策，加快推进试点示范。优化中关村创新功能布局，加强一区多园统筹协调发展，探索完善跨区域园区共建、共管、共享的机制和模式。着力提升创新驱动发展能力，超前部署应用基础研究，集中力量实施脑科学、量子通信、纳米科学等重大科学研究计划，力争取得一批具有国际影响力的原始创新成果。培育壮大创新型企业，加强创新成果转化应用，积极探索业态、模式创新，重点发展前沿信息、生物健康、智能制造、新材料、生态环境与新能源、现代交通、生产性服务业等主导产业。到 2020 年，中关村“高精尖”经济结构基本形成，现代服务业收入占总收入比重超过 70%。创新能力显著增强，企业研究与试验发展经费投入强度达 12% 左右，劳动生产率高于全市平均水平 60% 以上，万元地区生产总值能耗低于全市平均水平 70% 以上。

（二）北京经济技术开发区。坚持优化调整、高端发展，建设好高技术制造业和战略性新兴产业集聚区。聚焦先导技术和原创技术，带动现有产业转型升级，重点发展新一代信息技术、汽车及新能源汽车、生物医药、智能装备等主导产业，加快推动重大项目建设。探索与中关村联动发展的工作机制，推动科技成果转化利用，提高土地、资金、技术、人才、基础设施等全要素生产率。引导和推动一般制造业龙头企业新增产能、非科技创新型企业向京外转移疏解，做好腾退空间的转型再利用。加强京津冀产业对接协作，不断完善共建共赢的合作模式，积极参与全球产业分工和价值链重组，实现跨区域全产业链布局。

（三）商务中心区（CBD）。进一步发挥商务中心区在国家双向开放中的枢纽作用，建设好国家文化产业创新实验区，强化国际商务中心功能。巩固提升高端商务、国际金融、文化传媒等主导产业的国际竞争力和影响力，优化跨国地区总部发展，促进服务业领域的对外开放、创新发展和融合发展。加快培育国际医疗、国际教育等新兴产业增长点，支持有实力的本土商务服务机构品牌化、国际化发展，积极探索符合国际市场规则的服务业发展新模式。积极推进重点项目建设，力争建成 CBD 核心区北区，加快 CBD 核心区南区建设，推进化石营、永安里棚户区改造和旧城更新，完善 CBD 及周边市政管廊、交通环廊、绿地景观等公共配套设施，有序实施功能疏解，实现存量空间的功能置换和产业升级。力争到 2020 年 CBD 功能区增加值年均增长 6.8%，达到 3540 亿元以上，集约经济效益和劳动生产率水平明显提升，产业结构进一步优化，建设成为国际一流的高端智慧商务中心区。

（四）金融街。提升金融街金融产业能级，完善全国性的要素交易市场，服务好国家金融改革和多层次资本市场建设。顺应人民币市场化、国际化发展趋势，强化国内人民币资金配置、国际支付清算能力。培育国际型和专业服务型金融机构，服务好丝路基金等国际组织和金融机构，提升国际化、专业化服务水平。促进金融街发展与历史文化名城保护、城市功能提升的有机结合，调整疏解不符合区域功能定位的机构，做好周边存量资源置换和转型再利用，完善商务、生活、文化等配套服务，增强区域高端金融要素资源承载力。

（五）奥林匹克中心区。强化国际交往联络窗口、世界文化交流平台、国家体育休闲中心等核心功能。依托区内国家体育场、国家游泳中心、国家会议中心等国家级场馆和配套设施，加强环境建设和秩序管理，积极承接和引进国际重大文化、体育等活动，成为具有全球影响力的国际交往活动聚集地。因地制宜调整区域发展建设范围，做好亚洲基础设施投资银行、2022 年冬奥会场馆等国家重大项目建设工作，建设中国工艺美术馆暨中国非物质文化遗产展示馆等国家级文化设施。探索国家体育场、国际会议中心等既有设施的市场化运营模式，增强国际文化和体育活动举办、会议展览承办等服务能力。加快形成金融、科技、商务服务、旅游、会展与文化体育融合发展的新模式。

（六）临空经济区。强化首都国际机场航空服务与国际枢纽转运功能，加快区域功能整合和产业转型升级，建设好国家临空经济示范区。鼓励汽车制造、电子信息等现代制造业高端智能精细发展，重点发展航空高端制造业，以航空运输、保税物流、融资租赁等为主的临空高端服务产业，创新发展跨境电子商务、广告会展等关联产业。发挥天竺综合保税区优势，积极发展离岸金融，高标准建设好国家对外文化贸易基地。推动地理信息产业园、跨境电子商务产业园、国际航空航材展示交易体验中心等建设，推进港区一体、产城融合发展。加强与北京新机场临空经济区产业交流与合作，形成各具特色、协同发展的临空经济新格局。

二、加快高端产业新区和特色功能区建设

坚持高标准规划、高水平建设、分时序推进，有

序推动四大高端产业新区发展，高度关注特色功能区的培育和政策引导，加快完善基础设施建设，提升公共服务配套水平，承接和集聚国际交往、文化创意、科技创新等高端资源，增强首都科技文化、教育医疗、国际交往服务功能。

（一）通州高端商务服务区。服务北京城市副中心建设，提高承接中心城区调整疏解功能和产业的能力。加快建设环球主题公园，促进首都文化产业和旅游产业发展。推进运河商务区等重大项目建设，带动现代服务业集聚。积极支持通州区创建国家种业综合改革创新试验示范区，发展现代科技农业。稳步推进宋庄文化创意产业集聚区发展，促进形成“创意－创作－交易”的原创艺术产业链。

（二）新首钢高端产业综合服务区。集中力量建设首钢老工业区北区，优先提升区域城市服务功能，加强工业遗存保护利用，重点发展高端数字智能、现代金融、文化创意等产业，促进冬奥广场、世界侨商创新中心等项目建设，推动首钢北京园区与曹妃甸园区联动发展。

（三）丽泽金融商务区。加强与金融街的统筹联动，重点培育互联网金融、金融信息、金融中介等新兴业态，加快金融与科技、文化、信息、商务等高端服务业融合发展，统筹推进符合功能定位的金融机构落户，构建新兴金融产业集群，全力提升金融创新、商务服务功能。完成丽泽北区土地一级开发，基本建成南区商务楼宇和公共设施，加快完善园区内部路网、地下交通环廊等基础设施，创建国家级智慧城市试点和北京市低碳生态试点区。

（四）怀柔文化科技高端产业新区。全面加快怀柔科学城、中国（怀柔）影视产业示范区建设，进一步完善北京雁栖湖生态发展示范区配套设施，大力发展影视文化产业、科技研发产业、会展休闲产业和商贸金融产业，重点打造原创性、基础性、前沿性科技成果研发基地。

（五）强化特色功能区的产业承接能力。重点支持北京新机场临空经济区、北京科技商务区（TBD）、海淀北部生态科技新区、环球主题公园、中关村软件园、北京保险产业园、北京高端制造业（房山）基地、北京基金小镇、北京通用航空产业基地、密云生态商务区、延庆现代园艺产业园等发展建设，主要承接科技研发、文化创意、高端制造、现代金融、航空服务等高端产业资源，带动区域城市化和城乡一体化发展，不断培育壮大区域发展新支撑。加快推进电子商务、三网融合、下一代互联网、软件及应用系统等国家试点示范城市和基地建设。因地制宜发展各类专业集聚区和品牌特色街区，引导总部商务、文化休闲、商贸餐饮等产业实现特色集群发展。规划建设、改造提升一批特色商务楼宇，促进研发、办公、商贸、娱乐融合发展。

专栏8 加快特色功能区建设

加快建设环球主题公园。环球主题公园项目位于通州区文化旅游区内，核心区占地1.2平方公里，将规划建设包括环球主题公园、城市大道和主题酒店等，是全球第6家和国内第1家环球主题公园。

推进海淀北部生态科技新区发展。以“北清路—七北路”为轴线，积极发展新一代信息技术、新能源新材料、节能环保、生物医药产业，打造高端产业聚集示范区。

创新发展北京科技商务区（TBD）。以北京科技商务区核心区为重点，大力发展科技服务、信息服务、金融服务等生产性服务业，力争建设成北京市生产性服务业发展高地。

打造北京高端制造业（房山）基地。加快推进中关村新兴产业前沿技术研究院尽快运营，聚焦城市轨道交通、新能源汽车和特色航空产业，发展产业高端环节。加速高端人才、高端团队及研发型、总部型企业集聚，全面打造科技研发及成果转化的高端服务环境。

其他特色专业园区和重要区域功能节点。主要包括北京通用航空产业基地、密云生态商务区、北京保险产业园、北京基金小镇、中关村软件园等。重点完善基础设施和配套服务，提高“高精尖”产业承接能力，带动区域城市化和城乡一体化发展。

三、强化功能区联动协调与辐射带动

贯彻落实《京津冀协同发展规划纲要》及本市贯彻意见和北京城市总体规划要求，坚持疏解和承接一体谋划、统筹实施，立足各功能区特色资源禀赋，发挥比较优势，促进产业要素资源在功能区内与功能区间、市域内与津冀地区间合理重组、高效流动，实现创新协同发展。

（一）优化提升城六区重点功能区的首都功能承载能力。中关村、金融街、商务中心区（CBD）、奥林匹克中心区等重点功能区，要坚持调整疏解与优化提升并重，严控增量，有序疏解非首都功能业态和环节，促进“人随功能走”。高效利用疏解空间，重点对接好国家重大战略，服务好国家重大项目落地，提升科技创新、文化交流、国际交往等高端服务功能。促进金融管理、信息服务、商务服务等重点产业专业化、高端化、国际化发展，改造提升传统服务业。

（二）增强城六区以外平原地区重点功能区的首都功能和产业承载能力。城六区以外的重点功能区和特色功能区，要加快完善基础设施建设，提升公共服务配套水平，增强承接能力。支持在昌平区、顺义区、通州区、大兴区等地适度布局建设总部经济发展新区，承接和集聚国际交往、文化创意、科技创新等高端资源，增强首都科技文化、教育医疗、国际交往服务功能。重点发展生产性服务业、战略性新兴产业、高端制造业和临空经济，进一步提升技术创新和优势产业发展水平。

（三）强化重点功能区带动京津冀产业协同发展的能力。充分发挥重点产业功能区辐射带动作用，沿京津走廊、京保石、京唐秦三大产业带，加强重点功能区与天津市、河北省两地的产业对接协作，聚焦曹妃甸协同发展示范区、北京新机场临空经济区、天津滨海－中关村科技园、张承生态功能区等战略合作功能区，用好京冀协同发展产业投资基金、中关村协同创新投资基金等，支持重大项目建设，为实现交通一体化、生态环境保护、产业升级转移的率先突破提供支撑，支持构建区域协同发展和产业协作的主体框架。

专栏 9 “4+N”战略合作功能区

曹妃甸协同发展示范区。创新园区合作共建机制，重点建设曹妃甸产城融合先行启动区和首钢京唐二期等重大项目，发展高端装备制造、新能源、节能环保、通航等先进制造业，培育融资租赁、电子商务、第三方物流等与生产密切相关的生产性服务业，打造首都产业转移的主要承接地。

北京新机场临空经济区。加快推进新机场建设，做好基础设施、能源和水资源供应、生态环境建设等配套工作，确保 2019 年正式投入运营。深度谋划好新航城、新机场临空经济区产业发展规划和建设，同步促进高端航空服务、高端商务服务等生产性服务业发展。

天津滨海－中关村科技园。发挥中关村国家自主创新示范区和天津滨海新区发展优势，推进科技成果转化基地和交易信息服务平台建设，开展投资和贸易便利化试点，重点发展科技服务、高端制造、移动互联网、生物医药、集成电路等产业，打造全国先进制造研发基地、中试基地和生产性服务业集聚区。

张（家口）承（德）生态功能区。以北京、张家口联合承办 2022 年冬奥会为契机，深化北京市、河北省在体育赛事、文化旅游、基础设施建设等方面的全面合作，推动两地在张承地区合作培育发展大数据产业。加大生态补偿和政策支持力度，发展绿色生态产业、文化旅游、体育健身、健康养老等产业，共建生态文明先行示范区。

N 个开放式共建园区。有序引导规范各高端产业功能区资本、技术、管理、人才标准、品牌输出，与津冀合作共建一批产业对接协作平台、产业创新合作平台、“政府－企业”合作平台、产业联盟。

第四章 营造支撑“高精尖”经济结构的产业生态环境

深化以科技创新为核心、文化创新为引领的改革创新，注重增强科技原始创新和文化内容原创能力，以供给侧结构性改革为主线，在适度扩大总需求的同时，去产能、去库存、去杠杆、降成本、补短板，以新一轮开放发展提升国际竞争力，以产业跨界融合发展促进业态与模式创新，强化市场在资源配置中的决定性作用，提高政府效能，进一步激发市场和社会主体活力，激发消费者潜力，优化资金、人才等高端要素配置，提升“北京服务”和“北京创造”的品牌价值，不断探索实现“高精尖”经济结构的发展路径，全力构建促进新消费、培育新供给、增强新动力的产业生态环境。

一、实施创新驱动发展战略

（一）以科技文化双轮驱动为重点推进改革创新。坚持战略前沿导向，积极对接国家重点研发计划、科技重大专项，力争突破一批核心关键技术，取得一批具有国际影响力的原始创新成果。健全促进科技成果转化机制，加快培育一批具有国际竞争力的创新型领军企业，完善创新产品服务采购政策体系，深入实施创新成果示范应用。深入落实并继续推出鼓励创新的先行先试政策，积极构建普惠性政策支持体系，激发科技人才创新创业活力。立足全国文化中心建设，大力促进文化创新，积极推动社会主义先进文化理论创新发展，打造一批思想深刻、感染力强烈的文化原创精品，推动文化产业蓬勃发展。

（二）促进开放式产学研协同创新。推动科技资源开放共享，加快建设企业主导的产学研用协同创新体系，形成协同创新良性发展的局面。在新一代信息技术、生物医药、节能环保、高端装备等领域，建设若干重大创新功能性平台。支持高校和科研院所培育一批协同创新中心，搭建协同创新平台网络。支持企业整合利用国内外创新资源，探索建立全球研发中心、高端实验室、企业技术研究院等新型研发机构，吸引跨国公司在京设立研发中心。鼓励龙头企业建设专业化创新创业平台，面向企业内外部人员开放创新资源和研发能力，打造企业创新生态圈。

（三）提升创新创业服务能力。发挥中关村创新创业引领示范作用，发展市场化、专业化、网络化的众创空间。以科技企业孵化器、大学科技园、留学人员创业园、众创空间为主体，搭建创新创业服务平台，强化以“投资＋孵化”为主导的创业服务模式创新，加强创业品牌输出。

二、深入推进重点领域改革和试点示范

（一）积极稳妥推进市场化改革。在制度上、政策上营造宽松的市场经营和投资环境。实行统一市场准入，全面落实国家负面清单管理制度，严格执行北京市新增产业的禁止和限制目录，组织实施“疏解整治促提升”专项行动。建立完善公平竞争市场审查机制，加大对不利于创新创业的垄断协议和滥用市场支配地位及其他不正当竞争行为的调查和处置力度。创新投资运营机制，进一步鼓励社会投资特别是民间投资，服务首都经济社会发展，参与重点产业领域建设。深入推进要素市场化改革，优化交易制度和监管制度，鼓励支持北京产权交易所、中国技术交易所、北京文化产权交易中心、北京环境交易所等重点交易平台做优做强，推动建立京津冀区域一体化的技术、产权、碳排放权、股权等要素市场，促进资本、技术、信息等产业要素资源的有序自由流转，加快创新成果转化和产业化进程。

（二）抓好非基本公共服务供给侧改革。积极稳妥推动教育、文化、卫生、体育、养老等领域非基本公共服务的市场化、社会化进程，支持上述领域非公益性事业单位转企，鼓励社会资本参与非基本公共服务领域的设施建设和公立机构改革。探索民办非企业机构连锁化经营、教育培训机构设立营利性法人机构的路径。以国家文化产业创新实验区建设为重点，积极推动文化产业改革、文化经济政策创新以及产业融合发展。允许外商在重点文化产业园区投资设立演出经纪机构，不断完善区域文化资源开放共享机制。稳妥推进以足球、篮球、排球为代表的职业体育发展，鼓励有条件的国有体育场馆进行混合所有制改革试点，完善赛事市场开发和运作模式，积极推进赛事安保服务社会化。完善养老服务支持政策，鼓励社会力量投资养老产业，健全养老服务体系，培育养老产业集群。

（三）扎实推进试点示范建设。结合国家相关领域重点改革工作，在中关村国家自主创新示范区、国家文化产业创新实验区、海淀区国家服务业综合改革试点区、石景山区国家服务业综合改革示范典型、国家技术转移集聚区等开展试点示范工作，各有侧重、先行先试企业法人登记、科技金融、规划土地、人才集聚、技术创新、成果转化、知识产权质押等政策，集中协调解决共性问题。深入推进外籍高端人才永久居留资格程序便利化试点，放宽人才中介机构外资出资比例限制试点。继续开展科技成果使用、处置和收益管理改革试点。继续深化西城区、朝阳区两个国家级养老服务业综合改革试点区建设，在财政、金融、保险、用地、税费、人才及服务模式等方面进行探索创新，构建养老、照护、康复、临终关怀相衔接的服务模式。

三、促进产业跨界融合发展

（一）积极推进“互联网＋”行动。积极培育基于“互联网＋”的新技术、新服务、新模式和新业态。推进“互联网＋”与金融、文化、商务、制造、能源、农业等产业的融合创新，鼓励运用信息技术重构和整合产业链条，促进产业转型升级。支持利用“互联网＋”技术盘活各类社会资源，规范发展基于互联网、移动互联网的信息展示、在线交易、众包、众筹、出行共享等分享经济模式和业态。推进“互联网＋”在公共安全、生态环境、城市交通等城市运行保障行业，以及在教育、医疗、养老等公共服务行业的服务创新，发展一批符合首都城市战略定位的新兴业态。

（二）推进服务业与工农业融合发展。积极推动制造业服务化、融合化发展，培育产品设计、品牌运营、资源集成、产权经营等服务业态，围绕新能源智能汽车、集成电路、轨道交通、航空航天、智能装备等高端制造业，发展网络众包、规模化个性定制、精准供应链管理等服务，促进生产方式向柔性化、智能化、精细化、绿色化转变。鼓励龙头企业整合关键产业链条，促进研产供销、工控体系应用、经营管理等全流程无缝连接和综合集成，重构产业价值链，抢占战略制高点，辐射带动制造业转型升级。发挥首都农业研发资源富集优势，聚焦农业现代化薄弱环节，鼓励面向全国推广优良品种和病虫害防治、农产品检验检测认证等农业技术，推动农业信息化改造和标准化应用，加快农产品生产、收储、加工、运输、交易等环节的信息化改造和标准化应用，保障农产品质量安全和供给。

（三）发展平台经济支撑跨界融合。支持有条件的企业向平台型企业转型，推动云计算、物联网、大数据等新技术在平台经济中广泛应用，提升平台经济的创新内涵和技术含量，形成多业态、多功能、多业务融合发展。强化平台经济对上下游产业的双向带动和统筹整合能力，加快形成以平台经济为核心，现代服务业与高端制造业互动并进、融合发展的良性格局。鼓励各类互联网平台与实体经济嫁接，发展定制化生产和线下产业链，提升互联网平台的服务价值和带动功能。

四、壮大培育多元市场主体

（一）服务好中央单位在京发展。支持中央在京企业综合运用人才、资本、科技、信息、市场等方面的优势，做强创新型研发设计、全球枢纽型营销、高效融资和资金结算、高端智能制造等核心业务。支持中央在京教科文卫体事业单位发展，配合做好经营性事业单位的转企工作。推动央地企业协同发展，深化央地、军民融合创新，促进信息、技术、人才等要素资源流动共享、渗透兼容。

（二）增强国有企业发展活力。不断提升国有企业资本运营能力，聚焦城市水、电、气、热、路等基础设施建设和运营，切实保障首都城市安全有序运行。以混合所有制改革为突破口，加大国有企业调整重组力度。探索试点组建国有资本投资运营公司，加快推进垄断行业改革。推动企业改制上市，不断提升国有资本市场价值。

（三）支持非公有制经济健康发展。推动非公有制企业进入特许经营领域，鼓励各类资本参与混合所有制改革，保护各种所有制企业产权和合法利益，改善企业市场预期。发挥中小企业在创新、创业、增加就业中的作用，建立健全中小企业融资担保体系，大力发展融资担保机构，用好中小企业创投引导基金，破解中小企业融资难融资贵问题。落实国家小微企业税收政策。

（四）充分发挥新型产业组织作用。推进行业协会商会与行政机关脱钩，进一步发挥行业协会商会的服务功能。鼓励构建以企业为主导的产业技术创新战略联盟，推动跨领域、跨行业协同创新。重点支持一批在技术或服务标准创制、技术平台设定、组织企业参与国际市场竞争等方面贡献突出的产业联盟、产业协会等社会组织。

五、进一步扩大对外开放

（一）积极推进北京市服务业扩大开放综合试点建设。围绕科学技术服务、互联网和信息服务、文化教育服务、金融服务、商务和旅游服务、健康医疗服务等六大重点领域有序放宽市场准入，支持朝阳区、顺义区等示范区先行先试。改革监管模式，深化对外投资管理体制改革，简化境外投资结汇手续，优化配套支撑体系，提高投资贸易便利程度，推动国际货物和服务贸易优进优出，努力形成国际化、法治化、透明化的服务业双向扩大开放新格局。动态调整、不断充实服务业扩大开放清单。主动争取更多国家层面改革开放措施在本市先行先试，不断拓展服务业开放的深度和广度，加快技术、标准、服务走出去步伐，深度融入全球产业链、价值链、物流链。

（二）创新开放型经济发展方式。统筹贸易与投资，坚持引进来和走出去并重、货物贸易和服务贸易并进、引资和引技引智并举，发展更高层次的开放型经济。主动融入和服务国家“一带一路”倡议，加强与沿线国家和地区的深入合作，实施一批重大项目，带动关联产业在沿线国家协同布局。创新对外投资合作方式，鼓励企业通过海外并购、联合经营、设立分支机构开拓国际市场，支持优势产业市场主体到境外建立货源供应基地、生产制造基地和贸易平台。深化与境外园区合作，建设符合企业需求的海外产业园区、研发基地、产业孵化基地。继续扩大外资利用规模。鼓励货物贸易企业向价值链高端延伸，支持具有自主知识产权和自主品牌的企业出口。提升服务贸易发展水平，促进制造业与服务业、货物贸易与服务贸易协调发展，提高货物贸易中的服务附加值。大力推进跨境电子商务发展。

（三）建设好世界高端企业总部聚集之都。优化发展总部经济，鼓励总部企业积极参与“一带一路”、京津冀协同发展等国家战略。引导总部经济在京合理布局，实现差异化发展。优化提升城六区总部经济集聚区，加快发展城六区以外总部经济发展新区，重点培育科技创新型总部经济集聚区。进一步深化服务业扩大开放综合试点，吸引世界高端企业、国际组织、跨国公司根据规划布局设立全球总部或地区总部。支持总部企业扩展充实研发设计、财务结算、国际营销等实体功能，在京津冀区域完善产业链条，拓展发展空间。鼓励总部企业加强全球布局，深度融入全球产业链，加强国际合作，提高全球配置资源能力和控制力。鼓励航空航天、高铁、装备制造、新型建材、电子信息等领域央企与市属企业抱团出海，共同开拓海外市场，推动装备、技术、服务、标准、品牌走出去，提升总部企业国际竞争力和影响力。支持金融、科技、商务等领域骨干企业，做好境外投资相关的商务、法律、前期评估、战略咨询、投融资支持、投资环境考察等配套服务，与国际标准接轨，开展国际化业务。

六、创新金融服务体系

（一）拓展产业发展的直接融资渠道。积极扩大股权直接融资渠道，大力发展创业投资、股权投资、并购基金。支持有条件的企业在境内外资本市场上市，鼓励科技公司在“新三板”“四板”等资本市场挂牌、融资，鼓励和支持符合条件的公司运用各类直接债务融资工具。

（二）创新发展形式多元的间接融资。适应人民币市场化改革，鼓励金融机构向符合首都城市战略定位的科技、文化等“高精尖”经济结构领域提供融资支持。引导金融机构开展金融产品和金融服务创新，深化信用贷款、股权质押贷款、投贷联动、知识产权质押贷款、信用保险和贸易融资、产业链融资等各类信贷创新试点，加强针对科技企业、文化企业的信贷产品和服务创新，积极发展金融租赁产业。加强与国家政策性银行开展金融战略合作，加快推动京津冀金融业务同城化发展，降低跨行政区金融交易成本。

（三）充分发挥财政资金的导向作用。完善市级产业投资引导基金体系，发挥创业投资引导基金、股权投资基金、京冀协同发展产业投资基金、北京城市副中心建设发展基金等系列基金的导向作用，广泛吸引社会资本参与，拓展和丰富多主体、多层次、多门类的“北京服务”“北京创造”基金群，推动形成多元化、多层次、全方位的投融资渠道。加快完善投资风险补偿基金体系，完善政府与社会投资机构风险共担机制。

七、建设高端人才队伍

（一）集聚全球高端产业人才。落实人才强国战略和首都人才优先发展战略，继续实施好“海聚工程”“高创计划”，在全球范围内吸引国际顶尖科学家、工程技术专家、高级经营管理人才等来京创新创业。开展产学研用联合培养人才试点，依托领军企业与国际一流高校、科研机构，培养一批顶尖技术骨干和高层次产业领军人才。深化中关村人才特区建设，进一步优化海外高端人才引进和服务保障政策，提高工作准入、居留、医疗和出入境等便利化程度。建立灵活多样的高端创新、创业人才流动和配置机制，鼓励高校教师、科研机构人员从事成果转化、创新创业。

（二）建设国际化智库汇聚地。发挥首都人才优势、智力优势，支持通州区、怀柔区等引进国内外智库机构，推动全市形成多学科、多门类、具有国际影响力的智库体系。建设高端智库人才队伍，引导各类智库参与政府决策咨询，培育一批具有国际影响力的智库人才。积极加强与国际化智库机构的合作，推动智库间国际交流，支持智库合作开展全球重大课题研究，不断提高智库国际化水平。建立健全智库发展资金保障体系。

（三）强化创新型人才培养。充分释放高校院所创新创业潜力，支持在京高校院所开设创业课程、创业讲座，打造高校院所创客空间、科技成果转化和技术转移平台，营造青年科技人员和大学生敢于创业、乐于创业的文化氛围。发挥好科技企业孵化器、留学人员创业园、创客空间等作用，为连续创业者、海外创业者、具有自主知识产权的创业者等提供融资、咨询、市场调查等系统创业服务。支持领军企业加强与全球知名高校、企业、科研机构合作，建立海外孵化基地，建立信息和市场资源共享渠道，帮助创业企业和创业者开拓国际市场。

八、实施品牌发展战略

（一）促进知识产权创造、运用、保护和管理。深化国家知识产权试点示范城市建设，推动中关村国家知识产权服务业集聚发展示范区发展，加快培育一批国家知识产权示范企业和知识产权优势企业，推进技术专利化，专利标准化，标准国际化，加快提升专业化、规范化、国际化的知识产权服务品牌。建立健全知识产权交易平台和服务体系，培育评估、交易、转化、投融资等专业化、市场化服务机构，提高知识产权分析评议、运营实施、评估交易、投融资和维权等服务水平。发挥好知识产权法院作用，加大对科技创新活动和科技创新成果的法律保护力度，依托知识产权快速维权中心，为企业提供便捷、快速的一站式服务。全面实施知识产权战略，壮大专利、商标、版权等产业链高端环节，占领市场竞争制高点。

（二）深入实施标准化战略。深化标准化工作改革，加快标准化与产业发展的深度融合，激发市场主体活力，引导支持企业将拥有的自主技术转化为标准，提高企业在国际、国家和行业标准制定中的话语权。全面启动中关村国家技术标准创新基地建设，搭建标准创新公共服务平台。提升标准对生产性服务业的覆盖范围和支撑力度，提高金融、研发、咨询、技术转移、知识产权等专业服务领域的标准化和规范化水平。围绕生产性服务业、战略新兴产业、高端制造业等现代产业和优势主导产业，形成一批包含自主创新先进技术、在国内外具有重要影响力的核心标准，培育一批创制、采用先进标准的优势企业群体和标准联盟，彰显“北京标准”品牌价值，提升“北京服务”“北京创造”品牌价值，增强国际竞争力和影响力。

（三）加快推进高端要素市场建设。不断完善各项政策和配套机制，打造一站式、一体化的股权投资服务体系。围绕首都城市战略定位、金融支持京津冀协同发展和国家重点领域市场化改革等方面，推动“新三板”“四板”市场及重点交易场所建设，不断优化首都要素市场结构。支持中国水权交易所、北京产权交易所、北京金融资产交易所、北京环境交易所、京津冀协同票据交易中心等重点交易平台进一步整合资源，健全规则体系，不断增强市场竞争力、行业影响力和区域辐射力。

第五章　保障措施

一、着力推进简政放权

积极对接国家商事制度改革，深入落实注册资本认缴制、企业年报、“先照后证”“多证合一、一照一码”等措施，提高工商登记注册便利化水平。进一步深化行政审批制度改革，规范行政审批行为，减少、简化、整合产业重大项目投资的前置审批及中介服务，降低企业的制度性交易成本；加强配套监管体系建设，强化事中事后监管。进一步简化企业境外投资核准程序。运用大数据、云计算、物联网等信息化手段，提升政府服务管理效能。认真落实各项涉企政策，正税清费，进一步清理各种不合理收费，积极解决企业在转型升级和调整疏解过程中遇到的困难与问题。

二、严控产业准入标准

严格执行北京市新增产业的禁止和限制目录，严控新增不符合首都城市战略定位的产业，坚决控制高耗能、高排放项目新建和改扩建。认真落实《北京市推进节能低碳和循环经济标准化工作实施方案(2015—2022年)》，建立市场准入标准与产业的禁止和限制目录相互衔接机制。大力实施产业绿色化改造，健全重点行业领域节能、降耗、减污、增效的长效机制。深入落实各区、各高端产业功能区功能定位，严格资源、环保、人口等准入标准，强化劳动生产率、地均产出等效益指标，完善投入产出评价体系。研究低端存量资源退出、置换机制，合理控制园区开发强度，促进产业结构调整工作有序进行。

三、加强政策集成创新

完善政府采购办法，逐步加大政府购买服务力度。执行扶持小微企业各项税收优惠政策，落实好高新技术企业所得税优惠政策。进一步完善科技创新政策体系，推动科技成果的使用权、处置权、收益权改革。研究制定支持非基本公共服务领域市场化、社会化改革的政策，支持社会资本投资教育、文化、卫生、养老等领域。创新消费促进政策，鼓励绿色消费、品质提升型消费等。

四、推动京津冀产业协同发展

积极推进京津冀区域全面创新改革试验，全面打造协同创新共同体，建立健全产业有序转移的需求发现和对接服务机制，探索一批可复制、可推广的改革措施和创新性政策。积极推进京津冀创新主体市场化合作，协同实施一批技术创新工程，联合建立一批产业技术创新战略联盟，共建京津合作示范区等一批产业园区和科技园区，建立跨区域创新协作服务平台，构建企业、高校院所、产业投资机构、科技咨询机构等多主体参与的创新合作体系，支持在京高等学校、科研机构在天津市、河北省建立技术转移转化平台，提高创新成果转化效率。加快推动区域协同创新和产业升级转移，合作搭建京津冀服务业融合创新和展示交易平台，支持企业跨行业、跨区域开展合作。促进优势产业链发展，推动形成覆盖区域的生产性服务业辐射圈，加快建立京津冀大旅游格局，推进区域农产品研发、产销、服务一体化，促进航空航天、新能源装备制造、智能终端、大数据、生物医药、汽车等跨区域优势产业链发展，推动产业加快转型升级。

五、加强空间资源配置

鼓励疏解转移的企事业单位在符合城乡建设用地减量提质要求的基础上，改造利用老旧商业设施、仓储用房、工业厂房发展符合首都城市战略定位和本市产业政策的现代产业。改造项目应严控建筑增量，在补充城市功能短板的基础上合理确定规划指标，通过优化设计方案提高建筑及环境品质。加强高端产业功能区基础设施和配套服务体系建设，改造利用和规划建设一批全天候、无时差的国际协同生态智能商务楼宇，提高产业承载能力。

六、完善统计评价体系

根据国家产业分类标准，结合本市实际，加强新兴产业统计研究，完善产业统计制度，健全统计指标体系。根据高端产业功能区发展定位，完善高端产业功能区发展评价机制。强化对重点产业、高端产业功能区的动态监测、分析研判工作，为保障首都经济平稳健康发展提供依据。

七、强化规划实施监督

全面落实本规划确定的各项目标、任务，完善规划监督考核机制，做好规划中期评估，促进规划目标和任务顺利完成。加强各行业主管部门与各区、各产业功能区的沟通对接，进一步发挥产业联盟、行业协会、商会等的作用，健全规划政策制定、重大项目协调、监测分析预警工作体系。

北京市人民政府办公厅

2017年1月15日

北京市人民政府关于组织开展“疏解整治促提升”专项行动（2017—2020年）的实施意见

京政发〔2017〕8号

各区人民政府，市政府各委、办、局，各市属机构：

为深入贯彻落实中共十八大和十八届三中、四中、五中、六中全会及中央城市工作会议精神，坚持以习近平总书记视察北京重要讲话精神为根本遵循，按照市委十一届十二次全会部署，深入推进京津冀协同发展，着力疏解非首都功能，优化提升首都核心功能，加快建设国际一流的和谐宜居之都，市政府决定，2017年至2020年期间，在全市范围内组织开展“疏解整治促提升”专项行动，并提出以下实施意见。

一、基本原则

组织开展“疏解整治促提升”专项行动是疏解非首都功能，优化首都发展布局，降低中心城区人口密度，推动京津冀协同发展的必然要求；是有效治理“大城市病”，提高城市治理能力和水平，创造良好人居环境的迫切需求；是优化提升首都核心功能，全面提升城市发展质量的重大举措。“疏解整治促提升”专项行动要坚持以下原则：

（一）以服务人民群众为工作出发点。坚持公开透明操作、依法有序推进、深入细致工作，通过疏解整治，实现空间腾退、“留白增绿”、改善环境、消除隐患、补齐短板、提升功能，打造一批精品街区、胡同等和谐宜居示范区，增强人民群众获得感。

（二）疏解整治与优化提升并举。始终以疏解非首都功能为工作导向，以城市环境和秩序整治为工作重点，以优化提升首都核心功能和提高和谐宜居水平为目标，将各项工作任务整体打包、统筹安排、协同推进，促进资源优化配置和城市品质提升。

（三）专项行动任务与人口调控目标挂钩。综合考虑首都发展空间容量，围绕实现全市特别是中心城区人口调控目标，核定各专项工作任务，并将责任落实到各有关部门和各区政府，将任务细化到项目、具体到区域，确保人随功能走、人随产业走。

（四）全面推进与重点突破相结合。在保持整体有序推进的同时，以城六区为重点、以核心区为重中之重，集中力量、攻坚克难，以重点带动一般。城六区以外各区同步加大工作力度，积极做好功能、产业、人口等的疏解和承接工作。

二、工作内容

（一）拆除违法建设

坚决遏制全市新增违法建设，确保新增违法建设零增长。进一步加大全市违法建设拆除量，发挥集中连片拆除违法建设对人口调控的带动效应。扎实推进城六区拆除违法建设工作，全面拆除道路、小街巷、胡同两侧的违法建设。加大违法建设拆除后综合整治和管控力度，确保还绿、复耕比例。

（二）占道经营、无证无照经营和“开墙打洞”整治

在全市范围内特别是城六区坚决取缔无证无照占道经营违法行为，严格管控道路两侧经营商户占道经营行为，加强对经过审批许可设立的便民服务点等占道经营行为的规范管理。坚决依法加快取缔无证无照经营行为，确保存量无证无照经营行为大幅下降，并严禁新增无证无照经营行为。集中整治临街房屋“开墙打洞”行为，清理违规底商；封实开凿门窗，恢复原貌。规范升级中心城区老街区沿街房屋商业经营。

（三）城乡接合部整治改造

持续开展城乡接合部地区社会治安、出租房屋、违法建设、安全生产、消防安全、市场经营、环境卫生等综合整治。推进“一绿”地区城市化建设，加快“二绿”地区城乡一体化建设。严控开发强度，推动集体建设用地腾退减量和集约利用。完善垃圾、污水处理等基础设施，改善人居环境。整合城乡接合部地区管理资源，健全常态化管理机制。

（四）中心城区老旧小区综合整治

加快推进中心城区老旧小区违法建设、群租房、地下空间、低端业态等综合整治工作。以整体打包方式，推进抗震加固、节能改造、加装电梯、架空线入地、上下水改造、补建停车位、增设养老和文化健身等便民设施、楼顶绿化等一体化实施。健全完善老旧小区管理机制，有条件的老旧小区引入物业管理。

（五）中心城区重点区域整治提升

全面整治中心城区重点区域违法建设、违法经营、

违法出租行为，加快疏解低端业态，防止人口无序聚集。全面排查消除安全隐患，确保城市安全运行。实施环境提升工程，消除环境“脏乱差”现象。加快完善道路微循环系统，改善交通出行环境。做好文物腾退保护利用工作，实现旧城整体保护，恢复古都风貌。

（六）疏解一般制造业和“散乱污”企业治理

全面治理环保不达标、无证无照经营、违规经营、安全隐患严重的一般制造业和低端服务业企业，确保东城区、西城区完全退出制造业生产环节，中心城区“散乱污”企业得到明显整治。疏解腾退空间重点发展符合首都城市战略定位的文化与科技创新型产业，实现中心城区工业用地减量提质发展。

（七）疏解区域性专业市场

制定疏解清单，按照整体推进、重点突破的原则，推进区域性专业市场和区域性物流基地疏解，加快相关市场和物流中心升级改造。积极引导和推动农副产品、基础原材料等大宗商品的仓储物流功能外迁。疏解腾退空间主要用于补充公共服务设施及便民生活服务设施。

（八）疏解部分公共服务功能

制定实施部分教育资源疏解、市属医疗卫生资源率先疏解促进协同发展工作方案，优化调整教育医疗资源布局。加快疏解普通高等学校本科教育和职业教育，积极引导以面向全国招生为主的一般性培训机构，控制在京尤其是在城六区的培训规模。推动市属医疗卫生资源优先向薄弱地区疏解，切实降低中心城区就诊数量。

（九）地下空间和群租房整治

全面综合治理地下空间，在全市范围内消除人防工程和普通地下室“散租住人”现象，加快推进地下空间集体宿舍、地下旅馆整治。全面清除现有违法群租房，严格禁止新增违法群租房，依法加强对房屋中介经营机构的监管力度。做好地下空间清理后续利用工作，鼓励公益性使用。

（十）棚户区改造、直管公房及“商改住”清理整治

加大城六区集中连片棚户区改造力度，加快推进核心区棚户区改造和环境整治，保护好历史文化街区和历史建筑。全面排查和消除直管公房转租、转借及改变用途行为，制定出台深化直管公房管理体制改革相关政策。全面整治违规“商改住”行为，加强商业办公用房监管。

三、政策保障

（一）发挥财政资金引导作用。整合市级疏解整治资金，设立100亿元“疏解整治促提升引导资金”；各区同步配比安排资金，与市级引导资金一并拨付各区设立的资金平台，集中捆绑使用。对未按计划完成专项任务的，预拨付引导资金予以扣回，用于奖励完成任务好的区。充分利用基金管理平台、政府和社会资本合作（PPP）、政府购买服务等方式，积极吸引社会资本参与，切实发挥政府资金“四两拨千斤”作用，实现政府资金与社会资金的统筹使用。

（二）强化规划用地管控。编制实施城乡建设用地减量五年规划和年度计划，制定与人口调控目标相适应的建筑规模规划控制方案，对中心城区符合规划但尚未实施的项目适度压缩建筑规模。完善棚户区改造跨项目跨区域资金平衡政策，严格控制商品房开发建设规模和强度。实行城乡建设用地“拆建挂钩”“增减挂钩”机制以及城六区以外的平原地区建设用地指标与承接转移人口挂钩机制。出台非首都功能疏解腾退空间管理和使用实施意见，确保疏解整治腾退空间服务于优化提升首都核心功能、改善人居环境。强化市、区、街道（乡镇）三级规划设计统筹机制，提高疏解腾退整治空间规划设计水平，突出首都历史文化特色，打造高品质城市公共空间。

（三）完善法制机制保障。建立城市管理执法环节与立法环节反馈互动机制，不断完善城市管理法规、标准和考核体系。配合立法机关做好房屋租赁管理相关法规的立法工作，健全出租房屋登记备案制度，落实房屋租赁各方责任。修订完善并严格落实“门前三包”管理规定和标准。在与疏解整治提升工作密切相关且需要集中行使行政处罚权的领域制定综合执法方案。制定重点区域综合整治联合执法方案，并进一步完善全市城市管理、市场秩序整治联合执法平台，建立多部门联合执法机制。聚焦新增违法建设、新增无照无证经营等领域整治工作，建立健全及时发现、快速处置机制。

（四）加大改革创新力度。坚持问题导向，加强政策研究，大胆推进改革。针对专项行动在推进实施、巩固提升、防止反弹、严控新增等环节特点，鼓励各区、各部门先行先试，创新政策措施，及时总结经验，强化制度建设，推动形成城市治理长效机制。率先在中心城区开展老旧小区综合整治试点，聚焦实施主体，强化资金统筹；搭建投融资平台，积极吸引社会资本投入。开展中心城区棚户区改造项目货币化安置试点，加快定向安置房在郊区布局。推进公共服务类建设项目投资审批改革试点工作，并不断总结完善。

四、组织实施

（一）加强市级统筹。各专项任务由分管副市长牵头，加强市级统筹、纵向领导、横向协调，切实提高工作效率。各专项任务要以2020年为时间节点，按照量化、细化、具体化、项目化的要求，落实工作任务量、工作区域、工作时间，并研究制订各年度专项行动方案，报市政府批准后组织实施。各牵头部门每月检查工作落实情况，分管副市长每季度进行检查调度，并将任务落实情况报市政府。各牵头部门要切实发挥牵头抓总作用，加大组织协调、建章立制、政策创新力度，积极研究解决专项行动实施中遇到的重点难点问题；各专项任务涉及的其他部门要主动参与、积极配合，确保上下衔接、整体联动。在“疏解整治促提升”专项行动实施过程中，各级国有企业要积极发挥模范带头作用。

（二）落实属地责任。各区政府作为专项任务的责任主体，要结合区域实际，制订专项行动工作方案，将任务细化、责任落实，全力抓好实施工作，有效提升区域人居环境和发展水平。要切实维护群众利益，把“疏解整治促提升”专项行动与改善民生紧密结合，确保首都社会和谐稳定。

（三）动员社会参与。坚持人民城市人民建、人民城市人民管，突出市民主体地位，动员人民群众广泛参与。加大宣传力度，加强政策解读，推出典型案例，凝聚社会共识，营造人人动手、广泛参与、共建共享的良好氛围。充分发挥媒体监督作用，对环境秩序差、工作不严不实等问题及时进行曝光，推动工作落实。

（四）加强督查考评。建立各专项任务台账和各区工作任务台账，确保专项行动有计划、可监测、能考核。各牵头部门和各区政府要建立任务数据核查核验机制和市区比对机制，确保各项数据真实准确。加强市级专项督查，引入第三方评估，并将专项行动落实情况纳入市政府绩效考评范围，推动各项政策措施落实。广泛开展“比、学、赶、帮、超”，选择工作成效明显的地区进行现场观摩，总结经验，推广典型，推动专项行动深入有效实施。

附件：

“疏解整治促提升”专项行动（2017—2020年）任务分工表

序号	名称		牵头单位
1	拆除违法建设		市规划国土委
2	占道经营、无证无照经营和“开墙打洞”整治	占道经营整治	市城管执法局
		无证无照经营整治	市工商局
		“开墙打洞”整治	
3	城乡接合部整治改造	城乡接合部整治	首都综治办
		城乡接合部改造	市城乡办
4	中心城区老旧小区综合整治		市住房城乡建设委 市重大项目办
5	中心城区老旧小区整治提升		城六区政府
6	疏解一般制造业和“散乱污”企业治理	一般制造业	市经济信息化委
		“散乱污”企业	
7	疏解区域性专业市场		市商务委
8	疏解部分公共服务功能	教育资源、培训机构	市教委
		医疗卫生资源	市卫生计生委
9	地下空间和群租房整治	地下空间整治	市民防局
		群租房治理	首都综治办
10	棚户区改造、直管公房及“商改住”清理整治	棚户区改造	市重大项目办 市住房城乡建设委
		直管公房清理整治	市住房城乡建设委
		“商改住”清理整治	市住房城乡建设委 市规划国土委

北京市人民政府办公厅

2017年1月20日

北京市人民政府关于支持中医药振兴发展的意见

京政发〔2017〕9号

各区人民政府，市政府各委、办、局，各市属机构：

为深入贯彻落实《国务院关于印发中医药发展战略规划纲要（2016—2030年）的通知》（国发〔2016〕15号）精神，进一步推动首都中医药振兴发展，现提出以下意见。

一、总体要求

（一）指导思想

全面贯彻落实中共十八大和十八届三中、四中、五中、六中全会精神，以习近平总书记视察北京重要讲话精神为根本遵循，牢固树立和贯彻落实新发展理念，坚持中西医并重，充分遵循中医药自身发展规律，以推进继承创新为主题，以提高中医药发展水平为中心，以完善符合首都中医药特点的管理体制和政策体系为重点，以增进人民群众健康为目标，发挥中医药在促进卫生、经济、科技、文化和生态文明发展中的独特作用，统筹推进中医药振兴发展，全力打造中医药发展首善之区。

（二）工作目标

到2020年，基层中医药服务量占全市中医药服务总量的40%以上，中医药成为提升基层卫生服务水平的重要力量。加快中医药服务模式、管理模式和产业商业模式创新，中医药一二三产业、“五种资源”（卫生资源、经济资源、科技资源、文化资源、生态资源）融合发展，中药工业总产值占全市医药工业总产值的30%以上，符合中医药发展规律的法规体系、政策体系、标准体系、评价体系、监管体系基本建立，中医药对经济社会发展的贡献度明显提升，在全国的引领和示范作用显著增强。

二、主要任务

（一）统筹做好中医药规划发展

1. 在制订国民经济和社会发展总体规划时，要统筹考虑中医药资源布局和利用。在制订战略性新兴产业规划时，要将中药产业作为重点进行专项规划。在城市总体规划和土地利用总体规划中充分考虑中医药机构发展需求，合理规划并保障其用地。制订实施中医药区域发展规划，构建中医药区域发展的评价指标体系，挖掘各区中医药发展潜在资源，优化中医药发展布局。积极推进京津冀中医药协同发展，促进三地中医药医疗、科技、教育、产业同规划、同发展。

（二）提高中医药医疗服务能力

2. 增加中医药服务供给。进一步挖掘中医药卫生资源，建立中医药卫生服务岗位管理制度，对中医全科医师、中医特色护理、中药饮片验收、中医药传统技能等岗位实行分类管理，提高服务质量。发挥中医药在公共卫生服务领域作用，在妇幼保健机构、精神卫生防治机构、疾病预防控制机构中配备中医药专业技术人员，建立传染病中西医联合诊疗制度，将区级中医类医院（含中医、中西医结合、民族医等医院）纳入院前急救体系。支持社会资本举办中医妇科、儿科、康复、老年病和其他专科医疗机构。对只提供传统中医药服务的中医门诊部、诊所实施备案制管理。

3. 增强基层中医药服务能力。建立健全大型中医类医院面向基层的服务管理制度，鼓励其在社区卫生服务中心（站）设立门诊部、诊所或医疗服务延伸点。建立名老中医基层服务补贴制度，完善中医药从业人员上门服务制度，引导中医药服务优质资源向基层下沉。继续实施中医药健康乡村（社区）建设。加强中医全科医生队伍建设，以中医全科医师为核心的全科医师服务团队数量不低于全市全科医师服务团队总数的25%。以区级中医类医院为基础，打造区域中医医疗中心，提升基层中医药综合服务能力。

（三）完善中医药传承创新体系

4. 建立健全中医药分级分类传承制度。实施中医药当代名家收徒传承工程，推行中医药学术传承人制度，建立国家、市、区三级传承导师和传承人才管理制度。加大对名老中医药专家传承工作室建设的财政支持力度，鼓励专家学者为中医药发展提供智力支持。实施“燕京学派”传承工程，鼓励建立中医药传统师承教学机构，建立健全传承工作室多点服务机制。创立中医药传承学科，完善师承教育与学位挂钩制度。支持开展中医药民间特色诊疗技术传承，完善民间医生和公立医院医生间的“双向教学”机制，鼓励确有专长人员参与教育教学，支持其举办中医药传统技能服务机构。

5. 推进中医药创新驱动发展。建设国家级中医药创新驱动发展示范区，完善中医药研发、转化、推广平台。加大对中医药科技创新项目和创新平台类重点示范项目的支持力度，推进中医药重大科研项目协作合作。切实落实重大科研基础设施和大型科研仪器向社会开放的规定，满足中医药医疗、科研等工作需要。支持中医药学与现代科学融合。完善中医药科技管理体制机制，改革中医药科技评审评估和成果评价制度，建立健全中医药科技成果转化年度统计报告制度。加强中医药知识产权保护，完善中医药技术转移工作体系，落实国有企事业单位科技成果转化的激励政策。

（四）推进中医药文化创造性转化

6. 推进中医药文化中心建设。将中医药文化中心建设作为全国文化中心建设的重要组成部分。发挥国家中医药综合改革试验区的示范引领作用，推进以标志性成果、标准性项目为主要内容的中医药文化“北京品牌”行动，打造一批中医药文化特色品牌。完善中医药文化设施布局和功能。扩大中医药文化教育服务范围，推进中医药文化进校园、进社区、进企业、进机关、进家庭。实施中医药文化“走出去”战略，加快中医药文化国际传播。积极发展中医药文化旅游。

7. 挖掘中医药文化内涵。加强同仁堂等老字号、中医药文物、古迹、名医故居保护，加强中医药古籍整理。加大对中医药非物质文化遗产代表性项目和传承人的保护力度，加快培养一批高层次、复合型、国际化的中医药文化创意人才，推动中医药文化创意产业发展。

8. 提高市民中医药健康文化素养。实施市民中医药健康文化素养提升工程。完善社区中医药健康养生公共设施。建立中医药健康教育宣传推广制度，在社区学院开展中医药健康素养学历教育，评选中医药健康素养老人。规范中医药健康教育，加强对中医药文化书籍出版的管理。

（五）全面提升中医药产业发展水平

9. 提升首都中药产业竞争力。完善中药材资源保护利用机制，促进中医药生态资原集约利用。将中药材种植纳入农业产业结构调整范围。制定中药养生种植园建设标准，高标准做好 2019 北京世园会“本草园”建设工作。持续推动中药产业绿色发展，大力推进首都“十病十药”科技攻关。支持医疗机构提供中药临方制剂服务，对采取传统方法加工的临方制剂品种实施备案制管理。建立中药饮片质量追溯制度。探索建立中医药产业发展评价指标体系。

10. 促进中医药相关产业融合发展。开展中医药一二三产业增品种、提品质、创品牌专项行动，建立一二三产业融合发展创新示范基地。开展中医药消费品“北京品牌”行动，培育一批品牌企业。实施中医药健康服务业跨界融合行动，打造国家级中医药健康服务业发展示范区。探索集健康教育、健康管理、健康保险于一体的中医健康保障模式。

（六）推进中医药行业管理能力现代化

11. 完善中医药行业管理制度。加快推进《北京市发展中医条例》修订工作。对中医类医院建立以提升中医药健康管理服务能力为导向的考核评估制度。定期发布中医药卫生服务白皮书，客观反映中医药服务的贡献度。健全中医药监督执法队伍，加强对中医医疗服务、养生保健服务及产品、从业人员资格、机构资质和互联网信息发布等监管。建立中医药监督信息平台，完善信息发布、黑名单、约谈制度。支持中医药社团组织发展壮大，充分发挥其行业监督作用。

12. 提升中医药标准化和信息化水平。制定中医药管理与服务的地方标准，健全中医技术、诊疗、管理和中药质量标准体系。加强中医药国际标准化建设，积极参与中医药国际标准制定。建设中医药大数据库和云计算中心，加快推动中医药公共数据资源向社会开放。建立中医药综合业务管理信息平台，实现医疗、医保、医药信息的汇聚共享。建立中医药统计机制和中医药统计信息发布制度，客观反映本市中医药发展状况。

（七）大力推进中医药服务贸易

13. 加快制订中医药服务贸易发展规划。研究制定支持中医药服务贸易发展的政策，在金融、保险、外汇结算、外商投资、知识产权保护、出入境便利等方面提供支持。推动本市中医药相关机构和企业与国外机构和企业开展合作，打造一批中医药对外服务贸易品牌。加强国家级中医药服务贸易示范区建设。引导中医药机构在海外建立集医疗、教育、科研、文化传播于一体的中医中心。支持建设一批面向国际、具备医疗与旅游服务功能的中医药医疗保健机构，支持建设国家级中医药健康旅游示范区。改善中医药高等院校、中医类医院的师资、教学设备等条件，优化服务与管理，吸引更多留学生来京接受中医药教育。

三、保障措施

（一）加强组织领导

建立北京市中医药工作部门联席会议，由市政府分管领导担任召集人，研究制定本市中医药发展的重大政策举措，协调解决重大问题，联席会议办公室设在市中医局。联席会议办公室要加强统筹协调，制定配套文件和分工方案，加强对本意见确定的各项政策措施落实的指导、督促和检查。各区政府要建立相应的组织协调机制，结合实际制订具体实施方案。

（二）完善财税等支持政策

继续实施公立中医类医院中医药特色绩效考核财政补偿政策，并将民族医院和民族特色医院纳入补偿范围。建立体现中医药服务人员技术劳务价值的中医药价格形成机制和动态调整机制。加大对中医药基础设施、信息化、重点学科专科建设和传承创新、人才培养、文化传播等的财政支持力度。建立与中医药服务模式相适应的医保付费制度。建立中医类医院医保总额与医保患者增长幅度相适应的动态调整机制。建立中医药医疗、医药、医保联动机制，将符合条件的新增中医药技术项目、新批医疗机构中药制剂和合理进行价格调整的中药制剂，按规定纳入医保报销范围。中医药企业或支持中医药发展的相关企业，可依照相关规定享受税收优惠政策。积极利用市政府投资引导基金，支持有条件的中医药企业上市或并购重组。引导金融机构与中医药企业加强对接，充分发挥债券、信托、债权基金等融资渠道对中医药发展的支持作用。

（三）完善人才培养激励机制

落实人才兴业战略，健全促进中医药人才发展的体制机制。完善中医药人才评价制度，改革中医药人员职称管理制度。健全国医大师推荐制度，实施首都国医名师培养计划。探索建立对民间医生的考核评价机制，调动各类中医药人才创新创业的积极性。建立中医专科医师规范化培训制度，强化中医住院医师规范化培训。支持高等院校开设面向社区卫生服务机构的中医学专业，鼓励高等院校、中等职业院校培养实用型中医药技能人才。通过以上措施，打造以30名全国国医大师、100名首都国医名师、100名国家级中医药领军人才、50名国家级中西医结合“双领”人才、300名中青年名中医为骨干的中医药人才队伍。

（四）加强宣传引导

综合运用各类媒体，大力弘扬中医药文化，宣传中医药在经济社会发展中的重要作用，充分调动各方面积极性、主动性和创造性，广泛凝聚社会共识，营造促进中医药发展的良好氛围。

北京市人民政府办公厅

2017年2月8日

北京市人民政府办公厅关于印发《北京市工业污染行业生产工艺调整退出及设备淘汰目录（2017年版)》的通知

京政办发〔2017〕33号

各区人民政府，市政府各委、办、局，各市属机构：

《北京市工业污染行业生产工艺调整退出及设备淘汰目录（2017年版)》已经市政府同意，现印发给你们，请认真遵照执行。《北京市工业污染行业、生产工艺调整退出及设备淘汰目录（2014年版)》即日起失效。

北京市人民政府办公厅

2017年7月4日

北京市工业污染行业生产工艺调整退出及设备淘汰目录（2017年版）

说明

为落实首都城市战略定位，加快治理“大城市病”，打好蓝天保卫战、碧水攻坚战、突出问题歼灭战，按照《北京市大气污染防治条例》相关规定，市经济信息化委、市环保局对《北京市工业污染行业、生产工艺调整退出及设备淘汰目录（2014年版)》（京政办发〔2014〕56号）进行了修订，形成了《北京市工业污染行业生产工艺调整退出及设备淘汰目录（2017年版)》（以下简称《目录》）。

一、《目录》所列主要是污染较大、能耗较高、工艺落后，不符合首都城市战略定位的工业行业和生产工艺，以及国家明令淘汰的落后设备。

二、《目录》中条目后面标注年份的为退出期限，如（2017年）是指应于2017年年底前退出；未标注年份的应立即退出。

三、按照《北京市大气污染防治条例》相关规定，列入《目录》的行业、工艺和设备，相关企业应当在规定期限内调整退出和淘汰；有关部门不得批准新建、扩建相关项目。

四、有关部门要严格执行环境保护、节约能源、清洁生产、安全生产、产品质量、职业健康等方面的法律法规和技术标准，促进列入《目录》的行业、工艺调整退出和设备淘汰。

五、《目录》可根据相关法律法规和首都经济社会发展需要适时修订。

一、行业及生产工艺

（一）钢铁

1. 铁合金生产

2. 普通钢丝、钢绞线生产

3. 彩涂板生产

4. 预应力钢材生产消除应力处理的铅淬火工艺

（二）有色金属

1. 再生铅生产

2. 再生铝生产

3. 常用有色金属冶炼

4. 贵金属冶炼

5. 铜线杆（黑杆）生产

6. 提取线路板中金、银、钯等贵重金属工艺

7. 烟气制酸干法净化和热浓酸洗涤工艺

（三）建材

1. 平板玻璃生产

2. 沥青类防水材料生产

3. 水泥生产（有水泥窑协同处置危险废弃物除外）（2017年）

4. 玻纤增强水泥（GRC）制品生产

5. 石棉水泥制品生产

6. S-2型混凝土轨枕生产

7. 石灰生产

8. 石材加工（汉白玉加工、石材雕刻除外）

9. 建筑陶瓷生产

10. 黏土砖生产

11. 建筑渣土烧结砖生产

12. 页岩砖生产

13. 粉煤灰砖生产

14. 湿法模塑成型的混凝土路面砖、路缘石生产

15. 石膏砌块生产

16. 年产10万立方米以下的轻集料混凝土砌块生产线

17. 纸面石膏板生产

18. 手工制作墙板生产

19. 燃煤倒焰窑耐火材料及原料制品生产

20. 岩棉制品生产

21. 土砂石开采

22. 不符合环保、安全生产要求的非金属矿开采，非机械化非金属矿开采

23. 非蒸压养护加气混凝土生产线，手工切割加气混凝土生产线

24. 年产15万立方米以下的加气混凝土生产线

25. 年产50万件以下的卫生陶瓷生产线

26. 陶土坩埚玻璃纤维拉丝生产工艺

27. 真空加压法和气炼一步法石英玻璃生产工艺

28. 聚乙烯丙纶类复合防水卷材二次加热复合成型生产工艺

29. 装饰石材矿山硐室爆破开采技术、吊索式大理石土拉锯工艺

（四）化工

1. 农药生产（生物农药及农药研发、中试除外）（2018年）

2. 有机溶剂型油墨生产（2017年）

3. 有机溶剂型涂料生产

4. 改性淀粉涂料生产

5. 含有机锡的防污涂料生产

6. 含三丁基锡、红丹的涂料生产

7. 含滴滴涕的涂料生产

8. 含异氰脲酸三缩水甘油酯（TGIC）的粉末涂料生产

9. 未达到《玩具涂料中有害物质限量》标准的玩具涂料生产

10. 未达到《汽车涂料中有害物质限量》标准的汽车涂料生产

11. 未达到《室内装饰装修材料内墙涂料中有害物质限量》（GB18582）标准的内墙涂料生产

12. 有机溶剂型黏合剂生产（2017年）

13. 有机溶剂型稀释剂生产（2017年）

14. 含苯类、苯酚、苯甲醛和二（三）氯甲烷的脱漆剂生产

15. 聚氯乙烯建筑防水接缝材料（焦油型）生产

16. 氯碱生产

17. 钛白粉生产

18. 铬化合物生产

19. 氯化汞催化剂生产

20. 乙炔生产

21. 甲基溴生产

22. 多氯联苯（变压器油）生产

23. 超薄型（厚度低于 0.015 毫米）塑料袋生产

24. 以氯氟烃（CFCs）为发泡剂的聚氨酯、聚乙烯、聚苯乙烯泡沫塑料生产

25. 年产 200 万吨及以下常减压生产线

26. 年产 3 亿只以下天然胶乳安全套生产线

27. 半水煤气氨水液相脱硫工艺

28. 一氧化碳常压变换及全中温变换（高温变换）工艺

29. 芒硝法硅酸钠（泡花碱）生产工艺

30. 以四氯化碳（CTC）为清洗剂的生产工艺

31. 以三氟三氯乙烷（CFC−113）和甲基氯仿（TCA）为清洗剂和溶剂的生产工艺

32. 用火直接加热的涂料用树脂生产工艺

（五）纺织印染

1. 棉印染工艺

2. 麻印染工艺

3. 丝印染工艺

4. 化纤织物印染工艺

5. 毛印染工艺（2017 年）

（六）人造板及家具

1. 人造板生产

2. 使用有机溶剂型涂料的家具制造工艺

3. 使用有机溶剂型胶黏剂的家具制造工艺（2017 年）

4. 使用有机溶剂型涂料的木制品加工工艺

5. 使用有机溶剂型胶黏剂的木制品加工工艺（2017 年）

（七）医药

1. 化学原料药制造（化学原料药的研发和中试除外）（2017 年）

2. 高耗能大规模发酵生物产品生产

3. 含汞类体温计、血压计制造

4. 铅锡软膏管、单层聚烯烃软膏管制造（肛肠、腔道给药除外）

5. 安瓿灌装注射用无菌粉末制造

6. 药用天然胶塞制造

7. 非易折安瓿制造

8. 输液用聚氯乙烯（PVC）软袋制造（不包括腹膜透析液、冲洗液用）

（八）机械

1. 铸造生产加工

2. 锻造生产加工

3. 电镀生产加工

4. 手工、开放式的注汞技术和液汞电光源制造

5. 含汞类电池制造

6. 含铅类电池制造

7. 糊式锌锰电池制造

（九）印刷

1. 使用有机溶剂型油墨的塑料印刷工艺（醇类油墨除外）（2017 年）

2. 使用有机溶剂型油墨的丝网印刷工艺

3. 传统晒版工艺

4. 使用有机溶剂型上光油的上光工艺

5. 使用有机溶剂型胶黏剂的包装、装订工艺

6. 使用醇类添加量＞ 5% 润版液或未对润版液废液进行回收处理的印刷工艺

7. 使用煤油或汽油作为清洗剂的印刷工艺

8. 铅排、铅印工艺

9. 使用苯胺油墨的凹版印刷工艺

（十）造纸

1. 文化纸生产

2. 白板纸生产

3. 化学法制浆工艺

4. 单条年产 2 万吨及以下、以废纸为原料的制浆生产线

（十一）其他

1. 猪、牛、羊、禽手工屠宰

2. 皮革鞣制加工工艺

3. 毛皮鞣制加工工艺

4. 电子行业含铅电镀工艺

5. 国家和本市明令淘汰的其他工业行业和生产工艺

二、设备

1. 倒焰窑

2. 生产地条钢、普碳钢的工频和中频感应炉

3. 有效容积 18 立方米及以下轻烧反射窑、有效容积 30 立方米及以下重烧镁砂竖窑

4. 再生有色金属生产中直接燃煤的反射炉

5. 燃煤和燃发生炉煤气的坩埚玻璃窑，直火式、无热风循环的玻璃退火炉

6. 建筑卫生陶瓷土窑、多孔窑、煤烧明焰隧道窑、隔焰隧道窑、匣钵装卫生陶瓷隧道窑

7. 用于制备轻烧氧化镁的土焙烧窑、土煅烧窑

8. 轮窑、立窑、无顶轮窑、马蹄窑等土窑

9. 不符合国家现行城市生活垃圾、医疗废物和工业废物焚烧相关污染控制标准、工程技术标准以及设备标准的小型焚烧炉

10. 箱式空气介质加热的电阻炉

11. 坩埚式电阻炉

12. 井式气体化学热处理炉

13. 井式空气介质加热的回火炉

14. 中频无芯感应熔炼炉

15. 低效电机（含 J02、J03、J2、BJ0、JB3、JZ、JZ2、JZR、JZR2、JZB、JZRB 系列等）

16. 低压二相异步电动机（2003 年前生产的 Y 系列电动机）

17. 低压低效三相异步电动机（2003 年前生产的 Y2、Y3 系列及电机生产企业自行命名的电动机）

18. JK、JS 系列中小型三相异步电动机

19. JK、JS 系列高压三相笼型异步电动机

20. 中小型配电变压器（含 SJ、SJ1、SJ2、SJ3、SJ4、SJ5、SJL、SJL1、S、S1、SZ、SL、SLZ、SL1、SLZ1 系列等）

21. DJMB 系列照明用干式变压器和 DBK 系列控制用干式变压器

22. 配电变压器（含 SL7−30/10 ~ SL7−1600/10、S7−30/10 ~ S7−1600/10 配电变压器等）

23. S8、S9 系列油浸式无励磁调压变压器

24. SG（B）8 系列干式无励磁调压变压器

25. 接触调压器 TDGC、TSGC 系列

26. SCB8 干式变压器 SCB8−30 ~ 2500/10

27. 直流弧焊电动发电机 AX1−500 型

28. 直流弧焊电动发电机 Ap−1000 型

29. 交流弧焊机 BX1−330 型

30. 交流弧焊机 BX1−135 型、BX2−500 型

31. 磁放大器式直流电弧焊机 ZXG、MZ

32. NSA 系列磁放大器式氩弧焊机

33. ZX5 系列晶闸管直流手工焊条弧焊机、ZX5 系列晶闸管手工焊条弧焊整流器

34. ZX6 系列抽头式整流弧焊机

35. LHS 型立式冲天管结构燃油、燃天然气锅炉

36. 立式水管燃油、气蒸汽锅炉 LHS1−0.7−Y（Q）、LHS2−1.0−Y（Q）

37. DZL2−1.0−A Ⅱ。P 未改进的水火管快装锅炉

38. 2t/h 手摇炉排蒸汽锅炉（DZH2−1.0−A Ⅱ）

39. 立式固定炉排有机热载体锅炉 YGL−160MA Ⅱ、YGL−200MA Ⅱ

40. 往复炉排热水锅炉（含 DZW1.4−0.7/95/70−A Ⅱ、DZW2.8−0.7/95/70−A Ⅱ等）

41. 卧式内燃链条炉排锅炉（含 WNL1−13−A3、WNL2−13−A3、WNL4−13−A3 等）

42. 沸腾锅炉 SHF6−SHF35

43. 以氯氟烃（CFCs）为制冷剂的制冷空调产品

44. 12JD 型深水井泵

45. GC 型低压锅炉给水泵

46. 热动力式疏水阀（含 S15H−16、S19H−16、S19H−16C、S49H−16、S49H−16C、S19H−40、S49H−40、S19H−64、S49H−64 等）

47. “二人转”式有色金属轧机

48. 溶剂型即涂覆膜机、承印物无法降解和回收的各类覆膜机

49. J1101 系列全张单色胶印机（印刷速度每小时 5000 张及以下）

50. W1101 型全张自动凹版印刷机、AJ401 型卷筒纸单面四色凹版印刷机

51. DJ01 型平装胶订联动机，PRD−01、PRD−02 型平装胶订联动机，DBT−01 型平装有线订、包、烫联动机

52. 离心涂布机

53. 照相制版机

54. 列入工业和信息化部《高耗能落后机电设备（产品）淘汰目录》的其他设备

55. 未达到国家强制性能效标准要求的用能设备

56. 危及生产和人身安全，不具备安全生产条件的设备

57. 国家和本市明令淘汰的其他设备

北京市人民政府办公厅印发《关于财政支持疏解非首都功能构建“高精尖”经济结构的意见》的通知

京政办发〔2017〕35 号

各区人民政府，市政府各委、办、局，各市属机构：

《关于财政支持疏解非首都功能构建“高精尖”经济结构的意见》已经市政府同意，现印发给你们，请结合实际认真贯彻执行。

北京市人民政府办公厅

2017 年 9 月 2 日

关于财政支持疏解非首都功能构建“高精尖”经济结构的意见

为更加有效发挥财政资金在疏解非首都功能、构建“高精尖”经济结构中的引导作用，积极为“高精尖”企业在京创新发展营造良好环境，现提出以下意见。

一、总体要求

（一）指导思想

深入贯彻习近平总书记系列重要讲话精神和治国理政新理念新思想新战略，深入贯彻习近平总书记两次视察北京重要讲话和对北京工作的一系列重要指示精神，认真落实市第十二次党代会部署，牢牢把握好“舍”与“得”疏解与提升的关系，在疏解非首都功能的同时，紧紧围绕优化提升首都功能发力，进一步深化财税体制改革，更加有效发挥财政资金引导作用，推动符合首都城市战略定位的重点项目和产业顺利落地实施，加快构建“高精尖”经济结构，努力实现经济社会更高质量更高水平的发展。

（二）基本原则

1. 坚持问题导向。围绕疏解非首都功能、构建“高精尖”经济结构，直面突出矛盾和问题，有针对性地制定实施可操作、可检查的财政支持政策措施，加快推动疏功能、转方式。

2. 坚持改革创新。注重政府和市场两手发力，创新政策措施，健全引导机制，更加有效发挥财政资金引导作用，激发社会力量参与疏解非首都功能、构建“高精尖”经济结构的积极性。

3. 坚持依法依规。严格依照法律法规赋予的职权，制定财政支持政策。明确市区两级责任，规范资金分配使用，强化跟踪考评，确保财政支持政策落地见效。

二、主要内容

（一）支持各区疏解非首都功能，加快产业转型升级。建立支持区域经济发展转移支付激励政策，引导各区落实功能定位，有效疏解淘汰低端业态，加快构建“高精尖”经济结构。根据各区在创新体制机制、高端人才引进等方面的工作成效，实施奖励。（牵头单位：市财政局；配合单位：市统计局、市商务委、市经济信息化委、市金融局、中关村管委会）

（二）增强区级可统筹财力，提升服务能力。加大市级财政对各区个人所得税征收的奖励力度，并由各区结合实际，将奖励资金用于鼓励企业创新发展、促进高端产业项目落地、引进高端人才。（牵头单位：市财政局，各区政府）

（三）完善企业跨区迁移财力补偿政策，促进企业在本市范围内合理流动。进一步加大企业跨区迁移财力补偿力度，鼓励各区积极支持符合首都城市战略定位的企业根据市场需求和经营需要在本市范围内合理流动，对企业迁出区的财力损失，由市财政对迁出区加大补偿力度。（牵头单位：市财政局；配合单位：市国税局、市地税局、市工商局，各区政府）

（四）强化对与首都城市战略定位相匹配总部企业的服务，支持在京创新型企业总部发展。对与首都城市战略定位相匹配的总部企业，特别是科技创新、文化创意等高端产业总部企业，以及为总部经济发展做出突出贡献的企业高端人才或团队，进一步优化奖励方式，提高奖励标准，加大服务力度。（牵头单位：

市商务委；配合单位：市财政局，各区政府）

（五）鼓励新型研发机构在京创新发展，促进其在基础研究和战略高技术领域取得新突破。对基础前沿类研发机构给予一定时期稳定资助，对市场导向类研发机构给予一次性补助，积极推动共性关键技术实现突破，并及时进行成果转化、产业化。创新财政科技经费管理模式，探索实行负面清单管理；在负面清单之外，允许领衔科学家在确定的方向、领域内自主安排使用科研经费。（牵头单位：市科委；配合单位：市财政局、市商务委）

（六）设立市科技创新基金，更好地服务全国科技创新中心建设。吸引社会资本参与设立市科技创新基金，优化原始创新、“高精尖”产业培育和全球高端人才创新创业环境，推动创新链、产业链、资金链深度融合，加快科技创新成果转化落地和产业化。（牵头单位：市科委；配合单位：市财政局、中关村管委会、市经济信息化委、市金融局，各区政府、北京经济技术开发区管委会）

（七）强化文化投融资服务，激发文化创意产业活力。做优做强市文资投资基金，通过股权投资等方式，重点保障大运河文化带、长城文化带、西山永定河文化带等文化项目落地实施。搭建文化金融服务平台，促进金融机构与文化创意企业的融资需求对接，吸引更多金融机构开发适合首都文化产业发展的金融产品；对通过文化金融服务平台融资的优质文化创意企业，市级财政以贷款贴息、融资担保费用补贴等方式予以支持。（牵头单位：市文资办；配合单位：市财政局、市金融局，各区政府）

（八）完善支持金融业发展政策措施，促进金融业健康发展。对为首都经济社会发展做出突出贡献的金融企业、机构、高端人才或团队，以及优秀的金融创新项目给予奖励，增强金融服务实体经济能力。（牵头单位：市金融局；配合单位：市财政局，各区政府）

（九）设立绿色发展基金，支持绿色产业发展。政府与金融机构合作设立绿色发展基金，按照市场化方式运作，有效带动社会资本参与绿色产业发展。（牵头单位：市金融局；配合单位：市财政局，各区政府）

（十）加大对政府性融资担保机构支持力度。加大财政对企业融资担保的支持力度，并设立市融资担保基金，以股权投资方式参股、控股政府性担保机构、再担保机构，为战略性新兴产业企业以及符合首都城市战略定位的中小微企业提供担保、再担保服务。（牵头单位：市财政局；配合单位：市金融局、市经济信息化委、中关村管委会）

三、保障措施

（一）强化市区责任。各牵头单位要会同配合单位抓紧制定具体实施办法和实施细则，尽快出台。各区政府要狠抓政策落实，并结合实际研究制定相关配套措施，推动疏解非首都功能、构建“高精尖”经济结构取得实效。

（二）强化资金管理。各区、各有关部门和单位要履行好预算管理主体责任，加强资金使用管理，严格资金使用审批程序，强化绩效评价，提高财政资金使用效益。要坚持“好中选好、优中选优”，科学合理确定资金使用方向，确保资金用于符合政策要求的企业和人才。

（三）强化跟踪考评。各区、各有关部门和单位要建立健全跟踪评价机制，定期对各项政策措施实施情况、实施效果等开展评估，并根据评估结果及时对相关政策措施进行调整完善。

北京市人民政府办公厅

2017年9月2日

北京市经济和信息化委员会关于印发2017年质量品牌工作要点的通知

京经信委发〔2017〕9号

各区工业和信息化主管部门，北京经济技术开发区，各有关单位和北京质量协会：

为进一步推动我市工业和信息化领域的质量品牌工作，我委现印发《北京市经济和信息化委员会2017年质量品牌工作要点》（以下简称“工作要点”），并提出以下工作要求：

一、各区工业和信息化主管部门须根据市经济信息化委“工作要点”的要求，结合本地区产业状况，围绕提升工业和信息化企业质量品牌建设开展工作，聚焦《〈中国制造2025〉北京行动纲要》，发挥质量品牌等专业组织和各领域行业协会作用，激发企业积极性，提升“高精尖”产业质量效益。

二、北京质量协会及各行业协会要创新工作方式，大力推广先进质量管理方法，提升企业品牌建设能力，配合各区开展质量品牌建设工作。

三、各区工业和信息化主管部门和有关行业协会要明确落实负责部门和负责人员（见附件2），并于3月18日前报送至市经济信息化委科技标准处。分别于6月15日和11月15日前，将工作总结和统计表（见附件3）报送至市经济信息化委科技标准处。

附件：1．北京市经济和信息化委员会2017年质量品牌工作要点

2．各区质量品牌工作负责部门和负责人员表（略）

3．2017年北京市工业质量品牌工作情况统计表（略）

2017年2月28日

附件1

北京市经济和信息化委员会
2017年质量品牌工作要点

为贯彻落实《中国制造2025》、《质量发展纲要（2011—2020年）》和《〈中国制造2025〉北京行动纲要》等文件精神，全面推进质量品牌建设，推动我市工业和信息化企业质量管理和品牌建设创新发展。结合北京实际，提出2017年质量品牌工作要点。

一、加强质量宏观管理

1．贯彻落实国务院质量发展纲要。大力推进《北京市人民政府关于贯彻国务院质量发展纲要（2011—2020年）的实施意见》落实工作，配合市质监局等单位制定《北京市贯彻质量发展纲要实施意见2017年行动计划》。

2．落实《北京市质量工作考核办法》。与国务院省级政府质量工作考核相结合，推动建立大质量工作机制，配合做好区级政府质量工作考核。

二、促进提升产品供给质量

3．围绕城市发展需求，扩大产品有效供给。抓住智慧城市、城市副中心建设以及大气污染防治等带来的重大市场需求，支持本市企业借势发展。

4．贯彻落实《国务院办公厅关于开展消费品工业“三品”专项行动营造良好市场环境的若干意见》。编制《北京市人民政府办公厅关于开展消费品工业“三品”专项行动营造良好市场环境的实施意见》，推进本市消费品工业在“增品种、提品质、创品牌”方面取得显著成效，提升核心竞争力和创新能力，实现北京消费品工业向“高精尖”迈进。

三、建设质量品牌公共服务平台

5．支持产业技术基础公共服务平台建设。推荐3家以上企业申报工信部产业技术基础公共服务平台。研究提出支持我市产业技术基础公共服务平台的相关政策，支持建立检验检测、质量品牌能力提升、知识产权等公共服务平台，积极培育以制造业的检验检测、技术评价、质量认证等为特色的社会化、专业化服务。

6．提升中小企业公共服务平台的质量品牌服务能力。全面拓展中小企业公共服务平台网络政策服务范围，加快提升中小企业公共服务平台的质量品牌等服务能力，为中小企业开展基础培训、品牌培育和标准规范等服务。

四、提升质量技术基础保障能力

7．围绕《〈中国制造2025〉北京行动纲要》开展标准体系研究。为促进北京市“高精尖”产业发展，进一步发挥标准在推进创新驱动、建设科技创新中心方面的促进作用，加快八大专项标准化体系建设研究，开展标准化体系梳理、研究与制定工作。

8．结合北京市八大专项产业发展定位，推进各产业关键标准的制定和实施。依托龙头企业、行业协会、产业联盟等创新载体，选取对北京“高精尖”产业发展起到促进作用的技术点开展标准化制定、实施等建设工作。引导支持企业将技术创新优势转化为标准创新，引导支持企业创制融入自主技术的企业标准和团体标准，提高企业在国际标准、国家标准和行业标准制定中的话语权。

9．积极推动标准化试点工作。与市质监局、中关村管委会、丰台区政府、顺义区政府共同推进轨道交通装备和汽车领域的两个国家高端装备制造业标准化试点项目实施，与市质监局共同推进北京软交所软件交易服务标准化试点项目实施，加强试点项目实施情况跟踪，确保试点工作取得实效。

五、推进工业品牌培育

10．协同做好企业政策服务工作。与市质监局、市知识产权局、市工商局、中关村管委会等单位联合开展商标品牌众扶小组活动，为创新型企业提供质量品牌、知识产权、商标品牌等方面的政策服务。

11．继续做好工业和信息化部质量品牌评优推荐工作。推荐品牌培育试点企业10家、质量标杆企业1至2家。支持北京经济技术开发区和中关村管委会

开展产业集群区域品牌建设试点示范工作。

12．积极做好北京市人民政府质量管理奖的宣传、培育和推荐工作。加大宣传推广力度，推荐质量卓越的优秀工业和信息化企业参与奖项申报。

六、开展创先争优和服务活动

13．开展质量创先争优系列活动。依法依规开展群众性质量创先争优系列活动。通过推选表彰活动，树立并推广标杆企业在质量品牌建设中的优秀做法，促进我市工业和信息化企业特别是中小企业质量水平提升。

14．开展质量品牌培训活动。针对50家企业，开展群众性质量管理基础知识、QC小组诊断师中级班、QC小组诊断师考评班、《质量管理小组活动准则》研修班、质量信得过班组等培训活动，推广卓越绩效、六西格玛、精益生产等先进质量管理方法，尤其要加强对中小企业的质量品牌培训工作。

七、推进社会信用体系建设

15．支持推进质量诚信体系建设工作。开展工业企业质量信誉承诺、企业质量信用等级评价、实施用户满意工程推荐等活动，积极为企业进行用户满意度测评，为企业和顾客提供一流的质量品牌服务。

八、扩大北京工业品牌的社会影响

16．开展“质量月”等主题活动，弘扬质量先进典型。结合“3·15”和质量月活动，联合市质监局集中向社会推荐和宣传一批质量标杆企业，大力弘扬精益求精的工匠精神，鼓励开展多种形式的质量品牌宣传宣讲、展示推介等活动。

17．借助大型活动，提升品牌影响力。结合北京设计周、北京时装周、科博会等大型活动，扩大本市工业品牌的影响力，提升“北京创造”品牌形象。

18．抓住“一带一路”建设等契机，推动本市品牌“走出去”。引导企业拓展对外合作方式，增强境外经营和品牌推广能力，实现国际化发展，打造国际品牌。

北京市经济和信息化委员会　北京市发展和改革委员会
关于印发《北京市“十三五”时期工业转型升级规划》的通知

京经信委发〔2017〕21号

各区人民政府，市政府各委、办、局，各市属机构：

《北京市“十三五”时期工业转型升级规划》已经市政府批准，现印发给你们，请结合本地区、本部门实际，认真贯彻执行。

北京市经济和信息化委员会

北京市发展和改革委员会

2017年4月18日

北京市“十三五”时期工业转型升级规划

前　言

“十二五”时期是北京工业战略转型、结构调整的重要时期。面对错综复杂的外部环境，北京工业主动适应，积极作为，结构调整成效显著，综合实力稳步提升，为保障全市经济平稳运行做出了重要贡献。

“十三五”时期是北京落实京津冀协同发展战略，加快构建“高精尖”经济结构的关键时期。北京工业必须牢固树立创新、协调、绿色、开放、共享的发展理念，坚持高端化、服务化、集聚化、融合化、低碳化的发展方向，推进供给侧结构性改革，加快培育发展新动能，推动从“北京制造”向“北京创造”转型。

为深入推进工业创新发展，构建“高精尖”经济结构，按照国家对北京市建设“四个中心”的要求，依据《京津冀协同发展规划纲要》及北京市落实意见、《中国制造2025》及北京行动纲要、《“十三五”国家科技创新规划》《京津冀协同发展产业升级转移规划（2015—2020年）》《北京市国民经济和社会发展第十三个五年规划纲要》《北京加强全国科技创新中心建设总体方案》等文件，特编制本规划。

规划实施期限为2016—2020年。

一、回顾与展望

“十二五”时期，全市工业坚决贯彻落实中央和市委市政府决策部署，加快转变发展方式，推动产业结构调整，工业整体保持稳步增长，质量效益实现明显提升，为“十三五”时期深入转型升级奠定了基础。

（一）发展回顾

发展质量稳步提升。2015年，全市工业实现增加值3710.9亿元，比“十一五”末提高34.3%，“十二五”时期年均增速为6.1%；规模以上工业实现利润总额1597.7亿元，比“十一五”末提高55.4%；规模以上工业全员劳动生产率达到33.3万元／人，比“十一五”末提高50%。北汽集团、首钢集团两家市属国企进入世界500强，北汽新能源纯电动汽车销量连续三年位居全国第一，联想、紫光等一批企业成功实施海外并购，产业全球影响力和资源配置能力进一步提升，为全市经济平稳运行和“科技创新中心”建设做出重要贡献。

专栏1 “十二五”时期工业在北京经济发展中发挥重要作用

工业对创新的贡献突出，2015年，北京工业占全市地区生产总值的比重为16%，专利申请量占全市的68.8%，专利授权量占全市的69.9%。工业对三产关联带动性强，工业增加值每增加1元，带动服务业增加值增加4.3元。工业人均GDP贡献高，工业全员劳动生产率是三产的1.65倍，是全市的1.67倍。工业投资效益良好，工业以约占全市9%的固定资产投资创造出17%的增加值，平均投资效果系数达到0.63，远高于全社会平均投资效果系数0.35。

产业结构深化调整。主动适应经济发展新常态，把下行压力转化为结构调整动力，持续推动产业结构向高端化、服务化、集聚化方向转型。2015年，现代制造业和高技术制造业占全市工业增加值的比重分别为49.4%和21.3%，分别比“十一五”末提高10.1个百分点和2.6个百分点。以电子信息、汽车、生物医药为代表的高端产业占工业增加值比重达到40%，比“十一五”末提高了9个百分点。生产性服务业增加值达到12160亿元，占全市地区生产总值的比重为52.9%，比“十一五”末提高5.4个百分点。

创新驱动效应初显。实施创新驱动发展战略，工业自主创新能力明显增强。2015年，全市市级及以上企业技术中心数量达到612个，是“十一五”末的2.23倍。规模以上工业企业中有研发创新活动的占32.2%，较“十一五”末提高17.1个百分点；规模以上工业企业专利申请量达到20024件，较“十一五”末增长1.3倍；规模以上制造业每亿元主营业务收入有效发明专利数达到1.6件。12英寸28纳米刻蚀机、离子注入机等集成电路核心设备实现规模化生产；京东方自主研发的液晶面板生产工艺技术达到国际先进水平。

绿色发展成效显著。“十二五”期间，全市多措并举加大工业节能减排力度。2015年，全市万元工业增加值能耗为0.486吨标准煤、万元工业增加值水耗为10.5立方米，分别比“十一五”末下降47.5%和43.2%（按现价计算）；规模以上工业企业从业人员为110.4万人，比“十一五”末下降11%，实现了以较少的资源消耗支撑“十二五”时期工业总产值27.3%和增加值34.3%的增长。生态工业园区建设取得新进展，北京经济技术开发区成为国家级生态工业示范园区，10家市级以上开发区完成生态化改造，绿色发展水平明显提升。

专栏2 北京工业与人口、资源、环境

人口：2015年，全市规模以上工业从业人员110.4万人，占全市三次产业从业人员总数的比重为9.3%。规模以上工业从业人员较“十一五”末下降11.0%。

能源：2015年，全市工业能源消耗总量为1784.4万吨标准煤，万元增加值能耗较“十一五”末下降47.5%。

水资源：2015年，全市工业水资源消耗总量为3.9亿立方米，万元增加值水耗较“十一五”末下降43.2%。

污染物排放：2015年，全市工业SO_2排放量为22070吨、氮氧化物排放量为26864吨、COD（化学需氧量）排放量为4738吨，分别较“十二五”初期下降64.0%、70.3%和33.4%。

融合发展不断深入。两化融合水平进一步提高，“十二五”末期，全市两化融合发展总指数达到91.6，比“十一五”末提高21.5。二、三产业融合互动趋势明显，制造业服务化特征更加突出，金风科技、三一重工等一批企业开始由产品制造商向服务提供商转型。军民融合深度推进，中关村丰台园依托新兴际华军工资源，集聚应急产业链条，成为首批国家应急产业示范基地；“军转民”和“民参军”双向提速，涌现出无人机、北斗导航等一批“高精尖”新产品，全力推动中国航空发动机集团筹备建设。

产业集聚态势明显。开发区作为全市工业承载主体的地位显著增强，2015年，市级以上开发区实现工业总产值10184.8亿元，占全市工业总产值的比重为58.4%，较“十一五”末提高13.4个百分点。全市开发区工业总产值土地产出率达到0.95亿元／公顷，工业用地集约利用水平进一步提高。

专栏3　全市各区域规模以上工业主要经济指标占比变化

2015年，城六区实现工业总产值4889.6亿元，占全市工业的比重为28%，比“十一五”末下降2.6个百分点；规模以上工业企业1068家，较“十一五”末减少55.6%；从业人员38.2万人，较“十一五”末减少17.2%。其中，东西城实现工业总产值1270.2亿元，占全市工业的比重为7.3%；规模以上工业企业93家，较“十一五”末减少58.5%；从业人员7.0万人，较“十一五”末减少0.9%。

2015年，城市发展新区实现工业总产值8335.3亿元，占全市工业的比重为47.8%，较“十一五”末下降3.8个百分点；规模以上工业企业1963家，较“十一五”末减少46.1%；从业人员58.5万人，较“十一五”末减少5.5%。

2015年，生态涵养区实现工业总产值1121.1亿元，占全市工业的比重为6.4%，较“十一五”末略有下降；规模以上工业企业517家，较“十一五”末减少37.9%；从业人员13.8万人，较“十一五”末减少14.9%。

以业控人初见成效。严格执行《北京市新增产业的禁止和限制目录》，禁限项目实现“零准入”，涉及人员零增长。加快一般制造企业调整退出，2013—2015年累计关停1006家，涉及人员约5万人。在主动调整疏解和机器换人等作用下，全市规模以上工业从业人员呈逐年下降态势。规模以上工业企业从业人员从2010年的124.15万人减少至2015年的110.44万人，占全市常住人口的比重从2010年的6.3%下降至2015年的5.1%。

区域协同步伐加快。落实京津冀协同发展战略，重点依托“4+N”产业合作平台，推进产业疏解转移。推动首钢集团、金隅集团、北京现代、三元乳业等重点企业在津冀布局。启动共建产业园区建设，《北京（曹妃甸）现代产业发展试验区产业发展规划》正式对外发布，首钢京唐二期、城建重工等一批产业项目签约落地；引导22家我市生物医药企业将原料药生产环节转移至北京·沧州渤海新区生物医药园，推进9家企业开工建设；推动张北云计算产业基地建设，打造国家级云计算产业集聚区；支持河北正定、天津武清等区域打造一批差异化、特色鲜明的产业园区。

“十二五”时期，北京工业发展水平虽然稳步提高，但仍不能满足全市构建“高精尖”经济结构的要求，主要表现为：现代制造业和高技术制造业比重还不够高，“高精尖”产业仍处于培育期，尚未对全市工业转型发展形成有效支撑；制造业创新能力与打造全国科技创新中心的要求还有较大差距，创新动能尚未充分释放，以创新驱动为特征的新增长模式还没有形成；产业布局有待进一步优化，市级以上开发区差异化定位不明显，产业能级与集聚度水平不高；两化融合、军民融合水平有待提升，工业与生产性服务业仍需进一步融合；京津冀产业协同发展工作需要进一步丰富内涵，协同发展需从资源配置、优势互补、政策共享等方面向更高层次推进。

（二）形势展望

“十三五”时期是北京工业转型升级的重要机遇期，工业发展的内外部形势发生新的重大变化。

全球新科技革命兴起，抢占新一轮产业制高点的争夺更趋白热化。物联网、云计算、大数据等新一代互联网技术在制造业领域应用日益广泛深入，传统制造加速向数字化、网络化、智能化转型，智能制造成为全球产业竞争的制高点。世界主要发达国家纷纷实施“再工业化”战略，支持和推动智能制造发展，以重塑本国制造业竞争新优势。北京工业必须树立全球战略思维，抢占发展先机，集聚高端产业创新资源，抢占具有国际产业竞争力的战略制高点。

中国经济步入新常态，推动工业领域的供给侧结构性改革势在必行。在“三期叠加”的大背景下，我国经济发展面临需求不足和结构失衡等突出问题，加强供给侧结构性改革、推动“三去一降一补”成为今后一段时期经济结构调整的主要任务。国务院发布实施《中国制造2025》、“互联网+”行动计划、促进大数据发展行动纲要等系列文件，要求加快产业领域的技术升级，优化产品供给结构。北京工业应抓住机遇，率先实践创新发展，加快疏功能、转方式、治环境、补短板、促协同，着力推动构建“高精尖”经济结构。

北京携手津冀进入战略定位调整期，工业新旧动能转换的紧迫性日益凸显。中央把京津冀协同发展确立为重大国家战略，颁布《京津冀协同发展规划纲要》，明确了北京“四个中心”的战略定位，提出要加快实施京津冀协同发展战略，要有序疏解北京非首都功能，加快治理首都“大城市病”。全市工业面临

“优化存量、严控增量”的双重压力，支撑经济发展的传统动能趋于弱化，新兴增长动能尚在集聚，转型任务复杂艰巨，创新成为必由之路。为破解上述难题，北京市政府发布《〈中国制造 2025〉北京行动纲要》，提出实施“三四五八”行动计划，通过转领域、转空间、转动力“三转”调整，开展新技术、新工艺、新模式、新业态“四维”创新，聚焦发展五类产品，组织实施八大专项，打造“高精尖”产业体系，切实推动京津冀产业协同发展。

未来几年，北京治理“大城市病”任务依然繁重，工业发展面临的土地空间、水资源、环保排放指标、人口疏解等硬性约束进一步趋紧，产业转型升级和创新发展的任务十分迫切。“十三五”时期，北京工业需要立足治理首都“大城市病”，坚持疏解提升一体谋划、统筹推进，通过做疏解非首都功能产业的“减法”换取经济结构和空间结构优化的“加法”，推动由要素驱动向创新驱动转变，由生产制造向产品创造转变，由链式集聚向生态集群转变，由自身发展向区域协同转变，加快实现北京工业的脱胎换骨和全面升级。

二、指导思想和发展目标

（一）指导思想

全面贯彻中共十八大和十八届三中、四中、五中、六中全会精神和习近平总书记两次视察北京重要讲话精神，紧紧抓住《京津冀协同发展规划纲要》《中国制造 2025》《国务院关于积极推进“互联网＋”行动的指导意见》《北京加强全国科技创新中心建设总体方案》等重要文件实施的重大机遇，坚决落实《北京市国民经济和社会发展第十三个五年规划纲要》和《〈中国制造 2025〉北京行动纲要》的战略部署，强化首都城市战略定位，牢固树立“创新、协调、绿色、开放、共享”的发展理念，始终坚持高端化、服务化、集聚化、融合化、低碳化的发展方向，以提高产业自主创新能力为中心，紧紧围绕“结构调整、区域协同”两条主线，着力实施非首都功能产业疏解、构建“高精尖”经济结构、统筹优化产业空间布局三大任务，推进两化深度融合，提升产业发展的质量和效益，努力走出一条“调存量推转型、优增量强创新、促协同谋共赢”的发展新路，推动“北京制造”向“北京创造”转型，努力将北京打造成为全国重要的智能制造创新中心和国家“高精尖”产业协同创新增长极。

专栏 4 “十三五”时期北京工业的战略定位

全国重要的智能制造创新中心：智能制造是未来制造业制高点。北京工业应充分发挥首都科教资源密集优势、国际交往窗口优势、先行先试政策优势，聚焦智能制造创新环节，加强与发达国家、地区的高位对接和全方位合作，推动共建全球开放创新实验室、国际技术转移中心、国际知识产权和专利化组织等创新平台，聚集高端人才、研发团队、产业资本等创新要素，增强对全球高端产业创新要素的配置能力。

国家“高精尖”产业协同创新增长极：发展“高精尖”产业是北京工业转型升级的必然选择。北京工业应积极服务于国家制造强国战略，紧紧围绕关乎国计民生的“高精尖”产品，依托津冀腹地空间和产业基础，完善跨区域协同创新机制，打造协同创新共同体，建设“高精尖”产业创新策源地，推动京津冀产业转型升级，成为引领带动国家“高精尖”产业发展和区域协同创新的重要增长极。

（二）发展目标

到 2020 年，工业发展质量效益明显提升，创新驱动能力显著增强，高端发展态势更加明显，“高精尖”产业体系初步形成，协同发展、两化融合、节能减排等重点工作取得突破，空间布局更趋合理。具体目标是：

质量效益显著提高：规模以上工业增加值年均增速达到 2.5% 左右；规模以上工业全员劳动生产率达到 38 万元／人；继续实施以业控人，规模以上工业从业人员总数控制在 95 万人左右。

创新能力不断增强：规模以上制造业企业研发经费内部支出占主营业务收入比重达到 2% 以上；规模以上制造业每亿元主营业务收入有效发明专利数不低于 1.8 件，继续保持全国前列；建成 2~3 个国家级制造业创新中心。

“高精尖”产业加快培育：新增产业全部为“高精尖”产业，高技术制造业增加值占制造业的比重达到 30% 以上；形成 5 个千亿级创新型产业集群，拥有智能移动终端、半导体显示、处理器芯片、半导体工艺装备、新一代诊疗设备、智能风电装备、增材制造装备等 10 个左右“高精尖”产品（服务）。

区域协同有序推进：推动城六区特别是东城区、西城区制造环节有序退出和转移疏解，京津冀产业协同发展取得明显成效。引导企业有序转移、精准对接，推动北京（曹妃甸）现代产业发展试验区、北京·沧州渤海新区生物医药产业园、张北云计算产业基地等重点合作园区建设取得突破性进展。

两化融合深度拓展：两化融合发展水平进入全国第一梯队。企业信息化应用水平不断提升，重点行业典型企业装备数控化率达到 75%。

节能减排成效显著：万元工业增加值能耗比“十二五”末下降15%；万元工业增加值水耗下降到10立方米以下，工业用新鲜水继续保持零增长；19家市级以上开发区完成生态工业园区建设。

空间布局持续优化：区域差异化定位更加明确，市级以上重点开发区的发展特色更加鲜明；地均产出效率大幅提高，开发区工业总产值土地产出率达到1.2亿元/公顷；新增项目全部进入产业园区，市级以上开发区工业总产值占全市工业总产值的比重达到65%以上，产业集聚效益更加突出。

表　“十三五”时期工业发展主要指标

类别	序号	指　标	“十三五”目标	属性
质量效益	1	规模以上工业增加值年均增速（%）	2.5	预期性
	2	规模以上全员劳动生产率（万元/人）	38	预期性
	3	规模以上工业从业人员（万人）	95	预期性
创新能力	4	规模以上制造业企业研发经费内部支出占主营业务收入比重（%）	≥2	预期性
	5	规模以上制造业每亿元主营业务收入有效发明专利数（件）	≥1.8	预期性
	6	国家级制造业创新中心数量（个）	2-3	预期性
“高精尖”产业培育	7	高技术制造业增加值占制造业的比重（%）	≥30	预期性
	8	千亿级创新型产业集群数量（个）	5	预期性
	9	“高精尖”产品（服务）数量（个）	10	预期性
两化融合	10	两化融合发展水平	全国第一梯队	预期性
	11	重点行业典型企业装备数控化率（%）	≥75	预期性
节能减排	12	规模以上工业万元增加值能耗降幅（%）	15	约束性
	13	万元工业增加值水耗（立方米）	≤10	约束性
	14	生态工业园区建成数量（个）	19	约束性
	15	开发区工业总产值土地产出率（亿元/公顷）	1.2	预期性
	16	市级以上开发区工业总产值占全市工业总产值的比重（%）	≥65	预期性

三、加快产业结构调整升级

围绕京津冀协同发展战略及首都城市战略定位，加快落实《北京加强全国科技创新中心建设总体方案》，主动瘦身健体，以非首都功能产业疏解释放发展空间，以绿色化、智能化、服务化改造提升产业能级，以构建产业创新体系转换发展动力，推动产业结构深度调整。

（一）疏解非首都功能产业

1. 严格控制增量

严格执行、不断完善《北京市新增产业的禁止和限制目录》，在全市区域内严禁新增一般制造业和高端制造业中不具备比较优势的生产加工环节，严把项目准入关，确保禁限项目“零准入”。

2. 有序疏解存量

就地淘汰退出污染产业。实施“减业减人”，完成电镀、铸造、锻造等行业整体退出，就地淘汰一批有色金属、建材、化工、机械、印刷等污染较大、耗能耗水较高的行业和生产工艺。力争到2020年，实现《北京市工业污染行业、生产工艺调整退出及设备淘汰目录》涉及的污染落后产能及工艺全部退出。

清理整治低端低效产业。实行“治理减人”，集中清理整治违法违规排污及生产经营行为，加强市区两级联动，充分发挥属地政府的积极性，重点对城乡接合部等区域开展环境污染执法、整治无证无照违规经营、打击违法用地违法建设和安全生产整治专项行动。到2017年，累计完成7000家左右“散乱污”企业的清理整治；到2020年，基本完成六环以内集中连片镇村产业小区和工业大院的清理整治。综合运用多种市场化手段，推动“僵尸企业”平稳退出。

加快一般制造业和高端制造业中不具备比较优势的生产加工环节疏解转移。推动“人随业转”，加快推进城六区制造业生产环节有序退出和转移疏解。用好疏解非首都功能产业的税收支持政策、“疏解整治促提升”引导资金政策、差别化的水电气热价格政策，完善社保衔接、就业服务、资质互认、异地监管等配套政策，鼓励企业主动调整疏解。引导企业向北京（曹妃甸）现代产业发展试验区、北京·沧州渤海新区生物医药园、张北云计算基地等“4+N”产业合作平台集聚发展。到2017年年底，累计关停退出800家一般制造业企业；到2020年，在食品饮料、包装印刷、家具制造、汽车及零部件、建材、医药、装备制造等领域疏解一批不符合首都城市战略定位的一般制造业项目，实现城六区不符合首都城市战略定位的生产制造环节基本退出。

（二）推进企业技术改造

以绿色化、智能化、服务化为重点方向，持续推进企业技术改造，培育成长一批行业领军型企业。到 2017 年，累计实施 200 项重点技术改造项目；到 2020 年，累计实施 500 项重点技术改造项目。

1. 推动企业绿色化发展

全面推进落实《北京绿色制造实施方案》，认真落实北京市工业企业技术改造指导目录，组织一批能效提升、清洁生产、资源循环利用等技术改造项目，推动企业向智能化、绿色化、高端化方向发展。以装备制造、汽车、电子信息、基础材料等行业为重点，鼓励企业开发推广新工艺，改造优化传统制造流程。继续推进市级以上开发区生态化改造，提高园区绿色发展水平。

2. 加快企业智能化改造

启动“智造 100”工程，组织 100 个左右优势企业智能化提升改造项目，推动适合在京发展的制造业企业加速实现智能装备、数字化车间、智能工厂改造提升。鼓励推广“互联网 + 制造”推动物联网、云计算、工业机器人、增材制造等技术和装备在企业生产过程中的应用，发展网络制造、协同制造等新型制造模式，实现生产过程的智能化升级。

3. 加速制造业服务化转型

大力发展生产性服务业，引导和支持传统制造企业延伸服务链条，发展创意设计、在线服务、远程监测、故障诊断等服务环节。鼓励制造业企业开展设施建设、供应链管理、节能环保、专业维修等领域的总集成总承包。支持制造业企业开展跨界合作，发展融资租赁、全生命周期管理、信息增值服务等新型服务业态。全面落实高端装备制造业标准化试点工作，形成一批标准化示范企业

（三）着力提升产业创新能力

1. 构建企业主导的产业创新体系

推动企业参与研究制订国家科技创新规划、政策和标准，扩大企业在创新决策中的话语权。充分发挥央企、央院的创新优势，带动北京企业提升自主创新能力，培育一批有国际影响力的创新型领军企业。支持在动力电池、石墨烯、人工智能等领域推动建设一批国家级和市级产业创新中心制定和发布企业技术中心建设评价团体标准，新建一批符合新标准的企业技术中心，推动企业提升“高精尖”产品创造、标准和知识产权创制等方面能力。支持高成长性的科技型中小微企业发展，培育一批掌握行业“专精特新”技术的“隐形冠军”。

2. 营造宽松宽容的创新环境

加强新一代创新载体建设，鼓励行业领军企业整合盘活闲置楼宇、腾退厂房等空间资源，建立集研发、转化等多种功能于一体的智慧型创新创业基地。实施科学规范的行业准入制度，破除新技术、新产品、新商业模式发展壁垒。加强知识产权保护，鼓励精益求精的工匠精神和开拓创新的企业家精神。

3. 多措并举汇集创新资源

促进企业与“央源、地源、民源、外源”创新要素的有效对接。引导公共技术平台、检验检测等创新要素资源向民源、地源开放，提升民源在创新型产业集群建设中的作用。面向军工类、技术类和制造类央企，建立“高精尖”项目服务平台和重点企业“一对一”服务机制。全力支持配合国家重大科技专项、国家大科学装置、国家重点实验室在京实施。推动中关村科学城、怀柔科学城、未来科学城与重点产业集聚区对接，加快推动科技成果转化落地。鼓励企业以技术并购、知识产权并购、商业模式并购和管理模式并购等方式拓展海外市场，重点打造一批海外研发节点。

四、推进“高精尖”产业创新发展

按照全市构建“高精尖”经济结构的总体部署，落实《〈中国制造 2025〉北京行动纲要》，围绕“三四五八”战略要求，在新能源智能汽车、新一代信息技术、智能制造系统和服务、通用航空与卫星应用等领域，实施“高精尖”重大项目 100 项以上，加快开发一批“高、新、轻、智、特”产品，打造“技术自主、价值高端、生产清洁、体量轻型”的“高精尖”产业体系。

（一）新能源智能汽车领域创新工程

重点依托北京经济技术开发区、顺义区智能新能源汽车生态产业示范基地、大兴采育经济开发区、北京高端制造业基地、中关村昌平园等园区，加快新能源智能汽车关键核心技术突破，建设国内领先、国际一流的新能源汽车科技创新中心，将新能源智能汽车打造成为构建首都“高精尖”经济结构的主导产业。

1. 发展重点

新能源汽车及关键零部件：建设全球领先集研发、试制、验证和设计为一体的全新纯电动平台，立足全新工艺、全新材料、全新理念，开发国际先进水平的纯电动汽车产品。推进新能源汽车零部件配套体系建设，开发下一代高比能量、高循环寿命动力电池材料和成组装备技术，开发高效率、高可靠性、高功率密度的电驱动系统，实现动力系统集成化、轻量化。

智能网联汽车：突破智能网联汽车芯片、整车系统集成、车载信息系统、智能装备等核心技术，大力研发自动驾驶、环境感知、信息传输、语音识别等

支撑技术，统一车载操作系统数据格式与协议，推进智能网联汽车相关软件开发应用，建立智能网联汽车自主研发、示范应用的技术体系及生产配套体系。创新传统汽车的设计、研发、制造理念，对标国际一流水平，形成全球领先的智能网联汽车产业化能力。

2. 重点任务

关键共性技术工程化和产业化。依托国家动力电池创新中心、北京市动力电池工程化协同创新中心等机构，整合国内外创新资源，开展动力电池核心技术研发攻关，超前布局研发下一代动力电池和新体系动力电池，开展动力电池梯级利用实验研究和工程应用，突破动力电池回收利用技术，推动形成高端、核心、自主、可控、具有全球竞争力的动力电池产业链；突破电驱动IGBT芯片核心技术，推动轮载电机、轮边电机等系统平台开发及产业化；加大轻量化材料的设计和应用；加快燃料电池技术的工程化及产业化。

建设高水平新能源汽车产业基地。依托龙头企业、创新中心和产业技术创新联盟，优先发展纯电动汽车，提高整车安全性、可靠性、实用性，推动纯电动乘用汽车和商用汽车整车平台开发，重点发展新能源汽车的智能化、轻量化、网联化技术，建设全球领先的新能源智能网联汽车研发与智能制造基地。

打造新能源汽车应用生态。以龙头汽车企业数字化工厂为依托，打造全球领先的电动汽车示范及体验中心，建设电动汽车研发试制、技术验证、检验检测中心；以大数据、云计算等技术为支撑，打造电动汽车云服务数据平台；发展电动汽车共享租赁等商业运营模式，打造智能化充电设施网络服务平台，带动全市充电基础设施建设。

（二）新一代信息技术领域创新工程

重点依托中关村海淀园、顺义园、北京经济技术开发区等园区，加快推进集成电路、移动互联网、新型显示、云计算与大数据、人工智能等领域核心技术的研发及产业化，形成全球领先的技术群与产品群，巩固北京在新一代信息技术产业全国排头兵的地位。

1. 发展重点

集成电路：提升国产芯片自给率，集中力量攻坚高性能处理器芯片、高性能存储器芯片、安全控制传感器芯片等高端通用芯片，开发新一代智能移动终端、北斗导航、汽车电子等量大面广的行业应用芯片。提高芯片产能和工艺水平，推动刻蚀机、清洗机、离子注入机等关键工艺设备重大专项成果批量进入国内主要集成电路生产线，加快产业化进程。

移动互联网系统及关键设备：推动新型多天线传输、高频段通信、新型信号处理等5G关键技术研究、核心器件产业化与相关标准制定。面向移动互联网、云计算、大数据等领域，支持基站设备、核心路由器、数据交换设备等高端网络设备的研发和产业化。发展针对工业控制网络、移动会商系统、数字集群应急通信系统等领域的信息安全监测设备。支持开发自主可控信息系统，发展综合性云安全解决方案和基于大数据的网络安全服务。

新一代智能终端及设备：提高软硬件合作研发能力，研制可规模化商用的多类型可穿戴设备、智能家居、智慧健康和无人系统等移动终端，推动人机交互、新型传感、互联共享、数据挖掘等新技术的研发应用，实现新兴移动终端产品的产业化发展。开发移动大数据应用产品。

新型显示：推动薄膜晶体管液晶显示屏（TFT-LCD）向高分辨率、低功耗、窄边框等方向发展，实现产品升级。突破高世代玻璃基板和掩模板、有源矩阵有机发光二极体面板（AMOLED）、蒸镀和封装等关键工艺技术和装备，实现柔性显示、激光显示等新型应用。

云计算与大数据：重点实施祥云3.0工程公有云建设、“互联网+”协同制造云平台、“互联网+”企业互联网开放平台等项目，实现公有云平台技术、大数据的处理与应用技术、绿色集约数据中心技术国际领先，构建和完善公有云和大数据智能应用生态体系。

人工智能：在深度学习、大脑养成、神经网络、认知技术等关键核心技术领域加快实现创新突破，建设一批共性技术平台与行业应用平台，在民生、金融、智能硬件等领域开展应用示范，推动“互联网+”升级到“人工智能+”。

2. 重点任务

加快集成电路核心技术突破。围绕龙头企业集聚国内IC产业链研发、市场资源，做强国家集成电路先导技术研究院，完成20纳米和14纳米集成电路基础工艺研发以及10纳米集成电路专利布局，并为国产专用设备和材料的研发提供大规模生产条件的验证。依托研究院平台，加快人才培养，推动建立自主知识产权体系，提升我国集成电路产业自主创新的核心竞争力，实现集成电路制造由代工向创造转型。

提高新一代移动互联网自主可控能力。以打造自主移动互联网平台和实现关键元器件进口替代为切入点，加强开源操作系统、自主操作系统与本地芯片的协同设计，突破关键元器件发展短板，培育一批对供应链和价值链具有掌控能力的平台型企业，形成产业优势。

发展新一代移动通信技术和标准。积极推进第五代移动通信（5G）技术、LTE网络制式、宽带无线接入与短距离互联等技术的研发和产业化，加强无线移动通信共性关键技术研究及成果转化。加快推进具有自主知识产权的新一代移动通信标准体系和专利池的建设。

（三）智能制造系统和服务领域创新工程

重点依托中关村海淀园、丰台园、昌平园、房山园、顺义园以及北京经济技术开发区等园区，聚焦标准创制、平台建设等环节，抢占产业高地，支持智能制造关键部件和装备的研发及产业化，培育重点行业智能制造系统集成能力，推广新模式新业态的应用，将北京建设成为全国智能制造创新中心、示范应用中心和系统解决方案策源地。

1. 发展重点

智能制造核心技术研发和标准创制：提升智能制造核心装置、关键装备、工控软件等领域研发能力，支持开展先进控制与优化、智能控制、设备健康维护诊断等基础核心共性技术研究，支持开展以行业应用为导向的重大技术和产品集成创新。结合国家智能制造工程和智能制造专项，支持开展智能制造基础共性、关键技术和行业应用的科技创新与标准创制。

智能制造装备产业化和系统集成服务：支持高端传感器、智能仪控系统等智能制造关键部件，以及智能机器人、高档数控机床、增材制造装备等智能制造装备的产业化。支持轨道交通、新能源、节能环保、应急救援、文物保护等领域智能装备的开发、产业化，提升整体解决方案能力。支持提升机械、电子、医药等行业的自动化成套生产线、数字化车间、智能工厂等智能制造系统集成服务能力。

2. 重点任务

建设智能制造产业创新中心。依托核心科研院所和企业，在高档数控机床、机器人与智能装备、增材制造技术与装备等领域建设产业创新中心。依托本市高端装备领域新型工业化产业示范基地，开展国家智能制造标准化试点工作，提升高端装备整体创新能力。

推广智能制造新模式新业态。支持建设自动化成套生产线、数字化车间、智能工厂，利用智能制造新模式组织生产。支持基于工业互联网的网络制造、协同制造、服务制造等新型制造模式。支持开展智能化管理、智能化服务试点示范。支持企业实施京津冀联网智能制造项目，推动京津冀地区制造业提质升级。

搭建智能制造公共服务平台。支持高档数控机床与工具、智能机器人、增材制造等领域搭建共性技术研发创新平台。推动文物保护装备平台、民爆装备检验检测平台、机器人检验检测平台等公共检测服务平台加快建设。

推动智能制造产业聚集发展。依托中关村海淀园建设智能制造创新中心，围绕工业互联网、工业软件、智能机器人、文物保护装备等领域开展关键核心和前沿技术创新。依托北京经济技术开发区建设智能制造和机器人产业创新基地，吸引国内外研发机构、标准创制及检测评定单位聚集。支持中关村丰台园、昌平园、房山园、顺义园等创新发展智能制造产业。

（四）新一代健康诊疗与服务领域创新工程

重点依托中关村生命科学园发展创新研发环节，依托北京经济技术开发区、大兴生物医药产业基地发展高端制造环节，加快发展个体化诊断产品、服务、平台和治疗新技术，突破发展精准医疗和智慧医疗，打造北京生物医药高质量、高附加值的品牌特色。

1. 发展重点

创新型化学药：支持创新药、重大品种首仿药的研发和产业化。加强新型制剂技术的应用研究，重点发展长效、速效、儿童特殊给药制剂、靶向给药、透皮吸收等新型药物制剂。支持重点品种和生产线进行国际注册和认证，促进高端产品国际化。

现代中药：加强中药品牌建设，扩大老字号品牌影响力。推动疗效确切、有效组分明确、作用机理清晰和安全性高的中药新药的研发和产业化，鼓励中药配方颗粒、单体成分等现代化中药发展。加强超临界流体萃取、膜分离以及新型挥发油提取、高效蒸发浓缩等新技术在中药研发和生产过程中的推广应用，提升中药全产业链质量标准体系建设水平。

生物制药：鼓励开发用于重大疾病和多发性疾病治疗的重组蛋白质多肽药物、抗体药物、核酸药物等生物技术药物。支持新型疫苗研制，推进基因检测、细胞治疗等精准医疗相关领域发展。高性能医疗器械：加强高性能医学影像设备关键部件和整机、新型医学治疗设备关键技术和整机的研发和产业化。支持开发远程医疗、移动医疗的相关软件及终端设备。支持开发神经调控刺激器、新型血管支架、人工关节、骨科材料、天然生物衍生材料、人工神经修复材料等高端介入植入类产品和新材料。

2. 重点任务

建立大健康支撑服务体系。围绕大健康产业的新需求，以重点疾病的预防、诊断、治疗和康复为切入点，推进基因检测、细胞治疗、中医保健等技术在精准医疗、健康管理、医养结合等健康服务中的应用。鼓励企业延伸产业链，建立第三方检测中心、影像学判读中心、健康管理大数据中心等公共服务平台，建设自我健康管理、早期预防、远程医疗和医药电子商务相结合的大健康服务体系。

建设新药关键共性技术研发平台。围绕高通量高选择性生物膜分离技术、长效蛋白药物开发技术、新型多肽类分子生物技术等关键共性技术，加快建立新型制剂及工艺技术支撑平台、新药研发系统性创新服务平台等一批高水平、标准化、国际化技术平台，提升企业技术研发和转化能力。

推动一批创新医药及器械产品产业化落地。实施“中西结合”的黄帝计划（智慧生命健康综合保障系统）工程，研发全球领先的中西结合检测／诊断一体化技术，开发系列产品，建立国内领先的中医诊断标准，实现中医诊断的客观化、人工智能化和工程化。实施迷走神经刺激器系列产品、糖尿病药物产业化、脑起搏器产业化等项目，推进中关村医学工程健康产业化基地建设。

（五）通用航空与卫星应用领域创新工程

重点依托中关村国家自主创新示范区发展卫星应用产业，依托海淀园、顺义航空产业园、平谷通用航空产业基地等布局航空产业，推动以高端研发为主体、系统集成为重点、总部经济为引领、技术应用和服务保障为支撑的航空航天产业发展。

1. 发展重点

通用航空：加强航空发动机、航空电子系统、航空新材料等领域的技术研发。支持多用途运输机、公务机、直升机、无人机等整机、航空地面和空管保障设备、通用航空关键零部件等在京津冀区域形成研发制造能力。发展通航运营、整机交付、适航取证、金融保险、航空培训、维修养护、空域协调等高附加值通用航空服务业。

卫星应用：以卫星通信、卫星遥感、卫星导航、小卫星和微小卫星以及相关的卫星应用产业为重点，开展关键技术研发、产品设计制造和产业化应用。发展卫星影像标准型产品制作、卫星遥感信息服务网络，推动卫星遥感数据的公益性服务和商业化应用。发展导航芯片，强化卫星导航系统集成和运营服务能力。推动卫星通信、卫星遥感、卫星导航等技术的融合应用与发展。

2. 重点任务

推动通用航空核心技术研发和运营体系建设。发挥通用航空在城市管理服务中的重要作用，增强城市应急响应、治理作业、商务飞行等保障能力。提升技术装备支撑能力、安全监控能力和应急反应处置能力，建设低空安全技术与管理体系，提升低空安全保障能力。整合人才、资金、技术等各类优势创新资源，搭建创新资源集成和技术成果转化的新平台，打造通用航空科技创新中心。发挥运营服务先导作用，加快通用航空网络化布局，合理分工、优化配置，推动建立以首都为核心的通用航空网络化运营服务体系。

支持中国航空发动机集团公司发展。支持中国航发在京建设集团总部、全球支援中心、大数据处理中心、服务保障中心等总部和服务形态支持中国航发建设航空发动机研究院、核心零部件快速反应中心、社会性实验验证平台建设。推动单晶叶片、复合材料机匣等航空发动机高端零部件产业化。推动航空发动机重大专项基础科学研究、先进材料及工艺研究等预研及研制条件保障项目建设，加快实现航空发动机及燃气轮机自主研发和制造生产。

加快推进卫星遥感应用产业化发展。以高分辨率对地观测系统重大专项为契机，支持多源数据共享平台建设，推进空间信息产业快速发展。推进卫星遥感产品和服务在公共安全、交通运输、国土资源、防灾减灾等重要领域的示范应用，拓展测绘遥感数据应用服务产业链，推进从需求、设计、建设到运营全过程的卫星遥感应用支撑平台建设，提升北京市卫星遥感技术应用能力，推进卫星遥感产品和服务的规模化应用。

（六）新材料领域创新工程

重点依托中关村永丰高新技术产业基地、怀柔纳米科技产业园、房山石化新材料科技产业基地等园区，以关键优势材料和前沿新材料为发展重点，加快关键技术创新和下游应用推广，培育重点企业，创建服务平台，打造国内领先、国际一流的新材料创新基地。

1. 发展重点

前沿新材料：在拥有领先核心技术的石墨烯、碳纳米管、3D 打印、超导等领域培育高成长性前沿新材料及其改性材料，推进产业化发展和规模化应用。

关键优势材料：强化特种金属功能材料、高性能复合材料、先进高分子材料以及新型无机非金属材料等领域在全国的创新引领地位，做优做强，鼓励新材料企业发展服务型制造。

“高精尖”产品配套材料：加快发展新能源汽车车身轻量化复合材料、动力电池正极和隔膜材料，鼓励碳化硅、氮化镓等第三代半导体材料以及大尺寸金属靶材等配套材料研发，支持开发应用于航空航天、智能装备等领域的耐蚀、耐磨、隐身等高端金属功能材料，发展形状记忆合金等智能材料，加强生物基高分子材料、高端生物医用材料等的研发应用。

2. 重点任务

建设全国领先的石墨烯创新基地。贯彻落实工信部等三部委《加快石墨烯产业创新发展意见》，创立石墨烯产业创新平台，建设石墨烯产业基地，突破石墨烯制备及应用成套技术、集成技术研发和产业化瓶颈，实现石墨烯材料生产的高质、稳定和绿色，以及生产过程的标准化、产品的系列化和低成本化；优先在国防军工、新能源汽车、新一代显示器件及传统材料产业改造等领域开展石墨烯材料示范应用，形成石墨烯示范应用产业与石墨烯材料制备、应用开发、终端应用等关键技术产业之间的良性互动。

促进前沿新材料产业化高端化应用。围绕高端装备、新能源、新型显示等“高精尖”产业发展对新材料的需求，依托拥有领先的关键核心技术、高成长性的重点企业和研发机构，重点推进稀土功能材料、电子信息功能材料、高性能分离膜材料、新型能源材料、高性能纤维及复合材料、前沿新材料等规模化应用，拉动新材料产业快速发展。

推进传统材料改性升级。以冶金、化工、建材等行业为依托，支持利用石墨烯、气凝胶等新材料对传统材料进行改性，推进材料性能和生产制造实现重大突破和升级。

（七）创意都市产业领域创新工程

重点依托中关村东城园、西城园、顺义园、怀柔园等园区，发展都市产业中具有“健康、创意、服务、保障”特征的业态和模式，推动都市产业在“增品种、提品质、创品牌”方面取得显著成效，提升核心竞争力和创新能力。

1. 发展重点

健康型都市产业：优化升级食品行业，着力提升产品品质，发展优质化、营养化、功能化的名优“老字号”食品，推动产品从研发、生产到流通的全过程标准化。支持推进文教体育用品、智能健身产品的研发创新。

创意型都市产业：发展基于绿色环保工艺、技术和材料的印刷精品及包装设计类精品，鼓励发展数字印刷、按需印刷等新模式；推动传统工艺美术技艺与现代工业设计跨界融合，发展个性创意装饰产品和与文物传承有关的创意精品，延伸发展交易、拍卖、体验等服务环节以及产品众筹、定制电商、体验消费等新业态。

时尚型都市产业：以时尚设计为引领，加快三维人体自动测量、虚拟试衣、智能供应链物流管理等尖端技术应用，发展高性能纺织品、功能性特种服装、设计师品牌成衣等高附加值产品。推动家具行业与互联网深度融合，开发时尚化和智能化的家具产品，拓展研发设计、品牌运营、总部管理等产业链环节，加快形成“全球化设计、智慧化管理、分布式制造、个性化定制”为主的产业发展格局。

2. 重点任务

实施消费品牌提升战略。壮大首都特色消费品牌实力，重视品牌、专利等无形资产价值，引入国际化、专业化营销理念，以技术创新推动产品创新和品牌差异化，保护、整合、优化、提升北京都市产业优秀自主品牌资源，支持品牌做新做精做大做强。大力挖掘传统品牌价值，实施“互联网＋老字号品牌”工程，借助资本运作、新媒体营销、文化植入、质量认证等方式提升传统老字号品牌价值。

强化产品质量安全管理。推进质量标准建设，积极接轨国际标准。提升产品特别是食品质量安全检测能力，组织建设一批高水平的产品质量控制实验室和技术评价实验室，加快普及生产过程质量控制、快速检测、冷链物流质量控制等技术，实施覆盖全生命周期的质量管理、质量自我声明和质量追溯制度，使重点产品技术、安全标准达到国际先进水平。推动建设面向京津冀的食品质量监测平台，构建以大数据为基础，覆盖婴幼乳品、肉类等重点领域的食品安全监管体系。

五、优化调整产业空间布局

“十三五”期间，北京工业发展将落实《京津冀协同发展规划纲要》《京津冀协同发展产业升级转移规划（2015—2020 年）》《北京加强全国科技创新中心建设总体方案》等文件精神，按照“功能互补、区域联动、轴向集聚、节点支撑”的思路，明确区域功能定位，优化“高精尖”产业布局，加强跨京津冀区域的产业链对接，实现与津冀产业发展的资源互享、功能互补、融合互动。

（一）总体布局

1. 城六区研发创新核心区

城六区是服务保障首都功能的主体功能区，也是疏解非首都功能的关键区域。坚持调整疏解和优化提升并重，推动城六区特别是东城区、西城区制造业生产环节有序疏解，发挥区域创新资源密集优势，围绕提升原始创新能力和科技成果交易能力，聚焦产业链的研发环节，提高研发创新水平和辐射带动能力。

2. 平原地区——“高精尖”产业承载区

城六区以外的平原地区，包括顺义、大兴、通州以及昌平和房山的平原部分，作为城市核心区首都功能转移疏解的优先承接地，发挥区位条件优、发展基础好等优势，大力提升基础设施、公共服务和生态环境水平，增强吸引力和承载力，以提升产业发展能级为核心，重点发展“高精尖”产业和生产性服务业。

3. 山区生态友好型产业示范区

城六区以外的山区，包括门头沟、平谷、怀柔、密云、延庆以及昌平和房山的山区部分，坚持把增强生态服务功能放在第一位，严控开发强度。以中关村科技园区为主体，因地制宜发展名优民生型都市产业，适度发展新材料、新一代信息技术、智能制造、通用航空、节能环保等“高精尖”产业，打造生态友好型产业体系。

（二）构筑“三城一区”产业创新发展空间格局

1.“三城”

服从服务国家发展战略，建设好中关村科学城、怀柔科学城和未来科学城等央地共建共享的协同创新平台。

推进中关村科学城打造自主创新主阵地。主要依托中国科学院有关院所、高等学校和中央企业，聚集全球高端创新要素，突破一批有全球影响力的前沿原创技术。坚持增量优化、存量提升，完善空间布局，打造产城融合、宜居宜业、充满活力的原始创新策源地、自主创新主阵地。

推进怀柔科学城建设综合性国家科学中心。充分发挥在京高校及科研院所优势力量，部署一批国家重大科技基础设施和跨学科交叉研究平台，建设北京怀柔综合性国家科学中心，不断汇聚高端人才、科技资源、重大项目等创新要素，持续产出前沿科学和先进技术研究成果。

推进未来科学城建设富有活力的创新之城。集聚一批海外高层次创新创业人才和团队，有序建设园区基础设施、公共设施、科研设施，强化绿色、低碳、生态、智慧城市功能，打造大型企业技术创新集聚区，建成引领产业转型升级的创新高地。

2.“一区”

发挥北京经济技术开发区（大兴）、顺义区等在成果转化、工程化、产业化方面的技术创新优势，以技术创新为核心，以大工程和大项目为牵引，创建以北京经济技术开发区（大兴）、顺义区等为核心的创新型产业集群与“中国制造 2025”示范区。

支持北京经济技术开发区（大兴）发挥制造业优势和“亦庄”品牌效应，吸引三大科学城科技创新成果在开发区实现产业化，着力发展集成电路、高端汽车、新能源汽车等创新型产业集群，形成高端引领、创新驱动、绿色低碳的产业发展模式。建设一批代表国家水平、代表国家参与国际竞争的技术创新中心，推动“亦庄制造”转向“亦庄创造”。推进顺义区从传统制造业大区向先进制造业强区转型发展。巩固提升汽车等传统优势产业，突破发展航空航天、高端智能装备、新一代信息技术、新材料等新兴产业，加快发展一批高端生产性服务业。大幅提升制造业创新能力，进一步优化重点产业布局，积极推进智能制造、绿色制造、服务型制造。支持北京经济技术开发区(大兴)、顺义区等重点区域创建“中国制造 2025”试点示范城市。

（三）建设三条京津冀产业协同发展轴

1. 京津发展轴

发挥北京经济技术开发区、中关村顺义园等园区的辐射带动作用，围绕电子信息、装备制造、汽车制造、航空航天、大数据等领域，以廊坊永清产业协同发展示范区、天津经济技术开发区、张北云计算产业基地等为对接载体，打造京津冀地区科技研发转化和高端制造业发展带。推进北京经济技术开发区电子信息、装备产业、生物医药、汽车产业等领域的成果转化、生产制造和关键配套环节向津冀园区延伸布局。北京聚焦航空航天产业研发试制环节，推进生产制造、运营服务、示范应用环节布局天津滨海新区临空产业区和京冀通用航空产业园。以京张两地共办冬奥会为契机，以张家口为依托，探索大数据、新能源、智能制造联动发展新路径，重点建设张北云计算产业基地、国家绿色数据中心示范基地、全国数据灾备中心，打造京津冀大数据综合试验区的特色功能区。

2. 京保石发展轴

发挥中关村丰台园、房山石化新材料科技产业基地等园区的辐射带动作用，围绕电子信息、轨道交通、汽车制造、都市产业、基础和新材料等重点领域，以保定国家高新技术产业开发区、石家庄高新技术开发区、石家庄经济技术开发区、邯郸经济技术开发区、衡水经济开发区等重点园区对接主体，强化科技创新资源向南部辐射，发挥区域交通、土地、劳动力、农产品资源等优势，促进相关产业在区域内合理布局，打造京津冀地区重要的先进制造业发展带北京聚焦集成电路、智能装备、智能硬件、移动互联等领域的产品开发设计、中试验证等环节，大规模制造量产环节布局河北省正定县。在轨道交通领域，形成丰台园研发试制，保定、石家庄生产制造的产业分工。

3. 京唐秦发展轴

发挥中关村海淀园、新首钢高端产业综合服务区等园区的辐射带动作用，围绕基础与新材料、汽车制造、装备制造、生物医药等重点领域，以曹妃甸协同发展示范区、唐山高新区、秦皇岛经济技术开发区、沧州经济开发区、北京·沧州渤海新区生物医药园等重点园区为对接载体，打造京津冀地区产业转型升级发展带按照“总部在北京、生产到河北”的思路，推进北京（曹妃甸）现代产业发展试验区延伸钢铁、化工产业链条，发展汽车及零部件、海工装备等下游产业。加快推动化学原料药生产、中药提取、医药耗材及器械等不具比较优势的产业环节向北京·沧州渤海新区生物医药园布局。支持海淀园聚焦研发设计、系统集成环节，推进高端能源装备、城市轨道交通装备、海工装备等整机制造和配套环节布局中关村海淀园秦皇岛分园。

六、保障措施

全面深化供给侧结构性改革，完善要素供给机制，加快非首都功能疏解和京津冀产业协同发展，推进产业结构调整。建立灵活高效的统筹协调机制，形成促进工业转型升级的合力，为实现规划目标提供保障。

（一）强化统筹协调落实

建立完善市级层面的统筹机制，发挥北京制造业创新发展领导小组的统筹作用，协调解决规划实施过程中的招商引资、项目落地、资金支持、土地供给、园区配套基础设施建设等方面的重大问题以及跨区域、跨部门的重大事项。

加强市区两级政府的协调配合，围绕规划确定的目标、任务，市级层面做好政策引导、统筹规划、资金支持，区级层面按照属地原则抓好组织落实、政策衔接、措施配套，为推动规划有效实施提供保障。

（二）完善产业扶持政策

完善严控产业人口政策。继续推行以业控人、减业减人，坚决关停退出一批“散乱污”企业。调动各区和各部门力量，对重点区域实施连片治理，加大监督检查力度。加强与安全生产监管部门的协同配合，推进工业领域安全生产形势持续向好。

健全完善京津冀产业疏解政策。落实国家京津冀产业转移企业税收分享办法，用好疏解非首都功能产业的税收支持政策。研究完善产业转移涉及的社保待遇、就业服务、资质互认、异地监管等配套政策。研究制定更加严格的工业重点行业污染排放标准，完善工业企业分区域、分行业差别化的用水、用电、用气、用热价格政策，促进不符合首都城市战略定位的产业加快疏解。

优化“高精尖”产业扶持政策。继续完善《〈中国制造2025〉北京行动纲要》配套政策，动态修订《“高精尖”产品目录》《企业技术改造指导目录》，引导土地、资金等要素资源向“高精尖”产业聚集。建立以市场为导向的技术、产品、项目、资源发布机制，拓宽民间投资的领域和范围，鼓励和引导社会资本聚焦“高精尖”产业，促进科技创新型中小微企业发展。深入推进两化融合、军民融合，创新军用、民用科技成果双向转化机制，助力北京加快构建“高精尖”经济结构。

完善提品质创品牌激励政策。支持企业提升质量管理能力、品牌建设能力和知识产权运营能力，进一步提升产品品质，提高全要素生产率、产品附加值和市场占有率。鼓励并支持建设一批以工业设计、质量品牌、知识产权、检测认证、标准创制服务等为特色的公共服务平台。加大对品牌培育示范企业的宣传推广力度，带动更多北京工业企业开展品牌培育活动，提升企业市场竞争力。

（三）创新资金支持方式

创新财政资金投入方式。积极对接国家相关支持政策，用好“高精尖”产业发展基金和“高精尖”产业发展资金，充分发挥财政资金杠杆作用，引导风险投资、股权投资、融资担保等各类投资和金融机构共同支持产业创新发展，重点支持符合《〈中国制造2025〉北京行动纲要》政策导向的产业领域，提高财政资金使用效益。拓宽企业市场化融资渠道。探索建立“政府＋银行＋担保机构”的资金池合作模式，为企业贷款提供担保补偿。鼓励采用PPP模式吸引社会资本参与企业技术改造、园区基础设施建设等领域。围绕制造业转型升级推动银企战略合作，引导风险投资、私募股权投资等支持企业创新发展。

充分发挥多层次资本市场融资功能。鼓励企业到创业板、新三板市场挂牌上市融资。支持金融机构开发针对科技创新型企业、境外投资企业的金融产品，为企业提供创新融资、并购咨询、境外并购贷款等服务。

（四）强化产业人才支撑

集聚一流的产业人才和研发团队。充分利用现有的人才引入政策，在落户、就医、子女入学等方面对产业急需人才予以扶持，吸引全球高端人才集聚；

鼓励企业与高等院校联合培养科技、管理人才和高级技工，建设高层次、高水平的技术研发团队。

激发人才创新创业积极性。完善落实股权、期权激励和奖励等收益分配政策，鼓励科研院所、高校科技人员转化科技成果。鼓励企业培育内部创新创业文化，为创业者提供资金、技术和服务。

（五）拓展产业发展空间

提高土地综合利用效率。集约用好现有市、区两级工业园区空间资源，使之成为新型增量的重要载体。支持市级以上开发区从投入产出强度、能耗、水耗等方面，提高项目准入门槛，提高土地集约利用水平。研究差别化的工业用地二次开发利用政策，综合运用规划、土地、资金等手段，采取收回、回购、置换等方式盘活闲置土地资源，为“高精尖”产业发展储备空间资源。

积极拓展外部发展空间。实行更加积极的开放战略，将“引进来”与“走出去”更好结合，落实京津冀协同发展战略，充分利用津冀产业转化能力和腹地优势，发挥北京工业创新引领和辐射带动作用，推动三地产业上下游联动和链式发展，促进形成区城间和产业间的合理布局。深入实施国家“一带一路”倡议，积极推进国际产能合作，促进形成优进优出格局和新一轮高水平对外开放。

北京市经济和信息化委员会关于印发《北京市中小企业公共服务示范平台管理办法》的通知

京经信委发〔2017〕24号

各区、北京经济技术开发区管委会中小企业工作主管部门：

为深入贯彻落实《北京市促进中小企业发展条例》、市政府关于促进中小企业发展、推动大众创业万众创新相关政策措施，支持中小企业公共服务体系建设，引导中小企业公共服务平台提升服务能力和服务水平，支持中小企业健康发展，我委研究制定了《北京市中小企业公共服务示范平台管理办法》，现予印发，请遵照执行。

特此通知。

北京市经济和信息化委员会

2017年4月13日

北京市中小企业公共服务示范平台管理办法

第一章　总　则

第一条　为进一步落实《北京市促进中小企业发展条例》的有关规定，加快我市中小企业公共服务体系建设，充分发挥公共服务示范平台对“高精尖”产业的服务支撑作用，切实推动大众创业、万众创新，培育一批空间布局合理、产业特色鲜明、服务功能完善、运营管理规范、带动效应突出的中小企业公共服务示范平台，促进中小企业健康发展，根据《国家中小企业公共服务示范平台认定的管理办法》（工信部企业〔2012〕197号），以及北京市有关文件规定，结合我市实际情况，制定本办法。

第二条　北京市中小企业公共服务示范平台（以下简称示范平台）是指由法人单位建设和运营，经北京市经济和信息化委员会（以下简称“市经济信息化委”）认定，为中小企业提供信息、投融资、创业、技术创新、培训、管理咨询、市场开拓、法律等公共服务，业绩突出、公信度高、服务面广，具有示范带动作用的服务平台。

第三条　示范平台应具有公益性、公共性和开放性，要按照“政府引导、市场化运作，面向产业、服务企业，资源共享、注重实效”的原则运作，努力创新服务模式，提高服务质量，带动社会服务资源。

第四条　市经济信息化委负责示范平台的认定、组织和管理工作。各区中小企业工作主管部门负责示范平台的推荐工作，并协助市经济信息化委实施管理。

第五条 示范平台认定工作遵循公平、公开、公正的原则，原则上每年认定一次。

第二章 申报条件

第六条 申报示范平台必须同时符合以下条件：

（一）具有独立法人资格，注册地在本市且成立时间两年以上，资产总额不低于人民币 200 万元；经营和信用状况良好，具有良好的发展前景和可持续发展能力。

（二）服务业绩突出。年服务中小企业不少于 100 家，用户满意度在 90%以上；近两年服务企业数量增长 10% 以上，在专业服务领域或区域内有一定的声誉和品牌影响力。

（三）有固定的经营服务场所和必要的服务设施、仪器设备等；有组织带动社会服务资源的能力，集聚社会化专业服务机构 5 家以上。

（四）搭建信息化服务系统，具有信息展示、查询功能；及时发布、更新服务信息、产品信息、技术信息、活动信息等，实现信息资源共享；具备条件的应综合应用互联网、云计算、大数据等技术，基本达到运营管理智能化、信息收集分析数字化。

（五）有良好的商业信誉，健全的管理制度，规范的服务流程、合理的收费标准和完善的服务质量保证措施；有明确的发展规划、年度服务目标；提供的公益性服务或低收费服务不少于总服务量的 20% 以上。

（六）有健全的管理团队和人才队伍。法人代表要诚信、守法，个人信用无不良记录；从事为中小企业服务的人员不少于 10 人，其中大专及以上学历和中级及以上技术职称专业人员的比例占 80%以上。

由事业单位、社团法人主办，服务业绩突出、示范带动作用明显的平台，上述（一）、（六）的条件可适度放宽。

第七条 示范平台应至少具备以下服务功能中的三项：

（一）信息服务。充分利用信息网络技术手段，形成便于中小企业查询的、开放的信息服务系统；具有在线服务、线上线下联动功能，年组织开展的相关服务活动 4 次以上。

（二）融资服务。组织开展融资产品咨询、企业融资策划、融资代理、信用评价等服务；年组织融资对接、路演等活动 4 次以上；年组织融资知识培训 4 次以上；建立并不断完善中小企业信用档案。

（三）技术创新服务。具有组织创新技术服务资源的能力，能够提供技术诊断、检验检测、产学研对接等高端服务；具有专家库和新产品、新技术项目库等；具备条件的应开放大型、精密仪器设备与中小企业共享；年开展节能环保、技术转移、知识产权等服务活动 4 次以上。

（四）创业服务。具有较强的创业辅导能力，有系统的创业指导方案；开展工商、财税、人力等相关政务、商事代理服务；年开展创业项目洽谈、路演推介活动 4 次以上。

（五）培训服务。具有培训资质或在中小企业主管部门备案，具有远程培训能力，年培训 2000 人次以上。

（六）管理咨询服务。提供发展战略、财务管理、人力资源、市场营销等咨询诊断，年开展相关服务活动 4 次以上。

（七）市场开拓。组织开展各类展览展销、贸易洽谈、产品推介、国内外经济技术交流与合作活动，年开展相关服务活动 4 次以上。

（八）法律服务。具有法律法规、法律案例等信息查询功能，提供法律咨询、文书审核、合同文书范本下载等服务，年开展相关服务活动 4 次以上。

第八条 鼓励具备下列特征的平台发展，在认定时适当予以优先考虑：

（一）立足本市企业，面向符合首都功能定位和“高精尖”经济结构要求的中小企业提供创新创业服务；

（二）服务范围辐射京津冀地区，开展跨区域合作，有效整合创新资源。

第三章 申报和认定

第九条 申报示范平台的单位需提交下列材料：

（一）北京市中小企业公共服务示范平台申请报告：内容包括示范平台基本情况、提供服务情况、申报材料真实性声明函等（见附件 1）；

（二）相关证照凭证：包括示范平台运营主体法人证书或营业执照副本（复印件）、运营主体无不良信用记录的相关证明材料、固定的经营服务场所证明复印件（房产证、租赁合同）；

（三）具有资质的第三方审计机构出具的上一年度运营主体财务审计报告和服务情况的专项审计报告；

（四）通过政府相关部门认定的证明材料；

（五）获得政府扶持的情况。

第十条 示范平台的申报遵循公开征集、自愿申报的原则。示范平台由各区县中小企业工作主管部门对申报材料的真实性、完整性进行初审，对所推荐平台的运营情况、服务业绩、满意度，以及其对社会资源的带动性进行测评，出具推荐意见，填写《北京市中小企业公共服务示范平台推荐表》（见附件2），并附被推荐平台的申报材料，报市经济信息化委。

第十一条 市经济信息化委组织专家进行评审，评审结果在市经济信息化委门户网站公示10个工作日。

第十二条 对经评审合格并公示的平台，由市经济信息化委认定，授予“北京市中小企业公共服务示范平台”称号。对符合示范平台认定条件并复核通过的原“北京市中小企业公共服务平台”，依照本办法实施管理。

第四章 示范平台管理

第十三条 市经济信息化委每年对示范平台进行检查，各区中小企业主管部门负责对辖区内的示范平台实施检查工作，并将检查情况汇总上报市经济信息化委。运营主体应将上年度工作总结和本年度工作计划报送所属区中小企业主管部门，具体时间按照当年检查工作通知要求进行。检查工作结束后，市经济信息化委委托第三方对示范平台运营情况进行抽样评估，并通报评估结果。

第十四条 市经济信息化委每两年对示范平台复核一次，区中小企业工作主管部门负责组织辖区内的运营主体报送上年度工作总结、本年度工作计划、平台收支专项审计报告以及《北京市中小企业公共服务示范平台年度运营情况测评表》（见附件3），经汇总后报市经济信息化委。市经济信息化委组织对示范平台的检查和测评工作，并根据示范平台运营情况和测评结果确定复核结果。复核不达标的，将限期整改，整改后仍不达标的，撤销称号。复核年度不再另行安排检查工作。

第十五条 示范平台应积极配合北京市中小企业公共服务平台网络的统筹协调，落实平台网络安排的各项工作，按期报送相关运营数据信息，接受平台网络的管理和绩效评价。

第十六条 示范平台或其运营管理机构遇有更改名称、地址、法定代表人等重大变更事项的，应在更改完成后10个工作日内报市经济信息化委备案。

第十七条 市经济信息化委对服务业绩突出、社会反映良好、符合要求的示范平台，予以优先政策支持。

第十八条 示范平台认定工作接受审计、监察部门和社会的监督。

第五章 附 则

第十九条 本办法由市经济信息化委负责解释。

第二十条 本办法自发布之日起施行，《北京市中小企业公共服务平台管理暂行办法》（京经信委发〔2012〕24号）同时废止。

附件：1. 北京市中小企业公共服务示范平台认定申请报告

2. 北京市中小企业公共服务示范平台推荐表

3. 北京市中小企业公共服务示范平台年度运营情况测评表

（附件略）

北京市经济和信息化委员会关于印发《北京市小型微型企业创业创新示范基地管理办法》的通知

京经信委发〔2017〕25号

各区、北京经济技术开发区管委会中小企业工作主管部门：

为深入贯彻落实《北京市促进中小企业发展条例》、市政府关于促进中小企业发展、推动大众创业万众创新相关政策措施，支持中小企业公共服务体系建设，加快小型微型企业创业创新基地发展步伐，优化小型微型企业创业创新发展环境，支持中小企业健康发展，我委研究制定了《北京市小型微型企业创业创新示范基地管理办法》，现予印发，请遵照执行。

特此通知。

北京市经济和信息化委员会
2017 年 4 月 13 日

北京市小型微型企业创业创新示范基地管理办法

第一章　总　则

第一条　为进一步落实《北京市促进中小企业发展条例》的有关规定，加快我市中小企业公共服务体系建设，充分发挥公共服务示范平台对“高精尖”产业的服务支撑作用，切实推动大众创业、万众创新，培育一批空间布局合理、产业特色鲜明、服务功能完善、运营管理规范、带动效应突出的小型微型企业创业创新示范基地，促进中小企业健康发展，根据国家《国家小型微型企业创业创新示范基地建设管理办法》（工信部企业〔2016〕194 号），以及北京市有关文件规定，结合我市实际情况，制定本办法。

第二条　本办法所指北京市小型微型企业创业创新示范基地（以下简称“示范基地”）是指经北京市经济和信息化委员会（以下简称市经济信息化委）认定，由具备独立法人资格的机构经营管理，为小型、微型企业创业创新提供孵育空间和服务的空间场所。示范基地应具有产业领域聚焦、商业模式清晰、基础设施完善、配套服务专业、服务业绩良好等特点。

第三条　本市符合条件的科技企业孵化器、留学人员创业园、大学生创业园、大学科技园；产业聚集区、中关村示范区各园区、经济技术开发区内面向小微企业和创业者的聚集区；行业龙头骨干企业设立的面向小微企业和创业者的创业创新空间载体均可申报。

第四条　市经济信息化委负责示范基地的认定、组织和管理工作。各区中小企业工作主管部门负责示范基地的推荐组织和管理工作，并指导监督本地区示范基地建设运营与管理。

第五条　示范基地认定工作遵循公平、公开、公正的原则，原则上每年认定一次。

第二章　申报条件

第六条　申报示范基地必须同时符合以下基本条件：

（一）运营主体具有独立法人资格，且注册地在本市，成立时间两年以上，经营和信用状况良好，管理规范，具有滚动孵化小型、微型企业成长的功能。

（二）基地建设立项手续完备，符合本市产业政策和发展规划，具有明确的发展方向、产业定位和完善的管理制度。

（三）基地的建筑总面积在 5000 平方米以上，基地内基础设施和相应的公共服务配套空间较为完善，且公共服务区域和配套设施的面积不低于 500 平方米。

（四）基地入驻小型、微型企业不少于 60 户。

（五）基地具备信息网络基础设施，能够通过互联网等技术手段实现自身资源与外部网络的互联互通。

第七条　申报示范基地必须同时符合以下运营条件：

（一）　基地运营主体治理结构完善、运营管理规范，有明确的战略规划、发展目标和实施方案。

（二）　基地具有健全的管理制度、完备的创业创新服务流程、收费标准和服务质量监督保证措施。基地具备清楚、明晰的服务台账（台账内容应包括但不限于：提供服务的种类、内容、时间、地点、参与的企业及人数等记录，企业对服务的意见反馈企业服务需求等）。

（三）　拥有专业的运营管理团队，管理人员大专以上学历的占 70%（含）以上，专职从事创业创新服务的人员不少于 10 人。

第八条　申报示范基地应具备的服务功能：

基地应具备以下服务功能中的四项，其中必须包括创业辅导、创新支持和信息化服务三项：

（一）创业辅导。包括但不限于为创业人员或入驻小微企业提供创业咨询、创业指导、创业辅导和培训等服务。具备提供一对一或一对多的专家辅导能力，辅导内容包括但不限于商业模式梳理、股权结构诊断、商业计划书撰写、项目路演等。

（二）创新支持。为入驻企业提供技术创新、产品（服务）创新和模式创新等方面的支持服务。具有知识产权服务或组织技术服务资源的能力，能够进行科技成果、科技人才、研发项目和资本等多方对接。

（三）信息服务。具备便于入驻企业查询的、开放的信息服务系统，能够提供在线服务，实现服务信息和服务功能的线上线下联动。

（四）投融资服务。提供融资信息、组织开展投融资推介和对接、提供上市辅导、创新融资申请培训等服务；通过自有资金或引入外部基金的方式面向入驻企业开展投资业务；联合金融机构提供信贷、融资担保、融资租赁等金融服务。

（五）人员培训。为创业人员、企业经营者、专业技术人员和员工提供各类培训；为大学毕业生提供见习岗位，推荐入驻企业的工作岗位。

（六）管理咨询。提供发展战略、财务管理、人力资源、市场营销等管理咨询服务以及技术咨询服务。

（七）专业服务。提供法律咨询及援助、代理会计、审计、评估、市场开拓、节能环保等服务。

（八）信息化服务。搭建信息化服务系统，能够综合应用互联网、物联网、云计算、大数据等信息技术为入驻企业提供日常办公、研发设计、经营管理、制造、营销、融资等方面的应用服务，基本达到物业服务智慧化、运营管理智能化、信息收集分析数字化。

以上服务均可以与第三方专业机构合作，服务企业的满意度不低于90%；基地为小微企业提供的公益性服务或低收费服务不少于总服务量的20%。

第九条 鼓励具备下列特征的基地发展，在认定时适当予以优先考虑：

（一）位于北京郊区的基地；

（二）原工业或商业聚集区转型升级，充分利用闲置厂房、楼宇等腾挪空间建设的基地；

（三）在京津冀范围内开展区域合作的基地；

（四）以“高精尖”产业、区域优势特色产业和资源为依托，入孵企业的主导产业集聚度（主营业务属于主导产业的企业家数与入驻企业总数之比）较高的基地；

（五）与科研院所、行业领军或知名企业、创业投资机构合作，能够为入孵企业提供技术创新服务、开源代码、云平台服务以及投融资服务的基地。

第三章 申报和认定

第十条 申报示范基地需提交下列材料：

（一） 北京市小型微型企业创业创新示范基地认定申请报告：内容包括基地基本情况、入驻企业和团队情况、毕业企业情况、运营管理情况、提供服务情况、申报材料真实性声明函等（见附件1）；

（二） 相关证照凭证：包括基地运营主体法人证书或营业执照副本（复印件）、土地使用权证和房屋所有权证（或租赁合同）复印件；入驻企业和毕业企业营业执照副本复印件（分年度，最少两年）；运营主体无不良信用记录的相关证明材料；

（三） 具有资质的第三方审计机构出具的上一年度企业财务审计报告和服务情况的专项审计报告；

（四） 通过政府相关部门认定的证明材料；

（五） 获得政府扶持的情况。

第十一条 示范基地的申报遵循公开征集、自愿申报的原则。各区中小企业工作主管部门对申报材料的真实性、完整性进行初审，对所推荐创业基地是否符合认定标准进行测评，出具推荐意见，填写《北京市小型微型企业创业创新示范基地推荐表》（见附件2），并附被推荐基地的申请材料，报市经济信息化委。

第十二条 市经济信息化委组织专家进行评审，评审结果在市经济信息化委门户网站公示10个工作日。

第十三条 经评审合格并公示的基地，市经济信息化委审核认定，授予“小型微型企业创业创新示范基地”称号。对原“北京市小企业创业基地”按照本办法进行复核，复核通过的依照本办法实施管理。

第四章 示范基地管理

第十四条 市经济信息化委每年对基地进行检查，各区中小企业主管部门负责对辖区内的示范基地实施检查工作，并将检查情况汇总上报市经济信息化委。运营主体应将上年度工作总结和本年度工作计划报送所属区中小企业主管部门，自觉接受监督检查，具体时间按照当年检查工作通知要求进行。检查工作结束后，市经济信息化委委托第三方对基地运营情况和服务企业情况进行抽样评估，并通报评估结果。

第十五条 市经济信息化委每两年对示范基地复核一次，区中小企业工作主管部门负责组织辖区内的运营主体报送上年度工作总结、本年度工作计划、基地收支专项审计报告以及《北京市小型微型企业创业创新示范基地年度运营情况测评表》（见附件3），经汇总后报市经济信息化委。市经济信息化委组织对示范基地的检查和测评工作，并根据示范基地运营情况和测评结果确定复核结果。复核不达标的，将限期整改，整改后仍不达标的，撤销称号。复核年度不再另行安排检查工作。

第十六条 各区中小企业工作主管部门应按照市经济信息化委的安排，按期组织辖区内示范基地运营主体填报运营情况的相关信息，加强相关数据的统计上报等监测、管理和服务工作。

第十七条 示范基地或其运营管理机构遇有更改名称、地址、法定代表人等重大变更事项的，应在更改完成后10个工作日内报市经济信息化委备案。

第十八条 市经济信息化委对服务业绩突出、社会反映良好、符合要求的示范基地，予以优先政策支持。

第十九条 示范基地认定工作接受审计、监察部门和社会的监督。

第五章 附则

第二十条 本办法由市经济信息化委负责解释。

第二十一条 本办法自发布之日起施行，《北京市小企业创业基地管理暂行办法》（京经信委发〔2012〕23号）同时废止。

附件：1. 北京市小型微型企业创业创新示范基地认定申请报告

2. 北京市小型微型企业创业创新示范基地推荐表

3. 北京市小型微型企业创业创新示范基地年度运营情况测评表

（附件略）

北京市经济和信息化委员会关于印发《“智造100”工程实施方案》的通知

京经信委发〔2017〕32号

各相关单位：

为贯彻落实《智能制造发展规划（2016—2020年）》《能智制造工程实施指南（2016—2020）》《〈中国制造2025〉北京行动纲要》，支持传统优势产业实施智能制造技术改造，实现数字化、网络化、智能化转型，加快推进“高精尖”产业发展，我委研究制定了《“智造100”工程实施方案》，现印发给你们，请结合实际贯彻落实。

北京市经济和信息化委员会

2017年5月15日

“智造100”工程实施方案

为贯彻落实《智能制造发展规划（2016—2020年）》《智能制造工程实施指南（2016—2020）》《〈中国制造2025〉北京行动纲要》，支持传统优势产业实施智能制造技术改造，实现数字化、网络化、智能化转型，加快推进“高精尖”产业发展，特制定本实施方案，实施期限为2017年至2020年。

一、总体思路

以企业为主体、市场为导向、应用为核心，对符合首都城市战略定位、适合在京发展的传统优势产业实施数字化、网络化、智能化改造，加快推进“高精尖”产业发展和京津冀产业协同发展。通过实施数字化车间、智能工厂、京津冀联网智能制造等应用示范项目，打造智能制造标杆企业，示范带动重点产业智能化转型提升，同时推动一批关键智能部件、工业软件、装备和系统的研发及产业化实现突破，培育一批立足北京、服务全国的高水平系统解决方案供应商和智能制造领域单项冠军。到2020年，传统优势产业普及数字化制造，电子信息、汽车交通、高端装备、生物医药等重点领域智能转型取得明显进展。

二、主要目标

——实施100个左右数字化车间、智能工厂、京津冀联网智能制造等应用示范项目。

——打造60个左右智能制造标杆企业，形成北京智能制造经验与模式，在全市制造业各领域推广与应用。

——应用示范企业关键工序装备数控化率达到75%，人均劳动生产率、资源能源利用效率大幅提升，运营成本、产品研制周期、产品不良品率显著降低。

——形成50项示范效应显著的智能制造系统解决方案，培育10家左右年收入超过10亿元的智能制造系统解决方案供应商。

——在智能制造核心装备、关键部件、支撑软件等领域，培育5家以上单项冠军企业。

——打造3个以上智造云平台，完善工业互联网基础设施，支撑中小企业智能化水平提升。

三、重点任务

（一）组织实施智能制造应用示范项目

数字化车间。支持企业采用工业互联网系统与设备、智能制造支撑工业软件、核心技术装备，开展车间总体设计、工艺流程及布局数字化建模，建立车间级的工业通信网络，广泛采用智能装备、产品数字化三维设计与工艺仿真，建立产品数据管理系统（PDM），推动制造过程现场数据采集与可视化，实现计划、调度、检测、设备、生产、能效的全过程闭环管理。

智能工厂。支持企业采用工业互联网系统与设备、智能制造支撑工业软件、核心技术装备，开展工厂总体设计、工艺流程及布局数字化建模，构建工厂互联互通网络，加快生产工艺仿真与优化、生产流程数据采集与可视化、现场数据与生产管理软件实现信息集成，推动车间制造执行系统（MES）、产品全生命周期管理系统（PLM）、企业资源计划系统（ERP）高效协同与集成，实现信息数据资源交互共享、经营管理智能决策支持。

京津冀联网智能制造。支持在京津冀地区协同布局的重点企业，依托工业云和工业大数据服务平台，通过智能设备应用、建设网络化制造资源协同平台，集成企业研发系统、信息系统、运营管理系统，构建跨区域联网智能制造系统，实现设计、供应、制造和服务等环节的并行组织和协同优化。

（二）打造智能制造标杆企业

按照数字化车间、智能工厂等不同智能制造应用模式，分行业制定智能制造标杆企业评价指标体系，对达到标准的企业授予“智能制造标杆企业”称号。支持标杆企业总结形成可复制、可推广的北京智能制造经验与模式，辐射带动全市传统优势企业智能化转型升级，加快推进“高精尖”产业发展。

四、保障措施

（一）加强组织管理

市经济信息化委统筹年度项目指南编制、项目管理验收、智能制造标杆企业评价工作。应用示范项目由市经济信息化委会同各区从重点项目库中遴选，按照“成熟一批、支持一批”“成熟一个、支持一个”的原则滚动支持。标杆企业由市经济信息化委每年定期组织评定。

（二）落实资金支持

对纳入“智造100”工程的应用示范项目，优先推荐申报国家智能制造新模式应用项目或在我市“高精尖”产业发展资金中安排一定比例给予支持。对认定的北京市智能制造标杆企业给予一定资金奖励，并优先推荐申报国家智能制造试点示范项目和国家级智能制造标杆企业。充分发挥政府投入对社会投资的引导带动作用，建立多元化的智能制造投融资体系。

（三）建设基础平台

加强智能制造领域产业创新中心建设，组建智能制造创新引擎研究院，搭建智能制造共性技术研发、检验检测等公共服务平台，建设智造工业云和工业大数据平台，完善智能制造基础设施和生态体系建设。

（四）支持联动发展

鼓励应用示范企业与本市智能制造系统解决方案供应商、智能制造装备供应商、软件开发商等合作实施“智造100”工程应用示范项目。对推动本市智能制造核心技术装备、工业软件集成应用，实现关键短板装备、首台/套智能成套装备（生产线）突破的重点项目，优先给予支持。

北京市经济和信息化委员会办公室

2017年5月15日

北京市经济和信息化委员会关于发布《加快全国科技创新中心建设促进重大创新成果转化落地项目管理暂行办法》的通知

京经信委发〔2017〕47 号

各相关单位：

为落实《北京加强全国科技创新中心建设总体方案》，提升企业创新能力，推动“三城”创新成果向“一区”转化落地，加快打造创新型产业集群和“2025”示范区，全面推进全国科技创新中心建设，北京市经济和信息化委员会研究制定了《加快全国科技创新中心建设 促进重大创新成果转化落地项目管理暂行办法》。现予发布，自 2017 年 7 月 1 日起实施。

特此通知。

北京市经济和信息化委员会

2017 年 6 月 29 日

加快全国科技创新中心建设促进重大创新成果转化落地项目管理暂行办法

第一章 总则

第一条 为全面落实《北京加强全国科技创新中心建设总体方案》，推动“三城”创新成果向“一区”转化落地，加快打造创新型产业集群和“2025”示范区，规范科技创新中心成果转化落地项目的管理，根据我市实际，特制定本办法。

第二条 本办法所指的科技创新中心成果转化落地项目是指由市经济信息化委立项，市财政预算资金支持的项目。具体包括：产业创新中心建设项目、企业技术中心能力提升项目、“高精尖”产业设计中心建设项目、创新成果转化落地项目、创新型产业集群建设项目等。

第三条 项目管理应遵循依法依规、公开透明、统筹安排、重点突出、加强监管、注重绩效的原则，加强资金规范管理，提高财政资金使用效益。

第二章 项目范围

第四条 支持产业创新中心建设。重点支持围绕重点行业创新发展的重大共性需求，大力推动制造业相关新一代共性技术研发和承接转化平台建设，解决制约行业发展的关键技术瓶颈，促进技术转移和商业化应用，构建“高精尖”产业创新生态网络。

第五条 支持企业技术中心能力提升。重点支持企业加大研发投入，推动科技创新成果转化、承接和落地，提升标准和知识产权创制运营、“高精尖”产品创造、协同创新、资源整合、机制创新等五大能力。

第六条 支持“高精尖”产业设计中心建设。重点支持基础性、通用性和前瞻性工业设计方法和模式的创新，搭建产业设计公共服务平台，培养复合型产业设计人才，建设一批“高精尖”产业设计中心和基地。

第七条 支持创新成果转化落地。重点支持“三城一区”创新主体自主研发的科技成果以及通过国内外协同创新取得的成果向经济技术开发区、顺义区以及其他符合首都城市功能定位和产业创新发展要求的市级以上开发区转化落地。

第八条 促进创新型产业集群项目建设。重点支持以技术创新为核心，在新能源、集成电路、节能环保等领域具有引领性、突破性的大项目和大工程，加速形成具有全球影响力的产业集群，打造“中国制造 2025”示范区。

第三章 组织管理

第九条 市经济信息化委具体负责科技创新中心成果转化落地项目的组织和实施，采取对社会公开征集和定向遴选的方式组织项目并纳入项目库滚动管理，根据年度工作重点和预算安排统筹予以支持。

第十条 产业创新中心建设项目。按照《北京市产业创新中心实施方案》（京经信委发〔2016〕48 号）要求，市经济信息化委对已获批的产业创新中心进行年度评价，评价合格的予以奖励，累计不超过 3 次；被认定为国家级制造业创新中心的，予以一次性奖励。

（一）产业创新中心根据通知要求提交相关材料。市经济信息化委委托第三方机构对其进行评价，重点核查产业创新中心年度工作计划执行情况、组织机构建设情况、项目管理和保障条件落实情况，以及绩效完成情况等内容。

（二）市经济信息化委将评价结果公示 7 个工作日，公示无异议后，对评价合格的产业创新中心予以奖励，并择优推荐申报国家级制造业创新中心。

（三）连续两年评价不合格的产业创新中心，终止该产业创新中心建设，取消对其支持。

第十一条 企业技术中心能力提升项目。市经济信息化委按照《进一步加强北京市企业技术中心建设实施方案》（京经信委发〔2016〕56 号）要求，组织对已获批的企业技术中心进行年度评价，评价合格的予以表扬和择优奖励。

（一）企业技术中心根据通知要求提交相关材料。市经济信息化委委托第三方机构依据《企业技术中心建设评价规范》（TB/BETC 0001−2017）对企业技术中心进行年度评价，重点评价企业技术中心对企业创新发展的贡献度以及其自身技术创新关键指标和创新能力的提升等情况。

（二）市经济信息化委将评价结果公示 7 个工作日，公示无异议后，对评价合格的予以通报表扬；对其中科技创新成果承载能力强、成果转化成效突出、对企业创新发展贡献度高的予以奖励，并优先推荐申报国家级企业技术中心和国家技术创新示范企业。

（三）评价不合格的企业技术中心，市经济信息化委督促其整改提高，连续两年评价不合格的，撤销其企业技术中心资格。

第十二条 “高精尖”产业设计中心建设项目。企业按相关通知要求提交项目材料，市经济信息化委委托第三方机构对项目进行评价，并将评价结果公示 7 个工作日，公示无异议后，予以支持。

第十三条 创新成果转化落地项目。

（一）企业按通知要求提交相关项目材料，市经济信息化委委托第三方机构对项目进行评审，并按照《创新成果转化落地项目成熟度评价规范》（TB/BETC 0002−2017）对项目成熟度进行评价。

（二）市经济信息化委将评价结果公示 7 个工作日，公示无异议后，按照成果转化中试类项目、工程化转化类项目和规模化试生产类项目予以分类支持。

（三）优先支持各区企业与“三城一区”的高等院校、科研院所及与海外科研机构开展的产业合作项目。优先支持产业创新中心、企业技术中心、“高精尖”产业设计中心等创新载体产出的成果转化项目。

第十四条 创新型产业集群建设项目。按照建设全国科技创新中心的有关要求，市经济信息化委组织重大项目向市政府推荐，通过后，项目列入创新型产业集群与“2025”示范区项目清单，按相关办法优先予以支持。

第四章 监督检查

第十五条 市经济信息化委对项目资金到位和使用情况、项目实施、验收等全过程进行监督检查，定期对执行期内的项目委托第三方机构进行跟踪和绩效评价。

第十六条 项目单位应对提交材料的准确性和真实性负责，应随时接受市经济信息化委和其他部门开展的监督检查、绩效评价和审计等。

第十七条 全面加强项目管理。

（一）项目单位应加强项目管理工作，在项目执行期内项目单位应每半年向市经济信息化委报送资金使用情况及项目建设情况，涉及项目变更和终止的，应立即向市经济信息化委提交申请，按批复结果执行。

（二）项目单位应在项目结束后半年内向市经济信息化委提交验收申请，并履行验收程序。对未能按期完成项目目标的，市经济信息化委可视情况收回全部或部分支持资金。

第十八条 项目单位应按照相关法律法规和办法使用财政资金，对使用中存在骗取、挪用等行为的，依照《财政违法行为处罚处分条例》等相关法律法规进行处理。构成犯罪的，移交司法机关依法追究刑事责任。

第五章　附则

第十九条　本办法由市经济信息化委负责解释，具体实施细则另行制发。

第二十条　科技创新中心成果转化落地项目的资金使用管理按照北京“高精尖”产业发展资金管理的有关规定执行。

第二十一条　本办法自2017年7月1起施行。

北京市统计局　北京市经济和信息化委员会
关于印发北京“高精尖”产业活动类别（试行）的通知

京统发（2017年）32号

各有关单位：

为贯彻落实习近平总书记视察北京重要讲话精神和《北京市国民经济和社会发展第十三个五年规划纲要》中关于北京构建“高精尖”经济结构的要求，切实形成推动北京“高精尖”经济结构的有力抓手，特制定了《北京“高精尖”产业活动类别（试行）》，现印发给你们，请遵照执行。

北京市统计局　北京市经济和信息化委员会

2017年5月2日

北京“高精尖”产业活动类别（试行）

一、制定目的

为贯彻落实习近平总书记“2·26”讲话精神和《北京市国民经济和社会发展第十三个五年规划纲要》中关于北京构建“高精尖”经济结构的要求，切实形成推动北京“高精尖”经济结构的有力抓手，特制定本类别，以满足相关部门开展监测评价工作的需要。

二、定义和范围

“高精尖”产业是北京“高精尖”经济结构的重要组成部分，是高端引领、创新驱动、绿色低碳产业发展模式的重要载体。北京“高精尖”产业是以技术密集型产业为引领，以效率效益领先型产业为重要支撑的产业集合。其中，技术密集型“高精尖”产业指具有高研发投入强度或自主知识产权，低资源消耗特征，对地区科技进步发挥重要引领作用的活动集合。效率效益领先型“高精尖”产业指具有高产出效益、高产出效率和低资源消耗特征，对地区经济发展质量提升和区域经济结构转型升级具有重要带动作用的活动集合。

本类别在统计范围上主要包含符合“高精尖”产业定义的产业活动，具体涉及《国民经济行业分类》（GB/T 4754—2011）中6个行业门类、28个行业大类、80个行业中类和130个行业小类。

三、编制原则

（一）导向性

本类别是在以习近平总书记“2·26”讲话精神、京津冀产业形成充分认识的基础上制定的，既符合产业自身发展规律，又符合北京城市发展的内在要求。同时，本类别在定量判定的基础上，通过专业性、综合性判定进行补充完善，保证了类别制定的科学性和准确性。

（二）科学性

本类别是在对“高精尖”经济结构、“高精尖”产业形成充分认识的基础上制定的，既符合产业自身发展规律，又符合北京城市发展的内在要求。同时，本类别在定量判定的基础上，通过专业性、综合性判定进行补充完善，保证了类别制定的科学性和准确性。

（三）创新性

本类别制定过程中以需求为导向，首次运用大数据思维理念，挖掘统计部门的数据优势，为北京“高精尖”产业活动类别的制定提供了基础框架，为相关产业分类标准的制定提供了新的路径。

（四）可操作性

本类别充分考虑实际工作中的可操作性，以《国民经济行业分类》（GB/T 4754—2011）为基础进行“高精尖”产业活动筛选，并根据相关部门的意见建议进行补充完善；同时借鉴联合国《国际标准行业分类》(ISIC Rev.4)中《备选归并》中的有关划分方法确定产业活动类别的范围，保证了类别的完整性。

四、有关说明

（一）本类别中行业小类的具体范围说明参见《2011国民经济行业分类注释》。

（二）本类别中“*”，表示该行业小类仅有部分企业活动属于“高精尖”产业，详见表中“说明”。

五、北京“高精尖”产业活动类别表

行业代码	行业类别	说明
C	制造业	
1320*	饲料加工	仅包含具有高研发投入强度或自主知识产权，低资源消耗特征的企业活动
1491	营养食品制造	
1492*	保健食品制造	仅包含具有高产出效益、高产出效率和低资源消耗特征的企业活动
1495*	食品及饲料添加剂制造	仅包含具有高研发投入强度或自主知识产权，低资源消耗特征的企业活动
1789*	其他非家用纺织制成品制造	仅包含具有高研发投入强度或自主知识产权，低资源消耗特征的企业活动
2311*	书、报刊印刷	仅包含具有高研发投入强度或自主知识产权，低资源消耗特征的企业活动
2431*	雕塑工艺品制造	仅包含具有高研发投入强度或自主知识产权，低资源消耗特征的企业活动
2432*	金属工艺品制造	仅包含具有高研发投入强度或自主知识产权，低资源消耗特征的企业活动
2438*	珠宝首饰及有关物品制造	仅包含具有高研发投入强度或自主知识产权，低资源消耗特征的企业活动
2641*	涂料制造	仅包含具有高研发投入强度或自主知识产权，低资源消耗特征的企业活动
2659*	其他合成材料制造	仅包含具有高研发投入强度或自主知识产权，低资源消耗特征的企业活动
2665	环境污染处理专用药剂材料制造	
2720	化学药品制剂制造	
2730*	中药饮片加工	仅包含具有高研发投入强度或自主知识产权，低资源消耗特征的企业活动
2740*	中成药生产	仅包含具有高研发投入强度或自主知识产权，低资源消耗特征的企业活动
2750*	兽用药品制造	仅包含具有高研发投入强度或自主知识产权，低资源消耗特征的企业活动
2760	生物药品制造	
2770	卫生材料及医药用品制造	
2919*	其他橡胶制品制造	仅包含具有高研发投入强度或自主知识产权，低资源消耗特征的企业活动
3062*	玻璃纤维增强塑料制品制造	仅包含具有高研发投入强度或自主知识产权，低资源消耗特征的企业活动
3072*	特种陶瓷制品制造	仅包含具有高研发投入强度或自主知识产权，低资源消耗特征的企业活动
3099*	其他非金属矿物制品制造	仅包含具有高研发投入强度或自主知识产权，低资源消耗特征的企业活动
3240	有色金属合金制造	
3250*	有色金属铸造	仅包含具有高研发投入强度或自主知识产权，低资源消耗特征的企业活动
3263*	贵金属压延加工	仅包含具有高研发投入强度或自主知识产权，低资源消耗特征的企业活动
3264*	稀有稀土金属压延加工	仅包含具有高研发投入强度或自主知识产权，低资源消耗特征的企业活动
3269*	其他有色金属压延加工	仅包含具有高研发投入强度或自主知识产权，低资源消耗特征的企业活动
3421*	金属切削机床制造	仅包含具有高研发投入强度或自主知识产权，低资源消耗特征的企业活动
3424*	金属切割及焊接设备制造	仅包含具有高研发投入强度或自主知识产权，低资源消耗特征的企业活动
3425*	机床附件制造	仅包含具有高研发投入强度或自主知识产权，低资源消耗特征的企业活动
3429*	其他金属加工机械制造	仅包含具有高研发投入强度或自主知识产权，低资源消耗特征的企业活动
3434*	连续搬运设备制造	仅包含具有高研发投入强度或自主知识产权，低资源消耗特征的企业活动
3444*	液压和气压动力机械及元件制造	仅包含具有高研发投入强度或自主知识产权，低资源消耗特征的企业活动
3511*	矿山机械制造	仅包含具有高研发投入强度或自主知识产权，低资源消耗特征的企业活动
3512*	石油钻采专用设备制造	仅包含具有高研发投入强度或自主知识产权，低资源消耗特征的企业活动
3521*	炼油、化工生产专用设备制造	仅包含具有高研发投入强度或自主知识产权，低资源消耗特征的企业活动
3542*	印刷专用设备制造	仅包含具有高研发投入强度或自主知识产权，低资源消耗特征的企业活动
3544	制药专用设备制造	

（续表）

行业代码	行业类别	说　明
3551*	纺织专用设备制造	仅包含具有高研发投入强度或自主知识产权，低资源消耗特征的企业活动
3562*	电子工业专用设备制造	仅包含具有高研发投入强度或自主知识产权，低资源消耗特征的企业活动
3581	医疗诊断、监护及治疗设备制造	
3582	口腔科用设备及器具制造	
3583	医疗实验室及医用消毒设备和器具制造	
3584	医疗、外科及兽医用器械制造	
3585	机械治疗及病房护理设备制造	
3586	假肢、人工器官及植（介）入器械制造	
3589	其他医疗设备及器械制造	
3591	环境保护专用设备制造	
3595*	社会公共安全设备及器材制造	仅包含具有高研发投入强度或自主知识产权，低资源消耗特征的企业活动
3596*	交通安全、管制及类似专用设备制造	仅包含具有高产出效益、高产出效率和低资源消耗特征的企业活动
3599*	其他专用设备制造	仅包含具有高研发投入强度或自主知识产权，低资源消耗特征的企业活动
3610*	汽车整车制造	仅包含具有高研发投入强度或自主知识产权，低资源消耗特征的企业活动
3620*	改装汽车制造	仅包含具有高研发投入强度或自主知识产权，低资源消耗特征的企业活动
3660*	汽车零部件及配件制造	仅包含具有高研发投入强度或自主知识产权，低资源消耗特征的企业活动
3713*	铁路机车车辆配件制造	仅包含具有高研发投入强度或自主知识产权，低资源消耗特征的企业活动
3714	铁路专用设备及器材、配件制造	
3742	航天器制造	
3743*	航空、航天相关设备制造	仅包含具有高研发投入强度或自主知识产权，低资源消耗特征的企业活动
3811*	发电机及发电机组制造	仅包含具有高研发投入强度或自主知识产权，低资源消耗特征的企业活动
3821*	变压器、整流器和电感器制造	仅包含具有高研发投入强度或自主知识产权，低资源消耗特征的企业活动
3823*	配电开关控制设备制造	仅包含具有高研发投入强度或自主知识产权，低资源消耗特征的企业活动
3825*	光伏设备及元器件制造	仅包含具有高产出效益、高产出效率和低资源消耗特征的企业活动
3829*	其他输配电及控制设备制造	仅包含具有高研发投入强度或自主知识产权，低资源消耗特征的企业活动
3841*	锂离子电池制造	仅包含具有高研发投入强度或自主知识产权，低资源消耗特征的企业活动
3891*	电气信号设备装置制造	仅包含具有高研发投入强度或自主知识产权，低资源消耗特征的企业活动
3911*	计算机整机制造	仅包含具有高研发投入强度或自主知识产权，低资源消耗特征的企业活动
3913*	计算机外围设备制造	仅包含具有高研发投入强度或自主知识产权，低资源消耗特征的企业活动
3919	其他计算机制造	
3921	通信系统设备制造	
3922*	通信终端设备制造	仅包含具有高研发投入强度或自主知识产权，低资源消耗特征的企业活动
3931	广播电视节目制作及发射设备制造	
3932	广播电视接收设备及器材制造	
3939	应用电视设备及其他广播电视设备制造	
3940	雷达及配套设备制造	
3952	音响设备制造	
3953	影视录放设备制造	
3962*	半导体分立器件制造	仅包含具有高研发投入强度或自主知识产权，低资源消耗特征的企业活动
3963	集成电路制造	
3969*	光电子器件及其他电子器件制造	仅包含具有高研发投入强度或自主知识产权，低资源消耗特征的企业活动

（续表）

行业代码	行业类别	说　明
3971	电子元件及组件制造	
3990	其他电子设备制造	
4011*	工业自动控制系统装置制造	仅包含具有高研发投入强度或自主知识产权，低资源消耗特征的企业活动
4012	电工仪器仪表制造	
4014	实验分析仪器制造	
4015	试验机制造	
4019	供应用仪表及其他通用仪器制造	
4021	环境监测专用仪器仪表制造	
4022	运输设备及生产用计数仪表制造	
4023	导航、气象及海洋专用仪器制造	
4025	地质勘探和地震专用仪器制造	
4028	电子测量仪器制造	
4029	其他专用仪器制造	
4041	光学仪器制造	
4090	其他仪器仪表制造业	
I	信息传输、软件和信息技术服务业	
6312	移动电信服务	
6319	其他电信服务	
6321	有线广播电视传输服务	
6330	卫星传输服务	
6420	互联网信息服务	
6490*	其他互联网服务	仅包含具有高产出效益、高产出效率和低资源消耗特征的企业活动
6510	软件开发	
6520*	信息系统集成服务	仅包含具有高产出效益、高产出效率和低资源消耗特征的企业活动
6530*	信息技术咨询服务	仅包含具有高产出效益、高产出效率和低资源消耗特征的企业活动
6540*	数据处理和存储服务	仅包含具有高产出效益、高产出效率和低资源消耗特征的企业活动
6550*	集成电路设计	仅包含具有高产出效益、高产出效率和低资源消耗特征的企业活动
6591*	数字内容服务	仅包含具有高产出效益、高产出效率和低资源消耗特征的企业活动
6599*	其他未列明信息技术服务业	仅包含具有高产出效益、高产出效率和低资源消耗特征的企业活动
J	金融业	
6620*	货币银行服务	仅包含具有高产出效益、高产出效率和低资源消耗特征的总部企业活动
6631*	金融租赁服务	仅包含具有高产出效益、高产出效率和低资源消耗特征的总部企业活动
6632*	财务公司	仅包含具有高产出效益、高产出效率和低资源消耗特征的总部企业活动
6639*	其他非货币银行服务	仅包含具有高产出效益、高产出效率和低资源消耗特征的总部企业活动
6711*	证券市场管理服务	仅包含具有高产出效益、高产出效率和低资源消耗特征的总部企业活动
6721*	期货市场管理服务	仅包含具有高产出效益、高产出效率和低资源消耗特征的总部企业活动
6811*	人寿保险	仅包含具有高产出效益、高产出效率和低资源消耗特征的总部企业活动
6899*	其他未列明保险活动	仅包含具有高产出效益、高产出效率和低资源消耗特征的总部企业活动
6910*	金融信托与管理服务	仅包含具有高产出效益、高产出效率和低资源消耗特征的总部企业活动
L	租赁和商务服务业	
7211*	企业总部管理	仅包含具有高产出效率和高产出效益的总部企业活动
7212*	投资与资产管理	仅包含具有高产出效益、高产出效率和低资源消耗特征的企业活动
7221	律师及相关法律服务	
7231	会计、审计及税务服务	

（续表）

行业代码	行业类别	说明
7240*	广告业	仅包含具有高产出效益、高产出效率和低资源消耗特征的企业活动
7250*	知识产权服务	仅包含具有高产出效益、高产出效率和低资源消耗特征的企业活动
M	科学研究和技术服务业	
7320	工程和技术研究和试验发展	
7340	医学研究和试验发展	
7513	新材料技术推广服务	
7519	其他技术推广服务	
7590	其他科技推广和应用服务业	
N	水利、环境和公共设施管理业	
7721	水污染治理	
7724	危险废物治理	
7729	其他污染治理	

注：本类别中“*”，表示该行业小类仅有部分企业活动属于“高精尖”产业活动。

北京市财政局 北京市经济和信息化委员会
关于印发《北京市支持中小企业发展资金管理暂行办法》的通知

京财经一〔2017〕1926 号

各有关单位：

为规范财政资金管理，现将《北京市支持中小企业发展资金管理暂行办法》印发给你们，请遵照执行。

附件：《北京市支持中小企业发展资金管理暂行办法》

北京市财政局

北京市经济和信息化委员会

2017 年 9 月 6 日

北京市支持中小企业发展资金管理暂行办法

第一章　总则

第一条　为加强中小企业发展资金管理，促进中小企业健康发展，根据《北京市促进中小企业发展条例》《〈中国制造 2025〉北京行动纲要》《北京市市级项目支出预算管理办法》《北京市新增产业的禁止和限制目录》《北京市工业污染行业、生产工艺调整退出及设备淘汰目录》等有关规定，特制定本办法。

第二条　北京市支持中小企业发展资金（下称“中小资金”）旨在改善中小企业发展环境，注重发挥公共财政资金引导带动作用，着力降成本、补短板、优服务，建立扶持中小企业创新发展、绿色发展、高端发展的长效机制，使中小企业在全市经济社会发展中做出更大的贡献。

第三条 中小资金由市级财政一般公共预算安排，纳入北京市经济和信息化委员会（下称“市经济信息化委”）部门预算管理。

第四条 本办法所称中小企业，是指依法设立，在本市注册且具有独立法人资格，符合国家和本市产业发展政策，正常开展经营活动的中型、小型和微型企业。企业的划型按照国家有关部门出台的划型标准执行。

第五条 中小资金的使用应当符合国家和本市支持中小企业发展的政策导向和财政预算管理的有关规定，坚持公开、公平、公正原则，确保资金使用的规范、安全和高效。受到《社会信用体系建设规划纲要》及相关备忘录设定的联合惩戒的企业，不在本办法支持范围。

第六条 中小资金由北京市财政局（下称“市财政局”）会同市经济信息化委确定支持方向、范围和标准，并由市财政局负责预算安排和监督使用，由市经济信息化委具体负责支持项目的组织和实施。

中小资金项目推荐单位（下称“项目推荐单位”），包括北京市促进中小企业发展领导小组成员单位、各区（含北京经济技术开发区）中小企业主管部门及有关单位，负责做好中小资金的项目初审、推荐工作，并配合有关部门做好检查、审计等工作。

第二章 使用范围

第七条 中小资金具体使用范围包括以下方面：

（一）改善中小企业融资环境，支持中小企业特别是小型微型企业融资；

（二）支持中小企业服务体系建设，引导服务机构持续为中小企业特别是小型微型企业提供优质服务；

（三）市政府批准的支持中小企业发展的项目。

第八条 中小资金的支持对象包括中小企业以及为中小企业发展服务的服务机构。

（一）中小企业需符合下列基本条件：

1. 符合中小企业划型标准；

2. 具有独立法人资格，注册地在本市且成立时间两年（含）以上；

3. 财务管理制度健全、内部管理规范；

4. 没有安全生产、产品质量、环境污染、纳税等方面违法违规记录；

5. 申报的项目符合中小资金当年度支持方向和重点；

6. 其他应当符合的条件。

（二）服务机构需符合下列条件：

1. 具有独立法人资格，注册地在本市且成立时间两年（含）以上；

2. 具备相应服务资质和能力，规范经营，财务收支状况良好；

3. 有完善的财务管理制度、健全的服务流程和服务质量保证措施；

4、机构在行业经营、纳税、诚信等方面无违法、违规记录；

5. 申报的项目符合中小资金当年度支持方向和重点；

6. 其他应当符合的条件。

第三章 支持方式

第九条 中小资金支持方式主要包括：资金补助、奖励、政府购买服务等方式。

中小资金按年度编制预算计划，实行总额控制，逐年核定。

第十条 中小资金的支持方式如下：

（一）改善中小企业融资环境方面

1. 对积极为中小微企业提供企业集合债券、集合信托、私募债券、融资租赁等融资服务，积极开展融资产品和服务创新，且收费标准不高于市场收费标准的金融服务机构给予适当奖励，单个金融服务机构获得的奖励资金每年最高不超过 500 万元。

2. 对开展小型、微型企业融资担保业务的担保机构、再担保机构给予适当奖励。单个担保、再担保机构获得的奖励资金每年最高不超过 1000 万元。

3. 对中小企业发展基金管理机构、合作机构给予适当奖励。对年度绩效考核符合奖励条件的机构，每年奖励金额不超过 200 万元。

（二）中小企业服务体系建设方面

1. 支持中小企业公共服务平台、小型微型企业创业创新基地建设，按照建设项目投资额予以一定比例的资金补助。其中，场地、基础设施部分补助金额不超过项目总投资的 10%；服务设备、信息化改造部分补助金额不超过项目总投资的 30%；单个项目支持金额最高不超过 500 万元。

2. 对小型微型企业创业创新示范基地、中小企业公共服务示范平台以及北京市中小企业公共服务平台网络联网窗口的服务绩效及相关工作情况进行年度考核，符合条件的择优给予奖励，单个机构每年最高不超过 100 万元。

3. 支持第三方服务机构为中小企业提供创业辅导、技术支持、检验检测、实验验证、信息化服务、咨询服务、培训服务、知识产权服务、市场开拓等专业服务，根据服务绩效进行评审和考核，考核后符合条件的，择优进行奖励，单个机构每年最高奖励额度不超过100万元。

4. 按照北京市政府购买服务目录有关规定，通过政府购买服务的方式，委托第三方机构开展工作，资金额度按照项目合同金额确定；符合有关招投标规定的，应当按照规定进行招投标。

5. 支持北京市中小企业公共服务平台网络市级枢纽平台建设和运营。

（三）对市政府批准的支持中小企业发展的其他项目和本办法未明确的其他项目，根据项目性质及特点，另行在申报通知中明确支持条件及标准。

第十一条 已获得中央或市级财政资金支持的项目，原则上不再重复支持，有配套要求或联合支持的项目除外。

第十二条 中小资金管理中发生的工作性经费、政策研究、政策宣传推广，项目公示与公告、中介项目评审、项目库管理等相关费用可从中小资金列支。

第四章 项目申报

第十三条 中小资金纳入年初预算批复的已落实项目不低于当年市财政预算要求。资金支出进度应与时间进度相匹配。申报预算需填报资金总体及单项绩效目标。

第十四条 项目采取公开征集和遴选等方式组织申报。市经济信息化委根据年度工作重点，制订发布征集通知和申报指南，并在市经济信息化委网站以及其他指定媒体上公布。

第十五条 项目申报单位按照征集通知和申报指南的要求，通过项目申报系统进行项目申报。

第十六条 项目推荐单位组织开展项目征集和初审工作。对初审通过的项目，由项目推荐单位签署推荐意见后，统一报送至市经济信息化委。

第十七条 在项目支出预算控制数内，市经济信息化委对符合支持条件的项目，经择优遴选后报市财政局。

第十八条 市财政局根据国家有关法律、法规、方针政策，市委市政府工作重点和市经济信息化委履行职能、事业发展目标，审核项目预算。

按照提高项目支出管理的科学化精细化水平的要求，对于财政评审范围内的项目，按规定进行财政评审，其他项目市经济信息化委实行部门自评。

第十九条 市经济信息化委负责组织项目验收，并将项目完成情况和资金使用情况汇总报市财政局。按照市财政局有关要求开展绩效评价。

第二十条 市财政局根据年度财力状况和评审通过项目情况，结合以前年度项目资金结余情况以及绩效评价结果，统筹安排项目支出预算，纳入资金支持计划。资金拨付前，经市财政局批复后，对拟支持项目通过市经济信息化委网站对社会进行公示（公示期为7日）。公示期满无异议的，按规定办理资金拨付手续，项目单位须与市经济信息化委签订项目合同书，明确项目绩效目标。

第二十一条 项目单位收到资金后，应加强财政资金使用管理，确保专款专用，并按现行财务制度规定进行账务处理。规定资金使用用途的，应建立明细账或辅助账。

第五章 监督管理

第二十二条 市经济信息化委、市财政局对中小资金的使用情况进行监督和检查。获得中小资金支持的单位应接受市经济信息化委、市财政局及有关部门的监督、检查和审计。项目承担单位和项目推荐单位要配合做好绩效评价、跟踪检查、提交资金使用效益分析报告、宣传、调研、报送信息、档案管理等工作。同时，应按照市经济信息化委的要求，配合做好本企业经营情况的数据报送和运行监测工作。

第二十三条 对资金使用中违反法律法规的行为，依据《中华人民共和国预算法》、《中华人民共和国会计法》和《财政违法行为处罚处分条例》等规定进行处理。除按以上规定处理外，对于弄虚作假骗取支持资金的申报单位，收回已拨付资金并予以通报，并不再受理其相关公共政策支持资金的申请，同时取消与该单位的合作关系。

第二十四条 本办法在执行过程中如资金支持对象或项目单位受到《社会信用体系建设规划纲要》及相关备忘录的联合惩戒，暂停或取消资金支持或申请资格。

第六章 附则

第二十五条 本办法由市财政局、市经济信息化委负责解释。

第二十六条 本办法自发布之日起30日后实施。《北京市支持中小企业发展专项资金管理暂行办法》（京财经一〔2005〕412号）同时废止。

工业数据

本栏目主要收录2017年北京市规模以上工业企业的主要经济指标数据、效益指标数据、生产能力数据以及区域规模以上工业企业主要经济指标、镇村规模以上工业企业。本栏目主要资料来源于北京市统计局。

2017 年北京市规模以上

项　目	企业单位个数（个）	#亏损企业	工　业总产值（当年价格）	工　业销售产值（当年价格）	#出　口交货值
合计	3231	645	189010708	186134968	10155100
按行业分组					
采矿业	17	8	2690654	2678425	185221
制造业	3089	619	136409236	133564501	9969882
电力、热力、燃气及水生产和供应业	125	18	49910821	49892043	
按轻重工业分组					
轻工业	1123	215	29240532	28406128	1353748
重工业	2108	430	159770176	157728841	8801352
按规模分组					
#大型企业	135	23	122998851	121080307	6537768
中型企业	532	92	34473522	33770230	1924057
小型企业	2411	485	30853069	30596297	1634312
按隶属关系分组					
中央企业	203	24	63660560	63299503	311631
地方企业	3028	621	125350148	122835465	9843470
按登记注册类型分组					
内资企业	2512	459	115926419	114820404	3555221
国有企业	48	8	36386660	36353118	6046
集体企业	26	4	191746	197439	1194
股份合作企业	37	7	701355	746263	11565
有限责任公司	1141	236	43488076	42959336	1974960
股份有限公司	255	44	24788343	24457185	1153054
私营企业	1004	160	10368615	10105367	408402
其他企业	***	***	***	***	***
港澳台商投资企业	175	47	19075485	18224602	2646715
港澳台合资经营	83	24	3403906	3415896	783699
港澳台合作经营	3		23612	19580	
港澳台商独资企业	78	21	15183212	14323031	1802150
港澳台商投资股份有限公司	11	2	464755	466095	60866
外商投资企业	544	139	54008804	53089963	3953165
中外合资经营	203	37	36298878	35659811	1585798
中外合作经营	9	3	228591	213405	14405
外资（独资）企业	312	95	16523502	16230604	2273915
外商投资股份有限公司	15	4	748553	771496	69358
按控股类型分组					
#国有控股	664	130	111628275	110762253	2944719
集体控股	86	14	2756674	2708586	160645
私人控股	1832	326	27604501	26995593	1170425
港澳台控股	132	35	17001339	16166260	2058582
外商控股	467	127	28297112	27748893	3775304

说明：1．工业增加值按生产法计算（下表同）。

2．应交税金合计包括应交增值税、所得税费用、营业税金及附加和管理费用中的税金，计算应交增值税时企业应交增值税为负数的按实际计算（下表同）。

工业企业主要经济指标

单位：万元

平均用工人数(人)	资产负债						
	资产总计	流动资产合计	#存货	#产成品	#应收账款	固定资产合计	固定资产原价
995477	459857612	175963717	25397768	9124644	44074634	72584189	139640309
43191	38846067	8730521	342165	86336	2523924	7471634	11183256
867871	218328577	133367031	24900559	9026164	37147278	28011322	54101955
84415	202682972	33866168	155045	12147	4403435	37101232	74355100
305952	46314353	28296479	6242977	2744963	6011682	7309811	14328217
689525	413543259	147667239	19154792	6379681	38062952	65274378	125312092
425566	331247997	99030519	10887115	4197709	19943669	55941327	107930537
286273	63442023	36815462	6331685	2051055	11362978	8833081	17725134
280082	60054676	38276450	7913967	2786734	12006872	7732970	13826809
173259	207449089	45974138	4297804	1044150	8322283	30469616	69268351
822218	252408522	129989580	21099965	8080494	35752351	42114573	70371958
674835	368905916	120293663	15793747	5211898	30226205	57588459	110529595
29686	168241524	28101317	895517	145783	3065445	20066240	44744031
4425	301503	211506	36002	16856	40011	61290	135980
4271	493313	400081	124198	63451	103842	39553	76044
349448	112708469	46026610	7635968	2558135	14476034	29569200	50856574
157572	70609908	33888280	4427112	1422386	8505076	5894279	11499061
129406	16547192	11663669	2672804	1004961	4035745	1957896	3217905
***	***	***	***	***	***	***	***
76213	27132572	16841823	2783537	1163251	4105358	3410138	6887569
28852	5488856	3649968	449136	174243	1115561	1124664	3248610
347	36401	32493	4771	3286	6041	2872	7356
41942	17368916	10788971	1953839	931591	2386897	2206789	3447154
5072	4238399	2370391	375791	54131	596859	75812	184449
244429	63819124	38828232	6820484	2749495	9743071	11585593	22223146
123223	38250467	22115810	3738642	1576208	4999645	7837342	13024806
6457	317285	264646	−17226	2385	70328	39882	138547
102910	19602894	14439711	2924500	1111433	4356060	3306358	8395282
10454	5322728	1881781	144183	52976	288801	370396	612609
425988	331320424	95270281	10782277	3630055	19856186	58393402	112781215
21043	4414241	3256231	645998	209125	1084824	353839	660472
294284	64738402	38551821	6912034	2515283	12353947	5129196	8419083
58674	22048969	13903312	2444703	1066387	3449101	2498160	4154449
175025	32773716	22239718	4281692	1628566	6551021	5769195	12770838

2017年北京市规模以上

项目	资产负债					营业收入
	负债合计	#流动负债合计	#应付账款	所有者权益合计	#实收资本	
合计	206710165	150281052	46745103	252115144	144518850	211809811
按行业分组						
采矿业	21723611	12385904	1263072	17123361	6026297	4912956
制造业	115239053	98978898	37712558	102056313	43171340	156644108
电力、热力、燃气及水生产和供应业	69747500	38916255	7769475	132935472	95321217	50252753
按轻重工业分组						
轻工业	21479130	18042405	5080861	24656325	10326085	34217801
重工业	185231035	132238647	41664243	227458819	134192765	177592009
按规模分组						
#大型企业	141129183	95692593	26594370	190026321	116679770	135271802
中型企业	32460786	25657158	8751807	30744011	13631671	39348959
小型企业	30087010	26700623	10263709	29537043	13697347	36358113
按隶属关系分组						
中央企业	73439829	44755943	10761041	133961192	95520060	65698383
地方企业	133270335	105525108	35984062	118153951	48998791	146111428
按登记注册类型分组						
内资企业	155668246	105334802	28573975	212373278	126279066	128171411
国有企业	52355897	27640282	4414804	115885627	85906246	36556942
集体企业	134482	97425	29723	161040	24662	206625
股份合作企业	291135	247538	119224	99235	50985	840137
有限责任公司	65707598	47329977	14132814	46849353	26226822	50304050
股份有限公司	28278898	21962157	6838805	41821578	10828176	28864760
私营企业	8897746	8057425	3038605	7556446	3242175	11397010
其他企业	***	***	***	***	***	***
港澳台商投资企业	15849334	14389494	6557944	11198035	4009560	25895942
港澳台合资经营	2519107	2365576	871544	2911485	1610873	4221803
港澳台合作经营	4773	4773	2219	31628	6669	24461
港澳台商独资企业	10599028	9965686	5123192	6742948	1455310	20959579
港澳台商投资股份有限公司	2726427	2053459	560989	1511973	936709	690100
外商投资企业	35192584	30556755	11613184	28543831	14230225	57742458
中外合资经营	21393222	18695002	7162316	16857245	8442838	36837453
中外合作经营	155148	146899	73007	162138	192501	371617
外资（独资）企业	11326865	10077356	4187608	8256629	4432750	19200567
外商投资股份有限公司	2142988	1573299	160240	3116431	1134057	1032538
按控股类型分组						
#国有控股	140612191	93118276	23718726	190660105	120598613	119314258
集体控股	2278910	1830801	701340	2120764	540013	3359237
私人控股	30898242	25977167	9020908	32987530	11260161	31211107
港澳台控股	13285887	12233439	5998366	8717383	2718671	23240222
外商控股	17592862	15446974	6626853	15161454	8616930	32783256

工业企业主要经济指标（续表）

单位：万元

损益							应交税金合计	#营业税金及附加		#应交增值税
#主营业务收入	营业成本	#主营业务成本	销售费用	管理费用	财务费用	利润总额			#主营业务税金及附加	
207220418	174810874	171233016	11039803	10642173	1996607	20236731	11954599	3447921	3387181	5685501
4790622	4610339	4439576	20793	365458	369365	−732722	259072	53010	46285	170783
152401414	123109052	119836980	10912639	9783184	1006244	13038117	9780033	3172004	3142195	4601187
50028383	47091482	46956459	106372	493534	620998	7931338	1915494	222909	198705	913535
33142441	22256295	21466457	5533261	2727292	191441	3593798	2855994	688257	677186	1635974
174077976	152554579	149766558	5506542	7914881	1805167	16642933	9098606	2759663	2709995	4049527
132863741	115091664	113084808	6154206	4435003	1263921	13860680	7807383	2753637	2710318	3220474
38363274	30080923	29412338	2845119	2997400	415508	3580808	2422497	492380	481536	1344402
35187041	28879371	27998355	2002028	3073963	300383	2935163	1713818	198894	192877	1117353
64837071	58587120	57862511	448804	1691784	573434	8101549	3745615	1335781	1294623	1517398
142383346	116223754	113370505	10590999	8950389	1423173	12135182	8208984	2112139	2092557	4168103
125213274	108452168	106073508	4414771	6946504	1607577	12468350	6944246	1969528	1911241	3427248
36442561	33568484	33485053	84547	259710	356261	6909945	1644237	379813	360729	644925
198800	182688	179796	7209	25253	−1145	11421	14803	1764	1690	10750
834807	789026	785378	24676	23789	−85	4654	16683	2318	2318	13307
48921465	43054773	41960786	1792227	3464225	782986	1942547	2225904	331892	303310	1405447
27638146	22208766	21150804	1621803	2092192	373540	2803385	2502387	1198476	1188498	977671
11175607	8646845	8510104	884256	1081165	95971	796333	540198	55262	54692	375118
***	***	***	***	***	***	***	***	***	***	***
25324654	22447846	22081772	1634143	1007837	67992	1937281	495566	61685	60987	279997
4102876	3314570	3218070	269206	275211	24705	341792	179823	27181	27180	82721
24140	15297	14877	1758	4179	−55	2875	2437	223	223	1661
20594580	18564162	18369833	1280059	629450	−37433	1516775	285959	26268	25571	183421
603058	553817	478992	83120	98997	80776	75840	27347	8014	8014	12194
56682489	43910860	43077736	4990889	2687832	321038	5831100	4514787	1416708	1414953	1978256
36461415	28040849	27765651	2608065	1512669	139247	4325647	3434615	1294693	1294655	1293652
367455	279449	276499	49914	22480	−1265	23312	23879	2183	2183	14010
18670334	14597903	14167345	2187838	1063567	94982	1217269	993841	110953	109479	625906
883501	765601	641332	127592	69792	82737	238097	42864	5949	5706	33022
117129727	102422737	100603855	3200618	4488542	1401616	12355021	7798534	2991154	2939366	3044125
3292975	2778324	2750033	170939	262327	19855	198273	138140	18303	16990	92912
30317179	22853120	22177916	2667058	2981934	445028	3225633	1739068	172059	168197	1152143
22754202	20273246	19979299	1529266	818758	−12703	1815469	410254	43298	42601	249437
31894574	25082116	24357230	3285113	1887123	150694	2511261	1727674	184343	182833	1061915

2017年北京市规模以上

项　目	企业单位个数（个）	#亏损企业	工业总产值（当年价格）	工业销售产值（当年价格）	#出口交货值	平均用工人数（人）
合计	3231	645	189010708	186134968	10155100	995477
采矿业	17	8	2690654	2678425	185221	43191
煤炭开采和洗选业	***	***	***	***	***	***
石油和天然气开采业	***	***	***	***	***	***
黑色金属矿采选业	7	4	955458	961680		17339
非金属矿采选业	***	***	***	***	***	***
开采辅助活动	5	3	1247145	1247145	27296	18949
制造业	3089	619	136409236	133564501	9969882	867871
农副食品加工业	124	22	3037966	3009033	68490	24188
食品制造业	127	22	3194609	3245416	149434	44750
酒、饮料和精制茶制造业	42	11	2394848	2353763	18040	25972
烟草制品业	***	***	***	***	***	***
纺织业	18	5	118881	123938	20674	2885
纺织服装、服饰业	110	29	1137606	1146028	214933	32086
皮革、毛皮、羽毛及其制品和制鞋业	7	2	54126	54699	10395	1325
木材加工和木、竹、藤、棕、草制品业	11	2	145298	146657		1704
家具制造业	53	12	751353	757073	33275	10209
造纸和纸制品业	37	10	611459	620586	47068	4580
印刷和记录媒介复制业	95	23	1139469	1162161	9311	20594
文教、工美、体育和娱乐用品制造业	29	6	1295085	1253899	45656	5389
石油加工、炼焦和核燃料加工业	16	4	5799807	5774348		8983
化学原料和化学制品制造业	168	27	3338851	3269802	107520	25447
医药制造业	215	30	9816285	9173940	122889	75768
化学纤维制造业	***	***	***	***	***	***
橡胶和塑料制品业	102	27	906790	893543	72187	13584
非金属矿物制品业	212	50	4321335	4313350	94239	40388
黑色金属冶炼和压延加工业	15	4	1112865	1106743	110849	2813
有色金属冶炼和压延加工业	29	4	761416	733989	126631	5225
金属制品业	174	38	2985741	3003066	176914	29267
通用设备制造业	206	49	5373092	5235912	765247	49832
专用设备制造业	280	47	5572249	5440800	775674	60117
汽车制造业	237	81	44925069	44422303	596575	146499
铁路、船舶、航空航天和其他运输设备制造业	77	11	4236778	4157577	30418	36423
电气机械和器材制造业	223	32	6657637	6601212	300571	45288
计算机、通信和其他电子设备制造业	276	48	21994519	20928795	5807401	104164
仪器仪表制造业	162	18	2690551	2621879	169776	30070
其他制造业	17	1	638310	625968	11592	4687
废弃资源综合利用业	8	2	43052	43375	198	795
金属制品、机械和设备修理业	15	2	845428	836891	59366	13329
电力、热力、燃气及水生产和供应业	125	18	49910821	49892043		84415
电力、热力生产和供应业	79	12	44966536	44949939		59347
燃气生产和供应业	21	2	3912033	3912027		12238
水的生产和供应业	25	4	1032252	1030077		12830

工业企业主要经济指标（按行业分）

单位：万元

资产负债						
资产总计	流动资产合计	#存货	#产成品	#应收账款	固定资产合计	固定资产原价
459857612	175963717	25397768	9124644	44074634	72584189	139640309
38846067	8730521	342165	86336	2523924	7471634	11183256
***	***	***	***	***	***	***
***	***	***	***	***	***	***
31565684	5638710	114459	39204	1641272	6202426	7700533
***	***	***	***	***	***	***
4178215	2152790	185008	6192	841442	774927	2633105
218328577	133367031	24900559	9026164	37147278	28011322	54101955
3382767	1923951	412638	179157	351790	363003	647090
4312781	2555200	433250	225460	621264	771496	1512574
5482141	3275117	422654	231902	215508	759190	1574971
***	***	***	***	***	***	***
454977	261426	30813	14950	44122	74200	124780
1562571	1144315	502591	280370	182242	190852	321032
113942	82988	46992	26280	18085	7653	14683
139013	100532	15193	5133	25958	11240	17573
937717	666664	184048	73430	155445	147763	233419
608172	412202	94573	31264	111055	140738	359984
2133299	1293092	277936	92446	192213	554675	1549449
736889	539014	285361	170409	43644	75672	153673
2818739	1135129	555534	123365	173206	996588	3339260
4667964	3052700	539084	255247	613692	736948	1728316
14538375	8983964	2379140	1013618	2385240	2102135	3387424
***	***	***	***	***	***	***
1211007	854950	165433	73180	284302	232026	487285
10425403	7077387	880854	285858	3195741	869621	1884652
983852	416640	153111	56403	169434	392214	754683
979633	648118	180573	72918	166969	107365	219689
7084105	3775541	743165	212945	957192	1050411	1463848
12145972	8185317	2020514	560253	1691302	1070002	2140148
18620224	11386185	1926077	553536	3154218	910629	1704598
49903106	28147409	3958757	1867227	8336495	9323497	14746146
7624847	5534857	1650203	259816	1775093	843140	1490933
12350950	9287858	1536906	453032	4146384	752126	1431476
43128728	25717307	4214321	1673065	6019638	4462034	10462635
6028997	4376460	902484	178643	1451211	419030	739161
1252186	786681	134441	29367	295159	229814	400917
217869	74784	2978	1527	31225	81447	109707
4091429	1425541	179607	13969	321694	201813	803509
202682972	33866168	155045	12147	4403435	37101232	74355100
185329807	30019503	125776	4327	3409253	29753924	63763996
6162464	1273626	10517	4555	310855	1942138	2831950
11190701	2573039	18752	3265	683327	5405170	7759154

2017 年北京市规模以上

项目	资产负债						
	负债合计	#流动负债合计	#应付账款	所有者权益合计	#实收资本	营业收入	#主营业务收入
合计	206710165	150281052	46745103	252115144	144518850	211809811	207220418
采矿业	21723611	12385904	1263072	17123361	6026297	4912956	4790622
煤炭开采和洗选业	***	***	***	***	***	***	***
石油和天然气开采业	***	***	***	***	***	***	***
黑色金属矿采选业	19070481	10704013	690631	12495203	2920519	3126991	3022454
非金属矿采选业	***	***	***	***	***	***	***
开采辅助活动	1336167	1269535	477899	2842048	2752700	1334728	1330070
制造业	115239053	98978898	37712558	102056313	43171340	156644108	152401414
农副食品加工业	1800789	1653146	304043	1582575	970515	3714837	3659849
食品制造业	2134680	2023364	814190	2175652	1303151	5697902	5589529
酒、饮料和精制茶制造业	2581415	2233105	357607	2884261	1241905	2611767	2539465
烟草制品业	***	***	***	***	***	***	***
纺织业	231657	132290	22128	222140	180851	230851	219170
纺织服装、服饰业	865098	732902	209950	605518	286616	1270097	1220156
皮革、毛皮、羽毛及其制品和制鞋业	71786	71786	12654	42156	9553	78772	78522
木材加工和木、竹、藤、棕、草制品业	109441	106080	20815	29572	17321	226570	218940
家具制造业	455071	422844	113339	474295	218664	782521	764332
造纸和纸制品业	319779	296346	106601	288393	170667	718722	688193
印刷和记录媒介复制业	764226	679736	247268	1355756	738598	1373003	1270226
文教、工美、体育和娱乐用品制造业	539480	499547	184863	197409	219814	1423191	1394273
石油加工、炼焦和核燃料加工业	1448691	1289206	591115	1370048	51294	6410259	6146772
化学原料和化学制品制造业	2420190	1940127	630330	2241349	1656698	3870163	3615031
医药制造业	5857877	4865551	1501983	8642696	2417477	9732650	9464115
化学纤维制造业	***	***	***	***	***	***	***
橡胶和塑料制品业	640202	615076	220517	553797	333074	1218231	1167961
非金属矿物制品业	6239632	5534720	2357722	4152042	1877554	5215248	5049026
黑色金属冶炼和压延加工业	985765	385523	269464	−4225	330485	1196284	1183323
有色金属冶炼和压延加工业	400886	341700	106987	578746	176195	1046652	861342
金属制品业	3119520	2614381	736085	3856283	1474208	3594246	3432527
通用设备制造业	5918745	5036308	1343462	6137491	2264923	5874357	5759107
专用设备制造业	9625544	7376977	2492026	8979342	3057270	6881291	6687764
汽车制造业	29812639	25989982	11258328	20088053	8271999	46776113	45479140
铁路、船舶、航空航天和其他运输设备制造业	4558473	4156803	1402016	3061714	1140109	4466994	4406535
电气机械和器材制造业	7294958	6693055	2931916	4794881	2785712	7805516	7666003
计算机、通信和其他电子设备制造业	22226808	19227043	8147134	20587737	9449986	29125912	28626407
仪器仪表制造业	2635971	2380412	996947	3393026	1103378	3124327	3053947
其他制造业	578906	427242	179641	666482	304486	653828	650016
废弃资源综合利用业	145694	107888	4286	72175	56520	50795	50230
金属制品、机械和设备修理业	1393040	1084868	139427	2698117	958950	961224	951868
电力、热力、燃气及水生产和供应业	69747500	38916255	7769475	132935472	95321217	50252753	50028383
电力、热力生产和供应业	62370970	35093254	6467975	122958837	89933754	45215035	45063627
燃气生产和供应业	1966774	1551269	265720	4195690	833511	3964066	3912811
水的生产和供应业	5409756	2271732	1035780	5780945	4553952	1073652	1051945

工业企业主要经济指标（按行业分）（续表）

单位：万元

损益									
营业成本	#主营业务成本	销售费用	管理费用	财务费用	利润总额	应交税金合计	#营业税金及附加	#主营业务税金及附加	#应交增值税
174810874	171233016	11039803	10642173	1996607	20236731	11954599	3417921	3387181	5685501
4610339	4439576	20793	365458	369365	−732722	259072	53010	46285	170783
***	***	***	***	***	***	***	***	***	***
***	***	***	***	***	***	***	***	***	***
3034167	2869816	6037	241124	323315	−529409	108374	24459	21116	83758
***	***	***	***	***	***	***	***	***	***
1281584	1279614	2973	52127	24629	−288408	71323	10023	7449	39173
123109052	119836980	10912639	9783184	1006244	13038117	9780033	3172004	3142195	4601187
3257614	3231703	187384	149987	30417	157217	44592	5343	5324	21368
3578282	3479571	1406003	322272	12326	397372	431019	42220	42081	292620
1739897	1683190	357021	190098	−9566	207026	390383	200120	198436	146673
***	***	***	***	***	***	***	***	***	***
176412	170671	7548	27591	4822	5120	10849	3731	3253	4863
863403	821925	217519	124032	6848	55854	85281	10130	10024	65411
69476	69286	4236	3933	−52	1062	1360	252	252	801
175359	168453	30588	8781	471	11449	9974	884	884	7454
612448	598722	62916	63356	5753	50288	40206	4279	4182	27299
555367	531779	27384	39945	−24	91759	54893	4332	4196	28329
1080098	1004716	40927	175652	−3036	78887	103645	13114	11478	71734
1329789	1324426	28338	48100	7509	−28226	17537	3407	1913	11038
5036264	4761021	54099	172203	8440	353069	1115742	746095	743593	279007
2977708	2754274	300567	313260	33243	442269	134390	21553	20722	142649
4448498	4227670	2566507	887270	98978	1971678	1075653	100484	98715	696288
***	***	***	***	***	***	***	***	***	***
1037211	996635	44935	100396	5870	28768	49039	5561	5350	35702
4459549	4315143	210859	354062	81052	173146	244248	24885	24012	188003
1115966	1106503	45217	23432	12589	−8356	9898	2874	2862	9608
936510	757481	12665	55000	8468	41687	23624	3558	3379	12591
3030176	2920735	83876	279445	42894	193224	123622	17917	14035	74913
4456381	4407822	356892	497374	87580	547848	299462	33826	33337	165386
4939572	4836467	454520	805044	126964	1063114	440044	47696	47099	280038
39060446	37947858	2087407	1703199	171024	3764571	3325822	1435980	1431334	1175890
3564993	3519070	78415	407600	38833	375036	191360	21372	20916	122803
6082379	6002824	500906	686995	47461	586538	365058	38226	38008	227869
24921186	24626566	1474013	1705094	126129	1800682	578220	99320	96094	266535
2114895	2092295	230334	408769	18981	422181	222697	27142	25655	143017
508846	506704	22831	66328	1266	63083	25929	4132	3967	12582
41137	40886	413	9154	2373	350	3799	442	442	2783
758800	754625	5178	111051	40448	160770	49308	7471	7471	29868
47091482	46956459	106372	493534	620998	7931338	1915494	222909	198705	913535
42607846	42508645	14348	236207	534183	7380090	1755284	181458	158163	851222
3586610	3557483	38680	176208	8448	388731	65092	5573	5342	20539
897026	890331	53344	81119	78367	162517	95118	35878	35200	41774

2017 年北京市规模以上国有

项　目	企业单位个数（个）	#亏损企业	工业总产值（当年价格）	工业销售产值（当年价格）	#出口交货值
合计	664	130	111628275	110762253	2944719
采矿业	11	7	2612690	2598187	185221
煤炭开采和洗选业	1		***	***	***
石油和天然气开采业	2		***	***	***
黑色金属矿采选业	4	3	915860	919871	
非金属矿采选业	1	1	***	***	***
开采辅助活动	3	3	***	***	***
制造业	569	114	62778573	61930360	2759502
农副食品加工业	17	3	1033822	1021460	
食品制造业	16	2	693650	733720	10343
酒、饮料和精制茶制造业	10	3	1111640	1077851	2518
烟草制品业	1		***	***	***
纺织业	7	4	31702	34140	5559
纺织服装、服饰业	4		74343	81296	53780
皮革、毛皮、羽毛及其制品和制鞋业	1	1	***	***	***
木材加工和木、竹、藤、棕、草制品业					
家具制造业	2		***	***	***
造纸和纸制品业	2		***	***	***
印刷和记录媒介复制业	31	8	593610	613410	1606
文教、工美、体育和娱乐用品制造业	7	2	140385	140501	4260
石油加工、炼焦和核燃料加工业	7	3	5143374	5111046	
化学原料和化学制品制造业	26	4	1190621	1208504	23824
医药制造业	29	2	1683870	1512928	4521
化学纤维制造业	2		***	***	***
橡胶和塑料制品业	7	1	56877	51677	17438
非金属矿物制品业	49	13	1556187	1542141	34379
黑色金属冶炼和压延加工业	2		***	***	***
有色金属冶炼和压延加工业	8		573819	548040	112401
金属制品业	27	7	1210389	1203140	76408
通用设备制造业	37	11	904229	897007	33397
专用设备制造业	52	11	1324293	1274482	58014
汽车制造业	43	9	32738121	32335495	345812
铁路、船舶、航空航天和其他运输设备制造业	36	5	3557308	3478519	21756
电气机械和器材制造业	22	7	1192761	1168157	7559
计算机、通信和其他电子设备制造业	64	12	4415234	4371197	1759764
仪器仪表制造业	45	6	792143	787062	14518
其他制造业	9		607208	595602	
废弃资源综合利用业	1		***	***	***
金属制品、机械和设备修理业	5		776510	768092	56842
电力、热力、燃气及水生产和供应业	84	9	46237017	46233708	
电力、热力生产和供应业	50	5	44624357	44623757	
燃气生产和供应业	13	1	613291	613291	
水的生产和供应业	21	3	999369	996660	

控股工业企业主要经济指标（按行业分）

单位：万元

平均用工人数（人）	资产负债						
	资产总计	流动资产合计	#存货	#产成品	#应收账款	固定资产合计	固定资产原价
425988	331320424	95270281	10782277	3630055	19856186	58393402	112781215
41660	38147150	8262237	315387	75683	2354911	7407847	11068740
***	***	***	***	***	***	***	***
***	***	***	***	***	***	***	***
16558	31501084	5607837	107046	37184	1635193	6173230	7641728
***	***	***	***	***	***	***	***
***	***	***	***	***	***	***	***
314435	97005869	54506881	10348604	3547381	13448006	15882134	30203361
6412	817584	571632	128409	62686	67254	91244	161685
8129	1144448	513856	64633	24171	116737	121028	249732
7640	2170362	1657664	237291	185773	43946	286905	444112
***	***	***	***	***	***	***	***
1481	317273	151666	10300	6191	12590	59379	84680
979	75897	54824	30005	10660	5577	14121	25236
***	***	***	***	***	***	***	***
***	***	***	***	***	***	***	***
***	***	***	***	***	***	***	***
10506	1116843	691518	152874	54050	69824	306638	960583
1683	321900	227660	151607	104577	17174	31972	61788
7791	2485363	982621	505522	116143	139313	969035	3291185
6770	1553144	990558	192752	114191	165345	357153	959068
16462	3902899	2114258	673816	250607	258268	708312	1123124
***	***	***	***	***	***	***	***
1584	188447	117157	17065	8344	23188	34828	64263
14357	4000998	2455144	276982	120220	1086049	413899	877498
***	***	***	***	***	***	***	***
3088	749807	496274	128536	47360	120373	60039	119948
9958	2849975	1388086	220245	43779	315046	650251	760644
12104	2094005	1533309	662429	111490	294124	172185	415030
17762	3926627	2933021	770837	253945	1011619	375798	707496
92701	39078760	20987016	2729026	1307981	5232376	7501879	11362291
29950	6142163	4474588	1454869	194176	1334137	764219	1357827
5818	2401523	1632540	205650	34624	741245	126224	262324
30690	14087862	7001904	1027374	346538	1427265	1773071	4492698
8528	1369671	1077969	262638	57937	331222	109136	213537
4014	1189274	751072	124889	23788	285252	226536	393270
***	***	***	***	***	***	***	***
12542	3866827	1249118	159231	7652	264700	186252	775828
69893	196167406	32501163	118289	6992	4053273	35103424	71509114
53584	184578487	29664174	102642	148	3341328	29474012	63380923
3877	704621	370778	7081	4070	43919	261585	411604
12432	10884298	2466211	8566	2774	668026	5367827	7716587

2017年北京市规模以上国有

项目	资产负债						
	负债合计	#流动负债合计	#应付账款	所有者权益合计	#实收资本	营业收入	#主营业务收入
合计	140612191	93118276	23718726	190660105	120598613	119314258	117129727
采矿业	21201852	11866290	1146655	16946203	5909101	4764758	4649680
煤炭开采和洗选业	***	***	***	***	***	***	***
石油和天然气开采业	***	***	***	***	***	***	***
黑色金属矿采选业	19030949	10666517	679919	12470135	2918454	3081771	2983281
非金属矿采选业	***	***	***	***	***	***	***
开采辅助活动	***	***	***	***	***	***	***
制造业	52020813	44012763	15103214	44936023	20150865	68032137	66165798
农副食品加工业	514837	504075	48285	302747	223220	1423135	1405437
食品制造业	328126	296495	133474	816322	259444	870805	854456
酒、饮料和精制茶制造业	1290111	965608	34334	880251	216305	1166228	1157974
烟草制品业	***	***	***	***	***	***	***
纺织业	161051	71736	8063	156222	140624	91662	85487
纺织服装、服饰业	53309	39380	12695	22589	52920	119013	117852
皮革、毛皮、羽毛及其制品和制鞋业	***	***	***	***	***	***	***
木材加工和木、竹、藤、棕、草制品业							
家具制造业	***	***	***	***	***	***	***
造纸和纸制品业	***	***	***	***	***	***	***
印刷和记录媒介复制业	324068	299097	114622	792775	469915	761628	696583
文教、工美、体育和娱乐用品制造业	275503	247177	137244	46396	137202	180677	172633
石油加工、炼焦和核燃料加工业	1252258	1203022	548890	1233105	33336	5576003	5313124
化学原料和化学制品制造业	996625	618631	232502	555067	1064666	1368100	1334568
医药制造业	1214782	837234	231414	2688116	780701	1563658	1546171
化学纤维制造业	***	***	***	***	***	***	***
橡胶和塑料制品业	58795	56017	14445	129653	43160	138764	121375
非金属矿物制品业	2139795	2005608	840722	1862774	823730	1692717	1630498
黑色金属冶炼和压延加工业	***	***	***	***	***	***	***
有色金属冶炼和压延加工业	245562	197414	63715	504246	128506	809900	627179
金属制品业	1425550	1259433	285856	1424425	667530	1537171	1474598
通用设备制造业	1290609	1228358	284001	803396	466085	992516	968040
专用设备制造业	2649341	2172264	810249	1274906	721596	1675302	1652236
汽车制造业	23401497	20220096	7505126	15677263	6588140	33627318	32754737
铁路、船舶、航空航天和其他运输设备制造业	3927528	3555922	1148150	2214913	925253	3729041	3673102
电气机械和器材制造业	1695968	1574014	701111	705555	652688	1275629	1264957
计算机、通信和其他电子设备制造业	5229546	4228030	1191559	8811265	3921090	5639633	5563613
仪器仪表制造业	728841	616354	222942	640830	262682	877178	861818
其他制造业	533194	414724	175727	656080	297590	615540	611966
废弃资源综合利用业	***	***	***	***	***	***	***
金属制品、机械和设备修理业	1353475	1050019	126126	2513353	900798	881120	873753
电力、热力、燃气及水生产和供应业	67389527	37239225	7468859	128777880	94538649	46517365	46314248
电力、热力生产和供应业	61871754	34737128	6378355	122706734	89817772	44834384	44686190
燃气生产和供应业	345878	285459	71582	358743	222555	643882	610601
水的生产和供应业	5171895	2216638	1018922	5712403	4498322	1039099	1017457

控股工业企业主要经济指标（按行业分）（续表）

单位：万元

损益						应交税金合计	#营业税金及附加	#主营业务税金及附加	#应交增值税
营业成本	#主营业务成本	销售费用	管理费用	财务费用	利润总额				
1.02E+08	100603855	3200618	4488542	1401616	12355021	7798534	2991154	2939366	3044125
4489806	4324553	17226	351468	367189	−739991	254199	51506	44779	167574
***	***	***	***	***	***	***	***	***	***
***	***	***	***	***	***	***	***	***	***
2996529	2837688	5743	234838	323127	−528725	104116	23096	19753	80862
***	***	***	***	***	***	***	***	***	***
***	***	***	***	***	***	***	***	***	***
54195584	52663888	3115193	3819307	431586	5545548	5689730	2721666	2700689	1981545
1330767	1326490	53492	27000	4627	26109	8890	1572	1572	5607
633542	620249	154032	46013	−937	57280	41693	4350	4346	28611
721378	718922	123587	80087	5084	115925	233723	152780	152571	59685
***	***	***	***	***	***	***	***	***	***
64673	63284	1715	17198	2044	−2777	6045	3134	2656	2144
113265	112822	2255	3753	771	426	2401	379	371	1916
***	***	***	***	***	***	***	***	***	***
***	***	***	***	***	***	***	***	***	***
***	***	***	***	***	***	***	***	***	***
573358	529775	14246	117418	−3691	55410	66928	9308	7677	44034
146203	144706	14874	14566	3996	−39813	7049	1167	818	4987
4257165	3982410	35377	159318	3322	339222	1099480	742793	740291	268212
1109666	1081912	26474	124949	24945	95220	51698	6358	5546	38869
821770	815330	272965	169179	13079	332445	182125	21798	20094	113448
***	***	***	***	***	***	***	***	***	***
110117	97746	4736	12685	−116	9666	6999	1079	877	3887
1443097	1396736	59877	144511	22646	65251	72354	10710	9902	51071
***	***	***	***	***	***	***	***	***	***
726817	549397	8559	34677	5791	42037	17388	2741	2603	7978
1334504	1308439	18581	108230	8130	74568	36613	8735	4875	14248
816164	802681	35382	108582	4668	17525	51588	6788	6737	38792
1328023	1316499	77413	197245	17092	48778	90578	15491	15248	64003
27072391	26337389	1800852	1176930	123649	3471291	2961878	1396297	1392376	928246
3112683	3068685	38999	304836	34629	224470	118273	15617	15162	82315
1057514	1053252	73916	126485	17472	−20705	34761	6106	5900	21004
4542654	4479466	189248	504631	91214	357864	159396	48179	47607	60482
665604	659477	39804	122677	2279	46649	48963	7306	7217	35850
482687	480564	20089	60458	1127	59739	23942	3863	3698	11353
***	***	***	***	***	***	***	***	***	***
715355	712135	1836	95961	40090	135257	40651	6756	6756	26088
43737346	43615415	68202	317769	602845	7549466	1854607	217986	193900	895010
42269589	42171532	8787	200888	527318	7345437	1745092	180628	157343	849814
595079	577900	8135	40157	−2168	44499	16340	1677	1554	3940
872678	865983	51280	76724	77695	159530	93175	35681	35003	41256

2017年北京市规模以上港澳台及

项目	企业单位个数（个）	#亏损企业	工业总产值（当年价格）	工业销售产值（当年价格）	#出口交货值
合计	719	186	73084289	71314565	6599880
采矿业	1		***	***	***
开采辅助活动	1		***	***	***
制造业	707	186	69161775	67401617	6599882
农副食品加工业	17	4	551410	545759	35636
食品制造业	43	12	2012438	2050735	93692
酒、饮料和精制茶制造业	24	8	974543	963949	14260
纺织业	2		***	***	***
纺织服装、服饰业	22	9	***	***	***
皮革、毛皮、羽毛及其制品和制鞋业	2	1	***	***	***
木材加工和木、竹、藤、棕、草制品业					
家具制造业	6	1	254039	247559	14595
造纸和纸制品业	12	4	444133	445564	44846
印刷和记录媒介复制业	16	7	155202	152294	7464
文教、工美、体育和娱乐用品制造业	8	2	50742	49130	31338
石油加工、炼焦和核燃料加工业	2		***	***	***
化学原料和化学制品制造业	34	3	956439	925224	26359
医药制造业	41	7	4629730	4409671	83819
橡胶和塑料制品业	20	4	407184	402550	29798
非金属矿物制品业	19	5	289933	295069	23789
黑色金属冶炼和压延加工业	3	2	***	***	***
有色金属冶炼和压延加工业	2	1	***	***	***
金属制品业	30	11	311931	331748	43359
通用设备制造业	69	16	3404400	3373217	654120
专用设备制造业	69	10	1514599	1474000	447223
汽车制造业	119	53	34109186	33617543	262692
铁路、船舶、航空航天和其他运输设备制造业	6	2	182875	181967	3360
电气机械和器材制造业	34	6	2029762	2002272	262767
计算机、通信和其他电子设备制造业	61	14	14744829	13813389	4191229
仪器仪表制造业	35	2	754655	740067	107927
其他制造业	5	1	23231	21009	11592
废弃资源综合利用业	1	1	***	***	***
金属制品、机械和设备修理业	5		736358	736288	59187
电力、热力、燃气及水生产和供应业	11				
电力、热力生产和供应业	4		524583	515024	
燃气生产和供应业	5		3282899	3282892	
水的生产和供应业	2		***	***	***

外商投资工业企业主要经济指标（按行业分）

单位：万元

平　均 用工人数 （人）	资产负债					
	资产 总计	流动资产 合　计	# 存货	# 产成品	# 应收账款	固定资产 合　计
320642	90951696	55670055	9604021	3912746	13848429	14995730
***	***	***	***	***	***	***
***	***	***	***	***	***	***
310210	80872918	53031165	9578571	3907921	13269559	12541023
5902	368495	231674	75863	19986	80987	95955
25669	2957317	1666536	202974	126802	408945	535341
11422	1419237	791273	100013	35181	152828	302609
***	***	***	***	***	***	***
***	***	***	***	***	***	***
***	***	***	***	***	***	***
2402	247983	181808	69871	34335	49097	36076
2322	415452	300476	64738	14075	87276	87246
3021	244499	149974	33376	15481	29947	69899
1524	65157	55216	30302	15692	10846	6963
***	***	***	***	***	***	***
7561	1265335	809430	98862	34258	170876	301735
27823	4983078	3369231	1120124	543373	970234	541847
5261	437316	311596	55702	25062	102171	94195
4416	368328	267842	32000	13805	108463	79366
***	***	***	***	***	***	***
***	***	***	***	***	***	***
4633	613899	428216	109716	37833	123493	69339
22766	6097853	4538124	1127013	261310	775831	497698
14611	3162507	2225629	366247	79387	623421	184357
81640	33692317	19093073	2850822	1451137	5036637	6782242
708	163691	150293	39702	14098	40191	5369
10740	2628690	2276282	419965	126168	820915	144342
49343	18914630	14095696	2225259	947189	2848680	2402207
6608	1372616	1124418	223526	41563	421842	69868
418	16128	13680	4070	1761	2799	1983
***	***	***	***	***	***	***
11326	611208	409626	127992	4571	235611	170327
935	3966298	1297128	5564		143237	725541
8216	5429494	890680	4291	225	266253	1674306
***	***	***	***	***	***	***

2017 年北京市规模以上港澳台及

项 目	资产负债							
	固定资产原价	负债合计	#流动负债合计	#应付账款	所有者权益合计	#实收资本	营业收入	#主营业务收入
合计	29110714	51041918	44946249	18171128	39741865	18239785	83638400	82007143
采矿业	***	***	***	***	***	***	***	***
开采辅助活动	***	***	***	***	***	***	***	***
制造业	24951200	47285482	41880497	17813136	33419527	16424646	79621623	78023083
农副食品加工业	205591	226697	216004	77338	146101	164099	673115	666837
食品制造业	1114952	1441008	1385483	577577	1514008	933613	4344249	4243881
酒、饮料和精制茶制造业	714160	1090604	1066598	308918	312168	720867	1108853	1065213
纺织业	***	***	***	***	***	***	***	***
纺织服装、服饰业	***	***	***	***	***	***	***	***
皮革、毛皮、羽毛及其制品和制鞋业	***	***	***	***	***	***	***	***
木材加工和木、竹、藤、棕、草制品业								
家具制造业	58419	140422	140283	26547	107560	21992	189204	176921
造纸和纸制品业	265916	180273	177219	75030	235180	130491	529631	508478
印刷和记录媒介复制业	200964	74265	69555	24132	161346	110842	169370	165385
文教、工美、体育和娱乐用品制造业	14104	43500	43299	21127	21657	14190	59517	59240
石油加工、炼焦和核燃料加工业	***	***	***	***	***	***	***	***
化学原料和化学制品制造业	630405	413340	372956	139589	851995	419211	1010163	1000792
医药制造业	950067	2512498	2090190	737844	2430642	740860	4853936	4642464
橡胶和塑料制品业	231214	179002	174358	83210	258315	122235	465733	448124
非金属矿物制品业	257768	147902	145832	58683	221380	146946	367752	353680
黑色金属冶炼和压延加工业	***	***	***	***	***	***	***	***
有色金属冶炼和压延加工业	***	***	***	***	***	***	***	***
金属制品业	196712	252672	219108	70471	342176	205043	447822	433750
通用设备制造业	1153918	3152045	2721773	745568	2860135	901551	3784875	3748873
专用设备制造业	408106	1749623	1530902	555958	1412105	450098	1878478	1746607
汽车制造业	11227730	20152244	17534336	7658635	13538687	5447820	33984507	33476706
铁路、船舶、航空航天和其他运输设备制造业	18421	121991	120305	45448	42135	8695	190370	188551
电气机械和器材制造业	416408	1583897	1427521	691630	1044794	886394	2352839	2312169
计算机、通信和其他电子设备制造业	6168969	12170960	11036568	5354996	6743670	4430324	20607555	20244608
仪器仪表制造业	179156	795743	759667	363925	576873	232942	970171	957178
其他制造业	5157	8714	8714	3000	7414	7453	21777	21763
废弃资源综合利用业	***	***	***	***	***	***	***	***
金属制品、机械和设备修理业	369266	361451	333871	79273	249757	198163	767931	762542
电力、热力、燃气及水生产和供应业								
电力、热力生产和供应业	1658453	1641771	1323965	57351	2324528	1077428	531797	520617
燃气生产和供应业	2411880	1609314	1254229	184897	3820180	599896	3303060	3284019
水的生产和供应业	***	***	***	***	***	***	***	***

外商投资工业企业主要经济指标（按行业分）（续表）

单位：万元

损益						应交税金合计	#营业税金及附加		#应交增值税
营业成本	#主营业务成本	销售费用	管理费用	财务费用	利润总额			#主营业务税金及附加	
66358707	65159508	6625032	3695669	389031	7768381	5010353	1478392	1475940	2258253
***	***	***	***	***	***	***	***	***	***
***	***	***	***	***	***	***	***	***	***
62823935	61637819	6594215	3529991	317976	7128734	4900229	1469063	1466721	2211884
577837	574481	46477	25634	3543	17179	12177	1783	1783	6574
2616684	2524472	1238524	233052	6411	270574	331592	33317	33317	229001
802295	765212	190439	81095	5294	10053	93544	19001	18932	57058
***	***	***	***	***	***	***	***	***	***
***	***	***	***	***	***	***	***	***	***
***	***	***	***	***	***	***	***	***	***
135950	125821	28690	19470	1482	9557	8138	926	919	5483
386355	367689	23063	26245	−1839	91423	49752	3617	3617	24479
141425	139999	9733	17653	165	116	9118	1027	1027	6954
47004	46874	4446	4407	−274	3662	1760	459	459	954
***	***	***	***	***	***	***	***	***	***
619212	612011	177099	74622	−1607	130982	24724	9509	9509	70977
2257717	2067010	1403749	367860	75088	728773	521438	45751	45739	341692
379615	360934	22240	47880	−166	19558	26341	2860	2853	19668
294700	282361	13648	25025	−924	37689	33864	3221	3221	24161
***	***	***	***	***	***	***	***	***	***
***	***	***	***	***	***	***	***	***	***
374907	366956	25981	33712	3708	6093	18599	2182	2182	12851
2919866	2903611	192208	243742	54011	412350	185303	19351	19267	83636
1365121	1301800	106285	231350	19305	223898	91141	9816	9727	47005
27540897	27112858	1780828	1006461	141291	3352312	2971227	1253883	1253640	1048292
127663	127337	7179	15941	−34	39208	21336	1195	1195	8489
1738751	1704110	173793	162807	−301	377760	143146	11075	11071	70766
18423494	18229480	1009025	702176	−1667	1271703	249720	34746	32939	90868
706181	700664	85644	86186	1204	89421	53936	5910	5901	28857
16355	16335	2236	2801	125	69	636	188	188	383
***	***	***	***	***	***	***	***	***	***
615854	612614	1180	79470	4843	35123	33369	4808	4808	18799
409926	409895	18	14120	58531	281036	54208	4672	4672	24508
2974889	2962109	28722	136052	10456	345501	49021	3903	3795	16605
***	***	***	***	***	***	***	***	***	***

2017年北京市大中型

项　目	企业单位个数（个）	#亏损企业	工业总产值（当年价格）	工业销售产值（当年价格）	#出口交货值
合计	667	115	157472374	154850537	8461825
采矿业	11	6	2639021	2624518	185221
煤炭开采和洗选业	1		***	***	***
石油和天然气开采业	2		***	***	***
黑色金属矿采选业	4	3	915860	919871	
开采辅助活动	4	3	1237512	1237512	27296
制造业	619	106	107299550	104697872	8276603
农副食品加工业	26	3	1604649	1572002	43270
食品制造业	42	7	2371070	2415104	101131
酒、饮料和精制茶制造业	13	4	2069438	2027453	2390
烟草制品业	1		***	***	***
纺织业	1		***	***	***
纺织服装、服饰业	31	7	703773	713484	98814
皮革、毛皮、羽毛及其制品和制鞋业	3	1	***	***	***
木材加工和木、竹、藤、棕、草制品业	1		***	***	***
家具制造业	7	1	468738	482462	10937
造纸和纸制品业	5		379763	386164	18453
印刷和记录媒介复制业	18	4	695974	713044	1406
文教、工美、体育和娱乐用品制造业	3	2	***	***	***
石油加工、炼焦和核燃料加工业	5	2	5145116	5119196	
化学原料和化学制品制造业	14	2	1211599	1176649	23166
医药制造业	57	2	7834942	7279981	85802
化学纤维制造业	1		***	***	***
橡胶和塑料制品业	10	2	408443	400168	43455
非金属矿物制品业	27	5	2234626	2227753	54058
黑色金属冶炼和压延加工业	4	1	856485	853522	107702
有色金属冶炼和压延加工业	5		460205	438658	103275
金属制品业	15	4	1464478	1471759	122532
通用设备制造业	40	8	3788686	3656425	591557
专用设备制造业	51	7	3389095	3350046	531426
汽车制造业	69	22	41552183	40939057	515527
铁路、船舶、航空航天和其他运输设备制造业	23	3	3321225	3241030	14600
电气机械和器材制造业	42	6	4527225	4506500	240031
计算机、通信和其他电子设备制造业	73	11	18621010	17621907	5378685
仪器仪表制造业	24	2	1169188	1143108	89034
其他制造业	5		593858	582566	
金属制品、机械和设备修理业	3		***	***	***
电力、热力、燃气及水生产和供应业	37	3	47533803	47528148	
电力、热力生产和供应业	27	3	43217860	43213453	
燃气生产和供应业	3		***	***	***
水的生产和供应业	7		910455	909207	

工业企业主要经济指标（按行业分）

单位：万元

平均用工人数（人）	资产负债						
	资产总计	流动资产合计	#存货	#产成品	#应收账款	固定资产合计	固定资产原价
711839	394690020	135845981	17218800	6248764	31306647	64774408	125655671
42067	38732803	8672678	328735	78299	2506681	7435181	11113056
***	***	***	***	***	***	***	***
***	***	***	***	***	***	***	***
16558	31501084	5607837	107046	37184	1635193	6173230	7641728
18756	4157262	2139693	183416	4600	836250	768011	2622438
594856	160577112	95764957	16786160	6162217	24738494	22673373	43841437
14628	2377589	1237420	186853	97462	191767	203003	378423
34467	3262192	1847175	269933	148173	369899	592087	1096048
22112	4481503	2716259	340610	208168	137701	553040	1184630
***	***	***	***	***	***	***	***
***	***	***	***	***	***	***	***
22730	928741	628666	256971	155596	126195	124989	194988
***	***	***	***	***	***	***	***
***	***	***	***	***	***	***	***
5607	509219	333457	87408	37778	81517	106585	154247
2015	313415	227697	58741	13624	54834	57627	195522
12208	1307246	796875	165673	55263	107571	333083	988914
***	***	***	***	***	***	***	***
8365	2673366	1041497	487418	107458	157399	973770	3291486
12927	1573602	1074938	201336	123016	182597	306344	877313
54961	11458766	6921413	1885638	847432	1788073	1632826	2564089
***	***	***	***	***	***	***	***
5887	414479	307309	47437	18472	113939	81630	191614
21620	6554965	4145012	493176	99513	1660347	447856	960789
2171	781682	237200	84372	42888	101822	381896	713878
3107	657187	418012	117310	42627	103141	62448	137131
11404	3408649	1705260	287608	34708	334886	650948	730107
30800	8851721	5821034	1361042	350946	963653	789073	1598751
34759	13581370	7371181	1092407	332336	1673139	583334	1126030
124329	46048627	25337346	3386751	1648633	7162701	8671524	13623938
28741	5834709	4200500	1394860	195060	1252841	743382	1297560
27745	7318871	5362351	682160	179233	2747761	505387	986256
79092	29741120	19677332	3172070	1267002	4205943	4082467	9639283
12911	2499212	1787886	315773	74316	623330	158100	302557
3857	1171105	733881	122668	23434	282696	225610	390641
***	***	***	***	***	***	***	***
74916	195380105	31408349	103907	8251	4061469	34665853	70701180
53767	179331108	28127680	90175	1637	3116316	27742449	60722008
***	***	***	***	***	***	***	***
10520	10472879	2269537	7553	2591	659828	5222946	7473913

2017 年北京市大中型

项目	资产负债						
	负债合计	#流动负债合计	#应付账款	所有者权益合计	#实收资本	营业收入	#主营业务收入
合计	173589969	121349751	35346178	220770331	1.3E+08	1.75E+08	171227015
采矿业	21655563	12336790	1249810	17077239	6015592	4855620	4739351
煤炭开采和洗选业	***	***	***	***	***	***	***
石油和天然气开采业	***	***	***	***	***	***	***
黑色金属矿采选业	19030949	10666517	679919	12470135	2918454	3081771	2983281
开采辅助活动	1332044	1265412	477052	2825218	2746060	1325095	1320437
制造业	85932356	72705266	26766930	74315040	30759730	1.22E+08	118877665
农副食品加工业	1121185	1020578	124440	1256404	779633	2045362	2005301
食品制造业	1520882	1446619	598026	1741310	804869	4725789	4660961
酒、饮料和精制茶制造业	***	***	***	***	***	***	***
烟草制品业	***	***	***	***	***	***	***
纺织业	93167	31738		115331	68452	27626	21998
纺织服装、服饰业	410020	343433	120243	426228	155089	783190	738842
皮革、毛皮、羽毛及其制品和制鞋业	***	***	***	***	***	***	***
木材加工和木、竹、藤、棕、草制品业	***	***	***	***	***	***	***
家具制造业	219229	215735	51770	289991	83592	426658	413635
造纸和纸制品业	167456	167198	67625	145958	48012	467095	442569
印刷和记录媒介复制业	378248	354834	136411	928998	479789	840157	784106
文教、工美、体育和娱乐用品制造业	***	***	***	***	***	***	***
石油加工、炼焦和核燃料加工业	1370277	1210897	558354	1303089	15444	5663948	5401501
化学原料和化学制品制造业	979427	582288	203891	594175	906155	1338873	1298985
医药制造业	4550444	3720790	1046171	6908323	1731900	7775503	7532244
化学纤维制造业	***	***	***	***	***	***	***
橡胶和塑料制品业	198985	192494	73033	215494	108513	490685	472691
非金属矿物制品业	3489927	3040051	1022975	3065039	1152698	2927162	2794464
黑色金属冶炼和压延加工业	879531	316035	238391	−97849	306352	926864	916688
有色金属冶炼和压延加工业	249737	205895	58875	407450	95410	544770	519582
金属制品业	1710362	1342363	296173	1698287	727249	1767848	1660902
通用设备制造业	4122382	3452490	846105	4729340	1485264	3962924	3893501
专用设备制造业	6895887	4795122	1471704	6685483	2140014	4228658	4075264
汽车制造业	27439793	23773562	9891205	18608834	7675830	42888902	41767025
铁路、船舶、航空航天和其他运输设备制造业	3764002	3387020	1029858	2070707	819657	3476091	3427271
电气机械和器材制造业	4388053	4025966	1742632	2693591	1215476	5331357	5226786
计算机、通信和其他电子设备制造业	16767689	14755410	6234651	12973431	7452624	24552389	24141493
仪器仪表制造业	920088	811135	332158	1579124	467675	1317286	1301813
其他制造业	525547	407076	173726	645559	292412	599250	597278
金属制品、机械和设备修理业	***	***	***	***	***	***	***
电力、热力、燃气及水生产和供应业	66002050	36307696	7329439	129378056	93536121	47781276	47610000
电力、热力生产和供应业	59285471	32897217	6148217	120045638	88519298	43408408	43279370
燃气生产和供应业	***	***	***	***	***	***	***
水的生产和供应业	5028531	2104862	1000377	5444348	4344447	944612	929172

工业企业主要经济指标（按行业分）（续表）

单位：万元

损益						应交税金合计	#营业税金及附加		#应交增值税
营业成本	#主营业务成本	销售费用	管理费用	财务费用	利润总额			#主营业务税金及附加	
145172586	142497146	8999325	7432403	1679430	17441488	10229880	3246017	3191853	4564876
4565601	4400348	19199	355017	368247	−730754	254342	51525	44800	167697
***	***	***	***	***	***	***	***	***	***
***	***	***	***	***	***	***	***	***	***
2996529	2837688	5743	234838	323127	−528725	104116	23096	19753	80862
1275869	1273899	2076	49837	24427	−289085	71300	9959	7385	39356
95611609	93217532	8892966	6703288	769432	10786147	8262180	2989863	2965639	3589463
1772253	1752254	108081	81211	20867	118944	29907	3196	3179	14040
2825398	2768303	1348364	246171	5327	320699	363949	35758	35643	251657
***	***	***	***	***	***	***	***	***	***
***	***	***	***	***	***	***	***	***	***
14085	12956	31	8515	744	2271	2898	1757	1372	404
453634	414687	174612	84785	3232	60469	67569	7371	7362	51581
***	***	***	***	***	***	***	***	***	***
***	***	***	***	***	***	***	***	***	***
313765	302236	43837	34875	2793	37771	26116	2989	2989	18092
329999	309064	21714	22122	−453	90653	47523	3473	3473	23339
657733	619143	19196	108080	−3342	58355	69715	8840	7444	48140
***	***	***	***	***	***	***	***	***	***
4318284	4043952	47754	161508	7241	345428	1105666	743409	740907	273742
945865	915796	164537	155548	21269	56320	76004	10273	9463	57968
3392926	3190107	2153644	670607	91690	1717647	898384	83686	81980	576436
***	***	***	***	***	***	***	***	***	***
404449	387750	15354	49869	2532	16506	21898	2670	2670	16147
2502763	2382280	97430	200026	57276	134477	141274	13580	13233	108370
846621	838796	42457	17994	10874	2286	12186	2440	2432	9796
471641	447650	7537	29558	6134	37925	15804	2301	2229	7648
1468910	1400410	30719	142811	27089	125371	53490	10316	6675	25605
3032523	3003138	223512	267252	61502	427340	195284	22612	22362	97482
3079916	3001574	258448	480697	106160	783317	285507	30799	30355	184942
35624963	34667318	1992879	1484857	161913	3632730	3192579	1422443	1418522	1094697
2886069	2848879	39737	290020	34730	212254	107124	14526	14085	75138
4095909	4038395	348208	445899	28356	401867	267836	26544	26534	170091
21330896	21098567	1283938	1186623	86346	1511035	411380	77390	75238	180634
838881	833678	96943	158552	7798	272052	119654	13623	12862	73282
470849	469175	19361	57420	1129	59292	22991	3615	3615	10765
***	***	***	***	***	***	***	***	***	***
44995377	44879266	87163	374099	541749	7386097	1713357	204630	181419	807713
41075277	40977479	9099	156618	453916	6891412	1579952	166561	143751	755398
***	***	***	***	***	***	***	***	***	***
807727	802717	46795	61196	77860	143282	82235	33616	33354	35681

2017 年北京市规模以上工业企业主要工业产品生产能力表

主要工业产品名称		2017	2016
原油加工能力	（吨）	11500000	11500000
硅酸盐水泥熟料	（吨）	3050000	4400000
发电设备容量总计	（万千瓦）	1240	1106
# 火电设备容量	（万千瓦）	1094	966
水电设备容量	（万千瓦）	98	98
风电设备容量	（万千瓦）	19	19
原煤	（吨）	3700000	4200000
卷烟	（万支）	4185000	4185000
水泥	（吨）	4000000	5500000
钢材	（吨）	1718466	1749047
金属切削机床	（台）	19803	21572
汽车	（辆）	2996500	2497500
# 基本型乘用车（轿车）	（辆）	2358500	1918160
移动通信手持机（手机）	（台）	9971501	23968342
微型计算机设备	（台）	18068000	18318000

2017 年北京市镇村工业企业主要经济指标表

单位：万元

地区	企业个数（个）	从业人员年末数（人）	增加值	总产值	营业收入	资产总额	负债总额	利润总额	上交税金	从业人员工资总额
合计	5846	263604	4068200	19007800	22194101	37476784	23617234	884379	1134251	1822247
朝阳区	33	1815	23650	95657	93584	139886	88612	7352	7282	10945
丰台区	31	2457	16689	70687	91158	300632	243910	1873	4021	11476
海淀区	135	3838	40739	109178	129768	196978	133179	8804	6662	15966
门头沟区	27	654	3145	13540	25149	21257	9637	346	837	1795
房山区	307	16958	405888	1364684	1627568	2432014	1545906	53548	71402	164781
昌平区	179	14310	173286	888199	1038924	3530792	2028354	-27485	56712	147564
顺义区	1652	72383	1224484	6983883	7655157	9777973	6627371	362791	359892	454748
通州区	2144	78807	1075871	4831079	6118966	14242451	9331396	230718	365296	460543
大兴区	272	30200	677598	2644888	3140072	3497351	1665741	159932	148823	281662
平谷区	573	18190	125438	719134	720981	1233090	784826	4869	32127	84709
怀柔区	155	12693	205761	873526	1103628	1143763	653798	58896	55960	137328
密云区	314	10747	93388	389339	411341	920000	474178	20283	22858	47455
延庆区	24	552	2263	24006	37805	40597	30326	2452	2379	3275

2017年北京市主要工业产品产量表

工业产品名称		2017	2016
单晶硅	（千克）	141432.4	85814.4
中成药	（万吨）	4.1	4.2
沥青和改性沥青防水卷材	（万平方米）	1080.1	3949.5
纤维增强塑料制品	（万吨）	9.1	9.5
耐火材料制品	（万吨）	48.5	44.8
冷轧薄宽钢带	（万吨）	86.1	69.9
单一稀土金属	（千克）	1583545.0	151491.0
发动机	（万千瓦）	20210.6	20001.8
气动元件	（万件）	30192.4	25662.5
数控金属切削机床	（台）	14877	12420
机床数控装置	（套）	76979	54086
工业电炉	（台）	371	192
环境污染防治专用设备	（台套）	147460	95343
汽车	（万辆）	225.0	260.4
#基本型乘用车（轿车）	（万辆）	107.6	120.7
运动型多用途乘用车（SUV）	（万辆）	54.9	72.8
载货汽车	（万辆）	46.3	43.2
改装汽车	（万辆）	0.9	1.0
风力发电机组	（万千瓦）	280.9	338.3
锂离子电池	（万只）	846.7	598.4
移动通信手持机（手机）	（万台）	7483.1	6923.9
微型计算机设备	（万台）	742.4	684.1
服务器	（台）	147663	214682
液晶显示模组	（万套）	15052.2	12173.1
显示器	（万台）	360.8	503.5
集成电路	（亿块）	93.1	80.5
彩色电视机	（万台）	382.7	304.6

2017年北京市规模以上高技术制造业主要经济指标表

单位：亿元

项目	工业总产值	主营业务收入	利润总额	应交税金
合计	3930.8	4608.8	466.4	206.9
按登记注册类型分组				
内资	1765.5	1869.4	245.2	119.1
国有	79.7	78.7	7.8	3.3
集体	1.1	1.2	0.2	0.1
股份合作企业	3.1	2.7	0.0	0.1
有限责任公司	978.4	1031.3	120.4	55.4
股份有限公司	433.2	472.6	84.7	42.0
私营企业	269.8	282.9	32.1	18.1
其他				
港澳台商投资	1242.7	1780.1	126.3	26.8
外商投资	922.6	959.3	94.8	61.0
按高技术领域分组				
医药制造业	981.6	946.4	197.2	107.6
航空、航天器及设备制造业	314.0	318.3	21.3	7.8
电子及通信设备制造业	1906.2	2363.2	163.4	48.4
计算机及办公设备制造业	325.2	540.0	18.4	9.8
医疗仪器设备及仪器仪表制造业	397.2	433.7	65.5	33.2
信息化学品制造业	6.6	7.2	0.7	0.2

2017年北京市规模以上工业战略性新兴产业总产值表

单位：亿元

项目	2017
合计	4115.7
节能环保产业	350.4
新一代信息技术产业	1429.6
生物产业	976.7
高端装备制造业	502.8
新能源产业	152.7
新材料产业	459.9
新能源汽车产业	210.8
数字创意产业	27.3
相关服务业	5.4

2017年北京市工业分行业能源消费总量和主要能源品种消费量表

单位：万吨

项目	能源消费总量（万吨标准煤）	煤炭	汽油	煤油	柴油	燃料油	液化石油气	液化天然气	天然气（亿立方米）	热力（万百万千焦）	电力（亿千瓦时）
合计	7132.84	490.46	489.85	644.00	175.11	2.81	48.58	16.82	162.24	17090.34	1066.88
农、林、牧、渔业	72.01	12.97	3.00		2.21		0.05				19.95
采矿业	12.20	0.60	0.08		0.95		0.01		0.01	15.64	3.46
煤炭开采和洗选业	3.02	0.03	0.01		0.02		0.01			6.95	0.98
石油和天然气开采业	0.02										0.01
黑色金属矿采选业	8.43	0.55	0.04		0.66				0.01	8.56	2.38
有色金属矿采选业	0.01										
非金属矿采选业	0.53	0.01			0.24						0.07
开采辅助活动	0.13		0.03							0.14	0.03
其他采矿业	0.05				0.04						
制造业	1189.76	57.60	16.50	0.05	13.80	0.83	1.00	2.14	11.13	3727.03	172.75
农副食品加工业	23.08	0.76	0.43		0.32		0.05	0.23	0.42	75.67	4.73
食品制造业	28.90	0.62	0.53		0.49		0.09	0.39	0.64	82.80	5.49
酒、饮料和精制茶制造业	22.41	1.43	0.27		0.24		0.01	0.04	0.71	52.91	3.51
烟草制品业	1.81								0.08		0.29
纺织业	2.86	0.34	0.15		0.03		0.01		0.02	2.51	0.71
纺织服装、服饰业	10.55	0.72	0.74		0.10		0.02	0.06	0.08	25.07	2.39
皮革、毛皮、羽毛及其制品和制鞋业	1.07	0.04	0.07		0.01					2.83	0.28
木材加工和木、竹、藤、棕、草制品业	2.68	0.07	0.22		0.08		0.01		0.01	0.09	0.73
家具制造业	7.01	0.25	0.53		0.11		0.05	0.01	0.04	7.36	1.82
造纸和纸制品业	9.43	0.43	0.35		0.19	0.01	0.02	0.28	0.15	4.87	2.07
印刷和记录媒介复制业	21.51	0.40	0.84		0.21		0.01		0.16	50.55	5.74
文教、工美、体育和娱乐用品制造业	3.54	0.09	0.22		0.04		0.01	0.03	0.02	15.13	0.83
石油加工、炼焦和核燃料加工业	458.34	0.03	0.09		0.15		0.04		2.69	1458.24	16.50
化学原料和化学制品制造业	88.76	0.47	0.80		0.58	0.05	0.06	0.61	0.21	931.00	13.21
医药制造业	34.64	0.19	0.50		0.18		0.03	0.06	0.63	167.98	7.17
化学纤维制造业	1.51		0.02						0.04		0.36
橡胶和塑料制品业	19.69	0.66	0.62		0.22		0.12	0.02	0.13	19.48	5.62
非金属矿物制品业	101.02	46.02	0.96		6.72	0.76	0.06	0.22	0.93	27.89	12.98

说明：各行业能源消费总量为各行业终端消费量与各行业分摊的损失量和加工转换损失量之和，不等于分品种能源消费量（标准煤）的合计。

2017年北京市区域规模以上工业企业产值情况

单位：万元

各　区	工业总产值（当年价格）	
	2017	2016
全　市	189010708	180872720
东城区	2001783	1959076
西城区	11456945	10959718
朝阳区	7153799	8162953
丰台区	4376097	4465387
石景山区	2224235	2135464
海淀区	23875951	21086012
门头沟区	842562	769684
房山区	8951578	7511739
通州区	6411844	6439694
顺义区	21920685	30086019
昌平区	10991256	8912468
大兴区	8119337	7718270
怀柔区	6360397	4919425
平谷区	1890327	2467785
密云区	3058336	3318238
延庆区	789899	714660
北京经济技术开发区	34248825	28425063

说明：1. 本表统计范围为年主营业务收入2000万元及以上的法人工业企业（下同）。

2. 根据有关规定，国家电网公司、国网冀北电力有限公司的工业总产值（当年价格）、工业销售产值（当年价格）由北京市统计局统一核算，故表中工业总产值（当年价格）、工业销售产值（当年价格）指标分区数据之和不等于全市合计。

2017 年北京市区域规模以上工业企业主要财务指标

单位：个

各 区	企业单位个数		在 2017 年企业单位个数中				
	2017	2016	# 大 型	# 中 型	# 小 型	轻工业	重工业
全 市	3231	3340	135	532	2411	1123	2108
东城区	30	31	2	8	19	18	12
西城区	47	52	8	8	28	15	32
朝阳区	245	261	8	39	190	75	170
丰台区	152	168	9	22	117	36	116
石景山区	40	41	3	11	23	7	33
海淀区	428	433	17	72	325	96	332
门头沟区	31	33	2	1	24	10	21
房山区	155	164	6	17	121	52	103
通州区	374	427	4	58	289	148	226
顺义区	356	346	18	57	259	125	231
昌平区	289	298	9	46	226	100	189
大兴区	339	346	12	44	266	160	179
怀柔区	164	170	4	23	133	73	91
平谷区	117	117	1	25	82	45	72
密云区	135	138	4	23	100	48	87
延庆区	41	39	0	11	28	15	26
北京经济技术开发区	288	276	28	67	181	100	188

说明：1. 企业大中小型划分标准执行国家统计局《关于统计上大中小微型企业划分办法》（国统字〔2011〕75 号）。

2. 应交税金合计主要包括应交增值税、应交所得税和税金及附加等。计算应交增值税时企业应交增值税为负数的按实际计算（下表同）。

2017 年北京市区域规模以上工业企业主要财务指标（续表 1）

单位：个

各　区	在 2017 年企业单位个数中			
	# 国有控股	# 内　资	# 港澳台商投资	# 外商投资
全　市	664	2512	175	544
东 城 区	12	27	1	2
西 城 区	31	43	2	2
朝 阳 区	88	197	19	29
丰 台 区	58	140	3	9
石景山区	16	32	3	5
海 淀 区	107	369	20	39
门头沟区	5	29	1	1
房 山 区	28	140	4	11
通 州 区	44	298	12	64
顺 义 区	55	224	21	111
昌 平 区	61	243	15	31
大 兴 区	53	298	11	30
怀 柔 区	18	119	12	33
平 谷 区	10	73	8	36
密 云 区	23	104	9	22
延 庆 区	9	34	1	6
北京经济技术开发区	46	142	33	113

2017 年北京市区域规模以上工业企业主要财务指标（续表 2）

单位：万元

各 区	资产总计		负债合计		所有者权益合计		营业收入	
	2017	2016	2017	2016	2017	2016	2017	2016
全 市	459857612	430936843	206710165	197981343	252115144	232724512	211809811	202138149
东城区	2374762	2203389	1068387	912439	1306375	1290949	2207098	2237316
西城区	188911106	180343435	61517199	63809496	127393907	116533939	46166773	42269911
朝阳区	19704362	21170437	9568361	11473245	10125931	9675214	8363788	9423221
丰台区	9416651	9006564	5349958	5171893	4063243	3825762	5086877	5084334
石景山区	37704865	30621475	21808064	17253081	15633688	13368394	4624868	3727788
海淀区	50657969	46006410	25535884	22408398	24806788	23578251	31161057	28708432
门头沟区	2631311	2479370	1324542	1280232	1305318	1196094	861780	777623
房山区	8823222	8450868	5382742	4976866	3440480	3474002	9496409	8193648
通州区	9241082	9099161	5208872	5412653	4032211	3663336	8131377	8138051
顺义区	34110259	32911056	20620355	18155989	13407122	14748050	23463423	31231786
昌平区	22525006	19985510	11165536	10229775	11359591	9749577	12796809	10699404
大兴区	14089435	11440274	6627911	6568059	7167713	4738429	9809338	8687925
怀柔区	6199602	6064645	3569668	3559130	2629934	2505643	7373593	6000714
平谷区	2532570	2578441	1554508	1604566	977915	969657	2330616	3004046
密云区	4732184	4657956	2650146	2711758	2079134	1945797	3465736	3817484
延庆区	4166891	3855374	1984140	1855739	2182751	1999635	845945	798202
北京经济技术开发区	42036333	40062480	21773893	20598023	20203043	19461783	35624323	29338265

2017 年北京市区域规模以上工业企业主要财务指标（续表 3）

单位：万元

各 区	主营业务收入		利润总额		利税总额	
	2017	2016	2017	2016	2017	2016
全 市	207220418	197469575	20236731	16082648	29370153	25215765
东城区	2141500	2179660	145709	172250	224129	247815
西城区	45978453	42139073	7255106	4740839	8271048	5916237
朝阳区	8035640	9186710	846124	-21557	1278977	299078
丰台区	4987686	4978215	351509	310242	513797	509486
石景山区	4482723	3626565	-282893	189396	-100857	331013
海淀区	30545927	28106733	2693391	2291913	3483224	3106821
门头沟区	814218	737404	142763	76343	210435	141693
房山区	9177408	7835492	433258	235545	1556886	1326406
通州区	7954861	7977901	686618	619190	1251705	1188899
顺义区	23095047	30748264	1103168	1964336	2186280	3503123
昌平区	12155372	10123192	1184531	1055082	1613151	1471461
大兴区	9259906	8174691	657923	621212	1000197	932330
怀柔区	7223291	5847370	319820	343912	553855	596916
平谷区	2185569	2793193	-6906	102528	65311	197294
密云区	3327444	3627642	128379	116182	257127	261767
延庆区	769176	729181	227765	210791	259836	241678
北京经济技术开发区	35086194	28658291	4350467	3054445	6745055	4943747

2017 年北京市区域规模以上工业企业主要财务指标（续表 4）

各　区	应交税金合计（万元）		#应交增值税（万元）		平均用工人数（人）	
	2017	2016	2017	2016	2017	2016
全　市	11954599	11956830	5685501	5667337	995477	1044464
东城区	98261	105736	63029	62355	10528	12480
西城区	1685883	1726413	819716	1051687	60153	58380
朝阳区	601252	484409	353548	240713	76114	84325
丰台区	225308	262444	134844	167732	46537	53104
石景山区	211647	166466	148539	109030	26271	29258
海淀区	1057895	1152041	590147	591167	117980	123160
门头沟区	84821	76856	51393	51126	12021	14613
房山区	1227752	1162700	364144	332547	38206	41904
通州区	658853	663668	284738	284481	70468	75701
顺义区	1108280	1987187	459926	623982	134614	145298
昌平区	552151	509768	340844	336801	88744	87754
大兴区	447331	435724	289918	260096	71701	70442
怀柔区	300721	304307	183796	206347	38896	39793
平谷区	80460	124494	60047	79974	26272	27695
密云区	158457	179412	78888	97996	31016	34285
延庆区	37780	38275	27857	25916	8499	8853
北京经济技术开发区	3417747	2576930	1434129	1145388	137457	137419

2017年北京市镇村规模以上工业企业生产销售情况

单位：万元

行业分类	企业个数（个）	从业人员年平均数（人）	工业增加值	现价总产值	现价销售产值	营业收入	利润总额	上交税金	从业人员工资总额
总计	998	174528	3804953	17287477	16933625	20405199	919914	926465	1512689
煤炭采选业									
黑色金属矿采选业	2	480	6365	25762	25573	25223	460	620	1410
有色金属矿采选业									
非金属矿采选业									
其他采矿业	2	337	7660	13806	15069	171517	183	2785	2418
农副食品加工业	51	9437	203848	1233814	1233159	1336353	40151	13609	63563
谷物磨制	5	437	11746	169163	169100	236518	1538	670	4563
饲料加工	16	2314	45268	218938	216872	236870	10005	2504	17674
植物油加工									
制糖	1	650	7725	27544	31601	31601	1650	1681	2358
屠宰及肉类加工	17	4699	110574	715566	712520	736261	16519	3169	28959
水产品加工业									
蔬菜、水果和坚果加工	7	474	15999	43043	43836	33326	5529	1807	4276
其他农副食品加工	5	863	12536	59560	59230	61777	4910	3778	5733
食品制造业	51	17597	480114	1228692	1263566	2211839	55658	92960	188775
焙烤食品制造	16	7668	73877	319002	320209	327860	5740	21332	49740
糕点、巧克力及蜜饯制造	2	354	17335	20914	21019	21416	2391	2272	3494
方便食品制造	8	952	22503	70916	70711	75667	-1473	3911	14626
液体乳及乳制品制造	4	3978	153610	409558	449958	1333930	2603	35537	61217
罐头制造业									
调味品、发酵制品制造业	3	484	9376	44345	43802	44328	-2151	2130	3258
其他食品制造	18	4161	203413	363957	357867	408638	48548	27778	56440
酒、饮料和精制茶制造业	10	3448	126084	288952	269730	388597	12061	26431	51341
酒精制造业									
酒的制造	4	826	46706	161556	126355	130438	2772	9694	7971
软饮料制造	6	2622	79378	127396	143375	258159	9289	16737	43370
精制茶加工									
纺织业	7	819	5933	28917	29784	33497	738	735	3628
服装、鞋、帽制造业	51	10310	57019	355923	320401	340788	14200	16319	47983
皮革、毛皮、羽毛及其制品业	2	171	1962	16474	16474	16474	111	381	813
木材加工和木、竹、藤、棕、草制品业	5	116	306	10828	11870	13456	-589	142	671
家具制造业	36	8977	162265	735689	750369	818968	58376	39402	63090
木质家具制造	23	6690	103017	557314	566969	575677	43438	27298	49320
造纸和纸制品业	21	1852	20223	109698	115380	114913	507	3650	9102
印刷业、记录媒介的复制	23	3390	57331	205381	203103	241367	19362	16141	30456
文教体育用品制造业	11	1761	18766	78534	80785	93405	4185	3178	9881

2017年北京市镇村规模以上工业企业生产销售情况（续表）

行业分类	企业个数（个）	从业人员年平均数（人）	工业增加值	现价总产值	现价销售产值	营业收入	利润总额	上交税金	从业人员工资总额
石油加工、炼焦及核燃料加工业	5	1047	36754	162644	162735	252617	13204	16434	10530
化学原料及化学制品制造业	49	3579	73270	369358	361105	445019	13820	17042	38341
医药制造业	63	14102	384924	1223999	1131621	1148119	256301	114225	101075
中药饮片加工	25	6088	225855	623053	555536	566910	136410	48284	39433
中成药制造	14	2506	37494	120591	118948	123282	14012	9390	14621
生物、生化制品的制造	5	1288	40578	102161	102888	105644	17068	6536	14637
化学纤维制造业	1	20	13177	47125	47125	47125	1070	2175	132
橡胶制品业	26	2800	31908	142683	146209	204755	4491	8285	19292
塑料制品业	11	1071	14091	75871	86709	92283	-4703	1363	5755
非金属矿物制品业	61	11347	248604	1508747	1563861	1524276	57087	52233	67577
黑色金属冶炼及压延加工业	3	414	2372	20093	20099	64130	139	1188	3937
有色金属冶炼及压延加工业	17	2131	46400	219172	208792	266187	17073	6965	14087
金属制品业	86	9509	132591	1497631	1510312	1652621	7051	46149	68073
通用设备制造业	86	9908	235871	840725	852968	899071	44476	45117	72138
专用设备制造业	58	8533	53275	457540	436629	524969	-36614	33887	65902
交通运输设备制造业	96	25528	918231	4204948	4309806	4525661	210268	229686	343707
电气机械及器材制造业	37	5200	61150	353844	371848	388889	1628	16876	54250
通信设备、计算机及其他电子设备制造业	21	2818	50591	425405	283829	406993	26489	14660	32095
仪器仪表及文化、办公用机械制造业	14	2225	35561	187952	197404	218069	12452	13342	12131
工艺品及其他制造业	76	14354	285092	1127734	823452	1841107	84640	85443	121407
废弃资源和废旧材料回收加工业	6	677	15732	44039	43662	44415	-1018	2220	4193
电力、热力的生产和供应业	6	286	13567	22183	18737	27681	1665	1611	2410
燃气生产和供应业	3	206	2516	18828	16893	20330	4725	685	1856
水的生产和供应业	1	78	1400	4486	4486	4485	267	526	670

（北京市中小企业服务中心）

附　录

本栏目收录北京市第32届企业管理现代化创新成果获奖名单、优秀组织单位名单、北京市第20批企业技术中心认定名单、北京市工业企业部分发明授权专利、2017北京软件和信息服务业综合实力百强企业榜单以及北京市政府相关部门通信指南、北京市辖区内国有控股工业企业通信指南和北京市部分工业企业名录。

北京市第32届企业管理现代化创新成果获奖名单（338项）

序号	成果名称	企业名称
一等奖（118项）		
1	城市轨道交通设备故障网络化应急抢险抢修体系建设与实施	北京市地铁运营有限公司通信信号分公司
2	车辆信息管理系统在轨道交通运营车辆维检中的应用	北京市地铁运营有限公司运营二分公司
3	地铁供电二次设备仿真实操培训考试平台创新管理	北京市地铁运营有限公司供电分公司
4	半导体显示企业高效研发体系的构建	京东方科技集团股份有限公司
5	传统军工企业开放协同式技术创新体系的构建与实施	北京大华无线电仪器厂
6	互联网时代大型汽车集团制造服务化转型的创新与实践	北京汽车集团有限公司
7	基于战略与集团管控定位的大型企业集团总部管理标准体系建设与实施	北京汽车集团有限公司
8	大型企业集团合规管理体系建设与实施	北京汽车集团有限公司
9	大型汽车集团派出财务总监绩效评价体系创新与实施	北京汽车集团有限公司
10	基于信息安全的数据云平台的创新与实践	北京汽车集团有限公司
11	大型汽车集团基于新形势下安全管理模式的创新与实践	北京汽车集团有限公司
12	大型整车企业建立三道防线重点风险管控体系的实践与创新	北京汽车股份有限公司
13	大型制造企业工会“三层次职工创新体系”的建设与实践	北京汽车股份有限公司
14	合资汽车制造企业依托卓越生产体系打造全球最佳工厂的创新与实践	北京奔驰汽车有限公司
15	汽车行业发动机工厂建设“六个维度6个零”管理创新实践	北京奔驰汽车有限公司
16	风险导向型采购绩效审计标准化体系的构建与实施	北京奔驰汽车有限公司
17	大型制造企业财务信息系统集成化管理与流程再造	北京现代汽车有限公司
18	新能源汽车企业以分享经济为战略理念的全价值链运营体系实施	北京新能源汽车股份有限公司
19	后补贴时代下新能源汽车企业渠道的创新与实践	北京新能源汽车营销有限公司
20	搭建充电资源整合平台与协同一体化创新管理体系	北京新能源汽车营销有限公司
21	车咖“互联网＋绿色智慧出行”业务体系创新建设和实践	北汽银建投资有限公司
22	打造汽车服务贸易平台“三位一体”派出人员绩效考核管理体系	北汽鹏龙服务贸易平台
23	基于“互联网＋”的智慧物业服务创新实践	北京鹏盛物业管理有限公司
24	适应通信企业发展转型的中台体系构建与实施	中国联合网络通信有限公司北京市分公司
25	城市轨道交通企业授权经营模式创新与实践	北京市基础设施投资有限公司
26	以“驾驶舱”为抓手的大型国企在开发建设领域智能管理的实践	北京住总集团有限责任公司
27	北京核心区胡同物业管理服务模式的创新实践	北京住总北宇物业服务有限责任公司
28	以共享为目标的高速公路数字视频平台建设与管理	北京市首都公路发展集团有限公司
29	首都高速公路收费罩棚养护标准体系的构建与实施	北京市首都公路发展集团有限公司
30	“田迎技师创新工作室”管理品牌的构建与传播	北京市首都公路发展集团有限公司八达岭高速公路管理分公司
31	高速公路企业绿色物业管理体系建设与实施	北京市首都公路发展集团有限公司京沈高速公路分公司
32	公路项目代建企业面向市场化的现代服务业转型	北京市首发高速公路建设管理有限责任公司

（续表）

序号	成果名称	企业名称
33	以“首都养路人”品牌为核心的企业文化构建与实施	北京公联洁达公路养护工程有限公司
34	首都高速公路人力资源管理专业队伍建设与创新	北京市首都公路发展集团有限公司
35	国有企业“大治理、大激励、大监控”管理运行体系的构建与实施	北京华融金晖置业有限公司
36	历史街区“软更新”构建旧城社区共同体——白塔寺街区社区营造模式的实践	北京华融金盈投资发展有限公司
37	互联网企业践行社会责任的实践——Life金融街研发扶贫平台的创建	金融街升达（北京）科技有限公司
38	以人文关怀为导向的养老机构风险管控实践	北京金融街物业管理有限责任公司
39	企业集团总审计师制度的创新与实践	北京首都创业集团有限公司
40	城市污水处理项目“投、建、运”整体优化的指标评价管理体系的创建与实施	北京首创股份有限公司
41	以战略为导向的大型房地产企业人力资源价值运营体系的创建与实施	首创置业股份有限公司
42	首都电网企业核心业务创新管理实践	国网北京市电力公司
43	重点领域关键环节风险防控机制构建与实践	国网北京市电力公司城区供电公司
44	对标典型经验推广应用机制构建与实践	国网北京市电力公司
45	首都电网企业业务集约融合管理创新实践	国网北京市电力公司
46	北京城市副中心“无煤化”工程实施创新实践	国网北京市电力公司通州供电公司
47	地方电力公司税务风险预警模式的构建	国网北京市电力公司
48	大型城市电网“大检修”体系的构建与实施	国网北京市电力公司
49	首都电网企业在居民“煤改电”工程中的管理体系创新实践	国网北京市电力公司
50	电网企业营配调信息系统构建的创新实践	国网北京市电力公司
51	电网企业内部审计效能提升的模式创新与实践	国网北京市电力公司
52	大型供电企业计量器具集约化配送创新实践	国网北京市电力公司电力科学研究院
53	大型电网企业后勤综合管理体系建设创新实践	国网北京市电力公司
54	基层供电企业“煤改电”项目精益管理创新与实践	国网北京市电力公司丰台供电公司
55	基于“政企协作”的城市电网规划建设模式创新实践	国网北京市电力公司
56	输电线路运维管理模式的创新与实践	国网北京市电力公司大兴供电公司
57	全面“营改增”政策下电力企业增值税管理的创新与实践	国网北京市电力公司昌平供电公司
58	大型集中供热企业绿色智能发展的转型升级实践	北京市热力集团有限责任公司
59	大型企业集团财务公司内部融资管控体系的构建与实施	京能集团财务有限公司
60	火电企业基于“大数据”理念的培训管理	山西漳山发电有限责任公司
61	水电企业基于电站分散化的物资集约化管理体系的构建和实施	四川大川电力有限公司　四川众能电力有限公司
62	城市燃气电厂基于能源梯级利用的营销管理	深圳钰湖电力有限公司
63	发电企业外委服务供应商一体化管控体系的构建与实施	北京京能高安屯燃气热电有限责任公司
64	基于智慧管理的城市综合体信息化建设实践	北京乐多港发展有限公司
65	火力发电企业基于大数据的能效对标动态管理体系的建立与实施	内蒙古京能康巴什热电有限公司
66	大型能源集团燃机检修服务及备件管理平台的构建与实施	北京国际电气工程有限责任公司
67	火力发电企业“三全管理”模式构建与实施	宁夏京能宁东发电有限责任公司

（续表）

序号	成果名称	企业名称
68	燃气发电企业全方位绩效管理体系的构建与实施	北京京桥热电有限责任公司
69	互联网＋标准化工程造价模式的创新与实践	天职工程咨询股份有限公司
70	中石化海外油气战略信息资源共享体系建设与实施	中国石油化工股份有限公司石油勘探开发研究院
71	人脸大数据综合管理系统的创建与应用	北京亚信金山科技有限公司
72	大型军工上市公司混合所有制改革的创新与实践	北方导航控制技术股份有限公司
73	军民融合背景下航天制造企业 岗位任职资格体系与队伍能力建设实践	北京卫星制造厂
74	城市轨道交通建设工程监测数据即时上传的创新应用	北京市轨道交通建设管理有限公司
75	国有外贸企业向国际服务贸易转型的创新实践	北京市圣雅诗进出口有限责任公司
76	北京同仁堂安宫牛黄丸产品专销模式的创新实践	中国北京同仁堂（集团）有限责任公司
77	“政企联动规划设计管理机制”在北京城市副中心建设中的创建与实施	北京新奥集团有限公司
78	大型企业集团的全面法律风险管理实践	北京新奥集团有限公司
79	以“幸福百姓”为宗旨的阳光拆迁管理工程的实践	北京新奥集团有限公司通州分公司
80	通州商务中心区封闭区域网格化管理的实践	北京新奥通城房地产开发有限公司
81	“五全”项目管理体系在北京城市副中心行政办公区工程建设中的创建与实施	北京新奥通城房地产开发有限公司
82	北京燃气集团职工创新工作室“5+4”管理模式建设与运行	北京市燃气集团有限责任公司工会
83	北京燃气加强计量表全生命周期精细化管理的创新实践	北京市燃气集团有限责任公司第五分公司
84	基于人才梯队建设的人才结构优化实践	北京市燃气集团有限责任公司人力资源部
85	北京燃气大数据安全分析平台建设与实践	北京市燃气集团有限责任公司信息档案中心
86	适应南部区域发展需要综合管理型机构建设的尝试与应用	北京市燃气集团有限责任公司第四分公司
87	大型国有企业战略导向型全面预算管理	北京市燃气集团有限责任公司企管计划部
88	啤酒行业民族品牌的建设	北京燕京啤酒股份有限公司
89	新形势下电网企业战略调整的创新与实践	国网冀北电力有限公司
90	服务大规模清洁能源发展的输电网规划管理与实践	国网冀北电力有限公司
91	企业用能监测及数据分析移动应用建设管理创新	国网冀北节能服务有限公司
92	国有大型电力企业基于合同签订与执行链条的结算辅助管理创新与实践	国网冀北电力有限公司
93	供电企业青年员工培养体系的创新与实践	国网冀北电力有限公司廊坊供电公司
94	供电企业“双赢”人岗匹配度评价体系的构建与实施	国网冀北电力有限公司承德供电公司
95	雪花型模式在县级供电企业配电网管理中的创新与实践	国网冀北电力有限公司张家口市崇礼区供电分公司
96	构建电网企业的集约化特高压变电运维模式	国网冀北电力有限公司检修分公司
97	运营稽查全业务质量管控体系的创建与实施	国网冀北电力有限公司
98	基于海量数据挖掘的新能源消纳能力提升	国网冀北电力有限公司
99	以“三层一体”为支撑的智能配网管理创新与实践	国网冀北电力有限公司秦皇岛供电公司
100	北京公交“互联网＋”管理创新实践	北京公共交通控股（集团）有限公司
101	特大型火力发电厂财产保险索赔实践与成果	内蒙古大唐国际托克托发电有限责任公司

（续表）

序号	成果名称	企业名称
102	特大型发电集团提质增效优化发展战略研究与实施	大唐国际发电股份有限公司
103	三维导向型培训策略在转型期企业的创新与实践	大唐国际发电股份有限公司北京高井热电厂
104	人性化的制度全生命周期管理与实践	大唐国际发电股份有限公司北京高井热电厂
105	物资监审管理信息系统的构建与实施	大唐国际发电股份有限公司陡河发电厂
106	利用互联网＋技术创建新能源检修班组管理新模式	北京中兴唐电力检修有限责任公司
107	以风险管控为核心的企业级可视化管理系统的建设与实施	北京城建八建设发展有限责任公司
108	强化战略驱动，构建执行体系，推动电信企业数字化转型	中国移动通信集团北京有限公司
109	互联网＋时代行业信息化协同支撑管理体系建设	中国移动通信集团北京有限公司
110	基于PDCA的区域4G营销管理体系	中国移动通信集团北京有限公司
111	成品油销售企业以信息化为支撑的“四全四员”安全督查管理体系的构建与实施	中国石化销售有限公司北京石油分公司
112	大型国有企业深化干部人事制度改革的创新实践	首钢集团有限公司人力资源部
113	综合性大型企业集团管控体系的构建与实施	首钢总公司发展研究院
114	钢铁产品结构调整管理体系的构建与实施	首钢集团有限公司技术研究院
115	运用物联网和互联网＋养老服务，打造智慧养老服务模式	北京市石景山区老年福敬老院
116	大型钢铁企业创建现场问题管理体系的实践	北京首钢股份有限公司
117	大型国有企业战略退出实现结构优化的实践	首钢集团有限公司战略发展部
118	以优化产能提升效益为中心的流程再造管控体系构建	首钢水城钢铁（集团）有限责任公司
二等奖（220项）		
1	跨境小包快速直封通道的构建	中国邮政集团公司北京市国际邮电局
2	基于邮票文化产品的文化创意服务体系构建	北京市邮票公司
3	三十分钟联动抢险救援信息系统	北京市地铁运营有限公司线路分公司
4	地铁机电专业员工实训管理创新与实践	北京市地铁运营有限公司机电分公司
5	员工考试平台系统的建设与实施	北京市地铁运营有限公司机电分公司
6	逆向培训法在班组培训中的应用	北京市地铁运营有限公司机电分公司
7	踏面制动单元流水线提高地铁车辆维修水平	北京市地铁运营有限公司运营三分公司
8	“美峪导师”培训管理体系	北京市地铁运营有限公司运营四分公司
9	北京地铁机场线车辆制动系统维修管理创新实践	北京市地铁运营有限公司运营四分公司
10	基于岗位素质模型的可视化培训方式	北京市地铁运营有限公司运营四分公司
11	北京地铁微机防误与接地管理系统	北京市地铁运营有限公司供电分公司
12	北京地铁接触网危险有害因素辨识	北京市地铁运营有限公司供电分公司
13	劣势企业退出工作的创新与实践	北京易亨电子集团有限责任公司
14	订单生产全过程可视化构建	北京七一八友晟电子有限公司
15	电子信息企业科技导向型产业园区孵化业务的建设	北京牡丹电子集团有限责任公司
16	适应电子信息企业转型战略的工会工作新方式	北京牡丹电子集团有限责任公司
17	大型汽车集团一流战略规划体系构建及创新实践	北京汽车集团有限公司
18	大型汽车企业质量预防与拦截体系的构建与实施	北京汽车股份有限公司
19	大型整车集团通过虚拟组织实现跨公司协作的实践与创新	北京汽车股份有限公司

（续表）

序号	成果名称	企业名称
20	大型车企“成本结构优化”管控体系的创新与实践	北京汽车股份有限公司
21	基于大数据分析的客户数据仓库平台的创新与实践	北京汽车股份有限公司
22	全球资源平台下全新商务谈判模式的构建	北京奔驰汽车有限公司
23	基于业财融合的供应商排序件管理体系的搭建和实施	北京奔驰汽车有限公司
24	提高“车身2线”生产能力的管理创新实践	北京现代汽车有限公司
25	新能源汽车企业跨公司全价值链生产运营体系建立与优化	北京新能源汽车股份有限公司
26	汽车服务贸易集团以战略为导向的管理会计体系建设与管理	北汽鹏龙服务贸易平台
27	互联网＋交钥匙工程5.0版管理模式创建与实践	北京京鹏环宇畜牧科技股份有限公司
28	“多点互联＋数据整合”思路下的备件业务管理模式创新	北京汽车国际发展有限公司
29	基于大数据分析理念的汽车经销商四级风险预警体系构建与应用	北京汽车集团财务有限公司
30	通过信息化手段，提升工程项目管理水平	北京建工四建工程建设有限公司
31	回归制造，匠心打造精品的质量管理之路	北京北开电气股份有限公司
32	国有肉类企业多元化销售模式创新与实践	北京二商大红门肉类食品有限公司
33	基于统一平台的企业管理信息化创新与实践	北京二商集团有限责任公司
34	京津冀协同发展下“住总武清模式”的创新实践	北京住总集团有限责任公司
35	第三方扬尘治理机制在施工领域的创新应用	北京住总集团有限责任公司
36	高速公路运营企业“三全合一”降本增效工作的实施	北京市首都公路发展集团有限公司八达岭高速公路管理分公司
37	基于解释结构模型的高速公路安全突发事件应急管理系统的构建与实践	北京市首都公路发展集团有限公司八达岭高速公路管理分公司
38	信息化建设在高速公路企业运营管理中的应用与实践	北京市首都公路发展集团有限公司八达岭高速公路管理分公司
39	首都高速公路廉洁文化体系的建设与实践	北京市首都公路发展集团有限公司京沈高速公路分公司
40	高速公路收费运营管理信息系统的构建与实施	北京市首都公路发展集团有限公司京沈高速公路分公司
41	“金字塔”形收费技能人才队伍的构建	北京市首都公路发展集团有限公司京沈高速公路分公司
42	三级预算管理在高速公路收费运营企业的构建与实施	北京市首都公路发展集团有限公司京沈高速公路分公司
43	“走动式管理”体系的创建与实施	北京市首都公路发展集团有限公司京沈高速公路分公司
44	以高科技应用推进高速公路运营管理工作的创新	北京市首都公路发展集团有限公司京开高速公路管理分公司
45	高速公路运营企业安全文化体系建设与实践	北京市首都公路发展集团有限公司京开高速公路管理分公司
46	高速公路运营企业班组民主管理的实践与应用	北京市首都公路发展集团有限公司京开高速公路管理分公司
47	北京市城市副中心交通应急管理体系建设	北京市首都公路发展集团有限公司安畅高速公路管理分公司
48	“44321”法则在高速公路行业基层班组中的实践与应用	北京市首都公路发展集团有限公司安畅高速公路管理分公司
49	高速公路恶劣天气保通工作体系的创新与实践	北京首发公路养护工程有限公司

（续表）

序号	成果名称	企业名称
50	高速公路养护信息化管理体系应用实践	北京首发公路养护工程有限公司
51	全面预算管理在首都高速公路养护企业的创新应用与实践	北京首发公路养护工程有限公司
52	基于提升ETC用户体验度的服务质量监控系统	北京速通科技有限公司
53	感知型城市道路养护管理信息系统的建设及实施	北京公联洁达公路养护工程有限公司
54	“精益之道”促进国企监督体系的构建	中国五洲工程设计集团有限公司
55	基于数据共享理念的国企工程设计集团审计信息化建设实践	中国五洲工程设计集团有限公司
56	搭建职业发展“双通道”培育企业核心竞争力	北京绿野晴川动物园有限公司
57	旧城风貌保护在城市发展中的改建方案——北新华街北段道路项目实践	北京华融基础设施投资有限责任公司
58	旧城公共空间疏解优化实施的创新——以北京白塔寺风貌保护区公共空间保护实施为例	北京华融金盈投资发展有限公司
59	基于房地产全价值链的项目开发精细化管理创新与实践	金融街（北京）置业有限公司
60	新型建筑工业化的实践	金融街（天津）置业有限公司
61	金融集——核心商务区资源平台型商务空间的构建和运营	北京金融街房地产顾问有限公司
62	基于大客户数据导向下家居定制标准化体系的创新与实践	金融街广州置业有限公司
63	以提升管理精细度为核心的“组织流程标准化”的建设与实施	金融街控股股份有限公司
64	产品管理实现销售交付一体化的实践	金融街（天津）置业有限公司
65	国有企业对控股上市证券公司符合国企深化改革需求的考核与激励机制创新与实践	北京金融街投资（集团）有限公司
66	以推动财务变革为核心的集团财务共享管控模式的构建和实施	北京首创股份有限公司
67	奥莱业态以客户为中心的数据化精准营销管理的实践	首创钜大有限公司
68	房地产企业参股合作项目管控体系的构建与持续升级的实践	上海首创正恒置业有限公司
69	垃圾分类精细化管理的实践	首创环境控股有限公司
70	基于客户画像的大数据营销平台建设	首创证券有限责任公司
71	依托“担保联盟”实现国有与民营担保资源优势互补，放大政策性融资担保效益的实践与创新	北京首创融资担保有限公司
72	电力检修企业打造高效智能运检平台的管理创新与实践	国网北京市电力公司检修分公司
73	大中城市供电企业“营配融合、属地运营”模式创新与实践	国网北京市电力公司城区供电公司
74	基于前后台敏捷联动的电网企业业务融合创新与实践	国网北京市电力公司
75	电网企业资金实时监控系统的构建和实践运用	国网北京市电力公司
76	基于领导梯队模型的干部培训体系构建与实施	国网北京市电力公司
77	国有企业全媒体品牌传播创新与实践	国网北京市电力公司
78	深化运维管理体系建设的创新与实践	国网北京市电力公司通州供电公司
79	电力企业营销服务体系优化提升创新与实践	国网北京市电力公司
80	政企合作拓展电网规划前期工作的管理实践	国网北京市电力公司
81	配电网故障管控体系的构建与实施	国网北京市电力公司
82	电网企业“互联网+”信息化创新管理实践	国网北京市电力公司
83	卓越绩效管理体系建设与创新实践	国网北京市电力公司
84	压严压实廉政风险防控主体责任创新实践	国网北京市电力公司
85	电网企业零星外委服务集中采购创新实践	国网北京市电力公司

（续表）

序号	成果名称	企业名称
86	打造基于“互联网＋”技术的党建工作新平台	国网北京市电力公司
87	工程转资管理方式创新与应用	国网北京市电力公司门头沟供电公司
88	配电运营指挥管理体系的创新与实践	国网北京市电力公司
89	北京电网建设项目工程前期标准化管理创新实践	国网北京市电力公司
90	地市配电运营指挥中心的构建与实践	国网北京市电力公司海淀供电公司
91	业扩报装“五新”服务体系的构建与实践	国网北京市电力公司
92	电力物资质量检测管理模式创新与实践	国网北京市电力公司物资分公司
93	“煤改电”工程一体化管理创新与实践	国网北京市电力公司房山供电公司
94	电力企业职工文化体系构建与实践	国网北京市电力公司
95	北京市级业扩报装集约业务的创新实践	国网北京市电力公司客户服务中心
96	地市配电运营指挥系统构建与实践	国网北京市电力公司朝阳供电公司
97	电力企业主配网规划管理实践	北京电力经济技术研究院
98	班组移动作业智能终端（App）建设管理创新与实践	国网北京市电力公司检修分公司
99	公共领域充电桩新形式的构建	国网北京市电力公司城区供电公司
100	“煤改电”工程中的社会责任管理体系的建设	国网北京市电力公司大兴供电公司
101	以科技创新为驱动，建立“黑六”猪肉全产业链模式	北京黑六牧业科技有限公司
102	大型国有煤炭企业基于化解产能员工分流安置工作实践	北京京煤集团有限责任公司
103	大型集中供热企业一次管网全方位管理体系的构建与实施	北京市热力集团有限责任公司输配分公司
104	发电企业财务数据共享模式的构建与实施	内蒙古京隆发电有限责任公司
105	城市燃气电厂燃机检修管理的保障体系建设	北京京丰燃气发电有限责任公司
106	大型能源投资集团财务公司资金池备付体系的构建与实施	京能集团财务有限公司
107	国有大型供热企业收入分配机制改革的创新与实践	北京市热力集团有限责任公司
108	发电企业“班组对标＋岗位积分制”组合量化绩效管理	深圳钰湖电力有限公司
109	火电企业集约化燃煤管理模式的构建与实施	山西漳山发电有限责任公司
110	大型火力发电企业数字化标准化安全平台管理	内蒙古岱海发电有限责任公司
111	发电企业国家优质工程档案体系的构建与实施	北京京能未来燃气热电有限公司
112	区域能源中心的基建对标管理	北京上庄燃气热电有限公司
113	热电厂安全生产风险预控的三化管理	内蒙古华宁热电有限公司
114	融资租赁行业薪酬绩效多维度管理体系的构建与实施	北京京能源深融资租赁有限公司
115	发电企业实时生产管理体系的构建	内蒙古京能康巴什热电有限公司
116	发电企业关停转型条件下的人员安置	河北涿州京源热电有限责任公司
117	基层单位供热服务一体化新型管理模式的构建	热力集团有限责任公司西城分公司
118	煤化工配套火电项目基于“大安全”理念引领下的“六位一体”安全管理	山西京同热电有限公司
119	分布式光伏发电企业安全检查管理系统的构建与实施	北京源深节能技术有限责任公司
120	火电企业环境保护“三位一体化”监督管理平台的构建与实施	内蒙古华宁热电有限公司
121	燃气电厂班组建设转型实践	北京京丰燃气发电有限责任公司
122	铁路车辆检修企业全方位资产资源开发战略的构建与实施	北京铁路局丰台车辆段

（续表）

序号	成果名称	企业名称
123	构建“全链条＋全要素”孵化服务体系	北京赛欧科园科技孵化中心有限公司
124	大型军工企业基于主数据的数字化生产现场管理提升	北方导航控制技术股份有限公司
125	借鉴供给侧结构改革思路 对领导干部考核进行模型重建的管理创新	北京东方石油化工有限公司
126	老字号中药企业的文化推广模式创新	中国北京同仁堂（集团）有限责任公司
127	创建 96139 智能云平台实现传统物业企业服务模式创新	北京天岳恒房屋经营管理有限公司
128	国有房地产企业与国际组织机构 协调合作管理机制在亚投行总部建设 项目中的创建与应用	北京新奥集团有限公司
129	企业智能数据中心建设和数据管理系统的构建与实施	北京新奥集团有限公司
130	区域性基础设施五维一体法组织管理与实践	北京新奥通城房地产开发有限公司
131	以信仰为核心 持续优化组织生活 助推企业竞争力提升	北京新奥通城房地产开发有限公司
132	基于“互联网＋”建设项目管理系统的构建与实施	北京新奥置业有限公司
133	以基础设施驱动的城市功能区建设模式的创建与实施	北京丽泽金都置业有限公司
134	以“最优 DS 法”为核心的路网导行创新实践	北京丽泽金都置业有限公司
135	打造多方位立体的青年人才培养体系	北京丽泽金都置业有限公司
136	依托微信平台开展企业组织管理创新	北京市新奥物业管理有限公司
137	精细化保洁标杆服务管理在提升公司服务品质竞争力中的应用	北京市新奥物业管理有限公司
138	以安全为目标注重乘客体验的大型下沉广场室外电梯节能运行管理	北京市新奥物业管理有限公司
139	以提质增效为目标的商业管理企业信息化构建与实施	北京新奥和元商业管理有限责任公司
140	北京燃气集团第二分公司中层后备人才培育“四大机制”的构建	北京市燃气集团有限责任公司第二分公司
141	构建燃气集团高压管网 GIS+ 数据管理平台提高燃气安全供应保障	北京市燃气集团有限责任公司高压管网分公司
142	北京燃气集团应用燃气管道非开挖新技术提升城市燃气管道风险管控能力的创新实践成果	北京市燃气集团有限责任公司第五分公司
143	大型国有控股企业档案归档管理策略构建与实施	北京市燃气集团有限责任公司信息档案中心
144	燃气企业信息化人才培养模式	北京市燃气集团有限责任公司信息档案中心
145	以数据资源管理系统为核心的企业数据资源管理体系的建立与实施	北京市燃气集团有限责任公司信息档案中心
146	燃气企业违法用户分类处置制度的建立	北京市燃气集团有限责任公司第三分公司
147	“积木式”弹性劳动定额的创建与实施	北京市燃气集团有限责任公司人力资源部
148	北京燃气多层次标准管理体系的构建	北京市燃气集团有限责任公司技术信息部
149	北京燃气集团创建研究院＋的立体化科技研发体系	北京市燃气集团有限责任公司技术信息部
150	基于“互联网＋”的信息化项目管理体系建设	北京市燃气集团有限责任公司技术信息部
151	工程设计行业技术品牌的打造	北京市煤气热力工程设计院有限公司
152	战略导向一体化管理体系的构建	北京北燃实业有限公司调查研究室
153	全面推广刷卡打印 实现办公成本最优化管理	北京优奈特燃气工程技术有限公司
154	中国特色现代国有企业制度下发挥党组织作用研究——坚持党建带群建，党群共建示范点的实践与研究	国网冀北电力有限公司
155	供电企业“四纵四横”干部选任科学化的研究与实践	国网冀北电力有限公司承德供电公司
156	输电线路通道可视化运维管理体系的构建与实施	国网冀北电力有限公司承德供电公司
157	地区“框架式”配电网规划项目管理的创新实践	国网冀北电力有限公司秦皇岛供电公司
158	推行质量事件“四性”管理，着力提升质量事件管理水平	国网冀北电力有限公司廊坊供电公司

（续表）

序号	成果名称	企业名称
159	以打造精品示范区为手段的配网标准化建设管理	国网冀北电力有限公司
160	大数据思维下管理对标监测预警体系的构建与应用	国网冀北电力有限公司
161	大型电力企业基于全过程管控的废旧物资处置体系构建与实施	国网冀北电力有限公司物资分公司
162	“企业信息内网＋”电网检修管理体系的构建与实施	国网冀北电力有限公司承德供电公司
163	构建智能输电通道体系 搭建电网防灾防火墙	国网冀北电力有限公司
164	构建调控多业务数据共享机制，提升电网运行科学化分析决策水平	国网冀北电力有限公司
165	构建新型节能服务体系 全面提升企业用能管理	国网冀北电力有限公司
166	精益化预算管理助力企业成本管控	国网冀北电力有限公司秦皇岛供电公司
167	基于电蓄热采暖实现电力需求灵活调节与控制管理实践	国网冀北节能服务有限公司
168	构建“立体化、网格式运营协同”工作模式，激发营销稽查工作活力	国网冀北电力有限公司秦皇岛供电公司
169	供电企业“互联网＋”营销服务模式下智能供电营业厅建设实践	国网冀北电力有限公司廊坊供电公司
170	基于“126”模式的电网企业谐波源管理	国网冀北电力有限公司
171	基于源头管理的公文质量提升	国网冀北电力有限公司
172	基于“大数据”概念的“221 五芒星”结构信息化管理应用	国网冀北电力有限公司秦皇岛供电公司
173	基于挣值理论的工程项目计划实施及预算执行管理创新与实践	国网冀北电力有限公司承德供电公司
174	以“实战式”提升为导向的电网设备精益化运检管理体系创新实践	国网冀北电力有限公司
175	“互联网＋变电检修”管理模式创建与实践	国网冀北电力有限公司检修分公司
176	智能变电站继电保护设备技术标准化与管控体系建设	国网冀北电力有限公司
177	地市供电公司网格化配网抢修模式构建及应用	国网冀北电力有限公司唐山供电公司
178	大型国有企业信息系统建转运“3+2+1”管控体系的创新与实践	国网冀北电力有限公司信息通信分公司
179	基于大数据价值应用，构建客户识别决策体系	国网冀北电力有限公司承德供电公司
180	资金管理“五维”评价分析助力企业增值	国网冀北电力有限公司
181	供电企业学知行党性教育体系建设与实施	国网冀北电力有限公司管理培训中心
182	构建协同运作机制提升物资计划管理水平	国网冀北电力有限公司物资分公司
183	基于受托直投和产品化投资加强企业年金法人受托管理的创新实践	国网冀北电力有限公司
184	全方位提升电网企业内部审计能力	国网冀北电力有限公司
185	电网企业卓越绩效与运检专业“柔性融合”的创新实施	国网冀北电力有限公司
186	以提升客户价值为中心“价值创新＋服务”管理模式的实践	北京燕山石化高科技术有限责任公司
187	运用大数据分析平台 构建石化企业仪表设备预知维修管理体系	中国石油化工股份有限公司 北京燕山分公司生产运行保障中心
188	综合稽查管理平台在企业质量管理中的创新与实践	北京公共交通控股（集团）有限公司
189	公交集团档案管理系统创新实践	北京公共交通控股（集团）有限公司
190	“质量、环境、职业健康安全”管理体系在超大型火力发电厂的建立与应用	内蒙古大唐国际托克托发电有限责任公司责任公司
191	火力发电企业岗位资格准入管理的创新与实践	内蒙古大唐国际托克托发电有限责任公司责任公司
192	国有大型火力发电企业人才培养的创新实践	福建大唐国际宁德发电有限责任公司
193	燃机本体检修工艺的成套培训方法研究与实践	大唐国际发电股份有限公司北京高井热电厂
194	业财融合——提质增效背景下的特色管理方法	大唐国际发电股份有限公司北京高井热电厂

（续表）

序号	成果名称	企业名称
195	构建向生产岗位倾斜的薪酬管理体系	大唐国际发电股份有限公司北京高井热电厂
196	能源管理体系和碳排放管理体系与企业管理机制有效结合的创新管理	大唐国际发电股份有限公司北京高井热电厂
197	天然气热电厂点维一体化管理实践创新与实践	浙江大唐国际绍兴江滨热电有限责任公司
198	五融合五提升 创造老厂发展新动力	大唐国际发电股份有限公司陡河发电厂
199	项目档案全程管控模式的实践与探索	大唐国际发电股份有限公司下花园发电厂
200	基于堡垒机及综合审计系统的内网安全管理研究及应用	大唐国际发电股份有限公司张家口发电厂
201	房地产企业精细化管控与实施	北京城建兴云房地产有限公司
202	构建“大党建”体系，以党建带团队、强管理、塑文化，为企业发展提供坚强保障	中国移动通信集团北京有限公司
203	技管结合，构建全面合作体系；锐意进取，实现创新治理模式	中国移动通信集团北京有限公司
204	促竣工提效率、打造财务竣工与企业项目融合	中国移动通信集团北京有限公司
205	践行精细化工作理念打造高效率全方位运维体系	中国移动通信集团北京有限公司
206	打造高效经责审计，推进反腐倡廉建设	中国移动通信集团北京有限公司
207	构建校园线上线下融合运营体系	中国移动通信集团北京有限公司
208	北京公交场站新能源加气站 标准化管理的定置和规范化实践	中国石化销售有限公司北京石油分公司
209	钢铁企业转型新动能培育体系的构建与实施	北京首钢股权投资管理有限公司
210	国际并购企业产融结合的创新与实践	北京京西重工有限公司
211	新形势下三支人才队伍激励机制构建与实施	北京首钢股份有限公司
212	“自下而上”基层改革的构建与实施	秦皇岛首秦金属材料有限公司
213	创新监督机制推动企业转型	首钢集团有限公司监察部
214	大型企业集团战略决策型董事会建设的创新与实践	首钢集团有限公司办公厅
215	混合所有制企业体制机制改革创新的实践	北京首钢实业有限公司
216	大型企业创新体制服务京津冀协同发展的实践	京冀曹妃甸协同发展示范区建设投资有限公司
217	集团企业汇率风险防控管理方法的创新与实践	首钢集团有限公司国际业务部
218	政企协同模式下的企业拆违治乱创新与实践	首钢集团有限公司资产管理中心
219	创新市场开发模式，走共享共赢的市场开发之路	北京首钢实业有限公司
220	创建人才开发新体系，促进企业转型发展	北京首钢建设集团有限公司

北京市第32届企业管理现代化创新成果优秀组织单位名单（7家）

序号	企业名称	序号	企业名称
1	北京汽车集团有限公司	5	北京市首都公路发展集团有限公司
2	国网北京市电力公司通信	6	北京新奥集团有限公司通信
3	北京能源集团有限责任公司通信	7	中国移动通信集团北京有限公司
4	国网冀北电力有限公司通信		

北京市第20批企业技术中心认定名单

根据《进一步加强北京市企业技术中心建设实施方案》，结合企业的综合实力、技术创新体系建设与运行机制、技术中心基本条件、技术创新活动成果等，经综合评估，同意凌云光技术集团有限责任公司等74家企业的技术中心通过北京市第20批认定（排名不分先后）。

序号	企业名称	序号	企业名称
1	凌云光技术集团有限责任公司	25	北京交科公路勘察设计研究院有限公司
2	北京航天微电科技有限公司	26	洪阳冶化工程科技有限公司
3	北京三聚环保新材料股份有限公司	27	中铁十六局集团第一工程有限公司
4	北京民海生物科技有限公司	28	北京恒通创新赛木科技股份有限公司
5	北京大恒图像视觉有限公司	29	北京大清生物技术股份有限公司
6	北京全路通信信号研究设计院集团有限公司	30	北京城建二建设工程有限公司
7	北京城建六建设集团有限公司	31	北京和利康源医疗科技有限公司
8	中铁十六局集团北京轨道交通工程建设有限公司	32	龙芯中科技术有限公司
9	北京市九州风神科技股份有限公司	33	中铁六局集团电务工程有限公司
10	中国公路工程咨询集团有限公司	34	中建城市建设发展有限公司
11	北京环境工程技术有限公司	35	北京中科海讯数字科技股份有限公司
12	北京京东尚科信息技术有限公司	36	北京航天易联科技发展有限公司
13	北京北摩高科摩擦材料股份有限公司	37	北京中电科电子装备有限公司
14	安诺优达基因科技（北京）有限公司	38	北京比亚迪模具有限公司
15	北京海博思创科技有限公司	39	北京航天新风机械设备有限责任公司
16	北京橡胶工业研究设计院有限公司	40	北京鼎兴达信息科技股份有限公司
17	东易日盛家居装饰集团股份有限公司	41	中交路桥北方工程有限公司
18	北京东港安全印刷有限公司	42	北京科拓恒通生物技术股份有限公司
19	北京华远意通热力科技股份有限公司	43	北京建工土木工程有限公司
20	北京交大思诺科技股份有限公司	44	北京九恒星科技股份有限公司
21	北京城建远东建设投资集团有限公司	45	北京九州大地生物技术集团股份有限公司
22	北京联绿技术集团有限公司	46	北京集创北方科技股份有限公司
23	北京市政路桥管理养护集团有限公司	47	中译语通科技股份有限公司
24	北京银联金卡科技有限公司	48	北京高信达通信科技股份有限公司

（续表）

序号	企业名称	序号	企业名称
49	中航建设集团有限公司	62	北京匡恩网络科技有限责任公司
50	北京优炫软件股份有限公司	63	北京当当网信息技术有限公司
51	北京天威诚信电子商务服务有限公司	64	北京智行鸿远汽车有限公司
52	北京汉典制药有限公司	65	北京安达维尔科技股份有限公司
53	北京思创银联科技股份有限公司	66	北京航天宏图信息技术股份有限公司
54	中铁六局集团北京铁路建设有限公司	67	北京华源泰盟节能设备有限公司
55	中电华瑞技术有限公司	68	北京国能电池科技有限公司
56	北京蓝天瑞德环保技术股份有限公司	69	北大医疗信息技术有限公司
57	北京清芸阳光能源科技有限公司	70	北京联飞翔科技股份有限公司
58	天新福（北京）医疗器材股份有限公司	71	富盛科技股份有限公司
59	欧必翼门控科技（北京）有限公司	72	北京清畅电力技术股份有限公司
60	北京奇安信科技有限公司	73	中铁三局集团第四工程有限公司
61	北京国双科技有限公司	74	北京海纳川汽车部件股份有限公司

北京市工业企业部分发明授权专利

申请号	IPC 分类标引	专利权人名称	专利权人地址
CN2017100974892	发动机、泵、涡轮机	爱德迪安（北京）生物技术有限公司	北京经济技术开发区宏达中路 6 号
CN2017100510417	发动机、泵、涡轮机	爱立信（中国）通信有限公司	昌平区北七家未来科技城南区中国电子网络安全和信息化产业基地 C 栋
CN2017100043462	计算机技术	爱立信（中国）通信有限公司	昌平区北七家未来科技城南区中国电子网络安全和信息化产业基地 C 栋
CN2017100040163	环境技术	百度时代网络技术（北京）有限公司	昌平区北七家未来科技城南区中国电子网络安全和信息化产业基地 C 栋
CN2017100039537	音像技术	百度在线网络技术（北京）有限公司	昌平区北七家镇宏福创业园 15 号院
CN201710001397X	机器零件	百度在线网络技术（北京）有限公司	昌平区北七家镇宏福创业园 15 号院
CN2016112093256	测量	百度在线网络技术（北京）有限公司	昌平区昌平路 97 号新元科技园 B 座 503 室
CN2016111838581	数字通信	百度在线网络技术（北京）有限公司	昌平区昌平路 97 号新元科技园 B 座 503 室
CN2016111703090	其他特殊机械	百度在线网络技术（北京）有限公司	昌平区回龙观国际信息产业基地高新四街 8 号
CN2016111400647	计算机技术	百度在线网络技术（北京）有限公司	昌平区回龙观西大街 118 号龙冠置业大厦
CN2016111272422	计算机技术	百度在线网络技术（北京）有限公司	昌平区科技园超前路 37 号 6 号楼 1 层北区
CN2016111234261	计算机技术	百度在线网络技术（北京）有限公司	昌平区科技园创新路 10 号
CN2016111183999	计算机技术	百度在线网络技术（北京）有限公司	昌平区科技园创新路 7 号 1 号院 2089 号

（续表）

申请号	IPC 分类标引	专利权人名称	专利权人地址
CN201611102078X	数字通信	百度在线网络技术（北京）有限公司	昌平区科技园区超前路 9 号 3 号楼 B 座 2140 室
CN2016111020760	计算机技术管理方法	百度在线网络技术（北京）有限公司	昌平区科技园区创新路 27 号 3 号楼 3 层西 3008 室
CN2016110518919	计算机技术	百度在线网络技术（北京）有限公司	昌平区科技园区富康路 17 号科研楼 207 室
CN2016110506269	计算机技术	百度在线网络技术（北京）有限公司	昌平区科技园区富康路 17 号科研楼 207 室
CN2016110496483	音像技术	暴风集团股份有限公司	昌平区科技园区富康路 17 号科研楼 207 室
CN2016110477181	医学技术	北大方正集团有限公司	昌平区沙河镇踩河村 156 号
CN2016110080001	计算机技术	北大方正集团有限公司	昌平区沙河镇踩河村 156 号
CN2016109987520	数字通信	北大方正集团有限公司	昌平区沙河镇踩河村 156 号
CN2016109945778	半导体	北大方正集团有限公司	昌平区沙河镇踩河村 156 号
CN2016109916811	计算机技术	北大方正集团有限公司	昌平区沙河镇踩河村 156 号
CN201610971869X	音像技术	北大方正集团有限公司	昌平区沙河镇沙阳路
CN2016109707426	半导体	北大方正集团有限公司	昌平区沙河镇沙阳路
CN2016109690088	计算机技术	北大方正集团有限公司	昌平区沙河镇沙阳路
CN2016109657959	控制	北大方正集团有限公司	朝阳区安慧东里 15 号楼 1 层 105
CN2016109639128	数字通信	北大方正集团有限公司	朝阳区安立路 101 号院 3 号楼 32 层 C 区
CN2016109637758	化学工程	北大方正集团有限公司	朝阳区北苑路 40 号 14 幢 106
CN2016109605795	电信	北大方正集团有限公司	朝阳区朝阳门北大街 22 号
CN2016109605780	数字通信	北大方正集团有限公司	朝阳区朝阳门北大街 22 号
CN2016109602373	材料、冶金	北大方正集团有限公司	朝阳区朝阳门北大街 22 号
CN2016109525447	生物技术	北大方正集团有限公司	朝阳区朝阳门北大街 22 号
CN2016109525413	生物技术	北大方正集团有限公司	朝阳区朝阳门北大街 22 号
CN2016109207020	有机精细化学	北大医疗信息技术有限公司	朝阳区朝阳门北大街 22 号
CN2016109157286	计算机技术	北京阿格蕾雅科技发展有限公司	朝阳区朝阳门北大街 22 号
CN2016109154682	计算机技术	北京百度网讯科技有限公司	朝阳区朝阳门北大街 22 号
CN2016109127647	控制	北京百度网讯科技有限公司	朝阳区朝阳门北大街 22 号
CN2016108909261	光学	北京百度网讯科技有限公司	朝阳区朝阳门北大街 22 号
CN2016108869387	土木工程	北京百度网讯科技有限公司	朝阳区朝阳门北大街 22 号
CN2016108854023	计算机技术	北京百度网讯科技有限公司	朝阳区朝阳门北大街 22 号
CN2016108773191	计算机技术	北京宝利明威软件股份有限公司	朝阳区朝阳门北大街 22 号
CN2016108772339	计算机技术	北京畅游天下网络技术有限公司	朝阳区朝阳门北大街 22 号
CN201610875682X	数字通信	北京畅游天下网络技术有限公司	朝阳区朝阳门北大街 22 号
CN2016108736807	生物技术	北京畅游天下网络技术有限公司	朝阳区朝阳门北大街 22 号
CN2016108677762	计算机技术	北京畅游天下网络技术有限公司	朝阳区朝阳门北大街 22 号
CN2016108668551	计算机技术	北京超思电子技术有限责任公司	朝阳区朝阳门北大街 22 号
CN2016108668477	计算机技术	北京超思电子技术有限责任公司	朝阳区朝阳门北大街 22 号
CN2016108647771	数字通信	北京创毅视讯科技有限公司	朝阳区朝阳门北大街 22 号
CN2016108562326	计算机技术	北京创昱科技有限公司	朝阳区朝阳门北大街 22 号
CN2016108555905	基础材料化学	北京创昱科技有限公司	朝阳区朝阳门北大街 22 号
CN2016108542074	土木工程	北京创智信科科技股份有限公司	朝阳区朝阳门北大街 22 号

（续表）

申请号	IPC分类标引	专利权人名称	专利权人地址
CN2016108533959	计算机技术	北京大北农科技集团股份有限公司	朝阳区朝阳门北大街22号
CN2016108497948	环境技术	北京大唐高鸿数据网络技术有限公司	朝阳区朝阳门北大街22号
CN2016108444226	环境技术	北京大唐智能卡技术有限公司	朝阳区朝阳门北大街22号
CN2016108306118	表面加工技术，涂层	北京大伟嘉生物技术股份有限公司	朝阳区朝阳门北大街22号
CN2016108224885	数字通信	北京二六三企业通信有限公司	朝阳区朝阳门北大街22号
CN2016108201116	医学技术	北京发现角科技有限公司	朝阳区朝阳门北大街22号
CN2016108193923	计算机技术	北京购阿购技术服务有限公司	朝阳区朝阳门北大街22号
CN2016108193764	电信	北京国电富通科技发展有限责任公司	朝阳区朝阳门北大街22号
CN201610816208X	测量	北京国电智深控制技术有限公司	朝阳区朝阳门北大街22号
CN2016108162060	数字通信	北京国双科技有限公司	朝阳区朝阳门北大街22号
CN2016108152711	电信	北京国双科技有限公司	朝阳区朝阳门北大街22号
CN2016108152162	电信	北京国双科技有限公司	朝阳区朝阳门北大街22号
CN2016108147677	计算机技术	北京国双科技有限公司	朝阳区朝阳门北大街22号
CN2016108147499	音像技术	北京国双科技有限公司	朝阳区朝阳门北大街22号
CN2016108147361	计算机技术	北京航天石化技术装备工程有限公司	朝阳区朝阳门北大街22号
CN2016108114531	运输	北京皓辰捷创节能设备有限公司	朝阳区朝阳门北大街22号
CN2016108090626	医学技术	北京恒华伟业科技股份有限公司	朝阳区朝阳门北大街22号
CN2016108089597	材料、冶金	北京华大九天软件有限公司	朝阳区朝阳门外北大街22号
CN2016108052959	计算机技术	北京华大九天软件有限公司	朝阳区朝阳门外北大街22号
CN2016108023513	测量	北京华清燃气轮机与煤气化联合循环工程技术有限公司	朝阳区东三环中路1号环球金融中心西塔16层
CN2016108010797	计算机技术	北京华清燃气轮机与煤气化联合循环工程技术有限公司	朝阳区拂林路9号A单元301
CN2016107979407	计算机技术	北京华清瑞达科技有限公司	朝阳区光华路7号汉威大厦19层19B-1室
CN2016107978809	计算机技术	北京华禧联合科技发展有限公司	朝阳区和平里东土城路14号建达大厦17层
CN2016107944268	数字通信	北京环氧环保科技发展有限公司	朝阳区华威北里18#楼6层
CN2016107941768	半导体	北京桓润世嘉科技有限公司	朝阳区金台西路2号院9号楼321室
CN2016107926804	电机、电气装置、电能	北京汇冠新技术股份有限公司	朝阳区酒仙桥东路1号M8楼4层
CN2016107924936	数字通信	北京惠特优宝机电有限公司	朝阳区酒仙桥东路9号A1栋8层
CN2016107901154	生物技术	北京济普霖生物技术有限公司	朝阳区酒仙桥东路9号A2楼
CN2016107897394	计算机技术	北京金房暖通节能技术股份有限公司	朝阳区酒仙桥路10号
CN2016107870368	半导体	北京金山云网络技术有限公司	朝阳区酒仙桥路10号
CN2016107862075	基础材料化学	北京京东方光电科技有限公司	朝阳区酒仙桥路10号
CN2016107850326	数字通信	北京京东尚科信息技术有限公司	朝阳区酒仙桥路10号
CN2016107818551	数字通信	北京京东尚科信息技术有限公司	朝阳区酒仙桥路14号
CN2016107720464	数字通信	北京京蒙高科干细胞技术有限公司	朝阳区酒仙桥路14号
CN2016107624382	运输	北京康倍得医药技术开发有限公司	朝阳区酒仙桥路14号

（续表）

申请号	IPC 分类标引	专利权人名称	专利权人地址
CN2016107569050	数字通信	北京科诺伟业科技股份有限公司	朝阳区酒仙桥路 14 号 A 区 2-4 层
CN2016107568950	计算机技术	北京科信必成医药科技发展有限公司	朝阳区酒仙桥路 14 号兆维大厦 4 层东侧单元
CN2016107548834	计算机技术	北京凌云光子技术有限公司	朝阳区酒仙桥路 6 号院 2 号楼 B 座 2 层、3 层 301—306 室
CN2016107444144	半导体	北京绿环国际科技有限公司	朝阳区酒仙桥路甲 10 号 3 号楼 15 层 17 层 1701-26
CN2016107443029	有机精细化学	北京绿色能量环境工程有限公司	朝阳区酒仙桥路甲 10 号 3 号楼 15 层 17 层 1701-26
CN2016107442007	计算机技术	北京绿色能量环境工程有限公司	朝阳区酒仙桥路甲 10 号 3 号楼 15 层 17 层 1701-26
CN2016107441926	电信	北京绿色农华作物科技有限公司	朝阳区酒仙桥路甲 10 号 3 号楼 15 层 17 层 1701-26
CN2016107393960	数字通信	北京莫高丝路文化发展有限公司	朝阳区酒仙桥路甲 10 号 3 号楼 15 层 17 层 1701-26
CN201610714929X	热工过程和器具	北京诺兰信生化科技有限责任公司	朝阳区利泽东街 5 号爱立信大厦
CN201610714823X	计算机技术	北京普源精电科技有限公司	朝阳区利泽中二路 2 号 A 座 2 层
CN2016107019031	数字通信	北京普源精电科技有限公司	朝阳区利泽中二路 2 号 A 座 2 层
CN2016106976670	电信	北京普源精电科技有限公司	朝阳区利泽中一路 1 号博雅国际中心写字楼 17 层
CN2016106975659	计算机技术	北京普源精电科技有限公司	朝阳区利泽中一路 1 号博雅国际中心写字楼 17 层
CN2016106971431	数字通信	北京普源精电科技有限公司	朝阳区利泽中园 106 号楼 4 层 402A 号房间
CN2016106970617	化学工程	北京普源精电科技有限公司	朝阳区亮马桥路甲 40 号二十一世纪大厦 10 层 1001 室
CN2016106965498	计算机技术	北京普源精仪科技有限责任公司	朝阳区亮马桥路甲 40 号二十一世纪大厦 10 层 1001 室
CN2016106955320	电信	北京普源精仪科技有限责任公司	朝阳区曙光西里甲 5 号凤凰置地广场 A 座写字楼 17 层
CN2016106934112	测量	北京普源精仪科技有限责任公司	朝阳区望京利泽中园 101 号启明国际大厦 7 层
CN2016106837112	材料、冶金	北京普泽创智数据技术有限公司	朝阳区望京利泽中园 101 号启明国际大厦 7 层
CN2016106771276	化学工程	北京齐尔布莱特科技有限公司	朝阳区望京利泽中园 101 号启明国际大厦 7 层
CN2016106767105	计算机技术	北京奇安信科技有限公司	朝阳区望京利泽中园 101 号启明国际大厦 7 层
CN2016106749963	电机、电气装置、电能	北京奇安信科技有限公司	朝阳区望京利泽中园二区 203 号洛娃大厦 B 座
CN2016106703955	计算机技术	北京奇安信科技有限公司	朝阳区霞光里 9 号中电发展大厦 12 层
CN2016106694462	电信	北京奇安信科技有限公司	朝阳区霞光里 9 号中电发展大厦 12 层
CN2016106585272	数字通信	北京奇安信科技有限公司	朝阳区霞光里 9 号中电发展大厦 12 层
CN2016106448754	数字通信	北京奇虎科技有限公司	朝阳区霞光里 9 号中电发展大厦 12 层
CN2016106447304	计算机技术	北京奇虎科技有限公司	大兴区经济开发区盛坊路 28 号
CN2016106436460	计算机技术	北京奇虎科技有限公司	北京经济技术开发区文昌大道 18 号
CN2016106376489	数字通信	北京奇虎科技有限公司	北京经济技术开发区西环中路 8 号
CN2016106330061	测量	北京奇虎科技有限公司	大兴区生物医药产业基地天贵街 3 号院 5 号楼

（续表）

申请号	IPC 分类标引	专利权人名称	专利权人地址
CN2016106301995	计算机技术	北京奇虎科技有限公司	大兴区原生墅 140-1
CN2016106282176	测量	北京奇虎科技有限公司	东城区安外西滨河路 22 号神华大厦
CN2016106207118	数字通信	北京奇虎科技有限公司	东城区安外西滨河路 22 号神华大厦
CN2016106167638	计算机技术管理方法	北京奇虎科技有限公司	东城区安外西滨河路 22 号神华大厦
CN2016106063268	计算机技术	北京奇虎科技有限公司	东城区朝阳门北大街 25 号
CN2016106038637	电信	北京奇虎科技有限公司	东城区朝阳门北大街 25 号
CN2016106032217	基础材料化学	北京奇虎科技有限公司	东城区东单新开路 94 号
CN2016105967462	电机、电气装置、电能	北京奇虎科技有限公司	东城区东单新开路 94 号
CN2016105883132	计算机技术	北京奇虎科技有限公司	东城区东直门北大街 9 号
CN2016105851235	电信	北京奇虎科技有限公司	东城区东直门北大街 9 号
CN2016105846218	计算机技术	北京奇虎科技有限公司	东城区东直门北大街 9 号中国石油大厦
CN201610584480X	计算机技术	北京奇虎科技有限公司	东城区东直门北大街 9 号中国石油大厦
CN2016105844782	计算机技术	北京奇虎科技有限公司	东城区东直门北大街 9 号中国石油大厦
CN2016105801414	计算机技术	北京奇虎科技有限公司	东城区东直门北大街 9 号中国石油大厦
CN201610577333X	土木工程	北京奇虎科技有限公司	东城区东直门北大街 9 号中国石油大厦
CN2016105562945	计算机技术	北京奇立软件技术有限公司	东城区东直门北大街 9 号中国石油大厦
CN2016105526192	计算机技术	北京启明星辰信息安全技术有限公司	东城区东直门南大街 7 号
CN2016105499693	计算机技术	北京启明星辰信息技术股份有限公司	东城区东直门南大街 7 号
CN2016105486091	数字通信	北京千橡网景科技发展有限公司	东城区东直门南大街 7 号
CN2016105484683	计算机技术	北京千橡网景科技发展有限公司	东城区东直门南大街 7 号
CN2016105422530	计算机技术	北京千橡网景科技发展有限公司	东城区东直门南大街 7 号
CN2016105406824	计算机技术	北京勤邦生物技术有限公司	东城区东直门南大街 7 号
CN2016105400372	计算机技术	北京清大国华环境股份有限公司	东城区东直门南大街 7 号
CN201610540025X	计算机技术	北京三聚环保新材料股份有限公司	东城区建国门内大街 22 号华夏银行大厦
CN2016105398048	化学工程	北京三星通信技术研究有限公司	丰台区 2559 信箱
CN2016105397539	计算机技术	北京三星通信技术研究有限公司	丰台区核路 1 号院 1 号楼 1105
CN2016105396606	计算机技术	北京三星通信技术研究有限公司	丰台区南大红门路 1 号
CN2016105395800	装卸	北京三星通信技术研究有限公司	丰台区南四环西路 188 号 12 区 20 号楼
CN2016105389797	电信	北京尚水信息技术股份有限公司	丰台区南四环西路 188 号总部基地六区 14 号楼
CN201610537377X	数字通信	北京神州泰岳软件股份有限公司	丰台区小屯路 8 号紫金园写字楼 C 座 C510
CN2016105367567	基础材料化学	北京石大博诚科技有限公司	丰台区小屯路 8 号紫金园写字楼 C 座 C510
CN2016105367444	音像技术	北京数码大方科技股份有限公司	丰台区总部国际外环西路 26 号院 60 号楼
CN2016105348320	计算机技术	北京四达时代软件技术股份有限公司	海淀区安宁庄东路 18 号
CN2016105323361	计算机技术	北京四维图新科技股份有限公司	海淀区泉宗路 2 号光大花园 7 号楼 1768 室
CN2016105320984	计算机技术	北京搜狗科技发展有限公司	海淀区人大北路 33 号大行基业大厦 9 层
CN2016105277861	土木工程	北京泰美世纪科技有限公司	海淀区北清路 68 号院 2 号楼 2 层
CN2016105263356	计算机技术	北京天衡药物研究院有限公司	海淀区北三环西路 43 号青云当代大厦 1607 室

（续表）

申请号	IPC 分类标引	专利权人名称	专利权人地址
CN2016105256507	计算机技术	北京天衡药物研究院有限公司	海淀区北四环西路 52 号 19 层
CN2016105231285	计算机技术	北京同步科技有限公司	海淀区北四环西路 58 号理想国际大厦 20 层
CN2016105225250	计算机技术	北京维信诺科技有限公司	海淀区北四环西路 58 号理想国际大厦 20 层
CN2016105224309	高分子化学、聚合物	北京握奇数据系统有限公司	海淀区北四环西路 66 号 1620、1621 房
CN201610521019X	计算机技术	北京握奇数据系统有限公司	海淀区北太平庄路 18 号城建大厦 C 甲 301
CN2016105209559	计算机技术	北京握奇数据系统有限公司	海淀区车道沟 8 号 13 楼 421 室
CN2016105159210	数字通信	北京握奇数据系统有限公司	海淀区成府路 28 号 9 层 4-906
CN2016105158877	计算机技术	北京握奇智能科技有限公司	海淀区成府路 298 号方正大厦
CN2016105136929	计算机技术	北京小度互娱科技有限公司	海淀区成府路 298 号方正大厦
CN2016105121162	计算机技术管理方法	北京小米移动软件有限公司	海淀区成府路 298 号方正大厦
CN2016105099544	半导体	北京新岸线移动多媒体技术有限公司	海淀区成府路 298 号方正大厦
CN2016105099421	环境技术	北京新岸线移动多媒体技术有限公司	海淀区成府路 298 号方正大厦
CN2016105099050	环境技术	北京新岸线移动多媒体技术有限公司	海淀区成府路 298 号方正大厦 5 层
CN2016105097638	测量	北京新岸线移动多媒体技术有限公司	海淀区成府路 298 号方正大厦 5 层
CN2016105093321	数字通信	北京新媒传信科技有限公司	海淀区成府路 298 号方正大厦 5 层
CN201610507515X	计算机技术	北京新媒传信科技有限公司	海淀区成府路 298 号方正大厦 5 层
CN2016105056464	基础材料化学	北京新媒传信科技有限公司	海淀区成府路 298 号方正大厦 9 层
CN2016105007788	计算机技术	北京新媒传信科技有限公司	海淀区成府路 298 号方正大厦 9 层
CN201610499924X	计算机技术	北京新媒传信科技有限公司	海淀区成府路 298 号方正大厦 9 层
CN2016104967111	光学	北京信威通信技术股份有限公司	海淀区成府路 298 号方正大厦 9 层
CN2016104912462	基础材料化学	北京信威通信技术股份有限公司	海淀区成府路 298 号方正大厦 9 层
CN2016104910912	测量	北京星网锐捷网络技术有限公司	海淀区成府路 298 号方正大厦 9 层
CN2016104896224	测量	北京铱钵隆芯科技有限责任公司	海淀区成府路 298 号方正大厦 9 层
CN2016104876273	电机、电气装置、电能	北京壹人壹本信息科技有限公司	海淀区成府路 298 号方正大厦 9 层
CN2016104836350	电信	北京音之邦文化科技有限公司	海淀区成府路 298 号方正大厦 9 层
CN2016104826522	计算机技术	北京银融科技有限责任公司	海淀区成府路 298 号方正大厦 9 层
CN2016104820884	计算机技术	北京英力生科新材料技术有限公司	海淀区成府路 298 号方正大厦 9 层
CN2016104808613	计算机技术	北京宇图天下软件有限公司	海淀区成府路 298 号方正大厦 9 层
CN2016104654973	音像技术	北京章光一零一科技股份有限公司	海淀区成府路 298 号方正大厦 9 层
CN2016104651087	计算机技术	北京掌行通信息技术有限公司	海淀区成府路 298 号方正大厦 9 层
CN2016104650934	计算机技术	北京兆维电子（集团）有限责任公司	海淀区成府路 298 号方正大厦 9 层
CN2016104646267	计算机技术	北京兆维电子（集团）有限责任公司	海淀区成府路 298 号中关村方正大厦 5 层
CN2016104643574	电机、电气装置、电能	北京兆维电子（集团）有限责任公司	海淀区成府路 298 号中关村方正大厦 808 室
CN2016104628466	音像技术	北京兆易创新科技股份有限公司	海淀区成府路 298 号中关村方正大厦 9 层

（续表）

申请号	IPC 分类标引	专利权人名称	专利权人地址
CN2016104567532	测量	北京兆易创新科技股份有限公司	海淀区成府路 298 号中关村方正大厦 9 层
CN2016104567439	音像技术	北京兆易创新科技股份有限公司	海淀区成府路 298 号中关村方正大厦 9 层
CN2016104545567	化学工程	北京兆易创新科技股份有限公司	海淀区成府路 298 号中关村方正大厦 9 层
CN2016104510479	生物技术	北京臻迪科技股份有限公司	海淀区成府路 298 号中关村方正大厦 9 层
CN2016104485890	材料、冶金	北京智谷睿拓技术服务有限公司	海淀区成府路 298 号中关村方正大厦 9 层
CN2016104434526	基础材料化学	北京智行鸿远汽车技术有限公司	海淀区成府路 298 号中关村方正大厦 9 层
CN2016104429392	基础材料化学	北京智行鸿远汽车技术有限公司	海淀区成府路 298 号中关村方正大厦 9 层
CN2016104402065	基础材料化学	北京智行鸿远汽车技术有限公司	海淀区成府路 298 号中关村方正大厦 9 层
CN2016104400892	基础材料化学	北京智朗芯光科技有限公司	海淀区成府路 298 号中关村方正大厦 9 层
CN2016104389249	计算机技术	北京智朗芯光科技有限公司	海淀区翠湖南环路 13 号院 7 号楼 6 层 601 室
CN2016104388091	计算机技术	北京中电华大电子设计有限责任公司	海淀区大柳树路 17 号富海国际港 803 室
CN2016104386005	基础材料化学	北京中电华大电子设计有限责任公司	海淀区丹棱街 3 号 B 座 10 层 1010 室
CN2016104310472	基础材料化学	北京中电华大电子设计有限责任公司	海淀区丹棱街甲 16 号
CN2016104203644	测量	北京中电科电子装备有限公司	海淀区丹棱街甲 16 号
CN2016104175803	基础材料化学	北京中科联众科技股份有限公司	海淀区丹棱街甲 16 号
CN2016104173827	基础材料化学	北京中启智源数字信息技术有限责任公司	海淀区东北旺西路 8 号院 36 号楼
CN2016104132032	基础材料化学	北汽福田汽车股份有限公司	海淀区东北旺西路 8 号院 36 号楼
CN2016104132013	测量	北汽福田汽车股份有限公司	海淀区东北旺西路 8 号院 36 号楼
CN2016104129167	基础材料化学	北汽福田汽车股份有限公司	海淀区东北旺西路 8 号院 36 号楼 5 层
CN2016104126262	基础材料化学	北新集团建材股份有限公司	海淀区东北旺西路 8 号院 36 号楼 5 层
CN2016104120571	机器零件	贝壳网际（北京）安全技术有限公司	海淀区东北旺西路 8 号中关村软件园 17 号楼 2 层 A2
CN2016104093714	基础材料化学	贝壳网际（北京）安全技术有限公司	海淀区东北旺西路 8 号中关村软件园 21 号楼启明星辰大厦
CN2016104074959	基础材料化学	贝壳网际（北京）安全技术有限公司	海淀区东北旺西路 8 号中关村软件园 21 号楼启明星辰大厦
CN2016104074855	电信	标致雪铁龙（中国）汽车贸易有限公司	海淀区东北旺西路 8 号中关村软件园 36 号
CN2016104073195	基础材料化学	大地新源科技（北京）有限公司	海淀区东北旺西路 8 号中关村软件园 36 号
CN2016104071344	基础材料化学	大地新源科技（北京）有限公司	海淀区东北旺西路 8 号中关村软件园 7 号楼信威大厦
CN2016104057436	基础材料化学	大唐电信科技产业控股有限公司	海淀区东北旺西路 8 号中关村软件园 7 号楼信威大厦
CN2016104036552	基础材料化学	大唐国际化工技术研究院有限公司	海淀区丰惠中路 7 号新材料创业大厦 5 层 508A 室
CN2016104035259	基础材料化学	大唐联诚信息系统技术有限公司	海淀区丰秀中路 3 号院 9 号
CN2016104027939	基础材料化学	大唐网络有限公司	海淀区复兴路 29 号中意鹏奥酒店东塔 A 座 12 层
CN2016104027498	基础材料化学	大唐移动通信设备有限公司	海淀区海淀北二街 6 号
CN2016104022386	化学工程	大唐移动通信设备有限公司	海淀区海淀北二街 6 号
CN2016104022367	计算机技术	大唐移动通信设备有限公司	海淀区海淀北二街 6 号
CN201610402047X	化学工程	方正宽带网络服务股份有限公司	海淀区海淀北二街 6 号

（续表）

申请号	IPC 分类标引	专利权人名称	专利权人地址
CN2016104020304	数字通信	飞天诚信科技股份有限公司	海淀区海淀北二街 6 号
CN2016104000300	计算机技术	纷美（北京）贸易有限公司	海淀区海淀北二街 6 号
CN2016103964474	音像技术	高德信息技术有限公司	海淀区海淀北二街 6 号
CN2016103952852	计算机技术管理方法	高德信息技术有限公司	海淀区海淀北二街 6 号普天大厦
CN2016103948289	计算机技术	国家电网公司	海淀区海淀北二街 6 号普天大厦
CN2016103940605	计算机技术	国家电网公司	海淀区海淀北二街 6 号普天大厦
CN2016103913186	基础材料化学	国家电网公司	海淀区海淀北二街 6 号普天大厦
CN2016103910667	基础材料化学	国家电网公司	海淀区海淀大街 38 号银科大厦 16 层 1601—1608 室
CN2016103910402	化学工程	国家电网公司	海淀区海淀大街 38 号银科大厦 16 层 1601—1608 室
CN2016103907950	纺织和造纸机器	国家电网公司	海淀区海淀大街 38 号银科大厦 16 层 1601—1608 室
CN2016103906515	数字通信	国家电网公司	海淀区海淀大街 38 号银科大厦 16 层 1601—1608 室
CN2016103902001	数字通信	国家电网公司	海淀区海淀大街 38 号银科大厦 16 层 1601—1608 室
CN2016103811638	计算机技术	国家电网公司	海淀区科学院南路 10 号
CN2016103808584	计算机技术	国家电网公司	海淀区科学院南路 2 号融科资讯中心 C 座北楼 17 层 12—13
CN2016103783708	计算机技术	国家电网公司	海淀区蓝靛厂东路金源时代商务中心 A 座 11F
CN2016103775345	数字通信	国家电网公司	海淀区马甸东路 17 号金澳国际大厦 26 层
CN2016103775203	纺织和造纸机器	国家电网公司	海淀区清河安宁庄东路 18 号 23 号楼 2 层 2108
CN2016103716760	音像技术	国家电网公司	海淀区清河中街 68 号华润五彩城购物中心二期 13 层
CN2016103715984	计算机技术	国家电网公司	海淀区清河中街 68 号华润五彩城购物中心二期 13 层
CN2016103714676	计算机技术	国家电网公司	海淀区清河中街 68 号华润五彩城购物中心二期 13 层
CN2016103712755	计算机技术	国家电网公司	海淀区清河中街 68 号华润五彩城购物中心二期 13 层
CN2016103708891	高分子化学、聚合物	国家电网公司	海淀区清河中街 68 号华润五彩城购物中心二期 13 层
CN2016103685029	音像技术	国家电网公司	海淀区清河中街 68 号华润五彩城购物中心二期 9 层 01 房间
CN2016103684280	计算机技术	国家电网公司	海淀区清华东路 17 号中国农业大学东校区水利与土木工程学院平房
CN2016103666884	电信	国家电网公司	海淀区上地创业路 6 号
CN2016103663725	计算机技术	国家电网公司	海淀区上地创业路 6 号
CN2016103663119	计算机技术	国家电网公司	海淀区上地创业路 6 号
CN2016103662402	数字通信	国家电网公司	海淀区上地创业路 6 号
CN2016103661679	机器零件	国家电网公司	海淀区上地创业路 6 号
CN2016103593703	电机、电气装置、电能	国金黄金集团有限公司	海淀区上地创业路 6 号
CN2016103579142	计算机技术	航天信息股份有限公司	海淀区上地创业路 6 号

（续表）

申请号	IPC 分类标引	专利权人名称	专利权人地址
CN2016103541554	计算机技术管理方法	华夏生生药业（北京）有限公司	海淀区上地创业路6号
CN2016103528846	运输	华夏银行股份有限公司	海淀区上地创业路6号
CN2016103526836	测量	华耀（中国）科技有限公司	海淀区上地创业路6号
CN2016103503957	音像技术	华耀（中国）科技有限公司	海淀区上地创业路6号
CN2016103502530	计算机技术	京东方科技集团股份有限公司	海淀区上地创业路6号
CN2016103497496	计算机技术	京东方科技集团股份有限公司	海淀区上地创业路6号
CN2016103494568	测量	京东方科技集团股份有限公司	海淀区上地创业路6号
CN2016103491199	高分子化学、聚合物	京东方科技集团股份有限公司	海淀区上地创业路6号
CN2016103483296	医学技术	浪潮（北京）电子信息产业有限公司	海淀区上地创业路6号
CN2016103482147	生物技术	浪潮（北京）电子信息产业有限公司	海淀区上地创业路6号
CN201610348000X	电信	乐金电子（中国）研究开发中心有限公司	海淀区上地创业路6号
CN2016103465724	化学工程	立德高科（北京）数码科技有限责任公司	海淀区上地创业路6号
CN2016103439768	计算机技术	联想（北京）有限公司	海淀区上地创业路6号
CN2016103398537	基础材料化学	联想（北京）有限公司	海淀区上地创业路6号
CN201610338879X	基础材料化学	联想（北京）有限公司	海淀区上地创业路6号
CN2016103348129	计算机技术	联想（北京）有限公司	海淀区上地创业路6号
CN201610334257X	基础材料化学	联想（北京）有限公司	海淀区上地创业路6号
CN2016102831066	计算机技术	联想（北京）有限公司	海淀区上地东路1号院环洋大厦1层
CN2016102822989	表面加工技术、涂层	联想（北京）有限公司	海淀区上地东路5–2号京蒙高科大厦B座601
CN2016102820521	基础通信程序	联想（北京）有限公司	海淀区上地三街9号C幢C404
CN2016102791872	计算机技术	联想（北京）有限公司	海淀区上地三街9号D803
CN2016102790742	基础材料化学	联想（北京）有限公司	海淀区上地三街9号D座D311室
CN2016102770132	计算机技术	联想（北京）有限公司	海淀区上地十街10号百度大厦
CN2016102749729	计算机技术	联想（北京）有限公司	海淀区上地十街10号百度大厦
CN201610274970X	计算机技术	联想（北京）有限公司	海淀区上地十街10号百度大厦
CN2016102747403	计算机技术管理方法	联想（北京）有限公司	海淀区上地十街10号百度大厦
CN2016102739159	计算机技术	联想（北京）有限公司	海淀区上地十街10号百度大厦
CN2016102694675	电信	联想（北京）有限公司	海淀区上地十街10号百度大厦3层
CN2016102691855	电信	联想（北京）有限公司	海淀区上地十街10号百度大厦3层
CN2016102684315	计算机技术	联想（北京）有限公司	海淀区上地十街10号百度大厦3层
CN2016102683717	数字通信	联想（北京）有限公司	海淀区上地十街10号百度大厦3层
CN2016102668793	药品（含中药）	联想（北京）有限公司	海淀区上地十街10号百度大厦3层
CN2016102654841	数字通信	联想（北京）有限公司	海淀区上地十街10号百度大厦3层
CN2016102652668	有机精细化学	联想（北京）有限公司	海淀区上地十街10号百度大厦3层
CN2016102646722	材料、冶金	联想（北京）有限公司	海淀区上地十街10号百度大厦3层
CN2016102603252	电信	联想（北京）有限公司	海淀区上地十街10号百度大厦3层
CN2016102582294	电信	联想（北京）有限公司	海淀区上地十街10号百度大厦3层

（续表）

申请号	IPC 分类标引	专利权人名称	专利权人地址
CN2016102580250	音像技术	联想（北京）有限公司	海淀区上地五街 7 号昊海大厦 303 室
CN2016102566516	音像技术	联想（北京）有限公司	海淀区上地西路 6 号
CN2016102514691	电机、电气装置、电能	联想（北京）有限公司	海淀区上地西路 6 号
CN2016102505137	电信	联想（北京）有限公司	海淀区上地西路 6 号
CN2016102504596	测量	联想（北京）有限公司	海淀区上地西路 6 号
CN2016102501475	计算机技术	联想（北京）有限公司	海淀区上地西路 6 号
CN2016102172270	电信	联想（北京）有限公司	海淀区上地信息产业基地创业路 6 号
CN2016102149240	电信	联想（北京）有限公司	海淀区上地信息产业基地创业路 6 号
CN2016102145466	计算机技术	联想（北京）有限公司	海淀区上地信息产业基地创业路 6 号
CN2016102143047	电机、电气装置、电能	联想（北京）有限公司	海淀区上地信息产业基地创业路 6 号
CN2016102140299	计算机技术	联想（北京）有限公司	海淀区上地信息产业基地创业路 6 号
CN2016101697731	数字通信	联想（北京）有限公司	海淀区上地信息产业基地三街 1 号楼 3 层 C 段 002 号
CN2016101690130	数字通信	联想（北京）有限公司	海淀区上地信息产业基地上地西路 6 号
CN2016101689858	电信	联想（北京）有限公司	海淀区上地信息产业基地上地西路 6 号
CN2016101689631	数字通信	联想（北京）有限公司	海淀区上地信息产业基地上地西路 6 号
CN2016101688978	电信	联想（北京）有限公司	海淀区上地信息产业基地上地西路 6 号
CN2016101683353	计算机技术	联想（北京）有限公司	海淀区上地信息产业基地上地西路 6 号
CN2016101678942	电信	联想（北京）有限公司	海淀区上地信息路 26 号 820 室
CN2016101667115	电信	联想（北京）有限公司	海淀区上地信息路 2 号 2–1 号 C 栋 1 层
CN2016101666818	电信	联想（北京）有限公司	海淀区上地信息路 2 号 2–1 号 C 栋 1 层
CN2016101666771	计算机技术管理方法	龙芯中科技术有限公司	海淀区上地信息路 2 号上地国际科技创业园 2 号楼 11 层 C
CN2016101666697	电信	龙芯中科技术有限公司	海淀区曙光花园中路 11 号农科大厦 A 座 10 层
CN2016101662450	数字通信	迈锐数据（北京）有限公司	海淀区双清路同方大厦 A 座 2 层
CN2016101653771	计算机技术	普天信息技术研究院有限公司	海淀区双清路同方大厦 A 座 2 层
CN2016101617154	电信	普天信息技术研究院有限公司	海淀区双清路同方大厦 A 座 2 层
CN2016101603541	数字通信	普天信息技术研究院有限公司	海淀区双清路同方大厦 A 座 2 层
CN2016101591258	测量	普天信息技术研究院有限公司	海淀区双榆树小区知春路 76 号翠宫饭店 8 层 A 间
CN2016101540006	电信	普天信息技术研究院有限公司	海淀区双榆树小区知春路 76 号翠宫饭店 8 层 A 间
CN2016101527904	计算机技术	普天信息技术研究院有限公司	海淀区双榆树小区知春路 76 号翠宫饭店 8 层 A 间
CN2016101527726	电信	普天信息技术研究院有限公司	海淀区双榆树小区知春路 76 号翠宫饭店 8 层 A 间
CN2016101523763	计算机技术	普天信息技术有限公司	海淀区双榆树小区知春路 76 号翠宫饭店 8 层 A 间
CN2016101521414	电信	普天信息技术有限公司	海淀区四道口路 2 号京果商厦 B 座四层 3308
CN2016101518394	计算机技术	普天信息技术有限公司	海淀区苏州街 18 号院 –2 楼 1906
CN2016101518375	数字通信	普天信息技术有限公司	海淀区苏州街 20 号 2 号楼 2 层
CN2016101518360	计算机技术	奇智软件（北京）有限公司	海淀区苏州街 29 号维亚大厦 16 层 10–20 室
CN2016101507506	计算机技术	奇智软件（北京）有限公司	海淀区苏州街 29 号院 18 号楼维亚大厦 16 层 1610–1620

（续表）

申请号	IPC分类标引	专利权人名称	专利权人地址
CN2016101504461	数字通信	人民日报媒体技术股份有限公司	海淀区苏州街三号大恒科技大厦16层2号房
CN2016101500507	计算机技术	人民搜索网络股份公司	海淀区苏州街三号大恒科技大厦16层2号房
CN2016101500390	音像技术	日电（中国）有限公司	海淀区天秀路10号北京建设大学622室
CN2016101498460	计算机技术	日电（中国）有限公司	海淀区万泉庄路28号万柳新贵大厦A座6层601室
CN2016101496535	计算机技术	睿安德环保设备（北京）有限公司	海淀区万泉庄路28号万柳新贵大厦A座6层602室
CN2016101484059	表面加工技术、涂层	睿安德环保设备（北京）有限公司	海淀区万泉庄路28号万柳新贵大厦A座6层602室
CN2016101461061	计算机技术	赛尔网络有限公司	海淀区万泉庄路28号万柳新贵大厦A座6层602室
CN2016101450989	电信	三环瓦克华（北京）磁性器件有限公司	海淀区万泉庄路28号万柳新贵大厦A座6层602室
CN2016101449375	计算机技术	神华集团有限责任公司	海淀区万泉庄路28号万柳新贵大厦A座6层602室
CN2016101440084	计算机技术	神华集团有限责任公司	海淀区王庄路1号清华同方科技广场B座23层
CN2016101431314	测量	神华集团有限责任公司	海淀区五棵松49号新奥特科技大厦
CN2016101415684	计算机技术管理方法	世意法（北京）半导体研发有限责任公司	海淀区五棵松49号新奥特科技大厦
CN2016101409236	计算机技术	曙光信息产业（北京）有限公司	海淀区五棵松49号新奥特科技大厦
CN2016101397506	生物技术	曙光信息产业（北京）有限公司	海淀区五棵松49号新奥特科技大厦
CN2016101366620	纺织和造纸机器	曙光信息产业（北京）有限公司	海淀区五棵松路49号新奥特科技大厦
CN2016101360747	测量	曙光信息产业（北京）有限公司	海淀区五棵松路49号新奥特科技大厦
CN2016101358215	计算机技术	曙光信息产业（北京）有限公司	海淀区五棵松路49号新奥特科技大厦
CN2016101342378	计算机技术	曙光云计算集团有限公司	海淀区五棵松路49号新奥特科技大厦
CN2016101329443	计算机技术	曙光云计算集团有限公司	海淀区五棵松路49号新奥特科技大厦
CN2016101322656	数字通信	腾讯科技（北京）有限公司	海淀区五棵松路49号新奥特科技大厦
CN2016101312993	电信	腾讯科技（北京）有限公司	海淀区五棵松路49号新奥特科技大厦
CN2016101305608	计算机技术	腾讯科技（北京）有限公司	海淀区五棵松路49号新奥特科技大厦
CN2016101277951	音像技术	腾讯科技（北京）有限公司	海淀区五棵松路49号新奥特科技大厦
CN2016101256616	计算机技术	腾讯科技（北京）有限公司	海淀区五棵松路49号新奥特科技大厦
CN2016101244996	计算机技术	天地融科技股份有限公司	海淀区五棵松路49号新奥特科技大厦
CN2016101243071	计算机技术	天地融科技股份有限公司	海淀区西北旺东路10号院东区17号楼303-305室
CN201610122166X	计算机技术	同方威视技术股份有限公司	海淀区西三环北路117号
CN2016101213875	机器零件	同方威视技术股份有限公司	海淀区西三环北路5号
CN2016101190873	音像技术	同方威视技术股份有限公司	海淀区西三旗永泰庄路甲6号
CN2016101186242	计算机技术	同方威视技术股份有限公司	海淀区小营西路33号1层1F05室
CN2016101185837	电机、电气装置、电能	西门子工厂自动化工程有限公司	海淀区小营西路33号五层5F02室
CN2016101185682	计算机技术	西瑞克斯通信技术股份有限公司	海淀区杏石口路65号西杉创意园四区11号楼东段1-4层西段1-4层
CN2016101184232	数字通信	小米科技有限责任公司	海淀区杏石口路甲18号航天信息园
CN2016101182538	计算机技术	小米科技有限责任公司	海淀区学清路38号B座1810

（续表）

申请号	IPC 分类标引	专利权人名称	专利权人地址
CN2016101181681	数字通信	小米科技有限责任公司	海淀区学清路 38 号 B 座 1810
CN2016101181380	计算机技术	小米科技有限责任公司	海淀区学清路 9 号汇智大厦 B 楼 17 层
CN2016101180496	计算机技术	小米科技有限责任公司	海淀区学清路 9 号汇智大厦 B 座 511、515、517
CN2016101179215	音像技术	小米科技有限责任公司	海淀区学清路九号汇智大厦 B 座 1102 室
CN2016101167063	计算机技术	新奥特（北京）视频技术有限公司	海淀区学院路 29 号
CN201610116647X	计算机技术	新奥特（北京）视频技术有限公司	海淀区学院路 29 号
CN2016101162267	计算机技术	新奥特（北京）视频技术有限公司	海淀区学院路 29 号
CN2016101160399	电信	新奥特（北京）视频技术有限公司	海淀区学院路 30 号科大天工大厦 A 座 12 层
CN2016101156849	计算机技术	新奥特（北京）视频技术有限公司	海淀区学院路 30 号科大天工大厦 A 座 12 层
CN2016101153319	音像技术	新奥特（北京）视频技术有限公司	海淀区学院路 30 号科大天工大厦 A 座 12 层
CN2016101153249	电信	新奥特（北京）视频技术有限公司	海淀区学院路 30 号科大天工大厦 A 座 12 层
CN2016101150683	电信	新奥特（北京）视频技术有限公司	海淀区学院路 30 号天工大厦 A 座 15 层 15 室
CN2016101150594	基础材料化学	新奥特（北京）视频技术有限公司	海淀区学院路 35 号世宁大厦 20 层
CN2016101149794	高分子化学、聚合物	新奥特（北京）视频技术有限公司	海淀区学院路 40 号
CN2016101143745	计算机技术	新奥特（北京）视频技术有限公司	海淀区学院路 40 号
CN201610113614X	计算机技术	新奥特（北京）视频技术有限公司	海淀区学院路 40 号一区
CN2016101135359	数字通信	新奥特（北京）视频技术有限公司	海淀区学院南路 15 号院北发大厦 B 座 5 层
CN2016101128891	机器零件	新奥特（北京）视频技术有限公司	海淀区永嘉北路 6 号
CN2016101126449	计算机技术	新奥特（北京）视频技术有限公司	海淀区玉泉路甲 12 号 4 层 4104
CN2016101124528	电信	新奥特（北京）视频技术有限公司	海淀区玉泉路甲 12 号 4 层 4104
CN2016101124208	计算机技术	新奥特（北京）视频技术有限公司	海淀区知春路 1 号 8 层 813
CN2016101107467	电信	新浪网技术（中国）有限公司	海淀区知春路 6 号（锦秋国际大厦）B 座 604 室
CN2016101104098	电信	新浪网技术（中国）有限公司	海淀区中关村大街 27 号中关村大厦 14 层 1417
CN201610109747X	数字通信	用友优普信息技术有限公司	海淀区中关村大街 27 号中关村大厦 14 层大北农集团
CN2016101092419	环境技术	优视科技有限公司	海淀区中关村东路 1 号院 8 号楼 1001 号
CN2016101086206	电信	优视科技有限公司	海淀区中关村东路 1 号院 8 号楼 1001 号
CN2016101085932	电信	有研半导体材料有限公司	海淀区中关村东路 1 号院 8 号楼清华科技园科技大厦 A 座 18 层
CN2016101084821	数字通信	有研稀土新材料股份有限公司	海淀区中关村东路 1 号院 9 号楼搜狐网络大厦 9 层 01 房间

（续表）

申请号	IPC 分类标引	专利权人名称	专利权人地址
CN2016101084817	基础通信程序	悦康药业集团有限公司	海淀区中关村东路 1 号院清华科技园 8 号楼 B 座赛尔大厦
CN2016101083566	计算机技术	中安消技术有限公司	海淀区中关村东路 1 号院清华科技园 8 号楼科技大厦 A 座 16 层
CN2016101055585	电信	中钞信用卡产业发展有限公司	海淀区中关村东路 1 号院清华科技园 8 号楼科技大厦 A 座 16 层
CN2016101053320	音像技术	中加重工远舟（北京）科技有限公司	海淀区中关村东路 1 号院清华科技园科技大厦 A 座 16 层
CN2016101054474	电信	中国电力工程顾问集团有限公司	海淀区中关村科学院南路 10 号
CN2016101053791	数字通信	中国电信股份有限公司	海淀区中关村南大街 5 号 1 区 689 号楼 908 室
CN201610105358X	计算机技术	中国电信股份有限公司	海淀区紫竹院路 98 号北京化工大学科技园 516 室
CN2016101052568	计算机技术	中国电信股份有限公司	海淀区紫竹院南百胜村一号
CN2016101011892	计算机技术	中国电信股份有限公司	北京经济技术开发区西环南路 18 号 A119 室
CN2016100998820	计算机技术	中国电信股份有限公司	北京经济技术开发区永昌中路 4 号
CN201610099563X	音像技术	中国电信股份有限公司	平谷区林荫北街 13 号信息大厦 802 室
CN2016100987489	电信	中国电信股份有限公司	石景山区八大处高科技园区西井路 3 号 3 号楼 1100A 房间
CN2016100985816	电信	中国电信股份有限公司	石景山区八大处高科技园区西井路 3 号 3 号楼 1100A 房间
CN2016100975941	电信	中国电信股份有限公司	石景山区八大处高科技园区西井路 3 号 3 号楼 1100A 房间
CN2016100966529	电信	中国电信股份有限公司	石景山区石景山路 29 号京燕大厦东座 2 层
CN2016100966321	有机精细化学	中国电信股份有限公司	石景山区石景山路 29 号京燕大厦东座 2 层
CN2016100963003	数字通信	中国电信股份有限公司	石景山区石景山路 29 号京燕大厦东座 2 层
CN2016100962443	计算机技术	中国电信股份有限公司	石景山区石景山路 29 号京燕大厦东座 2 层
CN2016100957642	数字通信	中国电信股份有限公司	石景山区实兴东街 11 号北楼 B1011 室
CN2016100954220	电信	中国电信股份有限公司	石景山区实兴东街 11 号北楼 B1011 室
CN2016100935944	数字通信	中国电信股份有限公司	石景山区实兴东街 11 号北楼 B1011 室
CN2016100919602	电信	中国电信股份有限公司	顺义区林河工业开发区双河路南侧
CN2016100918597	测量	中国电信股份有限公司	顺义区天竺空港工业区 A 区天柱路 28 号蓝天大厦 9 层
CN2016100915315	计算机技术	中国电信股份有限公司	通州区聚富南路 8 号 1 幢 1 层 01
CN201610091388X	计算机技术	中国电信股份有限公司	西城区安德路 65 号
CN2016100912961	音像技术	中国电信股份有限公司	西城区德胜门东滨河路 11 号 4 号楼 3 层
CN2016100905563	数字通信	中国电信股份有限公司	西城区德胜门外大街 12 号
CN2016100902885	计算机技术	中国电信股份有限公司	西城区金融大街 19 号富凯大厦 A 座 10 层
CN2016100881501	计算机技术	中国电信股份有限公司	西城区金融大街 21 号
CN2016100880320	电信	中国电信股份有限公司	西城区金融大街 21 号
CN2016100877366	计算机技术管理方法	中国电信股份有限公司	西城区金融大街 21 号
CN2016100876289	电信	中国电信股份有限公司	西城区金融大街 21 号
CN201610087619X	计算机技术	中国电信股份有限公司	西城区金融大街 21 号
CN201610077556X	数字通信	中国国际航空股份有限公司	西城区金融大街 29 号
CN201610077429X	计算机技术	中国海洋石油总公司	西城区金融大街 29 号

（续表）

申请号	IPC 分类标引	专利权人名称	专利权人地址
CN2016100770000	计算机技术	中国航空工业集团公司北京航空精密机械研究所	西城区金融大街 29 号
CN2016100752500	数字通信	中国航空规划设计研究总院有限公司	西城区金融大街 29 号
CN2016100746942	数字通信	中国核电工程有限公司	西城区金融大街 29 号
CN2016100746054	计算机技术	中国技术交易所有限公司	西城区金融大街 29 号
CN2016100735346	计算机技术	中国建设银行股份有限公司	西城区金融大街 29 号
CN2016100734019	测量	中国联合网络通信集团有限公司	西城区金融大街 29 号
CN201610073329X	测量	中国联合网络通信集团有限公司	西城区金融大街 29 号
CN2016100729542	计算机技术	中国联合网络通信集团有限公司	西城区金融大街 29 号
CN2016100727513	音像技术	中国联合网络通信集团有限公司	西城区金融大街 29 号
CN2016100727212	数字通信	中国联合网络通信集团有限公司	西城区金融大街 29 号
CN2016100723300	电信	中国石油化工股份有限公司	西城区金融大街 29 号
CN2016100705073	计算机技术	中国石油化工股份有限公司	西城区金融大街 29 号
CN201610069726X	计算机技术	中国石油化工股份有限公司	西城区金融大街 29 号
CN2016100696394	计算机技术	中国石油化工股份有限公司	西城区金融大街 29 号
CN2016100692016	测量	中国石油化工股份有限公司	西城区金融大街 29 号
CN2016100401985	数字通信	中国石油集团长城钻探工程有限公司	西城区金融大街 31 号
CN2016100387831	数字通信	中国石油天然气股份有限公司	西城区金融大街 31 号
CN2016100370489	计算机技术	中国石油天然气股份有限公司	西城区金融大街 31 号
CN2016100352705	计算机技术	中国石油天然气股份有限公司	西城区金融大街 31 号
CN2016100349577	计算机技术	中国石油天然气股份有限公司	西城区金融大街 31 号
CN2016100348606	电信	中国石油天然气股份有限公司	西城区金融大街 31 号
CN2016100323632	电信	中国石油天然气集团公司	西城区金融大街 31 号
CN2016100318831	电信	中国移动通信集团北京有限公司	西城区金融大街 31 号
CN2016100318827	计算机技术	中国移动通信集团北京有限公司	西城区金融大街 31 号
CN2016100318352	计算机技术	中国移动通信集团北京有限公司	西城区金融大街 31 号
CN2016100312322	数字通信	中国移动通信集团北京有限公司	西城区金融大街 31 号
CN2016100311283	音像技术	中国移动通信集团北京有限公司	西城区金融大街 31 号
CN2016100213238	计算机技术	中国移动通信集团公司	西城区西长安街 86 号
CN2016100210422	数字通信	中国移动通信集团公司	西城区西长安街 86 号
CN2016100190679	计算机技术	中国移动通信集团公司	西城区西长安街 86 号
CN2016100186387	电信	中国移动通信集团公司	西城区西长安街 86 号
CN2016100181896	电信	中国移动通信集团公司	西城区西长安街 86 号
CN2016100093202	数字通信	中国移动通信集团公司	西城区新街口外大街 28 号 D 座 112 室（德胜园区）
CN2016100092977	计算机技术	中国移动通信集团公司	西城区新街口外大街 28 号 D 座 112 室（德胜园区）
CN201610009076X	计算机技术	中国移动通信集团公司	西城区新街口外大街 28 号 D 座 112 室（德胜园区）
CN2016100088191	计算机技术	中国移动通信集团公司	西城区新街口外大街 28 号 D 座 112 室（德胜园区）
CN2016100072564	测量	中国移动通信集团公司	西城区新街口外大街 28 号 D 座 112 室（德胜园区）

（续表）

申请号	IPC 分类标引	专利权人名称	专利权人地址
CN201610004818X	计算机技术	中国移动通信集团设计院有限公司	西城区新街口外大街 2 号
CN2016100048052	计算机技术	中国移动通信集团设计院有限公司	西城区新街口外大街 8 号 12 幢（B 座）011 室
CN2016100047524	计算机技术	中国移动通信集团设计院有限公司	朝阳区西坝河北里 16 号楼 1—6 层 16—1 内 2 层 212 室
CN2016100043631	电信	中国证券监督管理委员会信息中心	朝阳区利泽东街 5 号爱立信大厦
CN2016100040864	电信	中国中元国际工程有限公司	海淀区皂君东里 38 楼
CN2016100040597	基础通信程序	中海石油炼化有限责任公司	朝阳区安立路 101 号
CN2016100038559	计算机技术	中寰卫星导航通信有限公司	海淀区北四环中路银谷大厦 12B 层
CN2016100037151	计算机技术	中农先飞（北京）农业工程技术有限公司	海淀区学院路 35 号世宁大厦 20 层
CN2016100036657	装卸	中芯国际集成电路制造（北京）有限公司	海淀区中关村东路 1 号院清华科技园科技大厦 A 座 16 层

2017 北京软件和信息服务业综合实力百强企业榜单

序号	企业名称	序号	企业名称
1	百度在线网络技术（北京）有限公司	22	中国软件与技术服务股份有限公司
2	航天信息股份有限公司	23	高德软件有限公司
3	腾讯科技（北京）有限公司	24	北京天融信科技有限公司
4	京东集团	25	北京华宇软件股份有限公司
5	中国民航信息网络股份有限公司	26	北京四维图新科技股份有限公司
6	神州数码信息服务股份有限公司	27	北京千方科技股份有限公司
7	北京搜狗科技发展有限公司	28	联通系统集成有限公司
8	用友网络科技股份有限公司	29	北京联众互动网络股份有限公司
9	亚信科技（中国）有限公司	30	石化盈科信息技术有限责任公司
10	东华软件股份公司	31	北京久其软件股份有限公司
11	北京智明星通科技股份有限公司	32	北京易华录信息技术股份有限公司
12	太极计算机股份有限公司	33	北京东方国信科技股份有限公司
13	软通动力信息技术（集团）有限公司	34	北京五八信息技术有限公司
14	文思海辉技术有限公司	35	同方知网（北京）技术有限公司
15	北京全路通信信号研究设计院集团有限公司	36	完美世界（北京）软件科技发展有限公司
16	北京中电普华信息技术有限公司	37	北京启明星辰信息安全技术有限公司
17	广联达科技股份有限公司	38	拉卡拉支付股份有限公司
18	北京华胜天成科技股份有限公司	39	北京金山办公软件股份有限公司
19	中科软科技股份有限公司	40	网易乐得科技有限公司
20	北京畅游时代数码技术有限公司	41	北京宇信科技集团股份有限公司
21	北京神州泰岳软件股份有限公司	42	北京四方继保自动化股份有限公司

（续表）

序号	企业名称	序号	企业名称
43	北京网御星云信息技术有限公司	72	中科创达软件股份有限公司
44	和利时科技集团有限公司	73	北京北信源软件股份有限公司
45	北京荣之联科技股份有限公司	74	北京创世漫道科技有限公司
46	博彦科技股份有限公司	75	北京银信长远科技股份有限公司
47	北京旋极信息技术股份有限公司	76	北京思特奇信息技术股份有限公司
48	宜人恒业科技发展（北京）有限公司	77	首都信息发展股份有限公司
49	北京拓尔思信息技术股份有限公司	78	恒安嘉新（北京）科技股份公司
50	北京海鑫科金高科技股份有限公司	79	新奥特（北京）视频技术有限公司
51	长城计算机软件与系统有限公司	80	北京瑞友科技股份有限公司
52	北京神舟航天软件技术有限公司	81	北京慧点科技有限公司
53	北京立思辰科技股份有限公司	82	游久时代（北京）科技有限公司
54	飞天诚信科技股份有限公司	83	苍穹数码技术股份有限公司
55	新浪网技术（中国）有限公司	84	北京二六三企业通信有限公司
56	北京车之家信息技术有限公司	85	紫光软件系统有限公司
57	暴风集团股份有限公司	86	北京飞利信电子技术有限公司
58	大唐移动通信设备有限公司	87	互爱互动（北京）科技有限公司
59	北京数字政通科技股份有限公司	88	北京国双科技有限公司
60	北京握奇数据股份有限公司	89	同方鼎欣科技股份有限公司
61	安世亚太科技股份有限公司	90	北京致远互联软件股份有限公司
62	联动优势科技有限公司	91	北京睿至大数据有限公司
63	链家网（北京）科技有限公司	92	北京康邦科技有限公司
64	北京三星通信技术研究有限公司	93	北京南天软件有限公司
65	中国航空结算有限责任公司	94	利亚德光电集团
66	金航数码科技有限责任公司	95	北京数码大方科技股份有限公司
67	北京超图软件股份有限公司	96	北京方正数码有限公司
68	京北方信息技术股份有限公司	97	北京同方软件股份有限公司
69	博雅软件股份有限公司	98	北京鼎兴达信息科技股份有限公司
70	北京字节跳动科技有限公司	99	百望金赋科技有限公司
71	北京用友政务软件有限公司	100	大唐软件技术股份有限公司

北京市政府相关部门通信指南

单位名称	地址	网址或电子邮箱	邮编	电话
北京市经济和信息化局	通州区运河东大街57号院5号楼	jxj.beijing.gov.cn	100744	55578300
北京市发展和改革委员会	通州区运河东大街55号院	fgw.beijing.gov.cn	101160	55590088
北京市科学技术委员会	通州区运河东大街57号院1号楼	kw.beijing.gov.cn	100744	55577777
北京市财政局	通州区承安路3号院	czj.beijing.gov.cn	101160	55593998
北京市规划和国土资源管理委员会	通州区承安路1号院	ghgtw.beijing.gov.cn	101160	55594029
北京市生态环境局	海淀区车公庄西路14号	www.bjepb.gov.cn	100048	68461267
北京市交通委员会	丰台区六里桥南里甲9号首发大厦B座	jtw.beijing.gov.cn	100073	12328
北京市商务局	通州区运河东大街57号院5号楼	sw.beijing.gov.cn	100744	55579777
北京市应急管理局	通州区运河东大街57号院4号楼	yjglj.beijing.gov.cn	101101	55579802
北京市市场监督管理局	海淀区苏州街36号	scjgj.beijing.gov.cn	100080	82690805
北京市人民政府国有资产监督管理委员会	西城区枣林前街70号	gzw.beijing.gov.cn	100053	83970512
北京市统计局	西城区广安门南街36号	www.bjstats.gov.cn	100054	63021094
北京市知识产权局	西城区德胜门东大街8号东联大厦2层	www.bjipo.gov.cn	100009	84080086
北京市东城区产业和投资促进局	东城区金宝街52号	www.bjdch.gov.cn	100005	65259078
北京市西城区发展和改革委员会	西直门内大街275号	www.bjxch.gov.cn	100035	82141179
北京市朝阳区发展和改革委员会	朝阳区百子湾西里303号	www.bjchy.gov.cn	100124	65090600
北京市海淀区经济和信息化办公室	海淀区四季青路6号海淀招商大厦	www.zhsp.gov.cn	100195	88498231
北京市丰台区经济和信息化委员会	丰台区丰台镇文体路2号	www.bjft.gov.cn	100071	83656305
北京市石景山区经济和信息化委员会	石景山区石景山路18号	www.bjsjs.gov.cn	100043	88699891
北京市门头沟区经济和信息化委员会	门头沟区新桥南大街46号	www.bjmtg.gov.cn	102300	69864977
北京市房山区经济和信息化委员会	房山区长阳镇昊天北大街38号	www.bjfsh.gov.cn	102445	81312717
北京市通州区经济和信息化委员会	通州区新华东街256号	www.bjtzh.gov.cn	101100	69546274
北京市顺义区经济和信息化委员会	顺义区建新西街3号	www.bjshy.gov.cn	101300	69441064
北京市大兴区经济和信息化委员会	大兴区兴丰大街三段138号	www.bjdxgy.gov.cn	102600	69243537
北京市昌平区经济和信息化委员会	昌平区西环路15号	www.bjchp.gov.cn	102200	69742365
北京市平谷区经济和信息化委员会	平谷区府前西街17号社会服务中心15层	www.bjpg.gov.cn	101200	69988495

（续表）

单位名称	地址	网址或电子邮箱	邮编	电话
北京市怀柔区经济和信息化委员会	怀柔区青春路42号	www.hrjxw.gov.cn	101400	69644413
北京市密云区经济和信息化委员会	密云区鼓楼东大街8号	jingxw.bjmy.gov.cn	101500	69055880
北京市延庆区经济和信息化委员会	延庆区东外大街建业胡同2号	www.bjyq.gov.cn	102100	69103310
中关村科技园区管理委员会	海淀区阜成路73号裕惠大厦	www.zgc.gov.cn	100080	68709990
北京经济技术开发区管理委员会	北京经济技术开发区荣华中路15号博大大厦	www.bda.gov.cn	100176	67881207
北京市民政工业总公司	朝阳区华严北里2号	www.bjflqy.com.cn	100029	62012857
北京工业经济联合会	西城区槐柏树街2号3号楼	www.bfie.org.cn	100053	63187806
北京校办产业管理中心	朝阳区安华西里一区13号楼	www.best info.cn	100011	64206229
北京市产业经济研究中心	朝阳区工体北路6号凯富大厦5层	www.rc.ac.cn	100027	85235624

北京市辖区内国有控股工业企业通信指南

单位名称	地址	网址或电子邮箱	邮编	电话
北京电子控股有限责任公司	朝阳区三里屯西六街6号	www.behc.com.cn	100027	84545438
北京汽车集团有限公司	顺义区仁和镇双河大街99号	www.baicgroup.com.cn	101300	87664009
中车北京二七机车有限公司	丰台区长辛店杨公庄1号	www.crrcgc.cc/eqjc	100072	83306001
中车北京二七车辆有限公司	丰台区张郭庄甲1号	www.crrcjc.cc/eqcl	100072	83876250
中车北京南口机械有限公司	昌平区南口镇道北	www.crrcgc.cc/nk	102202	51013561
北京京城机电控股有限责任公司	朝阳区东三环中路59号京城机电大厦18层	www.jcmeh.com	100022	87707100
北京京仪集团有限责任公司	朝阳区建国路93号万达广场9号楼	www.biichg.com	100022	58204466
中国北京同仁堂集团有限责任公司	东城区东兴隆街52号	www.tongrentang.com	100062	67015895
北京一轻控股有限责任公司	朝阳区广渠路38号	www.bjyq.com.cn	100022	87529807
北京时尚控股有限责任公司	东城区东单三条33号	www.bthc.com.cn	100005	65127929
北京隆达轻工控股有限责任公司	西城区德胜门东滨河路5号	www.elongda.com	100120	82259651
北京工美集团有限责任公司	东城区王府井大街200号	www.gongmeigroup.com.cn	100005	65288866
中国石化集团北京燕山石油化工有限公司	房山区燕山岗南路1号	bypc.sinopec.com	102500	69346978
北京化学工业集团有限责任公司	北京经济技术开发区西环北路23号华腾发展大厦	www.bjhgjt.com.cn	100176	67864201
首钢集团有限公司	石景山区首钢厂东门	www.shougang.com.cn	100041	88291114
北京金隅集团股份有限责任公司	东城区北三环东路36号北京环球贸易中心D座	www.bbmg.com.cn	100013	66411587
北京能源集团有限责任公司	朝阳区永安东里16号CBD国际大厦A区	www.powerbeijing.com	100022	85218888
北京市电力公司	西城区前门西大街41号	www.bj.sgcc.com.cn	100031	63128201

北京市部分工业企业名录

单位名称	办公地点	联系电话	邮编	主要产品
北京海林节能科技股份有限公司	东城区东大地街1号	52816666	102206	中央空调节能控制产品
北京福田康明斯发动机有限公司	东城区富建胡同甲1号	80736016	102206	柴油发动机及其零部件
北京赛科希德科技股份有限公司	东城区美术馆后街77号	53855568	102200	血液检测器械
北京爱康宜诚医疗器材有限公司	东城区美术馆后街77号	80109581	102200	植入性人工关节
扬子江药业集团北京海燕药业有限公司	东城区美术馆后街77号	80728999	102206	口服固体制剂
北京康比特体育科技股份有限公司	东城区纳福胡同13号	50949381	102200	运动营养食品
北京金隅天坛家具股份有限公司	东城区安定门外小黄庄路9号	84270166	100013	实木家具、板式家具、红木家具、金属家具、软体家具、办公家具等
北京博萨汽车配件有限公司	朝阳区安外大羊坊2号	61668566-833	101407	汽车配件：围栏、轮罩、顶盖、侧围、蒙皮
北京金田麦国际食品有限公司	朝阳区安外大羊坊2号	61668620	101407	水煮型速食面系列、水煮型速食米制品系列、速冻面系列、半干面系列、鲜切面系列
奥瑞金包装股份有限公司	朝阳区安苑东里一区4号	61666999	101407	食品包装用覆膜铁
北京福斯汽车电线有限公司	朝阳区崔各庄乡南皋路129号	61667841-804	101407	汽车电线
北京大有工贸公司	朝阳区大郊亭4号	58076895	100022	建筑黏合剂
北京广振商工汽车部件有限公司	朝阳区东直门外西八间房万红西街2号	61675334-222	101400	汽车车门玻璃升降器总成
北京红星股份有限公司	朝阳区光华路8号	51202573	101400	红星蓝瓶二锅头
北京中纺海天染织技术有限公司	朝阳区光华路8号	65830839	100026	纺织助剂
北京世东凌云科技有限公司	朝阳区光华路8号光华大厦A座9层	61677911	101400	车身装饰材料及配件，主要生产三角板、防擦条、车门窗密封条、光亮饰条等车体内外装饰件
北京天彩纺织服装有限公司	朝阳区光华路8号光华大厦A座9层	65815275	100026	服装
北京统一饮品有限公司	朝阳区广渠路39号院1号楼	89681966-601	101400	红茶、绿茶、阿萨姆、老坛酸菜牛肉面、小浣熊干脆面
红牛维他命饮料有限公司	朝阳区和平里西街21号	61669833	101407	红牛维他命系列饮料
北京化工厂	朝阳区化工路6号	80239216	102607	502胶、化学试剂、环保试剂、彩色胶粉
北京染料厂	朝阳区化工路6号	87392109	100022	靛蓝
北京北搪化工设备有限责任公司	朝阳区化工路6号	52073557	100022	房屋出租，加工、制造搪玻璃设备、化工产品
北京化工实验厂有限责任公司	朝阳区化工路6号	52073510	100022	工业二氧化碳
北京市氧气厂有限责任公司	朝阳区化工路6号	52073529	100022	制造、销售氧气、氮气、氩气、氦气、天然气
北京普莱克斯实用气体有限公司	朝阳区化工路6号	67714766	100022	氮气、氧气、氩气、二氧化碳

（续表）

单位名称	办公地点	联系电话	邮编	主要产品
玛氏食品（中国）有限公司	朝阳区建外郎家园 10 号	61667410	101407	德芙、M&M's、士力架、脆香米
有研粉末新材料（北京）有限公司	朝阳区酒仙桥 4 号	61667638	101400	铜基粉末系列、锡基焊粉系列、铁基粉末系列、铝基粉末系列、特种丝材系列、粉末冶金制品系列
北京罗麦科技有限公司	朝阳区酒仙桥东路 1 号	61669281	101400	蒜素片、番红素软胶囊
北京丘比食品有限公司	朝阳区酒仙桥路 10 号	61668660-153	101407	沙拉酱、果酱
北京启明峰科技有限公司	朝阳区酒仙桥路 14 号	62929294	100026	燃烧器控制系统
北京中纺海天染织技术有限公司	朝阳区南皋路 129 号	65830839	100026	纺织助剂
北京佳泰新材料有限公司	朝阳区潘家园华威北里 43 号	67662420	100078	双轴向布、帐篷、充气产品
北京燕阳新材料技术发展有限公司	朝阳区潘家园华威北里 43 号	69276011	100076	消防水带、软质输油管、软体油罐
北京超羽纤维制品有限公司	朝阳区潘家园华威北里甲 32 号（南厂）北京西城区马甸南村 12 号楼（北厂）	65080450	102488	床上用品
北京天彩纺织服装有限公司	朝阳区三里屯西五街 5 号	65815275	100026	服装
北京铜牛服装有限公司	朝阳区双桥东路 18 号院 2017 号	51279898	101500	梭织服装
北京华腾旌凯经贸有限责任公司	朝阳区松榆南路 54 号	67312276	100021	销售危险化学品（不带有储存设施经营）、化工轻工材料、机械电器设备、化肥、金属材料
北京雪莲羊绒有限公司	朝阳区松榆西里 29 号	69285267	100076	羊绒衫
北京京澳毛纺有限公司	朝阳区松榆西里 29 号	69454140	101303	毛纱、混纺纱
北京京工雷蒙服装服饰有限公司	朝阳区松榆西里 29 号	67336655	100021	梭织服装
北京京工伊里兰服装服饰有限公司	朝阳区松榆西里 29 号	87372863	100021	羽绒服
北京京工雷蒙服装服饰有限公司	朝阳区左安门外左安路东口路北	67336655	100021	梭织服装
北京京工伊里兰服装服饰有限公司	朝阳区左安门外左安路东口路北	87372863	100021	羽绒服
北京海纳川汽车部件股份有限公司	朝阳区东三环南路 25 号北京汽车大厦	63173722	100020	内饰、动力传动、底盘系统、汽车座椅、车身、电子电器等零部件
北京通用航空有限公司	朝阳区华威里 10 号鹏龙大厦	59308600	100021	P750 XSTOL III、AW109 等机型
北京北广科技股份有限公司	海淀区北清路 160 号	80489988	101315	无线发射及配套的电视发射设备，调频、中、短波广播发射设备，无线通信设备，微波传输设备，天线与铁塔设备
北京爱德发科技有限公司	海淀区北四环西路 68 号双桥大厦 8 层 815	82676688	100191	音响设备
北京朝歌数码科技股份有限公司	海淀区北四环中路 229 号海泰大厦 17 层 1717 号	82883008	100191	IPTV 机顶盒，双模机顶盒等网络终端设备
北京市有色金属工业总公司	海淀区北洼路 4 号	83121987	100053	有色金属材料、焊接材料
北京星网锐捷网络技术有限公司	海淀区复兴路 29 号中意鹏奥酒店东塔 A 座 12 层	51715999	100036	交换机、路由器、无线、物联网、云桌面、智慧教室

（续表）

单位名称	办公地点	联系电话	邮编	主要产品
北京兴汉网际股份有限公司	海淀区高里掌路3号院13号楼2单元301室	57042680	100095	云互联平台、网络安全平台、自主可控平台、移动车载网关、物联网平台
北京有色金属与稀土应用研究所	海淀区黑山扈羊场1号	84922575	100012	有色合金、贵金属焊料
爱国者电子科技有限公司	海淀区莲花池西里26号院1号楼2层236	62606666	100036	移动电源、移动存储、音乐系列、录音笔、数码相框、智能安防
北京达博有色金属焊料公司	海淀区清河镇安宁庄东路18号12号楼	84924137	100012	键合金丝
北京启明峰科技有限公司	海淀区清河镇安宁庄东路18号12号楼	62929294	100026	燃烧器控制系统
小米通讯技术有限公司	海淀区清河中街68号华润五彩城购物中心二期9层	60606666-1000	100085	手机、家电
北京思比科微电子技术股份有限公司	海淀区上地五街7号(昊海大厦2层201室)	82784282	100085	图像传感器、多媒体处理器
联想（北京）有限公司	海淀区上地西路6号2幢2层201-H2-6	56721639	100085	手机、计算机
瑞萨半导体（北京）有限公司	海淀区上地信息产业基地8街7号	57525050	100080	半导体芯片
北京数码视讯科技股份有限公司	海淀区上地信息产业基地开拓路15号1幢	82345899	100080	人工智能、IPQAM、EMR、声像服务平台、融合视频指挥平台、视频网关、视音频一体化平台、H.264H.265便携式终端系列
同方股份有限公司	海淀区王庄路1号清华同方科技大厦A座30层	82399988	100083	计算机、电视、显示器、硬件
瑞斯康达科技发展股份有限公司	海淀区西北旺东路10号院东区11号楼1—5层	82884499	100094	以太网交换机光纤技术、以太网技术及宽带接入技术
北京超塑新技术有限公司	海淀区西三旗建材城中路2号	59771800	100078	超塑金属络纱槽筒
北京智芯微电子科技有限公司	海淀区西小口路66号中关村东升科技园A区3号楼	52615666	100092	芯片传感、通信控制、用电节能
大唐移动通信设备有限公司	海淀区学院路29号92号楼	58832000	100083	核心网、无线接入网、TD-SCDMA/LTE接入产品、网络优化产品
美芯晟科技（北京）有限公司	海淀区学院路30号科大天工大厦A座10层01室	62662828-845	100083	无线充电芯片、LED驱动产品
北京兆易创新科技股份有限公司	海淀区学院路30号科大天工大厦A座12层01-15室	82881666	100083	半导体芯片、存储器
兴唐通信科技有限公司	海淀区学院路40号	010-56925302	100083	TD-SCDMA产品、终端芯片、增值业务
北京市冶金设备自动化研究所	海淀区学院路5号	64035005	100009	非标设备制造
利亚德光电股份有限公司	海淀区颐和园北正红旗西街9号	62888888-331	100091	LED显示、LED电视、LED海报电视、LCD液晶、DLP背投、激光投影
北京诺飞新能源科技有限责任公司	海淀区玉泉路2号	60595121	101102	有色金属合金制品、低温焊料
北京大华天坛服装有限公司	海淀区中关村大街人民大学南路三义庙	62612565	100086	梭织服装
北京万集科技股份有限公司	海淀区中关村软件园12号楼1层A101	59766766	100190	ETC车载产品、称重产品、激光产品、汽车电子标识、智能大数据分析

（续表）

单位名称	办公地点	联系电话	邮编	主要产品
通达耐火技术股份有限公司	海淀区安宁庄东路1号	62929761	100085	镁铁尖晶石砖、新型镁铁尖晶石砖、电熔镁铝尖晶石砖TD-FMA、新型低膨胀窑口浇注料等
北方华创科技集团股份有限公司	丰台区大红门久敬庄56号	57840281	100176	半导体装备、真空装备、新能源锂电装备、精密元器件
北京燕东微电子有限公司	丰台区东老庄75号	64320432	100015	半导体集成电路和分立器件、微电路模块、传感器、中小规模CMOS集成电路
北京谊安医疗系统股份有限公司	丰台区丰台科学城航丰路4号谊安大厦	83681616-8216	100070	呼吸机
北京电控爱思开科技有限公司	丰台区黄土岗马家楼119号	59290901	102600	汽车用动力电池包
北京兆维电子（集团）有限责任公司	丰台区角门东里79号	64361361	100016	自服、安防与通信设备
北京南凯自动化系统工程有限公司	丰台区科兴路9号108室	63723110-8004	100070	铁路终端设备
北京真视通科技股份有限公司	丰台区科学城航丰路9号10层1002号	59220244	100070	多媒体应急指挥系统
北京大华无线电仪器厂	丰台区马家堡路69号	62921924	100083	仪器类、电源类
北京北广电子集团有限责任公司	丰台区马家楼119号	62018319	100011	无线发射机设备及配套产品、有线电视网络产品、电视转播车、安防监控设备、电子元器件
中牧实业股份有限公司	丰台区南四环西路188号八区16—19号楼	63701111	100070	兽用化学药品，抗生素，原料药，中成药，生化药品等
北京鼎汉技术股份有限公司	丰台区南四环西路188号七区3号楼	83683366-8308	100070	轨道交通电源产品
太空智造股份有限公司	丰台区桥南中核路1号3号楼12层	63789495	100070	发泡水泥复合板、太空板
北京七星华电科技集团有限责任公司	丰台区宋家庄顺八条3号	64311193	100016	气体质量流量计、高精密电容器、高精密电阻器、晶体器件、混合集成电路、电声产品
北京地铁车辆装备有限公司	丰台区苇子坑23号	67675295	100079	城市轨道交通车辆、设备、配件等
北京京城新能源有限公司	丰台区吴家村路57号	51792841	100040	风力发电机组制造
北京飞宇微电子有限责任公司	丰台区永外双庙125号	64652346	100027	薄、厚膜集成电路
北京正东电子动力集团有限公司	丰台区永外顺四条1号	64377041	100015	电、燃气、热水
北京航天三发高科技有限公司	丰台区云岗北区东里8号楼	88536622	100074	民用无人机系统
北京星航机电装备有限公司	丰台区云岗东王佐北路9号	68374548	100074	航空航天设备、模具、配电开关控制设备、塑料及金属型材、金属构件制造
金隅冀东（唐山）混凝土环保科技集团有限公司	丰台区卢沟桥城北路8号	83200034-202	100165	混凝土
北京合康科技发展有限责任公司	石景山古城西路8号南院	88614259	100043	石油钻井测斜仪
尤根牙科医疗科技（北京）有限公司	石景山区八宝山街道鲁谷东街黄庄职业高中6层	88687396	100043	假牙
北京天山新材料技术股份有限公司	石景山区八大处高科技园区中园路7号	88795588	100041	工业修补剂
北京尚易德科技有限公司	石景山区阜石路165号院1号楼8层	52281098	100043	华录DLP大屏幕显示系统产品

（续表）

单位名称	办公地点	联系电话	邮编	主要产品
北京首宇工贸有限责任公司	石景山区金顶街六宿舍办公楼2层	88752520	100041	服装
北京特冶工贸有限责任公司	石景山区京原路7号	68668856	100043	铁路配件
阿尔西制冷工程技术（北京）有限公司	石景山区鲁谷东街28号	68656161	100043	生产商业用空调
北京巴布科克威尔科克斯有限公司	石景山区石景山路36号	68862244	100043	电站锅炉
北京东土科技股份有限公司	石景山区实兴大街30号院2号楼8—12层901	88798888	100041	通信交换设备制造
北京市普利门电子科技有限公司	石景山区实兴大街7号1幢、2幢	88798838	100041	制造石油钻采设备
北重阿尔斯通（北京）电气装备有限公司	石景山区吴家村	88698062	100040	发电机及发电机组制造
北京北重汽轮电机有限责任公司	石景山区吴家村路57号	51792447	100040	汽轮发电机
北京凯力华维包装制品有限公司	石景山区香山南路永引渠北侧	88782610	100041	生产塑料包装制品
北京科林之星环保技术有限公司	房山区城关街道大石河东侧	51281359	102211	污水处理设备
京东方科技集团股份有限公司	房山区良乡工业开发区	64318888	100016	TFT-LCD、AMOLED显示产品，智慧零售等智慧系统，移动健康、数字医院等健康服务业务
北京超羽纤维制品有限公司	房山区良乡工业开发区	65080450	102488	床上用品
北京金隅加气混凝土有限责任公司	房山区窦店镇亚新路17号金隅窦店科技园区	69242009	102402	蒸压加气混凝土砌块、蒸压加气混凝土板材
北京金隅琉水环保科技有限公司	房山区琉璃河车站前街1号	89382993	102403	水泥、飞灰处置、建筑垃圾处置
北京金隅水泥节能科技有限公司	房山区琉璃河车站前街1号	60392669-8031	102403	混凝土外加剂、水泥助磨剂、减水剂母液等系列产品
北京京澳毛纺有限公司	顺义区高丽营镇高泗路四村段30号	69454140	101303	毛纱、混纺纱
北京佳泰新材料有限公司	顺义区高丽营镇金马工业园6号	67662420	100078	双轴向布、帐篷、充气产品
北京现代汽车有限公司	顺义区林河工业开发区顺通路18号	59638122	101300	第四代途胜、LA FESTA菲斯塔、新一代ix35、ENCINO昂希诺等
北京汽车股份有限公司	顺义区双河大街99号	56636000	101300	全新D50、绅宝智行、绅宝智道、BJ4 Plus等
北京京兰非织造布有限公司	大兴黄村兴华大街三段1号	89965194	101204	无纺布
北京化学试剂研究所有限责任公司	大兴区安定镇安定北街58号	80239006	102607	锂离子电池电解液、锂电池电解液、超净高纯试剂、高纯物质、新型扩散源、标准溶液及实验试剂和其他精细化学品
北京华腾天海环保科技有限公司	大兴区安定镇安定北街58号	80228108	102607	溶剂试剂回收精炼、涂料溶剂、稀释剂
北京大华天坛服装有限公司	大兴区北兴路东段6号	62612565	100086	梭织服装
北京科兴源热电有限公司	大兴区工业开发区锦兴路18号	60999728	101204	热力生产及供应
北京百奥药业有限责任公司	大兴区黄村镇西磁村村委会北350米	56848118	102200	蚓激酶胶囊
中生北控生物科技股份有限公司	大兴区旧宫工业园富华街北东区甲19号	80117700	102200	体外临床诊断试剂系列产品

（续表）

单位名称	办公地点	联系电话	邮编	主要产品
北京煜邦电力技术股份有限公司	大兴区青云店镇二村一村委会东（青长路3号院）	84423522	100029	电工仪器仪表制造
北京易加三维科技有限公司	大兴区青云店镇西杭子村委会西	80734969	102206	3D打印机
北京吉因加科技有限公司	大兴区清源路32号	53955678	102208	诊断试剂
北京泛生子基因科技有限公司	大兴区清源路38号	50907556	102200	癌症分子生物检验
中电普瑞电力工程有限公司	大兴区清源路38号	52613680	102200	输配电及控制设备制造
北京贝瑞和康生物技术有限公司	大兴区清源路40号	53259188	100015	生物基因测序
北京万泰生物药业股份有限公司	大兴区西红门大白楼13号	59528817	102206	生产诊断试剂
北京知蜂堂健康科技股份有限公司	大兴区瀛海镇黄亦路97号	69749354	102200	生产蜂胶胶囊
北京燕阳新材料技术发展有限公司	大兴区瀛海镇黄亦路97号	69276011	100076	消防水带、软质输油管、软体油罐
北京乐普医疗科技有限责任公司	大兴区瀛海镇瀛海工业园区中路1号	80123111	102200	生产医疗器械2类体外诊断试剂
北京雪莲羊绒有限公司	大兴区瀛海镇瀛海工业园区中路1号	69285267	100076	羊绒衫
三一重能有限公司	大兴区瀛元街6号	60738795	102206	发电机制造
北京品驰医疗设备有限公司	大兴区长子营镇企融路1号	60736388	102200	脑起搏器
北京百事可乐饮料有限公司	昌平区北清路三一产业园	61280988	100076	百事可乐饮料
北京红星股份有限公司	昌平区回龙观国际信息产业基地发展路9号	65683106	101400	红星牌系列白酒
北京一轻食品集团公司	昌平区回龙观镇中关村生命科学园生命园路8号院一区11号楼2层201室	60240118	102600	义利牌系列面包、巧克力、糖果、北冰洋饮料
北京龙徽酿酒有限公司公司	昌平区科技园区白浮泉路10号	68219243	100143	龙徽葡萄酒
北京京纸集团有限公司	昌平区科技园区白浮泉路13号	67043081	100022	系列信息用纸、复合包装材料
北京星海钢琴集团公司	昌平区科技园区超前路27号	81503999	101111	钢琴、管乐、民乐
北京兴大豪科技开发有限公司	昌平区科技园区超前路29号101室	64358866	100016	电脑刺锈机电子控制系统
北京玻璃集团公司	昌平区科技园区超前路37号	67180003	100062	各类玻璃制品、眼镜片、眼镜架
北京北分瑞利分析仪器(集团）有限责任公司	昌平区科技园区超前路6号（北厂）海淀区花园北路20号（南厂）	62403048	100095	原子吸收分光光度计、原子荧光光谱仪、气相色谱仪、紫外可见分光光度计、光电直读光谱仪
美巢集团股份公司	昌平区科技园区创新路27号1A座	4006101266	100076	易呱平内墙泥子、墙锢混凝土界面处理剂、墙尼粉刷石膏/抹灰石膏、占瓷宝瓷砖胶黏剂、坊水固防水涂料
北京资源亚太食品有限公司	昌平区科技园区利祥路5号	69266553	102628	猪肉白条、猪肉分割品、猪肉礼盒、风味腊肉、湘西黑猪肉酱

（续表）

单位名称	办公地点	联系电话	邮编	主要产品
北京大东老曹食品有限公司	昌平区科技园区双营西路79号院19号楼	80285103	102605	酱卤肉制品、熏烧烤肉制品和熏煮香肠火腿制品
北京市宝金龙食品有限公司	昌平区科技园区永安路38号3幢	80284374	102605	腐乳产品
北京福田戴姆勒汽车有限公司	昌平区南邵镇南中路16号	60678738	101400	“福田欧曼”品牌中重卡产品
北京碧水源膜科技有限公司	昌平区沙河镇昌平路97号7幢705、105	60689200	101400	超/微滤膜
雷诺丽特朗活医药耗材（北京）有限公司	昌平区沙阳路15-1号	61669540	101407	新型药包装材料、输液膜及导管
北京东方红航天生物技术股份有限公司	昌平区生命园路16号	61683671	101400	片剂、胶囊剂、口服液、粉剂等剂型的系列航天高科技保健食品
东明兴业科技股份有限公司	昌平区生命园路29号B-246室	61665518	101407	精密模具
北京御食园食品股份有限公司	昌平区狮子营村	61668198	101407	果脯系列、大小黑豆产品、冻干烤鸭、茯苓夹饼等休闲食品
北京金隅北水环保科技有限公司	昌平区马池口镇北小营东	60755680-6148	102202	水泥、飞灰处置、废弃物处置、水泥制品、加工建筑用砂石料
北汽福田汽车股份有限公司	昌平区沙河镇沙阳路	80722999	102206	欧曼、欧马可、欧辉客车等
北京红螺食品有限公司	怀柔区庙城镇郑重庄村631号	60692542	101401	果脯系列、羊羹、茯苓饼、烤鸭、老北京十三绝系列等休闲系列食品
北京银鹰铜业有限责任公司	怀柔区北房经纬工业区裕华路9号	81528221	101101	有色金属材料、制品、物业管理
北京市黄金公司	怀柔区红星路1号	83121328	100053	黄金技术开发、咨询；工艺美术品、黄金饰品
北京北革皮业有限公司	怀柔区雁栖经济开发区乐园大街31号	89345837	102400	皮革产品加工
北京市北泡轻钢建材有限公司	怀柔区雁栖经济开发区乐园南一街7号	61565731	101113	承揽设计建造轻钢结构厂房、冷库等工程；聚苯乙烯泡沫塑料夹心板、压型钢板、保温门窗
北京星月泡沫塑料有限责任公司	怀柔区雁栖经济开发区雁栖北二街12号	61502388	101113	聚醚型软质聚氨酯泡沫塑料系列产品；聚酯型软质聚氨酯泡沫塑料系列产品
北京铜牛服装有限公司	密云县工业开发区科技路31号	51279898	101500	梭织服装
北京奔驰汽车有限公司	北京经济技术开发区博兴路8号	67824888	100176	A-Class L、C-Class L、E-Class L、GLA、GLC L等
北京新能源汽车股份有限公司	北京经济技术开发区东环中路5号	4006506766	100176	北汽新能源EU5、北汽新能源EX360、北汽新能源EC3等

索　引

说　明

本索引采取主题索引也称内容分析索引法编纂。主题词（标目）主要以《北京工业年鉴》(2018）版正文中山现的专业名词、名词性词组、地名、机构名、人名为主。

特载、大事记、工业数据、附录等栏目内容不在标引范围内。

本索引基本按汉语拼音音序排列，汉字打头的标目按首字的音序音调依次排列，首字相同时则以第二字排序，依次类推；以阿拉伯数字打头的主题词，排在最前面；以英文字母打头的主题词，列于其后。

本索引的文字部分为标目，标目之后的阿拉伯数字表示该标目所在正文中的页码（地址页），其后的小写英文字母（a、b）表示正文中的栏别(从左至右)。部分标目后面有若干个页码或栏别，则表示该标目均在这些地方出现。

A

B

C

D

E

F

G

H

J

O

P

Q

R

S

T

W

X

Y

Z